U0709859

武義文獻叢編·何德潤卷

中

陳玉蘭／主编

中華書局

武川備考

〔清〕何德潤　輯
崔小敬　校點

校點説明

崔小敬

《武川備考》是何德潤彙輯的一部武義地方志性質的著作。武川即武義之古稱，因係私人編撰，所以名之爲“備考”。全書凡二十卷，分别爲星野考、地輿考、建置考、風俗考、食貨考、祭祀考、職官考、選舉考、人物考、藝文考、金石考、祥异考、大事考、雜事考，每卷下設子目若干。卷前有《鄧先生語》，論述本書體例，何德潤謂：“鄧先生諱鍾玉，字子珣，蘭溪孝廉。著有《八婺拾遺》，潤此書采摭實多。甫半稿，即呈請教，既蒙獎許，兼多是正。方擬脱稿，再求弁言，而先生歸道山矣。九京難起，就正誰資？悲夫！以先生語冠之卷首，蓋不忘所自云。”此鄧鍾玉即曾于光緒二十年（1894）纂修《（光緒）金華縣志》者，有時名。

《武川備考》乃何德潤窮二十年之功搜采編撰而成，不僅博采歷代史書、地志、文集、碑刻、家乘，更遍歷城鄉，實地走訪，自光緒七年（1881）始，至二十六年（1900）始克成其功。在寫作過程中，除參摭鄧鍾玉《八婺拾遺》外，個别内容如卷一之《更漏中星表》、卷二之《輿圖》等亦曾與其他士人相與校考，如卷二《武義縣境全圖》後何德潤注云：“右武義縣境全圖，界至道里，本之測量局圖。局圖之所不及者，或得之游覽，或訪諸土人，逐細考核，務求其確實而後已。雖不敢謂毫髮無遺憾，但較舊志輿圖則加詳矣。指授者，蘭溪孝廉鄧子珣先生鍾玉；參訂者，金華布衣郭君鑾，邑孝廉李君樹藩，諸生徐君家驥、徐君玉森、周君寶華、方君倬圭,新安諸生王君德熾。"其中除王德熾外,均爲金華或武義本地人士。

武義舊即有志,然始修年代已不可考,或以爲南宋張淏《武成志》爲目前已知最早的武義縣志,然此書已不存,具體内容不得而知。明清兩代是武義縣志纂修的興盛期,現所見最早的武義縣志爲明代正德十五年(1520)縣令林有年纂修,未全成而升遷,由下下任縣令黄春于嘉靖三年(1524)間補修,後續有增補。清代曾五次纂修縣志,而自嘉慶九年(1804)以後即未曾有過修志之舉,至何德潤《武川備考》成書,武義始再見志書,則欲研究近百年間武義社會歷史之變遷,此書應爲必備參考書,何德潤可謂以一己之力而補官修志書之闕。

《武川備考》内容頗爲豐富翔實,乃對武川地理、政治、經濟、社會、文化等的全面梳理與記載,其編撰體例與一般方志略同,且多有創新之處,較前此的武義舊志中增加了更漏中星表、縣境全圖、金石考、大事考、雜事考等内容,不僅在時間上補述了自嘉慶九年以來武義近百年的歷史,而且在很多條目下增補了史料,并糾正了舊志中的一些訛誤,具有很高的史料價值。此書除一般的地理疆域、行政建置、風尚習俗、職官選舉、金石古迹等之外,尤重文化教育,其卷七選舉考、卷八人物考、卷九藝文考均津津樂道於此。其《人物考》中,于"儒林"條目下,僅宋代就補入鞏嶸、鞏峴、張成招、洪無競、鄭良臣、徐一夔、劉粹中、劉敏中、劉允中、劉時中等十人。其《藝文考》記載尤夥,此目共計十四卷,占全書三分之一以上篇幅,下分爲書籍、表、奏狀、記、序、跋、説、書、書後、議、傳、墓志銘、壙志、墓表、墓碑、祭文、宸翰、五古、七古、五律、七律、五絶、七絶、五排、七排、詩餘等二十六個子目。書籍輯録自宋至清武義人士論著七十一部,含宋代二十四部,明代十二部,清代三十五部。部分可與現有文獻載録對校,如《四庫全書》著録張淏著作爲《雲谷雜記》四卷、《會稽續志》八卷,《武川備考》除《會稽續志》作《四明續志》外,還多出《艮嶽記》《武成志》二種,《武成志》被一些學者推測爲最早的武義志書。所收藝文中,除武義人士之作外,還兼有他人爲武義人士所作者,其中個别可補傳世文獻之闕,如宋代尹嗇,當時頗有文名,然其文章至南宋已較難見,《武川備考》存有尹嗇爲鞏庭芝所作《宋故山堂先生墓志銘》,可補《全宋文》之遺;再如,宋代義烏何恪,陳亮謂之"目空四海,獨能降意于一世豪杰",著有《南湖文集》二十卷,然今已不存,《全宋文》搜集得文僅十二篇。《武川備考》存有何恪爲鞏庭芝夫人錢氏所作之《宋故太安人錢氏墓志銘》,不僅可補《全宋文》之闕,而錢氏爲吴越王錢俶之後,其與鞏氏之聯姻可爲研究南宋時南方土著士族與北方南渡士族相互融合之一助,亦可與吕祖謙《鞏采若府推母錢夫人挽章》參看。

《武川備考》成書後未及刊刻,何德潤手鈔成帙,分爲二十册。原藏于太平天國侍王府紀念館,現藏于金華市博物館。《重修金華叢書》曾影印出版。本次整理出版,即以《重修金華叢書》版本爲底本,并校以金華市博物館藏本,原稿有個别挖字空缺,無可校補,故以□表示。本次整理以斷句標點爲主,不作注釋,原書避諱回改原字。其中所收藝文之詩文與《武川文鈔》《武川詩鈔》中所收有重合,重合者間有异文,則有明顯錯誤者徑改,單純异文不出校,標點亦不求完全一致,請讀者自行對照。

因筆者水平所限,疏謬之處,尚祈指正。

武川備考目録

卷八上　人物考上

卷八中　人物考中

卷九三 藝文考三

卷九四 藝文考四

卷九五 藝文考五

卷九七　藝文考 七

卷十一上　祥异考

卷十一下　大事考

卷十二　雜事考

鄧先生語

沿革。仿《四明寶慶志》立表，考据允當，具見手筆。

輿圖。有總圖，有全圖，可分可合，既宜於書，復宜於畫，足當卧游。

武義縣境全圖。地經測量，乃以經緯度分開，方命里，飾以藻繪，精細絶倫，裴、賈復生，當一齊頫首。

山水二道。仿《益書》體例，而定以道里，正以準望，辨以分率，與圖密合，知謝公屐齒折矣。

水利。用斜行旁上法行之，體例甚新。

學額。當坿學校中。

風俗。宜另爲部居。

物産。蕖，當作"苣"，俗名膳菜。"黄瓜"與"王瓜"异，王瓜乃草，可入藥者。番芋，當入此物，廣種足備荒。"桅"字見《五雜俎》，《庭立紀聞》曰："柚之大者，俗呼若'泡'，音木和，求其本名而不得。"山茶名色數十種，寶珠其一也。洛陽花，即《爾雅》"大菊"。蘧，麥也。定風草，即天麻，當入藥類。鱗、介當分二類。蛙生山澗者曰石螃，生水田者曰田鷄，當入蟲類。斑鳩、鵓鳩，是一是二，考之。曰"打麥插禾"，曰"郭公郭婆"，曰"看蠶看火"，皆布穀聲也。"行不得也哥哥"，即鷓鴣聲。鴞即姑惡，鱅係傳種，當删。雁非土産，可削。

户口。祥符間每户不及二丁，紹興間二丁稍餘，以此爲課，最宋之弊政也。

鄧先生諱鍾玉，字子珣，蘭溪孝廉。著有《八䥽拾遺》，潤此書采摭實多。甫半稿，即呈請教，既蒙獎許，兼多是正。方擬脱稿，再求弁言，而先生歸道山矣。九京難起，就正誰資？悲夫！以先生語冠之卷首，蓋不忘所自云。

光緒辛丑夏五月既望武義何德潤識。

武川備考卷一

星　野　考

分野

黄帝分星次，斗十一度。至婺女七度，曰須女。又曰星紀，於辰在丑。《周禮·保章氏》注：星紀，屬吴越分。西漢《天文志》：牽牛、婺女，揚州。《後漢志》：自斗十一度至婺女七度，一名須女，曰星紀之次。《晋志》：自南斗十二度至須女七度，爲星紀，於辰在丑。吴越之分野。《吴都賦》：上當星紀，包括於越，婺女寄其曜。《唐志》：南斗、牽牛，星紀也。初，南斗九度餘。中，斗二十四①度。終，女四度。吴越百粤，皆其分野。宋兩朝《天文志》：天市東垣南第六星曰吴越。是歷代皆以斗、牛、女爲吴越分。至隋唐，以婺名州，則又專以女宿爲吴郡。但吴越在南而星紀在北，似不相合，故賈公彦謂始封之日，歲星所在爲其分。鄭夾漈則以封國分，以主祭者爲其分，而鄭宗疆婺星辨的主此説，且援杜元凱言爲信。或又謂分野指列宿所屬之分而言，初不謂地也。及考之景濂宋氏則曰："吴越之分固廣，而斗、牛、女之所該亦廣，苟以躔度細推之，郡之墟正上直於婺女耳。"似與初非謂地之説復左。議論同异，未詳孰是。則此中分野以邑有婺、女爲合郡婺州之名，而屬之須、女，亦附會之

① 原作"女"，據《新唐書》卷三十一改。

説耳。姑著大略，以俟知者。《萬曆志》、《康熙志》

星本無次，黄帝因日月所會而爲之次。鄭康成注《周禮》，始以南斗十二度至須女七度爲星紀，屬之吴越。《索隱》云：須女謂之婺女，或作婺，則吴越所占蓋斗、牛、女之次矣。班《志》云：吴斗分野，越牽牛、婺女分野。此分星紀爲二，而吴與越异矣。《元和郡縣志》：隋開皇九年置婺州，取其地於天文爲婺、女之分野。而牛與女又异矣。《内緯秘言》云：女四度，金華府義烏、永康、武義、浦江、湯溪，入七分之二。則婺、女又專屬五邑矣。夫在天一度，計地二千九百三十二里七十一步二尺九寸四分，斗二十五度，牛七度，女十一度，合三星計之，地當廣十二萬里有奇，豈一方一邑所能專屬？邑舊於北嶺建婺星樓，又於壺山建亭，裝婺女星君像，謂是山正應列宿，奉爲壺山尊者。每祈雨，輒著靈應，此亦仿郡城寶婺觀爲之，不能確有所指也。賈公彦以始封歲星所在爲其分，鄭夾漈則以封國主祀爲其分，鄭宗强婺星所舍辨的主此説，且援杜元凱言爲信，亦未敢以爲定論云。《嘉慶志》

更漏中星表　新安王德熾芥舟甫撰

中星驗時，肇於《堯典》。然恒星有歲差之行，地度有里差之异，法當先求本地經緯度，用弧三角法推算，方能密合。查武義北極出地二十八度五十四分，其經度在順天府偏東三度二十八分，緯度當順天府南十一度零一分，金華府爲武義北十六分。若論經度，偏西則節氣早，偏東則節氣遲，如武義節氣應較順天府遲十三分五十一秒，應較金華府遲二十八秒。而論緯度，地南則朦景刻分少，地北則朦景刻分多，且隨時隨地不同。至於更點，今依臺官相傳之法，以日入後八刻起更，日出前九刻攢點，自起更至攢點之時刻，析之爲五更，惟黄赤大距，古遠今近，不能據成法以求。謹遵《欽定儀象考成續編》道光甲辰實測黄赤大距二十三度二十七分，用法推得七十二候、太陽出入、晝夜時刻以立表，又算至光緒丁酉歲天正冬至赤道星度，衍成各節候，昏旦更點之中星偏度分秒以立表，俾後之考邑乘者亦得有所依據，以爲驗時之用云。新安王德熾謹識。

節候	日出		日入		晝		夜		節候
	時刻	分秒	時刻	分秒	刻	分秒	刻	分秒	
冬至上候	卯正三	一〇四四	酉初初	〇四一六	四〇	〇八三二	五五	〇六二八	冬至上候
冬至中候	卯正三	一〇一〇	酉初初	〇四五〇	四〇	〇九四〇	五五	〇五二〇	大雪下候
冬至下候	卯正三	〇九二四	酉初初	〇五三六	四〇	一一一二	五五	〇三四八	大雪中候
小寒上候	卯正三	〇八一一	酉初初	〇六四九	四〇	一三三八	五五	〇一二二	大雪上候
小寒中候	卯正三	〇六二七	酉初初	〇八三三	四一	〇二〇六	五四	一二五四	小雪下候
小寒下候	卯正三	〇四一六	酉初初	一〇四四	四一	〇六二八	五四	〇八三二	小雪中候
大寒上候	卯正三	〇一四六	酉初初	一三一四	四一	一一二八	五四	〇三三二	小雪上候
大寒中候	卯正二	一三五三	酉初一	〇一〇七	四二	〇二一四	五三	一二四六	立冬下候
大寒下候	卯正二	一〇四二	酉初一	〇四一八	四二	〇八三六	五三	〇六二四	立冬中候
立春上候	卯正二	〇七一六	酉初一	〇七四四	四三	〇〇二八	五二	一四三二	立冬上候
立春中候	卯正一	一四四五	酉初二	〇〇一五	四四	〇〇三〇	五一	一四三〇	霜降下候

續　表

節候	日出		日入		晝		夜		節候
	時刻	分 秒	時刻	分 秒	刻	分 秒	刻	分 秒	
立春 下候	卯正一	一四 四四	酉初二	〇〇 一六	四四	〇〇 三二	五一	一四 二八	霜降 中候
雨水 上候	卯正一	一〇 四四	酉初二	〇四 一六	四四	〇八 三二	五一	〇六 二八	霜降 上候
雨水 中候	卯正一	〇六 三七	酉初二	〇八 二三	四五	〇一 四六	五〇	一三 一四	寒露 下候
雨水 下候	卯正初	一三 二〇	酉初三	〇一 四〇	四六	〇三 二〇	四九	一一 四〇	寒露 中候
驚蟄 上候	卯正初	一一 一三	酉初三	〇三 四七	四六	〇七 三四	四九	〇七 二六	寒露 上候
驚蟄 中候	卯正初	〇八 四六	酉初三	〇六 一四	四六	一二 二八	四九	〇二 三二	秋分 下候
驚蟄 下候	卯正初	〇二 一一	酉初三	一二 四九	四七	一〇 三八	四八	〇四 二二	秋分 中候
春分 上候	卯正初	〇〇 〇〇	酉正初	〇〇 〇〇	四八	〇〇 〇〇	四八	〇〇 〇〇	秋分 上候
春分 中候	卯初三	一二 四九	酉正初	〇二 一一	四八	〇三 二二	四七	一一 三八	白露 下候
春分 下候	卯初三	〇六 一四	酉正初	〇八 四六	四九	〇二 三二	四六	一二 二八	白露 中候
清明 上候	卯初三	〇三 四七	酉正初	一一 一三	四九	〇七 二六	四六	〇七 三四	白露 上候
清明 中候	卯初三	〇一 四〇	酉正初	一三 二〇	四九	一一 四〇	四六	〇三 二〇	處暑 下候
清明 下候	卯初二	〇八 二三	酉正一	〇六 三七	四九	一三 一四	四六	一一 二八	處暑 中候

續　表

節候	日出		日入		晝		夜		節候
	時刻	分秒	時刻	分秒	刻	分秒	刻	分秒	
穀雨上候	卯初二	〇四一六	酉正一	一〇四四	五〇	〇六二八	四五	〇八三二	處暑上候
穀雨中候	卯初二	〇〇一六	酉正一	一四四四	五〇	一四二八	四五	〇〇三二	立秋下候
穀雨下候	卯初二	〇〇一五	酉正一	一四四五	五〇	一四三〇	四五	〇〇三〇	立秋中候
立夏上候	卯初一	〇七四四	酉正二	〇七一六	五一	一四三六	四四	〇〇二四	立秋上候
立夏中候	卯初一	〇四一八	酉正二	一〇四二	五二	〇六二四	四三	〇八三六	大暑下候
立夏下候	卯初一	〇一〇七	酉正二	一三五三	五二	一二四六	四三	〇二一四	大暑中候
小滿上候	卯初初	一三一四	酉正三	〇一四六	五四	〇三三二	四一	一一二八	大暑上候
小滿中候	卯初初	一〇四四	酉正三	〇四一六	五四	〇八三二	四一	〇六二八	小暑下候
小滿下候	卯初初	〇八三三	酉正三	〇六二七	五四	一二五四	四一	〇二〇六	小暑中候
芒種上候	卯初初	〇八一六	酉正三	〇六四四	五四	一三二八	四一	〇一三二	小暑上候
芒種中候	卯初初	〇五三六	酉正三	〇九二四	五五	〇三四八	四〇	一一一二	夏至下候
芒種下候	卯初初	〇四五〇	酉正三	一〇一〇	五五	〇五二〇	四〇	〇九四〇	夏至中候
夏至上候	卯初初	〇四一六	酉正三	一〇四四	五五	〇六二八	四〇	〇八三二	夏至上候

右表上層節氣，横行自右向左。下層節氣，横行自左向右。餘皆直視。如冬至上候日出卯正三刻十分四十四秒，日入酉初初刻零四分十六秒，晝長四十刻零八分三十二秒，夜長五十五刻零六分二十八秒。餘倣此。

冬至上候日躔赤道初宫初度初分初秒

昏旦更點	時刻	分	秒	中星	偏度	分	秒
昏刻	酉正二	○三	二五	土司空	東一	一二	一六
起更	戌初初	○四	一六	奎宿九	西○	○三	一八
二更	戌正三	一四	三四	天囷一	西○	三七	五二
三更	亥正三	○九	五二	參宿七	東三	四二	○八
四更	子正一	○五	一○	弧矢七	東一	○六	○四
五更	丑正三	○○	二七	柳宿一	西三	二一	○三
攢點	寅正二	一○	四四	翼宿一	東三	三六	二九
旦刻	卯初一	一一	三五	五帝座一	東四	二二	○九

冬至中候日躔赤道初宫五度二十六分五十一秒

昏旦更點	時刻	分	秒	中星	偏度	分	秒
昏刻	酉正二	○三	三五	奎宿一	西○	四九	○七
起更	戌初初	○四	五○	婁宿一	東五	三六	五一
二更	戌正三	一四	五四	昴宿一	東四	一九	○六
三更	亥正三	○九	五八	參宿五	東○	四四	三九
四更	子正三	○五	○二	弧矢二	東二	○三	三二
五更	丑正三	○○	○六	星宿一	東三	五七	一六
攢點	寅正二	一○	一○	翼宿一	西一	五一	五二
旦刻	卯初一	一一	二五	五帝座一	西一	○二	一二

冬至下候日躔赤道初宫十度五十二分四十七秒

昏旦更點	時刻	分	秒	中星	偏度	分	秒
昏刻	酉正二	〇四	一〇	奎宿九	西三	二四	三五
起更	戌初初	〇五	三六	婁宿一	西〇	〇〇	三五
二更	亥初初	〇〇	二一	昴宿一	西一	一二	三五
三更	亥正三	一〇	〇七	參宿六	東一	〇四	二四
四更	子正三	〇四	五三	南河一	西三	一九	四七
五更	丑正二	一四	三九	星宿四	東一	三九	〇二
攢點	寅正二	〇九	二四	西上相	西三	三三	二五
旦刻	卯初一	一〇	五〇	軫宿一	東〇	三二	四四

小寒上候日躔赤道初宫十六度十六分五十四秒

昏旦更點	時刻	分	秒	中星	偏度	分	秒
昏刻	酉正二	〇五	〇六	婁宿一	東二	一二	四八
起更	戌初初	〇六	四九	婁宿三	西二	三六	五四
二更	亥初初	〇一	〇五	天苑一	西三	一三	一三
三更	亥正三	一〇	二一	參宿四	西二	三九	三〇
四更	子正三	〇四	三八	北河三	西三	四九	一六
五更	丑正二	一三	五四	張宿一	西〇	三三	五三
攢點	寅正二	〇八	一一	五帝座一	東〇	一一	一五
旦刻	卯初一	〇九	五四	庫樓七	東一	三八	二八

小寒中候日躔赤道初宫二十一度三十八分二十四秒

昏旦更點	時刻	分	秒	中星	偏度	分	秒
昏刻	酉正二	〇六	二二	婁宿三	西〇	二一	三九
起更	戌初初	〇八	三三	胃宿一	東〇	三六	一七
二更	亥初初	〇二	〇八	畢宿一	東〇	二一	四三
三更	亥正三	一〇	四三	軍市一	西〇	五九	三一
四更	子正三	〇四	一八	鬼宿一	東二	三一	一九
五更	丑正二	一二	五三	軒轅十二	東一	〇三	四六
攢點	寅正二	〇六	二七	軫宿一	東一	五六	三七
旦刻	卯初一	〇八	三六	東次將	東二	二六	一四

小寒下候日躔赤道初宫二十六度五十六分三十七秒

昏旦更點	時刻	分	秒	中星	偏度	分	秒
昏刻	酉正二	〇八	一四	胃宿一	東二	五二	四九
起更	戌初初	一〇	四四	天囷一	西〇	二一	五九
二更	亥初初	〇三	二六	參宿七	東四	三七	〇一
三更	亥正三	一一	〇八	天狼	西〇	四五	三七
四更	子正三	〇三	五一	柳宿一	西一	〇八	四〇
五更	丑正二	一一	三四	軒轅十二	西三	四四	四二
攢點	寅正二	〇四	一六	左執法	西一	四八	一八
旦刻	卯初一	〇六	四六	角宿一	東二	三六	一九

大寒上候日躔赤道一宫二度十一分〇〇秒

昏旦更點	時刻	分	秒	中星	偏度	分	秒
昏刻	酉正二	〇九	五六	天囷一	東二	〇五	三八
起更	戌初初	一三	一四	天廪三	西〇	〇四	二四
二更	亥初初	〇四	五六	參宿七	西〇	五七	五二
三更	亥正三	一一	三九	弧矢一	西二	四二	一一
四更	子正三	〇三	二一	柳宿六	西一	四四	二八
五更	丑正二	一〇	〇四	翼宿一	東一	三五	二九
攢點	寅正二	〇一	四六	庫樓七	西一	〇四	三八
旦刻	卯初一	〇五	〇四	角宿一	西二	一二	三四

大寒中候日躔赤道一宫七度二十一分九秒

昏旦更點	時刻	分	秒	中星	偏度	分	秒
昏刻	酉正二	一二	一一	天囷一	西三	三八	一六
起更	戌初一	〇一	〇七	昴宿一	西一	三八	二七
二更	亥初初	〇六	四〇	參宿一	西〇	〇五	四九
三更	亥正三	一二	一三	南河三	東一	五三	一八
四更	子正三	〇二	四六	星宿一	東一	二二	五八
五更	丑正一	〇八	二〇	西上相	東〇	一四	一三
攢點	寅正一	一三	五三	東次將	西〇	一五	四六
旦刻	卯初一	〇二	四九	庫樓三	東三	二四	四二

大寒下候日躔赤道一宮十二度二十六分五十秒

昏旦更點	時刻	分	秒	中星	偏度	分	秒
昏刻	酉正二	一四	四四	昴宿一	東一	〇六	三七
起更	戌初一	〇四	一八	畢宿一	東三	二五	二七
二更	亥初初	〇八	三五	參宿四	西二	〇七	一六
三更	亥正三	一二	五二	北河三	西二	〇五	四二
四更	子正三	〇二	〇九	張宿一	東二	二七	二六
五更	丑正二	〇六	二五	五帝座一	東四	二七	四九
攢點	寅正一	一〇	四二	角宿一	東一	〇七	〇六
旦刻	卯初一	〇〇	一六	亢宿一	東〇	三七	五一

立春上候日躔赤道一宮十七度二十七分五十九秒

昏旦更點	時刻	分	秒	中星	偏度	分	秒
昏刻	酉正三	〇〇	五三	天苑一	西〇	三六	一六
起更	戌初一	〇七	四四	畢宿五	西〇	二七	〇一
二更	亥初初	一〇	三八	軍市一	西〇	三二	五一
三更	亥正三	一三	三三	鬼宿一	東四	二二	五九
四更	子正三	〇一	二七	軒轅十四	東一	四一	五〇
五更	丑正二	〇四	二二	五帝座一	西〇	〇二	三五
攢點	寅正一	〇七	一六	角宿一	西三	〇二	三三
旦刻	卯初初	一四	〇七	大角	西三	一〇	二二

立春中候日躔赤道一宮二十二度二十四分四十秒

昏旦更點	時刻	分	秒	中星	偏度	分	秒
昏刻	酉正三	○五	三七	畢宿一	東○	三七	五二
起更	戌初二	○○	一五	參宿七	東二	二六	四三
二更	亥初一	○○	○九	天狼	西○	五八	五五
三更	子初初	○○	○三	鬼宿一	西○	五六	一二
四更	子正二	一四	五七	軒轅十二	西○	○三	三○
五更	丑正一	一四	五一	軫宿一	東一	四九	二一
攢點	寅正初	一四	四五	庫樓三	東四	○七	一一
旦刻	卯初初	○九	二三	氐宿一	東一	三六	二一

立春下候日躔赤道一宮二十七度十七分三秒

昏旦更點	時刻	分	秒	中星	偏度	分	秒
昏刻	酉正三	○八	五九	畢宿五	西三	一四	四一
起更	戌初二	○○	一六	參宿五	東○	○四	五七
二更	亥初一	○○	○九	弧矢二	東三	五六	三五
三更	子初初	○○	○三	柳宿一	西四	五六	○六
四更	子正二	一四	五七	軒轅十二	西四	五五	五三
五更	丑正一	一四	五一	軫宿一	西二	○三	○二
攢點	寅正初	一四	四四	亢宿一	東○	五五	三八
旦刻	卯初初	○六	○一	氐宿一	西二	二五	三二

雨水上候日躔赤道二宫二度五分二十九秒

昏旦更點	時刻	分	秒	中星	偏度	分	秒
昏刻	酉正三	一四	二七	参宿七	東〇	二八	二四
起更	戌初二	〇四	一六	参宿一	西一	四四	〇九
二更	亥初一	〇二	三三	南河三	東二	一三	五八
三更	子初初	〇〇	五一	星宿一	東三	二二	二三
四更	子正二	一四	〇九	翼宿一	東〇	三九	四五
五更	丑正一	一二	二七	庫樓七	東〇	〇五	三八
攢點	寅正初	一〇	四四	大角	西一	五七	〇七
旦刻	卯初初	〇〇	三三	氐宿四	東〇	四一	四〇

雨水中候日躔赤道二宫六度五十分二十一秒

昏旦更點	時刻	分	秒	中星	偏度	分	秒
昏刻	戌初初	〇一	〇〇	觜宿一	東〇	一七	四五
起更	戌初二	〇八	二三	井宿一	東二	四六	二一
二更	亥初一	〇五	〇二	北河三	西一	一六	四三
三更	子初初	〇一	四〇	星宿一	西一	二六	四四
四更	子正二	一三	一九	西上相	西〇	二九	四四
五更	丑正一	〇九	五八	東次將	東一	一三	四七
攢點	寅正初	〇六	三七	氐宿一	東二	五二	一〇
旦刻	寅正三	一四	六〇	貫索四	東〇	五八	五八

雨水下候日躔赤道二宫十一度三十一分〇七秒

昏旦更點	時刻	分	秒	中星	偏度	分	秒
昏刻	戌初初	〇五	〇八	参宿四	西〇	二〇	二八
起更	戌初三	〇一	四〇	井宿三	西〇	〇四	二〇
二更	亥初一	一〇	〇〇	鬼宿一	東三	四三	〇六
三更	子初初	〇三	二〇	張宿一	西〇	三九	三六
四更	子正二	一一	四〇	五帝座一	東四	一九	四七
五更	丑正一	〇五	〇〇	角宿一	東三	二八	一九
攢點	寅初三	一三	二〇	氐宿一	東〇	一五	三九
旦刻	寅正二	〇九	五二	蜀	西〇	二五	〇〇

驚蟄上候日躔赤道二宫十六度十一分二十二秒

昏旦更點	時刻	分	秒	中星	偏度	分	秒
昏刻	戌初初	〇九	二五	井宿一	東〇	三九	五〇
起更	戌初三	〇三	四七	弧矢七	東〇	一五	二七
二更	亥初一	一一	一六	柳宿一	東〇	一五	二〇
三更	子初初	〇三	四五	軒轅十三	東一	二七	四八
四更	子正二	一一	一四	五帝座一	西〇	二八	五八
五更	丑正一	〇三	四四	角宿一	西〇	五二	五六
攢點	寅初三	一一	一三	氐宿四	東二	二四	四七
旦刻	寅正三	〇五	三五	房宿一	西〇	三六	四四

驚蟄中候日躔赤道二宫二十度四十八分四十秒

昏旦更點	時刻	分	秒	中星	偏度	分	秒
昏刻	戌初一	〇〇	五一	天狼	東〇	二六	三五
起更	戌初三	〇六	一四	弧矢二	東一	二三	四三
二更	亥初二	一二	四四	柳宿六	西〇	一二	五三
三更	子初初	〇四	一五	軒轅十二	西三	一七	〇〇
四更	子正二	一〇	四五	軫宿一	東一	四一	五一
五更	丑正一	〇二	一六	庫樓三	東五	一五	二六
攢點	寅初三	〇八	四六	氐宿四	西一	一九	四六
旦刻	寅正二	一四	〇九	心宿一	東一	五七	〇七

驚蟄下候日躔赤道二宫二十五度二十四分四十秒

昏旦更點	時刻	分	秒	中星	偏度	分	秒
昏刻	戌初一	〇五	四九	弧矢二	東〇	二六	三三
起更	戌初三	一二	四九	北河三	西〇	〇二	四七
二更	亥初二	〇一	四一	星宿一	東二	二〇	四二
三更	子初初	〇五	三四	翼宿一	東一	五九	一九
四更	子正二	〇九	二六	軫宿一	西二	三四	二四
五更	丑正初	一三	一九	庫樓三	東一	二八	四一
攢點	寅初三	〇二	一一	貫索四	東〇	二三	二四
旦刻	寅正二	〇九	一一	心宿二	西一	二四	二三

春分上候日躔赤道三宫初度初分初秒

昏旦更點	時刻	分	秒	中星	偏度	分	秒
昏刻	戌初一	〇七	〇五	南河三	東三	〇一	二七
起更	戌正初	〇〇	〇〇	北河三	西五	一〇	五二
二更	亥初二	〇三	〇〇	星宿一	西二	二四	二三
三更	子初初	〇六	〇〇	西上相	東〇	四〇	二二
四更	子正二	〇九	〇〇	庫樓七	西〇	四二	〇八
五更	丑正初	一二	〇〇	大角	西〇	一〇	三八
攢點	寅初三	〇〇	〇〇	蜀	西一	二五	五三
旦刻	寅正二	〇七	五五	尾宿一	東一	四〇	五九

春分中候日躔赤道三宫四度三十五分二十秒

昏旦更點	時刻	分	秒	中星	偏度	分	秒
昏刻	戌初一	一二	三一	北河三	西一	三八	五七
起更	戌正初	〇二	一一	鬼宿一	東一	二〇	二三
二更	亥初二	〇四	一九	張宿一	西一	二八	三四
三更	子初初	〇六	二七	西上相	西三	五九	四三
四更	子正二	〇八	三五	庫樓七	西五	一一	一三
五更	丑正初	〇九	四二	大角	西四	一一	二八
攢點	寅初三	一二	四九	房宿四	西〇	二一	五四
旦刻	寅正二	〇二	二九	尾宿一	西一	一〇	五一

春分下候日躔赤道三宫九度十一分二十秒

昏旦更點	時刻	分	秒	中星	偏度	分	秒
昏刻	戌初二	〇二	三九	鬼宿一	東四	〇八	〇八
起更	戌正初	〇八	四六	柳宿一	西三	二二	〇八
二更	亥初二	〇八	一五	軒轅十二	西〇	〇九	四〇
三更	子初初	〇七	四五	五帝座一	西〇	〇六	四一
四更	子正二	〇七	一五	角宿一	東一	二九	二一
五更	丑正初	〇六	四五	氐宿一	東〇	二九	一一
攢點	寅初二	〇六	一四	心宿一	東〇	三三	一二
旦刻	寅正一	一二	二一	尾宿一	西四	二九	五一

清明上候日躔赤道三宫十三度四十八分三十八秒

昏旦更點	時刻	分	秒	中星	偏度	分	秒
昏刻	戌初二	〇七	〇四	柳宿一	西〇	〇三	五六
起更	戌正初	一三	一三	星宿一	東四	〇三	四四
二更	亥初二	〇九	四四	翼宿一	東五	〇二	五一
三更	子初初	〇八	一五	軫宿一	東一	四九	二三
四更	子正二	〇六	四六	角宿一	西三	〇〇	四二
五更	丑正初	〇五	一七	氐宿四	東二	四七	三一
攢點	寅初二	〇三	四七	心宿二	西一	二六	〇九
旦刻	寅正一	〇七	五六	尾宿五	東二	五六	〇八

清明中候日躔赤道三宫十八度二十八分五十三秒

昏旦更點	時刻	分	秒	中星	偏度	分	秒
昏刻	戌初二	一二	二七	柳宿一	西六	〇四	一六
起更	戌正初	一三	二〇	星宿一	西一	〇八	一六
二更	亥初二	一一	〇〇	翼宿一	西〇	〇六	二四
三更	子初初	〇八	四〇	軫宿一	西二	五七	〇七
四更	子正二	〇六	二〇	庫樓三	東二	三九	一三
五更	丑正初	〇四	〇〇	氐宿四	西一	三三	二九
攢點	寅初二	〇一	四〇	尾宿一	西〇	一四	〇九
旦刻	寅正一	〇二	三三	侯	西〇	一八	五三

清明下候日躔赤道三宫二十三度九分三十九秒

昏旦更點	時刻	分	秒	中星	偏度	分	秒
昏刻	戌初三	〇三	二五	星宿一	東〇	二四	四三
起更	戌正一	〇六	三七	張宿一	西一	四二	二三
二更	亥初三	〇〇	五八	西上相	西二	二八	四七
三更	子初初	一〇	一九	庫樓七	西一	四三	三二
四更	子正二	〇四	四一	亢宿一	東〇	〇三	四七
五更	丑初三	一四	〇二	貫索四	西〇	一九	二〇
攢點	寅初一	〇八	二三	尾宿一	西二	五〇	四〇
旦刻	寅正初	一一	三五	侯	西三	三〇	〇九

穀雨上候日躔赤道三宫二十七度五十四分三十一秒

昏旦更點	時刻	分	秒	中星	偏度	分	秒
昏刻	戌初三	〇九	四四	張宿一	東〇	〇六	〇〇
起更	戌正一	一〇	四四	軒轅十二	西〇	四五	〇六
二更	亥初三	〇三	二六	五帝座一	東〇	五九	五三
三更	子初初	一一	〇九	角宿一	東四	一七	四〇
四更	子正二	〇三	五二	大角	西三	三三	〇九
五更	丑初三	一一	三四	房宿一	東一	一〇	二二
攢點	寅初一	〇四	一六	俟	東四	四九	四四
旦刻	寅正初	〇五	一六	箕宿一	東〇	三六	五九

穀雨中候日躔赤道四宫二度四十二分五十七秒

昏旦更點	時刻	分	秒	中星	偏度	分	秒
昏刻	戌初三	一二	五三	軒轅十二	東一	二四	一三
起更	戌正一	一四	四四	翼宿一	東三	三八	三二
二更	亥初三	〇五	五一	軫宿一	東二	一六	〇四
三更	子初初	一一	五八	角宿一	西〇	四三	〇一
四更	子正二	〇三	〇五	氐宿一	東〇	二二	三四
五更	丑初三	〇九	一一	房宿四	西一	二〇	〇一
攢點	寅初一	〇〇	一六	尾宿五	東〇	五六	四九
旦刻	寅正初	〇二	〇七	箕宿一	西三	二四	一二

穀雨下候日躔赤道四宮七度三十五分二十秒

昏旦更點	時刻	分	秒	中星	偏度	分	秒
昏刻	戌正初	〇二	五七	軒轅十二	西四	四四	一〇
起更	戌正一	一四	四五	西上相	東二	〇八	四七
二更	亥初三	〇五	五〇	庫樓七	東三	三九	〇二
三更	子初初	一一	五六	庫樓三	東四	三八	四六
四更	子正二	〇三	〇一	氐宿四	東二	〇四	四九
五更	丑初三	〇九	〇七	心宿二	西〇	一七	五一
攢點	寅初一	〇〇	一五	侯	西三	五〇	五〇
旦刻	寅初三	一二	〇三	斗宿一	東三	〇〇	四八

立夏上候日躔赤道四宮十二度三十二分〇一秒

昏旦更點	時刻	分	秒	中星	偏度	分	秒
昏刻	戌正初	〇七	四六	翼宿一	西〇	一一	〇二
起更	戌正二	〇七	一六	五帝座一	東四	〇九	五三
二更	亥初三	一〇	二一	庫樓七	西二	一九	二四
三更	子初初	一三	二七	庫樓三	西〇	四〇	四〇
四更	子正二	〇一	三三	貫索四	東二	一〇	三三
五更	丑初三	〇四	三九	尾宿一	東一	一二	五八
攢點	寅初初	〇七	四四	箕宿一	東〇	二二	二九
旦刻	寅初三	〇七	一四	斗宿一	西〇	四三	三八

立夏中候日躔赤道四宫十七度二十三分十秒

昏旦更點	時刻	分	秒	中星	偏度	分	秒
昏刻	戌正初	一二	〇四	西上相	西三	二三	四八
起更	戌正二	一〇	四二	五帝座一	西一	四二	四六
二更	亥初三	一二	二五	角宿一	東三	〇五	〇一
三更	子初初	一四	〇九	大角	西三	一六	〇三
四更	子正二	〇〇	五二	蜀	西〇	二七	〇三
五更	丑初三	〇二	三五	天紀三	西〇	二一	三二
攢點	寅初初	〇四	一八	箕宿一	西三	四七	一〇
旦刻	寅初三	〇二	五六	天弁七	東〇	四五	二二

立夏下候日躔赤道四宫二十二度三十八分五十一秒

昏旦更點	時刻	分	秒	中星	偏度	分	秒
昏刻	戌正一	〇二		五帝座一	西一	〇三	五七
起更	戌正二	一三		軫宿一	西〇	五五	二〇
二更	亥初三	一四		角宿一	西二	二九	二五
三更	子初初	一四		氐宿一	東〇	〇一	一〇
四更	子正二	〇〇		房宿四	西〇	一六	二五
五更	丑初三	〇〇		尾宿五	東三	二五	一〇
攢點	寅初初	〇一		斗宿一	東一	五六	一七
旦刻	寅初二	一二		天弁七	西二	五五	一九

小滿上候日躔赤道四宮二十七度四十九分〇秒

昏旦更點	時刻	分	秒	中星	偏度	分	秒
昏刻	戌正一	〇六	二六	軫宿一	西〇	二八	四四
起更	戌正三	〇一	四六	庫樓七	西〇	二七	三八
二更	亥正初	〇一	〇三	角宿一	東六	五四	四一
三更	子初一	〇〇	二一	氐宿四	東一	一六	〇九
四更	子正一	一四	三九	心宿二	東〇	三六	一四
五更	丑初二	一三	五七	侯	西一	一五	三〇
攢點	丑正三	一三	一四	斗宿一	西二	三〇	三七
旦刻	寅初二	〇八	三四	河鼓二	東三	五九	五四

小滿中候日躔赤道五宮三度三分二十三秒

昏旦更點	時刻	分	秒	中星	偏度	分	秒
昏刻	戌正一	〇九	五八	庫樓七	西〇	一五	〇一
起更	戌正三	〇四	一六	東次將	西一	〇三	四五
二更	亥正初	〇二	三四	大角	西〇	五二	三一
三更	子初一	〇〇	五三	貫索四	東〇	三四	一一
四更	子正一	一四	一二	尾宿一	東〇	四八	二一
五更	丑初二	一二	三一	箕宿一	東一	〇九	二二
攢點	丑正三	一〇	四八	天弁七	西一	四二	五一
旦刻	寅初二	〇五	〇二	河鼓二	西〇	二一	二九

小滿下候日躔赤道五宫八度二十一分三十六秒

昏旦更點	時刻	分	秒	中星	偏度	分	秒
昏刻	戌正一	一三	二三	東次將	西一	〇八	四三
起更	戌正三	〇六	二七	角宿一	西一	一三	五五
二更	亥正初	〇三	五二	氐宿一	東二	〇二	一〇
三更	子初一	〇一	一七	房宿一	東〇	四七	三二
四更	子正一	一三	四二	尾宿一	西四	二二	二二
五更	丑初二	一一	〇八	箕宿一	西三	四八	〇六
攢點	丑正三	〇八	三三	河鼓二	東四	四二	三三
旦刻	寅初二	一〇	三七	天桴一	西一	五六	五三

芒種上候日躔赤道五宫十三度四十三分六秒

昏旦更點	時刻	分	秒	中星	偏度	分	秒
昏刻	戌正二	〇〇	五八	角宿一	西一	二八	一〇
起更	戌正三	〇六	四四	庫樓三	東三	三四	〇〇
二更	亥正初	〇四	〇二	氐宿四	西〇	三三	一二
三更	子初一	〇一	二一	心宿一	東〇	五九	四一
四更	子正一	一三	三九	尾宿五	東一	三五	五五
五更	丑初二	一〇	五八	斗宿一	東〇	五四	一七
攢點	丑正三	〇八	一六	河鼓二	西〇	三四	四二
旦刻	寅初一	一四	〇二	牛宿一	西二	〇四	四八

芒種中候日躔赤道五宫十九度七分十三秒

昏旦更點	時刻	分	秒	中星	偏度	分	秒
昏刻	戌正二	〇二	五五	庫樓三	東二	五二	〇八
起更	戌正三	〇九	二四	大角	東〇	〇六	〇九
二更	亥正初	〇五	三八	貫索四	東二	〇四	〇六
三更	子初一	〇一	五三	心宿二	西二	三一	一四
四更	子正一	一三	〇八	侯	西三	三五	五八
五更	丑初二	〇九	二二	斗宿一	西四	〇五	五〇
攢點	丑正三	〇五	三六	牛宿一	東二	〇七	三五
旦刻	寅初一	一二	〇二	女宿一	西〇	一六	二三

芒種下候日躔赤道五宫二十四度三十三分九秒

昏旦更點	時刻	分	秒	中星	偏度	分	秒
昏刻	戌正二	〇四	一五	大角	西〇	一七	三二
起更	戌正三	一〇	一〇	氐宿一	東三	〇一	〇七
二更	亥正初	〇六	〇六	蜀	西一	一五	三二
三更	子初一	〇二	〇二	尾宿一	西二	二八	五五
四更	子正一	一二	五八	箕宿一	西一	四二	〇九
五更	丑初二	〇八	五四	河鼓二	西七	四九	一五
攢點	丑正三	〇四	五〇	牛宿一	西三	〇六	五一
旦刻	寅初一	一〇	四五	女宿一	西五	二三	〇四

夏至上候日躔赤道六宫初度初分初秒

昏旦更點	時刻	分	秒	中星	偏度	分	秒
昏刻	戌正二	〇四	三〇	氐宿一	東二	四四	一六
起更	戌正三	一〇	四四	氐宿四	東三	五九	二四
二更	亥正初	〇六	二六	房宿四	西一	四〇	四九
三更	子初一	〇二	〇八	尾宿五	東三	二一	四六
四更	子正一	一二	五一	斗宿一	東二	五四	〇八
五更	丑初二	〇八	三四	河鼓二	東一	四八	五四
攢點	丑正三	〇四	一六	女宿一	西一	四二	四〇
旦刻	寅初一	一〇	三〇	虚宿一	東〇	二一	一六

夏至中候日躔赤道六宫五度二十六分五十一秒

昏旦更點	時刻	分	秒	中星	偏度	分	秒
昏刻	戌正二	〇四	一五	氐宿一	西二	三八	五〇
起更	戌正三	一〇	一〇	氐宿四	西一	〇九	〇〇
二更	亥正初	〇六	〇六	心宿二	西一	〇九	〇七
三更	子初一	〇二	〇二	侯	西二	〇九	〇六
四更	子正一	一二	五八	斗宿一	西二	三四	二八
五更	丑初二	〇八	五四	河鼓二	西三	四二	五七
攢點	丑正三	〇四	五〇	虚宿一	東三	四二	四〇
旦刻	寅初一	一〇	四五	危宿一	東三	一九	四六

夏至下候日躔赤道六宫十度五十二分四十七秒

昏旦更點	時刻	分	秒	中星	偏度	分	秒
昏刻	戌正二	〇二	五五	氐宿一	西一	一一	〇八
起更	戌正三	〇九	二四	蜀	東〇	二〇	二〇
二更	亥正初	〇五	三八	尾宿一	西一	〇七	三三
三更	子初一	〇一	五三	箕宿一	西〇	一五	三二
四更	子正一	一三	〇八	斗宿四	西五	三七	五六
五更	丑初二	〇九	二二	牛宿一	西一	四九	二九
攢點	丑正三	〇五	三六	虚宿一	西一	五四	四六
旦刻	寅初一	一二	〇二	危宿一	西二	二五	二五

小暑上候日躔赤道六宫十六度十六分五十四秒

昏旦更點	時刻	分	秒	中星	偏度	分	秒
昏刻	戌正二	〇〇	五八	蜀	東〇	四七	四三
起更	戌正三	〇六	四四	房宿四	東〇	四二	四七
二更	亥正初	〇四	〇二	尾宿五	東五	一一	二二
三更	子初一	〇一	二一	斗宿一	東四	二九	二九
四更	子正一	一三	三九	河鼓二	東三	〇〇	四五
五更	丑初二	一〇	五八	女宿一	西〇	五五	〇四
攢點	丑正三	〇八	一六	危宿一	東〇	三六	五八
旦刻	寅初一	一四	〇二	北落師門	東四	二八	二八

小暑中候日躔赤道六宫二十一度三十八分二十四秒

昏旦更點	時刻	分	秒	中星	偏度	分	秒
昏刻	戌正一	一三	二三	房宿四	東一	一一	三二
起更	戌正三	〇六	二七	心宿二	東一	一九	〇五
二更	亥正初	〇三	五二	侯	西〇	〇三	〇九
三更	子初一	〇一	一七	斗宿一	西〇	五〇	四六
四更	子正一	一三	四二	河鼓二	西二	二一	三〇
五更	丑初二	一一	〇八	虚宿一	東四	四一	三七
攢點	丑正三	〇八	三三	危宿一	西四	四八	四七
旦刻	寅初二	一〇	三七	室宿一	西一	五一	一三

小暑下候日躔赤道六宫二十六度五十六分三十七秒

昏旦更點	時刻	分	秒	中星	偏度	分	秒
昏刻	戌正一	〇九	五八	心宿一	東〇	三六	五五
起更	戌正三	〇四	十六	尾宿一	東一	五四	〇七
二更	亥正初	〇二	三四	箕宿一	東二	一五	二三
三更	子初一	〇〇	五三	斗宿四	西三	三八	〇一
四更	子正一	一四	一二	牛宿一	西〇	二〇	四九
五更	丑初二	一二	三二	虚宿一	西〇	五七	二一
攢點	丑正三	一〇	四四	北落師門	東二	〇八	一六
旦刻	寅初二	〇五	〇二	室宿一	西五	四五	四一

大暑上候日躔赤道七宮二度十一分〇〇秒

昏旦更點	時刻	分	秒	中星	偏度	分	秒
昏刻	戌正一	〇六	二六	心宿二	西一	四三	一六
起更	戌正三	〇一	四六	尾宿一	西二	四二	四六
二更	亥正初	〇一	〇三	箕宿一	西二	三六	一五
三更	子初一	〇〇	二一	河鼓二	東五	二六	〇九
四更	子正一	一四	三九	女宿一	東一	〇〇	三五
五更	丑初二	一三	五七	危宿一	東二	〇二	三七
攢點	丑正三	一三	一四	室宿一	西一	四八	〇四
旦刻	寅初二	〇八	三四	壁宿二	東三	五八	二七

大暑中候日躔赤道七宮七度二十一分九秒

昏旦更點	時刻	分	秒	中星	偏度	分	秒
昏刻	戌正一	〇二	四四	尾宿一	西〇	三七	二五
起更	戌正二	一三	五三	尾宿五	東四	〇九	二二
二更	亥初三	一四	二〇	斗宿一	東二	四〇	四四
三更	子初初	一四	四七	河鼓二	東〇	二四	三〇
四更	子正二	〇〇	一三	女宿一	西四	一八	〇四
五更	丑初三	〇〇	三九	危宿一	西三	三三	〇二
攢點	寅初初	〇一	〇七	室宿一	西七	四一	二七
旦刻	寅初二	一二	一六	壁宿一	西〇	五三	三八

大暑下候日躔赤道七宫十二度二十六分五十秒

昏旦更點	時刻	分	秒	中星	偏度	分	秒
昏刻	戌正初	一二	〇四	尾宿一	西四	一八	〇六
起更	戌正二	一〇	四二	侯	西〇	〇四	〇五
二更	亥初三	一二	二五	斗宿一	西一	五六	一二
三更	子初初	一四	〇九	牛宿一	東二	五四	四三
四更	子正二	〇〇	五二	虚宿一	東一	二七	一一
五更	丑初三	〇二	三五	北落師門	東三	四〇	一七
攢點	寅初初	〇四	一八	壁宿二	東二	一六	三七
旦刻	寅初三	〇二	五六	土司空	東〇	〇七	四一

立秋上候日躔赤道七宫十七度二十七分五十九秒

昏旦更點	時刻	分	秒	中星	偏度	分	秒
昏刻	戌正初	〇七	四六	尾宿一	東三	〇四	一七
起更	戌正二	〇七	一六	箕宿一	東三	一八	三一
二更	亥初三	一〇	二一	斗宿一	西四	〇一	二三
三更	子初初	一三	二七	牛宿一	西一	五五	五六
四更	子正二	〇一	三三	虚宿一	西三	四四	一三
五更	丑初三	〇四	三九	室宿一	東〇	〇三	四二
攢點	寅初初	〇七	四四	壁宿一	西二	二二	二八
旦刻	寅初三	〇七	一四	奎宿一	西二	三〇	〇〇

立秋中候日躔赤道七宫二十二度二十四分四十秒

昏旦更點	時刻	分	秒	中星	偏度	分	秒
昏刻	戌正初	〇二	五七	侯	西〇	三五	四〇
起更	戌正一	一四	四五	箕宿一	西〇	〇〇	二五
二更	亥初三	〇五	五〇	河鼓二	東六	二〇	一四
三更	子初初	一一	五六	女宿一	東〇	一二	四〇
四更	子正二	〇三	〇一	危宿一	西〇	二七	〇三
五更	丑初三	〇九	〇七	室宿一	西五	五九	五九
攢點	寅初一	〇〇	一五	土司空	西一	三九	五四
旦刻	寅初三	一二	〇三	婁宿一	東五	三五	四七

立秋下候日躔赤道七宫二十七度十七分三秒

昏旦更點	時刻	分	秒	中星	偏度	分	秒
昏刻	戌初三	一二	五三	箕宿一	東三	〇五	一二
起更	戌正一	一四	四四	斗宿一	東五	〇七	二七
二更	亥初三	〇五	五一	河鼓二	東一	二七	三六
三更	子初初	一一	五八	女宿一	西四	四〇	一三
四更	子正二	〇三	〇五	危宿一	西五	二〇	二六
五更	丑初三	〇九	一一	壁宿二	東三	五八	〇九
攢點	寅初一	〇〇	一六	奎宿一	西三	〇四	三四
旦刻	寅正初	〇二	〇七	婁宿一	西〇	三二	三六

處暑上候日躔赤道八宫二度五分二十九秒

昏旦更點	時刻	分	秒	中星	偏度	分	秒
昏刻	戌初三	○九	四四	箕宿一	西○	五五	五九
起更	戌正一	一○	四四	斗宿一	東一	二○	二四
二更	亥初三	○三	二六	河鼓二	西二	四四	三五
三更	子初初	一一	○九	虚宿一	東一	四四	一七
四更	子正二	○三	五二	北落師門	東二	二七	二三
五更	丑初三	一一	三四	壁宿二	西○	二六	○二
攢點	寅初一	○四	一六	婁宿一	東五	二一	四三
旦刻	寅正初	○五	一六	婁宿三	西三	○二	一四

處暑中候日躔赤道八宫六度五十分二十一秒

昏旦更點	時刻	分	秒	中星	偏度	分	秒
昏刻	戌初三	○三	二五	箕宿一	西四	○六	○六
起更	戌正一	○六	三七	斗宿一	西二	二二	四三
二更	亥初三	○○	五八	牛宿一	東○	三三	五七
三更	子初初	一○	一九	虚宿一	西二	四八	○五
四更	子正二	○四	四一	室宿一	西○	三四	一○
五更	丑初三	一四	○二	土司空	東二	五七	四○
攢點	寅初一	○八	二三	婁宿一	西○	二四	五四
旦刻	寅正初	一一	三五	胃宿一	西○	二一	一○

處暑下候日躔赤道八宫十一度三十一分七秒

昏旦更點	時刻	分	秒	中星	偏度	分	秒
昏刻	戌初二	一二	二七	斗宿一	西〇	一五	五九
起更	戌正初	一三	二〇	斗宿四	西二	三四	一六
二更	亥初二	一一	〇〇	女宿一	東三	五〇	一三
三更	子初初	〇八	四〇	危宿一	東一	三一	四五
四更	子正二	〇六	二〇	室宿一	西五	三九	四一
五更	丑正初	〇四	〇〇	奎宿一	東〇	三〇	二一
攢點	寅初二	〇一	四〇	婁宿三	西四	〇三	五二
旦刻	寅正一	〇二	三三	天囷一	西一	三八	四四

白露上候日躔赤道八宫十六度十一分二十三秒

昏旦更點	時刻	分	秒	中星	偏度	分	秒
昏刻	戌初二	〇七	〇四	斗宿一	西〇	三五	二九
起更	戌正初	一一	一三	河鼓二	東七	四七	四七
二更	亥初二	〇九	四四	女宿一	西〇	三一	一二
三更	子初初	〇八	一五	危宿一	西三	〇二	一五
四更	子正二	〇六	四六	壁宿二	東五	二五	〇五
五更	丑正初	〇五	一七	奎宿一	西四	二九	〇八
攢點	寅初二	〇三	四七	胃宿一	西〇	一五	一一
旦刻	寅正一	〇七	五六	昴宿一	東二	四九	〇五

白露中候日躔赤道八宫二十度四十八分四十秒

昏旦更點	時刻	分	秒	中星	偏度	分	秒
昏刻	戌初二	〇二	三九	斗宿四	西一	四一	三四
起更	戌正初	〇八	四六	河鼓二	東三	二七	一四
二更	亥初二	〇八	一五	女宿一	西四	四六	〇五
三更	子初初	〇七	四五	北落師門	東五	一五	五七
四更	子正二	〇七	一五	壁宿二	東〇	四〇	三二
五更	丑正初	〇六	四五	婁宿一	東四	四六	一七
攢點	寅初三	〇六	一四	天囷一	西四	二一	三二
旦刻	寅正一	一二	二一	天苑一	東〇	四一	〇一

白露下候日躔赤道八宫二十五度二十四分四十秒

昏旦更點	時刻	分	秒	中星	偏度	分	秒
昏刻	戌初一	一二	三一	斗宿四	西五	〇〇	三四
起更	戌正初	〇二	一一	河鼓二	東〇	二九	五九
二更	亥初二	〇四	一九	虛宿一	東一	三七	三六
三更	子初初	〇六	二七	北落師門	東〇	五九	二七
四更	子正二	〇八	三五	壁宿一	西三	〇一	五四
五更	丑正初	〇九	四二	婁宿一	西〇	三三	五八
攢點	寅初三	一二	四九	昴宿一	西〇	四二	二八
旦刻	寅正二	〇二	二九	畢宿一	東二	〇九	五二

秋分上候日躔赤道九宫初度初分初秒

昏旦更點	時刻	分	秒	中星	偏度	分	秒
昏刻	戌初一	〇七	〇五	河鼓二	東五	五六	〇九
起更	戌正初	〇〇	〇〇	河鼓二	西三	三二	三六
二更	亥初二	〇三	〇〇	虚宿一	西一	三七	五九
三更	子初初	〇六	〇〇	室宿一	西一	三三	三四
四更	子正二	〇九	〇〇	土司空	西〇	一一	二九
五更	丑正初	一二	〇〇	婁宿三	西二	三七	四五
攢點	寅初三	〇〇	〇〇	昴宿一	西一	三〇	三三
旦刻	寅正三	〇七	五五	畢宿一	西三	四六	五八

秋分中候日躔赤道九宫四度三十五分二十秒

昏旦更點	時刻	分	秒	中星	偏度	分	秒
昏刻	戌初一	〇五	四九	河鼓一	東一	三九	四九
起更	戌初三	一二	四九	牛宿一	西〇	〇八	四七
二更	亥初二	〇一	四一	危宿一	東二	四二	一七
三更	子初初	〇五	三四	室宿一	西六	〇二	二四
四更	子正二	〇九	二六	奎宿一	西一	二五	二一
五更	丑正初	一三	一九	胃宿一	東一	二七	五一
攢點	寅初三	〇二	一一	天苑一	西三	〇三	〇九
旦刻	寅正二	〇九	一一	參宿七	東三	〇二	〇三

秋分下候日躔赤道九宫九度十一分二十秒

昏旦更點	時刻	分	秒	中星	偏度	分	秒
昏刻	戌初一	〇〇	五一	河鼓二	西一	四一	四一
起更	戌初三	〇六	一四	牛宿一	西三	〇六	〇二
二更	亥初一	一二	四四	危宿一	西〇	五四	二八
三更	子初初	〇四	一五	壁宿二	東五	三二	五二
四更	子正二	一〇	四五	奎宿九	西三	二一	五三
五更	丑正一	〇二	一六	天囷一	東〇	四五	一八
攢點	寅初三	〇八	四六	畢宿一	西〇	〇五	四三
旦刻	寅正二	一四	〇九	五車一	西〇	一六	〇八

寒露上候日躔赤道九宫十三度四十八分三十八秒

昏旦更點	時刻	分	秒	中星	偏度	分	秒
昏刻	戌初初	〇九	二五	牛宿一	東二	四三	五五
起更	戌初三	〇三	四七	女宿一	西〇	二四	〇三
二更	亥初一	一一	一六	危宿一	西五	〇九	四六
三更	子初初	〇三	四五	壁宿二	東一	〇三	〇四
四更	子正二	一一	一四	婁宿一	東三	〇九	〇四
五更	丑正一	〇三	四四	天囷一	西四	一四	〇〇
攢點	寅初三	一一	一三	參宿七	東四	三三	一五
旦刻	寅正三	〇五	三五	參宿四	東一	〇〇	一六

寒露中候日躔赤道九宫十八度二十八分五十三秒

昏旦更點	時刻	分	秒	中星	偏度	分	秒
昏刻	戌初初	〇五	〇八	牛宿一	西〇	五二	〇五
起更	戌初三	〇一	四〇	女宿一	西四	三二	三三
二更	亥初一	一〇	〇〇	北落師門	東三	一六	五九
三更	子初初	〇三	二〇	壁宿一	西二	一七	二二
四更	子正二	一一	四〇	婁宿一	西一	三七	四一
五更	丑正一	〇五	〇〇	昴宿一	東一	一五	三四
攢點	寅初三	一三	二〇	參宿五	東一	五二	〇七
旦刻	寅正三	〇九	五二	井宿一	東二	〇〇	三四

寒露下候日躔赤道九宫二十三度九分三十九秒

昏旦更點	時刻	分	秒	中星	偏度	分	秒
昏刻	戌初初	〇一	〇〇	女宿一	東二	一一	四一
起更	戌初二	〇八	二三	虚宿一	東三	五一	三七
二更	亥初一	〇五	〇二	北落師門	西〇	〇九	一七
三更	子初初	〇一	四〇	土司空	東〇	五八	五二
四更	子正二	一三	一九	婁宿三	西三	三七	〇九
五更	丑正一	〇九	五八	天苑一	西一	〇四	一三
攢點	寅正初	〇六	三七	參宿一	西〇	五三	三四
旦刻	寅正三	一四	〇〇	井宿三	東〇	〇三	〇八

霜降上候日躔赤道九宫二十七度五十四分三十一秒

昏旦更點	時刻	分	秒	中星	偏度	分	秒
昏刻	酉正三	一四	二七	女宿一	西〇	〇九	五六
起更	戌初二	〇四	一六	虚宿一	東〇	〇八	三〇
二更	亥初一	〇二	三三	室宿一	西二	二一	二〇
三更	子初初	〇〇	五一	奎宿一	西〇	〇五	四七
四更	子正二	一四	〇九	胃宿一	東〇	五一	四三
五更	丑正一	一二	二七	畢宿一	東〇	五五	三一
攢點	寅正初	一〇	四四	参宿四	西三	〇七	五二
旦刻	卯初初	〇〇	三三	弧矢七	東〇	三五	四八

霜降中候日躔赤道十宫二度四十二分五十七秒

昏旦更點	時刻	分	秒	中星	偏度	分	秒
昏刻	酉正三	〇八	五九	虚宿一	東五	二四	一九
起更	戌初二	〇〇	一六	危宿三	西〇	二六	三五
二更	亥初一	〇〇	〇九	室宿一	西六	三三	四六
三更	子初初	〇〇	〇三	奎宿一	西四	四二	一三
四更	子正二	一四	五七	天囷一	東〇	一八	二六
五更	丑正一	一四	五一	畢宿五	西二	三八	三五
攢點	寅正初	一四	四四	井宿三	東一	三三	五〇
旦刻	卯初初	〇六	〇一	弧矢一	西三	〇九	四四

霜降下候日躔赤道十宫七度三十五分二十秒

昏旦更點	時刻	分	秒	中星	偏度	分	秒
昏刻	酉正三	〇五	三七	虚宿一	東一	二二	二六
起更	戌初二	〇〇	一五	危宿一	西〇	〇一	一三
二更	亥初一	〇〇	〇九	壁宿二	東四	二五	二二
三更	子初初	〇〇	〇三	婁宿一	東四	四〇	〇七
四更	子正二	一四	五七	天囷一	西四	三三	五七
五更	丑正一	一四	五一	參宿七	東二	二二	〇三
攢點	寅正初	一四	四五	弧矢七	東二	二一	五九
旦刻	卯初初	〇九	二三	北河三	西〇	〇六	五七

立冬上候日躔赤道十宫十二度三十二分一秒

昏旦更點	時刻	分	秒	中星	偏度	分	秒
昏刻	酉正三	〇〇	五三	虚宿一	西二	二二	一五
起更	戌初一	〇七	四四	危宿一	西三	〇〇	〇九
二更	亥初初	一〇	三八	壁宿二	東〇	三六	二六
三更	亥正三	一三	三三	婁宿一	東〇	〇五	五六
四更	子正三	〇一	二七	昴宿一	東〇	三五	四一
五更	丑正二	〇四	二二	參宿一	東二	四七	四九
攢點	寅正一	〇七	一六	弧矢一	西一	四七	三二
旦刻	卯初初	一四	〇七	鬼宿一	東五	二五	二七

立冬中候日躔赤道十宫十七度三十三分十秒

昏旦更點	時刻	分	秒	中星	偏度	分	秒
昏刻	酉正二	一四	四四	危宿一	東一	二九	四二
起更	戌初一	〇四	一六	北落師門	東五	三九	四二
二更	亥初初	〇八	三五	壁宿一	西二	四〇	二四
三更	亥正三	一二	五二	婁宿三	西一	三八	五五
四更	子正三	〇二	〇九	天苑一	西一	〇〇	二九
五更	丑正二	〇六	二五	参宿四	東〇	四八	一四
攢點	寅正一	一〇	四二	北河三	東〇	五〇	二八
旦刻	卯初一	〇〇	一六	鬼宿一	東〇	〇七	〇三

立冬下候日躔赤道十宫二十二度二丨八分五十一秒

昏旦更點	時刻	分	秒	中星	偏度	分	秒
昏刻	酉正二	一二	一一	危宿一		五八	四四
起更	戌初一	〇一	〇七	北落師門	東	一九	一六
二更	亥初初	〇六	〇四	土司空	東〇	一四	四〇
三更	亥正三	一二	一三	胃宿一	東二	二五	五〇
四更	子正三	〇二	四六	畢宿一	東一	一九	五九
五更	丑正二	〇八	二〇	井宿一	東一	五八	三六
攢點	寅正一	一三	五三	北河三	西五	〇二	五八
旦刻	卯初一	〇二	四九	柳宿一	西四	〇五	二四

小雪上候日躔赤道十宮二十四度四十九分〇秒

昏旦更點	時刻	分	秒	中星	偏度	分	秒
昏刻	酉正二	〇九	五六	北落師門	東五	一二	五二
起更	戌初初	一三	一四	室宿一	西一	一一	〇四
二更	亥初初	〇四	五六	奎宿一	西一	〇一	三一
三更	亥正三	一一	三九	天囷一	東二	一六	五三
四更	子正三	〇三	二一	畢宿五	西二	二二	〇八
五更	丑正二	一〇	〇四	井宿三	東〇	〇七	四七
攢點	寅正二	〇一	四六	鬼宿一	東〇	四三	四三
旦刻	卯初一	〇五	〇四	星宿一	西〇	五四	二三

小雪中候日躔赤道十一宮三度三分二十三秒

昏旦更點	時刻	分	秒	中星	偏度	分	秒
昏刻	酉正二	〇八	一四	北落師門	東〇	二三	五九
起更	戌初初	一〇	四四	室宿一	西五	四七	五七
二更	亥初初	〇三	二六	奎宿九	西二	五四	一一
三更	亥正三	一一	〇八	天囷一	西二	四九	四五
四更	子正三	〇三	五一	參宿七	東二	〇九	〇〇
五更	丑正二	一一	三四	弧矢七	東〇	一一	四一
攢點	寅正二	〇四	一六	柳宿一	西三	三六	四一
旦刻	卯初一	〇六	四六	張宿一	東三	一一	三八

小雪下候日躔赤道十一宫八度二十一分三十六秒

昏旦更點	時刻	分	秒	中星	偏度	分	秒
昏刻	酉正二	〇六	二二	室宿一	西二	三〇	四〇
起更	戌初初	〇八	三三	壁宿二	東五	一八	〇六
二更	亥初初	〇二	〇八	婁宿一	東三	二二	三六
三更	亥正三	一〇	四三	昴宿一	東二	二七	〇六
四更	子正三	〇四	一八	五車五	西〇	四三	三九
五更	丑正二	一二	五三	弧矢一	西三	〇一	二三
攢點	寅正二	〇六	二七	星宿一	東三	一二	一六
旦刻	卯初一	〇八	三八	軒轅十四	東一	三〇	二八

大雪上候日躔赤道十一宫十三度四十三分六秒

昏旦更點	時刻	分	秒	中星	偏度	分	秒
昏刻	酉正二	〇五	〇六	室宿一	西七	三五	一〇
起更	戌初初	〇六	四九	壁宿二	東〇	二二	三六
二更	亥初初	〇一	〇五	婁宿一	西一	四三	〇九
三更	亥正三	一〇	二一	天苑一	東〇	四六	三五
四更	子正三	〇四	三八	參宿四	東一	二〇	〇三
五更	丑正二	一三	五四	北河三	東〇	〇七	三二
攢點	寅正二	〇八	一一	星宿一	西三	一四	三六
旦刻	卯初一	〇九	五四	軒轅十二	西一	二一	一一

大雪中候日躔赤道十一宫十九度七分十三秒

昏旦更點	時刻	分	秒	中星	偏度	分	秒
昏刻	酉正二	○四	一○	壁宿二	東三	○八	二四
起更	戌初初	○五	三六	土司空	西三	四七	一八
二更	亥初初	○○	二一	婁宿三	西三	五九	三三
三更	亥正三	一○	○七	畢宿一	東二	四七	四九
四更	子正三	○四	五三	井宿一	東二	三六	五九
五更	丑正二	一四	三九	北河三	西五	二七	五○
攢點	寅正二	○九	二四	軒轅十四	東一	四八	二一
旦刻	卯初一	一○	五○	翼宿一	東三	一二	四六

大雪下候日躔赤道十一宫二十四度三十三分九秒

昏旦更點	時刻	分	秒	中星	偏度	分	秒
昏刻	酉正二	○三	三五	壁宿一	西○	五五	二三
起更	戌初初	○四	五○	土司空	西一	一二	○八
二更	戌正三	一四	五四	胃宿一	西○	○八	四三
三更	亥正三	○九	五八	畢宿五	西○	四五	三二
四更	子正三	○五	○二	井宿三	東○	四九	三八
五更	丑正三	○○	○六	鬼宿一	東○	三九	三四
攢點	寅正二	一○	一○	軒轅十二	西一	○○	一四
旦刻	卯初一	一一	二五	西上相	東一	○○	五八

右表一節分三候，每半頁爲一候，首行節候竝日躔赤道宫度分秒，餘行分上下層，上層昏旦更點時刻分秒，下層中星偏度分秒。如冬至上候日躔赤道初宫初度初分初秒，昏刻爲酉正二刻零三分二十五秒，其時中星爲土司空，偏東一度十二分十六秒。又起更爲戌初，初刻零四分十六秒，其時中星爲奎宿九，偏西零三分十八秒。餘放此。

武川備考卷二 上

地　輿　考上

疆域

武義縣屬金華府，縣治在府治南八十里。按，此據舊《浙江通志》，以驛遞言，東北行到金華縣石龍頭界三十五里，金華縣東南到武義縣石龍頭界四十五里。又據《金華志》自界至武義茭道驛十里，到縣治又二十五里。以金華之四十五里，合武義之三十五里，則八十里也。若自縣治，北至梅公山三十里，自梅公山至府治四十里，則《嘉慶志》所云七十里是矣。縣境廣七十里，《康熙志》、《嘉慶志》同，《通志》、《府志》、《萬曆志》作六十里。袤六十里。《通志》、《萬曆志》、《嘉慶志》同，《康熙志》作八十里。東至永康縣楊公橋爲界，三十五里，至其縣，二十五里。東南到永康縣桐琴爲界，三十里，至其縣，二十里。南至縉雲縣小窨嶺爲界，三十里，至其縣，六十里。西南到宣平縣小后陶爲界，四十里，至其縣，六十里。又到麗水縣應和爲界，四十五里，至其縣，四十五里。西至金華縣長山爲界，三十五里，至其縣，四十里。西北到金華縣焦溪一作售溪。爲界，三十里，至其縣，四十里。北至金華縣梅公山爲界，三十里。至其縣，四十里。東北到金華縣石龍頭爲界，三十五里，至其縣，四十五里。《嘉慶志》云：《府志》：邑西南界載麗水舊《志》，添入宣平，並無確指。今查《宣平志》，北至武義后陶，六十里。而麗水《志》不載武義縣界，蓋武義與麗水衹南二十四莊龍門嶺一處毗連，而南二十三莊之嶺下湯界、宣平小妃西七莊之大梨口界、宣平大梨原西九莊之後陶界、宣平之吴宅西十莊之梅岡頭界，宣平小洞應以宣平爲的，但龍門嶺亦係處州通衢，故附存之。○德潤按：《康熙志》明言小後陶，何得云無確指？南之毗連麗水者，乃稽較嶺及南二十二莊之溪下村，亦非龍門嶺也。由縣治至省，陸路五百里，水路五百二十里。至京師，陸路四千五百七十五里，水路四千六百七十八里。

沿革表

唐	揚州		
虞	揚州		
夏	揚州		
商	揚州		
周	揚州	越《太平寰宇記》：春秋戰國時，爲越之西界。 楚《史記·楚世家》：楚威王大敗越，殺王無疆，盡取故吴地，至浙江北。	
秦	會稽郡《通典》：秦屬會稽郡。 《資治通鑑》：王翦悉定荆江南地，降百越之君，置會稽郡。		
漢	揚州部	會稽郡《太平寰宇記》：漢初，屬荆吴二國。	
後漢 吴	揚州部	東陽郡《三國·吴志》：寶鼎元年，分會稽爲東陽郡。	武義縣《太平寰宇記》：吴赤烏八年，分烏傷、永康縣置，隋廢。 《輿地廣記》上：武義縣，吴赤烏八年置，後廢。
晋	揚州部《晋書·地理志》：吴，揚州，統東陽郡。	東陽郡	

續 表

宋	揚州部《宋書·州郡志》：揚州刺史部。 東揚州部東陽太守。孝建元年分揚州之會稽、東陽、新安、永嘉、臨海五郡爲東揚州。永光元年，省東揚州并揚州。	東陽郡	
齊	揚州部《南齊書·州郡志》：揚州，東陽郡。	東陽郡	
梁	東揚州部《梁書·高祖紀》：普通五年，分揚州、江州置東揚州。《敬帝紀》：太平元年，罷東揚州，還復會稽郡。	婺州《資治通鑑注》：東陽郡，梁置婺州。 縉州《資治通鑑》：太平元年，以留异爲縉州刺史。 金華郡《通典》：梁置金華郡。	
陳	東揚州部《陳書·文帝紀》：以會稽、東陽、臨海、永嘉、新安、晋、寧、建安八郡置東揚州。	縉州《陳書·武帝紀》：永定三年，詔賑卹縉州。《太平寰宇記》：陳永定三年，置縉州。 東陽郡《陳書·文帝紀》：天嘉三年，東陽郡平。 金華郡《通典》：陳置金華郡。	
隋	揚州部	婺州《隋書·地理志》：平陳，置婺州。 東陽郡大業初，置東陽郡。《太平寰宇記》：開皇九年，平陳，省郡分長山等九縣爲吴州。十三年，又於郡舊處復置婺州，蓋取其地於天文婺女之分，以爲州名焉。	

續 表

唐	江南道 江南東道 《資治通鑑》：貞觀九年分天下爲十道。《文獻通考》：婺州江南道。《通鑑綱目》：開元二十一年分天下爲十道。《通志·地理略》：開元十道圖婺州江南東道。 越州總管府《舊唐書·地理志》：武德四年平李子通，置越州總管府，管越、嵊、姚、鄞、浙、綢、衢、穀、麗、嚴、婺十一州。 越州都督《舊唐書·地理志》：武德八年越州都督督越婺二州。 浙江東道節度使 浙江東道觀察使 義勝軍節度使 威勝軍節度使 鎮東節度使 《唐書·方鎮表》：乾元元年置浙江東道節度使，領越、睦、衢、婺、台、明、處、温八州。大曆五年，廢浙江東道節度使，置觀察使。十四年廢浙江東道觀察使。建中元年復置，二年廢。中和三年，陞浙江東道觀察使，爲義勝軍節度使。光啓三年，改義勝軍爲威勝軍節度使。乾寧三年改威勝軍爲鎮東節度。	婺州《唐書·地理志》：武德四年，改東陽郡，置婺州。 東陽郡《舊唐書·地理志》：天寶元年，改婺州爲東陽郡。乾元元年，東陽郡復爲婺州。婺州東陽郡上，領縣七，金華、義烏、永康、東陽、蘭溪、武成、清陽。	武義上 武成上 《舊唐書·地理志》：天授二年，分永康，置武義縣，尋改武成。《新唐書·地理志》：武成上，本武義，天授二年，析永康置，更名。天祐中，復曰武義。《太平寰宇記》：唐天授二年，復分永康西境，又置。《輿地廣記》：唐天授二年分永康，復置，屬婺州，後改曰武成，天祐中，復曰武義。
五代	吴越《五代史·職方考》：自浙東十三州爲吴越。《文獻通考》：杭、蘇、湖、衢、婺、台、明、温、秀、處、睦、福爲十三州。	婺州 武勝軍 《十國春秋》：晉天福四年，勑升婺州爲武勝軍。婺州領縣七，金華、東陽、義烏、蘭溪、永康、武義、浦江。	武義《十國春秋·吴越·武肅王》：武成復名武義。

續　表

宋	浙東西道 兩浙路 《宋元通鑑》：淳化四年，始分天下郡縣爲十道，河南、河東、關西、劍南、淮南、江南、東西浙、東西廣南。 浙江東路《玉海》：至道三年，始定爲十五路。天聖八年，又增三路，爲十八路。《文獻通考》：京東、京西、河北、河東、陝西、淮南、江南東、江南西、荆湖南、荆湖北、兩浙、福建、益州、梓州、利州、夔州、廣南東、廣南西，凡十八路。 《宋史・地理志》：元豐三年，析天下爲二十三路。《玉海》：京東東、西，京西南、北，河北東、西，永興，泰鳳，河東，淮南東、西，兩浙，江南東、西，荆湖南、北，成都，利，梓，夔，福建，廣南東、西，凡二十三路。 《宋史・地理志》：兩浙路，熙寧七年分，尋合。九年，復分，十年復合。南渡後復分紹興、慶元、瑞安三府，婺、台、衢、處四州爲東路。	婺州 東陽郡 《宋史・地理志》：婺州上，東陽郡，淳化元年改保寧軍節度。 保寧軍節度領縣七，金華、義烏、永康、武義、浦江、蘭溪、東陽。	武義上　《宋史・地理志》。
元	江浙行中書省《元史・地理志》：立中書省一，行中書省十有一。	婺州路《元史・地理志》：浙東海右道肅政廉訪司婺州路領縣六，金華、東陽、義烏、永康、武義、浦江。州一，蘭溪。	武義中
明	浙江布政使司《名山藏》：洪武九年改行中書省爲承宣布政使司。《廣輿記》：明分天下爲兩京十三省。	寧越府 金華府 明《從信録》：至正十八年，改婺州路爲寧越府。明《大政記》：至正二十年，改爲金華府。《續文獻通考》：金華府領縣八，金華、蘭溪、東陽、義烏、永康、武義、浦江、湯溪。	武義

續表

國朝	浙江布政使司領府十一，杭州、嘉興、湖州、寧波、紹興、台州、金華、衢州、嚴州、温州、處州。	金華府領縣八，金華、蘭溪、東陽、義烏、永康、武義、浦江、湯溪。	武義中缺　疲難

德潤按：《嘉慶志》以晉、宋、齊《州郡志》東陽郡下無武義，斷爲唐天授始置，然考《唐書・地理志》，武成上本武義，玩一本字，則是原有武義可知。而樂史《太平寰宇記》、歐陽忞《輿地廣記》所云吴赤烏始置者，不爲無據。惟《太平寰宇記》云隋廢者，"隋"字恐是"晉"字之誤耳。今表於後漢、吴國揚州部東陽郡下仍書武義，俟博雅者正之。

輿圖

城鄉總圖

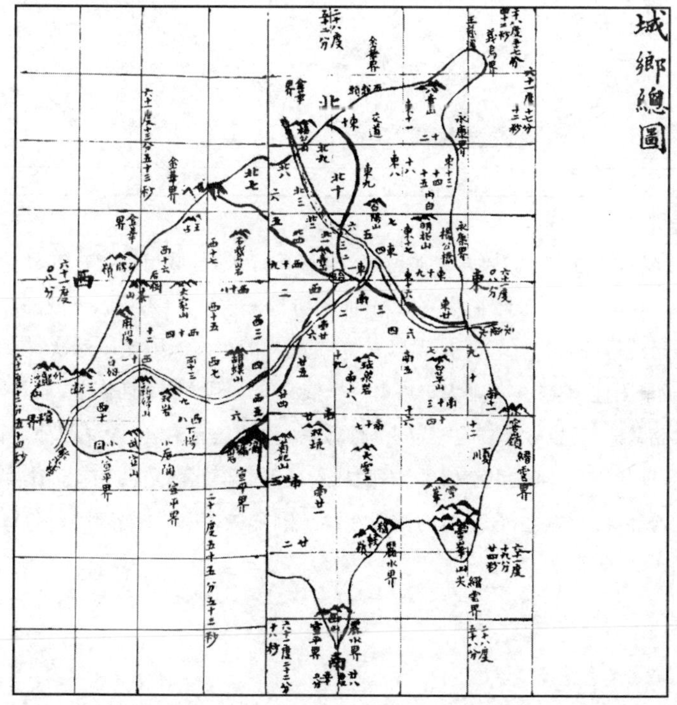

右城鄉總圖。十里一方界,以紅絲闌。東北狹而西南廣,界以青絲闌。全境大槩,一覽可知,以篇幅太窘,山川村里,惟舉其要者。詳見下。

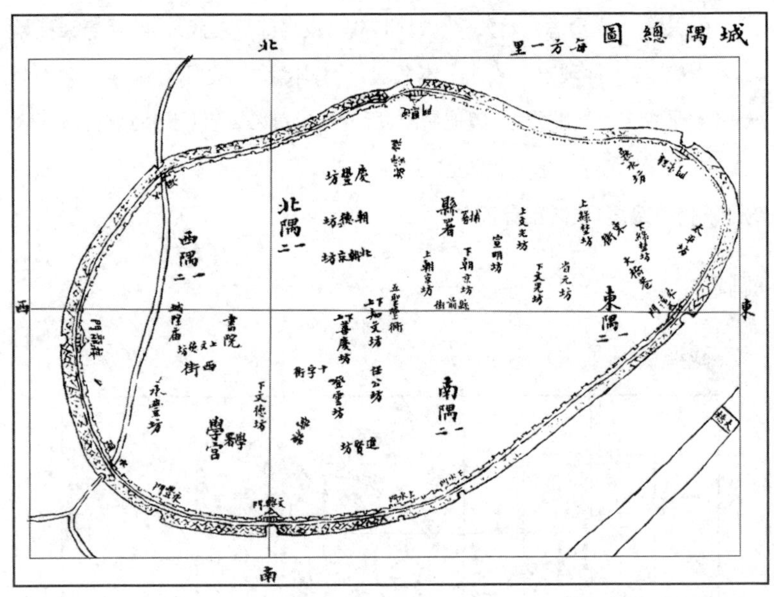

按,《萬曆志·城圖》,僅載縣署,學宮其時未築,城街道與今亦异。《康熙志·城圖》於縣及學外,添入寺廟,而街坊無一載者。《嘉慶志·城圖》由文興門至迎恩門,大街斜通,是誤以三條巷爲一街也。餘則比屋鱗次,樹木蓊森,設景固佳,然於坊巷則太疏略矣。今依測量局圖較準東西南北,而隅坊街巷考諸舊志,證以今名,一一詳明。惟戴巷,遍訪無有識者,遂從闕如。若僧田巷,即僧田廟巷,在東南郭外,不應載入城隅。至北隅之徐宅巷,《康熙志》有之,《嘉慶志》無之,今不能的指所在矣。圖凡二,一爲城隅總圖,一爲坊巷全圖。

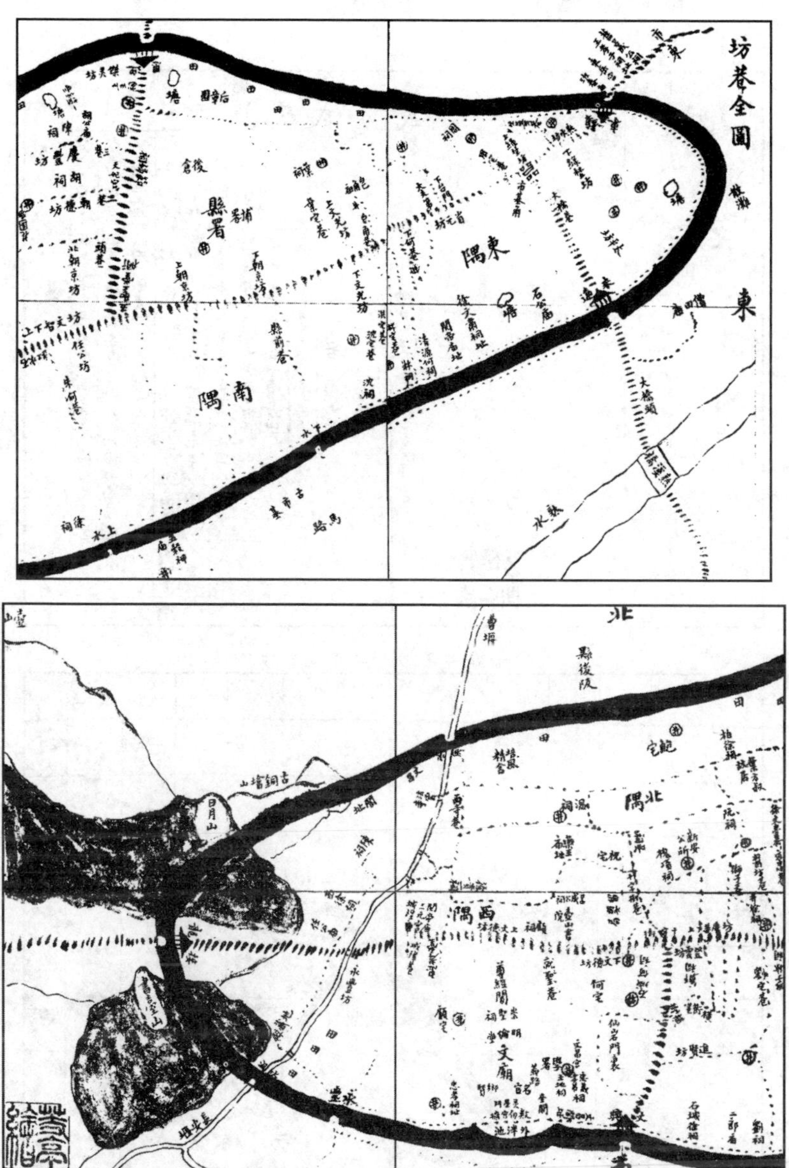
坊巷全圖
東
東隅
南隅
縣署
北
北隅
西隅
文廟
南

武義縣境全圖縱黍尺五分開方每方一里

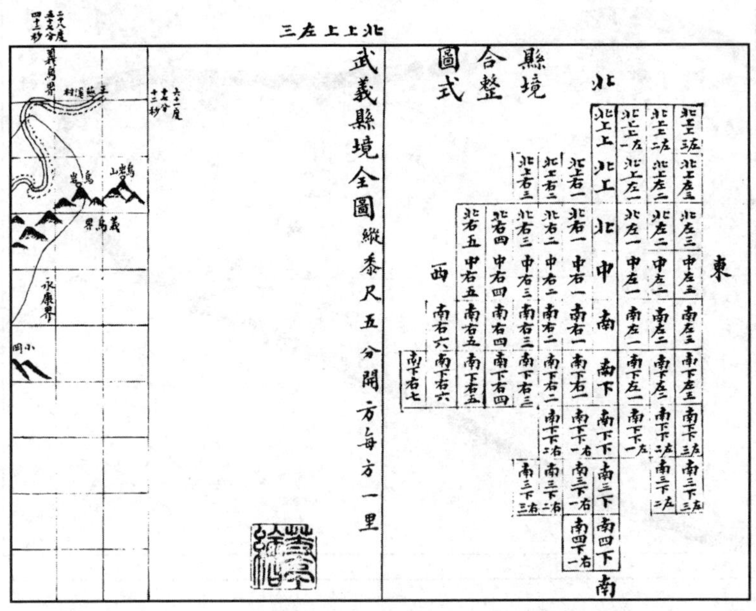

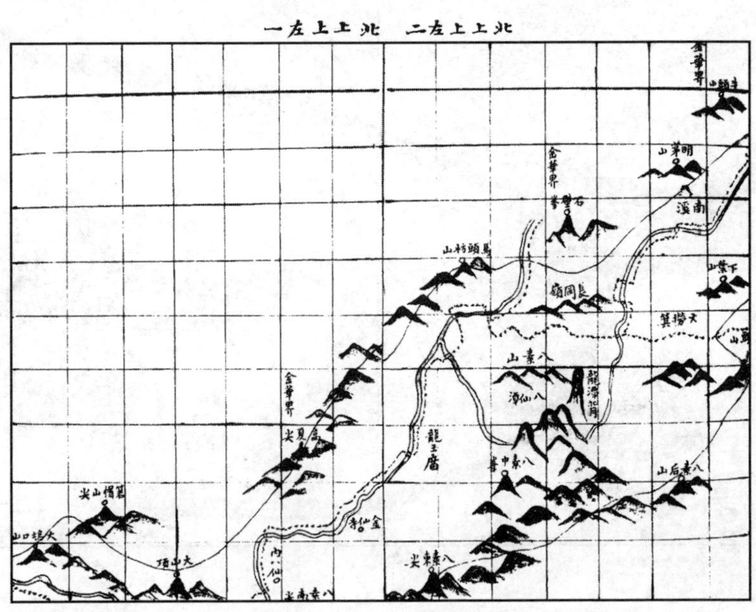

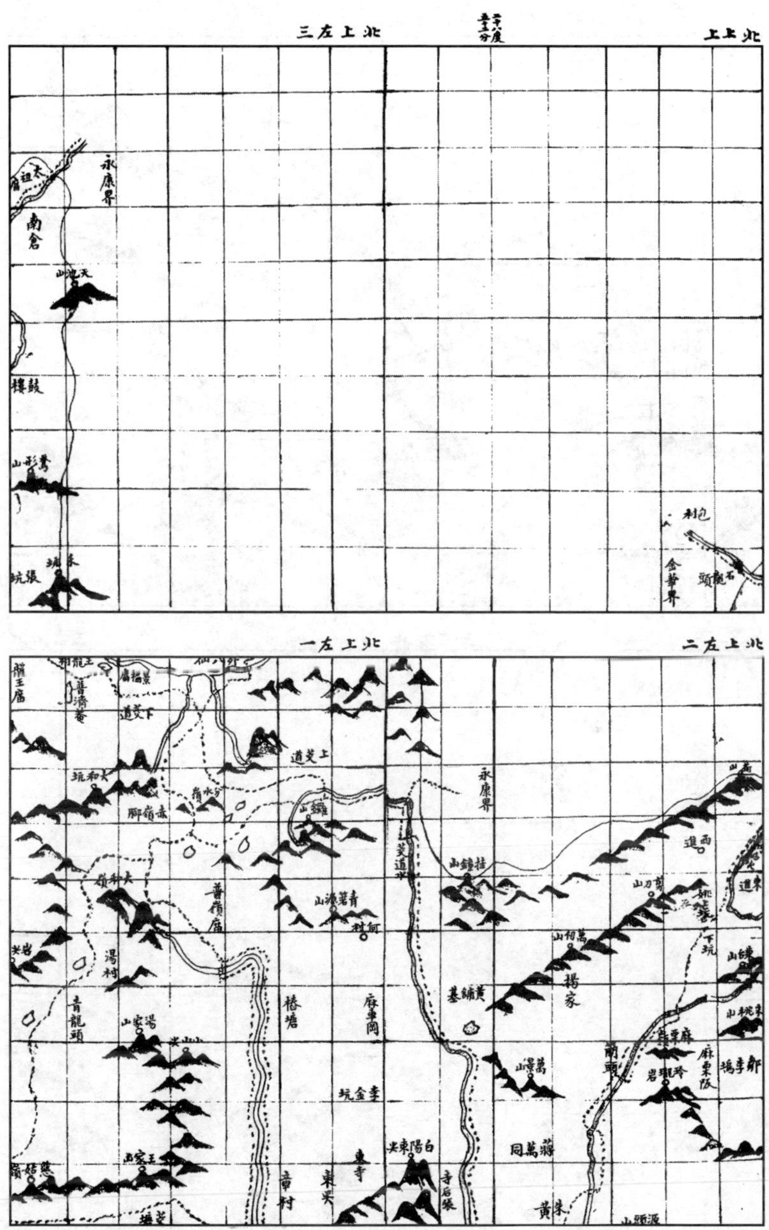

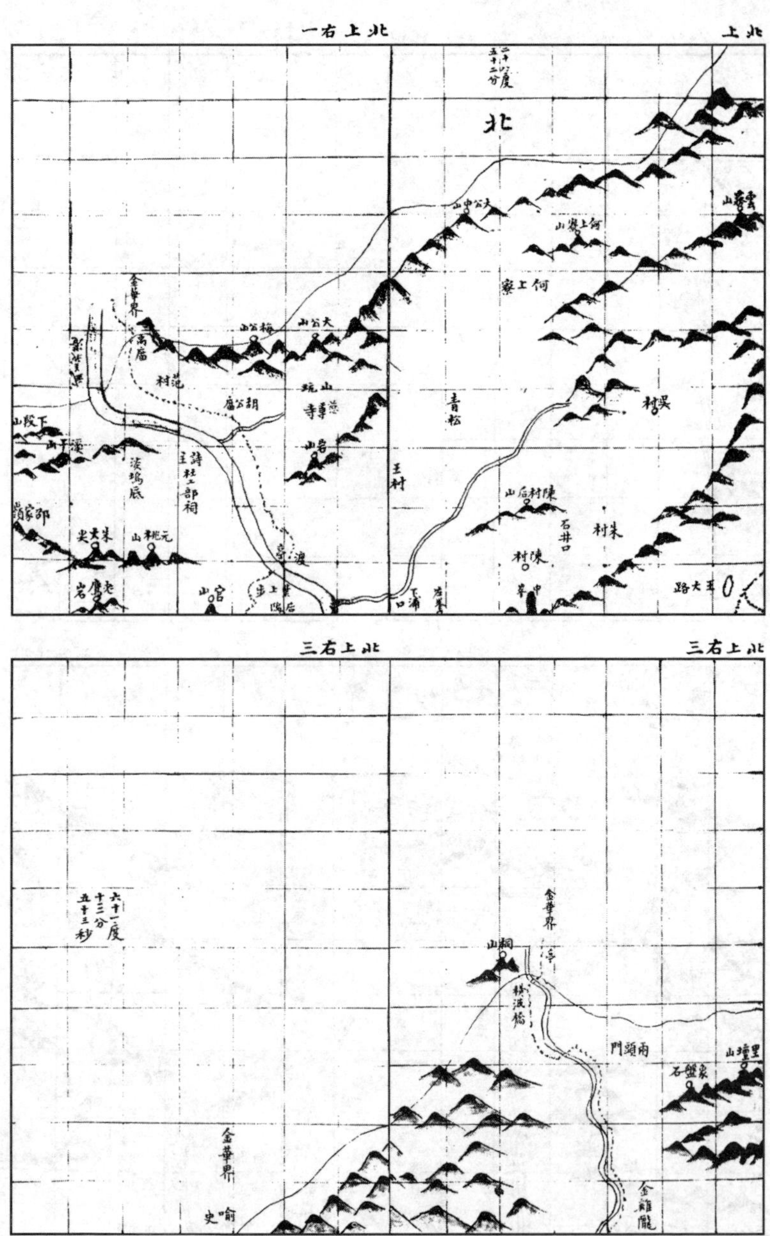

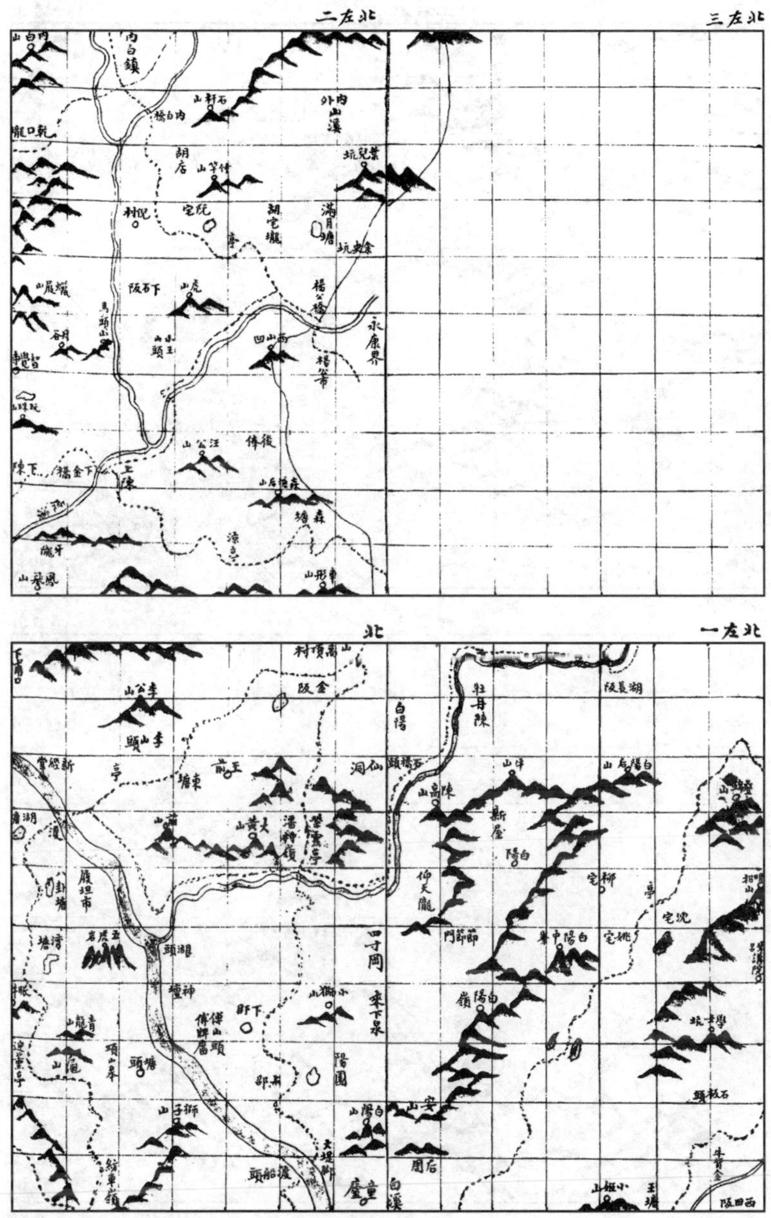
北左二
北左三
北
北左一
内白鎮
永康界
新屋

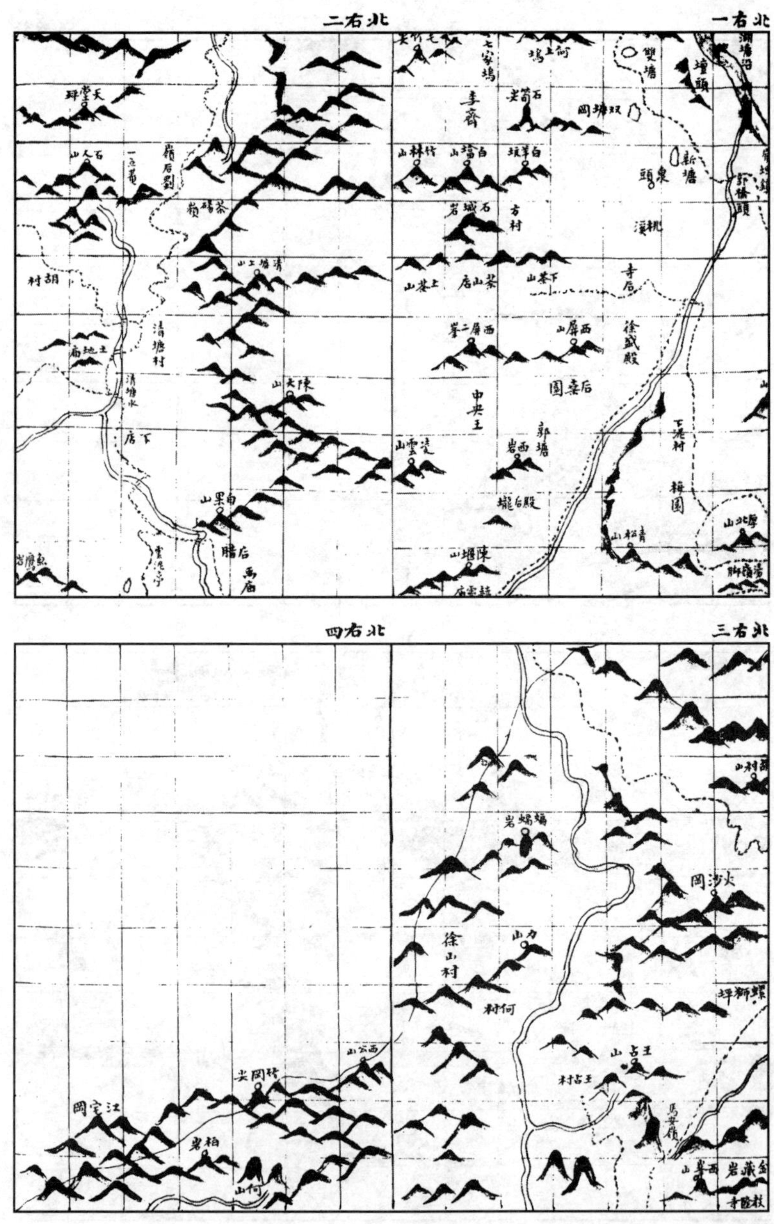
北右二
北右一
北右四
北右三
天堂坪
石人山
茶碣嶺
胡村
土地廟
清塘村
陳大山
白果山
后腊
李裔
竹林山
方村
上茶山
茶山店
下茶山
西屏二峯
西屏山
徐盛殿
中央王
凌雲山
郭塘
陳壩山
新塘
東頭
寺后
梅園
青松山
雙塘
壇頭
蝙蝠岩
火沙岡
徐山村
力山
何村
王古山
王古村
西公山
江宅岡
柏岩
何山

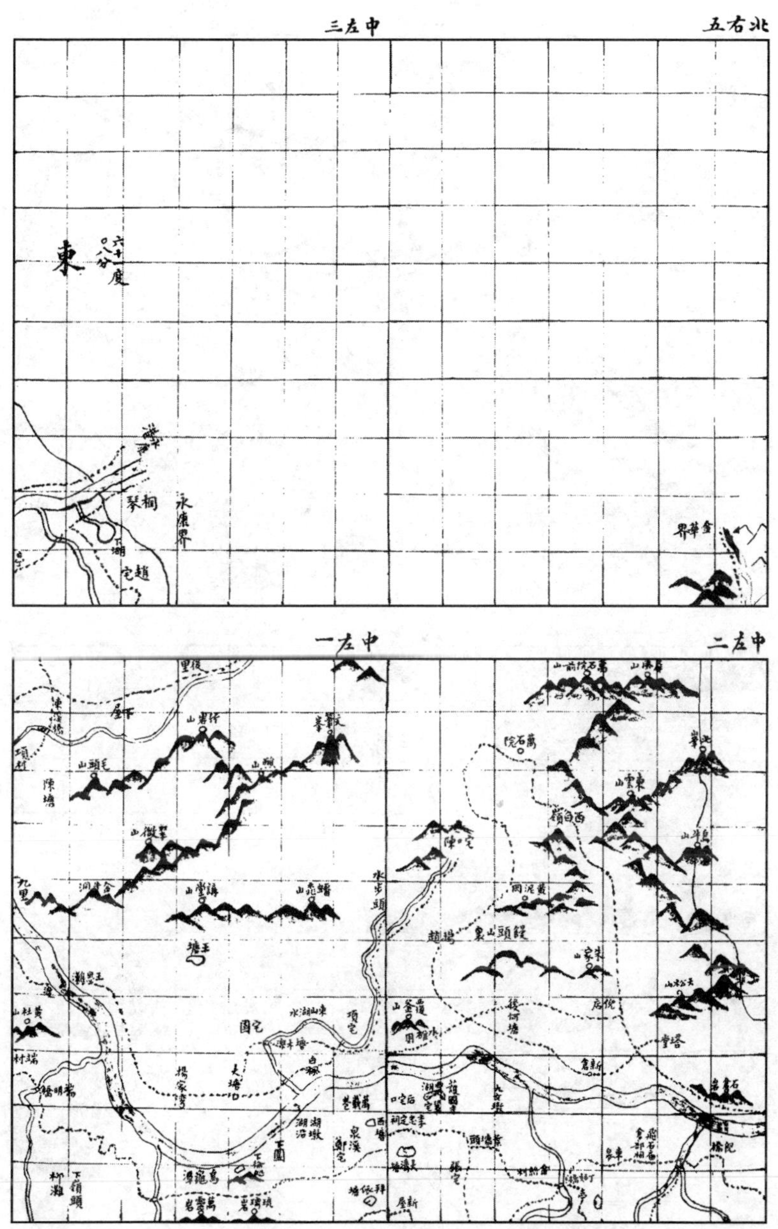

中左三
北右五
東
六十八度〇分
桐琴
永康界
趙宅
金華界
中左一
中左二
陳塘
黃泥岡

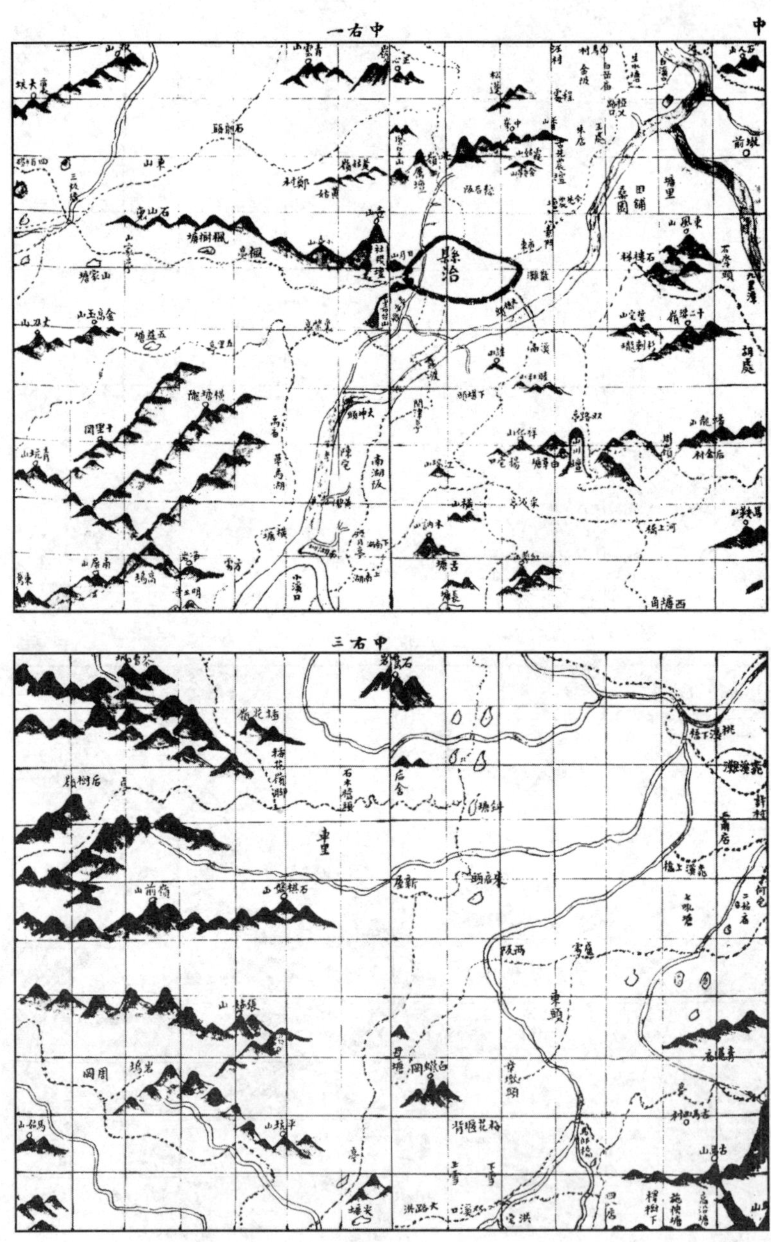
中右一
中
縣治
中右三

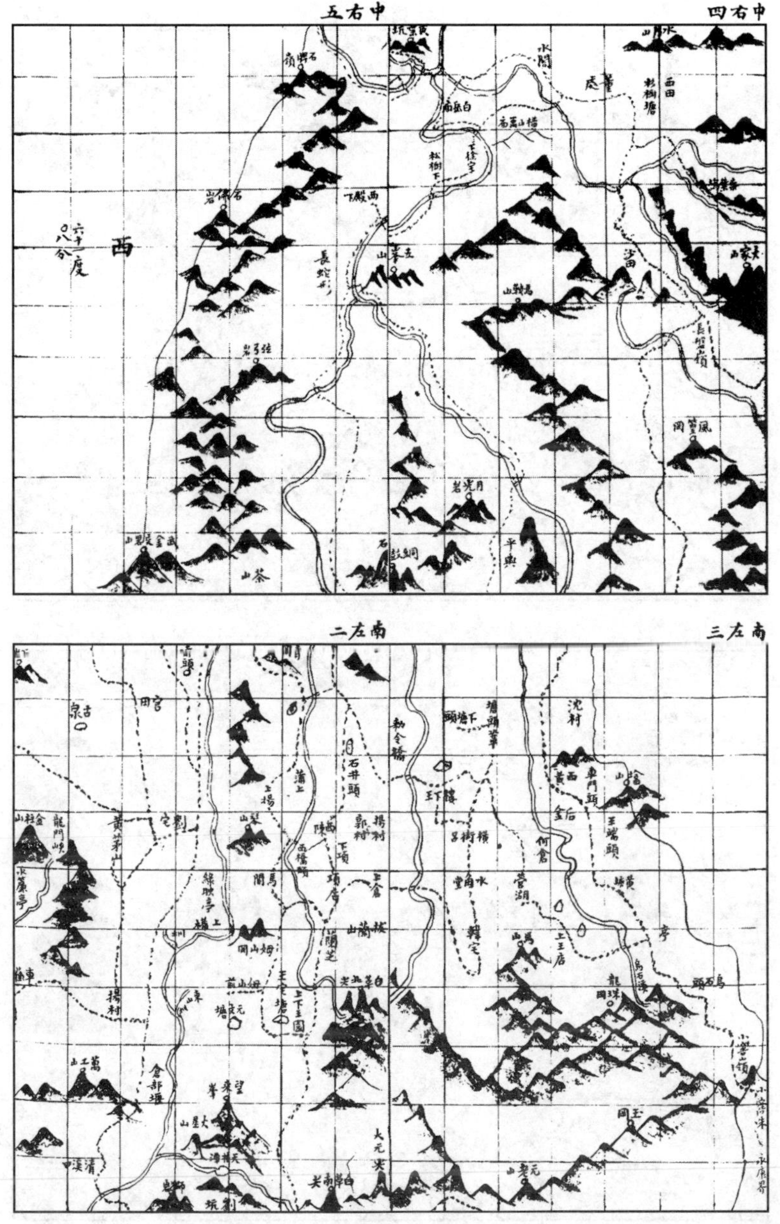

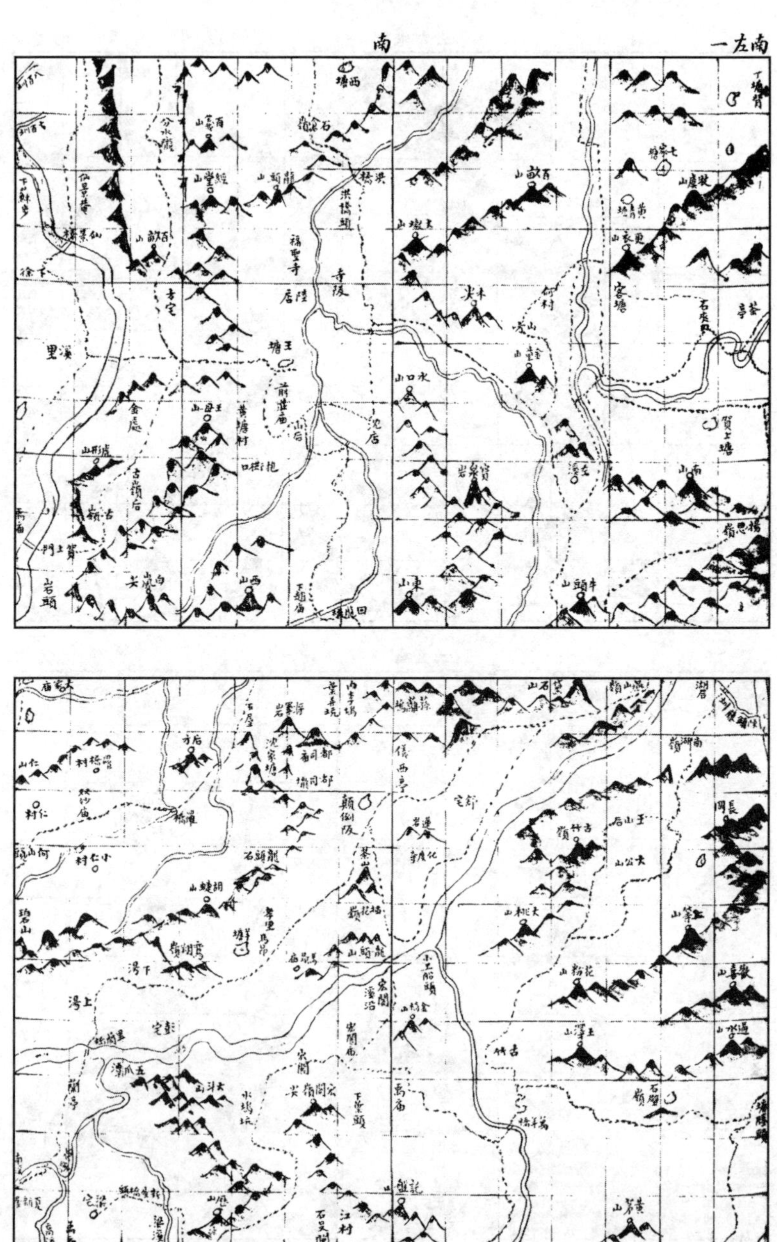

南右四　　南右三

南右六　　南右五

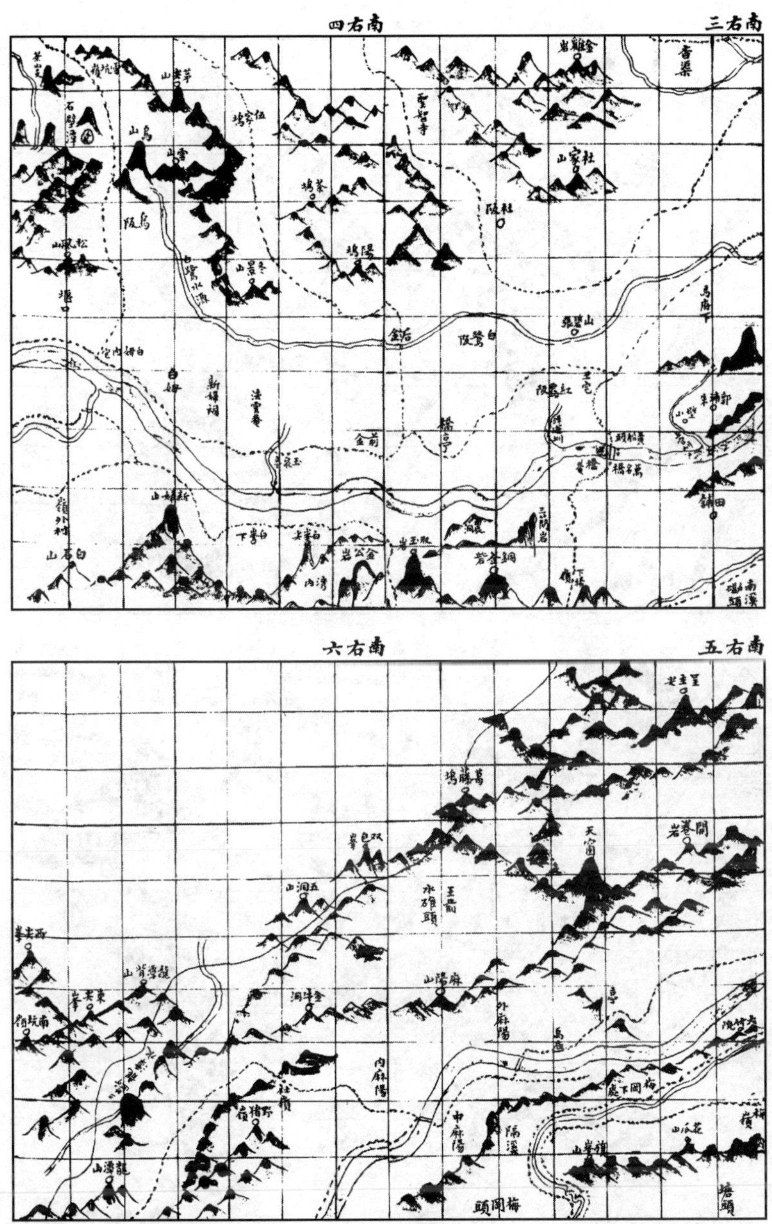

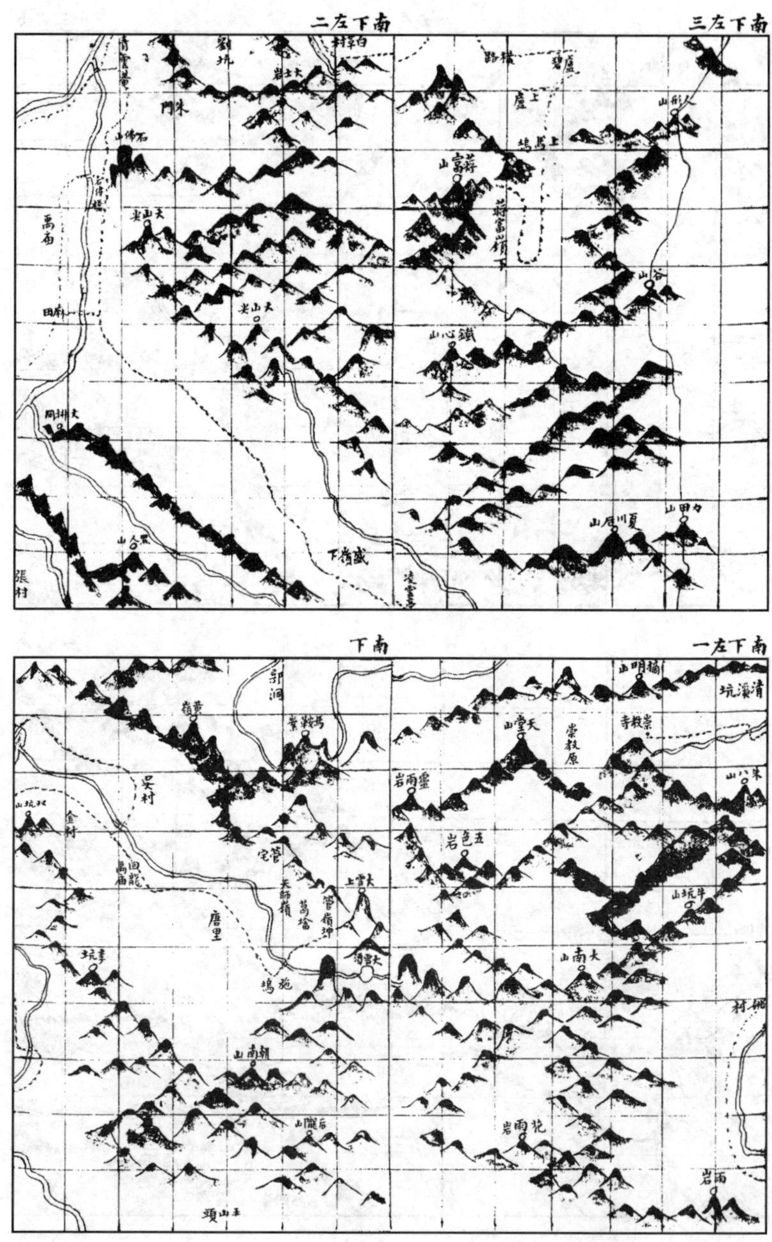

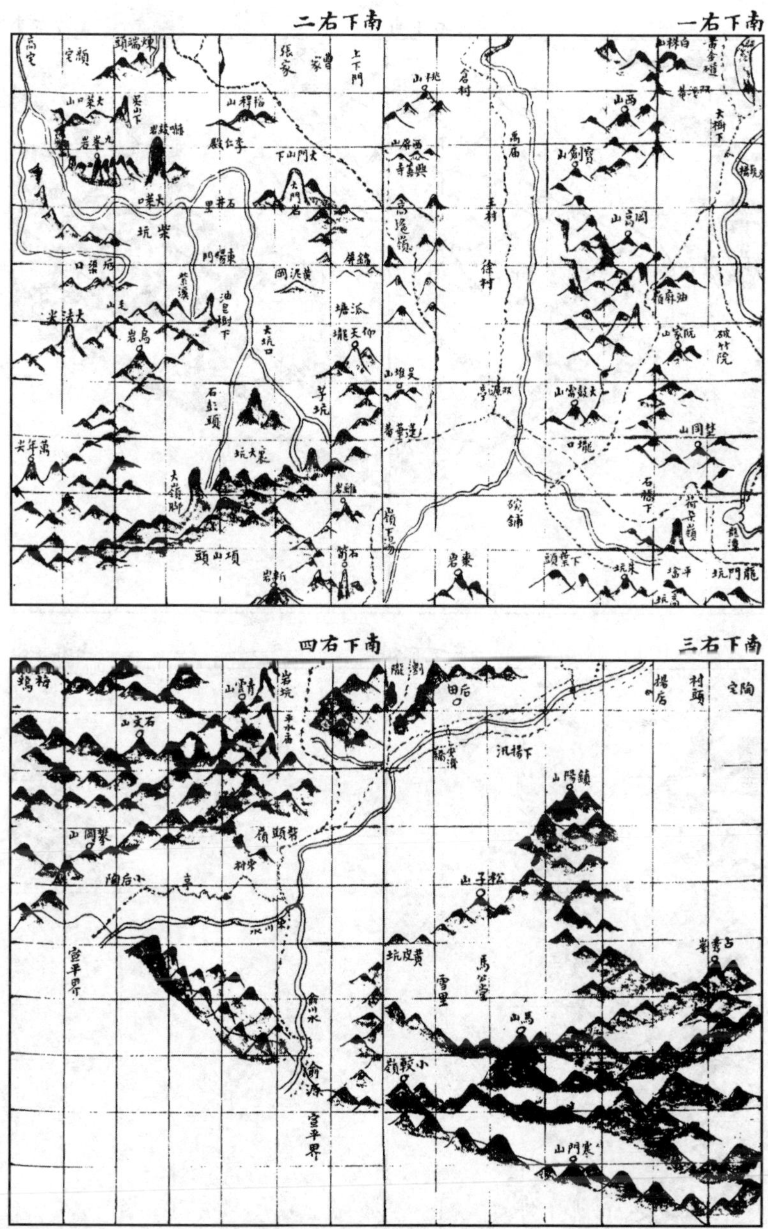
南下右二
南下右一
南下右四
南下右三

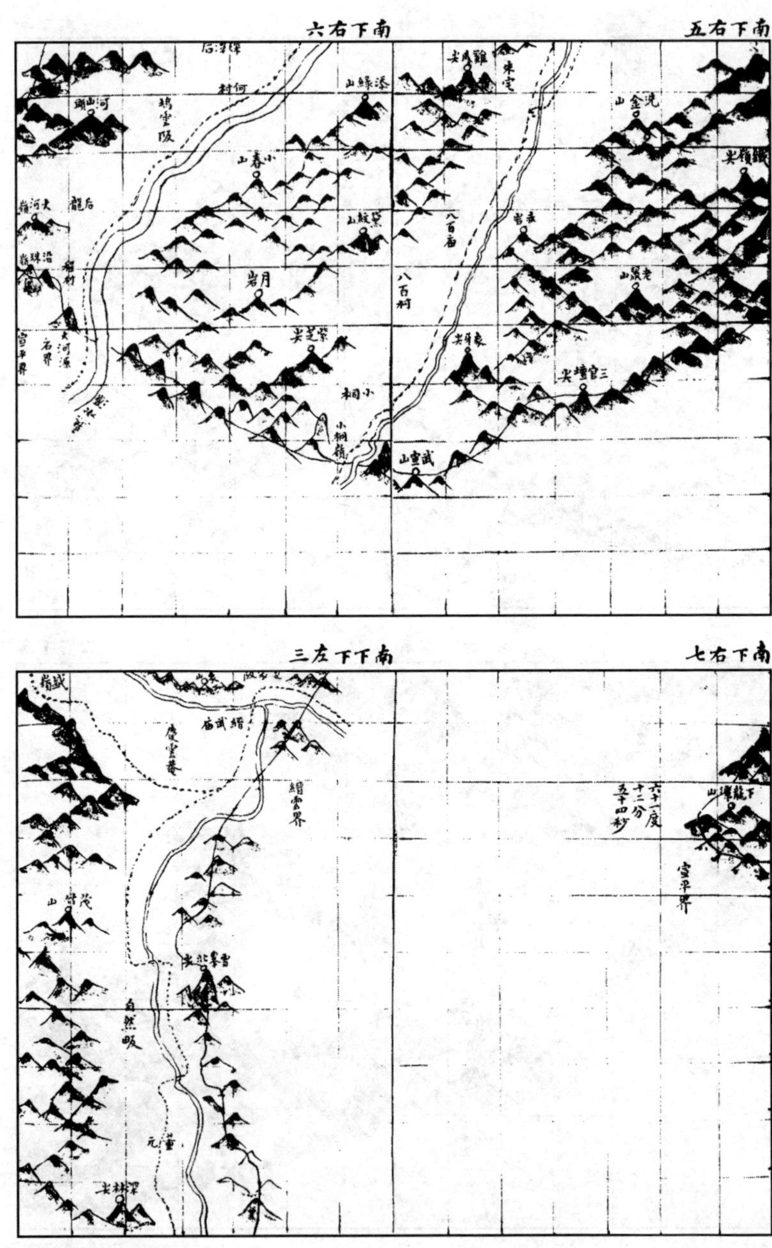
南下右六
南下右五
南下下左三
南下右七
八百村
武雲山
三官壇尖
小春山
月岩
紫芝尖
六十一度
十二分
五十四秒
宣平界

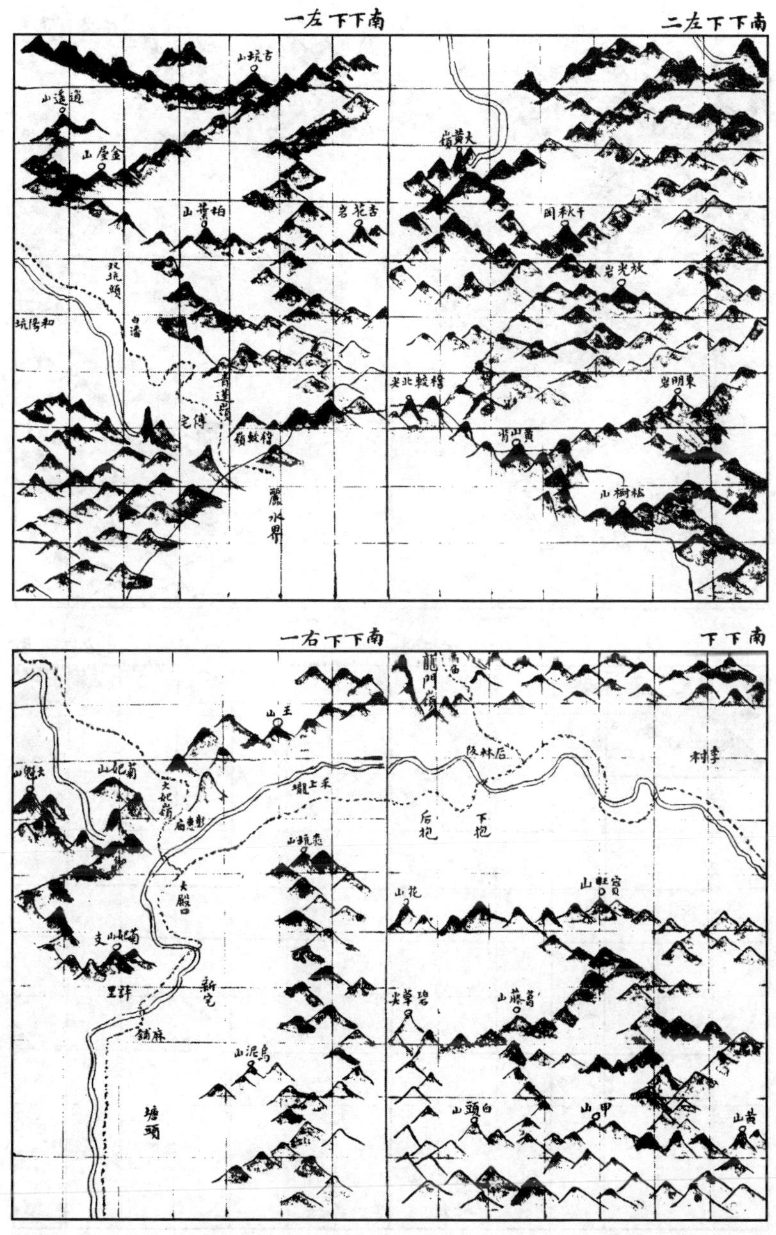

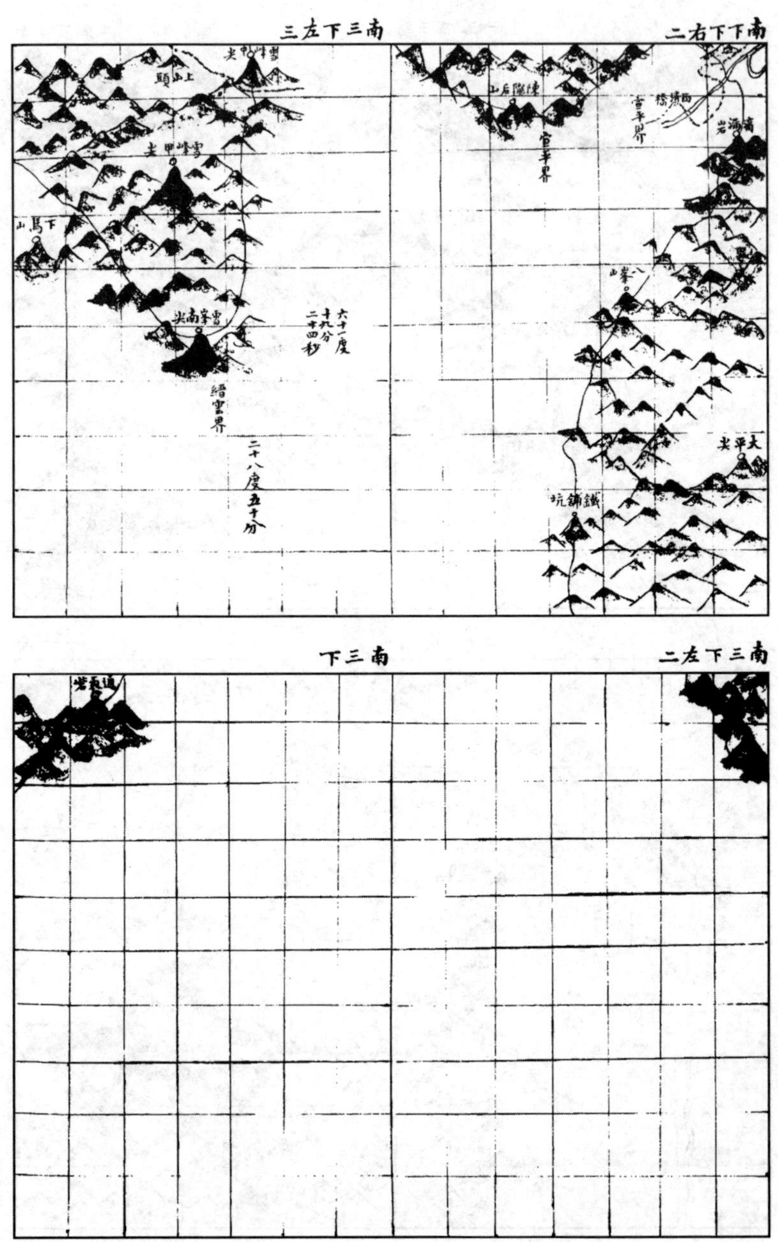
南三下左三
南下右二
上山頭
雲峰甲尖
下馬山
雲峰南尖
六十一度十九分二十四秒
緡雲界
二十八度五十分
陳隴石山
宣平界
八峯山
大平尖
鐵鍋坑
南三下
南三下左二

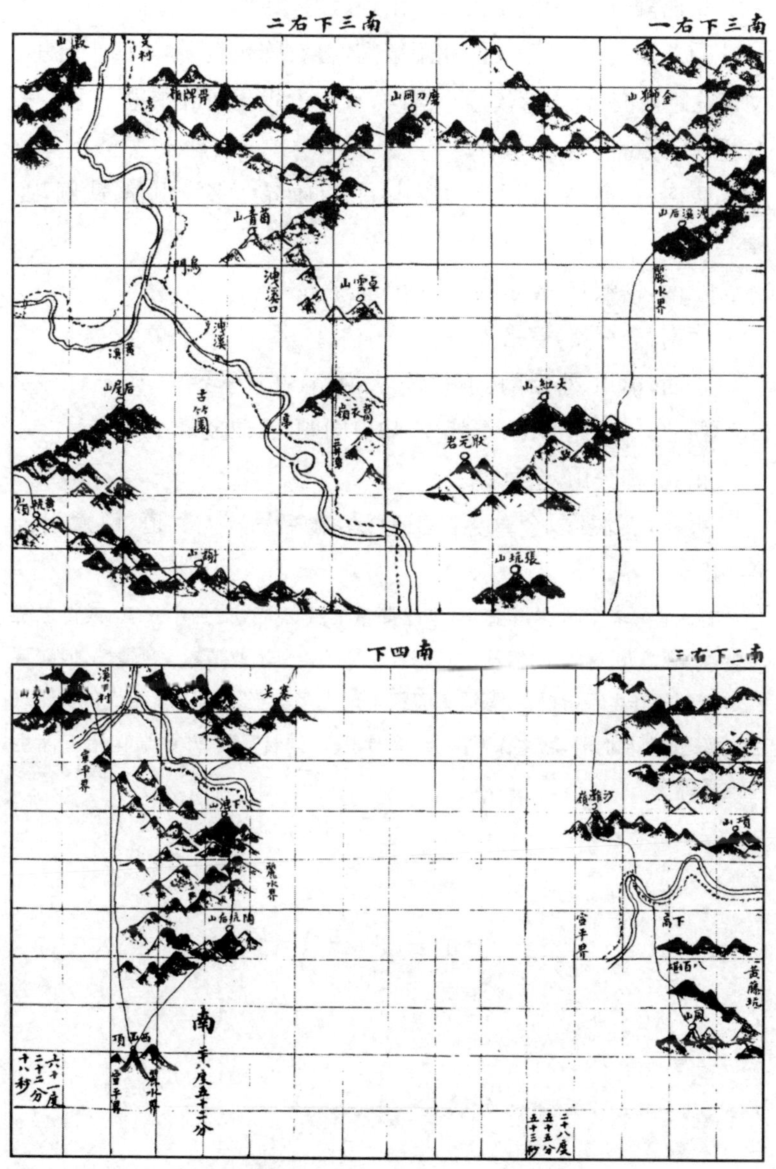

東西廣五十一里，又東人形山距西龍潭山七十里。

南北袤七十六里，又西北距東南，自石牌嶺至雪峰，四十七里。又東北距西南，自王慈溪至小桐嶺，五十七里。通計積里三千零零三里。正東，桐琴，永康界。

東南，小窖、朱夏川之力田山，並永康界。雪峰山、縉武廟，並縉雲界。

正南，稽較嶺，麗水界。溪下，宣平界。

西南，滴漏巖，宣平界。

正西，俞川、小后陶、小桐嶺、大河嶺，並宣平界。

西北，三斷龍潭山、石牌嶺、喻史兩頭門，並金華界。

正北，梅公山，金華界。

東北，石龍頭，金華界。王慈溪，義烏界。上茭道、南倉楊公橋，並永康界。

右武義縣境全圖，界至道里，本之測量局圖。局圖之所不及者，或得之游覽，或訪諸土人，逐細考核，務求其確實而後已。雖不敢謂毫髮無遺憾，但較舊志輿圖則加詳矣。指授者，蘭溪孝廉鄧子珣先生鍾玉；参訂者，金華布衣郭君鑾，邑孝廉李君樹藩，諸生徐君家驥、徐君玉森、周君寶華、方君倬圭，新安諸生王君德熾。

武川備考卷二 中

地　輿　考 中

山川

治西曰壺山，西一里，準光緒壬辰測量局圖。與舊志异，下倣此。《萬曆志》：武義之西聳然爲縣主山者曰壺山，以山有潭水，故名。歲旱，土人占雨，視此山雲起爲壺山裹帽，則立澍。壺，《通志》、《府志》俱作"湖"。社稷壇在焉。脉自大河嶺來，西四十四里，宣平界。爲沿珠嶺。西四十四里。西北下爲河山頭，西四十三里。迤爲隖雲阪。西四十一里。東北上爲夜珠嶺，西三十九里，俗訛野猪嶺。北下爲金牛洞，西三十里。按，此《康熙志》、《嘉慶志》所云西四十里金牛洞者。東下爲麻陽山，西三十七里。東北下爲天窗，西三十五里。爲開卷嵒。西三十四里。北下爲呈主尖，爲茶山。西三十四里。東南下爲雪坑嶺，西三十里。爲鳥嵒，迤爲白露阪，露，一作"鷺"。爲紅露阪。亦曰宏路。東南上爲碧山，西十六里，亦曰静山，明孝子師韓光濟故里。迤爲阪。東南上爲將軍嵒，西十里。爲都司隴，明忠烈陶成剿栝寇陣亡處。迤爲顛倒阪。東上爲茶山，西九里，有明孝子王世名墓。東北下爲儀西亭。坡東上爲東鷲頭山，西七里。北下爲古馬山，西八里。東下爲青坑，西七里有龍湫。東下爲十里岡，西六里。北下爲金高玉山，西六里，俗呼金交椅。東下爲山家亭坡，西五里。爲石山裏。西四里，俗呼十三口。東下爲楓塘山，西三里。東北下爲小壺山，西二里。有宋文肅徐邦憲墓。東南下爲壺山，又爲日月山。亦曰古銅塔山。入治西，此壺山中幹也。其東支爲鳳皇山，北二里。爲北嶺，北二里。厲壇在焉。爲中峰，北三里。爲金鞍山，北三里亦曰霞姑山，昔有碧霞元君廟，久圮。爲香山，舊先農壇在焉。東北三里。其北支爲黄姑嶺，北三里，宋忠義項德剿睦寇陣亡處。爲正心嶺，北四里。爲青雲山，北四里。爲厚北山，北六里。爲青松山，北六里。爲紡車嶺，北五里。《萬曆志》：往來如織，舊窄難行，萬曆間履坦里人捐資砌石，行者便之。爲獅子山，北七里。爲青龍山，北七里。《萬曆志》：疊嶂蜿蜒，遠望若龍，高五十丈，周三里，絶頂平曠，有小石洞。群山盡在覽中。爲隴岡，北七里。《萬曆志》：履坦徐姓居其中。爲五虎嵒。北九里。

又西曰書臺山，西一里。唐平章舒元輿、宋文肅徐邦憲讀書處。《康熙志》：縣西，右脅城界，其山山頂可一二畝。按，此山與日月山對峙，皆城跨其上，山趾即爲長安堰。西門嶺，書臺山下。《嘉慶志》：縣治西爲邑孔道。此壺山南支也。

大河嶺西北爲下龍潭山，西四十五里，宣平界。按，此俗呼小龍潭。爲龍潭山，西四十四里，有三斷龍潭，金華界。爲五洞山，西三十九里，金華界。爲雙包峰，西三十八里，金華界。爲葛藤隖，西十七里，金華界。爲弦弓嵒，西三十二里。爲石佛嵒，西三十三里，金華界。爲石牌嶺。西三十二里，金華界。

大河嶺隔水爲小桐嶺，西三十九里，宣平界。西北下爲紫芝尖，西三十八里。爲月嵒。西三十八里。西北下爲小春山。西三十九里。東下爲黛紋山。西三十七里。北下爲添緑山，西三十九里。東下爲鵶爪尖，西三十六里。爲梅岡頭。西三十六里。東北下爲大竹園山。西三十里。

小桐嶺隔水爲武宣山，西三十七里，宣平界。爲三官壇尖，西三十四里，宣平界。爲老鼠山，西三十三里。爲象牙尖，西三十六里。爲赤嵒，西三十五里。爲小金山，西三十三里。爲鐵嶺尖，西三十一里。爲旗峰山，西三十四里，亦曰鷄峰。爲花瓜山，西三十二里。爲梅嶺。西三十一里。

雪坑嶺北東爲平輿，西二十八里。爲銅鼓石，西二十九里。爲月光嵒，西二十八里。爲茅尖山，西二十七里。爲茶隖，爲陽隖，西二十八里。爲冬景山，西二十九里。爲伍家隖。西二十六里。《萬曆志》《康熙志》作“余家隖”。

孝子墓茶山南支爲捎花嶺，西十里，亦曰插花嶺。爲龍頭山，西十里。其東北支爲蓮嵒。西九里，亦曰聯岩。

東鶩頭山西支爲蓀蘺隖，西八里，亦曰孫李隖。爲内裏隖，西十里。爲葉弄阬，西十里。爲沈家塘山。西十一里。其東南支爲黛石，西七里。爲南屏山，西七里。爲燕山嶺。西七里。《萬曆志》：正統間，尚書石璞、總兵徐恭剿平栝寇，過此登眺，改曰烏龍嶺。《通志》《府志》同。《嘉慶志》：嘉慶四年，宣平俞林檀購石重砌，行人德之。北下爲高隖，西七里。爲静嵒，西六里。爲横塘隴，西六里。爲禹廟山。西南四里，麓有大禹廟，故名。俗呼白殿山。

青坑北支爲貨山，西七里，俗呼火刀山。爲裏大阬，西七里。爲雙山。西五里。

又西曰胡蝶山，西十二里。《萬曆志》：王世名潛身報父讎處，過者咸指爲孝子舊迹。《通志》《康熙志》同。山脈自碧山迤邐而來，其南爲鸞翔嶺，東爲龍頭石。

又西曰大家山，西二十二里。家，一作“姑”。《太平寰宇記》：大家山，縣西二十里。大家起雲，新婦山即雨，因以爲候。《名勝志》：大家、新婦二山相向，每大家山起雲，新婦山即雨。互見新婦山下。其東南支爲巖隖，明徵君沈壽民隱此。爲平坑。西十八里。其東支爲嶺前山，西十八里。爲張姑山，西十六里。《萬曆志》：世傳晋令張彦卿女適人，幾月，姑婦並殁，神靈各主一山，蓋指此。爲石碁盤山，西十六里。爲白蠟岡，西十三里。爲雲台山。西十一里。其西南支爲風篁山，西二十二里。爲馬姑山，西二十里。《萬曆志》：以烈婦名，其上蓋有宋參知馬光祖子婦烈女吴氏冢云。爲金鷄嵒，西十九里。《萬曆志》：岩側鑱，有詩云：自是人間無兩耳，幾曾不爲五更啼。爲杜家山，西二十里。爲仁山。西十六里。其西支爲沙田，西二十三里。爲萬安嶺，西二十六里。爲五峰。西二十九里。其東北支爲插花嶺，西十七里。爲西峰，西十七里。爲金藏嵒，西十六里。爲石鷲嵒，西十五里。《康熙志》作"石峩"，注云：石洞。嵯峨插天，故名。頂有水飛懸洞前。《嘉慶志》作"石鷲"，注云形似鷲，故名。又云明初有僧棲其下，内有石臼，每晨有穀半升許，足供活計，僧嫌其少，鑿而大之，其迹遂泯。《府志》作"石鷲"。爲魚鷹嵒。《萬曆志》：形若魚鷹。《康熙志》：中有洞，石罅出泉，飲甚美。其北支爲長盤嶺，西二十里。盤，《嘉慶志》作"婆"。爲後樹嶺。西二十里。

後樹嶺西爲桑葉隖，西二十二里。水月山、西二十三里。何山、西二十五里。白岳、西二十九里。有白岳廟。黄葉阬、西三十里。柏嵒、西二十八里。竹尖岡、西二十五里，金華界。西公山、西二十三里，金華界。力山、西二十二里，金華界。蝙蝠嵒，西二十二里，金華界。其北爲茶曹阬、西十九里。王占山、西十八里。螺獅坪、西十六里。火沙岡、西十四里。胡村山、西十六里。石嶺頭、西十七里。天堂坪。西十五里。

天堂坪東南爲石人山、西十五里。茶碭嶺、西十四里。清塘上山、西十三里。陳大山、西十二里。白果山、西十四里。凌雲山、西十里。陳堰山。西九里。

又西曰新婦山，西二十五里。《太平寰宇記》：山上有小石，扶立如婦人狀，因以名之。按，新婦山距大家山十三里，中隔熟溪，舊志謂大家山趾有新婦山，誤。《名勝志》謂二山相向者是。東南下爲白峰尖，西二十四里。又東下爲萬名庵山，西十九里。迤爲《森草隴》。西十九里。

又西曰金公嵒，西二十三里。《萬曆志》：劉岩又名金公岩，即劉女棲隱之所。上有峻石若剖，大甕側立百丈。轉左五十步曰平水祠，高倚斷崖，下瞰天井，井水深瑩，大旱不枯，行可二百步，嶺最峭絶，扳藤捫石，方得至岩上。

前有一山，壁立崔嵬，若屏若幄，曰招聖峰。旁有小山，頹然偃仆，若冠履枕肱狀，曰仙人卧。後一山，石壁峩然簇擁，曰仙都壇，其厓石巉峭，高百餘丈。鑿石梯而上，絶頂方稍平，惠力寺在焉。正統間，鄉人多避梧寇於此。《府志》：一名金石岩，正統十四年避處寇於此者，以萬計，竟免於患。《康熙志》：中有池，深丈許，大旱不涸。按，國朝咸豐十一年，避粵寇居此，亦免於難。脉自攀岡山來，西三十里，宣平界。北下爲石文山，西二十八里。東下爲青雲山，西二十五里。東下爲金公喦，喦南爲巖坑，西南爲砦頭嶺。西二十五里。

又西曰雙玉喦，西二十三里。《萬曆志》：即雙岩，有二磐石，先蔽於草莽，爲蛇蟲罔兩之區。洪武甲辰，金華徐元吉芟草鑿石，搆兩禪室。有鼓石，叩之似鼓聲。石室中有一小竇，窄僅容身。羊豕常從穴中自山後轉出，可一二里，亦奇勝也。縣令張國裳與郡司李黄、彭池同游，其聯云：碣石雙開聲谷應，天花半落影壇香。改曰雙玉岩。《康熙志》：左旁有觀音洞。按，石室中有元許廣大、陳樵碑，皆云徐元吉元人，舊志言洪武甲辰，誤。脉與金公喦相聯。金公喦東南下爲劉隴，西二十二里。亦曰金休隴。東北上爲雙玉喦，喦東有三簡喦，迤爲青草隝。東北上爲農洞，西二十一里。峭壁懸厓，組長梯而上，前明正統梧寇，國朝咸豐末粵寇，人多避此。喦東南有銅釜砦，《萬曆志》：巔有石穴，空洞如屋。正統梧寇，民多遁保此山，時謂之銅釜砦。東下爲下楊嶺，西二十里。又東下爲田鋪山，西十七里。爲里蘭橋頭山。西十五里。

又西曰九峰喦，西二十二里。《康熙志》：上極平衍。《嘉慶志》：諸峰羅列可數。脉自小較嶺來。西二十五里。宣平界。九峰北下爲大萊口山，西十八里。東北下爲歷山，西十七里。宋吏部郎中梁膺墓在此。西北下爲大斗山、西十四里。五爪喦，喦下有潭。東下迤爲水隝坑，東上爲宏閣嶺山，西十四里。東下爲金椅山。西十三里。小較嶺東南有寒門山、西二十五里。萬年尖、西二十五里。裹大坑、西二十四里。仰天隴、西二十三里。錦屏喦、西二十二里。大門喦、西二十一里。《萬曆志》：高曠迴邃，可避兵。《康熙志》：鳥道險窄，民每避兵於此。稻稈山、西二十一里。赫赫嵒、西十八里。《萬曆志》：峰頭錯峙，凡四五處，巒勢欲墜可畏。下有龍潭，《嘉慶志》：俗名嚇殺嵒。其東北有馬山、西二十三里。松子山、西二十二里。鎮陽山、西二十一里。占秀峰、西二十三里。亦曰尖秀。大法尖。

西南曰新嵒，西南二十六里，宣平界。《萬曆志》：石竅嵌空，儼若天造。隆慶年，有道人構禪宇，門叠石磴，通鳥道，景物幽奇。《康熙志》：中有一井，深尺許，不溢不竭，洞前聯云：入室疑無路，出門方見天。東下爲石筍，舊志：兀立直上，峭削插天。爲石僧。舊志：狀如比丘，高踞山頂，遠近多望見之。東北下爲雄鷄嵒，西南二十五里。舊志：與棗岩相對。爲穀堆山。西二十四里。北下爲高遥嶺，西南二十二里。爲西屏山，西二十里。爲桃山，西二十里。爲托盤山。西十六里。

南曰菊妃山，南三十里。妃，《通志》作"姬"。《萬曆志》：山嶧百餘步，多生蘭菊。《康熙志》：旁有妃水溪，食其水者多壽。東北支爲大妃嶺，南二十九里。東下爲玉山，南二十八里。爲麻車坑。南三十七里。西南支爲大魁山，南三十一里。爲滴漏嵒，西南三十里，宣平界。有小妃嶺。爲許山，南三十二里。爲大平尖，南三十三里。爲八峰山，南三十里。爲鐵鋪坑，南三十四里。爲菽山，南三十六里。爲項山，南三十九里。爲沙灘嶺。南三十八里，宣平界。

城南曰誥山，南二里。《萬曆志》：隔熟溪與壺山對峙。《府志》："誥"作"窖"。脉自稽較嶺來。南三十四里，麗水界。北下爲青蓬嶺，南三十三里。爲柏葉山，南三十二里，俗呼白鹽山。爲金屋山，南三十一里。爲逍遥山，南二十九里。爲后隴山，南二十七里。爲大雪上山。南二十二里有龍潭。大雪上山東北支爲馬鞍粜。南二十里。《嘉慶志》謂之馬蹄山，上有馬蹄迹數處，相傳爲仙人圍碁，尚有枰存。西北下爲黄嶺。南十九里。東下爲西山。南十八里。西北下爲白嵐尖。南十六里。東北下爲王母山。南十三里。北下爲經堂山，南九里。爲百義山，南八里。

爲紅蓼山，南六里。爲祥化山，南四里。爲楊宅口山。南四里。北下爲江瑶山，南四里。爲誥山。誥山之東有睦和山、金龍山、南二里。雙路亭山，山川壇在焉。南三里。又東爲周嶺，南三里。爲蟠龍山，南四里。爲杉刺隴，南三里。爲葉宅山，南三里。爲十二婆嶺，南四里。爲東風山，南四里。爲黄杜山。南六里。

又南曰横山，南五里。有宋隱士吴珉佚老庵，吕成公爲記。《嘉慶志》：佚老庵在縣南五里横山。按，佚老庵久圮，惟址尚存。脉自白嵐尖。西北下爲古嶺，南十五里。爲虎形山。南十四里，亦曰金處。北下爲百畝山，南十里。爲分水隴，南八里。爲長塘山。南六里。西北下爲木訥山。南五里，俗呼木杓山。東北下爲古塘山。南五里。南北下爲油井頭山，爲横山。

白嵐尖東下爲抱衕口。南十七里。北下爲龍頭山，南十里。爲石蒼嶺，南十里。爲馬鞍山。南五里。

又南曰寶泉嵒，南十四里。《萬曆志》：上有方池，廣丈五尺，深數尺，大旱不竭，其泉甘美。《府志》：泉甘美，宜瀹茗。《嘉慶志》：登之，邑城在望。明長沙太守何貴，靖難兵起，棄官隱此，建庵其上。山脉由馬鞍業東北下。其西南爲東山，南十七里。其西北爲水口山。南十二里。

大雪上山西南下爲朝南山，南二十三里。爲王山頭，南二十八里。爲龍門嶺，南二十七里，有龍潭。東北下爲李坑。南二十二里。北下爲雙坑山。南十九里。

龍門嶺西爲平礎、南二十六里。朱坑、南二十六里。棗嵒。南二十六里。其北爲龍門坑。南二十六里。其西北爲荷朵嶺、南二十五里，俗呼和馱嶺。埜岡山、南二十四里。阮家山、南二十二里。油麻坑、南二十二里。大鼓雷山、南二十三里。寶劍山、南十九里。岡高山、南十八里。白株山、南十七里。黄金礎、南十七里。黄茅山、南十五里。王澤山、南十三里。《嘉慶志》：宋姜特立築藺庵於此。過水山、南十三里。歡喜山、南十二里。花粉山、南十二里。上等山、南十一里。大桃山、南十里。杜公山、南十里,亦曰馱弓山。長岡、南九里。南隖、南九里,下蘇步。古竹嶺、南九里。南湖嶺。南八里。

稽較嶺西支爲通天砦、南三十八里。黄山、南三十六里。和陽坑、南三十五里。甲山、南三十六里。寶旺山、南三十五里。葛藤隖、南三十三里。白頭山、南三十五里。碧草尖、南三十三里。花山、南三十一里。桃坑、南三十里。烏泥山、南三十四里。骨牌嶺、南三十八里。烏門山、南四十里,山産茶。茵青山、南三十九里。卓雲山、南四十里。磨刀岡、南三十七里。金獅山、南三十七里。葛衣嶺、見下。狀元嵒、南四十三里。大紅山、南四十二里。張坑、南四十五里。砦尖、南四十六里,麗水界。下洩山、南四十八里,麗水界。陶坑后山、南四十九里,麗水界。西山。南五十一里,麗水、宣平界。

葛衣嶺即百丈膝嶺,南四十二里。《萬曆志》:嶄厓斗絶,上有龍潭。西南爲謝山,南四十五里,宣平界。后尾山、南四十二里。黄藤坑、南四十二里。黄坑嶺、南四十五里,宣平界。鳳山、南四十四里,宣平界。下高山。南四十二里,宣平界。

又南曰金柱山,南十一里。《萬曆志》:上有縣瀑,從百仞投空而下,白色如練。鞏栗齋先生築水簾亭,與朱晦庵、吕東萊講學。《府志》:巔有懸瀑,下瀉臨水。《通志》:上有懸瀑如簾。按,宋知建昌軍劉滂墓在此,俗呼侍郎墳。又山有石刻,年久剥蝕,不可辨。有龍門峽。鞏栗齋嘗登眺。東爲黄茅山,南十二里。北爲石嵒,南十二里。西下爲牧虞山。南十里,俗呼木魚山。有唐倉部員外郎徐鎡墓。又西爲更衣山,南十里。北下爲萬靈嵒,南九里。《萬曆志》:高峻絶塵,徐永源建庵,名曰天池。爲琉璃嵒。南九里。

金柱山,脉自雪峰來,南四十三里,縉雲界。爲深林尖、南三十五里。茂竹山、南三十里。東明嵒、南三十一里。放光嵒、南三十里。千秋岡、南三十里。大黄嶺。南二十八里。嶺南爲黄山背,麗水界。與稽較嶺相聯。嶺西爲杏花嵒、南二十八里。雨嵒、南二十六里。雨花厓,南二十五里。東北下爲大南山，南二十二里。西北下爲五色嵒、南二十五里。靈雨嵒，南二十一里。與大雪上山相聯。東北下爲天堂山，南十八里。東下爲摘明山，南十七里。北下爲蔣富山，南十五里。《嘉慶志》：周二十里，産茶，昔有蔣氏居此，因名。按，今俗呼上府山、下府山。東下爲萬工山，南十五里，唐徐倉部鑿石爲堰處。西北下爲金柱山。其天堂山之北爲牛頭山、南十六里。左溪山、南十三里。金童山、南十二里。木尖、南十一里。大墩山、南十里。百畝山、南七里。下嶺頭。南七里。

又南曰石佛山，南十九里，有宋居士阮葵墓，吕成公爲墓志銘。脉自雪峰來。東北下爲力田山，南二十五里，永康界。爲象山。南二十六里。西下爲盛嶺，南二十六里。爲仙人洞、百步嶺、黑人山、俱南二十五里。大排岡。南二十三里。東下爲大山尖，南二十二里。北下爲石佛山。

又南曰白華山，南十八里。華，訛爲“革”。《名勝志》：近山半里，二石夾道若門，歷此曲折險逕，至山中，一石突起若蓮座，昔有支大士居之，名大士庵。《康熙志》：山出石果，形如枝桃。按，出石果處俗呼覆舟山。脉自雪峰來。東下爲谷山，東南二十三里。西下爲鐵心山，南二十二里。北下爲白華山。西下爲獅嵒，南十六里。北下爲望來峰，南十六里。爲姆山，岡有鼠梯石，南十五里。《嘉慶志》：姆山，有岩如屏，高二丈，岩間有梯十餘級，每級寸許，僅容一鼠。爲琴山。南十六里。北下爲青岡，南十七里。其東有元老山、東南二十一里。玉岡、東南二十三里。小窖嶺、東南二十五里，永康界。龍珠岡、南二十二里。馬山。南二十一里。

東曰小姬山，東十里。《名勝志》：在縣東十里。中有姬水溪，舊經云晋金談爲吴興太守，辭疾隱此。按，姬水溪即今虎溪。曰講堂山。東十里。《通志》：梁劉孝標讀書處。

又東曰竹嵒山，東十一里。《通志》：縣東鎮山也。《萬曆志》：崔嵬一千餘丈。其東爲文筆峰、東十一里。與明招山朱吕講院對峙，俗呼帳頂。醮山、東十里。舊志上有天師廟。鳳飛山、東十二里。汪公山、東十五里。

森塘后山、東十九里。車形山、東十九里。屏風山、東十九里。東雲山、東十八里。萬石院山、東十九里。西白嶺、東十八里。黄泥岡、東十七里。朱家山。東十七里。其南爲覆釜山、東十三里。蟠桃山。東十一里。其西爲翠微山、東八里。毛頭山、東七里。金牛洞。東七里。

又東曰明招山，東十一里。《通志》：宋吕成公講學於此。《府志》：望山也。東萊吕成公與其祖好問及弟祖儉墓皆在焉。正德十三年，縣丞林有年立碑，以昭先賢遺迹。《萬曆志》：麓有惠安寺。按，惠安寺今勅賜智覺寺。朱吕講院在焉。在寺右。前爲玩珠山，有玩珠亭址。左爲蠟屐山，晋鎮南將軍阮孚墓在此。爲月谷，東萊游處。右爲太史坑，亦曰學士坑，吕好問及祖謙、祖儉墓皆在此。山脉自乾口隴來。後爲叠錦山，東十二里。前東爲馬頭山。東十三里。

又東曰白陽山，東六里。《元豐九域志》：昔陳留阮遥集之弟妻劉氏，伶小女，性好山水，隱於此山。《東陽山水記》：張彦卿爲永康令，亦棲於此。《萬曆府志》：上有异石，色隨時變，歲豐則黄，歉則黑，鄉人以此占候。《萬曆縣志》：白雲出岫即雨。脉自八素山來。南爲白陽嶺，東八里。爲安山，東七里。爲石城山。東七里。西北爲陳高山、東十三里。仰天壠、東十里。四寸岡、東十里。小獅山。東八里。

東北曰八素山。東二十九里。《輿地廣記》：武義有八素山。《東陽山水記》：秦末有八士從洛陽來，逋栖於此，皆青素冠履，因名。唐太和八年，廉察使牒縣，附之圖經，而姓名竟不傳也。《萬曆府志》：在縣北四十里，周二十里。其東爲大撈箕山、東二十八里。挂鐘山、東二十里。翦刀山、東二十里。萬仞山、東十九里。萬景山、東十七里。東臺山。東二十八里。《嘉慶志》：巍峩高聳，郡邑俱可觀覽，内有池，盛夏不竭。其南爲分水嶺，東二十二里。嶺東爲鑼山，東二十四里。爲青簕源，東二十二里。爲内白山，東十四里。爲乾口隴，東十三里。爲白陽後山。嶺西爲太和坑，東二十一里。坑南爲太和嶺，嶺東南爲湯家山、東北十七里。王家山、東北十五里。慈姑嶺、東北十九里。潘村嶺、東北十三里。大黄山、東北十二里。前山。東北十一里。太和嶺西爲嵒尖、東北十八里。東臺山，隔水有朱桃山、東十九里。鳳形山、東十九里。麻栗嶺、東十七里。玲瓏嵒、東十七里。《嘉慶志》：石竅玲瓏，若琢成者。禾坑、東十九里。源頭山、東十六里。石杆山、東十五里。竹竿山、東十四里。葉兒坑、東十八里。余史坑、東十七里。虎山。東十五里。

北曰李公山。北十二里。《通志》：周二里，宋隱士李惠居此。《府志》：李惠居此，人高其志，故名。《萬曆志》：崛起廣衍。又北東爲雲霧山。北二十三里，亦曰蔭武山。又北爲大公山，北二十一里。爲山坑，北十七里。爲梅公山。北十八里，金華界。

西北曰白塔山，北十二里。《萬曆志》：以塔名。《府志》：縣西北上有塔，今廢。山南爲石城嵒、茶洞山、西屏、西岩，北十里。山北爲老鷹嵒、北十四里。朱大尖、北十里。邵家嶺、北十六里，亦曰笑客嶺，又曰西家嶺。舊志誤分爲二。元尭山、北十五里。淡隝、北十六里。溪干山、下段山。北十七里，金華界。山東爲石筍尖、北十二里。白羊坑、北十一里。雙塘岡、北十三里。后塢。北十三里。山西北爲竹林山、北十二里。毛竹尖、西北十二里。里壇山、西北十六里。象盤石。西北十六里。

右山

我邑山多於水，舊志所載，惟擇其尤。自經測量，諸峰羅列如掌上紋，較之舊志，不啻倍蓰。而稱謂有今昔之殊，操音有雅俗之异，以志書準局圖，不能盡合。兹惟得所考證者書之，餘未敢臆斷。又《萬曆志·形勝》所云中支、南支，脉絡多誤，今於縣主山過峽起伏，略爲分析，其未經身歷與訪問未確者，則曰東爲某山、西爲某岩云。

熟溪，宋姚偲曰：取常豐之義。《嘉慶志》：舊名武陽川。源出宣平大河源，入邑西大河嶺。宣平界。東北行逕麻陽。東行逕白姆堰口，梅岡溪注之。逕五爪潭，弧溪自西來會。逕小黄船頭，菊溪自南來會。逕南湖，雙坑溪自南來會。北行逕書臺山下，是有長安堰。折而東逕縣治，南逕墩前，永康溪自南來會，虎溪東來注之。折而北逕湖頭，白陽仙洞水注之。逕履坦郭橋頭，桃溪自西來會。逕下浦口，朱吴村水注之。逕梅公山下，入金華界，是爲武義港。繞府治南，合義烏港，達蘭溪，而注之錢塘江。

梅岡溪源出小桐嶺，宣平界。東北行逕白姆堰口，入於熟溪。

弧溪，彎如弓，故名。亦曰烏溪。受巖下溪、高溪、梁溪諸水，逕五爪潭，會於熟溪。

巖下溪，即下楊溪，逕劉岩下，故曰岩下。一自宣平小后陶，一自宣平俞源合流，逕宋川。逕砦頭，巖坑水注之。逕劉隴，小水注之。東行逕下楊汛，是名下楊溪。逕田鋪，是名南溪。東北行一里許，與高溪合爲弧溪。

高溪，源出大嶺腳，逕大坑口，芋坑水注之，裹大坑水注之。逕大萊口，紫溪注之。逕高宅，後渠口水注之，入於弧溪。

梁溪，源出吴山，下逕新屋、橋頭，逕梁宅，宋吏部郎中梁膺故里。東北行里許，入於弧溪。

菊溪，源出菊妃山，北流逕嶺下湯，東行逕隴口，高山頭水注之。北行逕徐村，高遥嶺水注之。逕古竹，是曰古竹溪。逕小黄船頭，會於熟溪。

菊妃山西北水，出滴漏岙下，入宣平。

雙坑溪，東源出大雪上龍潭，西源出龍門嶺龍潭，西北行合流雙坑口，東北行逕仙景庵前，北行逕南湖小溪口，會於熟溪。

永康港，源出密浦山。自桐琴入邑東南界西行，烏石頭水南來注之。逕倪橋，白革溪南來注之。逕東臯，清溪南來注之。逕萬載巷，是曰曲湖，宋鞏山堂故居。亦名泉溪。逕萬靈巖，金柱山水注之。逕端村，端溪注之。逕墩前，會於熟溪。

烏石頭水出龍珠岡，北流爲烏石潭，北行逕趙宅，入永康港。

白革溪，亦曰西溪。出白華山，北行逕蘭芝，分流散入田。北行逕倪橋，入永康港。

清溪，南源出大黄嶺北行，夏川注之。西源出崇教原東行，逕石佛山下，合南源北行，逕萬工山，是有倉部堰。北行逕東皋，過丁姑橋，入永康港。

金柱溪，源出金柱山龍門峽，西行逕車蘇，逕客塘，左溪山後水注之，逕萬靈嵒，入永康港。

端溪，西源出白嵐尖，逕山後，與郭洞溪合。郭洞溪出馬鞍窠，西逕陸店，與左溪合。左溪出馬鞍窠東。北行逕洪橋頭，東北行逕端村，過端明橋，入永康港。

虎溪，見宋鄭良臣《祭吕成公文》，今俗呼曰東溪。源出永康百高嶺，入邑東，逕南倉西南行，逕内白，是爲内白水，茭道水自北來注之。茭道水出鑼山。西行逕上陳、下陳。小姬山水，姬水溪在此。逕白陽山麓，是爲白溪，入於熟溪。

白陽仙洞水，源出大和嶺，東行逕椿塘，南行逕湖長阪，逕白陽，逕潘村嶺西行，逕湖頭，入熟溪。

大家溪，東源出嵒隖，西源出沙田，合爲雙渠，逕雙溪口，白鷺溪注之。逕馬郎橋，上官堰水注之。上官堰，自黄船頭分熟溪流。逕桃溪灘，後樹嶺東流水及清塘南流水注之，是曰桃溪。逕陳堰，三板橋水注之。三板橋水，出青坑龍潭。東北行，逕郭橋頭，入於熟溪。

白鷺溪，鷺，一作"露"。源出雪坑嶺東烏山下，南流逕冬景山，東行逕后金，伍家隖水注之。逕雙溪口，與大家溪合。

朱吴村水，出何上寮山，西行逕下浦口，逕湖塘沿，入熟溪。

凡東鄉之水皆匯於履坦，凡東南之水皆匯於墩前，凡西南之水逕城南者皆匯於南湖，西鄉水之經城北者皆匯於郭橋頭。熟溪經流，始於西，注於南，會於東，入於北。北自履坦而下，謂之武義港。

其不匯熟溪者，曰八素水，曰李村水，曰桐溪，曰三斷龍潭水。

八素水，源自王慈溪。或曰航慈溪，義烏縣界。注爲潭，西北流出石龍頭，入金華。

李村水，出雙坑頭，西行逕大妃嶺，南行逕烏門，歧爲二，東流逕下洩山，入麗水；西流逕下高，入宣平。

桐溪，即後樹水。東源自後樹嶺，西流逕桑葉隖口，沙田北流水注之，茶曹坑水注之。茶曹坑北流合王占水，出金華。逕白鶴廟，與西源合 。西源自雪坑嶺，北逕五峰山下，逕長蛇形、松樹下，合流白鶴廟下，逕石牌嶺，入金華。

三斷龍潭水，源自宣平横坑，逕宣平瀛頭，注爲小龍潭。宣平界。自龍潭背縣注而下，爲三斷潭。北行逕龍山村，入金華。

右川

熟溪，源出宣平大河源，舊志謂遂昌，誤。清源溪即清溪，舊志誤。分爲二，大家溪南流爲雙渠，會於桃溪，舊志惟言出金華。出金華者，北流也，亦疏。烏溪、岩下南溪，一水而隨地立名，舊志誤列爲三。古竹溪即菊溪下流，舊志忘其源，祇言其流。老姥溪即白姆溪，本是熟溪上流，舊志言源出三斷龍潭，誤。白鷺溪亦西鄉水，何以不書？虎溪爲東鄉水，何以言白溪而不溯源？凡此者，皆非也。兹據測量局圖，證以見聞，訪之父老，支分派合，一一詳列，非求异於前人，乃徵信於後賢云爾。

武川備考卷二 下

地輿考下

水利表一

潭			
東	南	西	北
白陽潭五里。陽,《康熙志》作"洋"。○凡言里,俱本舊志。 斗潭五里。 九里潭九里。《萬曆志》:相傳風雨晦冥之夕,潭有鐘聲,隱隱可聽。常有漁人泳潭,鐘可捫。旁有屋廬,大類佛舍。《通志》:歲旱,祈禱輒應。 八素潭四十里。俗呼八仙潭。○《萬曆志》:潭有九井,每山一曲有一井,相去各里許。山谷深邃,人迹罕到,歲旱,人募善游者渡潭迎龍,倘得物如鱓如蛇,輒雨。潭	晏公潭一里。《府志》:舊有晏公廟,今廢。 桑堰潭二里。 今補。 南湖潭按,南湖,宋爲長安鄉,故《府志》云西五里,今爲南二十六。莊,當作"南"。邑志云西十里,非是。俗呼后門潭。 燕山潭十里。○據《府志》補。 烏龜潭七里。《府志》:潭中有石狀如龜。○《嘉慶志》:或謂元緒所居即此,《水經注》載入永康溪内,三國時邑屬永康西鄙故也。	壺山潭二里。○按,潭有二:一在山上,《志》所謂狀如壺者;一在山下,《志》所謂引長安堰水者。 青坑潭七里。祈雨有驗。 今補。 瀛潭十里。 俞學潭十里。 五爪潭十五里。《嘉慶志》:岩石如龍五爪。○按,在大斗山下,弧溪會熟溪處。 赫嵒潭三十五里。在赫赫岩下。 今補。 天井潭三十五里。《嘉慶志》:懸匡百	大王潭十里。 清潭十五里。 山坑潭二十里。《康熙志》:山上有洞,深不可測。 黿潭二十里。《康熙志》:潭深爲黿所居。 按,在范村。 碓頭潭二十里。 王婆潭二十里。

續 表

潭			
東	南	西	北
水下注，與石溪合。〇《府志》：夏秋水溢，旱則沙磧漲露。有九井，渡潭迎龍不過一二井，必獲感應，第九井人亦罕到。	金柱潭二十里。潭水從龍門峽而下，是爲水簾。 今補。 石倉潭二十五里。 龍門潭四十里。 今補。 大雪潭四十里。《康熙志》：中有三潭，峭壁千尺，瀑水飛濺，望如屑玉。石上有龍身支爪形迹。 馬蹄潭四十里。《康熙志》：歲旱，土人迎龍其處。 三井潭四十里。葛衣嶺上。 今補。 白革天井潭四十里，亦曰三井，在白華山。 今補。 銀橋坑潭《嘉慶志》：毛山有龍王廟。	丈，傾流而下，盛夏不竭。〇按，在金公岩下，即《萬曆志》所謂天井。 石壁潭四十里，在雪坑嶺。 今補。 三斷潭七十里。《府志》：廣二十五尺，中有龍潛。歲旱禱之輒應。宋紹興十八年夏，不雨，府司遣官禱於潭，俄有物，長如練，七八尺，盤旋久之，忽失所在。水騰湧而起，須臾雲霧晦冥，雨沛然下。有右宣教郎添差通軍州吕忱中撰記。〇《萬曆志》：萬曆十七年，大旱，龍潛不出，俗傳法用穢物激之，龍起。百姓以山執斗絶，恐難卒避，多不敢。〇《康熙志》：石壁鎸有龍宫深處四大字。萬曆十七年，禱而雨沛。〇《嘉慶志》：每年季夏朔日，董姓必宰牲致祭。	

水利表二

湖			
東	南	西	北
西湖十里。 東湖二十里。 白楓湖二十里。	南湖五里。 草馬湖五里。 曲湖十四里，宋鞏山堂故里。 今補。 下湖三十里，趙宅，與永康桐琴界。 今補。	文湖二十里，宏閣。 今補。	王趙湖八里。《嘉慶志》：雖旱不竭。 天碧湖十里。鄉人徐鳳岐建亭其中。 長湖十里。

水利表三

泉			
東	南	西	北
吴家泉二里，鳴陽門外。 張泉五里，有二。 古泉五里。 來下泉十里，邵宅。 後溪泉十五里，有二。 毛狸潭泉十五里。 黄雌泉十五里。 逷泉十五里。 大逷泉十五里。 白楓泉十五里。	雙泉五里，湖阪。 寶泉二十里，寶泉嵒。周圍數尋，水清甘，旱潦無加損。明長沙太守何貴建亭其上。 漳泉二十里，郭洞上宅，門前有望春樹一株，相傳何太守手植。今郭洞曰雙泉古里，蓋合寶泉而名也。 石頭泉十五里。	醴泉一里，書臺山下，味甘冽如醴。 後樹潭泉二十五里。 麻車潭泉二十五里。 大慈泉四十里。〇《府志》作“大悲”。〇《嘉慶志》：在劉岩絶頂，莫知其源，春夏常滿，爲寺僧取給。	白玉泉一里，北嶺。 童泉十五里。 楊泉二十里，可溉田數千畝。 酒坊泉二十里，可溉田數頃。 尤泉三十里。

水利表四

井			
東	南	西	北
上文光坊井一在葉宅巷，一在洪宅巷。 大夫第井 省元坊井下何巷。 上緑埜坊井周宅巷。 熟水坊井生薑巷。 太平坊井有三。 西隴井十五里，在三槐坊下。 義井二十里。 八角井八里，下邵。	上朝京坊井縣署右。 宣明坊井捕署東。 下朝京坊井倪祠東。 進賢坊井横街里。 五穀神廟井一里，上水門外。 雙井三里，昔有人指井曰居人誕生必雙，卒符其言，故名。 南湖井五里，明孝子何承祖故居。 油井五里，横山佚老庵側，其水如油，故名。 横塘井五里，横塘顧宅。 明王井七里，静岩寺中。 鞏家井十五里，泉溪萬載巷，宋鞏栗齋故居。 盧家井二十里，九女墩旁。	下文德坊井一在石城何祠後，一在石城何祠西。 文昌宫井孝弟祠中。 上文德坊井一在壺山書院西，一在顧宅。 永豐坊井永豐門内。 城隍廟井廟中。 甘泉井一里。 靈泉井二十里，普寧山下，牧牛和尚煉丹處。	傑靈坊井一在上王祠側，一在節婦祠南。 上善慶坊井井徐祠側。 朝德坊井一在徐文忠墓西，一在槐項祠東，一在花園廟前。 慶豐坊井一在鮑宅，一在温祠前。 石井二里，《府志》作十五里。 龍井《府志》作“龍鳴井”。〇《嘉慶志》：北十里，久雨，井有聲如龍鳴，可聞數里，人飲其水，多勇。在履坦。 彭城井十里。

水利表五

堰			
東	南	西	北
湯宅堰一里。 官堰五里。旱則截白陽之水以灌田。 長溪堰東北五里。 勝潭堰十五里。 項堰二十里，來蘇鄉。 西徐堰東北二十五里。 陳家堰東南二十五里。 東山堰東南二十五里，太平鄉。 徐家堰東南三十里。	桑堰一里，明桑仁卿築。 南湖堰五里，宋紹興年楊俊卿築，引熟溪注南湖阪，由誥山麓仍入熟溪。 陳鎮藤堰五里。引南湖小溪注陳鎮藤阪田。 七百堰五里，引南湖小溪注南湖阪，至誥山麓，入熟溪。 八百堰五里。引南湖小溪注南湖阪，至誥山麓，入熟溪。 車堰七里，上南湖上仙景橋下。 端村堰五里。 徐公堰五里。 杜公堰十里，杜公山麓，邑人徐仲築。 楊堰十四里，石倉、岩陽。 和尚堰十五里，福聖寺前。 上光堰十五里，黄山頭。 金淥堰二十五里，注泉源阪。 匣銀堰二十五里，注郭村阪。 後陳堰二十五里。 溪填堰二十五里。	洪寺堰一里，舊志：水出草馬湖，自壺山坊北經縣治，至緑埜坊，入熟溪。歲久湮塞，正德十三年，縣丞林有年開濬。○今呼洪宅堰。 長安堰二里，唐光化元年鄉人任留創築，溉田萬餘畝。宋慶元四年邑人高世脩，葉之茂重脩。國朝康熙三十七年，邑人徐孝儒子長生、浩生將李闌堰、長安堰口民田一百八十把，併地一塊，計三畝零，助爲車水步頭，以備亢旱，佈車灌溉，後圮。市東王興五重修。○按，堰水逕書臺山下，入城南水洞，出城北水洞，分爲曹堰、中堰、山堰，溉縣後阪。 李闌堰五里。 馬湖堰縣西。徐進九孫慶築。 黄碧堰五里，在南湖下，引水入南湖阪。 陳湖堰十五里。 陳堰十五里，上有赫靈廟。	山堰一里。 中堰一里。 曹堰一里。○按，三堰皆長安堰支流，散入縣後阪田、中田、金陂、馬村，仍入熟溪。 大木神堰五里。《萬曆志》：木木神堰，《康熙志》：木神堰，今从《通志》。 黄姑堰七里，流注柳新塘。 櫻珠堰十里，郭橋頭田資灌溉。 常樂寺堰丨里。○按，寺在北五莊，舊志言西北，誤。 石井堰十五里。 女兒堰十五里。 水碓堰十五里，大通寺。 曲湖潭堰十五里，近大通寺。 山坑堰二十里。

續 表

堰			
東	南	西	北
	新堰二十五里，注黄後門田，坐溪邊。 上楠堰二十五里，注劉宅田。 倉部堰三十五里，引清溪水溉田。唐倉部郎中徐鎡創，故名。頑石爲阻，當時鑿石一升屑者，酬錢一升，費力鉅煩，以迄成功。鄉人德之，旁有倉部祠，至今揚村以下各處俱蒙其利。○堰口爲萬工山，堰水自溪底行，形如竹枝，上覆以石，故溪水涸而堰水常流。	陳碧堰十五里。 彭周堰十五里。 梅溪堰十五里，《通志》：梅作"按"。 殷堰 黄沙田堰二十里。 梅花堰二十里。 蕭堰二十里。 西阪堰二十里。 胡蝶山堰二十里。 大斗馬堰二十里。 鹿角堰二十里，鹿，《通志》作"麓"。 尖壇堰二十里，王良俊築。 石鮲堰二十里，王良俊築。 宏閣堰 馬昂堰 俱二十五里，馬昂廟在焉。宏閣堰即馬昂堰，鍾俊茂築。三堰共一處，因有宏閣堰，而尖壇、石鮲遂廢。鍾堰貫於王田之旁，王截其水，每每告争，官勘斷王家於堰頭入水處另開水道，鍾仍於舊堰開濬通水。 八百堰二十五里，《通志》作二十里。 後桐堰二十五里。 黄彈堰二十五里。 深塘堰二十五里。	

續 表

堰			
東	南	西	北
		崇法寺上官堰二十五里，邑人徐大夏修，灌注二都、七都田。 洋堰石衖堂三十里，倪君明築。 後真堰三十里，由白姆、安潭開瀆，歸水灌溉前、後金、山碧張、橋亭四處之田。 花度寺堰三十五里，《通志》作“下堰”，十五里。 新堰三十五里，雙岩山下。 洋游堰三十五里，《通志》三十里。 馬山堰西七莊朱福三築，在黄檀口。 白姥堰四十里。	

水利表六

塘			
來蘇鄉	太平鄉	長安鄉	長壽鄉
石井塘	夏彭塘	蘭溪塘	
郭塘北五莊。	鄭家塘	車魚塘	
邵婁塘	馱塘	青蓮塘	
和尚塘	山塘	雁窑塘	
橫塘	陳大塘	朱上塘	

續表

<table>
<tr><th colspan="4">塘</th></tr>
<tr><td>來蘇鄉</td><td>太平鄉</td><td>長安鄉</td><td>長壽鄉</td></tr>
<tr><td>妙塘</td><td>水滴塘</td><td>童古塘</td><td rowspan="15"></td></tr>
<tr><td>長塘</td><td>武義塘</td><td>吴大塘</td></tr>
<tr><td>柳新塘北四莊。</td><td>小丫塘</td><td>河塘</td></tr>
<tr><td>生水塘東三莊。</td><td>南山塘</td><td rowspan="3">沈家塘西二莊，因山爲堤，溉四八店等處田。</td></tr>
<tr><td rowspan="11">果塘</td><td>石母塘</td></tr>
<tr><td>廟塘</td></tr>
<tr><td>菱塘</td><td>周塘</td></tr>
<tr><td>周滿塘</td><td>大新塘</td></tr>
<tr><td>程大塘</td><td rowspan="2">由草塘南二莊，揚宅口。</td></tr>
<tr><td>塔地塘</td></tr>
<tr><td>黄塘</td><td rowspan="2">長生塘南二莊，木訥山下。</td></tr>
<tr><td>丁塘</td></tr>
<tr><td>鳥灣塘</td><td>下徐塘</td></tr>
<tr><td>交塘《通志》：交作“茭”。</td><td>古塘南二莊，灌南湖阪下。</td></tr>
<tr><td>陳荆塘《通志》：荆，作“判”。</td><td>蓮塘</td></tr>
</table>

潭以禱雨，湖以瀦水，泉可以濬，井可以汲，堰則引水以注田，而塘又濟溪流之所不及，是皆資飲食，備灌溉，有利於民生者也。録舊志而補其未備者，列表如右。惟塘，舊志獨不言長壽鄉，頗爲可疑，今空其行，俟采訪。

形勝

負壺山，帶熟溪，白陽環左，書臺倚右。《通志》

層峰叠嶂，列於其前。《府志》

西南接温、處，東北達嚴、杭，山谷盤結，埶嶙峋起，固巖邑也。熊秋芳《舊志序》

婺據浙上游，控制栝蒼以西，姑蔑以東，其最當孔道，莫如武川。首於永，趾於金、於蘭，與三邑相錯。溪山道里相綴屬，間道走温、處，下達嚴灘、錢塘，其要津則熟溪。劉養中《熟溪橋記》

舊傳武陽十景曰：壺山春霽、熟水秋澄、南湖烟月、北嶺松雲、九峰連翠、八素棲霞、寶泉漱玉、金柱垂簾、陽巖五色、靈洞雙奇，尤山水之勝所稱著者，邑人多有詩咏。《萬曆志》

武川備考卷三 一

建 置 考一

城墉

舊城周一里百八十步，宋紹興間廢。門七：東曰八素，亦曰鳴陽；曰東郭；西南曰僊巖；西曰書臺，又曰肅清；北曰仰星，又曰拱辰；南曰緑野；曰熟溪。《嘉慶志》○按，西南曰仙岩，《志》誤西爲東，今仙岩在小南門内二郎廟神座下，北近東也。

今城明崇禎十三年，知縣馮坪率義民徐世禋、王思蘭、徐得勝、徐世槐、倪惟貞、何承忠、徐廷鳳、周華六、倪君明、王秉志、徐應選、王安全、王邦政、阮思皋等二十二人始築，周圍十里八步，門九：東曰鎮東，南曰來遠，上南曰文興，西曰接龍，北曰迎恩。又小門四：南曰上水，曰下水，西曰永豐，北曰水洞。國朝康熙八年，知縣李經邦修，乾隆十七年知縣周昌德修。《康熙志》、《嘉慶志》○按，來遠俗呼大南，文興俗呼小南。又書臺山下有水竇，引長安堰水貫城，出北水洞，灌縣後阪田，而城中溝瀆亦此水分流，其來遠、文興、接龍、迎恩有樓櫓，餘無。

坊巷表

東隅一二	南隅一二	西隅一二	北隅一二
宣明坊 縣前街下 沈宅巷 上文光坊 葉宅巷 皂角巷 林宅巷 洪宅巷 下文光坊 大夫第 下臺門 省元坊 下何巷 上緑埜坊 周家巷 市基角 大橋巷口 東街上 下緑埜坊 大橋巷東 東街下 太平坊 來遠門里 熟水坊 生薑巷	上朝京坊 縣前街 下朝京坊 縣前巷 任公坊 朱何巷 上智文坊 石水缸 下智文坊 五聖堂衕口 進賢坊 劉宅巷 登雲坊 横街里 十字街口	上文德坊 城隍廟巷 西寺巷 下文德坊 十字街西 就聖巷 仙巖門里 永豐坊 西街 壺山坊 接龍門里	北朝京坊 頭巷 五聖堂衕里 朝德坊 二巷 慶豐坊 三巷 上善慶坊 獅子巷 下善慶坊 醬坊巷 文忠巷 徐宅巷 傑靈坊 迎恩門里

《嘉慶志》東隅有戴巷、僧田巷。無太平坊。南隅有壽聖巷,無登雲坊。西隅無壺山坊。按,《康熙志》戴巷在縣東,則非城内甚明。僧田巷今在來遠門外,有僧田廟,是附郭,不當作城隅。壽聖巷即就聖巷,以近學宫,故名。今呼何宅巷,又或呼壽星巷,在西隅,不在南隅也。壺山坊,據"洪寺堰水出草馬湖,自壺山坊北經縣治"數語補入。太平坊在來遠門里,人言可憑。登雲坊爲南隅,糧册可證。今皆補書。至三條巷即頭巷、二巷、三巷總名,無庸複舉矣。

鄉莊表

唐《十道圖》有十八鄉，鄉各有里。宋初減爲十六鄉，紹興中又併爲四鄉，每鄉十二里，四鄉共管二十六都。明初因之，增小二十都，共二十七都。分圖不一，在坊四隅八圖，共九十五圖。《康熙志》

國朝康熙年行均里法，定八十六保，保有保正。雍正間改爲順莊，以鄉村之相近者比而順之。《嘉慶志》

長安鄉。舊管翔鸞、禮讓、永樂。一都、五啚。二都、二啚。七都、三啚。八都、二啚。九都、二啚。十都。三啚。

來蘇鄉。舊管白陽、長山、懷義、德義。三都、七啚。十一都、三啚。十二都、三啚。十三都、四啚。十四都、二啚。十五都。三啚。

太平鄉。舊管昭化、崇禮。四都、四啚。十六都、三啚。十七都、三啚。十八都、四啚。十九都、四啚。二十都。四啚。

長壽鄉。舊管忠義、銅泉、鳳林。五都、三啚。六都、二啚。二十一都、三啚。二十二都、五啚。二十三都、三啚。二十四都、三啚。二十五都、四啚。二十六都、一啚。小二十都。一啚。

東		南		西		北	
莊	村	莊	村	莊	村	莊	村
一 附郭	朱宅朱 下王宅王 洪宅洪 八素門	一 二三里 古	大橋頭 田鋪 下嶺頭 桑園 胡處 塘里 後金村 石水牛頭	一 十里 古長安鄉禮讓里	五益塘 湖石隴 西塝頭 七吼塘 東頭 西阪 盧處項 何宅	一 五里 古	北嶺頭 松蓬 紡車嶺 塘頭 項山皋張

續 表

東		南		西		北	
莊	村	莊	村	莊	村	莊	村
二 三里 古	椏义路口 盈頭 程處程 王處王 朱店	二 五里 古	溪南湯湯 沈宅 古塘 楊宅口揚 缸窑湯 油井頭吴	二 十五里 古長安鄉禮讓里	高沿塘 古馬山 童村 四八店陳 施秧塘 櫸樹下 蓀蘺隖孫 内裏隖 葉弄坑	二 十里 古	履坦徐 前村 魚形
三 五里 古	生水塘徐 金陂金 馬村馬 渡船頭白陽山嘴 白溪口 汪村汪 徐步 黄勘下 吴麻車	三 八里 古	端村周、賴 王思灘 牛闌塘 荷上橋湯	三 二十里 古	何山頭 下雪 大路洪 静山韓 石屋 羅橋 仁村 後方 上雪 梅花堰背 小新屋	三 十里 古	郭橋頭徐 七百泉 林處 新經堂
四 五六里 古來蘇鄉	童廬童 白溪張、金 墩前 項村 後周 陳塘 九里潭	四 十里 古太平鄉昭化里	湖沿 湖墩倪 下徐處 下園	四 二十里 古長壽鄉忠義里	馬昂王 彭宅 水瀆湯湯 下郭浦 橋頭湯湯 俞宅	四 十里	黄姑王 鄭村 石龍頭項 後里王 下泥村 梅園 正心嶺 湯嶺脚王

續 表

東		南		西		北	
莊	村	莊	村	莊	村	莊	村
五 八里 古來蘇鄉	後陳陳 下邵邵 湖頭 皮店 傅山頭 傅牌廟 神壇	五 十五里 古太平鄉昭化里	泉溪尤、徐 鄭宅 前項徐、牟 萬載巷俗訛馬宅巷。	五 二十里 古	宏閣鍾 下葉頭 章坑 溪沿	五 十里 古	泉頭 寺後 徐盛殿 新山下 後桑園 郭塘 桃溪 朱宅前 溪灘 胡村 上下茶山
六 七里 古來蘇鄉	上邵邵 白陽山 楊園 大塍腳 傅堂沿 江家	六 二十里 古太平鄉昭化里	鞏宅鞏 後宅口 季宅 汪宅 徐宅	六 三十里 古長壽鄉忠義里	梁宅方 高宅 新屋橋頭 顏宅 曹宅 張家 石穀閘 大萊口 項山頭 裹大坑 大嶺腳 煉端頭徐 江村 石彭頭 吳山下 歷山 芋坑 大坑口 石井里 東暘門 油皂樹下	六 十五里 古來蘇鄉	蔣村程 方村 岡後 陳村

續 表

東		南		西		北	
莊	村	莊	村	莊	村	莊	村
七 十五里 右來蘇鄉懷義里	仙洞 茭塘何 白陽 石橋頭 湖長阪陳 牡丹陳 節節門 東吴	七 二十里 古太平鄉昭化里	葉牆頭 張宅張 湖干阪 金絲村何	七 三十五里 古長壽鄉	南溪勘頭 上勘頭 下勘頭 揚店揚 陶宅 村頭 陳宅 後渠口何 夏新屋夏 馬山朱 紫溪 雪里	七 十五里 古	後臘 青草隖 王占 下店 茶曹坑 王山 徐山 中央黄程 青塘 嶺後劉 兩頭門金華界
八 二十五里 古	章村 麻車岡 椿塘 楊家 李金坑 何村 上塘頭	八 二十五里 古太平鄉	東皋 程宅 尤宅 西頭 下店 廳頭里	八 四十里 古長壽鄉銅泉里	下楊楊、劉 田鋪徐	八 二十里 古	葉上步 壇頭 潘宅 何上隖 雙塘 李齊 七家隖
九 二十里 古	湯村 王大路 滿村隴 里後山洪 内蔣 青龍頭 大路山腳	九 三十里 古	趙宅永康界 獭塘葉 石蒼岊金、周 倪橋徐、倪 塘下金	九 四十里 古長壽鄉銅泉里	後田 呰頭 宋村 小後陶宣平界	九 二十五里 古	何村 范村金華界 詩主 淡隖底 周村 金山頭 黄隖園 梅沙端 沈灣 盧家

續 表

東		南		西		北	
莊	村	莊	村	莊	村	莊	村
十 三十里 古	下茭道 内八仙 外八仙 沈家 葉家 龍潭坑 何坑 王慈溪義烏界	十 二十五里 古	上馬隖顔、湯 盧碧翁、張 塘頭鞏、楊 横路徐 管湖 鞏宅鞏 何倉何 上盧盧 上阜嶺下金 下塘頭金 東湖馬	十 五十里 古長壽鄉鳳林里	梅隖 塘頭 灣内 朱宅 嶺頭 隔溪 外麻陽鄭 中麻陽鄭、王 裏麻陽王 沿珠嶺 隖雲阪 謝嶺脚 梅岡頭 龍潭 黄全宣平界	十 十五里 古	湖塘沿 石井口 金家 何上寮 朱宅 王村 下車塘 上余 下浦口 吴村 朱村 青松 張宅 岑壇
十一 三十里 古	上交道 黄鋪基	十一 二十里 古	烏石頭郭、吴、周、王 小窖吴 黄塘舒 上王店 沙塘 後金 王端頭 梅烏塘 西黄吴 沈村 車門頭	十一 四十里 古	白姆 堰口 白嵐下 烏阪		

續 表

東		南		西		北	
莊	村	莊	村	莊	村	莊	村
十二 三十五里 古	西進徐 東進 鼓樓鄭 下坑鄭 姚上坑姚 南倉鄭	十二 二十里 古	勅令橋徐 横街吕吕 水閣塘韓 上楊盧、徐 樓下王王 石井頭周 揚牌徐 韓宅韓 青岡	十二 四十里 古	橋亭 前金金 後金金 山碧張張 伍家塢伍 青草隖坑 雪阬		
十三 三十里 古	内山溪魏 外山溪中央門魏 朱黄徐 張坑張 簡頭 鄒裏隖	十三 二十五里 古	白革朱 郭村朱 西溪 上倉 上步山 蒲上 拔蘭山	十三 三十里 古長壽鄉鳳林里	王宅 黄船頭王 徐宅 吴宅吴 郭浦朱朱		
十四 三十里 古	胡宅隴 余司坑揚 滿月塘	十四 二十五里 古太平鄉昭化里	上王園 下王園 項店 下項 西陳 馬閣李 蘭芝 王宅塘 姆山前 石夾口 石閘隴	十四 三十里 古長壽鄉鳳林里	馬府下徐 塘沿何 葉處 孫宅 下徐 杜阪 深塘隴俞 吴宅		

續　表

東		南		西		北	
莊	村	莊	村	莊	村	莊	村
十五 三十里 古	倪村 胡店胡 下石阪 内白南界永康	十五 二十五里 古太平鄉昭化里	王山頭王 新屋王 官田王 劉宅劉、賀、朱 楊村楊、阮 章排章、鞏 黄茅山項、徐 姆山後楊 古泉	十五 二十里 古	杏渠周、吴 山里 周岡 小裹村 洪宅 屋基塔 章墩頭 柳隝 下墳頭 母塘 巖隝 雙溪口		
十六 十五里 古	上陳 下陳 下屋 牛背金 石板頭 王塘 牙隴 西田阪	十六 三十里 古太平鄉昭化里	清溪口 黄竹園 麻田羅 姚村 朱門 張村 盛嶺下 王壇 石朱闌 黄長岡 夏家阪李，縉雲界	十六 二十五里	後樹董 水角董 董處董 上犁 何山 上徐宅徐 下徐宅徐 松樹下 桑葉隝 長蛇形 楓樹塘 西殿 插花嶺脚		

續 表

東		南		西		北	
莊	村	莊	村	莊	村	莊	村
十七 十五里 古	沈宅 姚宅	十七 十五里 古太平鄉昭化里	山後何 黃塘何 周宅 陳隖 陸店 何管 岩後古嶺後 金、處 施家 車蘇何 左溪 周村 客塘 抱衙口何 橫店 寺阪 洪橋頭 山方何 後村何 黃竹源王、何 何村何	十七	新屋 石木橋頭 車里 何宅 朱宅 朱店頭 黃占 後村嶺腳		
十八 二十五里 古	金村 乾口隴 蔣萬同蔣 寺後張 柳宅	十八 二十里 古太平鄉昭化里	郭洞何 上宅何 下宅何 大灣何 沈店沈、何	十八 十五里 古	八都 墳頭 後舍 夏郭 城頭 舍盧處 金鷄山 周宅		

續表

東		南		西		北	
莊	村	莊	村	莊	村	莊	村
十九 二十里 古	萬石院 宅口陳 後倴 新倉 西白嶺 揚趙 夏宅 森塘 饅頭山里楊 黄泥岡	十九 十五里 古	溪里賀 下蘇步 下徐吴、涂 嵒頭 賀上門 方處 塘塍頭	十九 十里 古	三板橋何 四百勘鄭 童處 許村 東山 溪口 陳堰頭 陳堰殿 殿後隴 桃溪灘余、黄 後宅 三角店胡		
二十 十里 古	大塘口周 水步頭周 楊家灣 楊家 倪店 水碓周 白楓 宅園徐 項宅 塘木泉 後河塘	二十 二十五里	黄金磜 金村吴 大樹下徐 楊坑 唐里唐 管宅管 管嶺 吴村 破竹園季 施隖施 葛塔鄧				
		二十一 四十里 古	大殿口 和陽坑鄒 禾上隴 王山頭 碗鋪 陳八山 后林阪 外和阬 李村李 白潘 塘頭陳 許里 下抱 洩溪入溪 新宅 茵青				

續 表

東		南		西		北	
莊	村	莊	村	莊	村	莊	村
		二十二 三十五里 古	烏門 八百勘 入溪口 江家 黄藤坑 下高 古竹園 溪下麗水界 塘垵 葛衣嶺腳				
		二十三 三十里 古	嶺下湯湯 碗鋪 派塘傅				
		二十四 二十五里 古長壽鄉忠義里	徐村徐 石橋下徐 下窑頭 高坑 平塔 王村吳、徐 連青坑				

續 表

東		南		西		北	
莊	村	莊	村	莊	村	莊	村
		二十五 二十里 古長壽鄉忠義里	古竹徐、鄭 黄山後 王澤山 黛石 舒宅 小黄船頭				
		二十六 五里 古長安鄉禮讓里	上南湖何 下南湖何 湖後 詁山麓 陳宅陳 下勘頭 方處 高隖 横塘顧 草馬湖葉 大坤頭 後溪				

舊第一東區管催五都、六都、七都糧税，第二西區管催二十三都、二十四都、二十五都、二十六都糧税，第二東南區管催十六都、十七都、十八都、二十都糧税，第二東北區管催四隅一都、二都、二十一都、二十二都糧税，第二西南區管催四都、十一都、十九都、小二十都糧税，第二西北區管催八都、十都、十四都糧税，第三區管催三都、十二都、十三都、十五都糧税。糧長七名，鄉統乎都，東西錯

置，不歸一方，壤地界址不相聯接，隨鄉腴瘠，派産輕重，是啓弊竇也，廢已久矣。《康熙志》

國朝行均里法，爲順莊，以村之相近，比而順之，用莊差催糧，極爲便民。《嘉慶志》

四隅各二，東二十，南二十六，西十九，北十，合八十三莊，兼外屬五莊，曰金華，曰楊公，曰桐琴，曰永長，曰俞源、小妃，總爲八十八莊。外屬者，人非本貫，而糧産隸焉。自順莊後，古鄉里之名久不見稱，惟僧道功德疏尚沿用之，因取以分注各莊。至分都，則不可詳矣。南二十六莊，大樹下康熙間廣額石刻在縣署，而《嘉慶志》失收，今補。南之下窑頭，西之東暘門等類，亦並補綴，其昔有而今無，或祇一二家不成村落者，若南之後溪、西之俞宅、周宅，仍書以存舊迹云。

武川備考卷三 二

建　置　考二

公署

縣署。唐在城北，宋宣和二年，兵燬，按，舊志惟言庚子，無宣和字，今考庚子乃宣和二年，是年方臘作亂。六年，知縣徐廣建。元至元十三年，兵燬，二十七年，監縣豈台蒙古建。至正丁丑栝寇燬。明洪武初，知縣錢樞建，二十四年，鄰火燬。此二句《嘉慶志》缺，據《萬曆志》、《康熙志》補。建文二年，知縣趙杲《通志》誤"果"。建，正統十四年，栝寇燬。景泰二年，知縣李文建。天順三年，知縣康顒建後堂。成化六年，知縣趙璡建正廳，請於朝，富民助建。弘治元年，知縣曾禄建幕廳。此句據《通志》補。正德二年，丞張一本建糧廳；舊志脱正德。十一年，知縣胡琇重建後堂；十二年，丞潘棠建吏廨；十三年，丞林有年建旌善亭、申明亭。嘉靖二年，知縣黄春建譙樓。萬曆五年，知縣陳思仲建保和樓；十二年，知縣熊秋芳建後樓；十三年，知縣陳大烈内建中堂，外建輔仁堂。

國朝康熙二十二年，知縣史大受建内宅四知堂、心閑亭；三十四年，知縣江留篇建西書房。乾隆三十九年知縣張尅申、五十二年知縣沈貽孫均請修，未就。五十六年知縣黄天益竣工，奉文撤去班房六間。五十七年，建寅賓館於土地祠前。以上舊志參《通志》。咸豐戊午、同治壬戌，迭經寇火，僅存楹楝。光緒十二年五月，大堂

傾。十三年,知縣羅家穪率紳湯瑞椿、陳文炳等募民捐重建,十七年告竣。圖見下

縣署全圖 光緒庚子新烁 君慎甫繪

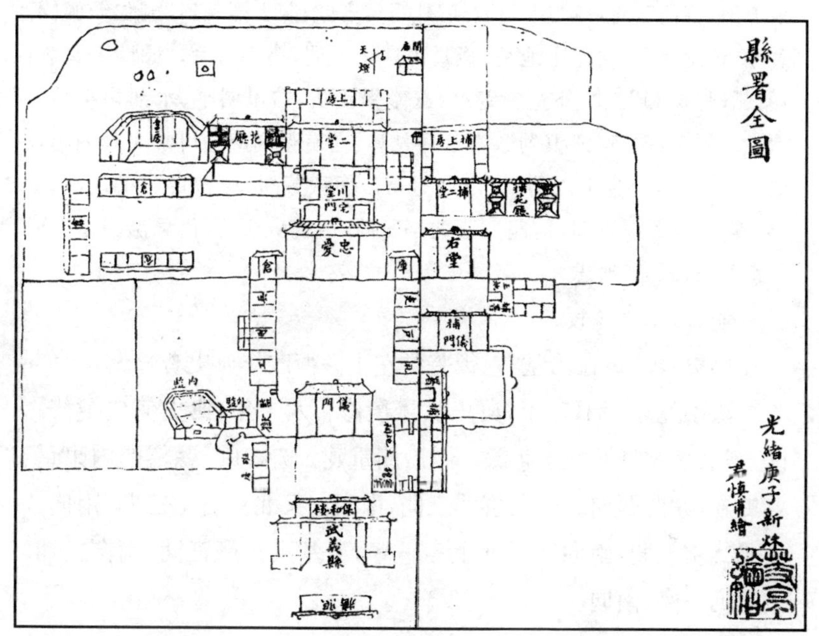

新署。治堂三間,南向。左爲庫,右爲倉,皆南向。庫南爲吏房、户房、禮房,凡九間,皆西向。倉南爲兵房、刑房、工房,凡九間,皆東向。治堂北爲宅門,又北爲川堂,又北爲二堂五間,又北爲上房五間,上房翼以兩廂。上房北爲園,植竹木。東有關帝廟,西有古冢,有井二。堂西爲花廳三間,花廳西書房五間,有廂書房。南爲倉屋,東向者七間,南向者七間,北向者七間。治堂南爲儀門三間,儀門西爲獄門,東向。又西爲外監,南向。又西爲内監,南向。監南爲馬快班四間,東向。以上新造。儀門東爲土地祠,爲寅賓館。儀門南爲縣門,俗呼頭門。門上爲譙樓,門左皂班,門右民壯班,皆

北向。門外照牆一堵。以上修舊。

附舊署。治堂三間，明正德間額曰“德政”。嘉靖辛丑，巡按王紳書“忠愛”額。治堂東耳庫一間，又東幕廳三間，顏曰“贊政”。治堂南甬道戒石亭兩廊，東，吏、户、糧、禮房，西堂架閣，承、發、兵、刑、工鋪、吏房。甬道南，儀門三間，儀門内爲監獄，外爲寅賓館，陳大烈顏曰“輔仁”，張國裳顏曰“師虞”。堂左土地祠，後爲吏廨十一間，西爲鋪舍。頭門上爲譙樓，顏曰“保和”。門外左旌善亭、玉堂學士坊，右申明亭、水部司空坊。治堂北川堂，顏曰“清慎勤”，右有儀仗庫，左有架閣庫。川堂北爲内宅，前三間曰四知堂，中四間，後三間有樓。熊秋芳顏曰“望台”，梁遂改曰“望雲”。有厢屋六間，前座右心閒亭三間，西書房三間，何思温顏曰“勤補齋”。舊志参《通志》。

學署。詳見學校。

典史署。舊在治堂右，後將堂左主簿衙改作典史署。

國朝乾隆四十三年，典史沈秉衡修。六十年，典史何白璧修。以上舊志。咸豐十一年寇燬。同治間重建。圖見上。縣儀門内東爲典史署，頭門西向。門北儀門三間，南向。又北爲右堂三間，南向。又北二堂三間，南向。又北上房一座，二堂東花廳三間，南向。捕土地祠一座，南向。

廢舊衙附

都察院。在察院西，俗名舊司。明弘治乙卯年，通判施堯臣建。萬曆戊申年，知縣張國裳修，復圮。國朝改爲關帝廟。

察院。在治西，俗名新司。明洪武五年，知縣徐岳建。萬曆十二年，知縣熊秋芳修。三十三年，知縣張國裳修。國朝乾隆己巳年，知縣汪正澤改爲壺山書院以課士。

布政司。在治東南。明正統十一年，知縣鍾惟勉建，屋圮，爲民家所混。知縣熊秋芳清查，給與民種蔬納税，今無考。

陰陽學。洪武十七年設，地無考。

僧會司。洪武十七年設，在縣西法雲寺。

道會司。洪武十七年設，在縣東天齊宫。

倉廒附

際留倉。在縣署儀門東。明洪武十四年燬，建文元年，知縣趙杲建，後廢。正德十年，移置預備倉大門西，後廢。

預備倉。明洪武二十四年，建於來蘇鄉、長安鄉、太平鄉、長壽鄉，久圮。正德十一年，縣丞潘棠毀五聖廟，建於府館西。十四年，縣丞林有年重建。萬曆間，知縣范岱重建。國朝康熙三十二年，知縣江留篇重建。雍正五年添倉廒十四間，八年添倉廒八間。按，咸豐十一年寇，燬。

常平倉。一在茭道，一在岱石。守道張朝瑞建，久廢。

社倉。在北隅縣署後，凡十間。乾隆二十三年，知縣任文翼建。按，咸豐十一年寇，燬。

際留倉。以儲夏麥、秋稻，今二税皆改折色，通在扒平内追徵，以給各官俸糧。教官糧齋隨季給散，歲終具一空文於府報，成事而已，故輒建而輒廢。〇預備倉以儲縣官積穀，本縣宜積穀六百石，昔猶本折兼行，故倉廒常虚。今議積實穀而改折不用，廒有數而積無窮，即有去陳易新之説，亦不可行。當其去陳，不能不侵牟於胥役，及其易新，不能不貽累於富户。意以賑貧，而貧者未受實惠；澤無霑富，而富者先受實害。是必有變通之日乎？〇常平倉善矣，穀將安出也？官也無所取資，民也何以樂輸？且孰爲之守？茭道今館使客矣，岱石日就傾圮，木石被竊，問其故址，夫亦索諸荒烟蔓草中乎？《康熙志》

武川備考卷三 三

建　置　考三

學校

聖廟。唐在治南。宋崇寧中遷治西，瀕溪。紹興十二年，知縣事陳一鶚遷治南。慶元五年，知縣事周峻新之。德祐乙亥，寇燬，復寓溪滸。元至元十六年，監縣豈台蒙古徙治南。後至元三年，縣尹韓昌遷治西。至正間尹隋守中、許廣大、翁景成相繼成之。明正統十四年，燬於栝寇。布政司楊瓚居守重建。成化十六年，知縣陳奎廣學基。弘治八年，通判施堯臣搆兩廡。十一年知縣汪亨毀妙相寺，再闢靈星門，東西立石坊二。正德十四年，御史吴華修。萬曆元年知縣譚音重建。九年，知縣謝阜拓石坊南民址，甃石瀦水，其後署縣劉養中修之。

國朝康熙十八年，知縣賈祖修。三十年，知縣江留篇修。乾隆二十九年，知縣任文翼修大成殿兩廡、靈星門、宫牆，邑人捐助戟門，貢生范希純、希堯建泮池、泮橋，貢生朱文棟甃。嘉慶四年續修。以上參《明一統志》、《通志》、《府志》、《嘉靖志》、《康熙志》、《嘉慶志》。惟劉養中，舊志失載，據《藝文》補。道光十三年，闔邑捐建，范氏仍修戟門。咸豐八年，粤寇入城，聖廟無恙。十一年，粤寇復竄燬兩廡及大成門、泮橋。同治初，知縣羅子森募捐，建大成門。四年，知縣夏獻鋆作先師神主。七年，教諭朱鼎元、訓導盛贊堯以本縣賓興銀作先師神龕、崇聖祠、五王主及大成殿四配十二哲主，太學生鍾金耀建兩廡。光緒初教諭徐士龍作兩廡主，朱氏仍甃泮橋。十八年，訓導楊光旂修大成殿鴟吻，並修崇聖祠，先師神主年久字漶，石城何祠重作。

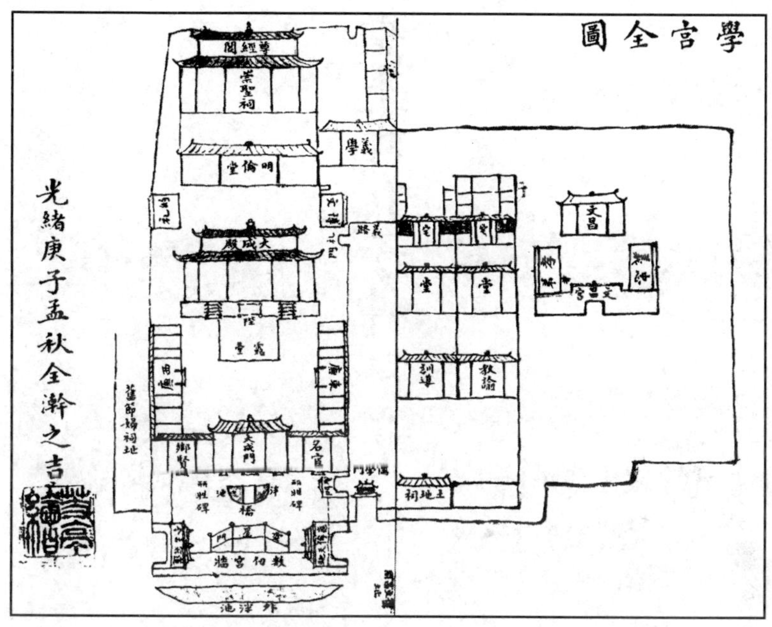

文廟，中爲大成殿，重檐四阿，鴟吻螭陛。凡五間，高三丈二尺，深四丈，中間廣二丈。東第一間廣一丈二尺，西如之。東第二間廣九尺，西如之。殿南露臺，翼以兩廡。東廡九間，高二丈，深一丈六尺，廣九丈九尺。西廡同。廡南爲大成門，乾隆三十三年，改稱。〇三間，高二丈四尺，深二丈一尺，中間廣一丈六尺，東西廣一丈三尺。門左名宦祠，門右鄉賢祠。門前麗牲石二，外爲泮池，跨以橋。橋南爲靈星門，門南數仞宮牆，左爲德侔天地坊，右爲道冠古今坊。牆左右樹二石刻，曰"應文武官員軍民人等至此下馬"，牆南爲外泮池。大成殿北爲明倫堂，三間高二丈五尺，深四丈二尺，中廣二丈，東西各廣一丈六尺。

大成殿主位圖

至聖先師孔子神位 正位南向

東配西向

復聖顏子

述聖子思子

北上

東哲西向北上

先賢閔子

先賢冉子

先賢端木子

先賢仲子

先賢卜子

先賢有子

東六位

西配東向

宗聖曾子

亞聖孟子

北上

西哲東向北上

先賢冉子

先賢宰子

先賢冉子

先賢言子

先賢顓孫子

先賢朱子

西六位

兩廡位次圖第一

東廡先賢一

西向北上

先賢榮旂
先賢罕父黑
先賢鄡亶
先賢公肩定
先賢公良孺
先賢任不齊
先賢公西赤
先賢漆雕哆
先賢漆雕徒父
先賢冉季
先賢伯虔
先賢冉孺
先賢梁鱣
先賢司馬耕
先賢漆雕開
先賢商瞿
先賢南宮适
先賢原憲
先賢林放
先賢公孫僑

西廡先賢一

東向北上

先賢蘧瑗
先賢澹臺滅明
先賢宓不齊
先賢公冶長
先賢公皙哀
先賢高柴
先賢樊須
先賢商澤
先賢巫馬施
先賢顔辛
先賢曹卹
先賢公孫龍
先賢秦商
先賢顔高
先賢壤駟赤
先賢石作蜀
先賢公夏首
先賢后處
先賢奚容蒧
先賢顔祖

兩廡位次圖第二

西 先賢句井疆
廡 先賢秦祖
先 先賢縣成
賢 先賢公祖句茲
二 先賢燕仍
先賢樂欬
先賢狄黑
東 先賢孔忠
向 先賢公西葴
北 先賢顏之僕
上 先賢施之常
先賢申棖
先賢左丘明
先賢秦冉
共 先賢公明儀
三 先賢公都子
十 先賢公孫丑
九 先賢張載
位 先賢程頤

東 先賢左人郢
廡 先賢鄭國
先 先賢原亢
賢 先賢廉潔
二 先賢叔仲會
先賢公西輿如
先賢邽巽
西 先賢陳亢
向 先賢琴張
北 先賢步叔乘
上 先賢秦非
先賢顏噲
先賢顏何
先賢縣亶
先賢牧皮
先賢樂正克
共 先賢萬章
四 先賢周敦頤
十 先賢程顥
位 先賢邵雍

兩廡位次圖第三

東廡先儒一 西向北上

先儒何基
先儒真德秀
先儒陳澔
先儒陸九淵
先儒張栻
先儒李綱
先儒羅從彥
先儒謝良佐
先儒司馬光
先儒歐陽修
先儒范仲淹
先儒陸贄
先儒范甯
先儒鄭康成
先儒許慎
先儒后蒼
先儒孔安國
先儒毛亨
先儒伏勝
先儒公羊高

西廡先儒一 東向北上

先儒穀梁赤
先儒高堂生
先儒董仲舒
先儒劉德
先儒毛萇
先儒杜子春
先儒諸葛亮
先儒王通
先儒韓愈
先儒胡瑗
先儒韓琦
先儒楊時
先儒游酢
先儒尹焞
先儒胡安國
先儒李侗
先儒呂祖謙
先儒袁燮
先儒黄幹
先儒輔廣

兩廡位次圖第四

東先儒文天祥
廡先儒趙復
先先儒金履祥
儒先儒陳澔
二先儒方孝孺
西先儒薛瑄
向先儒胡居仁
北先儒羅欽順
上先儒呂柟
共先儒劉宗周
三先儒孫奇逢
十先儒張履祥
四先儒陸隴其
位先儒張百行

西先儒蔡沈
廡先儒魏了翁
先先儒王柏
儒先儒陸秀夫
二先儒許衡
東先儒吳澄
向先儒許謙
北先儒曹端
上先儒陳獻章
先儒蔡清
共先儒王守仁
三先儒呂坤
十先儒黃道周
五先儒陸世儀
位先儒湯斌

崇聖祠

昌聖王伯夏公
裕聖王祈父公
肇聖王木金父公
詒聖王防叔公
啓聖王叔梁公

南向

東配西向
先賢孔氏孟皮
先賢顔氏無繇
先賢孔氏鯉
北上

東從西向
先儒周氏輔成
先儒程氏珦
先儒蔡氏元定
北上

西配東向
先賢曾氏點
先賢孟氏激
北上

西從東向
先儒張氏迪
先儒朱氏松
北上

主位圖

堂南兩齋。東曰博文，三間，高二丈，深二丈三尺，中廣一丈四尺，邊廣一丈三尺。西曰約禮，如之。堂北爲尊經閣、崇聖祠，五間，高三丈，深三丈六尺，中間廣一丈六尺，東西間各廣一丈四尺，又東西間各廣五尺。祠北餘基繚垣。

文廟東廡。東爲義路，路南奎閣、儒學門，路東學署，署東文昌殿。殿左忠義祠，殿右孝弟祠。學署南，土地祠。餘基周以垣。

文廟西廡。西有舊節婦祠址。

大成殿額，聖祖仁皇帝御書“萬世師表”。康熙二十四年頒

世宗憲皇帝御書“生民未有”。雍正二年頒

高宗純皇帝御書“與天地參”。乾隆三年頒

仁宗睿皇帝御書“聖集大成”。嘉慶三年頒

宣宗成皇帝御書“聖協時中”。道光元年頒

文宗顯皇帝御書“德齊幬載”。咸豐元年頒

穆宗毅皇帝御書“聖神天縱”。同治元年頒

今上皇帝御書“斯文在兹”。光緒七年頒

至聖先師孔子唐宋，至聖文宣王。元，大成至聖文宣王。明嘉靖九年，改今稱。國朝因之。神位南向，木主高貳尺伍寸伍分，廣陸寸伍分，厚壹寸，朱地金書，小座高肆寸伍分，大座高壹尺肆寸伍分，龕貳重。

四配宋以前稱封爵。元至順元年，贈顔子復聖，兖國公；曾子宗聖，郕國公；子思子述聖，沂國公，孟子亞聖，鄒國公。明嘉靖九年，改稱復聖顔子、宗聖曾子、述聖子思子、亞聖孟子。國朝因之。木主高壹尺柒寸，廣肆寸伍分，厚伍分，赤地金書，小座高叁寸伍分，大座高壹尺伍分，東西連貳龕合座。

十二哲宋以前稱封爵，明嘉靖九年，改稱先賢某子，國朝因之。木主高壹尺肆寸，廣叁寸伍分，厚伍分，赤地金書，小座高貳寸伍分，大座高壹尺，東西各連陸龕合座。

兩廡從祀宋以前稱封爵，明嘉靖九年，改稱先賢某子、某子，先儒某子、某，國朝稱先賢某、先儒某，不稱子。木主高壹尺叁寸陸分，廣叁寸伍

分，厚陸分，赤地墨書，小座高貳寸，大座高柒寸伍分，東西各連肆龕。龐鍾璐《文廟祀典考》

崇聖祠　五王神位皆南向，木主高壹尺柒寸，廣肆寸伍分，厚五分，赤地金書，正位五龕，中獨座，左右兩龕合座。配位木主高壹尺肆寸，廣叁寸伍分，厚五分，赤地金書，東孟皮一座獨龕，東西連二龕合座。從祀位木主高壹尺叁寸陸分，廣叁寸五分，厚陸分，赤地墨書，東連二龕一座，獨龕一座，西連二龕一座。《文廟祀典考》

明嘉靖九年，詔立啓聖祠，祀叔梁大夫，稱啓聖公孔子，以顔、曾、思、孟之父配，稱先賢某氏某，以周輔成、程珦、朱松、蔡元定從祀，稱先儒某氏某。二十五年，知縣李瑞芳建於訓導署東。萬曆三十三年，知縣張國裳修。國朝康熙三十年，教諭程撰修。雍正元年追尊先師世祖木金父公肇聖王，高祖祈父公裕聖王，曾祖防叔公詒聖王，祖伯夏公昌聖王，父叔梁公啓聖王，改爲崇聖祠。乾隆五十五年，重建於尊經閣中。嘉慶四年，修。以上舊志。雍正二年，增從祀張氏迪。咸豐七年，增配享孔氏孟皮。

祭期　直省府州縣，歲以春秋仲月上丁祭先師於頖宫。正官將事，佐貳分獻，監禮以師儒，贊引執事以生員。中和韶樂羽籥之舞，及牲、登、鉶、簠、簋、籩、豆、尊、爵之數，將事之儀，均如太學丁祭禮。《大清會典》

齋戒　先師孔子爲中祀，齋戒二日，不理刑名，不燕會，不聽樂，不入内寢，不問疾吊喪，不飲酒茹葷，不祭神，不埽墓，有疾、有服者皆弗與。《大清會典》

省牲　牛色尚黝，入滌六旬，有病易之，斃則埋之。《大清會典》祭前一日，執事者設案於牲房外，《興化志》。獻官朝服詣香案前上香，詣牲所。牛、羊、豕、鹿、兔，省牲數有無齊足，肌體有無肥腯，毛色有無純正，省畢，眡宰，宰人割牲以豆，取毛血，瘞於坎，乃烹熟之。

先師用全體，餘用解體。《興化志》，參《文廟祀典考》。

陳設　先師位南向，北爲籩豆案，襲以紅緞銷金衣。案近北設爵三，置以坫。次爲鐙二，中爲鑪，登次之，實以太羹。左右爲鉶，實以和羹。登之南爲簠簋，簠二居左，實以黍稷。簋二居右，實以稻粱。簠之左列籩十三行，近簠爲形鹽，爲稿魚，其次爲棗，爲栗，爲榛，爲菱，又次爲芡，爲鹿脯，爲白餅，爲黑餅。簋之右列豆十三行，近簋爲韭菹，爲醓醢，其次爲菁菹，爲鹿醢，爲芹菹，爲兔醢，又次爲筍菹，爲魚醢，爲脾析，爲豚胉。簠簋之南爲篚，實以帛，色白。籩豆案之南爲俎，中區爲三：太牢居中，解五體、羊豕全，列以左右。俎之南爲香燭案，襲衣如籩豆案，鑪一，鐙二。其右爲祝案，置祝版並架，襲以黄綾衣。香燭案之東西，各置尊桌一，桌設尊三，襲以桌衣。畫冪疏冪二，饌盤一，桌一，有桌衣。　四配位東西向，凡四案。案設爵三前爲鉶二，其次簠簋各二，簠之左列籩八，近簠爲形鹽，爲稿魚，爲棗，爲栗，其次爲榛，爲菱，爲芡，爲鹿脯。簋之右列豆八，近簋爲韭菹，爲醓醢，爲菁菹，爲鹿醢，其次爲芹菹，爲兔醢，爲筍菹，爲魚醢。簠簋之前爲篚，實以帛。案之前爲俎。俎中區爲二：羊左，豕右，俎前爲香燭案，鑪一，鐙二，饌盤各一，桌各一，桌衣如之。哲位東西各六案，案設供爵三，次以香燭，前爲鉶。鉶之前，左爲簠一，實黍。右爲簋一，實稷。簠之左列籩四，近簠爲形鹽，爲棗，次爲栗，爲鹿脯。簋之右列豆四，近簋爲菁菹，爲鹿醢，次爲芹菹，爲醓醢。東西各俎一，前設六案。之中俎中區爲二，左羊，右豕。俎之前爲香帛案，亦東西各一案，設獻爵三，鑪一，鐙二，篚一，實以帛，各六端。饌盤東西各一，桌各一，桌衣如之。兩廡，二位共一案，案設供爵二，次以香燭，前爲簠簋各一，簠之左爲籩四，簋之右爲豆四，實如哲位。東西廡各設俎三，俎中區爲二，實以羊豕。俎前爲香帛案，案東西各二案，設帛一，獻爵三，鑪一，鐙二。香帛案之左置尊桌一，桌設尊三，酒尊蓋袱三，襲以桌衣。饌盤東西各二桌，各二桌衣如之。《文廟祀典考》

陳設圖

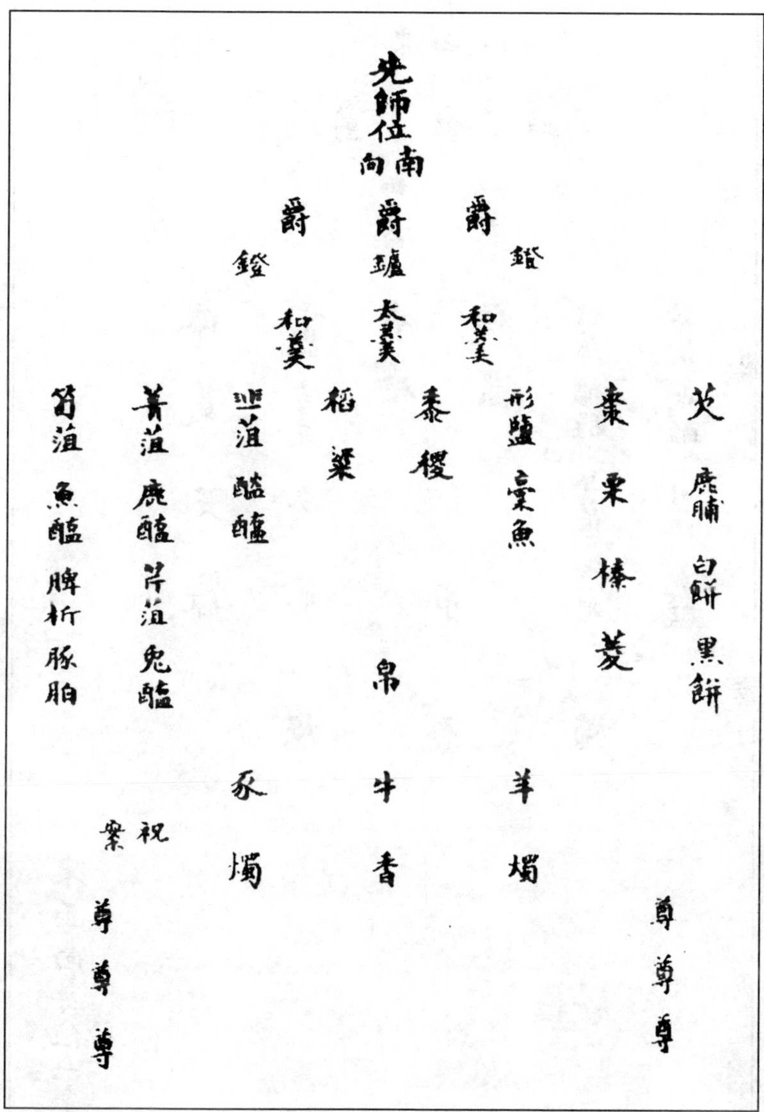
先師位南向
爵
爵
爵
鐙
罏
鐙
和羹
太羹
和羹
芡
鹿脯
白餅
黑餅
棗
栗
榛
菱
形鹽
槀魚
黍
稷
稻
粱
韭菹
醓醢
菁菹
鹿醢
芹菹
兔醢
筍菹
魚醢
脾析
豚舶
帛
羊
牛
豕
燭
香
燭
祝案
尊
尊
尊
尊
尊
尊

東西向每位一案

配位
東西向

爵 爵 爵

和羹 和羹

榛 菱 芡 鹿脯

形鹽 槁魚 棗 栗

黍 稷

稻 粱

韭菹 醓醢 菁菹 鹿醢

芹菹 兔醢 筍菹 魚醢

帛

羊 豕

燭 香 燭

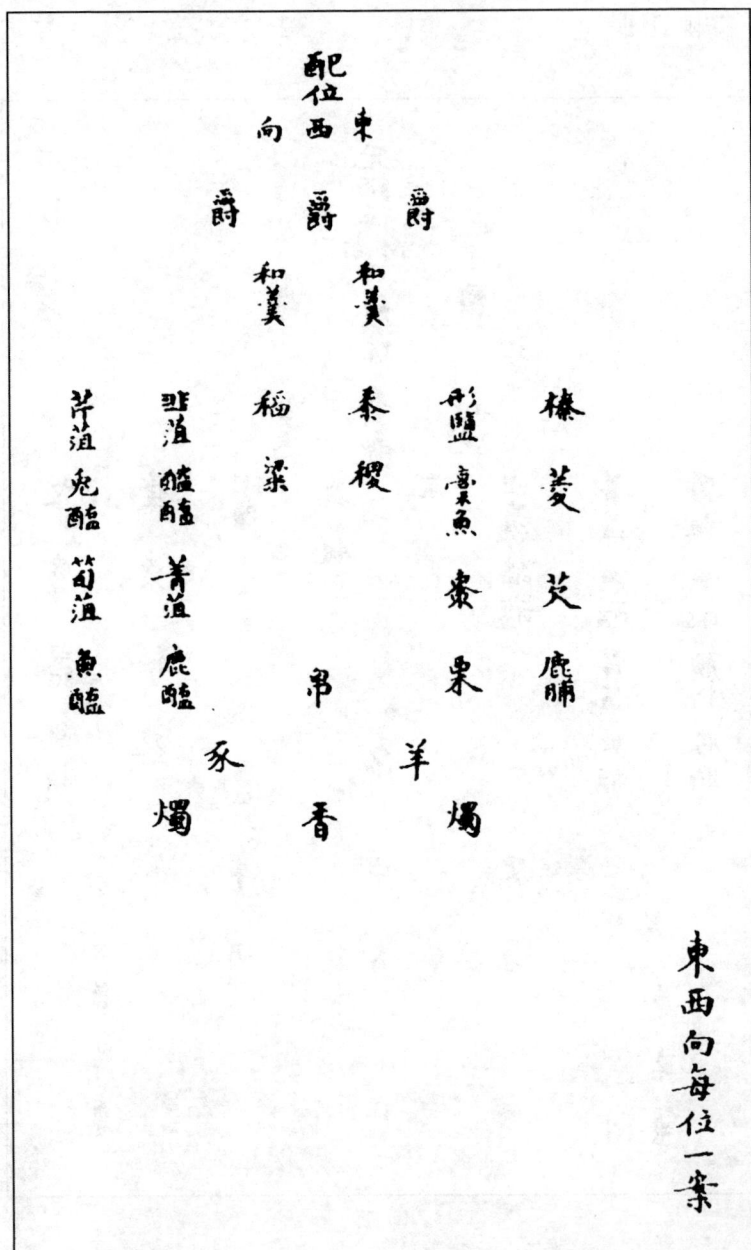

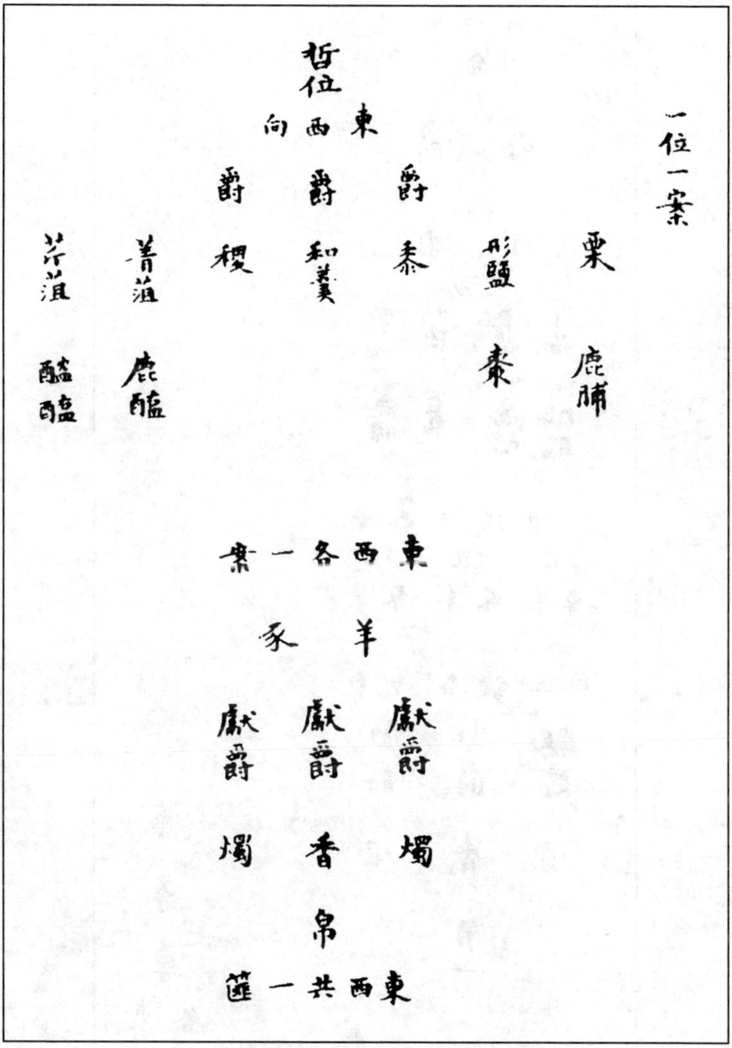

一位一案

哲位

東西向

爵　爵　爵

栗　鹿脯

形鹽　棗

黍　和羹　稷

菁菹　鹿醢

芹菹　醓醢

東西各一案

羊　豕

獻爵　獻爵　獻爵

燭　香　燭

帛

東西共一篚

兩廡

東西向

二位合一案

爵 爵

黍 稷

栗 形鹽 菁菹 芹菹

鹿脯 棗 鹿醢 醓醢

東西各設俎三

俎 俎 俎

羊豕 羊豕 羊豕

東西各設二案

獻爵 獻爵 獻爵

燭 香 燭

帛一

尊 尊 尊

東西各三

祭品　太羹煮肉汁，不和。和羹肉汁，和以五味。黍稷稻粱揀擇圓好，湯泡成飯。形鹽作虎形。槁魚乾魚。鹿脯鹿肉切作塊，酒醃炙乾用。棗陸果。榛陸果。栗陸果。菱水果。芡水果。黑白餅黑用喬麥麪，白用小麥麪，二品以糖爲餡，印作圓餅子。韭菹、芹菹、菁菹醃菜爲之。韭裁去本末，取中，三寸，淡用。芹，水菜。菁菜，湯瀹過，切作長段，淡用。醓醢醢，肉醬也。醓醢之多汁者，細切猪膂肉，拌油鹽葱椒蒔蘿茴香用之。鹿兔魚醢切肉作小片，用油鹽蒔蘿茴香拌匀爲之。以上《興化志》。脾析用牛。豚胉用膂。帛禮神制帛，白色。以上《大清會典》。《興化志》：帛每段長一丈八尺，旁織“禮神制帛”四字。

禮器　爵範銅爲之，通高四寸六分，深二寸三分，兩柱高七分，三足相距各一寸五分，高二寸，腹爲雷紋饕餮。登笵銅爲之，通高六寸，深二寸，口徑四寸九分，校圍六寸九分，足徑四寸七分，口爲回紋，中爲雷紋，柱爲饕餮，足爲垂雲紋。蓋高一寸六分，徑四寸六分，頂高三分，上爲星紋，中垂雲紋，口亦回紋。鉶範銅，高四寸一分，深四寸，口徑五寸一分，底徑三寸三分，三足高一寸三分，兩耳爲犧形，口繪藻紋，次回紋，腹貝紋。蓋高二寸二分，頂有三峰，高一寸，飾以雲紋，足紋同。簠範銅，通高四寸六分，深二寸一分，口縱六寸四分，横八寸，底縱五寸一分，横六寸四分。面爲夔龍紋，束爲回紋，足爲雲紋，兩耳附以夔龍。蓋高一寸四分，口縱横與器同。上有棱，四周縱四寸一分，横六寸四分，亦附以夔龍耳。簋範銅，通高四寸二分，深二寸一分，口徑七寸二分，底徑六寸，口爲回紋，腹雲紋，束黻紋，足星雲紋，兩耳附以夔龍。蓋高一寸八分，徑與口同，面雲紋，口回紋，上有稜，四出高一寸一分。籩以竹爲之，以絹飾裏，頂及緣皆髹以漆紅。通高五寸四分，深八分，口徑四寸六分，足徑四寸。蓋高一寸九分，徑與口同。頂正圓，高四分。豆笵銅，通高五寸五分，深二寸，口徑四寸九分，校圍二寸，足徑四寸七分。腹爲垂雲紋、回紋，校爲波紋、金鈑紋，足爲黻紋。蓋高二寸二分，徑與口同，爲波紋、回紋，頂爲綯紐，高三分。篚編竹爲之，四周髹以漆，丹飾。高五寸，縱五寸，横二尺二寸五分，足高一寸。蓋高一寸七分。俎正位俎，木爲之，髹以丹。中區爲三，錫裏外，銅鐶四，足八，有跗。縱六尺有奇，横三尺二寸，通高二尺六寸有奇。配位俎,中區爲二,錫裏,加蓋,外左右各銅鐶二,足六,有跗。縱三尺九寸,横二尺八寸,通高二尺七寸有奇,餘如正位制。哲位、從位、崇聖祠各俎,並如配位制。尊範銅爲之,通高八寸六分,口徑五寸一分,腹圍二尺四寸,底徑四寸六分,足高二分,兩耳爲犧首形。冪畫冪,以絳繒爲之,方幅縱横二尺二寸,中畫雲龍,四周畫文采,四角綴金錢各一。疏布冪,以白疏布爲之,縱横一尺九寸,兩廡各尊冪,染以青色。祝版木爲之,高九寸,廣一尺二寸,外黝中質,髹以朱漆。祝文墨書,白紙黄緣。别有小几,通高七寸五分,廣四寸五分,長九寸五分。坫斲木爲之,其形方,置三爵者其形長。中鑿孔如爵之數,髹以漆,飾紋惟宜。毛血盤磁爲之,形圓,口徑一尺六分,紋飾惟宜。饌盤形方,口徑大小隨宜,口侈,髹以漆,木爲之。香鑪範銅爲之,圓形,中束,通高三尺,耳高一尺二寸,口高二寸,腹高一尺二寸,足高一尺三寸,口圍五尺六寸,腹圍七尺,足圍九寸。素質無文。鐙範銅,或以錫,或以鐵,或以木。重臺三尺,高下視燭大小,凡五等。紋飾惟宜,或用素質。燭臺範銅,共一對。高三尺二寸。小盤高二寸四分,大盤高四寸七分,中柱高八寸五分,足高一尺六寸。小盤周圍二尺一寸,大盤周圍五尺九寸五分,足圍五尺八寸五分。素質無文。花瓶範銅,共一對。圓頸,束旁,附兩耳,各綴環一。通高三尺二寸,口高九寸,腹高一尺七寸,足高六寸,口圍三尺三寸,腹圍四尺九寸,足圍三尺八寸五分。素質無文。盥盤範銅,體圓,素質無文,大小隨宜。頮架木爲之,大小視盤,四足有跗,高下惟宜,髹以漆。香盒錫爲之,形圓,亦多木質。香几木爲之,所以承鑪,方廣視鑪,四足有跗,髹以漆。翹頭案正位,高三尺三寸,廣三尺一寸,長五尺九寸五分,木爲之,髹以漆朱。餘案尺寸隨宜,視正位有差。平頭案正位及配位,高三尺二寸,廣二尺九寸,長四尺五寸。哲位,高如之,廣三尺,長三尺九寸,兩廡高廣如哲位,長六尺二寸,崇聖祠各案亦如之。祝版案高二尺六寸,廣二尺二寸,長三尺三寸,饌桌如之。均以木爲之,髹以朱。酒尊案以木,髹以朱。高二尺七寸,廣二尺二寸,長六尺二寸,面鑿孔以置尊,孔如尊數。路鐙木髹朱,架高四尺五寸,鐙高一尺五寸,方一尺五寸,正殿之鐙蒙以繒,餘用紙。上有方盤,中置以簽,架樹於地,足爲十字形,下置以板。《文廟祀典考》

樂章　闕里文廟樂章。府州縣學同

迎神　奏昭平之章。

大羽哉宫孔商子角，先羽覺徵先角知商。與宫天商地徵參角，萬羽世徵之角師角。祥角徵徵麟宫紱商，韵宫答徵金羽絲徵。日宫月商既羽揭角，乾宫坤商清宫夷羽。

初獻　奏宣平之章。

予羽懷宫明商德角，玉徵振宫金羽聲徵。生商民宫未徵有角，展宫也商大角成商。俎角豆徵千羽古角，春商秋商上角丁商。清羽酒徵既宫載羽，其宫香商始宫升羽。

亞獻　奏秩平之章。

式羽禮宫莫商愆角，升徵堂角再宫獻羽。響徵協角蕤宫鏞商，誠角孚徵罍角甗羽。肅角肅角雍商雍商，譽宫髦羽斯徵彦羽。禮徵陶角樂宫淑商，相角觀商而宫善羽。

終獻　奏敘平之章。

自羽古宫在角昔商，先徵民角有宫作商。皮角弁徵祭宫菜羽，於徵論角思商樂宫。惟角天徵牖羽民角，惟宫聖徵時宫若商。彝角倫角攸徵敘羽，至徵今角木宫鐸羽。

徹饌　奏懿平之章。

先羽師宫有商言角，祭羽則徵受羽福角。四宫海羽黌角宫徵，疇宫敢商不宫肅羽。禮角成徵告羽徹角，毋□疏商毋宫瀆羽。樂角所徵自宫生羽，中角原商有宫菽羽。

送神　奏德平之章。

鳧羽繹宫峩商峩角，洙徵泗羽洋宫洋商。景徵行角行角止徵，流宫澤商無角疆商。聿角昭徵祀宫事羽，祀羽事徵孔宫明商。化羽我角烝羽民徵，育宫我商膠宫庠羽。

舞譜　第一成

予正立，羽籥植。懷身作向内執，内足勾後，面轉向外，籥指内，羽植如十字。明正立，兩手微拱，羽籥如十字。德，正立，籥植近肩。羽平衡如十字。玉向西，首微側，右足進前，籥平指西，羽斜舉。振身俯向東，面轉向西，兩手伸出，羽籥斜交。金正面，身微蹲，籥斜舉，羽植。聲。向内，身俯，兩足並羽籥植地。生外向，兩足並，籥植，羽倒指内，少垂。民内向，籥斜指，羽植。未正立，西向，外兩手相並，推向内，羽籥植。有，正立，籥平舉過肩，羽植。展内向，兩足並，籥内指，羽植。也外向，面仰，兩手推出，羽籥斜舉。大身微向外，兩手推向外，羽籥並植。成。正面，身微蹲，羽籥如十字。俎向内，身俯内，足進，前籥斜指，下羽植。豆外向，籥下垂右手伸出，羽植。千正立，籥斜舉，羽植。古，身微向外，羽籥偏外如十字。春正面，身微蹲，籥植過肩，羽平額，交如十字。秋向内，兩手伸出，羽籥值。上正立，籥平衡，羽植，籥上。丁。正立，籥植居中，羽衡，籥上。清内向，兩足並，籥内指，羽植如十字。酒身俯向外，足進，前趾向上，羽籥斜交。既正立，籥平衡，羽斜指東。載，正立，身俯，籥平衡，羽居中植，籥上。其正立，左手伸出，籥斜舉，羽植近左肩。香正面，左足虚立，籥衡膝上，羽植。始正立，俯首。羽籥如十字。升。正立，兩手高拱過額，羽籥如十字。

舞譜　第二成

式正面，身微蹲，兩手並，羽籥植。禮内向，内足虚立，籥斜倚膝，羽植。莫外向，身微俯，面微仰，籥高舉斜指，羽外植。愆，内向起，内足兩手相並，推向外，羽籥植。升正立，羽籥如十字。堂正立，右足勾後，兩手高舉，羽籥斜交。再身微蹲，面向東，籥植近肩，羽衡膝上。獻。身微蹲，面向西，羽植近肩，籥衡膝上。響正立，羽籥向下，斜交。協正面，身向内，外足進前，内趾虚立，羽籥並植。蕿正面，身向外，内足進前，外趾虚立，羽籥並植。鏞，正立，籥羽倒指東。誠身俯向西，面側向東，籥平指，羽植如十字。孚正立，首微俯，羽籥植。罍正面，起左足，籥高舉，羽植。甗。正立，籥植過肩，羽平額交如十字。肅内向，首微俯，兩足並，羽籥如十字。肅俯身，偏外，起外足，羽籥如十字。雍正立，兩手伸出，羽籥並植。雍，内向，籥斜指内，羽植籥上。譽正立。籥平舉，右手微伸出，羽植。髦正立，左手伸出，籥平舉，羽植近左肩。斯正面，起右足，羽高舉，籥植。彥。正立，籥植居中，羽衡籥下。禮身微向東，右足進前，羽倚肩，籥平指東。陶正面，身作向東執，兩手高舉，羽籥推向東，並植。樂身微向西，左足進前，籥倚肩，羽平指西。淑，正面，身作向西執，兩手高舉，羽籥推向西，並植。相正立，羽籥斜交。觀仰面，向内，兩足並，羽籥如十字。而正面，身微向東，籥下垂，羽倚肩。善。身俯，面微仰，向内抱内膝，羽籥斜交如十字。

舞譜　第三成

自正立，籥下垂，羽植。古向外，身俯，兩足並，羽籥斜交。在正面，身微蹲，兩手推向内，羽籥植。昔，外向，起外足，羽籥植。先正面，右足交於左，羽籥如十字。民向西，身俯，左足進前，籥下垂，羽植地。有向東，身俯，右足進前，籥下垂，羽植地。作。正立，籥平衡，羽植居右如十字。皮正面，左足勾後，籥斜舉過肩，羽植。弁正面，屈右足，左足伸出，趾向上，籥平等舉，羽植居中。祭正面，屈右足，羽籥偏左如十字。菜，正立，身俯，羽籥植地。於内向，兩手相並，羽籥斜指内。論正面，身作向外執，兩手高舉，羽籥斜交偏外。思向内，身俯，起内足，籥衡斜，羽植。樂。正立，籥下垂衡斜，羽植籥上。惟正面，屈左足，羽籥偏右如十字。天正面，屈左足，右足伸出，趾向上，籥下垂衡斜，羽斜舉過肩。牖正立，羽籥向右斜倚肩。民，正立，斜，籥向左斜倚肩。惟正立，籥平衡，羽高舉。聖仰面向内，籥平指，羽植如十字。時外向，籥平指外，羽植如十字。若。正立，身俯，羽籥如十字。彝外向，籥平指外，羽植。倫正立，羽籥偏内如十字。攸正立，身俯，籥斜植地，羽植。敘，正立，兩手相交，羽籥並植。至正面，屈左足，羽籥如十字。今正面，屈雙足，籥平衡，羽植居右。木正面，屈雙足，羽籥植。鐸。俯首至地，羽籥如十字。龐鍾璐曰：右譜見《釋奠考》，有圖。闕里四仲釋奠，舞節皆如此，天下府、廳、州、縣、學春秋釋奠並用之。

樂縣　中和韶樂設於殿外兩階，金編鐘在東，玉編磬在西，皆十有六縣，以虡業。壎一、篪二、排簫一爲一列，在編鐘之北西上。笛三，一在壎北，一在篪北，一在排簫北。洞簫三，在笛北。瑟二，在洞簫北。琴三，在瑟北，編磬之北亦如之。東上楹鼓一，在編鐘之東，皆北向。歌工東三人，在琴東北。西三人，在琴西北。笙六，在歌工後。搏拊二，在歌工北。東柷一，西敔一，在搏拊北，皆東西相向。麾一，在柷，西向。文舞生三十六人，在樂縣之中。羽籥三十有六，節二，在舞佾之北相向。以上舊制。乾隆三十年，又頒鎛鐘特磬於太學，鎛鐘設於編鐘楹鼓之間，特磬設於編磬之西。《文廟祀典考》曰：樂縣，舊有堂上、堂下之分，今雅樂皆陳於露臺上舞佾之外。

樂縣舞佾圖

											麾
	敔										柷
搏拊											搏拊
歌笙											歌笙
歌笙											歌笙
歌笙		節							節		歌笙
琴	琴	琴	舞	舞	舞	舞	舞	舞	琴	琴	琴
瑟	瑟		舞	舞	舞	舞	舞	舞		瑟	瑟
簫	簫	簫	舞	舞	舞	舞	舞	舞	簫	簫	簫
笛	笛	笛	舞	舞	舞	舞	舞	舞	笛	笛	笛
排簫	篪篪	塤	舞	舞	舞	舞	舞	舞	塤	篪篪	排簫
特磬	編磬		舞	舞	舞	舞	舞	舞	編鐘	鎛鐘	楹鼓

儀注　祭日，陳設牲帛器數，設福胙案於殿内。東案尊爵之旁加爵一，設洗於階下之東，省齍如儀。鷄初鳴，獻官分獻，官豫集，致齋所。昧爽，至廟門内階東，盥手畢，詣拜位前立。樂舞生登歌，執事者各供乃職。文舞六佾，進，贊："就位"，獻官分獻，官就位立。贊："迎神"，司樂。贊："舉迎神樂，奏昭平之章。"樂作，贊："就上香位"，引獻官升東階，入殿左門，贊："詣先師香案前，跪，行一叩禮，興，上香。"司香跪奉香，獻官上炷香三，上瓣香，跪，行一叩禮，興。以次詣四配位前，跪，上香儀同。贊："復位"。引獻官退，降階，復位。初，迎神時，分引東、西序分獻官各一人，升東、西階，入殿左、右門，詣十二哲位前，跪，上香，退，降階復位。贊："跪，叩，興。"獻官、分獻官暨陪祀官行三跪九叩禮，興，樂止。贊："奠帛，獻爵，行初獻禮，奏宣平之章，舞羽籥之舞。"引獻官升階，贊："詣先師位前"，贊："跪"，獻官跪，行一叩禮，興。司帛跪奉篚，獻官受篚，拱舉，奠於案。司爵跪奉爵，獻官受爵，拱舉，奠於坫中。跪，行一叩禮，興。贊："就讀祝位。"引獻官至殿中拜位，立。贊："跪。"獻官、分獻官暨陪祀官皆跪，贊："讀祝。"司祝跪讀祝文曰：

維年月日某官某姓名等致祭於至聖先師孔子曰：惟先師德隆萬古，道冠百王。揭日月以常行，自生民所未有。屬文教昌明之會，正禮和樂節之時。辟雍鐘鼓，咸恪薦於馨香；泮水膠庠，益致嚴於籩豆。兹當仲春(秋)，祇率彝章，肅展微忱，聿將祀典，以復聖顔子、宗聖曾子、述聖子思子、亞聖孟子配，尚饗！讀祝時樂暫止，讀畢復作。

獻官、分獻官暨陪祀官均行一跪三叩禮，興。引獻官以次詣四配位前，跪，奠帛，獻爵，儀同，退，降階復位。分引分獻官升東西階，入殿左右門，詣十二哲位前，跪，奠帛，獻爵，興，退，降階復位，均如儀。引兩廡分獻官分詣先賢、先儒位前，奠帛，獻爵，復位，儀同。樂止。亞獻，奏秩平之章，舞同初獻。樂作，贊。引獻官升階，贊:"詣先師位前暨四配位前。"奠爵於左,如初。兩序、兩廡隨分獻畢,均復位。樂止。終獻,奏敘平之章。舞同亞獻。樂作,獻官升階,奠爵於右,如亞獻儀。兩序、兩廡隨分獻畢,均復位。樂止,文德之舞。退,贊:"飲福,受胙。"詣受福胙位,引獻官至殿中拜位立,奉福胙二人自東案奉福胙至先師位前,拱舉,退,立於獻官之右。接福胙二人自西案進,立於左。贊:"跪。"獻官跪,贊:"飲福酒",右一人跪,遞酒,獻官受爵,拱舉,以授於左,接以興。次受胙,如飲福之儀。贊:"叩,興。"獻官三叩,興。贊:"復位。"引獻官退,降階復位。贊:"跪,叩,興。"獻官暨分獻官、陪祀官均行三跪九叩禮,興。贊:"徹饌,奏懿平之章。"樂作,徹畢樂止。贊:"送神,奏德平之章。"樂作,贊:"跪,叩,興。"獻官、分獻官暨陪祀官行三跪九叩禮。興,樂止。贊:"奉祝帛饌送燎",有司各奉祝帛香饌,恭送燎所如儀。獻官避立拜位西旁,竢過復位。樂作,引獻官詣燎所,眡燎畢,引出門。樂止,各官皆退。《文廟祀典考》〇内承官易作獻官,餘同。

崇聖祠陳設　正位五案,案設爵三,前爲鉶二,次簠簋各二,左右籩豆各八,實如大成殿配位。簠簋之前爲篚,實以帛,其前爲俎,中區爲二,左羊右豕,又前爲香燭案,鑪一,鐙二,其右爲祝案,置祝版並架一,襲以黄綾衣。香燭之東西各置尊桌一,桌設尊三,凡六。尊襲以桌衣,左右列焉。尊蓋以褋六,饌盤各一,桌各一桌衣如之。配位東西向,凡五案,案設爵三,前爲鉶一,次以簠簋各一,左右籩豆各四,實如大成殿哲位。篚各一,東西各設俎一,實以羊豕。香燭案一,鑪一,鐙二,饌盤東西各一,桌各一,桌衣如之。兩廡東二案,西一案,案設爵一,次以簠簋各一,左右籩豆各四,東西各俎一,實以羊豕。香帛案亦東西各一,案設獻爵三,鑪一,鐙二,篚一,實以帛一。香帛案之左置尊桌一,設尊一,酒尊蓋褋一,襲以桌衣,饌盤各一,桌各一,桌衣如之。《文廟祀典考》

崇聖祠陳設圖

五王位
南向
爵 爵 爵
和羹 和羹
榛 菱 芡 鹿脯
形鹽 槀魚 棗 栗
黍 稷
稻 粱
帛
韭菹 醓醢 菁菹 鹿醢
芹菹 兔醢 筍菹 魚醢
羊 豕
燭 香 燭
尊 尊
祝案

配位

東西向

爵　爵　爵

栗　形鹽　黍　和羹　稷　菁菹　芹菹

鹿脯　棗　帛　鹿醢　醓醢

羊　豕

燭　香　燭

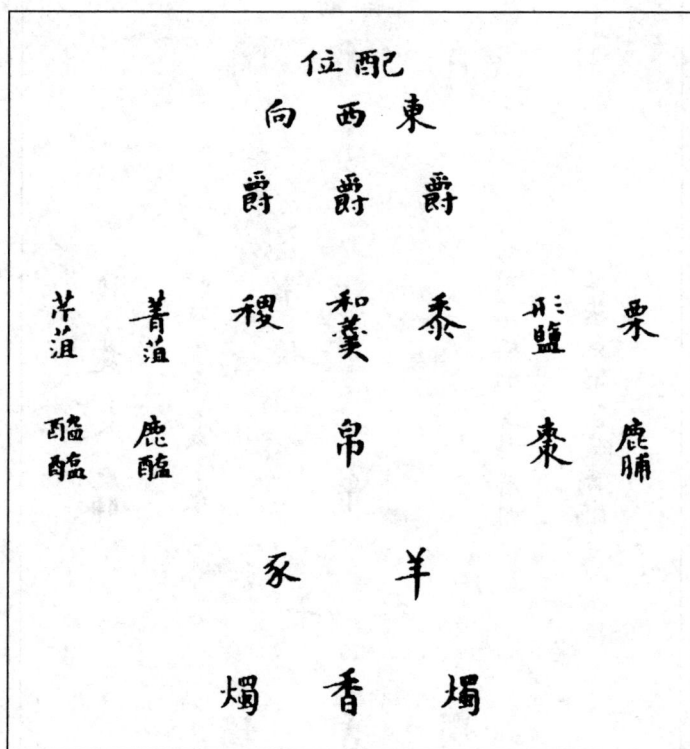

從祀位

東西向

爵

栗 形鹽 黍 稷 菁菹 芹菹

鹿脯 棗 鹿醢 醓醢

羊 豕

獻爵 獻爵 獻爵

帛

燭 香 燭

尊

崇聖祠儀注　春秋上丁，崇聖祠同時致祭。縣以教論正獻，兩廡食餼學弟子員各一人分獻。贊引獻官入祠垣左門，分獻生隨入，詣階下盥手。贊："執事者各司其事，就位。"獻官就位立，分獻生就位立。贊："迎神。"司香奉香盤就各香案前立，贊："就上香位。"引獻官升東階，入殿左門，詣肇聖王神位前跪，獻官跪，行一叩禮，興。上香，司香跪奉香，獻官上炷香三，上瓣香，跪，行一叩禮，興。次詣左右王位前，跪，上香，儀同，降階復位。引分獻生升東西階，入殿左右門，分詣配位前，跪，上香如儀，降階復位。引兩廡分獻生分詣兩廡從祀位前，跪，上香，復位，均如前儀。贊："跪，叩，興。"獻官、分獻生行三跪九叩禮，興。贊："奠帛、爵，行初獻禮。"引獻官升階，詣中案前，跪，行一叩禮，興。司帛跪奉篚，獻官受篚，拱舉，奠於案。司爵跪奉爵，獻官受爵，拱舉，奠於坫中。跪，行一叩禮，興。以次詣左右案前，跪，奠帛獻爵，儀同。贊："就讀祝位。"引獻官詣拜位前立，司祝詣祝案前，跪，三叩，奉祝版，跪案左，贊："跪"，獻官、分獻生皆跪，贊："讀祝。"司祝讀祝文曰：

維年月日，某官某等致祭於肇聖王、裕聖王、詒聖王、昌聖王、啓聖王曰：維王奕葉鍾祥，光開聖緒。盛德之後，積久彌昌。凡聲教所覃敷，率循源而溯本。宜肅明禋之典，用申守土之忱。兹届仲春(秋)，聿修祀事，配以先賢孟皮氏、先賢顔氏、先賢曾氏、先賢孔氏、先賢孟孫氏，尚饗！

讀畢，興。奉祝版，跪，安肇聖王神位前篚内，三叩，興。獻官、分獻生行三叩禮，興，復位。引獻官出，降階復位。引正殿分獻生升東西階，入殿左右門，詣配位前，引兩廡分獻生詣兩從位前，跪，奠帛獻爵，興，復位，均如正獻儀。亞獻，各獻爵於左。終獻，各獻爵於右。均如初獻儀。贊："徹饌。"有司徹饌畢，贊："送神。跪，叩，興。"獻官、分獻生行三跪九叩禮，興。贊："奉祝帛饌送燎。"司祝、司帛、司香、司爵各奉祝帛香饌，以次恭送燎位，獻官避立西旁，竢過復位。引詣燎所，眡燎。贊："禮畢"，引由祠垣左門出，各退。《文廟祀典考》内承祭官、分獻官易作獻官、分獻生。

月朔釋菜 正獻、分獻、司香、司爵、引贊、通贊。其日夙興，啓殿門、東西兩廡門，潔埽内外，展神幄，拂拭神案。每案陳菜、棗、栗各一豆，鑪一，鐙二。設案一於殿内之東，陳香盤七，尊一，每位爵一。又設案於東西兩廡之南，各陳香盤三，尊一，每位爵一。凡尊，實酒冪勺具。司香、司爵立於案旁，設洗於階下之東。通贊二人，立於殿内，東西楹二人，立於殿外東西階上，皆公服。質明，正獻官、分獻官率諸生集門内，由大成門左側門入，及庭内，通贊："就位。"咸就位北面立，贊："跪，叩，興。"行三跪九叩禮，興。贊："行釋菜禮。"引正獻官詣階東盥手，升東階，入殿左門，詣先師位前，司香奉香盤從，引跪獻官跪，通上香，司香跪奉香，獻官三上香，興，退。詣尊案前，眡酒，司爵舉冪酌酒實爵。引獻官復詣先師位前，司爵執爵從，引跪獻官跪，通獻爵，司爵跪奉爵，獻官受爵，拱舉，以授司爵，興，獻於正中，退。獻官興，以次詣四配位前，跪，上香，獻爵，儀同。贊："復位。"引獻官退，降階復位。初迎神時，引兩序分獻官二人，盥手，升東西階，入殿左右門，詣十二哲位前，跪，上香，獻爵，畢，降階復位。均如儀。兩廡引贊引分獻官二人，盥手，詣先賢、先儒位前，跪，上香，獻爵，畢，復位，儀同。通贊："跪，叩，興。"正獻官、分獻官、諸生行三跪九叩禮，畢，各退。崇聖祠正獻、分獻、執事、諸生行禮儀節同。

望日上香 拂神案，然鐙，設香盤於殿内及兩廡，各案司香一人，設洗於階東。質明，官率諸生入大成門左側門階下，就位，如釋菜之儀，通贊："行上香禮。"引贊引官盥手，升東階，入殿左門，詣先師位前。引贊："跪"，官跪，通贊："上香"，司香跪奉香，官三上香，興。引詣四配位前，以次跪，上香，畢，復位。引退，降階復位。引贊引官二人，盥手，升階，分詣十二哲位前，跪，上香，畢，降階復位。

引贊引官二人,盥手,分詣兩廡先賢、先儒位前,跪,上香,畢,復位。通贊:"跪,叩,興",衆官行三跪九叩禮,畢,各退。

崇聖祠正殿兩廡,上香儀同。《文廟祀典考》

明倫堂,在大成殿北,元至正癸未,縣尹隋守中、許廣大、翁景成建。明成化十九年,知縣曾禄建。正德十年,知縣胡琇建。國朝乾隆十九年,教諭閔昌祚建,東西添博文、約禮二齋。舊志。光緒二十六年,募捐重修。御製卧碑文、順治九年頒。御製孔子贊顔曾思孟贊、康熙二十八年頒。御製訓飭士子文、一康熙四十二年頒,一雍正五年頒,一乾隆五年頒。諭旨釐正文體,乾隆二十四年頒。皆明倫堂立石。按,寇燬,殘缺。頒發祭器、樂器、書籍歷年存儲。按,咸豐戊午,寇亂,僅存編磬一,編鐘一,敔一,麾一。辛酉寇亂,盡亡。

尊經閣,在明倫堂北,明萬曆十九年,知縣陳大烈、邑人徐一棠等建。國朝乾隆五十二年,邑人楊廷榜、徐法樂等募捐重建。互詳崇聖祠下。

敬一亭在舊啓聖祠前,久圮。

學宫祔祀　直省各府州縣附廟左右建忠孝、節孝、名宦、鄉賢四祠,歲春秋釋奠禮畢,教諭一人,公服詣祠致祭,各帛一,羊一,豕一,籩四,豆四,尊一,爵三,讀祝望燎,承祭官行三叩禮。《大清會典》

名宦祠,舊在明倫堂東,今在大成門左。明嘉靖間知縣黄春修。萬曆十九年,知縣陳大烈、邑人徐一棠等建。國朝乾隆二十九年,知縣任文翼修。道光十三年,范姓建。咸豐十一年,寇燬。光緒初,范姓重建。

名宦主式同兩廡,惟座止厚一寸。祀元縣尹烏古孫良楨、縣尹劉元、縣尹許廣大,明縣丞石彦誠、知縣汪亨、知縣湯沐、縣丞潘棠、縣丞林有年、知縣黄春、知縣李瑞芳、知縣趙奇,國朝浙江巡撫陞直隸總督謚勤愍朱昌祚、浙江巡撫陞福建總督謚忠貞范承謨、俱康熙三十三年奉文入祠。提督浙江全省軍務李塞白理、康熙三十四年奉文入祠。户部尚書原任浙江總督王隲、康熙三十六年奉文入祠。浙江布政司布政使陞江西巡撫馬如龍、康熙六十一年奉文入祠。户部尚書原任浙江巡撫謚恭毅趙申喬、雍正八年奉文入祠。太子少傅直隸總督原任浙江巡撫謚敏達李衛、乾隆五年奉文入祠。太子太保兵部尚書兼都察院右都御史浙閩總督謚莊恪喀爾吉善、乾隆二十四年奉文入祠。知縣徐喆。見《通志》。按,舊典元明名宦不書官,今補。舊志又列福善懿、讓口、龍碩彦、湯斌。考《通志》,四公未嘗莅浙。《會典》載,福善,謚恭懿,祀賢良祠。《滿漢名臣傳》:湯斌,祀賢良祠。及陝西、江南名宦據此,疑舊志誤入,謹缺,待考。

祝文:善政善教,惠此一方。民到於今,猶蒙利益。

鄉賢主式同名宦。祀宋贈左朝請大夫知建昌軍劉滂、贈大中大夫知諸暨縣事太平州録事參軍鞏庭芝、贈奉直大夫通判邵武軍葉介、朝奉郎通判沅州軍事劉邦光、知臨安縣事提轄左藏庫鞏豐、贈中奉大夫寶謨閣待制謚文簡楊邁、權工部侍郎知臨安府謚文肅徐邦憲、提點刑獄謚文忠徐道隆、東京留守姜綬、知閤門事姜特立、按二姜,據《處州府志》及《梅山續集》當作麗水人,舊志不知何故載入鄉賢,又列人物,今姑仍之,待考。明渾源州知州洪熊、太僕寺少卿嚴繼先、大名府同知程達、南京刑部郎中徐貴、彭澤知縣徐俊、象州知州何朝佐、潯州通判徐希朱、鎮江别駕楊楝、孝子諸生王世名。

祝文:竹帛垂名,鄉邦仰德。俎豆宫牆,允爲世則。

忠孝祠,國朝雍正四年,知縣楊維清奉文建於學宫右,久圮。光緒十九年,修文昌廟兩廡,左爲忠義,右爲孝弟,歲以祭文昌日教官行禮。

祝文:維靈稟賦貞純,躬行篤實。忠誠奮發,貫金石而不渝;義問昭宣,表鄉閭而共式。祇事懋彝倫之大,性摯莪蒿;克恭念天顯之親,情殷棣萼。模楷咸推夫懿範,綸恩特闡其幽光。祠宇維隆，歲時式祀，用陳尊俎，來格几筵，尚饗！

忠義　宋忠義項德、左朝請大夫知建昌軍劉滂、浙西提刑謚文忠徐道隆、水軍統領江渙、樂平尉項惠、義士徐載孫、明左參政謚忠烈陶成、千户周義、指揮脱綱、指揮僉事徐平胡、把總劉大道、千總徐朝珊、國朝署縣徐喆、訓導孔廣心、咸豐末殉難者，詳見《人物考・忠義》。

孝弟　明孝子諸生王世名、處士徐文敏、天津教授吴燧、諸生徐大望、諸生徐棻、處士劉薦秋、民人邵蒞、處士劉永芳、民人徐大約、處士吴天順、處士湯伯瑜、處士何承祖、悌弟處士王世能、國朝孝子處士項光泮、民人楊瑞鍾。

忠義祠田

節孝祠　國朝雍正四年，知縣楊維清奉文建於北門大倉左，後圮，惟石坊存。乾隆五十七年，儒童項興梁妻徐氏改建文廟西廡之西，咸豐末，寇燬。同治間，闔邑捐建，仍在大倉左。

祝文：維靈純心皎潔，令德柔嘉。矢志完貞，全閨中之亮節；竭誠致敬，彰閫内之芳型。茹冰蘗而彌堅，清操自勵；奉盤匜而匪懈，篤孝傳徽。綵綸特沛夫殊恩，祠宇昭垂於令典。祗循歲事，式薦尊醪，尚饗！

祀宋承事郎夫人劉□氏、齊安郡夫人劉湯氏、鞏鄉貢夫人楊氏、明王孝子夫人烈婦俞氏。餘詳見《人物考・列女》。

節孝祠田李孚烈妻朱氏捐田玖拾把，計叁坵，坐麻田、畈田；壹百叁拾把，計肆坵，坐下坑田；壹百把，計伍坵，坐嶺腳田；捌拾把，坐苕帚坑。程家慶妻徐氏捐田貳百把，計伍坵，坐羊内塘。程兆旭妻徐氏捐田壹百把，計壹坵，坐麻車隖、雙明墩。林天榜妻王氏捐田叁百把，計拾叁坵，坐南十七莊埠塘岡。孫萬侯妻俞氏捐田壹百把，計叁坵，坐孫裹隖、後處。張開富妻項氏捐田伍拾把，計壹坵，坐南十五莊上新屋。共田壹千壹百伍拾把，計叁拾陸坵，糧入南十六莊、西隅二莊節祠户下，歲以十月朔致祭，其租息完糧辦祭外，爲節婦頒胙。

節孝祠圖

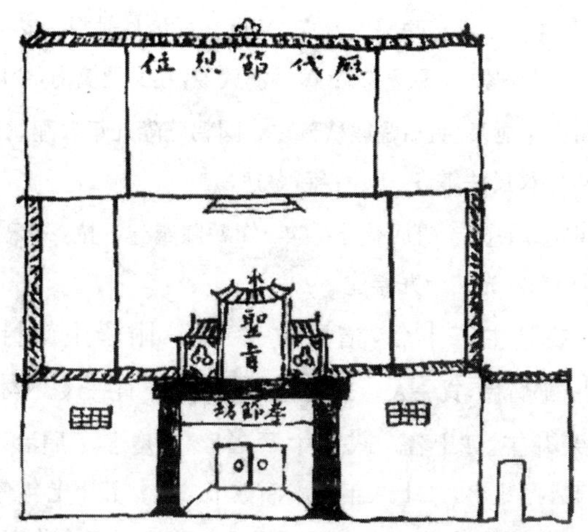

光緒庚子閏月

教諭署《嘉慶志》：在崇聖祠後。國朝乾隆四十一年，教諭林清請修。大堂三間，二堂三間，東書房三間，後廂東、西竈房二間，大堂前大門三間。六十年，教諭朱奎修，增川堂、住房。嘉慶七年，訓導宅壞，教諭將川堂、二堂與訓導，而移大堂於稍左，復於前建大門三間，改舊大堂爲接見諸生所，改舊大門爲肄業所，土木土費，諭訓合輸。按，咸豐末，寇燬。今在訓導署東，門一間，房二，堂三間。堂後左右房各一，内堂一間，左右有房，後堂三間，厨湢略具。光緒初重建。

訓導署《嘉慶志》：訓向居尊經閣東義塾。乾隆五十七年，訓導錢存諧於義塾前建屋三間。嘉慶三年七月，大雷雨，屋圮，訓導孫枝發僑居法雲寺。七年，教諭以二堂、川堂與居，其大堂客座共之。按，咸豐末，燬。今在義路東，門一間，房二，堂三間。堂後左右房各一，内堂一間，左右有房，内堂後厨房。光緒初重建。

學土地祠《康熙志》：戟門右。《嘉慶志》：崇聖祠東南，舊在明倫堂右。按，咸豐十一年，寇，燬。今在義路東訓導署南，祠三間，門三間。光緒初重建。祭儀：就位上香，獻爵，行一跪三叩首禮，退。

學倉舊在西廡，後久廢。

射圃《康熙志》：泮池東爲文昌閣，又東二百步爲射圃。成化十九年，知縣曾禄建，今侵於民家。《嘉慶志》：舊爲演武場，在文興橋南，今廢。

文昌閣在泮池東，明知縣熊秋芳建。國朝乾隆九年教諭姚遠翻率諸生重建。咸豐五年移於法雲寺。後八年，粵寇燬。

魁星閣《嘉靖志》：明成化十六年，知縣陳奎建。按，久圮。今在義路南，其下爲儒學門。光緒十九年建。

學籍。廩膳生二十名，增廣生二十名，附學生歲科各取十六名。恩貢生、遇特恩，貢一人。拔貢生、每十二年貢一人。歲貢生、每二年貢一人。樂舞生、四十名。武生十二名。《嘉慶志》：順治五年，取四五名。康熙九年小學七名，二十八年增廣額數十二名。五十七年冬，邑人湯于翻、楊元階、湯賜珆、徐曉、陳載持等呈稱懇增入學事由，縣令徐亮祖申詳藩憲段志熙、學憲汪漋，會同撫憲朱軾咨部，禮部議據浙學汪疏稱：金華府屬之武義縣，幅員與永康並闊，糧賦較浦江尤多，每縣進學名數原照賦税多寡爲定額，查武義縣錢糧多於浙中中學之諸邑，又沐我皇上休養教育，生齒日繁，人文日盛，懇改爲中學。實與江南學臣林題請以南陵縣改爲大學之例相符，伏乞恩準改爲中學，照額增取，則皇仁普被，士氣益振等，因會題前來。查五十七年二月内，原任江學林疏稱：中學之南陵縣賦税多於涇縣之大學，懇將南陵之中學改爲大學。臣部議覆，將南陵之中學改爲大學，照例考取童生等。因具題。奉旨依議，欽遵在案，今該學政汪疏稱：武義縣幅員與永康並闊，糧賦較浦江尤多，生齒日繁，人文日盛等語，應如該學政所請，將武義之小學改爲中學，照例考取童生可也。○《學政全書》：康熙五十八年，議準浙江金華府之武義縣改爲中學，照例考取額十六名。康熙六十一年奉恩詔加額五名，後不爲例。雍正十三年奉恩詔加額五名，舉行一次。乾隆元年、十六年、二十二年、二十七年、三十年、四十五年、四十九年、五十五年、六十年俱奉恩詔加額四名。嘉慶元年、五年俱奉恩詔加額五名。《嘉慶志》

學田萬曆二十七年，奉例俊秀納銀陸拾兩作附學，買田貳處，一陶經義納銀田壹拾壹畝桼分,坐五都古竹。一邵大玉納銀田玖畝桼分零,坐五都白陽畈。二十八年,奉撫憲王批,發伍八十一追銀貳拾捌兩,買田貳處,一田肆畝,坐四都後金村,一田叁畝,坐香山寺前。又發伍九十四田一處,捌畝伍分,坐二十五都西岩寺前。已上共田伍處,每年照數徵輸,解司,轉解學院,賑給貧生膏火之用。萬曆二十九年,奉府批,發何繼益田一處,貳畝伍分,坐四都端村。三十五年,奉府批,發金文奇田一處,壹畝肆分,坐十五都牛背金。國朝順治九年,張二六助田叁畝陸分,坐十一都。十二年,何子慶助田拾叁畝貳分,坐十六都。十四年,程六二助田叁畝伍分,坐十六都。康熙十七年,何勝千助田伍畝貳分桼厘,坐四都梁宅。徐光隆助田壹畝捌分,坐三都。雍正十年,劉子書助田捌畝玖分叁厘,坐二都童村。已上共田捌處,計肆拾畝貳分,每年租息照時糶價,除完糧并撥給月課試卷、本學土地、牲醴、學書紙張等項外,餘爲每年修葺學宫等處費用。嘉慶九年,程士林捐田貳百把,計貳坵,土名北五莊、小下陽。遞年學中收租,以備黌門修葺翻蓋之用。

鄉飲酒　明洪武初,詔中書省詳定鄉飲酒禮條式。舊志。國朝舉行鄉飲酒禮。《大清會典》:縣以知縣爲主席,歲以孟春望日、孟冬朔日舉行於庠。舉耆年致仕德望懋著者　人爲賓,次介,次三賓,次衆賓,均以齒德兼優者爲之。届期,先一日設坐次於庠之講堂,設律令案於堂東,司正率執事諸生習儀,設樂於西階下。至日質明,主人偕僚屬、執事生均詣學,迺速賓介,既至,考鐘伐鼓,主人出迎庠門之外,賓、介東面,主人西面,主人揖賓介入,衆賓從。三揖至於階,三讓迺升。主人東階上,北面再拜。賓介西階上,北面答拜。主人揖賓介,就位,三賓、衆賓咸就坐。賓席西北,南向;介西南,東向;主人東南,西向。三賓衆、賓在賓席之西,東向,坐定。贊者贊,司正揚觶。司正由西階升,詣堂中,北面立。賓主以下皆立。司正揖,衆皆揖。司爵酌酒於觶,授司正,司正揚觶而語曰:恭惟朝廷率由舊章,敦崇禮教。舉行鄉飲,非爲飲食,凡我長幼,各相勸勉,爲臣盡忠,爲子盡孝,長幼有序,兄友弟恭,内睦宗族,外和鄉里,無或廢墜,以忝所生。迺畢飲,以觶授司爵,揖,賓主以下皆揖。司正退,衆皆坐。執事者舉律令案於堂中,讀律令者詣案北面,立,賓主以下皆立,揖,如前讀畢,退。主人起獻賓,席前北面立,司爵酌酒,授主人,主人受爵,詣賓位,司饌舉饌案於賓前,主人奠,爵於席,降,再拜,賓答

大清會典鄉飲酒禮圖

三僎　二僎　一僎　僎　大賓　一賓　二賓　三賓

司正

東階　西階

拜，退，復位。賓起，酢主人席前，東面立。司爵酌酒。授賓，賓受爵，詣主人位饌案，從賓奠爵於席，再拜，主人答拜，賓復位。主人起獻介，介酢主人，均如前儀。司爵酌酒，獻三賓、衆賓，皆遍。工升，鼓瑟，歌《鹿鳴》，賓主以下酒三行。司饌供羹，笙磬作，奏《南陔》，間歌《魚麗》，笙《由庚》。司爵以次酌酒，司饌供羹者三，迺合樂歌《關雎》，工告樂備，執事者徹饌案，賓主以下皆起，立。主人就東階，賓、介就西階，均再拜，賓、介降階出，主人送於門外，如初迎儀。

《嘉慶志》：前期，本學廪增附生采訪致仕人員中年高有德衆所允服者一人爲大賓，無則闕，生監年六十以上有行誼者爲介賓，或一人，或二人、三人，耆民中素行純謹鄉鄰推重者數人爲衆賓，先呈明本學，由學覆查，確切事實，於兩月前牒縣，轉府，通詳各憲批準。届期舉行，司正以教職爲之，贊禮、讀法以廪生爲之。

講約　順治九年，頒行《六諭》卧碑文，直隸各省

孝順父母　恭敬長上　和睦鄉里

教訓子孫　各安生理　無作非爲

舊志：順治十六年，議準設立鄉約，正副不應以土豪、僕隸、奸胥、蠹役充數，應會合鄉人，公舉六十以上經告衣頂行履無過德業素著生員統攝，無生員即以素有德望六七十歲平民統攝。每遇朔望，申明六諭，并旌别善惡實行，登記簿册，共相鼓舞。康熙九年奉頒。

《聖諭十六條》：敦孝弟以重人倫　篤宗族以昭雍睦　和鄉黨以息争訟　重農桑以足衣食　尚節儉以惜財用　隆學校以端士習　黜异端以崇正學　講法律以儆愚頑　明禮讓以厚風俗　務本業以定民志　訓子弟以禁非爲　息誣告以全善良　誡窩逃以免株連　完錢糧以省催科　聯保甲以弭盜賊　解讐忿以重身命

御製《聖諭廣訓》萬言雍正二年，頒發直省督撫學臣，轉行文武各官暨教官衙門，曉諭生童軍民人等，通行講讀。七年，奏準直省各州縣大鄉村人居稠密之處，俱設講約之所。於舉貢生員内揀選老成者一人，爲約正，再選樸實謹守者三四人，爲值月，每月朔望齊集，鄉之耆老、里長宣講，詳爲開導，務

使鄉曲愚民共知，鼓舞向善。至約正、值月果能化導督率，行至三年著有成效，督撫會同學臣擇其學行最優者具題，送部引見，其誠實無過者量加旌异，以示鼓勵。其不能董率，怠惰廢弛者，即加黜罰。○乾隆五年，議查約正、值月於舉貢生員内揀選，即古閭師黨正之遺意，應令勤加宣講，地方官與教官不時巡行稽察。五十九年，奉文飭令儒學於各村莊選舉講生一二名，或三四名，詳請給照充當，免其差徭，每逢朔望，令於各該莊實力宣講。○嘉慶七年，欽奉諭旨，通飭所有，以化民敦俗爲要務，認真訓誨，俾交相儆戒，勉爲善良等，因飭遵奉行在案。○以上舊志。○光緒十八年，奉文城鄉各設講所，城在城隍廟東嶽宫，東鄉在白溪，南鄉在東皐、古竹，西鄉在三角店，北鄉在履坦。十九年，學使陳給匾額於講生，以示鼓勵。○講生以廪增附生爲之。

義學舊志：明義學四，洪武八年奉禮部及御史劄置，一在鳴陽門，一在預備倉，一在法雲寺，其一無考，今皆廢。國朝康熙二十六年，教諭翁嵩年建義學三間於尊經閣東，捐俸置田捌百把，計拾壹坵，坐泉溪。三十六年，知縣江留篇捐田捌百把，計拾叁坵，坐三角店。教諭程揆捐田叁百貳拾伍把，計伍坵，坐馬公塘，邑人俞茂宗捐田貳百伍拾把，計叁坵，坐沈處。以上共田貳千壹百柒拾伍把，每年設教義學者收租完糧。

壺山書院《嘉慶志》：舊無書院，乾隆戊午，知縣張人崧於新司西偏建近思堂，爲士子肄業所。己巳，知縣汪正澤改察院公廨爲壺山書院，中堂奉朱吕二鞏四先生木主，歲仲冬致祭。庚午郡伯朱椿來武，易其名曰武城書院。按：近思堂額，鄧鍾岳書；壺山書院額，汪正澤書。今並在院中。《嘉慶志》誤山爲"峰"。又按，道光末，建吕成公祠於院後。

院制，後堂一間，堂左右有房，堂前廂房左右各三，中廳三間，廳左右有房，廳前廂房左右各二。大門三間，門兩旁房各一，周圍有垣，堂後爲吕成公祠，寢室三間，旁有房，寢室前廂房二。吕成公祠互詳《祭祀考》，大門三間，光緒己亥重建。

壺山書院圖

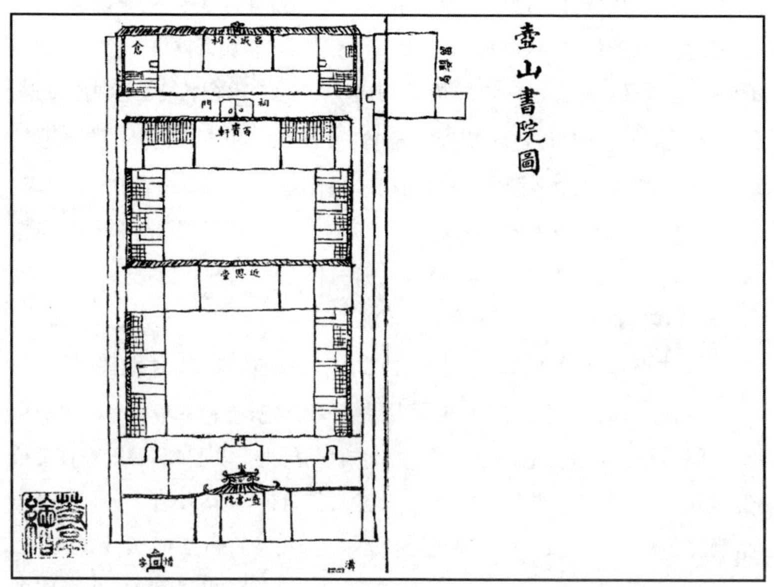

書院田乾隆庚辰，知縣任文翼詳將育嬰之田撥入書院。丙申，知縣張剋申詳改撥田二處，又撥入九峰岩山一處，又撥金柱寺田一處。道光五年，知縣畢華珍清釐田畝，修葺院宇。廣福觀撥入書院田一田貳百把，坐觀西邊。〇一田壹百把，坐觀西。〇一田壹百貳拾把，坐畈後。〇一田壹百貳拾把，坐方坵。〇一田貳百把，坐觀門口。〇一田陸拾把，坐土地堂。〇一田柒拾把，坐觀邊。〇一田壹百貳拾把，坐梭坵。〇一田貳百肆拾把，坐觀西。〇一田玖拾把，坐井頭坵。〇一田壹百貳拾把，坐水吼坵。〇一田捌拾把，坐觀西。〇一田捌拾把，坐高坵。〇一田捌拾把，坐觀西。〇一田壹百把，坐老鴉坵。〇一田伍拾把，坐高坵。〇一田壹百叁拾把，坐滖背。〇一田壹百捌拾把，坐小壠。〇一田壹百伍拾把，坐大壠。〇一田壹百貳拾把，坐黄泥山腳。〇一田伍拾把，坐筶杯坵。〇一田貳拾把，坐觀西帝畈。〇一田捌拾把，坐道士岡邊。〇一田柒拾把，坐觀後。〇一田伍拾把坐牛腿坵。〇一田伍拾把，坐李仁帝。〇一田伍拾把，坐光頭坵。〇一田壹百把，坐園内。〇一田壹百伍拾把，坐陳波壠、小壠。○一田捌拾把，坐光頭山脚。○一田伍拾把，坐陳波壠口。○一田壹百貳拾把，坐光頭山邊。○一田壹百貳拾把，坐陳坡壠口。○一田壹百貳拾把，坐紗帽坵。○一田壹百貳拾把，坐觀西路下。○一田壹百貳拾把，坐光頭山脚。○一田肆拾把，坐觀西。○一田捌拾把，坐觀門東邊。○一田壹拾把，坐觀前。○一田壹拾把，坐觀西畈後。共計田叁千玖百把。

九峰巖撥入書院田一田伍百把，坐泥坵。○一田叁百把，坐岩脚。○一田壹百肆拾把，坐楊梅山脚，又塘壹口。○一田貳百把，坐顔塘下，又塘一口。○一田伍百把，坐山盤塘口，又塘一口。○一田捌拾把，坐馬鞭塘。○一山壹頃捌拾畝。○一地捌畝。

共計田壹千桼百貳拾把，共計山壹頃捌拾畝，共計地捌畝。

寶嚴寺即金柱寺。撥入書院田一田貳百把，坐林下畈。○一田叁百把，坐同。○一田壹百把，坐同。○一田壹百叁拾把，坐同。○一田壹百桼拾把，坐同。○一田桼拾把，坐同。○一田叁百伍拾把，坐南峰岩。○一田壹千把，坐林下畈。○一田桼百叁拾把，坐同。○一田叁百伍拾把，坐和尚塘下。○一田肆百把，坐同。○一田壹百玖拾把，坐同。○一田壹百把，坐白衣山脚。○一田壹百捌拾把，坐金柱寺前壠。○一田捌拾把，坐山房後山脚。○一田陸拾把，坐山房大堪頭。○一田壹百壹拾把，坐林下畈。○一田壹百貳拾把，坐殿前。○一田桼拾把坐同。共計田肆千桼百壹拾把。

書院舊産一田陸百伍拾把，坐烏石壠。《縣志》作壹百伍拾把，與碑不合。○一田叁百把，坐桑園。○一田壹百叁拾把，坐後金村。○一田壹百貳拾把，坐徐盛殿上倉畈。○一祭吕成公田陸百把，坐東皋。○一園地壹處，坐書院後東首。共計田壹千捌百把。以上撥入田並舊管田、祭田，通共計壹萬壹千肆百桼拾把。《清釐田畝册》云：《縣志》載各項田，俱詳坵段、土名，獨書院田專列畝號，西南互混，真贋雜投，一經編纂遂成掌故，更閲年載，徵信何從？兹將鱗册逐加校訂，冀後來有所考核，且俟修志乘者知所是正云。道光四年七月日。○又云：一地壹處坐徐盛殿，殿前永禁開掘。

新置書院田

吕成公祠　祀宋吕成公、吕忠公、鞏山堂先生，配以成公弟子。

金溪主簿鞏峴、知臨安縣事提轄左藏庫鞏豐、直秘閣侍左郎鞏嶸、侍講學士洪無競、太常博士史館校勘鄭良臣、徐一夔、張成招、龍游縣尉劉粹中、江山縣主簿劉敏中、鄉貢劉允中、鄉貢劉時中。歲以十二月朔致祭。

朱吕講院在明招山，寢室三間，祀宋朱文公、吕成公，配以吕忠公、鞏山堂公，以成公弟子從祀。講堂三間，東西齋房各五間，傳薪亭一座，大門三間，圍牆一周，鑿垣爲門二，講堂東厨房一所，歲以春秋致祭。南宋時，朱文公、吕成公講學於明招山。紹定間，盱江處士吴應賢建東萊、大愚祠，久圮。國朝康熙庚午，教諭翁嵩年重建講堂。乾隆五年，知縣張人崧修，奉朱子、吕成公像，祔以鞏山堂、仲志兩先生，并肖己像執册侍立，若執經問難然。又作亭於講堂前。學政鄧鍾岳顔曰"傳薪"。嘉慶二年，邑人徐仁美、湯應祥、林德濂募捐重建。道光二年，邑人王宗孫、徐步雲、柳仁德、徐經邦修。二十一年，知縣朱緒曾祔祀吕祖儉及成公弟子洪無競、徐一夔、張成招。光緒十四年，知府陳文騄捐建講堂三間，厨房一所，修寢室三間、齋房十間、大門圍牆，增祔成公弟子鞏峴、鞏嶸、鄭良臣、劉粹中、劉敏中、劉允中、劉時中。春以二月十七日，秋以七月二十九日致祭，學官承祭，優等生員執事，祭銀英洋貳百圓存典生息。

明招講院圖

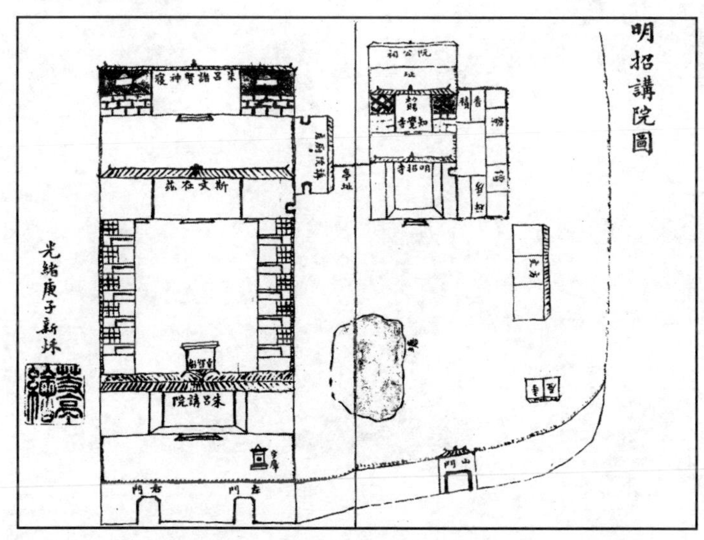

鄉塾附載　嚶鳴書院《嘉慶志》：在南十三莊，郭村朱氏建。鳳池書院《嘉慶志》：在南十八莊，郭洞何氏建。慕韋書院《嘉慶志》：在南十九莊，溪里賀氏建。

公帑附載　文科會《嘉慶志》：田壹百把，計貳坵，坐馬村。乾隆間傅世興捐銀，衆廩生買置。賓興銀朝京坊店屋一所，道光間程士林捐助，每年收賃，給文武生赴科舉路費。〇縣署東店屋一所，光緒間新造，衙署餘錢搆置，每年收賃，除給建衙署捐户胙肉外，給文武生科舉路費。

武川備考卷三 四

建 置 考四

兵防

唐宋無考，元置鎮守千户所一員。明洪武元年自京師達郡縣，皆立軍衛。舊志：明初之軍皆出於歸附投充之衆，倣漢武七科之謫，而以犯辟者充之。凡軍士之老、疾、逃、故者，則取户丁補役，各衛多差旗軍往各州縣勾取。宣德間，始令該衛通彙，造册送部，敕御史專理清軍，而罷衛所旗軍之差。所在有司遞年查報尺籍伍符，詳核簡稽，令無欺隱。且武邑祖軍皆有軍田，以抵軍裝。本役身在邊衛，而田付族掌管，至數年，回收票儲。而貪黠之徒既利其糈，復蕩其産，使數年宿儲竟爲畫餅之物，酬勞、故業已貿他姓之耕。甚有奸巧百出，軍見在伍，而土著者假爲投衛，以利其畝，軍已物故而遠來者假爲頂役，以取其裝，詭姓竄名，轉爲奸藪，紛紛莫可究詰。倘非洞灼其奸，安能使軍書無溷淆也？〇《通志》、《萬曆府志》：鎮守千户所一，在武義。〇《康熙府志》：在武義縣西百餘步。

國朝原設分防武義縣汛左營千總一員，有馬戰兵二名，每名月支餉銀貳兩，米叁斗。〇無馬戰兵叁名，每名月支餉銀壹兩伍錢，米叁斗。遇小建扣除一日，遇閏按日加給銀米。〇守兵二十五名，今馬步戰守兵丁叁拾壹名，内馬兵壹名。〇參《通志》、《府志》、《嘉慶志》。邑駐防由協鎮調點千把總一名，年終而换。地方有警，駐防申報協鎮，協鎮轉詳總督，一切盜案，俱有考成。《嘉慶志》：又云駐防每年更换，歷任繁多，難以稽考，故職官缺而不載。

軍器　紅衣礮一位，安設大司前，今在大南門。百子礮五位，安護縣城。劈山礮二位。安護縣城。以上《通志》、《府志》、《邑志》。○按，咸豐戊午、辛酉，迭遭寇亂，並亡。

武場《康熙志》：舊在縣西一里許，儒學文興橋之南，今改爲射圃。正德十年，令胡琇移置縣東二里塔石潭岸。廳三間，東南爲旗竿，石臺一座，周一百五十步，逕五十步，爲練習所，水衝全廢，復易於墩前，臺基俱無存。○《嘉慶志》：今在縣南下水門外。

防守關隘《府志》：武義，間道自麗水、宣平皆可入。明正統末，栝寇至羊栅峽爲巢穴。民壯舊志：明洪武初，立民兵萬户，簡民間武夫，教技擊，時操閲，急則以征勦，寬則還爲民。宣德元年，御史朱惠以伍籍空虚，復募民兵，編保甲，令自爲守，有民款、三丁及民壯之名。天順初，令民壯鞌馬器械悉從官給，仍蠲其役，每户免二丁，米五石，以資供給。弘治二年，令選少年精壯之夫，州縣照依里分，多寡不同。嘉靖四年，審編民壯，以丁糧多者爲正户，少者爲貼户，有千百長、總甲、小甲，以分統之。本縣民壯一百五十名，每名工食銀七兩二錢，共一千八十兩，遇閏照加。後因府城防守乏人，萬曆間郡守黄棹於武義抽取四十名，以充府用，每歲摘撥四名，充當鹽捕。國朝實役民壯，每縣五十名。《嘉慶志》：每年於實徵銀内支給工食一千三十兩七錢八分。康熙十五年裁，二十一年爲欽奉恩詔事案内奉文，復留。見在隸縣民壯額設十二名。《嘉慶志》：歲給工食銀六十七兩二錢三分九厘三毫六絲，遇閏加銀六兩。

鋪司　衝要四鋪司兵工食銀一百八十九兩，加閏銀一十五兩七錢伍分。縣前鋪儀門西，兵五名，每名銀十兩八錢，加閏銀九錢。内白鋪縣東南三十五里，兵五名，每名銀九兩，加閏銀七錢五分。茭道鋪縣東五十里，兵五名，銀同上。會同鋪縣東四十五里，兵五名，銀同上。偏要鋪司兵工食銀二十一兩六錢，加閏銀壹兩八錢。接腰鋪縣東二十里，兵三名，每名銀七兩二錢，加閏每名銀六錢。○均見《嘉慶志》。

茭道館《通志》、《府志》：在縣治東北三十里，舊名道山驛。洪武十四年，知縣韓敬建。弘治中，同知鄭重改建新驛於舊館之左，相去僅數步。正德十七年，縣丞林有年重修。隆慶元年，巡按御史龐尚鵬題改公館，不設官，今裁。○《康熙志》：茭道館舊爲驛，即合同鋪，由縣至茭道四十五里，南至楊公橋，永康界；北至石龍，金華界；東西相距四十里，屬武義轄。《嘉慶志》：今每鋪減兵一名，安於下楊隘口。

附茭道公館舊案《康熙志》云茭道公館當金、永二縣之衝，離縣甚遠，勢難猝應。明初立法，獨歸之金、永二縣。相傳幫金、永二縣差銀二百餘兩，莫知所從來矣。嘉靖間，永民復興訟，欲改驛於武義縣治，武不堪命，幾至激禍。金華尹翁公夢鯉承命查勘，見路險難行，乃題詩於山坑寺，云：地僻人烟寂，溪深水色寒。小舟穿亂石，匹馬向空山。鳥道臨千尺，虹橋斷數間。平平遵義者，應識改途難。竟得不改。隆慶間，按院龐公尚鵬奏革驛爲公館，凡上司經臨，夫馬廩糧中火，上則金華，下則永康策應。本縣亦不迎送，蓋自府偵伺，八十里而始至縣，四十里而始行，是以一百二十里而當其五十里，鮮能及矣。○邑僻在一隅，原非衝路，使客差役罕所來往，故額派夫馬各銀八十兩，比之各縣，爲最少。乃白溪之水，上通温、處，下達杭、嚴，而人多便舟行，中溯流白溪而起崖，或筍輿白溪而登筏，枉道者執符以索應，月以數至。且縣之支路通温、處者，由龍門視永康爲近，通三衢者，由湯溪視金華爲近。舍遠就近，人情所趨，故東行者索應至湯溪，南行者索應至麗水。夫麗水之遥應，是兼永康、縉雲之程而獨當之；湯溪之遥應，是兼金華之程而獨當之。夫馬之額能兼此兩路之支持也哉？蓋縣額，夫馬、本縣轎夫已給二十八兩八錢，而佐貳、首領、教官公出，月夫亦取給於中，即以應金華、永康已爲不堪，而况加之麗水、湯溪之數程乎？又有奸譎之徒，金華、永康既已支給，復入縣取應，是重索也。第人情趨便如流，而應付皆出自上牘，邇來列禁竪碑，疲敝之地，庶有瘳矣。○茭道革接遞、革改驛幫貼金華、永康始末，舊志不載。適從故老於殘編中得一刊本，載徐七四等具呈原由甚詳，附之以備考。○嘉靖十四年，奉巡按浙江監察御史周批，據分巡道副使丁會查得：武義縣治不近道旁，人夫撥候煩難，該令該縣九十三里，共出夫銀九十三兩，内將六十二兩貼永康，三十一兩貼金華，僱夫接應，遵行已久。及查，武義原貼兩縣夫銀九十三兩，至加共銀二百餘兩，内將一百五十兩貼永康，五十兩貼金華，各僱接應。永康里老執稱：貼夫銀兩里甲不沾實惠，蓋因貼解銀兩貯之縣庫，而官吏或巧取爲之那移，散之里甲而侵冒，或别生乎支費，合無將前項議銀將永康縣原編按察司值堂皂隸一名，銀七兩五錢，獄卒二名，銀一十四兩四錢，解户二名，銀六十兩，南京皂隸六名，銀七十二兩，共該銀一百五十三兩六錢；金華縣原編按察司獄卒二名，銀一十四兩四錢，南京直部柴薪皂隸三名，銀三十六兩，共該銀五十四兩四錢俱改編武義縣出辦，以補金、永二縣夫役之繁。○經過地界而不接遞，非獨武義。雖各省亦處處有之，今永康縣每以桐鄉爲比，殊不知桐鄉路當衝要，官舟往來絡繹不絶，夫役代募者朝夕聚河下，日可以得銀受僱，此桐鄉之易爲出夫接遞也。若茭道驛，使客數日一過，待僱之人豈肯坐耽數日之株守而圖一日之僱夫哉？此夫廠必不能設，武義之接遞必不可行，且桐鄉接遞近已議革，況於武義乎？○永康有改茭道驛至武義縣内之説，今查小路嶇狹，且多十里，況中隔三溪，遇大水泛發，舟不可渡，此改驛之説斷不可行。○永康舊貼銀六十二兩，今增至一百五十兩。金華舊貼銀三十一兩，今增至五十兩。蓋永康更有台州等路，百姓夫役比之金華尤重，此裒多益寡之意，非爲無據。○嘉靖十八年，奉巡按浙江監察御史傅發本縣知縣許曰：從條陳省夫役以寬民力事蒙批，武義夫役遵行已久，奈何正德年間始變，自永康無故告貼夫銀九十三兩，其源一開，遂不可止。今又變爲二百零四兩，又變以代金、永二縣重差。永康則代編南京額班皂隸、按察司直堂皂隸，金華則代編南京直部皂隸、按察司獄卒、皇木解户二名，不貼銀則編差，以銀有定數，差撥倍費。民愚而神固，憂其全變而害未已也，是以忿然不平之心生。行縣，會同金華知縣姚資、永康知縣甘翔鵬、武義知縣許曰從查議，親行武義小路，望山坑以北，路皆民田，廣不盈尺，若增至五尺有餘，當廢人之田者三十餘里，徙民居之當路者二十餘家。又近山坑路五六里，皆陡絶，前臨大溪，深險數十丈，後阻重岡，壁立數百尺，而中僅容一人一馬，如是者六七里有餘。若鑿山開道，使稍平廣，非假以數年不可，又況人力所不能爲者乎？山坑以南，經武義縣治而達永康者，路雖稍平，可以修治，然而兩渡大溪，一涉小溪，溪皆沙灘散漫，既不可作橋梁爲永久之計，而夏秋霖潦，溪河驟漲，一二日間雖有舟楫，且不可渡，而況謾云修治橋梁以爲濟渡之所乎？若不經武義縣治，徑自白陽山抵永康，則路皆盤踞，山谷之間險阻峻絶，而白陽去武義縣治又有七八里，隔一大河，惟出内白鋪爲稍平坦，而内白即永康抵茭道之路，何爲迂回數十里而又從此出乎？況當改徙者九鋪，遷移者一驛，其費不貲，既欲作路，當有市店貨賣以濟一時之急用，茭道南北每十里餘輒有小店。今小溪無店市，止有二處當隘民居，又皆耕種小民，白陽口左右絶無市店，而地甚狹隘，若使改驛在此，偶遇使客宿歇，寂寥村落，能保無虞？而一時飯食之需，又當買之武義縣城，往返便成十七八里，能無稽誤？此皆自然之埶，蓋路既遷僻，人不往來，則店無由而開。是路可改，而民不可遷；官府可欺，商賈不可得而强也。〇永康以茭道之路有武義四十里横亘其中，既不改路，當令武義出夫接替四十里，則彼此各止其地，其説似是而實自私之見也。蓋武義斜出茭道四十餘里，而上司及使客之往來者又非可刻期而待，有牌行三四日而後至者，有牌行而即至者，有將行而又爲事稽留者，有匆匆公事而晝夜兼行者，倘武義之民先期而來，則未免勞數日之工食以伺一日之接替，勞費困頓，不言可知。而官未免有荒時廢事，使其待的報而後來，則往返之間已有八十餘里，倉卒豈能接應？又況隔一大河，偶遇霖潦驟漲之時，舟楫難行，縱有夫役，無由得渡。以埶度之，其爲誤事必矣。誤在上司，則罪及官吏；誤在使客，則稽留行李。事埶如此，上下之間豈爲便乎？若夫編派里甲在彼傭夫應役，則又人民稀少，本非會聚之地，而上司及使客之往來者又不日日皆然，則爲夫役者豈肯别無生理，株守數口之空閒，而始得一日傭直哉？此必無是理也。若令里甲賫價在彼，順傭兩縣之見役者，其説似易而實難。蓋夫屬别縣，能無掯勒之患？倉卒受傭，能無後事之失？傭經二手，能無逃棄之虞？況臨時傭值，多寡難以定擬，而里甲之奸滑者則必多開數目，以科小民，在縣則惟欲其倉卒完事而埶難考其奸欺，此順傭之説所以似易而實難也，況武義接遞，前此所無。〇武義埶稱先世相傳有云：永康路當衝要，故任接遞而糧輕；武義縣在偏僻，故不接遞而糧重。其説雖無可考，而分任之理，則有宜然。今查永康之糧，每畝三升起科，而在武義者，則皆五升有餘。道里本不相遠，土地亦無甚高下，而科糧乃有多寡，如此分任之説其將然乎？其不然乎？〇武義常議協濟，一變貼銀六十二兩，再變貼銀九十三兩，三變貼銀二百零四兩。貼銀則是里長以爲不沾實惠，貼差則以爲緩急不均，通縣糧惟淺船爲急，復議將前派二百四兩撥貼金華、永康縣淺船，金華減淺船銀五十一兩四錢，止派銀三百六十兩一錢八分，永康減淺船銀一百五十三兩六錢，止派銀一百四兩六錢六分九厘四毫，至於解户等役，各照依。

改議事册,徑自取回各縣編解,不許拍編。武義如此,在永康無虚給不均之弊,在武義無偏累倍出之患,似爲適中,經久可行,擬合通行上呈。蒙巡按浙江監察御史傅批:法之大公,事之兩便,據議已悉,但僱夫雖言見累,而通縣輪充里甲,目前雖無津貼之資,久之自有輕減之益。還,只於武義加派淺船銀,如數徵解,而金、永二縣減派如數,備行布政司照收知會。其十八年,分銀兩如議施行繳。嘉靖二十八年,知縣趙奇梓頒各里。國朝順治十五年,士民徐學淵、周夢貞、劉綿禧、徐之彦呈稱:越例妄扳,查永康路當衝要,接遞夫馬,減糧,每畝三升起科,武義僻處偏隅,不應接遞,糧重,每畝五升有餘。茭道公館踞金、永之衝,離武四十餘里,執難猝應,改路必不可行,貼夫必誤公務等情。蒙本縣知縣梁看得,例無可因者,難以開創;事有不便者,豈容妄扳?武義、永康疆雖接壤,而武治僻居偏隅四十餘里,自金至永中間嵌有武邑所轄地方,上下不過三十餘里,今永民因賦役煩劇又扳武義接替,或幫貼夫銀。揆之時執,考之規例,無一可者。蓋永康至金華一百十里,茭道爲金、永中半之地,距武義縣治四十餘里,前朝隆慶間按院龐奏革驛爲公館,凡上司經臨,夫馬等項上則金華,下則永康策應,本縣亦不迎送,原以接應不及故也。上司兵馬過往無一定之期,有牌行後三四日而後至者,有牌行而即至者 ,有將行而爲事稽留者,有緊急軍務晝夜兼行者,倘武義之民先期而來,則未免勞數日之供食以伺一日之接替,勞費困苦,不言可知。使其待的報而後來,則自府偵探,往返一百四十里而始至縣;自永康縣偵探,往來一百四十里而始至縣;自縣行,四十里而至茭道;彼二縣至茭道不過五十餘里,倉卒之間,豈能飛馳應接哉?此不便者一也。况縣至茭道,中隔一大河,偶霖漲潦溢之時,舟楫難行,縱有夫役,無由得渡。且中險崖鳥道一十餘里,行甚艱苦,欲其緩急無誤,難矣。此不便者二也。據彼呈云,於楊公橋接替,武義至茭道既有四十里之遥,自茭道至楊公橋又二十五里。楊公橋距永康不過三十里,夫即卸肩,令武義接替,則武民自縣至楊公橋已行六十餘里,自楊公橋至金華交界又三十里,若得金華接替,武民已不堪其苦。倘以舊無迎换之例,不肯前來,執必送至金華,武民往返有二百五十餘里之遠,是以一縣而兼二縣之差,苦可勝道哉?此不便者三也。况人夫衆多,執必得官督押,否則必有逃脱不齊之虞,若必次次押行,則交界守候縣事必廢弛。乏五丁鑿山之技,既不能改僻邑爲通衢;無長房縮地之術,又不能移縣治於途次,此不便者四也。據彼呈云,幫貼夫銀,查永康原有夫馬銀七百兩,又有驛馬歸縣銀二百餘兩,即有夫役煩多,一年之中能過幾次?大兵前銀歸落何處?武義原貼銀二百零四兩,代解淺船,今復再扳幫貼,恐例一定而不可改,害一遺而不可甦,此不便者五也。伏乞憲臺電察曩例,軫念時艱,劈妄扳之刁誣,紓殘邑之波累,憲恩同覆載矣。蒙分守道畢申詳部、撫兩院批如詳繳。

行市

猪羊行　鷄鵞行　鮮魚行　果實行　米行　柴炭行　木綿行　縣市明義民徐元、徐魁鋪砌街道。　白溪市　内白市萬曆三十六年。　茭道市　端村市端,《萬曆志》作"頓"。　泉溪市　苦竹市　後舍市　杳渠市　履坦市萬曆三十六年

武地褊民樸,非有轉轂异郡,用末致富,亦非有羅居百貨,逞目語額瞬之巧,而火耕水耨,以粟易服用,市僅以七計,按,苦竹、後舍二市,《康熙志》增。猶然多寄虚名,顧其化遷有無,通工易事,不可苐廢也。《萬曆志》

按,今惟有米行,其餘貨或肩挑,或擺攤,或分售鋪店,不成行也。縣市在城内者尚有市基角土名,在城外則五穀神廟前尚有古市基名。縣市每月逢三、八日,鄉市履坦頗盛,餘則野店數間而已。

橋渡

熟溪橋來遠門外一里。宋開禧三年,主簿石宗玉建,名石公橋。明嘉靖二十五年,知縣趙奇造六墩。隆慶二年,知縣林一鶚造十墩,架木爲梁。萬曆四年,知縣譚音造橋屋四十九楹。崇禎五年火燬,知縣高寰英修。十二年,大水壞。國朝順治三年,知縣張内有建。康熙十年,大水壞,知縣李經邦建。十一年,大水壞。二十五年,知縣史大受建。三十七年八月,大水冲坍橋屋十餘間。五十八年,知縣徐亮祖建。乾隆四十二年,燬。四十八年,知縣鄧謙芳創修。五十年,知縣韓席珍成之。

西橋城西隅，任公廟右。

西寺橋城西北隅，法雲寺前。

長河頭橋東八里，陳世治建。

白陽橋東北十里，何豹重建。

洗米橋東北十里。

下浦橋東北十里，宋乾道間葉舜臣建。

下金橋東十五里。

蔣萬同橋東二十里，沈周貴建。

護龍橋東三十里，永康墟村界，嘉慶八年鄭氏常建。

楊公橋東三十里，永康界。

内白橋東三十里，舊名白水橋。《通志》：跨白溪，架木爲之，屢爲水傾。正德十三年，縣丞林有年捐俸，砌石三洪。義民胡熊、劉瑀、沈慶協成之。《嘉慶志》：嘉慶五年，圮於水。〇按，光緒二十四年，甃石重建。

文興橋文興門外，附郭儒學東。明正德十三年，縣丞林有年建，樹石刻曰“文興橋”。萬曆戊申修。

端明橋南八里，舊名端村橋。《通志》“端”作“瑞”。耆民徐廿四、程仁恩募建。明縣丞林有年樹石刻曰“端明橋”。〇按，今石刻猶存。《嘉慶志》謂康熙二十七年改今名者，非。

太平橋南十五里，舊名西橋，張仲和修。乾隆五十七年，鄭惟高母王氏倡捐募建。

山方橋南十五里，乾隆五十年，何李廣募造。

洪橋南十五里，舊名玉虹橋。

龍王橋南十五里，乾隆二十年，何汝敬、湯曰錫等募造。嘉慶四年，何松濤修。

仙景橋南十五里，乾隆十二年賀彭年募造。光緒十年，賀彭年孫金門募捐修。

雙景橋南十八里，舊橋圮。光緒二十六年募捐建。

回龍橋南二十里，郭洞水口傍，有凌虚閣。

晝錦橋南二十里，郭洞上宅。嘉慶五年，水坍，何泰瑞重建。

山垕橋南二十里，康熙間何慶生造。

雙坑橋南二十里，徐公亮建。

苦竹橋南二十里，《通志》：正德九年，徐昱建。《邑志》：徐翼廿四建。

豐登橋南二十里，即倪橋。

丁姑橋南二十五里。

義聚橋南二十五里，王山頭宅後。乾隆三十九年，王維亭募建。

石井橋南二十五里，朱文棟建。

同善橋南二十五里，舊名樂善橋。康熙丙午，趙惟魁建。

石佛山橋南三十里，康熙四十七年，祝吉星募造。道光間，朱城募捐重造。

姆山後橋南三十里，清溪王山頭人於嘉慶五年建。

金鮫橋東南三十里，趙惟魁建。

康濟橋東南三十里，永、武接壤爲金、處二府往來要道。康熙辛未，趙張玉捐造。

清溪橋南三十五里。

妃仙橋南四十里，彰惠侯廟前。〇按，《嘉慶志》"南"誤"西"，"彰惠侯""彰"訛作"顔"。

龍門坑橋南五十里，萬曆二十三年，楊智仝僧智果募修，知縣張國裳有疏。

清風橋南五十里，光緒二十一年，傅維倉捐建。

李村橋南四十里，李性毅建，水衝廢。

壺山潭橋西一里，壺山麓。

長安橋西一里，書臺山麓，跨長安堰。

西市橋西一里。

兩頭門橋西一里。

三板橋西十里，舊名三梭橋。光緒二十五年，甃石。

鍾居橋西十五里，鍾十三、鍾廿三建。鍾姓族於此。鍾十三，《萬曆志》作“鍾員十三”。

白浦橋西十五里，徐歡、徐孟彪建。

陳堰橋西十五里，赫靈廟前，徐孟能建，《萬曆志》“能”作“熊”。

管公橋西十五里。

雙溪橋西二十里，雙溪口。明正德十三年，徐魁建。國朝乾隆三十九年，重建橋屋五間。

羅橋西二十里，徐堯咨修。

何山橋西二十五里，徐進九建。

里蘭橋西三十里，楊悌二建。後壞，僅留五墩。嘉慶五年，邑人陶選擇、揚發才，宣平人李光龍倡捐募修，築堤五里，費二千餘金。堤内荒田二十餘畝，墾爲歲修費。

弧溪橋西三十里，楊智十三建。道光間修。弧，亦作“鳥”。

聚興橋西三十里，南溪勘頭，木橋五節，久圮。

萬名橋西三十里，古鳳林橋。國朝康熙二十五年，何士昌建，改曰“鹿和”，久圮。道光三十年，朱城、吴廷燎、王建中等募捐，造石橋七墩，又建庵於橋頭，粵寇亂中輟，光緒元年竣工，改今名，費金三萬。

度生橋西三十五里，徐九、鍾員十三合建。

安濟橋西三十五里，下楊隘口。光緒二十四年，楊承科、劉振緒、周同文等募捐造。

濟衆橋西三十五里，普寧寺前。

關王廟橋西三十七里，久圮。

白玉橋北一里，亦名白嶺橋。宋紹興四年，徐惠建。

後橋北十三里。

林溪橋北十三里，明縣丞林有年、義民徐惟富造。

郭婁橋北十五里，郭姓婦造，故名。徐叔雍修，改名郭橋。乾隆二十五年，徐日璋修。三十八年，重修，建石亭於旁，曰郭橋亭。

天順橋北十五里，常樂寺前。嘉慶八年，程士林、程克懋、程飛鵬、徐焕斌及僧正聚等募捐建。

瀛頭渡東二里。

杭步渡東五里，白溪。《府志》"杭"作"炕"。

白陽渡東五里，白陽山麓。

東渡東五里，乾隆六十年童愛棠、童希契、徐仁美、張承輝、徐步雲等造。

黄絲灘渡東五里。

潢稍渡東北五里。

湖頭渡東十里，陳世治造。

餘慶渡東二十里，護國寺後。康熙二十九年，王思周造，捐田一百九十把，聯會垂遠。

小南門渡文興門外。

熟溪渡南城外。

南湖渡南三里。

燕山嶺渡南十里，《嘉慶志》誤"西"。

胡舍渡南十五里。

陶家渡南十五里。

石倉渡南二十五里。

化渡西十五里，化度寺前。西南數百步，曰渡船頭，温、處往來之衝，義民何彦一捐田造船以濟。

河渡北十里。

履坦渡北十二里，徐蒿、徐禮、朱鸞置田造船。乾隆壬寅起至甲寅止，徐日照妻盧氏造船。

牛佑渡北十五里。

葉長渡北二十里，府城孔道。

蔣家渡北二十五里。

堤附

熟溪堤在城南。宋紹興間，知縣事周必達築，亦名周公堤。元至正間，縣尹許廣大壘石爲防，又名許公堤。明知縣康印、陳連、陳懋源相繼修治。嘉靖二十六年，知縣趙奇復壘石爲岸一里許，今賴是堤以建橋。國朝乾隆二十九年，知縣楊澎請於瀕水城腳一帶築堤以防護，自文興門至來遠門，長約二百餘丈，又於文興門外築斜捍以遏水勢，廣三丈，長十丈，俾水向南行，城始鞏固。按，《嘉慶志》：乾道三年周必達築，考《職官》，乾道三年黃嗣祖任，今改紹興。

溪南堤熟溪南岸，湯祠旁，湯姓築。

長山堤白陽山下。宋末邵再一築，後經劉青田指示增高。國朝嘉慶五年，大水潰，上、下兩邵重築。

護冢義堤熟溪北岸。國朝乾隆三十九年，典史孫超築。光緒二十年建熟溪橋，餘錢重修。

下楊堤西八莊，俗呼三千六埂。

萬名橋堤西十三莊，萬名橋南岸。光緒元年橋成，修此。

古迹

騰蛟坊儒學左。

起鳳坊儒學右。

黃甲流芳坊儒學左。一爲忠孝名賢

青雲接武坊儒學右。一爲理學先喆

水部司空坊縣左爲宋徐邦憲立。一爲古婺男封

玉堂學士坊縣右爲宋揚邁立。一爲明時司牧

省元坊爲宋徐邦憲立。

登第坊爲明進士嚴繼先立。

擢英坊爲明舉人王善立。

凌雲坊爲明舉人周勤立。

文光坊爲明舉人徐貴立。

南劍黄堂坊爲明延平通判徐應揚立，在縣西。

世進士坊宋洪無競、洪坎、洪鑑，明洪鐘、洪熊立，在東門外。

進士坊爲明葉奇貴立。

聯桂坊爲明葉奇貴立。

雙桂坊爲明洪鐘、洪熊立。

應奎坊爲明舉人吴勤立。

登雲坊爲明舉人吴珍立。

三槐坊明縣丞林有年立，在縣東。

應宿坊爲明知縣徐鳳岐、徐俊、徐希朱立，在北十二里履坦。

孝烈坊爲明孝子王世名、烈婦俞氏立，一在東門外，一在孝里。

節孝坊國朝雍正六年，知縣楊維清爲歷代節婦立，在北隅五聖堂衕内，其餘孝節貞烈坊各見本傳。

昇平人瑞坊一在南十莊，爲百歲老人盧景華立；一在南十九莊，爲百歲老人陳宏銘立。

按，坊表今惟存世進士坊、應宿坊、孝里孝烈坊、節孝總坊、昇平人瑞坊，餘皆圮。而節婦坊間有存者，古婺男封、玉堂學士殘石在城北楊祠基。

阮遥集宅在明招山下，後捨宅爲寺。

阮瑶宅縣東白陽山。晉阮遥集之弟妻劉伶女，好山水，渡江來隱於此。

張彦卿宅張彦卿爲永康令，亦家於白陽山，二姓子孫因居焉。〇按，二宅見《東陽山水志》。

金談宅縣東小姬山。晉金談爲吴興太守，後辭歸，來隱於此。

劉峻宅縣東講堂山。峻嘗築室講書。

舒元輿宅書臺山。元輿讀書處。見《通志》。

鞏山堂宅南太平鄉曲湖。宋鞏庭芝渡江居此。

鞏栗齋宅庭芝孫豐居曲湖萬載巷。

李惠宅在李公山。宋隱士李惠居此，見《府志》。

劉滂宅在太平鄉清溪。宋知建昌軍劉滂居此,《東萊年譜》所謂劉氏山園也。

徐文肅宅書臺山。宋徐邦憲築室讀書處。

葉方叔宅北隅。宋邵武軍通判葉介居此,今呼葉宅廳。

王世名宅西四莊馬昂。明孝子王世名故居,人稱孝里。

佚老庵南五里,横山。宋吴珉建,吕成公記見《藝文》。

繭庵王澤山。宋知閤門事姜特立建,有記,見《藝文》。

退思堂縣署後圃。宋紹興中知縣事衛秬建。

止觀堂縣北霞姑山下。明知縣張國裳題額。

忠孝堂西隅。明指揮徐平胡怡親於忠孝堂。

蠟屐亭在明招山。晋阮孚隱此,後人因其好屐,故以名亭。宋鞏豐有詩。

金貂亭在明招山,以阮孚金貂换酒事名。宋吕喬年有記。

玩珠亭在明招山前玩珠山上,宋鞏豐有詩并序。

换酒亭在明招山,宋葉適有《寄吕巽伯换酒亭》詩。

緑映亭在太平鄉上楠。宋劉滂建,吕成公有詩,久圮。國朝光緒十九年,劉氏子姪重建。

水簾亭在太平鄉金柱山,山上懸瀑如簾。宋鞏豐建,與朱晦翁、吕東萊、陳同甫講學處。

壺山亭在山頂,舊名凌雲。明知縣張國裳楹聯曰"錦繡萬花谷,乾坤一草亭"。國朝康熙間,知縣江留篇重建。乾隆癸丑又建。咸豐戊午寇燬。同治初重建,尋圮。光緒辛卯年重建。

起秀亭在壺山中,亦曰中亭,國朝嘉慶二年建。

百可亭城北隅,百可園中。明永康王崇書額。

寶泉亭寶泉岩。明長沙太守何貴建。

閒閒亭南十八莊,郭洞之東山下映雪居後。

憑虚閣南十八莊,郭洞,明末建。

山月齋南十八莊，郭洞，室曰“止窩”。

睠喬齋山月齋前。

却金臺東鄉白溪官亭。明知縣黄春却金處。劉瑀、徐俊傑捐造，臺久圮，今其處有却金亭。

鳴陽樓東門外。明正德間，縣丞潘棠建。國朝嘉慶四年，王士興、林德澄等募捐重建。

天階景壁樓互見《祭祀考》。

按，舊志有善芳亭、玉泉亭、裹桀亭、喜雨亭，以無關名勝，今删。阮瑶宅、鞏山堂宅、劉滂宅、徐文肅宅、葉方叔宅、忠孝堂，今增。大士庵當入寺觀部，兹省。

附惠民局明初設，在縣東百步許，即醫學舊址，今廢。《康熙志》、《嘉慶志》

養濟院明在縣東二百步，屋二十間。國初在縣西，今在縣南二百步，屋十間。〇明定孤老五十一名，後酌定三十九名，每名月給米三斗，每年給布二疋。國初額定四十八名，今定額内四十名，額外二十六名，共六十六名。《嘉慶志》參《康熙志》。

棲流所在治南二百步，養濟院前。光緒十九年，湯瑞椿等捐造熟溪橋，餘緡建此。

育嬰堂雍正十三年，知縣張人崧、邑人徐璋、徐元搏、徐龍韜、顧覲來募建，在書臺山下，屋六間，新屋八間。〇一田捌拾把，一坵。〇一田捌拾把，一坵，並坐蓮塘背。〇一田百卅拾把，一坵，坐瓦竈前。〇一田百把，一坵，坐和尚山脚。〇一田五拾把，一坵。〇一田四拾把，一坵，俱坐朱骨頭。〇一田百把，一坵。〇一田百把，一坵，俱坐金塘塢。〇一田百念把，一坵。〇一田四拾把，一坵。〇一田陸拾把，貳坵，並坐蓮塘裏。〇一田五十把，一坵。〇一田四十把，一坵，俱坐朱骨頭。〇一田百卅把，十三坵，坐錦被形。〇一田九十把，二坵，坐新塘。〇一田伍拾把，一坵。〇一田百把，一坵，並坐江坑。〇一田四拾把，一坵。〇一田貳拾把，一坵，並坐油麻塘。〇一田六十把，一坵，坐台盤。一田拾把，一坵，坐烏壠。〇一田貳拾把，一坵，坐尿坑口。〇一田叁百把，八坵，坐馬面山腳。〇一田百念把，一坵，坐蓮塘外。〇一田百把，叁坵，坐瓦竈邊。〇一地叁段，計四畝叁分，坐五盤六，地租銀壹兩叁錢。〇以上共田貳千柒拾把，連地計叁拾陸畝零，計丁匠銀叁兩零，外荒蕪無着糧叁兩零，共額糧柒兩貳錢叁分貳厘。〇一田百把，坐陶溪灘。〇一田叁百陸拾把，坐縣阪。〇一田柒百把，坐盧處。〇以上三處，乾隆二十五年知縣任文翼詳請撥入書院。三十九年，知縣張剋申又詳請撥轉育嬰堂，并義助田陸百伍拾把，坐三角店，共壹千捌百拾把，計叁拾畝壹分陸厘，計額糧叁兩貳錢肆分貳厘，續置田捌百把，坐三角店，計拾叁畝叁分叁厘叁毫，計額糧貳兩捌錢肆分陸厘。〇以上皆見《嘉慶志》。〇今按，書臺山育嬰堂屋寇燬，同治間邑人陳謌捐建留嬰局屋一所，在書院東偏。光緒二十二年十月，知府繼良至邑，勸捐置田。

漏澤園縣西二里許。明正德十四年，縣丞林有年立。〇縣北白嶺腳下，以西傷龍脉，移置。〇縣南二里許。明萬曆十三年，知縣熊秋芳以白嶺當官道不便，遷此。三十二年，奉督撫尹應元、御史吴崇禮憲牌，議定於南以濟貧民，今仍之。〇紹商義冢，一山一處，坐山剌壠；一山二十畝，坐白株林、長蛇形。〇徽商義冢，一山一處，土名松窠山，係黄字六百八十八號，拍民山連常四分正。〇均見《嘉慶志》〇《金華義冢》

武川備考卷四 上

風俗考

風俗

負山之民,氣俗敦慤,樂田畝而畏官府,遨嬉侈麗之習獨不入其鄉。吕東萊

地狹而土肥,其民殷庶而風俗勁急。舊爲東萊講業之地,其流風餘教猶有存者,士大夫能道詩書,通古今者往往有之。許白雲

其民剛悍不相下,故其俗獷猛,號難治。楊本

民以負土敦樸,亦以獷猛使氣。《嘉靖志》

男務生業,女勤紡織,家家尚儉樸,而安質素,無狗馬蹋踘之戲,亦鮮綺繡鬬勝之觀。無論村落僻隖,即城市之民,莫不笠糾饟黍,稼穡是事。惟天降康,頗稱富庶,且其理學孝節相望於册,此俗之最美也。《萬曆志》

俗不服賈,所業惟耕,地宜種秫,八婺醑醅之貲多取給於斯。歲無積穀,熟則出糶,舟運鄰壤,米價每易騰湧。遏糴則四民徵輸服用之費悉無所供,盡糴則土著窮民轉貸困敝,一遇水旱,家無宿儲,人鮮蓋藏,亦可慮也。同上

菽粟如水火,適彼樂郊,非武邑誰歸?特是地,山各支壠,水易瀉流,土産稀薄,家鮮蓋藏,豐年尚可支吾,凶年必成露肘,撫字固勞,催科必拙,陰雨綢繆,節儉其首務乎?《康熙志》

武俗敦樸儉嗇，狃常習故，絶不喜新鬭异。儒紳故家類有賢田，子孫名列膠庠，俱沾祖澤。民務農田，不爲商賈技藝，輕去其鄉。男不爲厮役，女不作婢妾，敦尚義節，其庶幾焉。《嘉慶志》

冠婚

邑無冠禮，年十六具衣冠謁家祠，與祭與宴，俗有十六歲爲家長之語。

婚禮憑媒妁定議，男家先下求書，如古問名之意，用啓附以白金釵鐲、七子果、落花生、瓜子、棗、柿、元眼、荔支、栗之類。萬年青。用綵綫縛松柏枝作勝。女家收訖，回啓，附以楮墨、筆硯、帽、鞵襪、荷包，擇日遣媒行聘，如古納采、納徵。男家告祠堂，用禮匣二，一盛聘啓、庚帖，男年庚，紅絹書。一盛白金若干封。女家受之，告祠堂，回啓及庚帖。女年庚，緑絹書。附以紅帽、袍套、靴、中人之家惟紅帽、履襪。荷包。迎娶有日，男家餽盒，附以銀封，謂之後禮。又餽鷄脯糕、饅首，謂之口分。用鵞者，謂之雙口分。女家以口分饋親戚，受者咸備匳贈嫁。請期以盒數肩，謂之通信擔。前期數日，餽酒脯、果餅、鷄鵞，用全豕者曰猪香脯。謂之上轎擔。女家受之，遍宴親鄰婦女，命女盛飾祭告祖宗，拜辭親鄰，謂之移駕。以内宴帖子，曰請移蓮駕也。届吉期，鼓樂，旗纛綵轎，轎前燈書婿姓，書小登科，書麒麟貴子。婿不親迎，婦輿入門，男擯引婿前，三揖，女擯延婦出輿，拜堂啓幃，傳席牽紅，合巹。凡擯，擇年高有德而元配雙全兼有子者，俗呼利市人。次日，舅姑饗婦。三日，廟見，婦饗舅姑，拜見舅姑及長輩，各有見面儀。歸寧或以三日，謂之轉面，或以明年。生子，親族戚友以鷄卵相賀，受則作湯餅以答之，謂之家宴。

喪祭

喪禮。始死，沐浴含襲，更新衣，正冠履，用布絞斂。訃於姻親，姻親致香楮，贈衾。婿甥致豕首鮮鵞以奠棺，實炭於底，設裀褥，上蓋以衾，旁襯以灰包。三日成服，奉柩中堂，子婦麻衣裙。子戴三梁冠，斬衰、齊衰，絰帶草履；婦髽榛笄，加麻；期功以下，白布衫；袒免以下，各分頭白。以方尺白布裹頭。致賻奠者，回以布帛；吊者，設席待之。卜日出殯，殯於祖塋。既殯，奉主祔於祠。家設靈位，日具盥洗上食，朝夕哭，焚楮幣。每七日奉酒饌，哭奠。六七則姻親設奠，七七而畢。五十日設奠，百日如之。期年亦如之，皆素儀。三年服闋，奠用紅，葬箍地，去浮土，築基令固，以甎作捲篷式，推柩置中，埋志石，封墓門。覆以石灰沙土，謂之三和土，又覆以潔土，爲馬鬣，墓前或甃石或甎不等。

祭禮。武多聚族而居，族有祠，祠有産。祭以二月、八月十五日，或春秋分。推有爵而年長爲主祭，孫紳衿執事。前期一日，省牲，牲以羊豕。屆期，質明，擊鼓，主人以下序立，參神焚香，再拜，興。瘞毛血，迎神，皆跪，再拜，興，進饌，行初獻禮。主人詣盥洗所，掬水拭巾，司尊者舉冪酌酒，主人詣祖考位前，跪，上香獻爵，俯伏，興，讀祝文。主人跪，衆孫皆跪。讀訖，主人俯伏，興，復位。衆孫皆興。行亞獻禮、行終獻禮皆如初獻，惟不盥洗，不讀祝。行飲福受胙禮，讀嘏辭。主人以下皆跪拜，興，徹饌送神，跪，再拜，興，焚祝化紙。祭畢，散宴，頒胙，耆以豕肉，紳加羊肉。家祭則高曾祖考妣之生辰、忌日及端午、中元、冬至，謂之排羹飯墓前，恒於寒食先後三五日，或七八日，遍祭先墓，亦有霜降、冬至掃墓者，亦有清明、冬至祭祠者。其祭品，羊、豕、鷄、鵞、魚、卵、筍、菁、果餌，隨便增減，惟酒粢、煎腐必需。豆腐炮以菜油，名曰煎腐，蓋取菽水承歡之義。

歲時

元旦，夙興，盛服，設香案茶果，拜天地，拜祖宗遺像，再詣社廟，詣宗祠，還家拜父母尊長。次及家衆、族黨、親友，投刺相賀，名曰賀歲。各治酒延款，數日乃已。

立春。前一日，知縣率僚屬具儀仗鼓吹，迎春東郊，設芒神、土牛於八素門外。官僚向東迎拜，序坐，飲春酒。畢，秩卑者居先，以次乘肩輿迎歸，置芒神、土牛於縣門東。明日按時早晚，祀太歲，鞭春牛，人競取碎牛土塊，歸置豕圈中，謂爲牲牷肥腯之徵。

正月十四日，東岳、城隍、二郎、花園、皂角等廟各有消灾會，直年擺列筵席，結彩爲亭閣，裝扮故事，用旗鼓迎於街市，廟中僧道齋醮誦經，城鄉婦女約伴游觀，謂之抖晦氣。

元宵，各家懸燈於門首，街衢或竹棚掛燈其上，笙歌徹旦，各坊作龍燈，長數十丈，多紮花燈爲人物、亭榭數百盞，迎於街市，以賽神角勝。自初十夜起，至二十夜止，較他處爲久。

元宵後，農人擇日春耕，謂之發犁市。鄉塾延師開館，子弟上學，翦丹箋爲位，供奉孔子。

二月上丁，官釋菜釋奠，凡紳衿獲頒胙者，必先薦祖考，謂之獻胙。

社日。四鄉各祀土穀之神。

望日，城鄉各族皆祭宗祠，或以春分日。

十九日，婦女多至寺燒香。是夕，慈雲庵製燈數百盞，從壺山頂起，燃至山麓，以供奉婺女星君，且以接龍脉，謂之壺山燈。壺山頂起秀亭奉婺星神位，縣龍自壺山入城西。三月三日修禊，婦女踏青。

清明日，人家門户插柳枝，小兒以柳葉爲圈戴頂上，婦女以麥葉作戴勝插髻，節前後十餘日，家家拜掃先塋，采蓬和米粉作粿，謂之寒食餅，亦曰清明粿。農人下種，謂之撒穀子。凡撒穀子，必於日西斜時，否則子浮，不着泥。塾師放學謂之清明假。

立夏前後，擇日種田，謂之開秧門。既種而芸，芟草，拔莠，下糞，凡三芸乃畢，過岸。凡芸必瀉田中水，三芸後，蓄水滿田，曰過岸。刈芸薹，取子榨油，刈麥，嘗麥，祀先。

端午日，城隍廟送船逐疫。數日前，雙坑人送竹至廟，直年以竹爲龍舟形，外糊紙繪飾，内束草，裝紙爲五兵。至期，設酒席，巫覡通神勸駕，遂推挽疾行，舁城隍神像、東平王神像押驅兩邊。居人投符擲米於舟，直出東門外，付之水，然後徐舁城隍、東平像還廟，謂之端午船。是日插菖蒲、艾於門，飲雄黄酒，兒女佩繭虎符艾，或以五色綫串蒜、艾、菖蒲，繫於頸背及床前，謂之端午串。合枳殼、陳皮、厚樸、山查、麥芽之類謂之午時茶，人家以箬裹糯米爲角黍相餽遺，謂之端午粽。塾師放學謂之端午假，自五月一日，城隍廟演戲，至十一日止，謂之端午戲。

二十五日，城鄉各社設祭，謂之五穀神生日。

六月朔，農獻新米於官，官賞以錢。

立秋以前，刈早禾，種菽。立秋以後，刈中禾。秋末，晚禾畢登。

七月七夕，人家女子陳瓜果於庭，祀織女，乞巧。是月，塾師放學，謂之割稻假，亦曰散秋。人家擇吉嘗新，先供天地，次土穀，中霤竈，次祖宗，然後合家食新，以飯遍餉鄰舍，謂之添人口。凡炊新米，必兼陳米，謂之新陳相接。

三十日，婦女往廟燒香，夜點地燈。

白露前後，種菜。

八月朔，社廟燒香，謂之開殿門。

十五日，祭宗祠，夜設肴饌、酒脯、月餅、菱、栗、梨、藕、玉蜀黍、山查賞月，是月鄉社賽神，旗鼓儀仗導引，耆老炷香從，或奉禹王，或奉胡公，公諱則，宋侍郎，見《祭祀考》。謂之迎案。直年交代，謂之交案，農乃種麥。

九月九日，人家蒸米作五色糕，佩萸泛菊，具酒榼游山登高，重陽後城鄉各有會，赴永康方巖燒香，謂之上巖。

十月，田功畢，鄉社演劇報賽，謂之平安戲。城坊擊柝廵更，謂之冬防。

冬至祀先,白糯米熟,搗作糍,餽遺親戚,謂之小年。

十二月初旬,塾師散館。二十日,傭工皆歸,謂之散工。新傭來,謂之上工。二十三夜、《嘉慶志》二十四夜,《康熙志》祀竈,施葦、茭於門。前數日,擇吉掃塵,次日換桃符、門神,親戚以節物相遺,擔筐交錯於道,謂之餽歲。

除夕前,貼春聯。人家以米粉作湯圓,糝以豆屑,謂之團圓果。蕎麥麪和蘿蔔爲餅,謂之繳猪毛。炊大米飯,供甑於庭,多插箸於上,謂之炊年飯。至夕,設香案於堂前,供牲酒,謂之謝年。供祖先像,祀以肴饌,多焚楮幣,燔柴於庭,以紙爆代爆竹,徹旦不絶聲。家長以紅箋裹制錢頒子婦,以紅絲串制錢頒小兒女,謂之壓歲。集少長飲屠蘇,説吉語,圍爐久坐,謂之守歲。擇吉時,燃紙爆開門。

按,冠婚、喪祭、歲時,舊志所云有不盡然者,今以見行者著於篇。

方言

父曰爺,曰爹。母曰孃,曰嬭。祖曰爺爺,祖母曰媽媽。曾祖曰太公,曾祖母曰太媽。高祖曰太太公,高祖母曰太太媽。父之兄曰伯父,其妻曰伯姐。音如者。父之弟曰叔父,其妻曰嬸娘。父之姊曰大姑,妹曰小姑。稱兄曰哥,兄之妻曰嫂,弟之妻曰弟婦,兄弟之子曰姪。

母之父曰外公,母之母曰外婆。母之兄弟曰娘舅,其妻曰娘妗。娘舅之子長我者曰表兄、表姊,我長者曰表弟、表妹。母之姊妹曰姨,其夫曰姨翁。

妻之父曰丈人,妻之母曰丈母。妻之兄弟曰舅,其妻曰妗,其子曰内姪。妻之姊妹曰姨,其夫曰姨夫。

婦稱舅曰爺爺,姑曰媽媽。夫之兄曰大伯,其妻曰伯娘。夫之弟曰叔,其妻曰嬸,夫之姊妹曰姑娘。婢稱主母亦曰姑娘,舅姑謂婦爲孺人。

歿而題主，無官者以年歲稱，二十曰學士，三十曰茂才，四十曰宣教，五十曰朝奉，六十曰府君，七十曰大賓，八九十曰壽官。

知縣曰大老爺，縣丞曰二老爺，主簿曰三老爺，典史曰四老爺，教官曰學老師，駐防曰將官，亦曰副爺。

業師曰夫子，曰先生。朋友以字，尊長以行、以號。紳衿稱以先，平民稱以哥。

山有石曰礓，巖高而夷曰砰，高而脊曰岡，高而鋭曰尖，窩曰凹，突曰凸，壑曰坑，兩山之間曰隴，坡陀而下曰礎。葬者曰墳山，不葬者曰青山。地多樹木曰薄。入聲，俗訛襟。

川曰溪，引水之溝曰堰，曰瀆。截水者曰霸，通水者曰瀛。禦水之斜捍曰攞，止水之防曰堤，曰磡，曰埂。塘底曰井。音如等，俗訛作井。

田以把計，謂分秧若干把。一畝約六十把。田中壅土曰町，呼如令。其下曰行，同講反。初耕曰反青，耕於上冬曰冰冬。用耙曰扒田，用耖曰撞田，芸草曰圬田。凡三芸，豬水曰過岸，戽水曰踏車，安車處曰車步頭，放水入田曰注激，水上行曰閉。凡堰，有分水石，司其事者名水公正，以穀酬之名水利穀。田之可種菽麥者曰三熟田，以鋤去草曰鏟，糞其田曰下料。

屋中堂曰軒，間堂左右房曰大房，大音馱，去聲。次左右房曰建五。中堂前旁左右相向者曰厢，廳事曰廳。廳旁房曰藏厢，廳前旁左右相向者亦曰厢。門有屋者曰門廳，其左右房曰門房。屋中路曰由塍，堂廳門具曰全院，有堂無廳曰土庫。有樓曰樓屋，無樓曰平屋。正門曰大門，旁曰横門，楹而不壁曰柴門。柴，音如車。牖在牆壁曰檻，窗櫺曰隔亮子。壁以葦竹爲幹，堊以泥曰壁刀，亦曰虎掌。天窗曰亮孔。厨房曰鍋口，竈曰鍋頭，小竈曰風罏。鷄棲曰栅，犬宿曰窠，牛豕曰欄。

朝食曰粥，午食曰飯，晚食曰夜粥。宴客曰請酒，留宿曰貺宿。

穀米豆麥每百斤曰一擔，擔杖曰匾擔，停力杖曰擔住，圓而尖挑柴若稈者曰衝，圓而長者曰扛衝。

多謂之有慶，音羌。少謂之有限，抑勒曰揹，有才幹曰會，無才幹曰庸。姣好曰光生，醜曰失形。謝罪曰伏情。不正曰歪，不長曰矮。舉物而齊用力則呼曰於音烏。邪。音耶。許。音虎。

制錢謂之方錢，攙以少錢，謂之時錢、時方。番銀謂之洋。國初用銀，自道光六年墨西哥行於中國，謂之洋錮。光緒初年，以洋錮之文有王面者謂之本洋，其文有鳥者謂之鷹洋，亦曰英洋，又曰鳥番。〇德潤見嘉慶年間帳簿皆用銀，道光年始有洋錮，又見邑西三里許山家亭中，砌路石碑始書"某某捐洋若干元"，係道光六年立。

武川備考卷四 中

食貨考上

物産

穀之屬　散枝粒細，稈矮，早熟。　拕犁黄凡秧種完犁止則熟，故名。　大粒白　黄毛稻　江西早　赤目夏　晚早穀八月熟。　朝穧俗謂老丫鳥。　赤蒙椎色赤，有芒。　白禾　紅穀　金裹銀　湖州稻　細雲穀　黄穀　稚蒙粒粗而粘，穗矮。　鷺腳黄穗低，葉昂。　松花糯　青梗糯　雙頭糯一穗兩穎。　烏糯　紅糯芒赤，實重。　烏節糯　紅梨糯　縮頭糯　臙脂糯　水鮮糯八月早熟。　黄殼糯　杭州糯粒圓白，俗傳種來自杭州。〇按，穀最早熟者，今曰六十日、七十日、八十日，即所謂拕犁黄也。次早熟者，細葉青，米圓，俗呼圓粒。又次熟者曰花早米尖，俗呼尖粒，出西鄉者佳，俗呼西鄉白米。最晚熟者大穀，即所謂大粒白也。米白而輭，俗呼大米，惟祭祀、賓客用之，不常食也。餘若江西早，俗呼江西穀，米色赤。若白禾米色白，田家間種之，以江西穀能瘠田，而白禾收成較細葉青爲少也。糯，今有七月糯、八月糯、秋糯、早糯，皆秋熟，惟寒糯初冬熟，作酒良。又有草鞵金，其稈可作草鞵，即烏節糯也。細葉青米色遜花早而味香美，作飯佳。花早香美稍減，而色白，出糶價貴，故邑人種田，此二者最盛。然稍遭亢旱則細葉青先熟，而花早每受焦枯，此亦不可不知也。

麥之屬　大麥麰也，立夏前熟。　小麥秾也，立夏後熟。　蕎麥三稜，色赤，七月種，九月熟。　雀麥蘥，即爵麥，郭云：燕麥，俗謂野麥，邑呼爲苦花麥，品最下。○按，麥田不可種中禾，故邑之祭田及田主立約俱不許種麥，惟種於地宜。

粟之屬　秈粟　穤粟　穄粟　狗尾粟粒細如芥子，間用釀酒。　木粟稈尖幾徑寸，苗如蘆，高丈許，粒比凡粟殊大，皮黑，性粘。　乳粟粒大，色白，味甘，俗曰遇粟。○按，俗以木粟爲蘆穄，以狗尾粟爲稷上丁祭聖，以兩品充黍稷。其遇粟俗名苞蘿，《本草》所云玉蜀黍也。山民多種，以濟糧食。

菽之屬　青豆　菉豆　赤豆　黄豆　白豆　黑豆　扁豆有二種，花紫者粒黑，夏生，可作饌。花白者粒白，秋生，入藥用，牆根籬落種之。　豇豆莢長尺餘，俗名裠帶豆，四五月間生莢，可蒸食。　羅漢豆蠶月熟，一名蠶豆。　虎爪豆　龍爪豆　羊角豆　刀鞘豆　烏眼豆　白眼豆　六月豆六月熟。　大豆比衆豆獨大，色有黄、青二種。○按，黄豆俗呼馬料豆，粒極小者呼羊矢豆。凡藝豆，有二禾未刈而下子者，曰撒豆；既刈而下子禾根者，曰種豆。種者作町，撒者不作町，多鋤則多生莢。

麻之屬　黑芝麻　白芝麻○按，《康熙志》：麻屬有苧麻、葛麻、黄麻。皆非食物，當入草木類。

蔬之屬　白菜　菘菜　青菜　萊菔亦名蘿蔔。　油菜即芸薹。　芥菜　萵苣俗名膳菜。　菠薐　薺菜　苦藚　環菜色白如環，一名水晶菜。　蒿菜《詩・采蘩》，蘩即蒿。　芹菜一名水英。　莧菜紅、紫、白三種。　莙薘菜　苦葉菜産山谷，最清香。　黄瓜　西瓜　冬瓜　金瓜圓而扁。　南瓜圓而長。　甜瓜宜醬食。　絲瓜一名蛓蘿。　香瓜生食。　密筒瓜　茄俗呼落蘇。　瓠　葫蘆俗名蒲。　芋俗名芋艿，一名蹲鴟。　番芋藤蔓，根生，廣種可備荒。　蕨禾蕨鼈，初生無葉，可食，生山谷中，根搗粉可當麪，名山粉。　茭白菰蔣，其子彫胡，俗名茭筍。　筍品不一，冬月萌芽，土中名冬筍，尤佳。　葱　韭　薤　蒜　辣虎藙，《説文》曰煎茱萸，俗呼辣茄爲辣虎。　菫

果之屬　梅　杏　桃端陽熟曰節桃，冬熟曰十月桃。　李有蒲李，

有臙脂李,有麥李。梨有麥梨,有青皮梨,有鵞梨,惟消梨爲佳。枇杷　楊梅　銀杏一名白果。棗　石榴　橘　柚　橙　柑　香圝似柚。　枹見《五雜俎》。《庭立紀聞》曰柚之大者,俗呼若泡音。栗　柿作餅良。櫻桃紫、白二色。葡萄　榧子炒食。梧桐子　桂子明招山有之。木瓜　荸薺性能毁銅。無花果　甘蔗　蓮子　藕芡　菱有青菱、紅菱、八角菱數種。長生果一名落花生。

木之屬　松生子如人形者,俗呼羅漢松。柏　檜　桐有四種,白桐可斲琴瑟,葉三歧,花白荏,桐子可榨油。梧桐,收其子作果。岡桐,體質重。梓　樟　楝開紫花,土人於冬至日以其子卜來歲穀價高低。桑柘　檀《嘉慶志》:黄檀。　檫《康熙志》音察,宜作楹柱。榧紅白二種,葉細如撑掌。皂莢又名昇仙木。楊　柳　槐　椶櫚　黄楊歲長一寸,遇閏退一寸。烏桕采實以爲油燭。冬青　楓　槿花紅、白二種,籬落間有之。杉可柱,可楝,可椽,可棺,俗呼正木。椿　杞　桂柞　樗　株　椒　荆　樺木皮以飾弓,亦可捲松脂爲燭。穀脂可粘金。車板樹鋸片可作水車板。木和直且人,可作杜。

竹之屬　貓竹　石竹　箭竹　苦竹　篛竹　筋竹　紫竹　水竹　雷竹聞雷則生。孝順竹冬裹籜,夏解籜。

花之屬　梅　蠟梅　牡丹　芍藥　山茶　杜鵑亦曰謝豹。海棠　榴　桂丹、白、黄三種。四季桂　桃碧、緋二種。李　杏夾竹桃　芙蓉　薔薇　荼蘼　梔子花　瑞香　凌霄　木筆　紫薇　萱　紫荆　百合　蘭春蘭、夏蘭、秋蘭、冬蘭、檀蘭、風蘭、九頭蘭,而最貴者素蘭。水仙　鳳仙　鷄冠　葵紫者曰錦葵,秋生者曰秋葵,衛足者曰向日葵。洛陽《爾雅》:菺蘧麥即此。芭蕉　玉簪　午時花月月紅　木香　荷　玉蘭　珠蘭　茉莉　金絲　郁李　蝴蝶花根即射干。黄木香俗名滚地棠。玉繡毬　七姊妹　菊花種極多,以黄爲正。石巖　罌粟

草之屬　苧麻皮緝績爲布,俗名真麻。黄麻可作索,俗名塔

麻。　葛麻葛藤之根，可作草鞵。　蔗　莎生溪邊，可爲笠。　木棉可作布。　荇　蘋　藻　萍　菖蒲立春後八日生，一葉，農人以占候，所謂春而瞻蒲也。根食之益壽。　石菖蒲生石上，葉短細，古人謂蘭蓀生於水者曰溪蓀。　蘆荻　萬年青　鼓槌草　三白草初生不白，入夏，葉端方白，農人候之蒔田，若三葉白則苗畢秀矣。　蓼浸水拌麥屑作麯。　大蓼一名馬蓼子，一名水紅花子。　老鴉青　蝦蟆草子即車前子。　翠草　紫翠草色紫，不盈二寸，三月間生，鋪地如錦。　芳草　朱草　烟草一名相思草，向惟閩中石馬有之，近武地亦盛。

藥之屬　黄精　茯苓　何首烏　山藥　五味子　香附　半夏　芍藥赤、白二種。　紅花　茴香　瓜蔞　紫蘇　山查　南星　百合　薄荷　梔子　蔓荆子　金櫻子　薏米　青蒿　茵陳　天花粉　枸杞子　劉寄奴　益母草　金銀花　柏子仁　甘菊　桑白皮　枳實　陳皮　黄連　側柏葉　艾　茅根　青箱野鷄冠花子。　乾薑　花椒　白芥子　夏枯草　淡竹葉　門冬　桑黄　豨苓　蒲公英即紫花地丁。　山稜　莪术　地榆　瞿麥　苦參　桔梗　烏梅　百部　烏藥　馬兜鈴　葛根　骨碎補　細辛　杏仁　桃仁　白扁豆　荆芥　五棓子　香薷　竹茹　牡丹皮　威靈仙　穀精草　桑寄生　松節　款冬花　虎骨　蝟　穿山甲　龜板　鼈甲　蜂房

禽之屬　鷄　鵞　鴨　燕　雁　鵲　鴉　鷓鴣聲曰行不得也哥哥。　布穀曰打麥插禾，曰郭公郭婆，曰看蠶看火，曰脱布袴，皆其鳴聲。　烏生子反哺，人稱慈烏。　鴿　鶻　鸛大如鵞。　蛇雀　鳲鳩一名鸒鳩，短尾，青黑色，似山鵲而小。　斑鳩　爽鳩鷹也。　倉庚鶯　杜鵑一名子規。　脊令　畫眉　黄頭　鵯鵊　啄木鳥　黄雀　鷴雄白羽紅襟，雌灰色。　雉　竹鷄鳴曰泥滑滑。　百舌　鸜鵒俗名八哥。　練雀　鴞　鵜一名淘河，有則大水。　鷺　鷗　水鴨又名鳧。　鴛鴦　鸂鶒毛羽錦麗。　白頭公　清明歸舟三月間鳴於山

谷。 䶂虎頭如貓,身如鷂。 鵂鶹俗名逐魂,又名快扛,鳥面如貓,人聽其聲以爲不祥。 鵙亦名姑惡。

獸之屬 牛 羊 豕 犬 鼠 虎 豹 鹿大曰麋。 麂 野猪 獐 貓 兔 猴 黄鼠狼 九節狸 玉面狸 獺 山羊 山牛形如耕牛,走巖上如飛。 豺狗 山狗豺 田豺 槍猪遍身有刺如錐,極利。 黄洞虎 竹豚又名筍稚,居泥中,食竹根而身肥,味最美。

鱗之屬 鯉 鯽 鮎頭大尾扁小。 石斑背有斑文。 藻沙少鱗,最肥。 細鱗以清明前爲佳,過後腹有泥。 船釘大如船釘,味佳。 鰻 鱔 鰍 鱧

介之屬 龜 鼈 蟹 蝦 蚌俗呼蜆殻。 螺有生淺水中者,有生田中者。

蟲之屬 蛙生山間者曰石螃,生水田者曰田鷄。 科斗 蟾蜍 蛺蝶 蜻蜓 蠶 蜂 蟬 蚱蜢 螳螂 蟋蟀 促織 螢 蠅 蚊 蝨 蚤 蜘蛛 蟢子 蝸牛 蜣螂 地蛛足退走,常作窟,物墮其中則食之。 蚓 尺蠖俗名量田尺。 車水狗能穿田塍作穴,漏水至竭,故名。 蜥蜴即守宫。 蝎 蛇 蜈蚣

器之屬 椶床 椶椅 椶櫈 簟俗名地簟。 雨笠 蓑衣 苕帚有竹帚,有葦帚。 蒙茸扇以茸稈刮薄,析開,用水漂白,織成扇,花木鳥獸,奇巧异常。 籮 筐 火籠 竹夫人 鼇山燈元宵用。 走馬燈火力運輪,人馬轉動,圍繞不息。 車戽水。 風車簸秕。 犁 耙 耖 碌碡 棹 櫈 桶 瓦 甑 瓦盆 缸 甕 泥壺 簍 籃 篾席 筏 畚箕 托盤 木飯甑 木箱 竹箱 木厨 竹厨 竹床 篩 籮 碓 臼

貨之屬 酒 茶 醋 火腿有風、醃二品。 筍乾 菜乾 蘿蔔脯 芋脯 瓜脯 豉 菜油 麻油亦曰香油。 桕油亦曰青油。 桐油 燭 篛 棉布亦曰土布。 夏布 傘紙鳥門出。 方紙俗名南屏,亦曰利市。 澱俗曰靛青。 柴 炭 板 蜜 山粉即

蕨粉。　**藕粉**

舊志云：武故無珍奇靈异之産，惟是爲土之毛，關民生、足國用者，登之掌記焉。今按，土産粟米爲最，次則竹木，次則茶、澱、方紙、油燭，若麻縷絲絮雖多種蒔，然皆取足於他郡。人重離鄉，工商少而農圃多，壤沃土肥，衣食頗足，苟得忠信之長，慈惠之師，紓其賦徭，劑其水旱，康樂之休不難立臻，司民牧者其加之意乎？

田賦

唐宋無考

明洪武二十四年册

田貳千柒百陸拾叁頃陸拾畝伍分貳厘。地叁百陸拾捌頃玖拾捌畝捌分叁厘。山叁千伍百柒拾伍頃陸拾玖畝貳分捌厘。塘壹百貳拾捌頃貳拾柒畝壹分伍厘。

永樂十年册

田貳千柒百陸拾叁頃陸拾柒畝叁厘。地叁百捌拾頃肆拾玖畝玖分柒厘。山叁千伍百柒拾柒頃肆拾玖畝陸分伍厘。塘壹百叁拾玖頃陸拾伍分叁厘。

官房屋壹千貳百捌拾玖間。

宣德七年册　田地山塘柒千壹拾陸頃玖拾壹畝玖分。

正統七年册　田地山塘柒千壹拾陸頃貳拾壹畝玖分。

景泰三年册　田地山塘柒千貳拾壹頃貳拾陸畝玖分。

天順六年册　田地山塘柒千貳拾壹頃壹拾伍畝叁分。

成化八年册　田地山塘柒千貳拾貳頃拾伍畝叁分。

弘治五年册　田地山塘柒千貳拾頃貳拾壹畝叁分。

正德七年册　田地山塘柒千頃玖拾捌畝伍分壹厘。

嘉靖四十年册　田地山塘同上。

隆慶五年册

田貳千伍百柒拾柒頃貳拾畝柒分貳厘。地叁百肆拾貳頃叁拾柒畝肆分肆厘。山叁千陸百肆拾伍頃叁拾貳畝玖拾捌厘。塘壹百貳拾捌頃壹拾肆畝伍分伍厘。

官房屋壹千肆百叁拾陸間。

萬曆九年　丈折官田貳拾陸頃玖拾壹畝叁分陸厘柒毫。　丈折官地肆頃叁拾玖畝貳分肆厘陸毫。　丈折官山貳拾捌頃叁拾柒畝壹分貳厘。　丈折官塘貳頃肆拾叁畝壹分伍厘。　丈折僧道田陸頃肆拾柒畝叁分玖厘。　丈出安田叁拾玖頃陸拾陸畝玖分陸厘捌毫。　丈出等田伍拾貳頃肆拾柒畝陸分壹厘陸毫。　丈出民地叁拾捌頃貳拾玖畝叁厘叁毫五忽。　丈折民山捌百伍拾捌頃柒拾畝貳分肆厘。　丈折民塘壹拾頃柒拾壹畝捌分壹厘壹毫。

萬曆九年丈量至十一年丈訖

官田壹百柒拾貳頃捌拾叁畝捌分陸厘貳毫貳絲。每畝科麥伍合,米貳斗伍升叁合伍勺,麥米共科銀捌分柒厘肆毫,不差。

官地捌頃伍拾肆畝肆分捌厘壹毫捌絲。每畝科麥肆勺,米貳升捌合,麥米共科銀壹分貳厘,不差。

官山伍拾壹頃柒拾柒畝柒分柒厘叁毫陸絲。每畝科麥貳勺,米玖合伍勺肆抄,麥米共科銀肆厘叁毫,不差。

官塘捌頃肆拾捌畝玖分貳厘捌毫肆絲柒忽。每畝科麥貳勺,米肆升貳合,麥米共科銀壹分叁厘肆毫,不差。

僧田伍拾玖頃玖拾玖畝柒厘壹毫肆絲肆忽。每畝科麥伍合陸勺,米貳斗伍升叁合陸勺,麥米共科銀捌分柒厘捌毫,差一半。

安田陸百肆拾叁頃壹拾叁畝壹分捌毫壹絲壹忽,每畝科麥伍合,米肆升肆合叁抄叁撮,麥米共科銀陸分壹厘柒毫壹絲壹忽,差。

等田壹千玖百陸拾叁頃柒拾捌畝柒分貳厘陸毫壹絲,每畝科麥五合,米肆升柒勺,麥米共科銀伍分柒厘伍毫壹絲壹忽,差。

民地叁百捌拾肆頃陸拾陸畝肆分柒厘叁毫壹絲,每畝科麥肆勺,米捌合，麥米共科銀壹分叁厘壹毫。

民山貳千柒百捌拾陸頃陸拾叁畝柒分叁厘貳毫貳絲，每畝科麥貳勺貳抄，米貳合貳勺貳抄，麥米共科銀肆厘壹毫。

民塘壹百叁拾玖頃捌拾陸畝叁分陸厘貳毫捌絲叁忽，每畝科麥貳勺，米貳合貳勺，麥米共科銀貳厘捌毫。

按，前明田賦，《嘉慶志》不載，兹從《康熙志》采録，以見相沿相變之由。

國朝

田　原額貳千捌百叁拾陸頃貳拾伍畝貳分叁釐貳毫陸絲伍忽，内官田壹百柒拾貳頃捌拾叁畝捌分陸釐貳毫貳絲，每畝徵銀壹錢叁分伍厘貳毫，該銀貳千叁百叁拾陸兩柒錢柒分捌厘壹毫陸絲玖忽肆微肆塵。〇每畝徵米伍合肆勺，該米玖拾叁石叁斗叁升貳合捌勺伍抄伍撮捌圭捌粟。〇康熙六年，丈缺田捌拾壹頃壹拾陸畝捌分壹厘陸毫玖絲肆忽伍微，減除銀壹千玖拾柒兩叁錢玖分叁厘陸毫伍絲玖微陸塵肆渺。除米肆拾叁石捌斗叁升捌勺壹抄壹撮伍圭叁粒。〇嘉慶五年，被水冲石壓田伍拾玖畝玖分貳厘，除銀捌兩壹錢壹厘壹毫捌絲肆忽，除米叁斗貳升叁合伍勺陸抄捌撮。實該田玖拾壹頃柒畝壹分貳釐伍毫貳絲伍忽伍微。實徵銀壹千貳百叁拾壹兩貳錢捌分叁厘叁毫叁絲肆忽肆微柒塵陸渺，〇實徵米肆拾玖石壹斗柒升捌合肆勺柒抄陸撮叁圭柒粟柒黍。僧田伍拾伍頃玖拾玖畝柒釐壹毫肆絲肆忽，每畝徵銀壹錢叁分肆厘伍毫，該銀柒百伍拾叁兩柒分伍厘壹毫捌忽陸微捌塵。〇每畝徵米伍合伍勺，該米叁拾石柒斗玖升肆合捌勺玖抄貳撮玖圭玖粟。〇康熙六年，丈缺田壹拾頃肆拾壹畝肆厘肆毫伍絲叁忽叁微叁塵，減除銀壹百肆拾兩貳分肆毫捌絲玖忽柒微貳塵捌渺捌漠伍埃，除米伍石柒斗貳升伍合柒勺肆抄肆撮玖圭叁粟叁粒壹黍伍粞。〇嘉慶五年，被水冲石壓田壹頃壹拾貳畝壹分，除銀壹拾伍兩柒分柒厘肆毫伍絲，除米陸斗壹升陸合伍勺伍抄。實該田肆拾肆頃肆拾伍畝玖分貳釐陸毫玖絲陸微柒塵。實徵銀伍百玖拾柒兩玖錢柒分柒厘壹毫陸絲捌忽玖微伍塵壹渺壹漠伍埃，實徵米貳拾肆石肆斗伍升貳合伍勺玖抄柒撮玖圭捌粟陸粒捌黍伍粞。安田陸百肆拾叁頃壹拾叁畝壹分捌毫壹忽，每畝徵銀玖分肆厘柒毫，該銀陸千玖拾兩肆錢伍分壹厘叁毫貳絲捌忽伍微肆塵柒渺。○每畝徵米肆合陸勺,該米貳百玖拾伍石捌斗肆升貳勺玖抄陸撮捌圭肆粟陸粒。○康熙六年,丈缺田壹拾頃壹拾叁畝陸分玖厘壹毫壹絲壹忽玖微,減除銀玖拾伍兩玖錢玖分陸厘伍毫肆絲捌忽玖微陸塵玖渺叁漠,除米肆石陸斗陸升貳合玖勺柒抄玖撮壹圭肆粟柒粒肆黍。○嘉慶五年,被水冲石壓田壹拾頃壹拾叁畝壹分壹厘,除銀玖拾伍兩玖錢肆分肆厘叁毫伍絲捌忽,除米肆石陸斗陸升肆勺肆抄肆撮。實該田陸百貳拾貳頃捌拾陸畝貳分柒釐陸毫捌絲玖忽壹微。實徵銀伍千捌百玖拾捌兩伍錢壹分肆毫貳絲壹忽伍微柒塵柒渺柒漠,○實徵米貳百捌拾陸石伍斗壹升陸合捌勺柒抄叁撮陸圭玖粟捌粒陸黍。等田壹千玖百陸拾肆頃貳拾玖畝壹分玖釐壹毫,康熙四十八年,爲遵例報明陞科事案内,開墾新陞田叁拾貳畝壹分柒厘。○五十六年,爲遵例報明陞科事案内,開墾新陞田壹頃壹拾捌畝伍分肆厘。○雍正六年,爲確查開報陞科事案内,開墾新陞田壹拾叁畝柒分柒厘伍毫玖絲伍忽捌微叁塵叁渺叁漠叁埃叁纖叁沙。○七年,爲確查開報陞科事案内,開墾新陞田壹拾畝捌分陸厘陸毫柒絲叁微陸塵柒渺陸漠捌埃柒沙。○七年,爲欽奉上諭事案内,首報陞新田貳拾柒畝壹分肆厘捌毫貳絲玖忽柒微肆塵玖渺陸漠壹埃肆纖玖沙。○八年,爲確查開報陞科事案内,開墾新陞田陸畝捌厘柒毫捌絲陸忽捌微柒塵叁渺柒漠陸埃柒纖壹沙。○十年爲確查開報陞科事案内,開墾新陞田叁拾玖畝玖分柒厘壹毫伍絲陸忽壹微伍塵叁渺柒漠叁埃捌纖貳沙。○乾隆元年,爲確查開報陞科事案内,開墾新陞田叁拾陸畝陸分陸厘伍毫玖絲捌忽。○又爲加陞糧銀事案内,地塘改爲田玖拾玖畝貳分玖毫壹絲叁忽。該田壹千玖百陸拾捌頃壹拾叁畝陸分貳釐陸毫肆絲玖忽玖微柒塵捌渺壹漠叁埃肆纖貳沙。每畝徵銀玖分壹厘柒毫,該銀壹萬捌千肆拾柒兩捌錢玖厘伍毫伍絲貳塵玖渺玖漠肆埃玖纖。○每畝徵米肆合貳勺,該米捌百貳拾陸石陸斗壹升柒合貳勺叁抄壹撮貳圭玖粟玖粒捌粞壹糠陸粃。○康熙六年丈缺田改成地山塘捌拾貳頃叁拾捌畝壹分柒厘伍毫玖絲伍微叁塵,減除銀柒百伍拾伍兩肆錢肆分柒毫叁絲伍微壹塵陸渺壹埃,除米叁拾肆石陸斗叁勺叁抄捌撮捌圭貳粒貳黍陸粞。○嘉慶五年被水冲石壓田陸拾捌頃壹拾陸畝肆分肆厘,除銀陸百貳拾伍兩陸分柒厘伍毫肆絲捌忽,除米貳拾捌石陸斗貳升玖合肆抄捌撮。實該田壹千捌百壹拾柒頃伍拾玖畝壹釐伍絲玖忽肆微肆塵捌渺壹漠叁埃肆纖貳沙。實徵銀壹萬陸千陸百陸拾柒兩叁錢壹厘貳毫柒絲壹忽伍微壹塵叁渺玖漠叁埃玖纖。○實徵米柒百陸拾叁石叁斗捌升柒合捌勺肆抄肆圭玖粟陸粒捌黍貳粞壹糠陸秕。

地　原額叁百玖拾貳頃柒拾畝肆分玖釐貳毫,内官地捌頃伍拾肆畝肆分捌釐叁毫捌絲,每畝徵銀壹分玖厘柒毫,該銀壹拾陸兩捌錢叁分叁厘叁毫叁絲捌微陸塵。○每畝徵米捌勺,該米陸斗捌升叁合伍勺捌抄柒撮肆粟。○康熙六年,丈出地伍畝壹厘壹毫貳絲,應徵銀玖分捌厘柒毫貳絲陸微肆塵,增米肆合捌撮玖圭陸粟。實該地伍拾玖畝肆分玖釐伍毫。實徵銀壹拾陸兩玖錢叁分貳厘伍絲壹忽伍微。○實徵米陸斗捌升柒合伍勺玖抄陸撮。民地叁百捌拾肆頃壹拾陸畝捌毫貳絲。雍正七年,爲確查開報陞科事案内,開墾新陞地叁分。○七年,爲欽奉上諭事案内,首報新陞地貳拾伍畝叁分叁厘壹毫壹微捌塵叁渺叁漠叁埃貳纖捌沙。○十年,爲確查開報陞科事案内,開墾新陞地貳拾叁畝貳分壹厘陸忽伍微捌塵叁渺叁漠叁埃叁纖伍沙。○乾隆元年,爲確查開報陞科事案内,開墾新陞地叁頃叁拾壹畝肆分陸毫叁絲壹忽。○又爲加陞糧銀事案内,山改爲地壹拾畝。○又地改爲田,除地玖拾捌畝陸分肆厘壹絲叁忽。該地叁百捌拾柒頃柒畝陸分壹釐伍毫肆絲肆忽柒微陸塵陸渺陸漠陸埃陸纖叁沙。每畝徵銀貳分壹厘叁毫,該銀捌百貳拾肆兩肆錢柒分貳厘貳毫玖忽叁塵伍渺叁漠。○每畝徵米玖勺,該米叁拾肆石捌斗叁升陸合捌勺伍抄叁撮玖圭貳粒玖黍。○康熙六年,丈出地捌頃玖拾壹畝陸分陸厘伍毫陸絲貳忽貳微柒塵,應徵銀壹拾捌兩玖錢玖分貳厘肆毫柒絲柒忽柒微陸塵叁渺伍漠壹埃,增米捌斗貳合肆勺玖抄玖撮陸粟肆黍叁粞。○嘉慶五年,被水冲石壓地壹拾肆頃柒拾貳畝肆分,除銀叁拾壹兩叁錢陸分貳厘壹毫貳絲,除米壹石叁斗貳升伍合壹勺陸抄。實該地叁百捌拾壹頃貳拾陸畝捌分捌釐壹毫柒忽叁塵陸渺陸漠陸埃陸纖叁沙。實徵銀捌百壹拾貳兩壹錢貳厘伍毫陸絲陸忽柒微玖塵捌渺捌漠壹埃。○實徵米叁拾肆石叁斗壹升肆合壹勺玖抄貳撮玖圭陸粟叁粒叁黍叄粞。

山　原額貳千捌百叄拾捌頃肆拾壹畝伍分伍毫捌絲，内官山伍拾壹頃柒拾柒畝柒分柒釐叄毫陸絲，每畝徵銀陸厘，該銀叄拾壹兩陸分陸厘陸毫肆絲壹忽陸微。○每畝徵米貳勺，該米壹石叄升伍合伍勺伍抄肆撮柒圭貳粟。民山貳千柒百捌拾陸頃陸拾叄畝柒分叄釐貳毫貳絲，乾隆元年爲確查開報陞科事案内，開墾新陞山玖拾玖畝。又爲加陞糧銀事案内，山改爲地，除山壹拾畝。該山貳千柒百捌拾柒頃伍拾貳畝柒分叄釐貳毫貳絲。每畝徵銀陸厘，該銀壹千陸百柒拾貳兩伍錢壹分陸厘叄毫玖絲叄忽貳微。○每畝徵米貳勺伍抄，該米陸拾玖石陸斗捌升捌合壹勺捌抄叄撮伍粟。○康熙六年，丈出山叄拾肆畝壹分肆毫貳絲，應增銀貳錢肆厘陸毫貳絲伍忽貳微，增米捌合伍勺貳抄陸撮伍粟。實該山貳千柒百捌拾柒頃捌拾陸畝捌分叄釐陸毫肆絲。實徵銀壹千陸百柒拾貳兩柒錢貳分壹厘壹絲捌忽肆微。○實徵米陸拾玖石陸斗玖升陸合柒勺玖撮壹圭。

塘　原額壹百肆拾捌頃叄拾伍畝貳分玖厘壹毫叄絲，内官塘捌頃肆拾捌畝玖分貳厘捌毫肆絲捌忽，每畝徵銀壹分玖厘叄毫，該銀壹拾陸兩叄錢捌分肆厘叄毫壹絲玖忽陸微陸塵肆渺。○每畝徵米捌勺，該米陸斗柒升玖合壹勺肆抄貳撮柒圭捌粟肆粒。民塘壹百叄拾玖頃捌拾陸畝叄分陸厘貳毫捌絲貳忽，雍正七年爲欽奉上諭事案内，首報新陞塘貳分。○乾隆元年，爲確查開報陞科事案内，新陞塘肆畝伍分叄厘壹毫玖忽。○又爲加陞糧銀事案内，塘改爲田，除塘伍分陸厘玖毫。該塘壹百叄拾玖頃玖拾畝伍分貳厘肆毫玖絲壹忽，每畝徵銀肆厘伍毫，該銀陸拾貳兩玖錢伍分柒厘叄毫陸絲貳忽玖塵伍渺。○每畝徵米貳勺，該米貳石柒斗玖升捌合壹勺肆撮玖圭捌粟貳粒。○康熙六年丈出塘肆畝伍分壹厘叄毫柒絲，應徵銀貳分叄毫壹絲壹忽陸微伍塵，增米玖勺貳撮柒圭肆粟。實該塘壹百叄拾玖頃玖拾伍畝叄厘捌毫陸絲壹忽。實徵銀陸拾貳兩玖錢柒分柒厘陸毫柒絲叄忽柒微肆塵伍渺。○實徵米貳石柒斗玖升玖合柒撮柒圭貳粟貳粒。以上《賦役全書》。

户口

宋大中祥符間主客户壹萬叁千伍百有九,○丁貳萬陸千柒百有陸。

紹興間主客户壹萬陸千叁百有叁,○丁叁萬玖百壹拾有捌。

元至元間户壹萬叁千叁百有貳,○口陸萬肆千伍百叁拾有壹。

明洪武二十四年户壹萬捌千肆百柒拾捌,○口陸萬玖千陸百捌拾捌。永樂元年户壹萬捌千伍百陸拾,○口陸萬叁千陸百叁拾。十年户壹萬玖千玖百伍拾叁,○口陸萬肆千伍百叁。宣德七年户萬玖千玖百伍拾叁,○口陸萬肆千伍百有叁。正統七年户壹萬玖千壹百貳拾貳,○口伍萬玖千捌百玖拾壹。景泰三年户壹萬伍千玖百肆拾,○口伍萬柒千叁百陸拾柒。天順六年户壹萬貳千壹百叁拾伍,○口伍萬柒千貳拾捌。成化八年户壹萬貳千玖百壹拾伍,○口伍萬叁千陸百捌拾叁。十八年户壹萬貳千貳百肆拾玖,○口伍萬壹千壹百壹。弘治五年户壹萬貳千,○口陸萬叁千柒百。十五年户壹萬柒百陸拾玖,○口伍萬陸千陸拾貳。正德七年户壹萬壹千肆百伍拾玖,○口四萬柒千捌百叁拾叁。嘉靖元年户壹萬壹千肆百叁拾貳,○口肆萬柒千捌百貳拾貳。十年户壹萬壹千叁百陸拾捌,○口肆萬柒千陸百叁拾叁。二十年户壹萬壹千貳百捌拾貳,○口肆萬捌千伍百伍拾伍。三十年户壹萬壹千壹百柒拾肆,○口肆萬陸千叁百叁拾。四十年户壹萬壹千壹百陸拾伍,○口肆萬陸千貳百捌拾貳。隆慶五年户壹萬壹千肆百伍拾伍,○口壹萬叁千伍百叁拾壹,○丁共叁萬叁千陸百肆。萬曆九年四鄉共成丁壹千玖百陸拾貳丁,○市成丁肆百陸拾陸丁,○鄉市不成丁共陸千叁百柒拾肆丁。二十一年至三十一年市成丁肆百肆拾陸丁,○鄉成丁壹千玖百陸拾貳丁,○鄉市不成丁共柒千柒拾捌丁。○市成丁每丁科銀叁錢壹分伍厘,○鄉成丁每丁科銀肆錢柒分肆厘叁毫。○鄉市每壹丁折米五斗,差;不成丁每丁科銀貳分玖厘玖毫捌絲捌忽,不差。以上《康熙志》。

國朝順治四年編市成丁叁百肆拾玖丁,每丁科銀叁錢壹分伍厘。○鄉成丁壹千捌百柒拾玖丁,每丁科銀肆錢柒分肆厘叁毫。○鄉市不成丁共捌千壹百肆丁,每丁科銀貳分玖厘玖毫捌絲捌忽,不差。○明制十年一編户,故絶者開除,流徙者收附,然征役之累,逃竄隱匿,正復不少。萬曆初改爲編田而審丁之例,仍有增無減。本朝康熙五十五年,欽奉恩詔,滋生人口,永不加賦,誠盛世之良謨也,爰定照糧起丁則例。以上《嘉慶志》。

原額户口人丁玖千肆百捌拾陸丁口,内市民肆百肆拾陸丁,每丁徵銀叁錢壹分玖厘貳毫,該銀壹百肆拾貳兩叁錢陸分叁厘貳毫。○康熙陸年,爲清查各省案,内清出壹拾壹丁,○應增銀叁兩伍錢壹分壹厘貳毫。實該人丁肆百伍拾柒丁口,嘉慶伍年爲彙報各屬被水情形等事案内,題免市民拾叁丁柒分肆厘叁絲叁忽伍微貳塵,○除銀肆兩叁錢捌分伍厘玖毫壹絲伍忽。實存市民肆百肆拾叁丁貳分伍厘玖毫陸絲陸忽肆微捌塵。實徵銀壹百肆拾壹兩肆錢捌分捌厘肆毫捌絲伍忽。鄉民成丁壹千玖百陸拾貳丁,每丁徵銀肆錢捌分陸毫,該銀玖百肆拾貳兩玖錢叁分柒厘貳毫。○康熙六年,爲清查各省等事案内,清出玖拾壹丁,○應徵銀肆拾叁兩柒錢叁分肆厘陸毫。實該人丁貳千伍拾叁丁口,嘉慶五年,爲彙報各屬被水情形等事案内,題免鄉民陸拾壹丁柒分貳厘叁毫,○除銀貳拾玖兩陸錢陸分肆厘柒絲叁忽捌微。實存鄉民壹千玖百玖拾壹丁貳分柒厘柒毫。實徵銀玖百伍拾柒兩柒厘柒毫貳絲陸忽貳微。鄉民食鹽鈔丁柒千柒拾捌丁,每口徵銀叁分肆毫,該銀貳百壹拾伍兩壹錢柒分壹厘貳毫。○康熙六年爲清查各省等事案内,清出貳百壹拾貳丁,○應徵銀陸兩肆錢肆分肆厘捌毫。實該人丁柒千貳百玖拾丁口,嘉慶五年,爲彙報各屬被水情形等事案内,題免鈔丁貳百壹拾玖丁壹分柒厘捌毫,○除銀陸兩陸錢陸分叁厘壹絲壹忽貳微。實存鈔丁柒千柒拾丁捌分貳厘貳毫。實徵銀貳百壹拾肆兩玖錢伍分貳厘玖毫捌絲捌忽捌微。每銀陸拾兩玖錢貳分玖釐,又米貳石柒斗捌升壹合壹勺,派市民人丁壹丁口。每銀壹拾叁兩伍錢陸分壹釐,又米陸斗壹升玖合壹勺,派鄉民成丁壹丁口。每銀叁兩捌錢壹分玖釐,又米壹斗柒升肆合叁勺派鄉民食鹽鈔丁壹丁口。以上《賦役全書》

《康熙志》云:武邑岡陵多於原野,田名雜於多端,官、僧、安、等之號,賦則輕重不一。民以鬻賣藪奸，書以飛射滋弊，非深明錢穀，綜其始末，徵輸不可得而平也。○又云：有官田，有僧田，而民田分爲安田、等田，官田米重，安、等田米輕，山塘米尤輕，民家賣者，以官田作等田而利其價，買者以等田承受而利其寡輸，以故田地畝數多不及額，而山塘輒至過額，種種弊端，百孔幻變。○又云：邑賦二萬有奇，有夏秋二税，有均平三辦，有均徭，有兵餉，此定額也。乃若承司加派，歲輕歲重，則無定額，大都雜辦，計兩論加，多不過四分。兵餉計畝論加，少不過二厘。孟冬起徵，先具成書於糧道報可，始刊由票、小票於小民。下得照額而輸，上得按額而徵，窮鄉愚蚩曉然明白，雖有深文巧智，無得上下，法至易簡矣。○又云：邑介在永康、宣平之壤，民間田地轉相貿易，承買既非土著之民，异籍又無推收之例，契券可易，版圖難更，於是通之以寄莊，至居邑産十之一然。寄莊海内在在有之，皆立名於册，官得比徵賦，無積逋。武人則异是矣，不自立户，附於原主，有通户皆寄莊而已。無升合者，有附於總户而混以避税者，種種情弊，乃爲逋糧之藪。矧永、宣之民多頑梗，身享租税，恃其籍殊途遠，諉之以姑待難以數，至曼之以零星。始猶婉遜，既則詬厲，官取之則以非隸籍衡命。移檄期會，動必經月，轉展推調，竟至税課難登，而受寄者不能代償，歲歲爲遞年之累，而界壤相錯，鬻賣難禁，最爲民患者也。

徵解

田地山塘人丁等項共徵銀叁萬壹千壹百伍拾貳兩捌錢壹分陸釐壹絲叁忽壹微伍塵壹渺貳漠肆埃玖纖，一除清查各省等事案，内丈缺減徵銀貳千壹拾伍兩捌錢肆分肆厘陸毫捌絲肆忽玖微貳塵肆渺陸漠伍埃。○一除彙報各屬被水情形等事案内，題准水冲石壓銀捌百壹拾陸兩貳錢陸分伍厘陸毫陸絲。實徵銀貳萬捌千叁百貳拾兩柒錢伍釐陸毫陸絲捌忽貳微貳塵陸渺伍漠玖埃玖纖，一加蠟茶新加銀捌兩肆分柒厘陸毫捌絲，除丈缺減徵銀伍錢叁分貳厘壹毫壹絲貳忽陸微壹渺陸漠，除水冲石壓銀貳錢壹分，實徵銀柒兩叁錢伍厘伍毫陸絲柒忽叁微玖塵捌渺肆漠。○一加顔料新加銀叁拾叁兩肆錢肆分玖厘捌毫柒絲伍忽，除丈缺減徵銀貳兩貳錢壹分壹厘柒毫伍忽柒微叁塵伍渺，除水冲石壓銀捌錢柒分貳厘，實徵銀叁拾兩叁錢陸分陸厘壹毫陸絲玖忽貳微陸塵伍渺。○一加蠟茶時價銀壹兩肆錢肆分柒厘肆毫捌絲壹忽伍微肆塵柒渺陸漠陸埃陸沙。○一加顏料時價銀柒兩肆錢叁分肆厘柒絲壹忽肆微捌塵肆渺陸漠捌埃柒纖伍沙。○一加藥材時價銀貳兩壹錢貳分陸厘陸毫玖忽貳微伍塵捌渺伍埃肆沙。○一加匠班銀肆拾貳兩貳錢陸分捌厘伍毫,除水冲石壓銀壹兩壹錢捌分,實徵銀肆拾壹兩捌分捌厘伍毫。○以上六款,每年於地丁項下每兩帶徵。○一加零收積餘米貳石肆斗肆升陸合伍勺肆抄伍撮叁圭捌粟肆粒,今每石改徵銀壹兩,該銀貳兩肆錢肆分陸厘伍毫肆絲伍忽叁微捌塵肆渺。通共實徵銀貳萬捌千肆百壹拾貳兩玖錢貳分陸毫壹絲貳忽伍微陸塵肆渺叁漠玖埃柒纖伍沙。

共徵米壹千叁百伍拾陸石叁斗陸合柒勺叁撮肆圭貳粟叁粒玖黍捌粞壹糠陸粃,除丈缺減徵米捌拾捌石叁合玖勺叁抄柒撮伍圭柒粟伍粒叁黍捌粞,除水冲石壓米叁拾伍石伍斗伍升肆合柒勺柒抄。實該米壹千貳百叁拾貳石柒斗肆升柒合玖勺玖抄伍撮捌圭肆粟捌粒陸黍壹糠陸粃,除收零積餘米貳石肆斗肆升陸合伍勺肆抄伍撮叁圭捌粟肆粒。實徵米壹千貳百叁拾石叁斗壹合肆勺伍抄肆圭陸粟肆粒陸黍壹糠陸粃。

外賦入地丁科徵銀叁拾伍兩貳錢玖釐貳毫陸絲肆忽,内:本縣課鈔外賦銀陸兩陸錢肆分肆厘肆毫陸絲肆忽,本縣帶徵税課局課鈔銀貳拾捌兩伍錢陸分肆厘捌毫。○以上二項係均徭編徵,抵裁扣冗兵餉,隨糧帶徵,即在地丁編徵之内。

外賦不入地丁科、徵芽茶貳斤,每斤價銀壹錢陸分,共銀叁錢貳分,茶户出辦。地丁外賦,共徵銀叁萬壹千貳百伍拾兩叁錢伍分陸釐柒毫柒絲伍忽捌微貳塵伍渺陸漠肆埃柒纖伍沙。

起運銀貳萬捌千柒百玖拾陸兩肆錢捌分伍釐叁毫柒絲貳微貳塵柒渺肆埃貳纖捌沙。除丈缺減銀壹千玖百壹拾捌兩叁錢柒分壹毫肆絲貳忽玖微陸塵壹漠玖埃捌纖玖沙,除水冲石壓銀柒百陸拾陸兩貳錢肆分伍毫捌絲,實徵銀貳萬陸千壹百壹拾壹兩捌錢柒分肆厘陸毫肆絲柒忽貳微陸塵陸渺捌漠肆埃叁纖玖沙。○路費銀壹百肆兩壹分壹厘玖毫伍絲捌忽柒微捌塵壹渺柒漠柒埃捌纖肆沙。除丈缺減徵銀陸兩捌錢柒分柒厘貳毫柒絲柒微壹塵肆渺陸漠伍埃壹纖壹沙,除水冲石壓銀貳厘捌絲,實徵銀玖拾柒兩壹錢壹分貳厘陸毫捌忽陸塵柒渺壹漠貳埃柒纖叁沙。内户部本色銀壹百貳拾肆兩陸錢柒分捌釐伍毫捌絲玖忽伍微陸塵捌渺壹漠叁埃捌纖壹沙,除丈缺減徵銀柒兩陸錢伍分陸厘伍毫伍塵伍渺柒漠肆埃陸纖叁沙,除水冲石壓銀壹兩柒分玖厘玖毫貳絲,實徵銀壹百壹拾伍兩玖錢肆分貳厘壹毫陸絲玖忽伍微壹塵貳渺叁漠玖埃壹纖捌沙。〇鋪墊損解路費銀玖兩陸分伍毫貳絲伍忽貳微柒塵陸渺貳漠玖埃伍纖肆沙,除丈缺減徵銀伍錢玖分玖厘捌絲壹忽玖微叁塵壹渺貳漠陸埃捌纖捌沙,除水冲石壓銀貳厘捌絲,實徵銀捌兩肆錢伍分玖厘叁毫陸絲叁忽叁微肆塵伍渺貳埃陸纖陸沙。内顔料本色銀壹拾壹兩壹錢壹分伍毫玖絲柒忽陸微伍塵陸渺貳漠伍埃,除丈缺減徵銀柒錢叁分肆厘陸毫叁絲貳忽柒微壹塵柒渺叁埃壹纖貳沙,實徵銀壹拾兩叁錢柒分伍厘玖毫陸絲肆忽玖微叁塵玖渺貳漠壹埃捌纖捌沙。〇鋪墊損解路費銀肆兩貳錢伍厘柒毫陸微貳塵伍渺,除丈缺減徵銀貳錢柒分捌厘捌絲玖微貳塵伍渺叁漠貳埃肆纖玖沙,實徵銀叁兩玖錢貳分柒厘陸毫壹絲玖忽陸微玖塵玖渺陸漠柒埃伍纖壹沙。徵銀解司,另款解部充餉。顔料本色加增時價銀柒兩肆錢叁分肆釐柒絲壹忽肆微捌塵肆渺陸漠捌埃柒纖伍沙,每年纂入,由單頒發徵輸,另款解司,彙充餉用。顔料改折銀壹拾貳兩伍錢陸分叁釐肆毫陸忽貳微伍塵,除丈缺減徵銀捌錢叁分陸毫玖絲貳忽肆微貳塵壹渺貳漠伍埃,實徵銀壹拾壹兩柒錢叁分貳厘柒毫壹絲叁忽捌微貳塵捌渺柒漠伍埃。〇鋪墊損解路費銀肆兩叁錢伍分壹厘壹毫伍絲捌忽柒微伍塵,除丈缺減徵銀貳錢捌分柒厘陸毫玖絲捌忽陸微壹塵陸渺伍漠伍埃,實徵銀肆兩陸分叁厘肆毫陸絲壹微叁塵叁渺肆漠伍埃。徵銀解司,另款解部充餉。顔料改折加增時價銀叁拾叁兩肆錢肆分玖釐捌毫柒絲伍忽。除丈缺減徵銀貳兩貳錢壹分壹厘柒毫伍忽柒微叁塵伍渺,除水冲石壓銀捌錢柒分貳厘,實徵銀叁拾兩叁錢陸分陸厘壹毫陸絲玖忽貳微陸塵伍渺,不入科則每年於地丁項下每兩科加徵銀,解司充餉,另款解部充餉。蠟茶本色銀壹拾兩捌錢貳釐壹絲壹忽貳微伍塵,除丈缺減徵銀柒錢壹分肆厘貳毫貳絲捌忽玖微捌塵叁渺捌漠伍埃，實徵銀壹拾兩捌分柒厘柒毫捌絲貳忽貳微陸塵陸渺壹漠伍埃，徵銀解司，另款解部充餉。蠟茶本色加增時價銀壹兩肆錢肆分柒釐肆毫捌絲壹忽伍微肆塵柒渺陸漠陸埃陸沙，每年纂入，由單頒發徵輸，另款解司，彙充餉用。黄蠟折色銀叁拾肆兩柒錢捌釐柒忽陸微貳塵玖渺伍漠肆埃，除丈缺減徵銀貳兩貳錢玖分肆厘捌毫玖絲叁忽肆微陸塵肆渺肆漠陸埃伍纖壹沙，實徵銀叁拾貳兩肆錢壹分叁厘壹毫壹絲肆忽壹微陸塵伍渺柒埃肆纖玖沙，○路費銀叁錢柒分貳厘叁絲肆忽伍微壹塵叁渺柒漠玖埃伍纖肆沙。除丈缺減徵銀貳分肆厘伍毫玖絲捌忽玖微貳塵貳渺伍埃貳纖肆沙，實徵銀叁錢肆分柒厘肆毫叁絲伍忽伍微玖塵壹渺柒漠肆埃叁纖。徵銀解司，另款解部充餉。黄蠟加增時價銀柒錢壹分叁釐，除丈缺減徵銀肆分柒厘壹毫肆絲叁忽伍微陸塵。除水冲石壓銀壹分玖厘，實徵銀陸錢肆分陸厘捌毫伍絲陸忽肆微肆塵。○路費銀柒厘壹毫叁絲。除丈缺減徵銀肆毫柒絲壹忽肆微叁塵伍渺陸漠，除水冲石壓銀壹毫玖絲，實徵銀陸厘肆毫陸絲捌忽伍微陸塵肆渺肆漠。不入科則每年於地丁項下每兩科加徵銀解司，另款解部充餉。

芽茶折色銀叁兩叁錢柒分玖釐陸毫叁絲捌忽柒微伍塵，除丈缺減徵銀貳錢貳分叁厘肆毫陸絲壹忽柒微壹塵肆渺壹漠伍埃，實徵銀叁兩壹錢伍分陸厘壹毫柒絲柒忽叁塵伍渺捌漠伍埃。○路費銀叁分叁厘柒毫玖絲陸忽叁微捌塵柒渺伍漠。除丈缺減徵銀貳厘貳毫叁絲肆忽陸微壹塵柒渺壹漠肆埃壹纖伍沙，實徵銀叁分壹厘伍毫陸絲壹忽柒微柒塵叁漠伍埃捌纖伍沙。徵銀解司，另款解部充餉。芽茶加增時價銀肆兩伍錢貳分捌厘，除丈缺減徵銀貳錢玖分玖厘叁毫玖絲壹忽叁微陸塵，除水冲石壓銀壹錢壹分柒厘玖毫貳絲，實徵銀肆兩壹錢壹分陸毫捌絲捌忽陸微肆塵。○路費銀肆分伍厘貳毫捌絲。除丈缺減銀貳厘玖毫玖絲叁忽玖微壹塵叁渺陸漠，除水冲石壓銀壹厘壹毫捌絲，實徵銀肆分壹厘壹毫陸忽捌塵陸渺肆漠。不入科則每年於地丁項下每兩加科徵銀解司，另款解部充餉。葉茶折色銀壹兩捌錢壹分伍釐伍毫，除丈缺減徵銀壹錢貳分肆絲捌微陸塵，實徵銀壹兩陸錢玖分伍厘肆毫伍絲玖忽壹微肆塵。○路費銀壹分捌厘壹毫伍絲伍忽。除丈缺減徵銀壹厘貳毫肆微捌渺陸漠，實徵銀壹分陸厘玖毫伍絲肆忽伍微玖塵壹渺肆漠。徵銀解司，另款解部充餉。葉茶加增時價銀貳兩柒錢貳分柒釐。除丈缺減徵銀壹錢捌分叁毫玖忽貳微肆塵，除水冲石壓銀柒分壹厘，實徵銀貳兩肆錢柒分伍厘陸毫玖絲柒微陸塵。〇路費銀貳分柒厘貳毫柒絲。除丈缺減徵銀壹厘捌毫叁忽玖塵貳渺肆漠。除水冲石壓銀柒毫壹絲，實徵銀貳分肆厘柒毫伍絲陸忽玖微柒渺陸漠。不入科則每年於地丁項下每兩科加徵解司，另款解部充餉。以上共地丁銀捌拾叁兩叁錢陸分陸忽捌微壹塵貳渺捌埃伍纖肆沙，除丈缺減徵銀伍兩伍錢壹分壹厘柒毫陸絲叁忽陸微伍塵肆漠壹埃伍纖壹沙，實徵銀柒拾柒兩捌錢肆分捌厘貳毫肆絲叁忽壹微陸塵壹渺陸漠柒埃叁沙。新加銀肆拾壹兩肆錢玖分柒釐伍毫伍絲伍忽，除丈缺減徵銀貳兩柒錢肆分叁厘捌毫壹絲捌忽叁微叁塵陸渺陸漠，除水冲石壓銀壹兩捌分貳厘，實徵銀叁拾柒兩陸錢柒分壹厘柒毫叁絲陸忽陸微陸塵叁渺肆漠。時價銀捌兩捌錢捌分壹釐伍毫伍絲叁忽叁塵貳渺叁漠肆埃捌纖壹沙。

户部折色銀柒千貳百玖拾伍兩肆錢玖分叁釐肆毫陸絲陸忽肆塵肆渺貳漠肆埃玖纖，除丈缺減銀肆百柒拾玖兩伍錢玖分玖厘捌毫捌絲叁忽捌微貳塵叁渺陸漠柒埃陸纖，實徵銀陸千捌百壹拾伍兩捌錢玖分叁厘伍毫捌絲貳忽貳微貳塵伍漠柒埃叁纖。〇路費銀柒拾捌兩玖錢貳分捌厘柒毫玖絲捌忽壹微玖塵伍渺肆漠捌埃叁纖。除丈缺減徵銀伍兩貳錢壹分捌厘柒毫柒絲貳忽壹微叁塵陸渺陸漠捌埃伍纖貳沙，實徵銀柒拾叁兩柒錢壹分貳絲陸忽伍塵捌渺柒漠玖埃柒纖捌沙。内折色銀柒千貳百伍拾叁兩肆錢柒分陸釐柒毫陸絲陸忽玖微叁塵肆渺。除丈缺減徵銀肆百柒拾玖兩伍錢玖分玖厘捌毫捌絲叁忽捌微貳塵叁渺陸漠陸纖，實徵銀陸千柒百柒拾叁兩捌錢柒分陸厘捌毫捌絲叁忽壹微壹塵叁漠貳埃肆纖。〇滴珠路費銀柒拾捌兩玖錢貳分捌厘柒毫玖絲捌忽壹微玖塵伍渺肆漠捌埃叁纖，除丈缺減徵銀伍兩貳錢壹分捌厘柒毫柒絲貳忽壹微叁塵陸渺陸漠捌埃伍纖貳沙，實徵銀柒拾叁兩柒錢壹分貳絲陸忽伍塵捌渺柒漠玖埃柒纖捌沙。

康熙肆拾捌年、新陞銀貳兩玖錢肆分玖厘玖毫捌絲玖忽。伍拾陸年、新陞銀壹拾兩捌錢柒分壹毫壹絲捌忽。雍正六年、新陞銀壹兩貳錢陸分叁厘貳毫伍絲伍忽叁微柒塵玖渺壹漠陸埃陸纖陸沙。七年、新陞銀肆兩叁分貳厘捌毫壹絲伍忽玖微肆塵陸渺陸漠壹埃壹沙。八年、新陞銀伍錢伍分捌厘貳毫伍絲柒忽伍微陸塵叁渺貳漠肆埃肆纖肆沙。十年、新陞銀肆兩壹錢伍分玖厘柒毫陸絲陸忽伍微玖塵伍渺貳漠貳埃柒纖玖沙。乾隆元年，新陞銀壹拾壹兩叁分伍厘陸毫壹絲肆忽陸微柒塵肆渺。地山塘改墾田，新陞銀柒兩壹錢肆分陸厘捌毫捌絲壹忽玖微伍塵貳渺。以上共地丁銀柒千叁百柒拾肆兩肆錢貳分貳釐貳毫陸絲肆忽貳微叁塵玖渺柒漠叁埃貳纖。除丈缺徵銀肆百捌拾肆兩捌錢壹分捌厘陸毫伍絲伍忽玖微陸塵叁漠陸埃壹纖貳沙，實徵銀陸千捌百捌拾玖兩陸錢叁厘陸毫捌忽貳微柒塵玖渺叁漠柒埃捌沙。

禮部本色銀肆兩貳錢伍分玖毫貳絲貳忽捌微柒塵捌渺伍埃肆沙，除丈缺減徵銀壹錢壹分玖厘叁毫壹忽貳微壹塵陸渺伍漠伍埃肆纖叁沙，實徵銀肆兩壹錢叁分壹厘陸毫貳絲壹忽陸微陸塵壹渺肆漠玖埃陸纖壹沙。○袋袱簍損路費銀叁兩肆錢貳厘壹毫伍絲陸忽捌微壹塵。除丈缺減徵銀貳錢貳分肆厘玖毫伍絲陸微捌渺貳漠柒埃柒纖壹沙，實徵銀叁兩壹錢柒分柒厘貳毫陸忽貳微壹渺柒漠貳埃貳纖玖沙。内薦新芽茶折徵銀叁錢貳分，黄絹袋袱旗號簍損路費銀貳兩伍錢，除丈缺減徵銀壹錢陸分伍厘叁毫，實徵銀貳兩叁錢叁分肆厘柒毫。藥材本色銀伍錢玖分肆絲伍忽柒微捌塵壹渺貳漠伍埃，除丈缺減徵銀叁分玖厘壹絲叁忽捌微貳塵柒渺伍埃陸纖貳沙，實徵銀伍錢伍分壹厘叁絲壹忽玖微伍塵肆渺壹漠玖埃叁纖捌沙。○津貼路費銀貳錢玖分伍厘貳絲貳忽捌微玖塵陸漠貳埃伍纖，除丈缺減徵銀壹分玖厘伍毫陸忽玖微壹塵叁渺伍漠貳埃捌纖壹沙，實徵銀貳錢柒分伍厘伍毫壹絲伍忽玖微柒塵柒渺玖埃陸纖玖沙。徵銀解司，另款解部充餉。藥材改折銀壹兩貳錢壹分肆釐貳毫陸絲柒忽捌微叁塵捌渺柒漠伍埃，除丈缺減徵銀捌分貳毫捌絲柒忽叁微捌塵玖渺肆漠玖埃捌纖壹沙，實徵銀壹兩壹錢叁分叁厘玖毫捌絲肆微肆塵玖渺貳漠伍埃壹纖玖沙。○津貼路費銀陸錢柒厘壹毫叁絲叁忽玖微壹塵玖渺叁漠柒埃伍纖。除丈缺減徵銀肆分壹毫肆絲叁忽陸微玖塵肆渺柒漠肆埃玖纖，實徵銀伍錢陸分陸厘玖毫玖絲貳微貳塵肆渺陸漠貳埃陸纖。徵銀解司，另款解部充餉。藥材加增時價銀貳兩壹錢貳分陸釐陸毫玖忽貳微伍塵捌渺伍埃肆沙，每年纂入，由單頒發徵輸，另款解司，彙充餉用。以上共地丁銀伍兩貳錢陸釐肆毫柒絲肆微叁塵。除丈缺減徵銀叁錢肆分肆厘貳毫伍絲壹忽捌微貳塵肆渺捌漠叁埃壹纖肆沙，實徵銀肆兩捌錢陸分貳厘貳毫壹絲捌忽陸微伍渺壹漠陸埃捌纖陸沙。藥材時價銀貳兩壹錢貳分陸釐陸毫玖忽貳微伍塵捌渺伍埃肆沙，不入田畝，外賦芽茶折徵銀叁錢貳分，禮部折色銀玖兩捌錢伍分柒毫柒忽叁微捌塵，除丈缺減徵銀陸錢伍分壹厘叁毫貳絲捌忽柒微柒塵壹渺玖漠陸埃伍纖陸沙，實徵銀玖兩壹錢玖分玖厘叁毫柒絲捌忽陸微捌渺叁埃肆纖肆沙。○津貼路費銀叁兩陸錢肆分貳厘柒毫伍絲捌忽伍微。除丈缺減徵銀貳錢肆分捌毫伍絲玖忽壹微貳塵貳渺貳埃，實徵銀叁兩肆錢壹厘捌毫玖絲玖忽叁微柒渺玖漠捌埃。以上共地丁銀壹拾叁兩肆錢玖分叁釐肆毫陸絲伍忽捌微捌塵。除丈缺減徵銀捌錢玖分貳厘壹毫捌絲柒忽玖微陸塵叁渺玖漠捌埃伍纖陸沙，實徵銀壹拾貳兩陸錢壹厘貳毫柒絲柒忽玖微壹塵陸渺壹埃肆纖肆沙。

工部折色銀貳千貳百陸拾陸兩壹錢玖分捌釐叁毫玖忽，除丈缺減徵銀壹百肆拾柒兩肆分陸厘貳毫叁絲捌忽玖微柒塵壹沙捌埃，除水冲石壓銀壹兩壹錢捌分，實徵銀貳千壹百壹拾柒兩玖錢柒分貳厘柒絲貳塵捌渺玖漠貳埃。○路費銀伍兩壹錢貳分陸厘貳毫貳絲。除丈缺減徵銀叁錢叁分捌厘玖毫肆絲伍忽陸微陸塵陸渺肆漠，實徵銀肆兩柒錢捌分柒厘貳毫柒絲肆忽叁微叁塵叁渺陸漠。内折色銀貳千貳百貳拾叁兩玖錢貳分玖釐捌毫玖忽，除丈缺減徵銀壹百肆拾柒兩肆分陸厘貳毫叁絲捌忽玖微柒塵壹渺捌埃，實徵銀貳千柒拾陸兩捌錢捌分叁厘伍毫柒絲貳塵捌渺玖漠貳埃。○路費銀伍兩壹錢貳分陸厘貳毫貳絲。除丈缺減徵銀叁錢叁分捌厘玖毫肆絲伍忽陸微陸塵陸渺肆漠，實徵銀肆兩柒錢捌分柒厘貳毫柒絲肆忽叁微叁塵叁渺陸漠。匠班銀肆拾貳兩貳錢陸分捌釐伍毫，除水冲石壓銀壹兩壹錢捌分，實徵銀肆拾壹兩捌分捌厘伍毫。以上共地丁銀貳千貳百貳拾玖兩伍分陸釐貳絲玖忽，除丈缺減徵銀壹百肆拾柒兩叁錢捌分伍厘壹毫捌絲肆忽陸微叁塵柒渺肆漠捌埃，實徵銀貳千捌拾壹兩陸錢柒分捌毫肆絲肆忽叁微陸塵貳渺伍漠貳埃。田畝帶徵匠班銀肆拾貳兩貳錢陸分捌釐伍毫。除水冲石壓銀壹兩壹錢捌分，實徵銀肆拾壹兩捌分捌厘伍毫。

裁改存留解部銀壹萬貳千伍百伍拾陸兩捌錢壹分伍釐壹毫玖絲伍忽伍塵陸渺陸漠伍纖叁沙，除丈缺減徵銀捌百肆拾貳兩叁分叁厘貳毫捌絲捌忽捌微叁塵玖渺柒漠肆埃柒沙，實徵銀壹萬壹千柒百壹拾肆兩柒錢捌分壹厘玖毫陸忽貳微壹塵陸渺捌漠陸埃肆纖陸沙。〇路費銀叁兩捌錢伍分壹厘伍毫。除丈缺減徵銀貳錢伍分肆厘陸毫陸絲壹忽壹微捌塵，實徵銀叁兩伍錢玖分陸厘捌毫叁絲捌忽捌微貳塵。内南折銀捌千捌百壹拾叁兩陸分貳釐伍毫，除丈缺減徵銀伍百捌拾貳兩柒錢壹分玖厘陸毫玖絲貳忽伍微，實徵銀捌千貳百叁拾兩叁錢肆分貳厘捌毫柒忽伍微。順治八年奉文，每石折銀壹兩伍錢。軍儲各倉餘存充餉銀壹千陸拾肆兩叁錢貳分貳釐肆毫陸絲。除丈缺減徵銀柒拾兩叁錢柒分叁厘壹忽伍塵伍渺貳漠，實徵銀玖百玖拾叁兩玖錢肆分玖厘肆毫伍絲捌忽玖微肆塵肆渺捌漠。順治九年，舊編裁剩解部并米折銀陸百陸兩陸錢陸分肆釐伍毫壹絲貳忽捌微貳塵伍渺肆漠叁埃壹纖陸沙，本縣捕盜應捕銀肆拾叁兩貳錢，〇本縣巡鹽應捕抵課并滴珠銀貳拾兩貳錢，〇上司按臨并本縣朔望行香講書紙劄筆墨香燭銀肆兩。〇外省馬價銀叁百捌拾伍兩壹錢伍分，〇本縣預備倉經費銀壹拾捌兩玖錢伍分，〇預備本府雜用銀貳拾肆兩，〇預備本縣雜用銀伍拾肆兩伍錢，〇各役工食裁剩充餉銀貳兩肆分壹厘伍毫柒塵壹渺伍漠，〇收零積餘銀伍拾貳兩壹錢柒分陸厘肆毫陸絲柒忽叁微陸塵玖渺玖漠叁埃壹纖陸沙，〇收零積餘米易銀貳兩肆錢肆分陸厘伍毫肆絲伍忽叁微捌塵肆渺，共該前數除丈缺減徵銀叁拾玖兩玖錢伍分捌毫玖絲貳忽柒渺貳漠貳埃柒纖肆沙，實徵銀伍百陸拾兩柒錢壹分叁厘陸毫貳絲捌微壹塵捌沙貳漠肆纖貳沙。〇馬價路費銀叁兩捌錢伍分壹厘伍毫。除丈缺減徵銀貳錢伍分肆厘陸毫陸絲壹忽壹微捌塵，實徵銀叁兩伍錢玖分陸厘捌毫叁絲捌忽捌微貳塵。九年裁扣銀貳百陸拾玖兩陸錢，本府推官吏書步快銀肆拾捌兩，〇本縣知縣修宅家伙銀貳拾兩,○吏書門皂馬快民壯燈夫禁卒轎傘扇夫庫子斗級倉庫書銀壹百玖拾叁兩貳錢,○典吏書門皂馬銀捌兩肆錢,共該前數除丈缺減徵銀壹拾柒兩捌錢貳分伍厘玖毫伍絲貳忽,實徵銀貳百伍拾壹兩柒錢柒分肆厘肆絲捌忽。十二年裁知縣迎送上司傘扇銀捌兩,除丈缺減徵銀伍錢貳分捌厘玖毫陸絲,實徵銀柒兩肆錢柒分壹厘肆絲。十三年漕運月糧三分撥還軍儲銀捌拾貳兩陸分貳釐,除丈缺減徵銀伍兩肆錢貳分伍厘玖毫叁絲玖忽肆微肆塵,實徵銀柒拾陸兩陸錢叁分陸厘陸絲伍微陸塵。十四年裁扣銀貳百壹拾兩肆錢肆分玖釐,本府進表委官盤纏銀叁錢玖分壹厘,○分守金、衢、嚴道門子轎傘扇夫銀壹拾叁兩貳錢,○本縣知縣油燭傘扇薪銀叁拾兩肆錢玖分。○生員廪糧銀壹百貳拾捌兩,○經臨公幹官員下程油燭柴炭銀壹拾伍兩陸錢,○門神桃符銀壹兩,○鄉飲酒禮銀柒兩伍錢,○學道考試搭蓋篷廠銀壹兩,○歲考生員試卷果餅激賞花紅紙劄筆墨并童生果餅進學花紅等銀柒兩伍錢壹分捌厘,○季考生員試卷果餅激賞花紅紙劄筆墨等項銀伍兩,○備用内扣按察司進表水手銀柒錢伍分,共該前數除丈缺減徵銀壹拾叁兩玖錢壹分肆厘捌毫捌絲柒忽捌微捌塵,實徵銀壹百玖拾陸兩伍錢叁分肆厘壹毫壹絲貳忽壹微貳塵。十四年裁膳夫銀肆拾兩,除丈缺減徵銀貳兩陸錢肆分肆厘捌毫,實徵銀叁拾柒兩叁錢伍分伍厘貳毫。十五年裁優免銀貳百柒拾兩肆錢肆分陸釐叁毫捌絲捌忽,除丈缺減徵銀壹拾柒兩捌錢捌分壹厘玖毫壹絲伍忽壹微柒塵肆渺伍漠陸埃,實徵銀貳百伍拾貳兩伍錢陸分肆厘肆毫柒絲貳忽捌微貳塵伍渺肆漠肆埃。十六年裁官經費銀伍拾柒兩玖錢貳分。本縣訓導俸銀叁拾壹兩伍錢貳分,○喂馬草料銀壹拾貳兩,○門子銀壹拾肆兩肆錢,共該前數除丈缺減徵銀叁兩捌錢貳分玖厘陸毫柒絲肆微,實徵銀伍拾肆兩玖分叁毫貳絲玖忽陸微。康熙元年,新裁吏書工食銀壹百貳拾陸兩,本府推官吏書銀肆拾捌兩,○本縣知縣吏書銀柒拾貳兩,○典史書辦銀陸兩,共該前數除丈缺減徵銀捌兩叁錢叁分壹厘壹毫貳絲,實徵銀壹百壹拾柒兩陸錢陸分捌厘捌毫捌絲。元年裁提學道歲考心紅銀捌兩伍錢壹分捌釐,原編歲考生員試卷果餅激賞花紅紙劄筆墨并童生果餅進學花紅,府銀貳錢叁分陸厘。○縣學銀壹拾肆兩捌錢,○提學道考試搭蓋篷廠工料銀貳兩，除順治十四年裁半外，今裁前數除丈缺減徵銀伍錢陸分叁厘貳毫壹絲壹微陸塵，實徵銀柒兩玖錢伍分肆厘柒毫捌絲玖忽捌微肆塵。二年裁倉庫學書工食銀壹拾玖兩貳錢，本縣倉書銀陸兩，〇庫書銀陸兩，〇學書銀柒兩貳錢，共該前數除丈缺減徵銀壹兩貳錢陸分玖厘伍毫肆忽，實徵銀壹拾柒兩玖錢叁分肆毫玖絲陸忽。三年裁教職門子工食錢柒兩貳錢，除丈缺減徵銀肆錢柒分陸厘陸絲肆忽，實徵銀陸兩柒錢貳分叁厘玖毫叁絲陸忽。三年裁齋夫銀叁拾陸兩，除丈缺減徵銀貳兩叁錢捌分叁毫貳絲，實徵銀叁拾叁兩陸錢壹分玖厘陸毫捌絲。六年裁推官經費步快銀肆拾捌兩，除丈缺減徵銀叁兩壹錢柒分叁厘柒毫陸絲，實徵銀肆拾肆兩捌錢貳分陸厘貳毫肆絲。八年裁驛站經臨公幹官員合用門皂心紅銀壹兩叁錢，除丈缺減徵銀捌分伍厘玖毫伍絲陸忽，實徵銀壹兩貳錢壹分肆厘肆絲肆忽。十四年裁扣銀壹百叁拾陸兩壹錢貳釐陸毫，司備用銀捌拾陸兩陸錢貳厘陸毫，〇知縣心紅銀、紙張銀貳拾兩，〇修理倉監銀貳拾兩，〇儒學喂馬草料裁半銀陸兩，〇季考生員合用試卷果餅激賞花紅紙劄筆墨裁半銀貳兩伍錢，〇修理府縣公宴器皿及公署家伙什物等銀壹兩，共該前數除丈缺減徵銀捌兩玖錢玖分玖厘壹毫叁忽玖微壹塵貳渺，實徵銀壹百貳拾柒兩壹錢叁厘肆毫玖絲陸忽捌塵捌沙。十四年裁扣銀伍拾壹兩柒錢陸厘貳毫，縣備用銀叁拾柒兩壹錢壹分伍厘肆毫，〇修城民七料銀壹拾貳兩玖分捌厘，〇季考生員合用試卷果餌激賞花紅紙劄筆墨裁半銀貳兩伍錢，共該前數除丈缺減徵銀叁兩肆錢壹分伍厘貳毫貳絲柒忽陸微陸塵叁渺玖漠叁埃玖纖陸沙，實徵銀肆拾捌兩貳錢玖分玖毫柒絲貳忽叁微叁塵陸渺陸埃肆沙。十五年裁扣銀伍拾玖兩叁錢壹分伍厘貳毫柒絲肆忽，府縣新官到任祭門猪羊酒果香燭銀壹兩陸錢陸分陸厘陸毫陸絲，〇府縣應朝官員起程復任公宴祭門三牲酒果香燭府銀叁錢壹分縣銀壹兩，〇各院觀風考試生員合用試卷花紅紙劄府銀伍兩，〇紳衿優免丁銀伍拾壹兩叁錢貳分捌厘陸毫壹絲肆忽，共該前數除丈缺減徵銀伍錢貳分捌厘柒絲柒忽玖微伍塵玖渺貳漠，實閑銀伍拾捌兩柒錢捌分柒厘壹毫玖絲陸忽肆塵捌漠。十六年裁扣銀壹拾壹兩伍錢，迎春裁半銀貳兩，〇儒學喂馬草料裁半銀陸兩，〇府縣陞遷給由官員公宴,祭江猪羊,府銀柒錢,縣銀貳兩捌錢,共該前數除丈缺減徵銀柒錢陸分叁厘捌絲,實徵銀壹拾兩柒錢叁分玖厘陸毫貳絲。二十七年裁歲貢路費銀叁拾柒兩伍錢,府銀柒兩伍錢,〇縣銀叁拾兩,共該前數除丈缺減徵銀貳兩肆錢柒分玖厘伍毫,實徵銀叁拾伍兩貳分伍毫。二十七年裁扣銀玖拾伍兩陸錢伍分捌厘伍毫捌絲肆忽,科舉禮幣進士舉人牌坊銀伍拾捌兩肆錢玖分玖厘捌忽,〇會試舉人水手銀壹拾貳兩,〇武舉筵宴銀肆錢玖分陸厘,〇貢院雇税家伙并募役銀壹兩伍錢,〇迎宴新舉人捷報、旗匾、銀花、綵緞、酒禮,府銀壹兩叁錢,縣銀貳兩玖錢貳分陸厘壹毫叁絲肆忽;〇起送會試舉人酒席、路費、卷資,府銀壹兩伍分壹厘,縣銀壹兩叁錢陸分玖厘;〇賀新進士旗匾、花紅、酒禮,府銀貳兩捌分叁厘叁毫,縣銀叁兩叁錢叁分叁厘叁毫伍絲;〇起送科舉生員酒禮、花紅、卷資、路費銀壹拾壹兩壹錢;共該前數除丈缺減徵銀陸兩叁錢貳分肆厘玖毫肆絲伍忽伍微柒塵肆渺捌埃,實徵銀捌拾玖兩叁錢叁分叁厘陸毫叁絲捌忽肆微貳塵伍渺玖漠貳埃。三十一年裁驛站本府各驛充餉銀壹百柒拾肆兩伍錢壹分壹厘伍毫柒絲叁忽貳微叁塵壹渺壹漠柒埃叁纖柒沙,除丈缺減徵銀貳拾陸兩捌錢柒分肆厘伍毫柒絲叁忽壹微捌塵叁渺壹漠柒埃叁纖叁沙,實徵銀壹百肆拾柒兩陸錢叁分柒厘肆塵捌渺。三十九年裁金、衢、嚴道經費銀陸拾陸兩,門子銀貳拾肆兩,〇轎傘扇夫銀肆拾貳兩,共該前數除丈缺減徵銀肆兩叁錢陸分叁厘玖毫貳絲,實徵銀陸拾壹兩陸錢叁分陸厘捌微。五十六年裁本府拜進表箋綾函紙劄寫表生員工食香燭銀壹兩伍錢捌分叁厘玖毫伍絲。除丈缺減徵銀壹錢肆厘柒毫叁絲柒微柒塵肆渺,實徵銀壹兩肆錢柒分玖厘貳毫壹絲玖忽貳微貳塵陸渺。雍正三年裁憲書紙料銀貳兩壹錢玖分貳厘壹毫伍絲叁忽,除丈缺減徵銀壹錢肆分肆厘玖毫肆絲伍忽壹微伍塵陸渺叁漠陸埃,實徵銀貳兩肆分柒厘貳毫柒忽捌微肆塵叁渺陸漠肆埃。六年裁本縣燈夫工食銀貳拾肆兩。除丈缺減徵銀壹兩伍錢捌分陸厘捌毫捌絲,實徵銀貳拾貳兩肆錢壹分叁厘壹毫貳絲。十二年裁扣民壯工食銀壹百伍拾陸兩。除丈缺減徵銀壹拾兩叁錢壹分肆厘柒毫貳絲,實徵銀壹百肆拾伍兩陸錢捌分伍厘貳毫捌絲。乾隆八年裁扣民壯工食銀肆拾貳兩,除丈缺減徵銀貳兩柒錢柒分柒厘肆絲,實徵銀叁拾玖兩貳錢貳分貳厘玖毫陸絲。十二年裁扣民壯工食銀叁拾兩。除丈缺減徵銀壹兩玖錢捌分叁厘陸毫,實徵銀貳拾捌兩壹分陸厘肆毫。以上共地丁銀壹萬貳千伍百伍拾捌兩貳錢貳分壹毫肆絲玖忽陸微柒塵貳渺陸漠伍纖叁沙,除丈缺減徵銀捌百肆拾貳兩貳錢捌分柒厘玖毫伍絲壹塵玖渺柒漠肆埃柒沙,實徵銀壹萬壹千柒百壹拾伍兩玖錢叁分貳厘壹毫玖絲玖忽陸微伍塵貳渺捌漠陸埃肆纖陸沙。收零積餘米易銀貳兩肆錢肆分陸厘伍毫肆絲伍忽叁微捌塵肆渺。

留充兵餉改起運銀陸千伍百叁拾玖兩壹錢玖分捌厘壹毫捌絲叁微,除丈缺減徵銀肆百肆拾壹兩貳錢陸分叁厘陸毫壹忽貳微捌塵壹渺肆漠叁埃陸纖,除水冲石壓銀柒百陸拾叁兩玖錢捌分陸毫陸絲,實徵銀伍千叁百叁拾叁兩玖錢伍分叁厘玖毫壹絲玖忽壹塵捌渺伍漠陸埃肆纖。内田地山銀貳千叁百柒兩捌錢柒分柒厘壹毫叁絲壹忽叁微,原編銀貳千肆百肆拾貳兩叁錢伍分柒厘壹毫叁絲壹忽叁微,除編入存留項下致祭文昌帝君銀貳拾兩、致祭關聖帝君銀陸拾兩、厲壇米折銀陸兩、縣學加俸銀肆拾捌兩肆錢捌分外,實該前數除丈缺減徵銀壹百陸拾壹兩肆錢捌分捌厘陸毫伍絲叁忽伍微貳塵壹渺伍漠伍埃陸纖,除水冲石壓銀柒百陸拾叁兩玖錢捌分陸毫陸絲,實徵銀壹千叁百捌拾貳兩肆錢柒厘捌毫壹絲柒忽柒微柒塵捌渺肆漠肆埃肆纖。兵餉銀肆千貳百叁拾壹兩叁錢貳分壹厘肆絲玖忽。除丈缺減徵銀貳百柒拾玖兩柒錢柒分肆厘玖毫肆絲柒忽柒微伍塵玖渺捌漠捌埃,實徵銀叁千玖百伍拾壹兩伍錢肆分陸厘壹毫壹忽貳微肆塵壹漠貳埃。以上共地丁銀陸千伍百叁拾玖兩壹錢玖分捌厘壹毫捌絲叁微。除丈缺減徵銀肆百肆拾壹兩貳錢陸分叁厘陸毫壹忽貳微捌塵壹渺肆漠叁埃陸纖,除水冲石壓銀柒百陸拾叁兩玖錢捌分陸毫陸絲,實徵銀伍千叁百叁拾叁兩玖錢伍分叁厘玖毫壹絲玖忽壹塵捌渺伍漠陸埃肆纖。

隨漕本色月糧給軍米壹百伍拾壹石玖斗陸升,除水冲石壓米肆石叁斗捌升捌合陸勺,實徵米壹百肆拾柒石伍斗柒升壹合肆勺,每石改折銀壹兩貳錢,該銀壹百柒拾柒兩捌分伍厘陸毫捌絲。隨漕折色銀伍百柒拾壹兩柒錢肆分柒厘叁毫，除水冲石壓銀壹拾伍兩捌錢叁分叁厘，實徵銀伍百伍拾伍兩玖錢壹分肆厘叁毫。内貢具銀貳拾壹兩叁錢柒分捌厘貳毫，除水冲石壓銀伍錢玖分貳厘，實徵銀貳拾兩柒錢捌分陸厘貳毫，原編解船政同知支銷後，該同知奉裁，仍行解道。

淺船料銀叁百伍拾捌兩捌錢玖分壹厘壹毫，除水冲石壓銀玖兩玖錢叁分玖厘，實徵銀叁百肆拾捌兩玖錢伍分貳厘壹毫，原編解船政同知支銷後，該同知奉裁，仍行解道。月糧米折柒分給軍銀壹百玖拾壹兩肆錢柒分捌厘。除水冲石壓銀伍兩，錢貳厘，實徵銀壹百捌拾陸兩壹錢柒分陸厘。以上共地丁銀伍百柒拾壹兩柒錢肆分柒厘叁毫。除水冲石壓銀壹拾伍兩捌錢叁分叁厘，實徵銀伍百伍拾伍兩玖錢壹分肆厘叁毫。

本府驛站銀貳百叁拾壹兩玖錢叁分玖厘玖毫貳絲陸忽捌微壹塵陸渺捌漠貳埃陸纖叁沙。原編銀伍百捌拾伍兩伍錢柒分叁厘柒毫貳絲肆塵捌渺，〇除協濟建德縣銀捌拾兩，〇准驛道册開協濟江山縣銀捌拾兩，抵解兵餉，編入兵餉項下，〇鹽院完字號座船水手銀貳兩貳錢貳分貳厘貳毫貳絲，改編藩司項下。〇順治十四年，裁下程油燭柴炭銀壹拾伍兩陸錢。〇康熙八年，裁公幹官員合用心紅銀壹兩叁錢，〇三十一年，歸入地丁項下，充餉銀壹百柒拾肆兩伍錢壹分壹厘伍毫柒絲叁忽貳微叁塵壹渺壹漠柒埃叁纖柒沙，編入裁扣項下外，共該前數各驛支銷細款注本府下。嘉慶七年，奉文徵收驛站錢糧，彙入地丁，解收藩庫，造報題銷。以上共地丁銀貳百叁拾壹兩玖錢叁分玖厘玖毫貳絲陸忽捌微壹塵陸渺捌漠貳埃陸纖叁沙。

存留乾隆五十二年，奉文，存留統歸起運，其年例應給存留各款，按額赴藩庫請發。又於嘉慶四年，奉文應給存留銀兩仍存留縣支給，照例造入題銷册内核銷。

存留銀壹千伍百肆拾叁兩玖錢伍分，除丈缺減徵銀玖拾叁兩壹錢玖分肆厘壹毫伍絲陸忽肆微，除水冲石壓銀叁拾陸兩肆錢伍分貳厘，實徵銀壹千肆百壹拾肆兩叁錢叁厘捌毫肆絲叁忽陸微。内司存留銀捌拾陸兩捌錢伍分除丈缺減徵銀伍兩柒錢肆分貳厘伍毫貳絲貳忽，除水冲石壓銀貳兩貳錢肆分陸厘，實徵銀柒拾捌兩捌錢陸分壹厘肆毫柒絲捌忽。内布政司解户銀肆拾伍兩，除丈缺減徵銀貳兩玖錢柒分伍厘肆毫，除水冲石壓銀壹兩壹錢陸分肆厘，實徵銀肆拾兩捌錢陸分陸毫。戰船民六料銀肆拾壹兩捌錢伍分。除丈缺減徵銀貳兩柒錢陸分柒厘壹毫貳絲，除水冲石壓銀壹兩捌分貳厘，實徵銀叁拾捌兩捌毫柒絲捌忽。以上共地丁銀捌拾陸兩捌錢伍分。除丈缺減徵銀伍兩柒錢肆分貳厘伍毫貳絲貳忽，除水冲石壓銀貳兩貳錢肆分陸厘，實徵銀柒拾捌兩捌錢陸分壹厘肆毫柒絲捌忽。府縣存留銀壹千肆伍拾拾柒兩壹錢，除丈缺減徵銀捌拾柒兩肆錢伍分壹厘陸毫叁絲肆忽肆微，除水冲石壓銀叁拾肆兩貳錢陸厘，實徵銀壹千叁百叁拾伍兩肆錢肆分貳厘叁毫陸絲伍忽陸微。嘉慶四年，奉文徵收存留銀兩仍留縣支給。内本縣拜賀習儀香燭銀肆錢捌分，除丈缺減徵銀叁分壹厘柒毫叁絲柒忽陸微，除水冲石壓銀壹分貳厘，實徵銀肆錢叁分陸厘貳毫陸絲貳忽肆微。本縣祭文昌銀貳拾兩，係動支地丁題銷册内，仍於起運項下報。本縣祭關帝銀陸拾兩，係動支地丁題銷册内，仍於起運項下報。本縣祭厲壇米折銀陸兩，同上。本縣祭祀銀壹百貳拾玖兩伍錢，文廟二祭共銀伍拾壹兩伍錢，崇聖祠二祭共銀壹拾貳兩，社稷山川壇各二祭，共銀叁拾貳兩，邑厲壇三祭，共銀貳拾肆兩。鄉賢、名宦祠二祭，共銀壹拾兩，共該前數除丈缺減徵銀捌兩伍錢陸分貳厘伍毫肆絲，除水冲石壓銀叁兩叁錢肆分玖厘，實徵銀壹百壹拾柒兩伍錢捌分捌厘肆毫陸絲，其不敷銀兩每年在於司庫各屬解收餘剩祭祀銀内撥補備辦，仍於地丁題銷册内存留項下造報。文廟香燭銀壹兩陸錢，除丈缺減徵銀壹錢伍厘柒毫玖絲貳忽，除水冲石壓銀肆分壹厘，實徵銀壹兩肆錢伍分叁厘貳毫捌忽。迎春芒神土牛春酒銀貳兩。除丈缺減徵銀壹錢叁分貳厘貳毫肆絲，除水冲石壓銀伍分貳厘，實徵銀壹兩捌錢壹分伍厘柒毫陸絲。本縣知縣經費銀肆百玖拾柒兩肆錢，内：俸銀肆拾伍兩，除丈缺減徵銀貳兩玖錢柒分伍厘肆毫，除水冲石壓銀壹兩壹錢陸分肆厘，實徵銀肆拾兩捌錢陸分陸毫。内除撥補佐雜教職官俸荒缺銀肆兩壹錢陸分捌厘，又除攤扣荒缺解司充餉銀伍錢柒分陸厘，實該銀叁拾陸兩壹錢壹分陸厘,其攤荒銀兩實該數目分晰注明,仍於地丁題銷册内存留項下造報。○門子貳名,銀壹拾貳兩,除丈缺減徵銀柒錢玖分叁厘肆毫肆絲,除水冲石壓銀叁錢壹分,實徵銀壹拾兩捌錢玖分陸厘伍毫陸絲。○皂隸壹拾陸名,銀玖拾陸兩,除丈缺減徵銀陸兩叁錢肆分柒厘伍毫貳絲,除水冲石壓銀貳兩肆錢捌分貳厘,實徵銀捌拾柒兩壹錢柒分肆毫捌絲。○馬快捌名,每名工食銀陸兩,陸路備馬製械、水鄉打造巡船以司緝探銀壹拾兩捌錢,共銀壹百叁拾肆兩肆錢,除丈缺減徵銀捌兩捌錢捌分陸厘伍毫貳絲捌忽,除水冲石壓銀叁兩肆錢柒分陸厘,實徵銀壹百貳拾貳兩叁分柒厘肆毫柒絲貳忽。○民壯壹拾貳名,銀柒拾貳兩,除丈缺減徵銀肆兩柒錢陸分陸毫肆絲,除水冲石壓銀壹兩捌錢陸分貳厘,實徵銀陸拾伍兩叁錢柒分柒厘叁毫陸絲。○看監禁卒捌名,銀肆拾捌兩,除丈缺減徵銀叁兩壹錢柒分叁厘柒毫陸絲,除水冲石壓銀壹兩壹錢肆分壹厘,實徵銀肆拾叁兩伍錢捌分伍厘貳毫肆絲。○轎傘扇夫柒名,銀肆拾貳兩,除丈缺減徵銀貳兩柒錢柒分柒厘,除水冲石壓銀壹兩捌分陸厘,實徵銀叁拾捌兩壹錢叁分陸厘玖毫陸絲。○庫子肆名,銀貳拾肆兩,除丈缺減徵銀壹兩伍錢捌分陸厘捌毫捌絲,除水冲石壓銀陸錢貳分壹厘,實徵銀貳拾壹兩柒錢玖分貳厘壹毫貳絲。○斗級肆名,銀貳拾肆兩,除丈缺減徵銀壹兩伍錢捌分陸厘捌毫捌絲,除水冲石壓銀陸錢貳分壹厘,實徵銀貳拾壹兩柒錢玖分貳厘壹毫貳絲。共徵銀肆百伍拾壹兩陸錢肆分捌厘玖毫壹絲貳忽。以上各役工食荒缺銀兩每年在於地丁項下撥補。典史經費銀陸拾柒兩伍錢貳分,内:俸銀叁拾壹兩伍錢貳分,除丈缺減徵銀貳兩捌分肆厘壹毫貳忽肆微,除水冲石壓銀捌錢壹分伍厘,實徵銀貳拾捌兩陸錢貳分捌厘玖絲柒忽陸微。○門子壹名,銀陸兩,除丈缺減徵銀叁錢玖分陸厘柒毫貳絲,除水冲石壓銀壹錢伍分伍厘,實徵銀伍兩肆錢肆分捌厘貳毫捌絲。○皂隸肆名,銀貳拾肆兩,除丈缺減徵銀壹兩伍錢捌分陸厘捌毫捌絲,除水冲石壓銀陸錢貳分壹厘,實徵銀貳拾壹兩柒錢玖分貳厘壹毫貳絲。○馬夫壹名,銀陸兩,除丈缺減徵銀叁錢玖分陸厘柒毫貳絲,除水冲石壓銀壹錢伍分伍厘,實徵銀伍兩肆錢肆分捌厘貳毫捌絲。共實徵銀陸拾壹兩叁錢玖厘伍毫柒絲柒忽陸微。以上官俸役食荒缺銀兩每年在於地丁項下撥補。儒學經費銀壹百捌拾伍兩玖錢貳分,内:訓導俸銀叁拾壹兩伍錢貳分,除丈缺減徵銀貳兩捌分肆厘壹毫貳忽肆微，除水冲石壓銀捌錢壹分伍厘，實徵銀貳拾捌兩陸錢貳分捌毫玖絲柒忽陸微。〇廪糧銀陸拾肆兩，除丈缺減徵銀肆兩貳錢叁分壹厘陸毫捌絲，除水冲石壓銀壹兩陸錢伍分伍厘，實徵銀伍拾捌兩壹錢壹分叁厘叁毫貳絲。〇齋夫叁名，每名銀壹拾貳兩，共銀叁拾陸兩，除丈缺減徵銀貳兩叁錢捌分叁毫貳絲，除水冲石壓銀玖錢叁分壹厘，實徵銀叁拾貳兩陸錢捌分捌厘陸毫捌絲。〇廪生膳銀肆拾兩，除丈缺減徵銀貳兩陸錢肆分肆厘捌毫，除水冲石壓銀壹兩叁分伍厘，實徵銀叁拾陸兩叁錢貳分貳厘。〇門子貳名，銀壹拾肆兩肆錢，除丈缺減徵銀玖錢伍分貳厘壹毫貳絲捌忽，除水冲石壓銀叁錢柒分叁厘，實徵銀壹拾叁兩柒分肆厘捌毫柒絲貳忽。共實徵銀壹百陸拾捌兩捌錢壹分柒厘玖毫陸絲玖忽陸微。以上學俸廪膳役食荒缺銀兩每年在於地丁項下撥補。儒學加俸銀肆拾捌兩肆錢捌分，係動支地丁題銷册内，仍於起運項下造報。鄉飲酒禮貳次，銀柒兩伍錢，除丈缺減徵銀肆錢玖分伍厘玖毫，除水冲石壓銀壹錢玖分肆厘，實徵銀陸兩捌錢壹分壹毫。歲貢銀叁兩伍錢，除丈缺減徵銀貳錢叁分壹厘肆毫貳絲，除水冲石壓銀玖分壹厘，實徵銀叁兩壹錢柒分柒厘伍毫捌絲。每年解司充餉，其應支銀兩在於地丁項下撥補。看守各院司公館門子銀壹拾貳兩陸錢，内：布按二分司貳名，府館一名，每名銀叁兩。〇茭道館一名，銀叁兩陸錢。共該前數除丈缺減徵銀捌錢叁分叁厘壹毫壹絲貳忽，除水冲石壓銀叁錢貳分陸厘，實徵銀壹拾壹兩肆錢肆分捌毫捌絲捌忽。雍正十二年，奉文儘撥解司抵給。衝要肆鋪司兵工食銀壹百捌拾玖兩縣前鋪五名，每名銀壹拾兩捌錢。〇内白鋪、茭道鋪、會同鋪各五名，每名銀玖兩，共該前數除丈缺減徵銀壹拾貳兩肆錢玖分陸厘陸毫捌絲，除水冲石壓銀肆兩捌錢捌分柒厘，實徵銀壹百柒拾壹兩陸錢壹分陸厘叁毫貳絲，其荒缺銀兩每年在於地丁項下撥補。偏僻鋪司兵工食銀貳拾壹兩陸錢，接腰鋪三名，每名銀柒兩貳錢，共該前數除丈缺減徵銀壹兩肆錢貳分捌厘壹毫玖絲貳忽，除水冲石壓銀伍錢伍分玖厘，實徵銀壹拾玖兩陸錢壹分貳厘捌毫捌忽，其荒缺銀兩每年在於地丁項下撥補。孤貧肆拾名布花木柴銀貳拾肆兩，每名年給銀陸錢，除丈缺減徵銀壹兩伍錢捌分陸厘捌毫捌絲，除水冲石壓銀陸錢貳分壹厘，實徵銀貳拾壹兩柒錢玖分貳厘壹毫貳絲。孤貧肆拾名口糧銀壹百肆拾肆兩，每名歲支銀叁兩陸錢，除丈缺減徵銀玖兩伍錢貳分壹厘貳毫捌絲，除水冲石壓銀叁兩柒錢貳分伍厘，實徵銀壹百叁拾兩柒錢伍分叁厘柒毫貳絲。以上孤貧柴布口糧荒缺銀兩每年在於地丁項下撥補，其小建銀兩解司充餉。縣重囚口糧銀叁拾陸兩，除丈缺減徵銀貳兩叁錢捌分叁毫貳絲，除水冲石壓銀玖錢叁分壹厘，實徵銀叁拾貳兩陸錢捌分捌厘陸毫捌絲。以上共地丁銀壹千肆百伍拾柒兩壹錢。除丈缺減徵銀捌拾柒兩肆錢伍分壹厘陸毫叁絲肆忽肆微，除水冲石壓銀叁拾肆兩貳錢陸厘，實徵銀壹千叁百叁拾伍兩肆錢肆分貳厘叁毫陸絲伍忽陸微。

存留本色米壹千貳百壹石玖斗壹勺伍抄捌撮叁粟玖粒玖黍捌粞壹糠陸粃，除丈缺減徵米捌拾捌石叁合玖勺叁抄柒撮伍圭柒粟伍粒叁黍捌粞，除水冲石壓米叁拾壹石壹斗陸升陸合壹勺柒抄，實徵米壹千捌拾貳石柒斗叁升伍抄肆圭陸粟肆粒陸黍壹糠陸粃。内存留本色南米壹千貳百石。除丈缺減徵米捌拾捌石叁合玖勺叁抄柒撮伍圭柒粟伍粒叁黍捌粞，除水冲石壓米叁拾壹石壹斗陸升陸合壹勺柒抄，實徵米壹千捌拾石捌斗貳升玖合捌勺玖抄貳撮肆圭貳粟肆粒陸黍貳粞。康熙四十八年新陞米、壹斗叁升伍合壹勺壹抄肆撮。五十六年新陞米、肆斗玖升柒合捌勺陸抄捌撮。雍正六年新陞米、伍升柒合捌勺伍抄玖撮貳粟伍粒。七年新陞米、壹斗捌升貳合柒勺柒抄玖圭陸粒伍黍柒粞陸糠肆粃。八年新陞米、貳升伍合伍勺陸抄玖撮肆粟捌粒陸黍玖粞捌糠貳粃。十年新陞米、壹斗捌升捌合柒勺陸抄玖撮陸圭壹粟柒黍柒粒柒糠。乾隆元年新陞米、肆斗柒升柒合玖勺壹抄玖撮壹粟叁粒。地山蕩改墾田地陞米。叁斗叁升肆合貳勺捌抄捌撮肆圭貳粟玖粒。

加閏

地丁加閏銀肆百叁拾柒兩捌錢伍分捌厘玖毫叁忽貳微陸塵柒渺肆漠捌埃肆纖，又新加驛站銀貳拾肆兩伍錢玖分捌毫伍絲陸忽陸微，共徵銀肆百陸拾貳兩肆錢肆分玖厘柒毫伍絲玖忽捌微陸塵柒渺肆漠捌埃肆纖。除水冲石壓銀壹拾貳兩捌錢捌厘，實徵銀肆百肆拾玖兩陸錢肆分壹厘柒毫伍絲玖忽捌微陸塵柒渺肆漠捌埃肆纖。

地丁加閏米壹拾貳石陸斗陸升伍合除水冲石壓米貳斗捌升陸合陸勺，實徵米壹拾貳石叁斗柒升捌合肆勺。

起運折色加閏銀叁百柒拾肆兩壹錢壹分柒厘肆毫貳絲陸忽伍微叁塵肆渺壹漠伍埃柒沙，除水冲石壓銀壹拾兩柒錢壹分壹厘，實徵銀叁百陸拾叁兩肆錢陸厘肆毫貳絲陸忽伍微叁塵肆渺壹漠伍埃柒沙。内户部折色銀柒兩肆錢玖厘壹絲肆忽陸微柒渺，路費銀柒分肆厘玖毫捌忽壹微柒塵伍渺貳漠捌埃肆纖。工部折色銀伍拾玖兩陸錢陸厘伍毫貳絲貳忽壹微壹塵叁渺貳漠。路費銀叁厘捌絲叁忽叁微。順治九年，舊編，裁改解部本縣巡鹽應捕抵課并滴珠銀捌錢叁分叁厘叁毫。九年裁扣銀貳拾兩捌錢，本府推官吏書步快銀肆兩，○本縣知縣吏書門皂馬快民壯燈夫禁卒轎傘扇夫庫子斗級倉庫書銀壹拾陸兩壹錢。○典史書門皂馬銀柒錢。十三年漕運月糧三分撥還軍儲銀。叁兩柒錢玖分玖厘伍毫。十四年裁扣分守金、衢、嚴道門子轎傘扇夫銀，壹兩壹錢。裁膳夫銀。叁兩叁錢叁分叁厘叁毫。十六年裁各官閏月俸銀玖兩叁厘壹毫，本縣知縣俸銀叁兩柒錢肆分玖厘玖毫，○典史俸銀貳兩陸錢貳分陸厘陸毫。裁官經費銀叁兩捌錢貳分陸厘陸毫。訓導俸銀貳兩陸錢貳分陸厘陸毫，門子銀壹兩貳錢。康熙元年，裁吏書工食銀壹拾兩伍錢，本府推官吏書銀肆兩，本縣知縣吏書銀陸兩，典史書辦銀伍錢。二年裁倉庫學書工食銀壹兩陸錢，本縣倉庫書銀壹兩，○學書銀陸錢。三年裁本縣教職門子銀、陸錢。裁齋夫銀，叁兩。六年裁推官步快銀，肆兩。三十一年裁本府各驛新加銀，壹拾貳兩壹錢肆分貳厘伍毫貳絲叁忽貳微陸塵陸渺陸漠陸埃陸纖柒沙。三十九年裁金、衢、嚴道經費銀伍兩伍錢。門子銀貳兩，轎夫傘扇夫銀叁兩伍錢。雍正三年，裁憲書紙料銀，壹錢柒分伍毫玖絲壹忽柒微肆塵貳渺。六年裁本縣燈夫工食銀，貳兩。十二年裁扣民壯工食銀。壹拾叁兩。乾隆八年，裁扣民壯工食銀，叁兩伍錢。十二年裁扣民壯工食銀。貳兩伍錢。

兵餉銀貳百伍兩捌錢壹分肆厘玖毫捌絲叁忽叁微叁塵。除水冲石壓銀壹拾兩柒錢壹分壹厘，實徵銀壹百玖拾伍兩壹錢叁厘玖毫捌絲叁忽叁微叁塵。以上共地丁銀叁百柒拾肆兩壹錢壹分柒厘肆毫貳絲陸忽伍微叁塵肆渺壹漠伍埃柒沙。除水冲石壓銀壹拾兩柒錢壹分壹厘，實徵銀叁百陸拾叁兩肆錢陸厘肆毫貳絲陸忽伍微叁塵肆渺壹漠伍埃柒沙。

鹽課加閏解歸藩司充餉。鹽院完字號座船水手銀壹錢捌分伍厘貳毫。

漕運加閏糧儲道專轄。隨漕本色月糧給軍米壹拾貳石陸斗陸升陸合，除水冲石壓米貳斗捌升陸合陸勺，實徵米壹拾貳石叁斗柒升捌合肆勺，每石改折銀壹兩貳錢，該銀壹拾肆兩捌錢伍分肆厘捌絲。隨漕折色月糧七分給軍銀捌兩捌錢陸分伍厘伍毫。除水冲石壓銀貳錢肆分陸厘，實徵銀捌兩陸錢壹分玖厘伍毫。

驛站加閏　本府各驛銀壹拾貳兩肆錢肆分捌厘叁毫叁絲叁忽叁微叁塵叁渺叁漠叁埃叁纖叁沙。係驛站新加地丁，編徵各驛，支銷細款注本府下。嘉慶柒年，奉文徵收驛站銀兩彙入地丁，解收藩府，造報題銷。

存留加閏銀陸拾陸兩捌錢叁分叁厘叁毫，除水冲石壓銀壹兩捌錢伍分壹厘，實徵銀陸拾肆兩玖錢捌分貳厘叁毫。嘉慶四年，奉文徵收存留銀兩仍留縣支給。內本縣知縣經費銀叁拾柒兩柒錢，門子二名，銀壹兩，除水冲石壓銀貳分捌厘，實徵銀玖錢柒分貳厘。〇皂隸一十六名，銀捌兩，除水冲石壓銀貳分貳厘，實徵銀柒兩柒錢柒分捌厘。〇馬快八名，每名工食銀伍錢，陸路備馬製械水鄉打造巡船以司緝探銀玖錢，共銀壹拾壹兩貳錢，除水冲石壓銀叁錢壹分，實徵銀壹拾兩捌錢玖分。〇民壯一十二名，銀陸兩，除水冲石壓銀壹錢陸分陸厘，實徵銀伍兩捌錢叁分肆厘。〇禁卒八名，銀肆兩，除水冲石壓銀壹錢壹分壹厘，實徵銀叁兩捌錢捌分玖厘。〇轎傘扇夫柒名，銀叁兩伍錢，除水冲石壓銀玖分柒厘，實徵銀叁兩肆錢叁厘。〇庫子四名，銀貳兩，除水冲石壓銀伍分伍厘，實徵銀壹兩玖錢肆分伍厘。〇斗級四名，銀貳兩，除水冲石壓銀伍分伍厘，實徵銀壹兩玖錢肆分伍厘，○共實徵銀叁拾陸兩陸錢伍分陸厘。○以上各役工食荒缺銀兩每年在於地丁項下撥補。典史經費銀叁兩，門子一名，銀伍錢，除水冲石壓銀壹分肆厘，實徵銀肆錢捌分陸厘。○皂隸四名，銀貳兩，除水冲石壓銀五分五厘，實徵銀壹兩九錢肆分伍厘。馬夫一名，銀伍錢，除水冲石壓銀壹分肆厘，實徵銀肆錢捌分陸厘，○共實徵銀貳兩玖錢壹分柒厘。○以上各役工食荒缺銀兩每年在於地丁項下撥補。儒學經費銀柒兩伍錢叁分叁厘叁毫，齋夫叁名，每名銀壹兩，共銀叁兩，除水冲石壓銀捌分叁厘，實徵銀貳兩玖錢壹分柒厘。○廩生膳銀叁兩貳錢肆分壹厘叁毫。○門子二名，每名銀陸錢，共銀壹兩貳錢，除水冲石壓銀叁分叁厘，實徵銀壹兩壹錢陸分柒厘。○共實徵銀柒兩叁錢貳分伍厘叁毫。○以上役食荒缺銀兩每年在於地丁項下撥補。看守公署門子工食銀壹兩伍分，布按二司貳名，○府館一名，○每名銀貳錢伍分。茭道館一名，銀叁錢。共該前數除水冲石壓銀貳分玖厘，實徵銀壹兩貳分壹厘。衝要四鋪司兵工食銀壹拾伍兩柒錢伍分，縣前鋪五名，每名銀玖錢，○内白鋪、茭道鋪、會同鋪各五名，每名銀柒錢伍分，共該前數除水冲石壓銀肆錢叁分柒厘，實徵銀壹拾伍兩叁錢壹分叁厘，其荒缺銀兩每年在於地丁項下撥補。偏僻鋪司兵工食銀壹兩捌錢。接簪鋪三名，每名銀陸錢，共該前數除水冲石壓銀伍分，實徵銀壹兩柒錢伍分，其荒缺銀兩每年在於地丁項下撥補。以上共地丁銀陸拾陸兩捌錢叁分叁厘叁毫。除水冲石壓銀壹兩捌錢伍分壹厘，實徵銀陸拾肆兩玖錢捌分貳厘叁毫。○以上均見《賦役全書》。

鹽課

宋鹽法始用常平倉，鹽官自運買，其後令鋪商赴場取鹽，運赴縣倉，交納腳力錢，官給與之，計丁給鹽納錢，以充官用。《東陽志》云：紹興中，歲鹽貳百玖拾肆萬伍千柒百斤，爲錢壹拾伍萬柒千壹百肆貫零。

元至元十九年，設鹽運司賣鹽引之法，以肆百斤爲引，《東陽續志》載有額賣鹽引之數。

明鹽法：有户口支給之食鹽，有客商賣之引鹽。凡客商轉粟於邊，官給引,自支鹽於場,任其貨賣。然慮私販爲患,特遣御史一員督理其事,而軍衛司巡鹽官員防察惟謹,至爲嚴密。食鹽,有司開具户口數,令人赴鹽運司關支,計口散市民。官吏則令納鈔,鄉民則聽其納米,各隨所便。其後有司以搬運艱故不復請給,而納米、納鈔則仍其舊。官吏人食鹽壹拾貳斤,市民每口食鹽陸斤,每斤鈔壹貫,鄉民每口食鹽貳斤貳兩伍錢,每斤米肆升叁合壹勺貳抄伍撮,其口數多寡各據籍隨時增損,無定額。萬曆二年,遵照巡按御史條約,本縣每年額派鹽引壹千張,計鹽壹萬貳千隻,牙一名,埠頭一名,鋪户一名,今革。〇明置鹽運司,以給邊儲,客商輸粟於邊,計其多寡,官給引,自支鹽於坐派之場,限以地方,隨其貨賣。武義派撥温、台二商,温商以山嶺巉厓,路難程遠,肩運之費既多,不得不騰湧其價,且攙以礪灰,願市者少,於是温鹽鮮至,專行台鹽。而鹽鋪户額編八人,凡遇引鹽挑運抵邑,商人具數報官,稱量官召富民代賣,富民依數收領,爲之散於食鹽之家。顧商人價直已定,代賣有人,斤數不足其額,灰沙多兼其半,且發賣之時家給户分,豈無折耗?動經歲月,尤有逋負。富户旁皇而執其役,商人袖手而責其利,一不如期,動以國課爲名,往來告擾,賠陷傾家,鹽鋪户之害愈滋焉。縣官每月一日復爲徵價,是下累民,而上累官也。萬曆十八年,縣令陳大烈議於通縣坊里,僉編解户之時,另簽八名,米叁百石,歲歲輪簽,不至專累一家,以抵當鹽捕之役,是欲寬富民而反累里甲矣。行之數年,人心怨讟,公正某某僉呈:將鋪户編解盡行裁革,編解之數解府以給軍費,商人第令自行拆賣,官不過爲之驗引報數,官民兩便,商亦得牟利,誠便宜之法也。〇武義每季撥民壯四名以充鹽捕,額限獲私鹽壹千斤,餘鹽四百斤,務在足額,不敷則扣民壯工食賠償。立法初意,蓋慮私賣者多,捕或賣放,故責償以嚴緝,俾無遺漏耳。厥後額不可少,私不必獲,獲不得實,皆應以虚名。鹽招悉成空套,捕苦於償,民苦於擾。夫民壯貧窶之夫,充役於官,恃有月糈以資俯仰,工食既償,執必横索,以官賣爲私販,然私販亦即官賣挾帶,以私附公,故人不得拿,拿則以商票自解。官捕久於其中,黟黨既熟,情狀皆稔,通同爲奸,合則相安幫貼,不合則相拒出首,所拿之鹽爲公爲私未可知,而其人之素夾帶私販則實也。台鹽從永康而來,越蒼嶺山,行二百里,沿途有巡司,私鹽安得飛渡?無私鹽則無私販,故私鹽非官鹽夾帶不能。禁私鹽莫若嚴官商,嚴官商莫若核票引,票引既核,官鹽必多，官鹽多，私鹽不行。即有私販，責令官商拿之，自票自驗，有票則公，無票則私，僞票無由自飾，拿者不至横索，故以捕拿販，不若以商拿販之確也。季終，鹽斤以限票之餘抵之，可以省扣工食；以鹽斤之餘賞之，可以蠲恤官商。官私兩得，國民兩宜，無憚首議乎？○武義計口食鹽引額柒百伍拾張。萬曆十七、十八，連年征剿，加引肆張兩次，每引輪加課捌分。○以上舊志。

國朝額鹽年銷正引七百五十，又計丁加引四引，台所掣銷後，因松所之引改台，又派加五十八引。雍正六年，撫憲李因户口繁庶，額引不敷，題請發帑濟竈，撥省商赴召領運，每歲八百一十二引，外又銷帑照輪課二千數百引，謂之額帑並銷額商張令盛、帑商張履豐。等辦銷。舊志

鹽院完字號座船水手銀貳兩貳錢貳分貳厘貳毫貳絲，除丈缺減徵銀壹錢肆分陸厘玖毫叁絲叁忽壹微捌塵陸渺肆漠，實徵銀貳兩柒分伍厘貳毫捌絲陸忽捌微壹塵參渺陸漠，係地丁編徵，解歸藩司充餉。《賦役全書》

武川備考卷四 下

邑人何德潤君慎甫輯

食貨考下

雜賦

學租銀壹拾兩肆錢捌分。每年照數徵輸解司，轉解學院，賑給貧生膏火。當税銀拾兩。當鋪二名，該徵前數，另款解司充餉。每年春季查明增除，造册報部輸税。牙税銀壹拾玖兩肆錢。上則牙户一十一名，每名徵銀捌錢，該銀捌兩捌錢。中則牙户九名，每名徵銀陸錢，該銀伍兩肆錢。下則牙户一十三名，每名徵銀肆錢，該銀伍兩貳錢。共該前數，另款解司充餉。契税，每買産銀壹兩，徵税銀叁分。牛税，每兩徵税叁分。雜税。徵收不等。以上契、牛、雜税三款，歲無定額，每年儘收儘解，造報題銷，另款解司充餉。《賦役全書》

役法

唐正役：里設里正，鄉設鄉正，掌比户口，課值農桑，檢察非直，催驅賦役。邑居爲坊，別置坊正，以掌坊門鎖鑰，督察奸細。田野爲村，亦別置村正，掌與坊同，其雜役則租庸調法，有身則有庸，民之役於官，歲不過二十日，不役者日爲絹三尺。有事而加役者，則免其租調。

宋初，立差役法：官給使令，以至曹司、押録、雜職、虞候等，各以等第定差。熙寧中，有保甲法，又有僱役法，又有助役法。

元縣設坊正，鄉設里正，都設主首，專催輸税糧，追攝公事。後改爲季役，其次爲貼役，其雜役則弓手、祗候、禁子、斗子、曳刺、鋪兵、船夫、防夫、馬匹之類。

明初，役法以百十户爲圖，以丁糧多者爲長，户十甲首隸之圖，分十里，輪年應役，十年而週。萬曆行一條鞭，爲扒平之法，合通括四差之數，一年幾何，一丁定銀若干，米一畝定銀若干，一切僱役官給之，民間不得與焉。糧長每區一名，計七名，每年藩司發勘，合七張，填直年某甲，司解部。坊長八名，擺列公館家伙，伺候上司，其夫役差徭采買雜項一概免派，向有定例。里長八十八名，除十三、十四兩都共六名，茭道應接上司，供應過往，免派與坊長同外，六十六里應值夫徭采辦雜項不得扳扯坊長。以壬年爲始，從一甲輪起，冬至時更换，舊滿新應，甲首隸於里長，賦附於里，每里十名。

國朝自均里清丁之後，除去坊里、糧長之名，供應見役一概禁絕，且令從地起丁，蓋自此民不知有役矣。舊志

舊志附載：十三都、十四都六啚里民章仲希、蔣興隆、章可興、項葉、章胡、項王、阮容等呈驗：武邑係山陬僻地，惟茭道陸啚四十餘里，路當孔道，金、永折衝，舊設公館，上司往來停驂，居民晝勒修路，夜謹擊柝。人兵經過扎營，苗禾蹂躪，室廬毁傷。非惟離亂，窮黎獨受凋殘；即際蕩平，兵馬尚有騷擾。種種勞苦，肩承一邑之灾。况一帶地方官田十居六七，糧有獨重之累。先朝曾免雜差，案，赤目現在。數年以來，海氛熾横，兵馬絡繹不絶，始猶勉强支吾，繼而逃亡殆甚，奇苦莫甚。順治十七年間，蒙巡按楊經臨哀憫，批府發縣勘詳，除正賦外，一概雜差永遠蠲免，以示優恤，印帖執據。續奉撫院朱、守道胡、府主孫、刑廳張目擊情慘，準免勒石。如前在案。歷蒙縣主，疊遵無异，以甦衝里困民，感戴無涯身等情。恐日後奸棍借題生端，不遵舊例，懇準入志，以杜後患。縣批：該都免差，已經給帖勒石，準入志。

匠役向有匠班、局班二款。本縣匠班七十八名，每名徵銀肆錢伍分，共銀叁拾伍兩壹錢。局班十二名，每名徵銀肆錢伍分，共銀伍兩肆錢。歲作二，申解府，每名優免壹丁雜差銀貳錢。〇木匠〇鋸匠〇石匠〇瓦匠〇漆匠〇鐵匠〇鍋匠〇染匠〇織匠〇竹匠〇皮匠〇銀匠〇鑄匠〇鼓匠〇裁縫匠〇篦匠〇船匠〇琉璃匠〇東隅肆名，西隅貳名，北隅叁名，一都拾伍名，叁都柒名，四

都叁名,伍都壹名,六都貳名,八都貳名,九都叁名,十都陸名,十一都柒名,十二都壹名,十六都壹名,十九都肆名,二十都肆名,二十一都伍名,二十二都陸名,小二十都貳名,以上係班匠。三都壹名,十都伍名,十一都貳名,二十都壹名,小二十都壹名,以上係局匠。又有南京局匠七名,不徵匠銀,數年本人回取帖。又有北京局匠八名,不徵匠銀,不取回帖。

國朝康熙三十七年,奉裁均入地丁徵解。舊志

蠲恤

順治四年,奉恩詔,浙東八府通照前朝萬曆四十八年則例徵收,天啓、崇禎加派盡行蠲免。〇五年,奉恩詔,州縣額徵拖欠在民者,自元年至三年悉與蠲免。〇七年奉恩詔,民間拖欠錢糧,前次詔書已免元二三年,今再免四年一年。〇八年,奉恩詔,順治五年以前民欠錢糧,悉與豁免。〇十二年、十三年、十五年、十七年疊奉恩詔,順治六年、十一年地丁本折錢糧拖欠在民者俱豁免。

康熙三年,奉恩詔,順治十六年、十七年、十八年舊欠錢糧一體蠲免。〇八年、十年,歷奉恩詔,康熙元二三年、四五六年正項錢糧拖欠在民者,奏請豁免。〇二十七年,奉恩詔,浙江二十八年應徵地丁錢糧俱着蠲免。三十四年,奉恩詔,康熙三十三年以前積欠及帶徵未完銀米俱豁免。〇三十八年,奉上諭,蠲免康熙三十四、五、六年未完民欠地丁錢糧、糧米雜税。〇四十三年,欽奉上諭,浙省康熙四十四年通省應徵地丁銀米俱行蠲免。〇四十五年,奉上諭,浙江等省四十三年以前未完地丁銀按數通行豁免,或舊欠已完在官而見年錢糧未完足者,準其扣抵。〇四十七年,奉上諭,浙江康熙四十八年除漕糧外,通省地丁銀俱蠲免,並歷年舊欠亦免徵。〇五十二年,奉恩詔,各省地租於康熙五十三年豁免一年,其歷年舊欠一并免追。〇五十三年,户部覆準浙江省武義等十三縣秋旱被灾田畝錢糧照例蠲免。〇五十六年,奉聖旨浙江武義等七縣秋

旱被灾田畝錢糧照例蠲免。○五十八年，户部覆準浙江武義等二十一縣被旱田畝應徵錢糧照例蠲免。○六十一年，奉恩詔，民欠錢糧年久應免者豁免。

雍正七年，奉上諭本年額徵地丁屯餉錢糧蠲免十分之二。○十三年，奉恩詔民欠錢糧十年以上者，查明豁免。

乾隆元年，奉恩詔，本年地丁錢糧悉行蠲免。○十二年，奉上諭，本年額徵地丁錢糧全行蠲免。○十六年，旱，賑給口糧。民間捐賑二百金以上者，准予議敘，二百金以下，司道分别給匾。○三十五年，奉恩詔，乾隆三十七年分地丁錢糧悉行蠲免。○四十二年，奉恩詔，乾隆四十四年分地丁錢糧悉行蠲免。○五十五年，奉上諭，乾隆五十七年分地丁錢糧悉行蠲免。○六十年，奉恩詔，乾隆五十八年以前民欠錢糧官穀悉行豁免。

嘉慶元年，奉恩詔，浙省各州縣地丁錢糧分年蠲免。武義於二年分蠲免。○五年大水，撫憲阮奏，準動常平倉米賑恤，給漂壞田園廬舍分别緩帶蠲豁并修費銀，有差。○七年旱，秋禾歉收，撫憲阮奏準緩徵。○八年春，撫憲發米四千石平糶。以上均《嘉慶志》。

優老

明　洪武十九年詔民年八十以上者，賜爵里士；九十以上者，賜爵社士。

天順八年正月詔民年九十以上者，生、監各賜冠帶。

成化十一年詔同。二十三年詔民年八十以上者，賜冠帶。

弘治、正德間詔民年八十以上，給絹一疋、綿一斤、米一石、肉十斤，其爲鄉里所敬服者，加冠帶，以榮其身。是時，受冠帶者七人。

萬曆間生員壽，給冠帶者一人。

國朝　順治四年，奉恩詔，兵民年七十以上者，許一丁侍養，免其雜差。八十以上，加給絹一疋、綿一斤、米一石、肉十斤，九十以上者倍之。〇五年、十八年,恩賞老民如前例。

康熙九年、二十七年、四十二年、五十二年、六十一年,歷奉恩詔,賞給老民,如前例。

雍正元年,奉恩詔,各省婦女年七十以上者,給布一疋、米五斗,八十以上者給絹一疋、米一石,九十以上者倍之。〇十二年,兩次奉恩詔,賞給老民、老婦如前例。

乾隆十三年,奉恩詔,婦女年七十以上者給布一疋、米五斗,八十以上者給絹一疋、米一石,九十以上者倍之。〇二十七年、三十七年、四十六年、五十年,歷奉恩詔,軍民年七十以上者許一丁侍養,免雜差,八十以上者給絹一疋、綿一斤、米五斗、肉十斤,九十以上者倍之。〇五十五年,奉恩詔,軍民年七十以上者給米五斗、肉五斤、絹一疋,八十、九十者遞加如前例。

嘉慶元年,奉恩詔,軍民年七十以上者一丁侍養,免差,八十、九十者賞給如前例。又奉恩詔,老民年七十以上給九品頂帶,時七十六人。八十以上給八品頂帶,時十二人。九十以上給七品頂帶。又奉恩詔,民間五代同堂、親見七代者,賞給銀緞匾額。以上《嘉慶志》。

保甲

凡保甲之法,户給印單,書其姓名習業,出注所往,入稽所來。十户爲牌,立牌長;十牌爲甲,立甲長;十甲爲保,立保長。自城市達於鄉村,使相董率,遵約法,察奸宄,勸孅行,善則相共,辠則相及,以安保息之政。《大清會典》

十家爲甲,甲有長;十甲爲保,保有正副。保正副,古之鄉長也。司糾察,以愿慤鄉人爲之。不事生理、好爲賭博者禁,三五爲群、夜聚曉散者禁,暗宿遠方面生可疑者禁。有犯此禁,鄰人詰之,不服,聞之甲長;甲長詰之,不服,聞之保正副;正副詰之,不服,然後聞之捕官,申之縣官,以法正之。關有栅,門有鑰,樓有更鼓,路有巡路。○立保甲牌二,其一在甲長門首長挂,其一在本户門首長挂。家家挨遍書某鄉某都某啚某村,一户某人,係某都某啚某甲長某户下或某管下,甲首户丁,本家成丁幾,未成丁幾,分别生理。每十户爲一甲,每一甲爲一牌,或偶出外,明書何地何幹,或别縣僑寓,明書何縣何業,甲長督十户,保正督甲長,造册送縣,朔望稽查。《康熙志》

嘉慶五年春,奉撫憲阮批,准議頒編查保甲規條:保甲應挨莊順户,以次編排,每十户爲一牌,立一牌頭;十牌爲一甲,立一甲長;十甲爲一保,統一保正。除牌頭按年輪充,毋庸置議外,保正係由紳富公舉,傳驗點充。

一查禁勾引奸逆及外來匪類。

一查禁偷運米石下海。

一查禁代盜銷臟。

一查禁私販鐵觔、硝黄、火藥下海。

一查禁私造軍器。

一查禁邪教。

一查禁糾衆歃血,結拜弟兄。以上七條,如牌甲人户有犯,該牌頭即與同牌人户擒拏,報明甲保,送官究治,領賞。倘敢知情容隱,别經發覺,定照一家有犯九家連坐之條,從重究擬。保正、甲長分别責懲不貸。如本家父子兄弟有能自首者,均予免罪。○《嘉慶志》

同治十三年,遵奉諭旨查辦保甲:

一禁結盟拜會,吃齋惑衆。

一禁賭博、盜竊、奸拐、搶親。

一禁私藏軍火器械,窩結匪類。

一禁承墾抗糧,承佃抗租。合行給牌填注,懸挂以憑,隨時查驗。○新增

武川備考卷五 上

祭祀考上

壇壝

社稷壇　宋在書臺門外，元改於仙巖，明仍宋址。萬曆間，知縣熊秋芳建神厨、宰牲房、齋宿所。國朝因之。壇而不屋，臺高五尺，陛各三級，東西南北各五丈，繚以垣石。柱一，長二丈五寸，方一尺，埋於壇正中，近南下陷土中，上露圓尖，距壇邊二尺五寸。神牌，木爲之，高二尺五寸，博四寸五分，厚九分，趺高四寸五分，博八寸五分，厚四寸五分。一書縣社之神，一書縣稷之神，祭畢藏主於庫。舊志：○按，今壺山有社稷壇址，《通志》據《正德志》在書臺門外，《府志》縣西一里，皆指此。又熊令所建，《康熙志》云僅存一亭，今并亭亦亡矣。

壇北向，歲以春秋、仲月上戊日爲民祈報，正官將事，教官糾儀，生員充禮，生掾吏執事。

社稷位前各帛一，鉶二，簠二，簋二，籩四，豆四，爵三，共羊一，豕二，尊一。祭日，鷄初鳴，承祭官以下咸朝服齊集。黎明，贊引禮生二人引承祭官詣盥洗所，盥洗，通贊禮生贊："執事者各司其事。"以下自迎神至望瘞皆唱贊。贊引禮生贊："就位"，引承祭官至階前拜位立。引班禮生二人分引陪祭官文東武西班與外省朝賀同。各就拜位序立，乃迎神。贊引贊："升壇"，引承祭官升壇，詣香案前，司香跪奉香。贊引贊："上香"，承祭官三上香。贊："復位"，引承祭官降，復位。贊："跪，叩，興"，以下行禮皆有贊。承祭官行三跪九叩禮，陪祭各官皆隨行禮。奠帛，初獻爵。司帛奉篚進，跪，奠篚。司爵奉爵進，獻爵，奠正中。皆退。司祝禮生至祝案前跪，承祭官暨陪祭官皆跪。司祝讀祝畢，詣神位前跪，安於案，叩如初，退。承祭官暨陪祭官行三叩禮。亞獻爵，奠於左；終獻爵，奠於右。均儀同初獻。乃徹饌送神，承祭官行三跪九叩禮，陪祭官皆隨行禮。司祝奉祝，司帛奉帛，恭送瘞所。承祭官轉立拜位，西旁東面，候祝帛過，復位。引至望瘞位望瘞，贊引告："禮成。"引退，衆皆退。

祝文　維年月日某官某等致祭於縣社之神、縣稷之神曰：維神奠安九有，粒食萬方。分五色以表封圻，育三農而蕃稼穡。恭承守土，肅展明禋，時屆春（秋），敬修祀典。庶芃芃松柏，鞏磐石於無疆；翼翼黍苗，佐神倉於不匱。尚饗！

神祇壇　在縣南二里雙路亭山。明洪武二年，詔縣祀山川，明年詔以風雲雷雨合一壇，尋以城隍合祭。壇制，廣二丈五尺，圍十丈，四出陛，午陛五級，子、卯、酉各三級。燎壇在壇東南隅，木主同社稷神位皆南向。舊志

國朝，縣建神祇壇，中設雲雨風雷之位，左設本境山川之位，右設本境城隍之位，歲以春秋仲月諏日致祭，以帛七，羊一，豕一，鉶二，簠二，簋二，籩四，豆四，尊一，罏一，鐙二，爵各三，按共爵二十一。餘儀與祭社稷同。《大清會典》

祝文　維年月日某官某等致祭於雲雨風雷之神、境内山川之神、本縣城隍之神，曰：維神贊襄天澤，福佑蒼黎。佐靈化以流形，生成永賴；乘氣機而鼓盪，温肅攸宜。磅礴高深，長保安貞之吉；憑依鞏固，實資捍禦之功。幸民俗之殷盈，仰神明之庇護。恭修歲祀，正值良辰。敬潔豆籩，祗陳牲幣。尚饗！

乾隆二十二年，禮部議準於春秋仲月與社稷壇同日致祭。舊志

先農壇　舊在東鄉童廬，後移置金鞍山香山寺左，今在八素門

外一里許。雍正六年，知縣楊維清奉文建壇宇，并置耤田四畝九分，計一坵，坐童廬。係童永昌田，永遠給胙。每歲仲春亥日祭，近奉文，係季春亥日，神牌同社稷。舊志

朝服行禮，用帛一，羊一，豕一，鉶二，簠二，簋二，籩豆各四，尊一，爵三，餘儀與祭社稷同。禮成，更采服，率屬行耕耤禮。《大清會典》

祝文　維年月日某官某等致祭於炎帝神農氏之神、厲山氏之神、后稷氏之神，曰：維神肇興稼穡，粒我烝民。頌思文之德，克配彼天；念率育之功，陳常時夏。兹當東作，咸服西疇。洪維九五之尊，歲舉三推之典。恭膺守土，敢忘民勞？謹奉彝章，聿修祀典。惟願五風十雨，嘉祥恒沐於神庥；庶幾九穗雙歧，上瑞頻書於大有。尚饗！

雍正二年，奏定頒發耕耤所歌三十六禾詞。一章。光華日月開青陽，房星晨正呈農祥。帝念民依重耕桑，肇新千籍考典章。吉蠲元辰時日良，蒼龍鑾輅臨天閶。青壇峙立西南方，犧牲簠簋升芬芳。皇心祗敬天容莊，黄幕致禮虔誠將。禮成移蹕天田旁，土膏沃洽春洋洋。黛犁行地牛服韁，司農種稑盛青箱。洪縻在手絲鞭揚，率先稼穡爲民倡。三推一墢制有常，五推九推數遞詳。王公卿尹咸贊襄，甸人千耦列雁行。稷耡既畢恩澤滂，自天集福多豐穰。來牟蕎薾森紫芒，華薌赤甲秈稈秎。秬秠三種黎白黄，稷粟堅好碩且香。穈芑大穗盈尺長，五菽五豆充壠場。穄粢穈鏖九色糧，蜀秫玉黍兼東廧。烏禾同收除童梁，雙歧合穎遍理疆。千箱萬斛收神倉，四時順序百穀昌。八區九有富蓋藏，歡騰億兆感聖皇。

雩祭乾隆七年，御史徐以升奏請下禮部議，准各直省府州縣衛立夏擇日行常雩禮，但不得用大雩之禮，亦不必另設雩壇，其社稷耤田等壇壝可以恪恭將事。二十一年，奉文所需祭品照例陳設，每州縣酌用銀五兩，司庫給。以先農壇將事，設雲雨風雷之位居左，本邑社稷之位居右，本邑山川之位居次左，炎帝神農氏之位居次右，厲山氏之位居次左左，后稷

氏之位居次右右，皆南向。

祝文　維年月日某官某等致祭於雲雨風雷之神、本邑社稷之神、本邑山川之神、先農之神，曰：恭膺詔命，普育群黎。仰體彤廷保赤之誠，勤農勸稼；俯惟蔀屋資生之本，力穡服田。令甲爰頒，肅舉祈年之典；惟寅將事，用伸守土之忱。黍稷惟馨，尚冀明昭之受賜；來牟率育，庶俾豐裕於蓋藏。尚饗！

孟夏諏日，行常雩禮。如常雩後不雨，自督撫至州縣咸率所屬致齋修省，虔禱神祇，爲民請命。既應而報，陳設禮儀均與春秋常祭同，若久雨祈晴，冬旱祈雪，禮亦如之。《大清會典》

厲壇　在治北白嶺之趾。明萬曆間，知縣熊秋芳建宰牲房、宿齋所三間，久圮。舊志歲清明節、七月望、十月朔祭厲於城北郊。前期，守土官飭所司具香燭，公服詣城隍廟，以祭厲告城隍神，上香，跪，三叩，興，退。至日，所司陳羊三，豕三，米飯三石，尊酒楮幣於祭所，設燎鑪於壇南。黎明，禮生奉請城隍神位入壇，設於正中，香案一，鑪燈具。贊禮生二人，引守土官詣神位前，贊："跪"，守土官跪。贊："上香"，守土官上香。贊："叩，興"，守土官三叩，興，退。執事者焚楮幣，守土官詣燎鑪前祭酒三爵，退。禮生奉城隍神位還廟，各退。《大清會典》

廟祀

文廟

崇聖祠

名宦祠

鄉賢祠

忠義祠

孝弟祠

節孝祠均詳見學校

土地祠縣土地祠、捕土地祠詳見公署,學土地祠詳見學校。

文昌廟互見學校。舊在大南門内,爲奎光閣。明萬曆間知縣熊秋芳建於城西,久圮。國朝乾隆九年,教諭姚遠翿率諸生顧學峻等捐建閣於外泮池東,舊志。咸豐五年,移建於城西北法雲寺旁。十一年,寇燬。光緒初,建廟三楹於學署東。新增。嘉慶六年,奉勅各直省州縣立廟致祭儀文仿照關帝,列入祀典,春以二月三日、秋八月擇日,共用銀二十兩。咸豐九年,撫憲晏奏准每年春、秋、誕三祭,每祭支銀二十兩。舊志

祝文　維神績著西垣,樞環北極。六匡麗曜,協昌運之光華;累代垂靈,爲人文之主宰。扶正久彰夫感召,薦馨宜致其尊崇。兹届仲春(秋),用昭特祀。尚其歆格,鑒此精虔。尚饗!

關帝廟在治西街,邑人何爆榮建,并助田二十畝有奇。康熙三十二年,其子售廟,知縣江留篇贖之。乾隆四十九年,知縣鄧謙芳重修,助田一百把,坐三角店大路邊,撥下印沙洲官地一處,每年租錢八千八百文。嘉慶間,邑人募建兩廊六間,舊志。咸豐間,寇燬。同治間,建廟三楹,後廟三楹,旁屋一。新增。順治九年,勅封忠義神武關聖大帝。雍正三年,封三代曾祖光昭公,祖裕昌公,父成忠公,供奉後殿。乾隆二十五年,改謚神勇。三十三年,加封忠義神武靈祐。五十九年,改勅封爲供奉,舊定每歲五月十三日祭。雍正三年又定每歲除誕日外,擇日祭。近部議每年春、秋、誕三祭,每祭用銀二十兩。舊志

祝文　維帝浩氣凌霄,丹心貫日。扶正統而彰信義,威震九州;完大節以篤忠貞,名高三國。神明如在,遍祠宇於寰區;靈應丕昭,薦馨香於歷代。屢徵异迹,顯佑群生。恭值仲春(秋),遵行祀典。筵陳籩豆,几奠牲醪。尚饗!〇後殿祝文:維公世澤詒庥,靈源積慶。德能昌後,篤生神武之英;善則歸親,宜享尊崇之報。列上公之封爵,錫命優隆;合三世以肇禋,典章明備。恭逢春(秋)仲,

祇事薦馨。尚饗!

按,何熼榮建,名關帝廟。同治間重建,改曰武廟,其意蓋欲與文廟埒也。然考前明罷武成王廟,以尊孔子,是三代王佐尚不敢比賢於堯舜生民未有之至聖,况其餘乎? 正名思義,其謹之哉!

阮公祠　祀晉鎮南將軍阮孚。在東十六莊明招山。宋金華吕喬年建金貂亭,祀阮公。後人建祠於智覺寺後。元明至國朝,屢加修葺,守土官諏日致祭。咸豐末,寇燬。同治四年,知縣羅子森建懷阮亭於祠址。光緒戊子年,知府陳五騄捐銀爲朱吕講院祭資,并祀阮公。光緒丙申,懷阮亭圮,權奉阮公神主於伽藍。

朱吕講院詳見學校。

吕成公祠元在明倫堂西。明正德十一年,縣丞潘棠撤東岳像以祀成公。萬曆十九年,知縣陳大烈建於東岳宫西。義民周滿、周驩、周軌助建,春祭取天齊宫田四百把,銀二兩四錢解縣,秋祭辦於義民吴海。《通志》、《府志》、《邑志》皆同,互詳見學校。

鞏山堂祠　祀宋太平州録事參軍知諸暨縣事鞏庭芝。《兩浙陵寢祠墓防護録》: 在南六莊。〇按,久圮。

鞏栗齋祠　祀宋提轄左藏庫知臨安縣事鞏豐。《兩浙陵寢祠墓防護録》: 在南六莊。〇按,久圮。

徐文肅祠　祀宋工部侍郎寶謨閣待制謚文肅徐邦憲。《兩浙陵寢祠墓防護録》: 在城南隅。〇《嘉慶志》: 在大南門内,係仁字七十四號徐玉歸户。〇按,咸豐末,寇燬。

徐文忠祠　祀宋浙西提刑謚文忠徐道隆。宋《昭忠録》: 贈官,立廟,致祭。〇按,祠今不知所。

王孝子祠　祀明孝子王世名。《通志》: 在東岳宫左,後圮,移建五聖堂。〇《康熙志》: 春秋二祭,每年縣給銀三兩,與守祠生員自辦。〇《嘉慶志》: 孝子王世名、烈婦俞氏合祠。〇按,咸豐末,寇燬。

武川備考卷五 中

祭祀考中

群祀

城隍廟舊在縣西一里許,今在城西。○按,《通志》據《正德縣志》,在縣西一里許,《萬曆志·輿圖》:城隍廟在長安堰水南。即今城隍廟也。○《宋史·鞠嗣復傳》:項德據城隍祠拒賊。按,據此則北宋已有廟矣。○舊志:宋建炎三年建,明洪武五年知縣徐嵒建,弘治元年修。國朝康熙二十七年火,知縣史大受、邑人俞懋善、王駿甫、道士童法賢募建正殿。其正廳三間,中,井徐氏建;左,槐項氏建;右,顧氏建;門三間,徐進九建。三十五年,知縣江留篇建後殿。嘉慶元年,署縣儲夏書率邑人募修。○按,江留篇,上舊志脱"三十五年"字。○道光間重修。咸豐末,燬於寇。同治四年,知縣羅子森偕紳士建後殿。十二年,邑人捐建正殿,其中廳、頭門仍井徐、槐項、顧氏、徐進九建,又建後殿西餘屋。光緒年,建詔書亭於頭門内,建官廳於正殿西。

記曰:天子大蜡八,伊耆氏始爲蜡。注曰:伊耆氏,堯也。○《春明夢餘録》曰:蜡祭八神,水、庸居七。水則隍也,庸則城也,此祭城隍之始。《左傳》:鄭灾,祈於四鄘。宋灾,用馬於四鄘。《春明夢餘録》曰:庸字不同,古通用耳。《北齊書》:慕容儼鎮郢城,城中有神祠,俗號城隍神,公私每有祈禱。城隍始見正史。《册府元龜》:後唐廢帝清泰元年詔,杭州城隍神封順義保寧王。城隍封號之始。《宋史·禮志》:建隆元年,太祖平澤潞,祭城隍。征揚州、河東,並用此禮。四年十一月,詔以郊祀。前一日,遣官祭告城隍。告祭見正史始此。《元史》：文宗天曆二月，加封上都城隍神爲護國保寧王，夫人爲護國保寧王妃。城隍夫人封號始此。《明集禮》：太祖封京都城隍爲承天鑒國司民統神昇福大帝，各府爲鑒察司民城隍威靈公，各州爲鑒察司民城隍靈佑侯，各縣爲鑒察司民城隍顯佑伯。都府州縣分封始此。《明會典》：命從祀於山川壇。《春明夢餘録》：洪武二年，禮官奏請，宜以城隍及太歲、風雨合爲一壇，春秋祀之。詔可。三年夏六月，始正各城隍等號，各府州縣城隍稱某府城隍之神，某州城隍之神，某縣城隍之神。又曰凡府州縣新官到任，必先宿齋城隍廟，謁神，與誓。秦蕙田曰：改祀城隍於山川壇，從地示之類也。又曰：古惟社稷，後世有城隍。泰之上六，城復于隍。《禮記》：天子大蜡八，水、庸居七。水，隍也。庸，城也。《大雅》曰：崇墉言言。墉與庸同，説者謂即古城隍之祭。社稷所以養人，城隍所以衛人，城隍亦土之功用，似社足以該之，而古必别有水庸之祭，後世且盛於社稷者，竊意三代時封建法行，分茅胙土，專以土穀爲重，天子、諸侯而外，大夫以下成群置社，祈報而已。雖有城隍，不過秩諸百神之列，索饗之亦宜也。後世易爲郡縣，兵戈盜賊，戰攻防守，專以城池爲固，于以祈禳，于以請禱，亦理埶之不得不然者。自漢以後廟祀見於志乘，則有吴赤烏年，而北齊慕容儼守郢城禱城隍獲佑，唐諸州長史刺史如張説、張九齡、杜牧皆有祭文，後唐清泰中封以王爵，宋建隆初其祀遍天下。明初，京都郡縣並加封爵，洪武三年，去封號；二十年，改建廟宇如公廨，設座判事如長史狀，牧守縣令朔望展謁。文廟外，惟城隍水旱祈請，惟城隍百姓施捨恐後，銜冤訴牒，亦惟城隍。廟貌巍峩，章服鮮華，史巫紛若，殆乏虚日，較社稷之春祈秋報，割祠繫絲，用牲伐鼓，蓋什百矣。又曰：禮與時宜，神隨代立，城隍固國庇民允宜，咸秩無文，其體制則洪武初年爲壇立主，與社稷同，最得古意。然尸法既亡，塑像亦近尸之義，愚民疑耳信目，文告不如塑像之竦觀而懾志也，立廟塑像亦不可厚非者。至如紀信、灌嬰、龍且、蘇環之事，近乎誕矣。或死爲城隍如古之配食者與？誕辰之祝，夫人之封，附會太甚，固不足辨。

東嶽宫在東門外。〇《萬曆府志》：宋乾道四年，將仕郎徐元諒捨田爲基而建。元至元二十年，改曰天齊宫。明洪武二十五年，立成叢林。〇《康熙志》：王思春助田三百把，坐香山寺上。〇《嘉慶志》：乾隆十二年建，五十四年修。〇按,咸豐末,寇燬。同治間,重建。光緒二十四年,修。

唐開元十三年,封泰山神爲天齊王。宋大中祥符四年,加上東嶽曰天齊仁聖帝,后號曰淑明。陳氏淳曰:帝只一上帝而已,安有山而謂之帝?又立后於殿後,不知何山可以當其配而爲夫婦?〇邱氏濬曰:世俗以三月廿八日爲岳神初度,嗚呼!天一生水,凝而爲山,亦有時日耶?此無稽之甚也。甚者惑於釋氏地獄之説,謂人死其魂必經岳祠考掠,而有二十四案之像,尤爲不經。〇秦蕙田曰:古者四望山川之祭壇而不屋,易以廟號,非古也,況封爲王爲帝乎?元至元二十八年,加上東嶽爲齊天仁聖大生帝。趙氏天麟曰:東岳,太平天子告成之地,東方藩侯當祀之山,乃有娼優、貨殖、屠沽,每年春季,四方雲聚,干越邦典,渫瀆神明,亦已甚矣。季氏,魯上卿,旅于泰山,孔子猶欲其宰救之,況小民之賤者乎?淫祀者事神之誠極寡,希福之念甚多,父慈子孝,何用焚香?上安下順,何用楮幣?伏望申明前詔,凡非典祀而祈神賽社、漿酒藿肉、飾立神像、泥金鏤木者,禁之,毋令妄費。明洪武三年六月癸亥,詔曰:五嶽四海四瀆之封,起自唐世,崇名美號,歷代有加,在朕思之,則有不然。夫嶽鎮海瀆,皆高山廣水,自天地開闢以至於今,英靈之氣萃而爲神,必皆受命於上帝,幽微莫測,豈國家封號之所可加?瀆禮不經,莫此爲甚。至如忠臣烈士,雖可加以封號,亦惟當時爲宜。夫禮所以明神人,正名分,不可以僭差。今宜依古制,凡嶽鎮海瀆並去其前代所封名號,止以本名稱其神,郡縣城隍神號一體改正;歷代忠臣烈士亦依當時初封以爲實號,後世溢美之詞皆與革去。庶幾神人之際名正言順,於禮爲當,用稱朕以禮事神之意。邱氏濬曰:聖祖此詔可謂考諸三王而不謬,質諸鬼神而無疑,百世以俟聖人而不惑,一洗千古之謬。

禹廟《康熙志》云:武義所祀之神,多夏王神禹,以治水功,永賴萬世,其少子封於越,留衣冠,葬禹穴。民思之不能忘,設像奉祀,相傳勿替,足覘人心焉。〇按,禹廟所在多有,不能悉載。

二郎廟在南隅,祀秦蜀守李冰。〇《華陽國志》:秦孝文王以李冰爲蜀守,冰能知天文地理,謂汶山爲天彭門。乃至湔及縣,見兩山相峙如闕,因號天彭闕，髣髴若見神，遂從水上立祠三所，祭用三牲，珪璧沈濆。漢興，數使使者祭之。冰乃壅江作堋，穿郫江、檢江，别支流，雙過郡下，以行舟船。岷山多梓、柏、大竹，頹隨水流，坐致材木，功省用饒。又溉灌三郡稻田，於是蜀沃野千里，號爲陸海。旱則引水浸潤，雨則杜塞水門，故《記》曰水旱從水，不知飢饉，時無荒年，天下謂之天府也。外作石犀五頭，以厭水精，穿石犀溪於江南，命曰犀牛里。後轉爲耕牛二頭，一在府市市橋門，今所謂石牛門也；一在淵中，乃自前堰上分穿羊摩江、灌江西於玉女房下。自涉郵作三石人，立三水中，與江神要，水竭不至足，盛不没肩。時青衣有沬水出蒙山下，伏行地中，會江南安觸山脇溷崖水脉，漂疾破害舟船，歷代患之。冰發卒鑿平溷崖，通正水道。或曰冰鑿厓時，水神怒，冰乃操刀入水中，與神鬬，至今蒙福。僰道有故蜀王兵闌，亦有神作大灘江中，其厓嶄峻，不可鑿，乃積薪燒之，故其處懸厓有赤白五色。冰又通笮，通汶井江，徑臨邛，與蒙溪分水白木江，會武陽天社山下合江。又導洛通山，洛水或出瀑口，經什邡郫别江，會新都大渡。又有綿水出紫巖山，經緜竹入洛，東流過資中會江陽，皆溉灌稻田，膏潤稼穡，是以蜀川人稱郫繁曰膏腴，綿洛爲浸沃也。又識齊水脉，穿廣都、鹽井諸陂池，蜀於是盛有養生之饒焉。〇《建炎以來繫年要録》：紹興元年丨二月丁卯，宣撫處置使張浚言已封永康軍普德廟神爲昭惠靈顯王，詔次已行事理。普德神，秦蜀守李冰次子也。宣和間改封真人，至是，浚言神比托夢，北欲掃妖凶患，爲兵印，故封之。〇《大清會典》：祭通佑王李冰於四川灌縣。〇《隨園隨筆》：《宋史》徽宗政和七年，詔修神保觀，俗所云二郎神者，京師傾城男女負土以獻，不知何神。《元史·文宗本紀》：秦時蜀守李冰爲英惠王，其子二郎神爲仁祐王，方知二郎神爲李冰之次子。《成都志》謂冰爲郡守，化牛形入水戮蛟，鬬不勝，見夢於其子，子乃入水助父殺蛟。范成大《吴船録》：崇德廟在永康軍城西門外山上，爲秦守李冰父子廟食處。〇按，舊志不言建自何時，父老相傳，城南水齧，作廟鎮之，廟中石幢有崇禎年號，大率肇自前朝，近之靈響丕著。咸豐元年，修。十一年，寇燬。同治二年，都司白瑛隨軍門林文察收復城池，捐俸建後殿。光緒二十三年，闔邑捐建正殿、中廳、頭門、兩廊、官廳。

花園廟舊志在北隅。〇《闇然偶拈》：花園廟神，不知其姓氏，以其年長，居於花園，謂之花園翁。幼奇偉，壯屈首受書，忼慨有大志。數奇，退息於花園,居接城北,流俗敗壞,翁時諭以義,不悛,復婉言導再三,猶不改,愀然曰:“余涼德無能爲也。”齋沐禱天,請以明威警衆。一夕,夢神詔:“此方惡德腥聞,帝命汝投丸井中,汲飲者斃之。”翁警寤,丸在手,撫而言曰:“上天好生,豈忍毒此一方? 得毋命余傳示,使生畏耶?”旦進里人,誡之曰:“爾曹不受正言,上干天譴,奈何?”習神語,以丸示之,衆斥爲狂。翁懼天心之不白也,願以身試,吞丸暴卒。於是衆皆慟哭,曰:“吾早從言,翁不及此。”忽聞空中語:“爾曹知悔,姑免死。帝勑某主此方矣。”衆謹立廞,偶其相而尸祝之。越百餘年,有客訪翁,狀其貌,無有識者。一日過廞見像,且愕且喜,入門再拜,出諮耆老,爲語像設緣起,客遂捐金建廟,仍其故居,而尊其神曰花園太祖。蓋客販木大海,遭颶風,漂没殆盡,道遇翁,泣陳其事,贈以百金,客叩里居,翁曰:“吾武義城北人也。”後客擁高貲遠來尋謁,乃知向者爲神助也。

皂角廟舊志在東隅。

東平王廟新增。〇在城隍廟正殿東,祀唐贈揚州大都督張巡。〇《新唐書・本傳》:張巡字巡,鄧州南陽人,博通群書,曉戰陣法,氣志高邁,略細節,所交必大人長者,不與庸俗合,時人叵知也。開元末,擢進士第,時兄曉已位監察御史,皆名,稱重一時。巡繇太子通事舍人出爲清河令,治績最,而負節義,或以困厄歸者,傾貲振護無吝。秩滿還都,於是楊國忠方專國,權埶可炙,或勸一見,且顯用,答曰:“是將爲國怪神,朝宦不可爲也。”更調真源令,土多豪猾大吏,華南金樹威恣肆,邑中語曰“南金口,明府手”。巡下車,以法誅之,赦餘黨,莫不改行遷善。政簡約,民甚宜之。安禄山反,天寶十五載正月,賊酋張通晤陷宋、曹等州。譙郡太守楊萬石降賊,逼巡爲長史,使西迎賊軍。巡率吏哭玄元皇帝祠,遂起兵討賊,從者千餘。初,靈昌太守嗣吴王祗受詔,合河南兵拒禄山,有單父尉賈賁者,閬州刺史璿之子,率吏稱吴王兵,擊宋州,通晤走襄邑,爲頓邱令盧奕所殺。賁引軍至雍邱,巡與之合,有衆二千。是時雍邱令令狐潮舉縣附賊,遂自將東敗淮陽兵虜衆反接在廷,將殺之。暫出行部,淮陽囚更解縛起,殺守者,迎賁等入。潮不得歸,巡乃屠其妻子,磔城上。祗聞承制,拜賁鑒察御史,潮怨賁,還攻雍邱,賁趨門,爲衆蹦死。巡馳騎决戰,身被創,不顧,士乃奉巡主軍。間道表諸朝,騰牋祗府,祗乃舉究以東委巡經略。潮以賊衆四萬薄城，人大恐，巡謂諸將曰："賊知城中虛實，有輕我心，今出不意，可驚而潰也，乘之埶必折。"諸將曰："善。"乃分千人，乘城以數隊出，身前驅，直薄潮軍，軍却。明日，賊攻城，設百樓、巡栅，城上束芻灌膏以焚焉，賊不敢向。巡伺隙擊之，積六旬，大小數百戰，帶甲食，裹瘡鬭，潮遂敗走，追之幾獲。潮怒，復率衆，然素善巡，至城下，情語巡曰："本朝危蹙，兵不能出關，天下事去矣。足下以羸兵守危堞，忠無所立，盍相從以苟富貴乎？"巡曰："古者父死於君，義不報，子乃銜妻孥怨，假力於賊以相圖，吾見君頭於通衢，爲百世笑，奈何？"潮赧然去。當此時，王命不復通，大將六人白巡以埶不敵且上存亡莫知，不如降。六人者，皆官開府特進。巡陽許諾，明日堂上設天子畫像，率軍士朝，人人盡泣。巡引六將至，責以大誼，斬之。士心益勸。會糧乏，潮餉賊鹽米數百艘且至，巡夜壁城南，潮悉軍來拒，巡遣勇士銜枚，濱河取鹽米千斛，焚其餘而還。城中矢盡，巡縛藁爲千餘人，被黑衣，夜縋城下，潮兵争射之，久乃藁人還得箭數十萬。其後，復夜縋城，賊笑不設備，乃以死士五百斫潮，營軍大亂。焚壘幕，追奔十餘里，賊慚，益兵圍之。薪水竭，巡紿潮欲引衆走，請退軍二舍，使我逸。潮不知其謀，許之。遂空城四出三十里，撤屋發木，而還爲備。潮怒，圍復合。巡徐謂潮曰："君須此城，歸馬二十匹，我得馬，且出奔，請君取城以藉口。"潮歸馬，巡悉以給驍將，約曰："賊至，人取一將。"明日，潮責巡，答曰："吾欲去，將士不從，奈何？"潮怒，欲戰。陣未成，三十騎突出，禽將十四，斬首百餘級，收器械牛馬。潮遁還陳留，不復出。七月，潮率賊將瞿伯玉攻城，遣僞使者四人傳賊命招巡。巡斬以徇，餘縶送祇所。圍凡四月，賊常數萬，而巡衆才千餘，每戰輒克。於是河南節度使嗣虢王臣屯彭城，假巡先鋒，俄而魯東平陷賊，濟陰太守高承義舉郡叛，臣引兵東走臨淮，賊將楊朝宗謀趨寧陵，絶巡餉路。巡外失巨依，拔衆保寧陵。馬裁三百，兵三千，至睢陽，與太守許遠、城父令姚誾等合。乃遣將雷萬春、南霽雲等領兵戰寧陵北，斬賊將二十，殺萬餘人，投尸於汴，水爲不流。朝宗夜去。有詔拜巡主客郎中，副河南節度使。巡籍將士有功者請於巨，巨纔授折衝果毅，巡諫曰："宗社尚危，園陵孤外，渠可吝賞與貲？"巨不聽。至德二載，禄山死，慶緒遣其下尹子琦將同羅、突厥、奚勁兵，與朝宗合，凡十餘萬，攻睢陽。巡勵士固守，日中二十戰，氣不衰。遠自以材不及巡，請稟軍事而居其下，巡受不辭，遠專治軍糧戰具。前此，遠將李滔救東平，遂叛，入城，大將田秀榮潛與通。或以告遠曰：晨出戰，以碧帽爲識。視之如言，盡覆其衆，還輒曰："我誘之也，請以精騎往，易錦帽。"遠以告巡，巡召登城讓之，斬首示賊。因出薄戰，子琦敗，獲車馬牛羊，悉分士，秋毫無所入其家。有詔拜巡御史中丞，遠侍御史，闔吏部郎中。巡欲乘勝擊陳留，子琦聞，復圍城。巡語其下曰："吾蒙上恩，賊若復來，吾有死耳。諸君雖捐軀，而賞不直勳，以此痛恨。"聞者感槩，乃椎牛大饗，悉軍戰。賊望兵少，大笑，巡、遠親鼓之，賊潰，追北數十里。其五月，賊刈麥，乃濟師。巡夜鳴鼓，嚴隊若將出。賊申警，俄息鼓。賊覘城上兵休，乃弛備。巡使南霽雲等開門徑抵子琦所，斬將拔旗。有大酋被甲引拓、羯千騎，麾幟乘城，招巡。巡陰縋勇士數十人隍中，持鈎、陌刀、强弩，約曰"聞鼓聲而奮"。酋恃衆不備，城上譟伏發禽之弩，注矢外向，救兵不能前。俄而，縋士復登陴，賊皆愕眙，乃按甲不出。巡欲射子琦，莫能辨，因剡蒿爲矢，中者喜，謂巡矢盡，走白子琦，乃得其狀，使霽雲射，一發中左目，賊還。七月，復圍城。初，睢陽穀六萬斛，可支一歲，而巨發其半餫濮陽、濟陰，遠固争不聽。濟陰得糧即叛。至是，食盡，士日賦米一勺，齕木皮，鬻紙而食，才千餘人，皆癯劣，不能彀，救兵不至。賊知之，以雲衝傅堞，巡出鈎干拄之，使不得進，篝火焚梯，賊以鈎車木馬進，巡輒破碎之。賊服其機，不復攻，穿壕立柵以守。巡士多餓死，存者皆痍傷氣乏。巡出愛妾曰："諸君經年乏食而忠義不少衰，吾恨不割肌以啖衆，寧惜一妾而坐視士飢?"乃殺以大饗，坐者皆泣。巡强令食之，遠亦殺奴僮以哺卒，至羅雀、掘鼠、煮鎧弩以食。賊將李懷忠過城下，巡問："君事胡幾何?"曰："二朞。"巡曰："君祖父官乎?"曰："然。""君世受官，食天子粟，奈何從賊？關弓與我确?"懷忠曰："不然。我昔爲將，數死戰，竟没賊，此殆天也。"巡曰："自古悖逆終夷滅，一日事平，君父母妻子並誅，何忍爲此?"懷忠掩泣去，俄率其黨數十人降。巡前後説降賊將甚多，皆得其死力。御史大夫賀蘭進明代巨節度，屯臨淮，許叔冀、尚衡次彭城，皆觀望，莫肯救。巡使霽雲如叔冀請師，不應，遺布數十端，霽雲嫚駡，馬上請决死鬬，叔冀不敢應。巡復遣如臨淮告急，引精騎三十冒圍出，賊萬衆遮之，霽雲左右射，皆披靡。既見進明，進明曰："睢陽存亡已决，兵出何益?"霽雲曰："城或未下，如已亡，請以死謝大夫。"叔冀者，進明麾下也，房琯本以牽制進明，亦兼御史大夫，埶相埒而兵精。進明懼師出且見襲，又忌巡威，恐成功。初無出師意，又愛霽雲壯士，欲留之，爲大饗，樂作，霽雲泣曰："昨出睢陽，時壯士不粒食已彌月，今大夫兵不出而廣設聲樂，義不忍獨享，雖食，弗下咽。今主將之命不達，霽雲請置一指以示信，歸報中丞也。"因拔佩刀斷指，一坐大驚，爲出涕。卒不食去。措矢回射佛寺浮圖，矢箸甎，曰："吾破賊，還必滅賀蘭，此矢所以志也。"至真源，李賁遺馬百匹。次寧陵，得城使廉坦兵三千。夜冒圍入，賊覺拒之，且戰且引，兵多死，所至才千人。方大霧，巡聞戰聲，曰："此霽雲等聲也"，乃啓門，驅賊牛數百入。將士相持泣。賊知外援絶，圍益急。衆議東奔，巡、遠議以睢陽，江淮保障也，若棄之，賊乘勝鼓而南，江淮必亡，且師飢，衆行必不達。十月癸丑，賊攻城，士病不能戰，巡西向拜曰："孤城備竭，弗能全，臣生不報陛下，死爲鬼以癘賊。"城遂陷，與遠俱執。巡衆見之，起且哭。巡曰："安之，勿怖，死乃命也。"衆不能仰視。子琦謂巡曰："聞公督戰，大呼輒眥裂血面，嚼齒皆碎，何至是？"答曰："吾欲氣吞逆賊，顧力屈耳。"子琦怒，以刀抉其口，齒存者三四，巡罵曰："我爲君父死爾，附賊乃犬彘也，安得久？"子琦服其節，將釋之，或曰："彼守義者，烏肯爲我用？且得衆心，不可留。"乃以刃脅降，巡不屈，又降霽雲，未應，巡呼曰："南八，男兒死耳，不可爲不義屈！"霽雲笑曰："欲將有爲也。公知我者，敢不死？"亦不肯降，乃與姚誾、雷萬春等三十六人遇害。巡年四十九。初，子琦議生致一人慶緒所，或曰："用兵拒守者，巡也。"乃送遠至偃師，亦以不屈死。巨之走臨淮，巡有姊嫁陸氏，遮王勸勿行，不納，賜縑百，弗受。爲巡補縫行間，軍中號陸家姑，先巡被害。巡長七尺，須髯每怒張，讀書不過三復，終身不忘，爲文章不立藁。守睢陽，士卒居人一見問姓名，其後無不識。更潮及子琦大小四百戰，斬將三百，卒十餘萬。其用兵未嘗依古法，勒大將教戰，各出其意，或問之，答曰："古者人情敦樸，故軍有左右前後，大將居中，三軍望之以齊進退。今胡人務馳突，雲合鳥散，變態百出，故吾止使兵識將意，將識士情，上下相習，人自爲戰爾。"其械甲取之於敵，未嘗自修。每戰必親臨陣。有退者，巡已立其所，謂曰："我不去此，爲我決戰。"士感其誠，皆一當百。待人無所疑，賞罰信，與衆共甘苦寒暑，雖廝養，必整衣見之。下爭致死力，故能以少擊衆，未嘗敗。被圍久，初，殺馬食，既盡而及婦人老弱，凡食三萬口。人知將死，而莫有畔者。城破，遺民止四百而已。始肅宗詔中書侍郎張鎬代進明節度河西，率浙東李希言、司空襲禮、淮南高適、青州鄧景山四節度掎角救睢陽。巡亡三日而鎬至，十日而廣平王收東京，鎬命中書舍人蕭昕誄其行。時議者或謂巡始守睢陽，衆六萬，既糧盡，不持滿按隊出再生之路，與夫食人，寧若全人？於是張澹、李紓、董南史、張建封、樊晃、朱巨川、李翰咸謂巡蔽遮江淮，沮賊執，天下不亡，其功也。翰等皆有名士，由是天下無异言。天子下詔贈巡揚州大都督，遠荆州大都督，霽雲開府儀同三司，再贈揚州大都督並寵其子孫。睢陽、雍邱賜猺税三年。巡子亞夫拜金吾大將軍，遠子玫婺州司馬。皆立廟睢陽，歲時致祭。德宗差次至德以來將相功效，尤著者以顔杲卿、袁履謙、盧奕及巡、遠、南霽雲爲上。又贈姚誾潞州大都督，官一子。貞元中復官巡它子去疾、遠子峴，贈巡妻申國夫人，賜帛百。自是訖僖宗，求忠臣後，無不及三人者。大中時，圖巡、遠、霽雲像於凌烟閣，睢陽至今祠享，號雙廟云。〇按，歲以五月五日竹紙爲船，中設鬼物，從城隍廟出，舁東平王像押其後，疾驅至八素門外，推船入水，然後舁像還廟。〇又按，同治十三年新建。

任公廟祀唐任留，配以五代周使君、鮑使君。〇《通志》、《正德志》：在縣西一里許長安堰上。唐光化元年，邑人任留築堰引水，溉田萬餘畝，歲久堰廢。宋慶元四年，邑人高世脩、葉之茂收復，仍立任公祠於上，配以五代周、鮑二使君，蓋亦有功於堰者。〇按，咸豐末，寇燬。光緒二十一年，邑人趙瑞麟等募捐重建。

石公廟祀宋主簿石宗玉。〇《嘉慶志》：在縣南隅。〇按，石宗玉，宋開禧三年任，倡造熟溪橋有功，故祀之。咸豐末，寇燬。光緒二十一年，以重建熟溪橋餘緡復搆祠宇三楹。

天妃宫《嘉慶志》：在城北隅慶豐坊。乾隆二十九年，閩商造。嘉慶年重建。〇按，咸豐末，寇燬。光緒二十六年，閩商重建。

朱文公祠《嘉慶志》：在城隍廟後殿左廊，一名紫陽樓。徽商置。〇按，祠久圮，道光間徽商建新安公所於頭巷，祀朱子。

藥皇廟新增。〇道光年間藥業建，在西北隅祝宅巷，上祀神農氏。咸豐末，寇燬。光緒二十三年，藥農買屋於大南門内爲公所。

華元化祠新增。〇在城西法雲寺東一室，祀漢醫士華佗。〇《後漢書·本傳》：華佗，字元化，沛國譙人也，一名旉。游學徐土，兼通數經，曉養性之術，年且百歲而猶有壯容，時人以爲仙。沛相陳珪舉孝廉，太尉黄琬辟，皆不就。精於方藥，處齊不過數種，心識分銖，不假稱量。針灸不過數處。若疾發結於内，針藥所不能及者，乃令先以酒服麻沸散，既醉無所覺，因刳破腹背，抽割積聚。若在腸胃，則斷截湔洗，除去疾穢，已而縫合，傅以神膏，四五日創愈，一月之間皆平復。佗嘗行道，見有病咽塞者，因語之曰："向來道隅有賣餅人蓱虀甚酸，可取三升飲之，病當自去。"即如佗言，立吐一蛇，乃懸於車而候佗。時佗小兒戲於門中，逆見，自相謂曰："客車邊有物，必是逢我翁也。"及客進，顧視壁北懸蛇以十數，乃知其奇。又有一郡守篤病久，佗以爲盛怒則差，乃受多其貨，而不加功，無何棄去，又留書罵之。太守果大怒，令人追殺佗，不及，因嗔恚，吐黑血數升而愈。又有疾者詣佗求療，佗曰："君病根深固，當剖破腹，然君壽亦不過十年，病不能相殺也。"病者不堪其苦，必欲除之，佗遂下療，應時愈，十年竟死。廣陵太守陳登忽患胸中煩懣，面赤不食，佗脉之曰："府君胃中有蟲，欲成肉疽，腥物所爲也。"即作湯二升，再服，須臾吐出三升許蟲頭，赤而動，半身猶是生魚膾，所苦便愈。佗曰："此病後三朞當發，遇良醫可救。"登至期疾動，時佗不在，遂死。曹操聞而召佗，常在左右，操苦頭風眩，佗針隨手而差。有李將軍者，妻病呼佗視脉，佗曰："傷身而胎不去。"將軍言間實傷身，胎已去矣。佗曰："按脉，胎未去也。"將軍以爲不然。妻稍差，百餘日復動，更呼佗。佗曰："脉理如前，是兩胎先生者去，血多故後兒不得出也。胎既已死，血脉不復歸，必燥著母脊。"乃爲下針，并令進湯，婦因欲産而不通，佗曰："死胎枯燥，埶不自生。"使人探之，果得死胎，人形可識，但其色已黑。佗之絶技，皆此類也。爲人性惡，難得意，且耻以醫見業，又去家思歸，乃就操求還取方。因托妻疾，數期不反，操累書呼之，又勑郡縣發遣，佗恃能厭事，猶不肯至。操大怒，使人廉之，知妻詐疾，乃付收訊，考驗首服。荀彧請曰："佗方術實工，人命所懸，宜加全宥。"操不從，竟殺之。佗臨死，出一卷書與獄吏，曰："此可目活人。"吏畏法不敢受，佗不强與，索火燒之。初，軍吏李成苦欬，晝夜不寢，佗爲腸癰，與散兩錢服之，即吐二升膿血，而漸愈。乃戒之曰："後十八歲，疾當發動，若不得此藥，不可差也。"復分散與之。後五六歲有里人如成先病，請藥甚急，成愍而與之，乃故往譙更從佗求，適值見收，意不忍言。後十八年,成病發,無藥而死。廣陵吴普、彭城樊阿皆從佗學,普依準佗療,多所全濟,佗語普曰:"人體欲得勞動,但不當使極耳。動揺則穀氣得銷,血脉流通,病不能生。譬猶户樞,終不朽也。是以古之仙者爲導引之事,熊經鴟顧,引挽腰體,動諸關節,以求難老。吾有一術,名五禽之戲,一曰虎,二曰鹿,三曰熊,四曰猨,五曰鳥,亦以除疾,兼利蹄足,以當導引。體有不快,起作一禽之戲,怡而汗出,因以著粉,身體輕便而欲食。"普施行之,年九十餘,耳目聰明,齒牙完堅。阿善針術,凡醫咸言背及匈藏之間不可妄針,針之不可過四分,而阿針背入一二寸,巨闕、胸藏乃五六寸,而病皆瘳。阿從佗求方可服食益於人者,佗授以漆葉青黏散,漆葉屑一斗,青黏十四兩,以是爲率,言久服去三蟲,利五藏,輕體,使人頭不白,阿從其言,壽百餘歲。漆葉處所皆有,青黏生於豐沛。彭城及朝歌間,漢世异術之士甚衆,雖云不經,而亦有不可誣,故簡其美者列於傳末。○《嘉慶志》:軼事司訓張雲威病,遣子禱於華仙,得神方,服之愈。爰作龕裝像於法雲寺東,并録醫方以濟衆。遠近聞之,禱無虚日。○按,法雲寺華仙香火極盛,近年有善士刻醫方,俾寺僧按籤以應,僧頗獲香錢之利。

胡公廟祀宋侍郎胡則。○《宋史·本傳》:胡則,字子正,婺州永康人。果敢有材氣,以進士起家,補許田尉,再調憲州録事參軍。時靈夏用兵,轉運使索湘命則部送芻糧爲一月計,則曰:"爲百日備,尚恐不支,奈何爲一月邪?"湘懼,無以給遣。則遂入奏,太宗因問以邊策,對稱旨,顧左右曰:"州縣豈乏人?"命記姓名中書。後李繼隆討賊久不解,湘語則曰:"微子,幾敗我事。"一日,繼隆移文轉運使曰:"兵且深入,糧可繼乎?"則告湘曰:"彼師老將歸,欲以糧乏爲辭耳。姑以有餘報之。"已而果爲則所料,湘爲河北轉運使,奏改秘書省著作佐郎,簽書貝州觀察判官事,後以太常博士提舉兩浙榷茶,知睦州,徙温州,歲餘,提舉江南路銀銅場鑄錢監,得吏所匿銅數萬斤,吏懼且死,則曰:"馬伏波哀重囚而縱之,吾豈重貨而輕數人之生乎?"籍爲羡餘,不之罪。改江淮制置發運使,累遷户部尚書、員外郎。真宗幸亳,擢三司度支副使。初,丁謂奉進士,客許田,則厚遇之,謂貴顯,故則驟進用。至是謂罷政事,出則爲京西轉運使,還禮部郎中,部内民訛言相驚,至遣使安撫乃定。坐是,徙廣西路轉運使。有番舶遭風至瓊州,且告食乏,不能去,則命貸錢三百萬,吏白:"夷人狡詐，又風波不可期。”則曰：“彼以急難投我，可拒而不與耶？”已而償所貸如期。又案宜州重辟十九人，爲辨活者[①]九人。復爲發運使，累遷太常少卿。乾寧初，坐丁謂黨免，降知信州，徙福州，以右諫議大夫知杭州，入權吏部流内銓，坐失舉，復爲太常少卿，知池州，未行。復諫議大夫，知永興軍，徙河北都轉運使，以給事中權三司，使通京東西、陝西鹽法，人便之。初，則在河北，殿中侍御史王沿嘗就則假官舟販鹽，又以其子爲名祈買酒場，至是張宗誨擿發之，案驗得實，出則知陳州，踰月，授工部侍郎、集賢院學士。劉隨上疏言：則奸邪貪濫聞天下，比命知池州，不肯行，今以罪去，驟加美職，何以風勵在位？後徙杭州，再遷兵部侍郎致仕，卒。則無廉名，喜交結，尚風義。丁謂貶崖州，賓客隨散落，獨則間遣人至海上，饋問如平日。在福州時，前守陳絳嘗延蜀人龍昌期爲衆人講《易》，得錢十萬。絳既坐罪，遂自成都械昌期至。則破械，館以賓禮，出奉錢爲償之。昌期者，嘗注《易》、《詩》、《書》、《論語》、《孝經》、《陰符經》、《老子》，其説詭誕穿鑿，至詆斥周公。初，用薦者補國子四門助教，文彦博守成都，召置府學，奏改秘書省校書郎，後以殿中丞致仕，著書百餘卷。嘉祐中詔取其書，昌期時年八十餘，野服自詣京師，賜緋魚、絹百匹。歐陽修言其异端害道，不當推獎，奪所賜服，罷歸，卒。○宋范仲淹《兵部侍郎致仕胡公墓志銘》：寶元二年六月十八日，尚書兵部侍郎致仕胡公薨於餘杭郡之私第，明年二月十有一日葬於錢塘縣之南山之履泰鄉龍井源。以夫人潁川郡君陳氏祔焉，禮也。孤子楷泣血言於友人范某：“《禮經》謂稱揚先祖之美，以明著於後世，此孝子孝孫之心也。然而言之不文，行而不遠，處喪之言，烏乎能文？今得浙東簽書寺丞俞君狀先人之事，而敢請焉。”某曰：“孔子見齊衰者必作，重其孝於親也。敢不惟命。”公諱則，字子正，婺之永康人也。昔虞舜之後有胡公，武王封於陳，蓋族望之來遠矣。皇考諱彭，王考諱瀫，皆隱於唐季，其道不顯。考諱承師，在鄉閭間以積善稱，因公而貴，官至尚書比部員外郎，贈吏部郎中，妣應氏，封永樂縣太君，贈普寧郡太君。公少而倜儻，負氣格。錢氏爲國百年，士用補廕，不設貢舉，吴越間儒風幾息。公能購經史，屬文詞，及歸皇朝，端拱二年，御前登進士第，釋褐爲許州許田尉。以幹白聞，補蘄州廣

① “九”上原衍“十”字，據後文删。

濟宰，又補憲州録曹。以本道計使諫大夫索公湘之舉，改秘書省著作郎，簽署貝州節度觀察判官公事，升本省丞，知潯州，拜太常博士，提舉兩浙榷茶事，兼知桐廬郡。丁太夫人憂，服除，以本官知永嘉郡，遷屯田員外郎，提舉江南路銀銅場鑄錢監，擢任江淮制置發運使，轉户部員外郎，入爲三司度支副使，賜金紫，除禮部郎中、京西轉運使。又移廣西南路轉運使，以户部郎中充江淮制置發運使，轉吏部郎中，改太常少卿。丁先君憂，終制，知玉山郡，移福唐郡，拜右諫議大夫，知杭州，入判流内銓，以舉官累，責授少常，知池州，未行。復諫議大夫，知永興軍，領河北都運轉使給事中，入權三司使，拜工部侍郎、集賢院學士，知陳州，進刑部，再牧餘杭郡。踐更中外，凡四十七年，得請加兵部侍郎致仕。朝廷命長子通判錢塘以就養，又六年而終。享齡七十有七，天子聞而悼之，進一子官。初，至道中，公在憲州時，西寇梗邊，朝廷命師五路入討，詔具三十日糧以從之，索公方引公督隨軍糧事，公曰："爲百日計，猶或不支，奈何？"索公乃遣公入奏，召對逾刻，公陳邊事，如指之掌，上顧左右曰："州縣中有如此人。"遂可其奏，具示甄拔之意。後大帥李繼隆果與寇遇，十旬不解，索公曰："微子，幾敗吾事。"一日，某帥移文曰："兵將深入，糧可繼乎？"公曰："師老矣，矯問我糧，爲歸師之名耳。請以有備報之。"索從其議，彼即自還，無以咎我，其先見如此。及索公主河北，計又奏辟之，遂以貝州之行。朝廷遣使省天下冗役，就命公河北道，凡去籍者僅十萬數，民用休息。在潯州，人有虎患，公齋戒禱城隍神，翼朝得死虎於廟中，其誠之効與？按池州，永豐監得匿銅數萬斤，吏懼當死，公思之曰："昔馬伏波哀重囚而縱之，前史義焉。今銅尚在，吾忍重其貨而輕數人之生耶？"咸以羨餘籍之，不復爲坐。在江淮制置日，會真宗皇帝奉祀景亳，公實主其供億，千乘萬騎，至於禮成，無一毫之闕。帝深愛其才，面加奬勞，遂進秩登於計相之貳。在廣西南路，有大舶因風於遠海食匱資竭，久不能進，夷人告窮於公，公命瓊州出公帑錢三百萬以貸之，吏曰："夷本無信，又海舶乘風，無所不之。"公曰："遠人之來，不恤其窮，豈國家之意耶？"後夷人卒至，輸上之貨，十倍其貸，朝廷省奏而嘉焉。又宜州繫重辟十九人，時有大水，公不慮患而特往辨之，活者九人焉。在福唐，有官田數百頃，民輸租食利久矣，至是，計臣上言請就鬻之責其估二十萬貫，民不勝弊。公奏之，未報，章三上，且曰："百姓疾苦，刺史當言之，而弗從，刺史可廢矣。"乃有諭，詔減其直之半，而民始安。公領三司，寬於財利，不以刻下爲功。時天子方以兩京、陝西官鹽歲久，民鮮得食，而日以犯法，命通商。有司重其改作，公首請奉詔，其事遂行。公性至孝，自曲台丁太夫人憂，廬於墓側以終喪。紀有草木之祥，本郡表之。及西京之行，以家君朱紱爲請，上曰："胡某爲孝，雖非其例，與以明勸也。"搢紳先生榮之。又天禧中尚書郎署朝廷擬公諫議大夫，知廣州，公以家君八十歲懇辭於政府，乃復有制置之行，尋以哀去職，得盡心於喪葬。公富宇量，篤風義，往往臨事得文法外意。人或譏之，公亦無悔焉。其輕財尚施，不爲私積，士大夫又稱之。福唐前郡將被訟去官，嘗延蜀儒龍昌期與郡人講《易》，率錢十萬遺之以歸，事在訟中。及公下車，昌期自益部械至，公曰："斯何罪耶？"遽命釋之，見以賓禮。法當償其所遺，公代以俸金，仍厚遺而還。又濟陽丁公爲舉子時，與孫漢公客許田，公待之厚。及其執政，而雅故之情不絶，若休戚士人而未嘗預。暨丁有朱崖之行，昔之賓客無敢顧其家，公實被議出玉山郡，尚屢遣介夫不遠萬里而往焉。此又人之難矣。及退居西湖，乘畫舫，擊清波，深樽雅弦，左子右孫，與交親笑歌於時歲之間，浩如也，人不謂之賢乎？夫人潁川郡君，有慈和之德。先以壽終，令子四人，長曰楷，都官員外郎，前知睦州，祥符七年秋，登服勤詞學科，所全政能，有先君風度；次曰湘，好學有志識，朋友多之；次曰桂，俊异，居喪而亡；次曰淮，孝謹有成人風。二女，長適泉州德化縣尉蘇璠，次適御史臺主簿華參而亡。其閨門之範，見其潁川之志，某非特爲重齊衰之情。嘗倅宛邱郡，會公爲二千石，以國士見遇，且與都官布素之游，誠可代孝子而言焉。銘曰：進以功，退以壽，義可書，石不朽，百年之爲兮千載後。〇又《祭胡侍郎文》：維公出處三朝，始終一德。或雍容於近侍，或偃息於外邦。動惟至誠，言有名理。卓茂以禮樂率下，黄憲以度量過人。靡尚威刑，積有陰德。安車以謝，正寢而終。老成云亡，薦紳興慕。某辱知深厚，聞訃驚哀。官守所縻，不皇躬事。嗚呼，悲哉，伏惟尚饗！〇宋李元綱《厚德録》：胡侍郎則提舉江南路銀銅場鑄錢監時，得吏所匿銅數萬斤，吏懼且死，則曰："馬伏波哀重囚而縱亡之，吾豈重貨而輕數人之生？"止籍爲羡餘。及除廣西轉運，按宜州重辟十九人，而爲辨活者九人。〇又胡侍郎在福州時，前守陳絳坐嘗延蜀儒龍昌期爲州人講《易》得錢一萬事發，自成都械昌期至，則破械，館以賓席，出俸錢爲償之。〇宋沈括《夢溪筆談》：工部侍郎爲邑日，丁晉公爲游客見之，胡待之甚厚。丁因投詩索米，明日，胡延晉公，嘗日所用樽罍悉屏去，但陶器而已。丁失望，以爲厭己，遂辭去。胡往見之，出銀一篋遺丁曰："家素貧，惟此飲器，願以贐行。"丁始喻設陶器之因，甚愧德之。後晉公驟達，極力携挽，卒致顯位。慶曆中，諫官李競坐言事謫湖南物務，内殿承制范亢爲黄、蔡間都監，以言事官坐謫後多至顯官，乃悉傾家物與競辦行，競至湖南少日遂卒。前輩："人不可有意，有意即差。"事固不可前料也。〇宋洪邁《容齋三筆》：天禧三年，京西轉運使胡則言滑州進士楊世質等訴本州黜落，即取元試卷付許州通判崔立看詳，以爲世質等所試不至紕繆，已牒滑州依例發解。詔轉運使具析不先奏裁直令解發以聞，其試卷仰本州繳進。世質等仍未得解發。及取到試卷，詔貢院定奪，乃言詞理低次，不合充薦，復黜之，而劾胡則、崔立之罪。蓋是時貢舉條例猶未堅定，故有黜而來訴其枉者。至於省試亦然，如葉齊之類，由此登第。後來無此風矣。〇《萬曆府志》：赫靈廟西北十餘里，即方岩胡公也。永康縣赫靈廟，舊額佑順侯廟，其山窿穹，人迹罕到。宋宣和間妖賊魏九者嘯聚其上，有池延袤畝餘，新雨泉溢，賊恃以汲。一夕，渠魁夢巨人跨馬飲於池，遲明就視，水涸。凶徒驚潰，王師一舉克之。廉訪使王道以聞。四年，封佑順侯，仍於池旁立祠。紹興十三年，賜額。紹熙三年四月，加封祐順嘉應侯。嘉定三年，加祐順嘉應福澤靈顯侯。宋末，封顯應侯。〇國朝阮元《兩浙陵寢祠墓防護録》：永康胡則嘗奏免衢、婺二州身丁錢，民懷其德，户皆立像祀之。〇按，胡公之祀，所在多有，今不悉載。

班春廟《嘉慶志》：在東門外。

阮侯廟宋袁燮《阮居士墓志銘》：昔阮氏有名瑶者，隱居不仕，廟食白陽。〇瑶，《萬曆府志》誤作"孚"。〇《康熙府志》：在縣東五里。〇《康熙縣志》同。〇《嘉慶縣志》：白陽山麓。

八仙廟《萬曆府志》：在東三十五里八素山側，即洛陽八士祠。

鎮風廟《嘉慶志》：在東十二莊。

五穀神廟。新增。〇在上水門外附郭。

僧田廟《嘉慶志》：在大南門外。

誥山廟熟溪南誥山下。〇誥，《嘉慶志》誤"窖"。

報功祠新增。○祀宋知縣事周必達、主簿石宗玉、元縣尹許廣大，三公始作熟溪橋堤，有利濟功，故祀之。光緒十九年，建於來遠門外一里許，每年九月十九日祭。

李忠定祠新增。○在南五莊泉溪。祀宋贈太師謚忠定李綱，俗呼李皇廟。○《宋史·本傳》：李綱，字伯紀，邵武人。政和二年進士。宣和七年爲太常寺少卿。金人渝盟，朝廷議避敵，詔起勤王師，命皇太子爲開封牧，綱上禦戎五策，語吴敏曰："建牧之議，豈非欲委以留守之任耶？巨敵猖獗如此，非傳以位號不足以招徠天下豪。東宫恭儉之德，聞於天下，以守宗社可也。公曷不爲上極言之？"敏曰："監國可乎？"綱曰："肅宗靈武之事，不建號不足以復邦，而建號之議不出於明皇，後世惜之。主上聰明仁恕，公言萬一能行，將見金人悔禍，宗社底寧，天下受其賜。"翌日，敏請對，具道所以，因言李綱之論。詔綱入對，綱刺臂血上疏内禪之意，乃決。欽宗即位，綱上封事，謂："方今中國勢弱，君子道消，法度紀綱，蕩然無統，陛下履位之初，當上應天心，下順人欲，攘除外患，使中國之勢尊；誅鋤内奸，使君子之道長，以副道君皇帝付托之意。"李鄴使金，議割地，綱奏："祖宗疆土，當以死守，不可尺寸與人。"欽宗嘉納，除兵部侍郎。靖康元年，吴敏行營副使，綱參謀。金將斡離不渡河，徽宗東幸。宰執請上暫避，綱曰："道君皇帝挈宗社以授陛下，去之可乎？"上默然。太宰白時中謂："都城不可守。"綱曰："天下城池，豈有如都城者？且宗廟社稷，百官萬民所在，舍此何之？"上顧宰執曰："策將安出？"綱進曰："當整飭車馬，固結人心，堅守以待勤王之師。"上問："誰可將者？"綱曰："白時中、李邦彦雖未知兵，然藉其位號，撫將士以抗敵鋒，乃其職也。"時中忿曰："李綱莫能將兵出戰否？"綱曰："陛下不以臣庸懦，倘使治兵，願以死報。"乃以綱爲尚書左丞。宰執猶守避敵之議，有旨以綱爲東京留守。綱爲上力陳所以不可去之意，上意頗悟。會内侍奏中宫已行，上色變，倉卒降御榻，曰："朕不能留矣。"綱泣拜，以死邀之。上顧綱曰："朕今爲卿留，治兵禦敵專責之卿，勿有疏虞。"綱皇恐受命。未幾，復決意南狩。綱趨朝，則禁衛擐甲乘輿已駕矣。綱亟決禁衛曰："爾等願守宗社乎？願從幸乎？"皆曰："願死守。"綱入見曰："陛下已許臣留，復戒行，何也？今六軍父母妻子皆在都城，願以死守，萬一中道散歸，陛下孰與爲衛？敵知乘輿未遠，以健馬疾追，何以禦之？"上感悟，命輟行。綱傳旨語左右曰:"敢復言去者斬。"禁衛皆拜伏,呼萬歲。六軍聞之,無不感泣流涕。命綱爲親征行營使,以便宜從事。綱治守戰之具,不數日而畢。敵兵攻城,綱身督戰,募壯士縋城而下,斬酋長數十人,殺其衆數千人。金人知有備,又聞上已内禪,乃退求遣大臣議和。上遣李棁,金人須金幣十萬,割太原、中山、河間地,以親王宰相爲質。棁還,綱謂:"所需金幣,竭天下不足,況都城乎?三鎮,國之屏蔽,割之何以立國?至於遣質,即宰相當往,親王不當往。若遣辨士,姑與之議所以可不可者,宿留數日。大兵四集,彼孤軍深入,雖不得所欲,亦將速歸。此時而與之盟,則不敢輕中國,而和可久也。"宰執議不合,綱退,誓書已行。所求皆與之,以皇帝、康王、少保張邦昌爲質。時朝廷日輸金幣,金人日肆屠掠。勤王兵漸有至者,种師道、姚平仲亦以涇原、秦鳳兵至,綱奏:"金人凶悖已甚,非用師不可。"上深以爲然,約日舉事。姚平仲勇而寡謀,急於要功,先期率步騎夜斫敵營,欲生擒斡離不,及取康王以歸。夜半中使傳旨曰:"姚平仲已舉事,卿速援之。"綱率諸將旦出封邱門,與金人戰。幕天坡以神臂弓射金人,却之。平仲襲敵不克,亡去。金使來,宰相李邦彦曰:"用兵乃李綱、姚平仲,非朝廷意。"遂罷綱。太學生陳東詣闕上書,請留綱。軍民不期而集者數十萬,呼聲動地,恚不得殺,至殺傷内侍。帝亟召綱,綱入,泣拜請死。帝亦泣,命綱復尚書左丞,充京城四壁守禦使。綱令能殺敵者厚賞,衆無不奮躍。金人懼,稍稍引却退師。除綱知樞密院,綱奏遣兵護送,且戒諸將可擊則擊之,乃以十萬並進分道。將士受命,踴躍以行。宰相咎綱盡遣城下兵追敵,恐倉卒無措,亟召諸將還,諸將已追及金人於邢趙間,遽得還師之命,無不扼腕。比綱力争,復追而將士解體矣。詔議迎太上皇還京。初,徽宗南幸,童貫、高俅等以兵從,止東南郵傳。及勤王之師故道路籍籍言貫等爲變,陳東上書,乞誅蔡京、蔡攸、童貫、朱勔、高俅、盧宗愿等。議遣聶山往圖之,綱曰:"使山所圖果成,震驚太上皇。萬一不果,是數人者挾太上於東南,求劍南一道,陛下將何以處之?莫若罷山之行,請於太上去此數人,自可不勞而定。"上從其言。徽宗還,次南都,以書問更革政事之故,且召吴敏、李綱。綱至,具道皇帝聖孝思慕,欲以天下養之意。徽宗泣數行下,詢近日都城攻圍守禦次第,因及止行宫遞角,曰:"當時恐金人知行宫所在,非有他也。"綱奏:"方艱危時,兩宫隔絶,朝廷應副行宫,亦豈能無不至者?在聖度燭之耳。"

且言："皇帝仁孝，惟恐有一不當太上意者，每得詰問，輒憂懼不食。臣竊譬之家長出而强寇至，子弟之任家事者，不得不從宜措置。長者但當以其能保田園大計而慰勞之，苟誅及細故，則子弟何所逃責？"徽宗感悟，出玉帶、金魚、象簡賜綱，曰："行宫人得卿來皆喜，以此示朕意，卿可便服之。"且曰："卿輔助皇帝，扞守宗社，有大功，若能調和父子間，使無疑阻，當遂書青史，垂名萬世。"綱感泣，再拜，還，具道太上意。耿南仲議屏太上左右車駕，綱言："如此，是示疑也。天下之理，誠與疑，明與暗而已。自誠明而推之，可以至堯舜。自疑暗而推之，其患有不可勝言者。耿南仲不以堯舜之道輔陛下，乃暗而多疑。"南仲怫然，曰："陳公輔爲李綱結士民伏闕上書，乞下御史。"上愕然，綱曰："臣與南仲所論，國事也。南仲乃爲此言，願以公輔事下吏，臣乞身待罪。"章十上，不允。太上還，綱迎拜國門。翌日，朝龍德宫，上章懇辭。上詔曰："乃者敵在近郊，士庶伏闕，一朝倉卒，衆數十萬忠憤所激，不謀同辭，此豈人力也哉？不悦者造言致卿不自安，朕深諒。卿不足介懷。巨敵方退，正賴卿協濟艱難，宜勉爲朕留。"綱不得已，就職。上備邊禦敵八事。時北兵已退，太原圍未解。南仲曰："援太原，非綱不可。"上以綱爲河東北宣撫使，綱辭，不許，乞致仕，不允。臺諫言綱不可去，或謂綱曰："此非爲邊事也。緣以此去公，都人無辭耳。"許翰書杜郵二字遺綱。綱皇恐受命。上手書《裴度傳》以賜。宣撫司兵僅萬二千人，庶事未集，綱乞展行期，御批遷延拒命，綱上疏明其所以未可行者。進至河陽，望拜諸陵，行次懷州，詔罷所起兵。綱奏："太原未解，河東甚危，秋高馬肥，敵必深入。且以軍法勒諸路起兵，而以寸紙罷之，恐後有號召，無復應矣。"時方議和，詔諭止兵。吴敏等罷而相唐恪，許翰罷而進聶山，綱聞之，嘆曰："事無可爲者矣。"上奏丐罷，以綱專主戰策，喪師費財，謫江寧。金兵再至，除綱資政殿大學士，領開府事，綱率湖南勤王之師入援，而都城已失守。高宗即位，拜尚書右僕射，兼中書侍郎，輒赴闕。顔岐曰："張邦昌，金人所喜，已爲三公、郡王，宜更加同平章事。李綱，金人所惡，宜罷之。"章五上，上曰："如朕之立，恐亦非金人所喜。"岐語塞，猶遣人封其章以示綱，覬沮其來。上聞綱至，遣官迎勞。綱見上，涕泗交集，奏曰："金人不道，專以詐謀取勝。中國不悟，一切墮其計中。賴天命未改，陛下總師於外，爲天下民之所推戴。内修外攘，還二聖而撫萬邦，責在陛下與宰相。臣不足副陛下委任，乞寢成命。臣在道，顔岐示封章，謂臣金人所惡。臣愚不知有金人，但知有趙氏。然謂臣材不足任宰相則可，謂爲金人所惡不當爲相，則不可。”因力辭，帝爲出顔岐，綱猶力辭，上曰：“知卿忠義智略久矣，敵畏民安，非相卿不可。其勿辭。”綱泣謝，云：“臣荷陛下知遇，然今日扶顛持危，中興之功在陛下，而不在臣。臣無左右先容，賴陛下付以宰柄，孤立無與，望留神於君子小人之間，使得盡志畢慮，雖死無憾。昔唐明皇欲相姚崇，崇以十事要説。今臣亦以十事仰干天聽，陛下度其可行者賜之施行，臣乃敢受命。一曰議國是，謂中國之禦四裔，能守而后可戰，能戰而后可守，今欲戰則不足，欲和則不可，莫若先自治，專以守爲策。二曰議巡幸，謂車駕不可不一到京師，見宗廟以慰人心，度未可居，則爲巡幸之計。三曰議赦令，前日赦書乃以張邦昌僞赦爲法，宜改正之。四曰議僭逆，謂邦昌爲大臣而挾金人之執，易姓改號，宜正典刑。五曰議僞命，昔肅宗平賊，污僞命者以六等定罪，宜倣之，以勵士風。六曰議戰，謂軍政久廢，士氣怯惰，宜一新紀律，信賞必罰，以作其氣。七曰議守，宜於沿河、江淮措置控禦，以扼其衝。八曰議本政，謂政出多門，紀綱紊亂，宜一歸之中書。九曰議久任，謂靖康間進退大臣太速，宜慎擇久任，以責成功。十曰議修德，宜益修孝弟恭儉，以副四海之望。”翌日，班綱議於朝，惟僭逆、僞命二事留中不出。綱言：“二事乃今日政刑之大者。夫都城之人德邦昌，謂因其立得坐，且免重科金銀之擾。元帥府恕邦昌，謂其不待征討而遣使奉迎。若天下之憤嫉邦昌，則謂其建號易姓而奉迎，特出不得已。都城德之，元帥府恕之，私也。天下憤嫉之，公也。又僞命臣寮，一切不問，何以厲天下士大夫之節?”上乃召黄潛善等詰之，潛善主邦昌甚力，上顧吕好問曰：“卿昨在圍城中，知其故，以爲何如?”好問附潛善，持兩端。綱泣拜曰：“臣不可與邦昌同列，當以笏擊之。陛下必欲用邦昌，第罷臣。”乃詔邦昌，謫潭州。吴幵、莫儔而下，皆遷謫有差。綱又言：“李若水、霍安國，願加贈恤。”上從其請，仍詔有死節者，諸路詢訪以聞。綱兼充御營使，薦張所、傅亮，上以所爲河北招撫使，亮爲河東經制副使。皇子生，故事當赦。綱奏河北、河東及勤王之師，因今赦廣示德意，於是兩路知天子德意，人情翕然。有以破敵捷書至者，金人圍兵往往引去，而山砦之兵應招撫經制者甚衆。開封守缺，綱薦宗澤。澤至，撫循軍民，修治樓櫓，屢出師以挫賊。綱立軍法，又進三疏，一曰募兵，二曰買馬，三曰募民財以助兵費。朝廷議遣使於金，綱奏奉表兩宫致思慕之意，又乞降哀痛之詔，以感天下，又乞省冗員節浮費，上皆從之。四方兵潰爲盜，攻劫山東淮南襄漢之間，綱命將悉討平之。又奏："臣言車駕臨幸關中爲上，襄陽次之，建康爲下。陛下縱未能行上策，猶當適鄧襄，示不忘故都，以係天下之心。"上爲詔，諭兩京以還都之意，讀者至感泣。未幾，詔幸東南，綱論其不可，言："自古中興之主，起於西北，則足以據中原而有東南；起於東南，則不能以復中原而有西北。况嘗降詔許留中原，人心悦復，奈何墨詔未乾，遽失大信於天下耶？"上乃許幸南陽，而黄潛善、汪伯彦陰上巡幸東南之議。初，綱有所論諫，言雖切直，無不容納。至是，所言常留中不發。遷綱尚書左僕射，黄潛善除右僕射，張所乞置司北京，俟措置有緒，乃渡河留守。張益謙，潛善黨也，言招撫司之擾，又言自置司，河北盜賊益熾。有旨令宗澤節制傅亮渡河，亮言措置未就而渡河，恐誤國事。綱言："招撫經制臣所建明，張所、傅亮，臣所薦用。今潛善、伯彦沮所及亮，所以沮臣。臣每覽靖康大臣不和之失事，未嘗不與潛善、伯彦議而後行，而二人設心如此，願陛下虚心觀之。"既而詔罷經制司，召亮赴行在。綱疏求去，詔罷綱觀文殿大學士，提舉洞霄宫。許翰言綱忠義，捨之無以佐中興。陳東言潛善、伯彦不可任，綱不可去。東坐誅，翰求去。張所以罪去，傅亮以病歸。車駕幸東，兩河州郡相繼淪没。凡綱所規畫軍民之政，一切廢罷。金人攻京東、西，殘毁關輔，而盜賊蠭起矣。紹興二年，除湖廣宣撫使，兼知潭州。是時，荆、湖、江、湘流民潰卒群聚爲盜，綱平之。上言："鼎、澧、嶽、鄂若荆南一帶，皆當屯宿重兵，倚爲形埶，使四川之號令可通，而襄漢之聲援可接，乃有恢復中原之漸。"議未行而綱罷，提舉西京崇福宫。四年冬，金人及僞齊來攻，綱具防禦三策。詔綱所陳今日急務，付三省樞密施行。五年，詔問攻戰守備措置綏懷之方，綱條上六事：一曰信任輔弼，二曰公選人材，三曰變革士風，四曰愛惜日力，五曰務盡人事，六曰寅畏天威。上賜詔褒答。六年，綱至，引對内殿。八年，王倫使北還，綱上疏曰："臣竊見朝廷遣王倫使金國，奉迎梓宫。王倫之歸，與金使偕來，乃以詔諭江南爲名。臣在遠方，雖不足以知曲折，然以愚意計之，金以此名遣使，其邀求大略有五：必降詔書，欲陛下屈體降禮以聽受，一也；必有赦文，欲朝廷宣布班示郡縣，二也；必立約束，欲陛下奉藩稱臣，稟其號令，三也；必求歲賂，廣其數目，使我坐困，四也；

必求割地，以江爲界，淮南、荆襄、四川盡欲得之，五也。朝廷從其一，則大事去矣。金人變詐不測，貪婪無厭，縱使聽其詔令，奉藩稱臣，其志猶未已也，必繼有號令，使或親迎梓宫，或使單車入覲，或使移易將相，或改革政事，或竭取租賦，或朘削土宇。從之則無有紀極，一不從，則前功盡廢，反爲兵端。臣願陛下特留聖意，且勿輕許。深詔群臣，講明利害，可以久長之計擇其善者而從之。”十年。薨。年五十八。贈太師。綱負天下之望，以一身用舍爲社稷生民安危，雖身或不用，用不久，而其忠誠義氣懍然動乎遐邇。每宋使至金，必問李綱、趙鼎安否，其爲遠人畏服如此。論曰：以李綱之賢，使得畢力竭慮於靖康、建炎間，莫或撓之，二帝何至於北行，而宋豈至爲南渡之偏安哉？夫用君子則安，用小人則危，不易之理也。人情莫不喜安而惡危，然綱居相位僅七十日，其謀數不見用，獨於黄潛善、汪伯彦、秦檜之言信而任之，恒若不及，何高宗之見與人殊哉？綱雖屢斥，忠誠不少貶，不以用舍爲語默，若赤子之慕其母，怒呵猶噭噭焉，挽其裳裾而從之。嗚呼！中興功業之不振，君子固歸之天。若綱之心，其可謂非諸葛孔明之用心與？節録。〇按，太平鄉奉公爲鄉主，每數年一修，香火極盛。

九女廟在南七莊金絲村。父老相傳，昔有盧氏者，生九女，無子。女長，自念出適無以養親，乃相誓不嫁，躬耕事父母，尋遇异人，授以丹訣，遂上昇。今有九女墩，其飛昇處也，或曰蜕骨藏焉。距廟二里許，有盧家井，蓋煉丹所云。土人以其孝，立廟祀之。〇《康熙府志》見丁姑橋下，《嘉慶邑志》未收，今補。

雷澤祠在南十八莊郭洞，祀國朝金、衢、嚴道周漢傑。順治初，山寇戕知縣劉家騏，民情洶洶，賴公保安，故祀之。

三祖廟《嘉慶志》：南十莊。

嶺下廟《嘉慶志》：南十莊。

獨山廟《嘉慶志》：南十二莊。

支大士廟《萬曆府志》：縣南三十里藤湖墓側。《名勝志》：异人支大士所居。〇按，今呼大士庵。

倉部廟在南三十五里，祀唐倉部員外郎徐鎡。鑿石爲堰，溉田萬畝，民懷其惠,祀之。互詳水利。

彰惠廟在南四十里妃山。○《萬曆府志》:妃山有陳五君及龍女像。宋紹興初,漕司奏本縣頻年旱癘疾疫寇兵,邑令丞謁廟祭告,立應,乞行封爵。二年,封陳五君昭靈侯,龍女永濟夫人,額曰彰惠。○《嘉慶志》誤彰爲"顔",又誤昭靈侯爲"顔惠侯"。○光緒丁亥年,邑人陳兆麟募捐重修。

三忠廟在西二十里,舊名都司廟,祀明左参政謚忠烈陶成、都指揮使脱綱、千户守禦周義。○《康熙府志》:陶成,字孔思,廣西鬱林人。膺鄉薦,入太學,累官至大理寺評事。用大臣薦,拜浙江按察司僉事。正統戊辰冬,處州、麗水諸縣盜起,巨猾陳諫胡等爲之倡,率衆四出,焚室廬,劫貨財。金華屬邑多邇賊巢,數被害。而蘭溪又爲金、衢、杭、嚴要地,蘭溪有警,諸郡立震。公當禦寇之任,首率蘭溪義旅,因舊城立木栅,置更樓、巡鋪,晝夜警備。又於縣南五十里,立山石、蘇村、大岩等砦,以遏禦。用計擒賊黨數百人,賊不敢近。蘭溪一縣之人,得免禍,而諸郡安堵如故。朝廷嘉其績,陞按察司副使,復遣都督徐恭等來討賊。賊首陳諫胡等亦以次就擒,惟陶得二竄匿大山中,招之不服。景泰改元,得二復出爲寇,大肆猖獗,無賴之人多從之。而公滅賊之志彌厲,駐兵武義,樹栅爲城以自固,陰遣人結其徒黨,殺賊數百人,生擒百餘,招降者亦三千餘人。得二獨與四十餘賊走入山,可指日平安。時有忌其成功者,多沮之,而賊執復盛。五月十七日,乘間來攻栅,公驅兵出與戰。兵士感公之義,人人爲盡力。賊因風縱火,内外焚蕩,烟塵障天,咫尺莫能辨,衆大潰,而公遂遇害。百姓哀痛,如喪父母。朝命贈官,賜謚,配享越國公祠,又於其死所創專祠以祀之。蘭溪舉春,湯溪舉秋,祀典勿替。○又脱綱,杭州人。以都指揮使來守婺,多武勇,善騎射,與陶公同死難。○又周義,德州人,金華守禦千户所,與陶公同禦栝寇,馬陷遇難,臨死猶手刃數賊。○《康熙縣志》:程揆《陶忠烈公傳略》:公名成,廣西鬱林人。弱冠舉於鄉,屢上南宫不第,以例入太學,教授外邑。敦實學,士論翕稱,當事者惡其鯁直,中以法,謫交趾典史。時宣德初,交趾尚内屬也。後以操守屢膺薦牘,拜浙江按察司僉事。時盜起,渠魁陳諫胡率衆四出焚掠,公奉命統旅築栅蘭溪,分遏衢、婺。寇至,用計略擒賊數百人,大挫賊鋒。諫胡等亦以次就擒,而餘孽尚遁據山谷。景泰改元,少保謙爲本兵。時北事方棘,又屬意東南,每慎擇方面官,爲拊循計，毋令朝廷有内顧憂，遂擢公臬副，專剿栝寇。陶得二，處之素爲礦寇者，鼓衆出攻，掠城野，婺大震。公單騎赴武義，扼其西偏，命指揮使脱綱從間道擣其巢，得二畏公威名，降者三千餘人，生擒百餘人，可計日平其巢穴。時有沮其成功者，令公緩時以待我師之集，得二遂舉衆復反。五月十七日，猝至城下，公聞變，即率所部扼其衝。而武素無城郭，四面皆木柵，賊先期遣間穴柵，因風舉火，火光起，烟塵障天，咫尺莫能辨，衆大潰，公即策馬赴之，馬蹶遇害。百姓哀痛如考妣。事聞，贈左參政，謚忠烈，配享越國公、胡大海祠。蔭一子，入監讀書，後授廣東新會縣丞。〇《宣平志》：正統十四年六月，徐浩八等攻郡城，官兵擊敗之。都指揮使脱綱力戰死之。脱綱，元脱脱之後，所部皆北軍，精弓矢，屢戰勝，賊不能當，遂易視之。追至破橋，賊乘間出，不甲而戰，矢盡軍敗，止餘一騎，猶死戰不挫。宗留曰："此是何人？難殺之甚。"鑑湖山上應聲曰："殺人先殺馬，馬既仆，人將安往？"宗留用其説，綱遂遇害。〇按，都司廟在馬昂村，前中塑陶、脱、周三像。《通典》云：祀脱綱、周義而不言陶成，誤。

聖母廟《萬曆府志》：縣西二十里大姑山。

新婦廟《萬曆府志》：縣西三十里，地名白姥坡，事見新婦山類。〇按，大姑、新婦互見山川。

李公祠在西十莊杳渠社廟西室。國朝知縣李經邦鄉徵至杳渠，父老出迎。公問此間何以無秀才，答以無貲讀書。公捐俸置田爲設義塾，村人德之，肖公像，祀於社。〇新增。

雙妙廟湯有斐《果齋筆記》：仁村有雙妙廟。〇按，妙，今訛爲"廟"，仁村在西三莊。

宣惠神妃廟《萬曆府志》：縣西七十里三斷龍潭之側。妃乃金華通元侯妻龍女宣惠神妃云。

洪寺堰廟《嘉慶志》：北十里，十都。

惠我廟新增。〇在北五莊徐盈店，其地爲村來龍，乾隆壬申年，土豪徐能静謀佔墓地，村人訴於知縣汪正澤，汪親履勘，判爲公産，永禁阡葬。村人德之，建廟肖像，顔曰"惠我"。

殺虎廟《嘉慶志·軼事》：城北二十里有殺虎廟。相傳昔有商人宿廟中，夢有虎向神求食，神曰："此吾客，汝不得爾。明日村中某在某田刈麥，吾以賜汝可也。"及晨，商人急投村，訪之，則某果欲往廟前刈麥，因具述神語以告。某素有膽力，携利刃徑至田所，俄見猛虎騰空而來，舉刃相迎，中其喉，立斃。遂趨入廟，擊神像踣地，責之曰："吾土所以祀汝者，爲汝能禦灾捍患也。今縱虎噬人，何以爲神。此座當讓我。"即據座大笑而死。土人因共肖像祀之，甚著靈异，迄今其村無虎患。

詩主廟在北九莊詩主村。相傳前明時有詩人結社於此，爲祠以祀杜工部，號詩主祠，而今村沿其名，廟門猶牓杜工部也。

白鶴廟《後漢書·方術傳》：徐登者，閩中人也。本女子，化爲丈夫，善爲巫術。又趙炳，字公阿，東陽人，能爲越方。時遭兵亂，疾疫大起，二人遇於烏傷溪水之上，遂結言約，共以其術療病。各相謂曰："今既同志，且可各試所能。"登乃禁溪水，水爲不流。炳復次禁枯樹，樹即生荑。二人相視而笑，共行其道焉。登年長，炳師事之。貴尚清儉，禮師惟以東流水爲酌，削桑皮爲脯，但行禁架，所療皆除。後登物故，炳東入章安，百姓未之知也。炳乃故升茅屋，梧鼎而爨，主人見之，驚懅。炳笑不應，已而爨孰，屋無損异。又嘗臨水求渡船，人不知之，炳乃張蓋坐其中，長嘯呼風，臨流而濟，於是百姓神服，從者如歸。章安令惡其惑衆，收殺之，人爲立祠於永康，至今蚊蚋不能入也。○《後漢書注》：炳故祠在今婺州永康縣東，俗呼爲趙侯祠，至今蚊蚋不入祠所，江南猶傳趙侯禁法以療病云。○《抱朴子》：道士趙炳以氣禁人，人不能。禁虎，虎伏地，低頭閉目，便可執縛。以大釘釘柱八尺許，以氣吹之，釘即躍出，射去如弩箭之發。○《异苑》：趙侯以盆盛水，吹氣作禁，魚龍立見，越方善禁咒也。○《萬曆府志》：靈康廟，縣東五里，俗呼白鶴廟，即方士趙炳白鶴仙祠也。○按，今縣東五里白鶴廟已改祀大禹，惟西二十五里後樹村仍祀趙炳，稱靈康侯。

族祀

凡品官家祭之禮，於居室之東立家廟。一品至三品官，廟五間，中三間爲堂，左右各一間，隔以牆，北爲夾室，南爲房。堂南檐三門，房南檐各一門，階五級。庭東、西廡各三間，東藏遺衣、物，西藏祭器、庭燎。以垣南爲中門，又南爲外門，左右各設側門。四品至七品官，廟三間，中爲堂，左右爲夾室，爲房，階三級，東、西廡各一間，餘制與三品以上同。八九品官，廟三間，中廣，左右狹，階一級，堂及垣皆一門，庭無廡，以篋分藏遺衣物、祭器，陳於東西序，餘與七品以上同。原注：在籍進士、舉人視七品，恩拔歲、副貢生視八品。堂後楣北設四室，奉高曾祖禰四世，皆昭左穆右，妣以適配，南向。高祖以上親盡則祧，由昭祧者，藏主於東夾室，由穆祧者，藏主於西夾室。遷室祔廟，悉依昭穆之次。東序、西序爲祔位，伯叔祖之成人無後者，伯叔父之成人無後及其長殤原注：十六歲至十九歲。者，兄弟之成人無後及其長殤、中殤原注：十二歲至十五歲。者，妻先歿者，子姓成人無後，及其長殤、中殤、下殤原注：九歲至十一歲。者，皆以版按行輩墨書，男統於東，女統於西，東西向。歲以春夏秋冬仲月擇吉致祭，戒子弟讀祝一人，贊禮一人，執爵一人。每案二人，分薦祔位，東西各一人。凡在廟所出子孫，年及冠以上者，皆會行禮。先祭三日，主人及在事者咸致齋。前一日，主人率子弟盛服入廟，視潔除拂拭，畢，執事者於各室前設几，几前供案，堂南總香案一，鑪檠具，祔位東西各統設一案。設祝案於香案之西，設尊爵案於東序，設盥盤於東階上。視割牲。一品至三品官，羊一，豕一。四品至七品，特豕八品。以下豚肩，不特殺。視滌器，三品以上，每案俎二，鉶二，敦二，籩六，豆六。七品以上籩四，豆四，八品以下籩二，豆二，皆俎一，鉶敦數同。原注：代以時用梨椀者聽。辨祭器之實，俎實牲體，鉶實羹，敦實飯，籩實時果餅餌魚腊獸腊之屬，豆實炙胾時蔬之屬。届日，五鼓，主人朝服與祭，執事者盛服入廟。主人竢於東階下，族姓竢庭東西，以昭穆世次爲序。執事者陳鑪、鐙於供案南，陳尊爵於東序案上，原注：代以壺琖者聽。陳祭文於祝案，實水於盥盤，加巾。主婦率諸婦盛服入，詣爨所，視烹飪。羹定，入於東房，治籩豆之實，陳鉶敦匕箸醓醬以竢。質明，子弟之長者盥，詣各室前跪，一叩，興，啓室奉主，以次設於几，昭位考右妣左，穆位考左妣右。分薦者設東西袝位畢，贊禮立堂檐下，西面，諸執事分立東西序端相向。贊："就位"，主人升，自東階盥，詣中檐拜位立。族姓行尊者立於東西階上，卑者立於東西階下，皆重行北面。贊："參神"，主人入堂左門，詣香案前跪，執事者二人，司爵者充。一奉香盤，一挹尊酌酒，詣主人左右跪。左奉香，主人三上香；右奉爵，主人酹酒於地，以爵奠於案，興，退。出右門，復拜位，及族姓行一跪三叩禮。贊："初獻"，主婦率諸婦出於房，薦匕箸醓醬於幾前案北，跪，一叩，興。遍及袝位，退入於房。庖人解體，實於組，執事者奉以升，各薦於供案。主人詣高祖考案前，執爵者奉爵，主人獻爵，奠於正中，跪，叩，興。以次詣曾祖、祖、禰案前，獻爵如前儀。分薦者遍獻袝位酒訖，退立於拜位。贊："讀祭文"，主人跪，族姓皆跪，祝詣祝案之右跪，讀訖，興，以祭文復。於案，退。主人以下三叩，興。贊："亞獻"，庖人納羹飯於東房，主婦率諸婦和羹實於鉶，實飯於敦，出薦於案及臘肉炙胾，遍跪，叩，興，退，如初儀。主人獻爵於各位之左。贊："三獻"，主人獻爵於各位之右。分薦者遍獻袝位酒，皆如初獻儀。贊："受嘏"，祝取高祖供案酒饌，降至香案旁，主人詣香案前跪，祝代祖考致嘏於主人，主人啐飯嘗食，反器於祝，接以興。主人三叩，興，復位。贊："送神"，主人以下一跪三叩，興。贊："望燎"，祝取祭文，由中門出送燎，主人退避東階下。行輩長者咸降階，主人詣燎位視燎畢，與祭者出。主人率子弟納神主，上香，行禮，徹祭器，傳於燕器，潔滌謹藏之，闔門各退。日中，餕，與祭者尊卑咸在，按昭穆布席，東西相向，位別以行，行均以齒。主人揖尊者入席，諸父兄弟子孫各揖尊者，及相揖，乃坐。主人酌酒獻於尊者，尊者飯，衆皆飯。諸卑幼各酌酒獻於所尊，獻酬畢，尊者起，衆皆起，隨出。主婦餕於内，儀同。〇恭遇覃恩，告廟諏吉。致齋陳設，均如時祭。先期，別書制辭一道。祭日進爵，祝讀告辭，原注：以追贈告。主人奉考主，卑者奉妣主，原注：如有尊者，則主人奉妣主。俟於廟門外。宣制者一人，原注：以同姓或戚屬已仕者。朝服奉制入廟門，主人率族姓跪接，隨至階下，序立，考東妣西，族姓重行立其後，皆北面。宣制者升東階，至香案前，南面立，主人以下皆跪。宣制畢，主人奉主，率族姓行三跪九叩禮，宣制者奉安神案南正中，降階出。主人奉主詣神案前，改題新贈爵位，奉主復位，退。各就拜位，再進爵，三進爵，授福胙，如時祭禮。畢，焚黄。〇歲時則薦。一二三品，時果、庶羞每案四。四五六七品，時果每案二槃，庶羞每案四槃。八九品及未入流，時果、庶羞每案各二。設案於室，每案琖箸壺，具香案，陳香槃一。夙興，主人率子弟入，掃除陳設畢，乃啓室，主人跪，上香，三叩，興。子弟取琖酌酒，進於主人，主人奠酒訖。子弟復奉羹飯從，主人薦酒訖，以次詣各案，薦獻如前儀遍。主人一跪三叩，興，乃闔室。每月朔望，庶羞時果，各遞殺一等，餘儀同。八九品及未入流者，止供茶，一跪三叩。因事致告，與朔望同。〇凡庶士原注：貢、監生員有頂帶者。家祭之禮，於寢之北爲龕，版別爲四室，奉高曾祖禰，皆妣配位，如前儀。南向設香案，總一服親。男女成人無後者，按輩行書紙位祔食，男東女西相向。事至，則陳己事焚之，不立版。歲以春夏秋冬節日出主而薦粢，盛二槃肉食，果蔬之屬四器，羹二，飯二。前期，主人及與祭者咸致齋。薦之前夕，主婦盛服，治飯於房中。厥明，夙興，主人吉服率子弟設香案於南，然燭，置祭文於堂北。設供案二，昭東穆西，均以妣配，南向。設祔位於兩序下，各一，男東女西，東西向。主人以下盥，奉木主，設於案，設祔位於兩序案訖。主人下東階立，衆各依行輩東西序立，主人詣香案前，上香畢，率在位者一跪三叩，興。主婦率諸婦出房中，薦匕箸醯醬，跪，叩，如儀，退。子弟奉壺，主人詣神案，以次酌酒薦執訖，皆就案前，跪，叩，興。子弟薦祔位畢，主人跪，在位者皆跪。祝進至香案之右，讀祭文訖，興，退，主人以下叩，興。再獻，主婦薦飯羹。三獻，主婦薦餅餌、時蔬，主人酌酒，跪，叩，均如初獻。畢，主人率族姓一跪三叩，興，祝取祭文及祔食紙位焚於庭，衆出，主人納木主，徹退，日中而餕。春一舉，布席於堂東西，北上陳倚琖匕箸如其人數，傳祭食於燕器，熱酒饌。族姓至，主人肅入，序位以行輩，年齒爲等，旅揖。即席，進酒饌，酬酢如禮。湯飯畢，長者離席告退，主人送於門外，諸子弟皆隨以出，徹。僕人餕餘食皆盡。月朔望日，主人及家衆夙興，盥洗，啓寢室，然燭，詣香案前，依行輩序立，主人上香，訖，子弟奉茶，主人獻茶，復位，率衆一跪三叩，興，徹茶，闔室，衆退。若家有吉事，主人盥洗，啓室，然燭，焚香，以其事告，行禮如朔望儀。〇凡庶人家祭之禮，於正寢之北爲龕，奉高曾祖禰神位，歲逢節序，薦果蔬新物，每案不過四器，羹飯具。其日夙興，主婦治饌，主人率子弟設案，然鐙，啓室，奉神主於案上，以昭穆序。主人立於香案前，家衆序立於主人下，以行輩爲先後，主人上香，一跪三叩，興，納主於室，徹退。日中，衆餕神食。歲一舉，論行輩先後，同行序齒列坐。酒行飯已，肅揖以退。月朔望日，獻茶，然香鐙，行禮告事亦如之，均與庶士儀同。《大清會典》〇按，我武多聚族而居，族建一祠，五室、三室不等，每室作階梯，以始遷祖位上級正中，餘以次昭穆升，祔室設一案。祭以春秋仲，亦有清明、冬至者。推紳士有齒德者主祭，祭畢而餕。月朔焚香，婚喪告廟。舊志祠堂敘次拉雜，今以詩韵爲次。

童祠在東四莊，始祖斗見，明景泰年自蘭溪來。

洪祠在東一莊，附郭。宋侍講學士無競子、寶慶丙戌進士坎、鑑，明永樂甲申進士、刑部主事鍾，永樂丙戌進士、渾源州知州熊，皆其族也。

余祠在西十九莊桃溪灘，始祖墅。

石城徐祠在城南隅，始祖唐倉部員外郎鎡，宋司農卿嶠，明大理評事彦輝，其後也。

學徐祠在城南隅石水缸。始祖宋固始主簿鉅，自衢州來，鉅子邦憲，工部侍郎、寶謨閣待制，謚文憲，始來遷居學宫旁，故曰學徐。

雙柏徐祠在北隅二巷，始祖宋司農寺丞南雄守涣，子道隆，浙西提點刑獄，謚文忠。

履坦徐祠在北二莊。祀唐倉部員外郎，十六世孫肅與、貴安，明定安知縣潯州通判希朱，其後也。

西徐祠在城西隅，祀宋宣議郎淑叙，明指揮平胡其後也。

井徐祠在城北隅善慶坊。宋固始主簿次子從憲之後。

徐貴一祠在城西隅西寺巷，唐倉部員外郎之裔貴一。

西徐小祠在城西隅，祀暹十三。

柏徐祠在城北隅三巷，祖正一。

鳳林徐祠在西十四莊馬府下，宋國子監助教垚第四子，由臨安來。

石橋下徐祠在南二十四莊珠源。祖福九自金華遷麗水，其孫堂再遷此。

大樹下徐祠在南二十莊水碓後。祖康八。

後樹柏徐祠在西十六莊城北隅，分派。

後樹西徐祠在西十六莊城西隅，分派。

徐祠祖文四，自江右來居任公坊。

徐祠在南二十四莊。始祖堅自金華石南塘來。

煉端頭徐祠在西六莊，祖康靖。

白溪徐祠在東四莊。

涂祠在南十九莊下徐，自江西建昌來。

白華朱祠在南十三莊白華山，始祖輝三。

朱祠在西十莊小洞溪朱宅，祖正一，勝非十三世孫。

朱俊六祠在西十三莊郭浦朱。

朱俊七祠在南十三莊上倉，輝三之派。

朱祠在西七莊馬山，祖黼自栝蒼來。

朱遂五祠東門外。

萬石院朱祠在東十九莊。

朱祠在南十五莊劉宅，祖永瑞，白華山分派。

胡祠在城北隅，宋宣議郎朝，由婺源來。

吴祠在北隅二巷，始祖唐刺史巒，五世孫尚珣由遂昌遷邑南横山。宋贈光禄大夫翔、大理寺評事勝、國子監主簿存正、贈迪功郎珉、修職郎監仁和縣臨平鎮質先、明江都知縣蒙、左長史敬、鄭府左長史勤，皆其後。

吴祠在南十一莊小窨。

吴祠在南十五莊下徐，祖正三自義烏來，明孝子天順其後也。

吴祠在南二十四莊王村，祖開元，宋元祐中自建寧來。

吴祠在西十四莊吴宅，自遂昌來，祀澧州教授翰。

吴祠在西十五莊杳渠，祖宋大理寺評事勝。

倪祠在城南隅下水門内，始祖文旭，自金華來。

南湖陳祠在南二十六莊南湖陳宅，始祖清三，自義烏來居横山。

陳祠在東四莊陳大塘，始祖光自金華來。

後陳祠在東五莊陳高山之西，自義烏來。

陳英一祠在南二十一莊塘頭，祀明經曆艮。

新宅陳祠在南二十一莊新宅，始祖鎣自河南遷居邑菊妃山，其孫瓚再徙新宅。

陳祠在南二十四莊，祖賢三。

温祠在城北隅三巷，祖良振自閩來。

碧山韓祠在西三莊静山，明孝子師光濟其後也。

韓祠在南十二莊水閣塘，祖繼宗。

顔祠在南十莊上馬隖，祖松如。

羅祠在南十六莊麻田，祖春二，自閩來。

清源何祠在城東隅省元坊，始祖宋清源郡王執中孫迪八，由龍泉來，明象州知州朝佐，其後也。

石城何祠在城西隅十字街上，始祖宋金紫光禄大夫執文孫進三，自麗水來，明臨清知縣清、孝子承祖，其後也。

郭洞何祠在南十八莊，元末迪八之孫壽之自省元坊分居，明長沙知府貴，其後也。

何雙節祠在南十八莊郭洞，祀旌節養復妻邵氏、緒啓妻金氏。

何壽八祠在西七莊後渠口，石城分派。

巖下楊祠在西八莊劉岩下，始祖仲卿，國朝孝子瑞鐘，其後也。

上保楊祠在西八莊劉岩下，始祖儒卿，宋星子知縣大法，其後也。

揚蜀祠在城北隅，宋贈龍圖閣直學士正議大夫謚文簡邁於理宗朝奉勑編《名賢墨迹》，御書楊从才，因氏焉。

官橋楊祠在東十九莊饅頭山裏。

張祠在東四莊白溪，始祖晋永康令彦卿家於白陽山，宋太常博士知岳州遷祠部郎中肅、道州司法參軍巽、處州通判具中，皆其後。

張祠在南七莊葉牆頭，祖義十四。

張祠在西六莊大門山，祖莊榮自閩上杭來。

張祠祖君儀自永康來，孫文升遷城南。

張祠在北一莊項山皋，彦卿之後，由八素門徙居。

張祠在西十二莊山碧張，祖壇。

張祠在北五莊郭塘。

孝里王祠在西四莊馬昂，始祖栝蒼主簿姬之子僉憲珪，明孝子世名，其後也。

市東王祠在東門外附郭，始祖元婺州路總管仕貴。

城北王祠在迎恩門外附郭，始祖宏由栝蒼來。咸豐末，祠燬於寇，移建迎恩門内傑靈坊。

紅露王祠在西十三莊紅露阪，始祖富三自栝蒼來。

王祠在東二莊王處。

麻陽王祠在西十莊，祖千三自王處分居。

雙柏王祠在南十五莊王山頭，宋知麗水縣事翰七世孫君用居此。

方祠在西六莊梁宅，唐元英先生干之孫晟自金華來。

黄祠在西十九莊桃溪灘，祖公玉，由紹興來。

唐祠在南二十莊唐里，祖廷驤，由蘭溪來。

嶺下湯祠在南二十三莊，始祖畯，自栝蒼來。

溪南湯祠在南二莊，畯曾孫、宋知九江縣事覺由嶺下遷此，明孝子伯瑜，其後也。

嶺下湯特祠在嶺下，畯之孫允壽。

程祠在南十莊管湖，祀明大名府同知達。

程祠在東二莊程處。

程祠在南八莊東皋，祖思正，自金華遷邑石倉岩。

程祠在北六莊，始祖樊。

程祠在東四莊程宅，祖方伯。

彭祠在南二十五莊古竹，祖克和，自閩來。

尤祠在南五莊泉溪下市頭，祖貴一自徽州來。

清溪劉祠在南十五莊上構，始祖器，自荆溪來；五世孫滂，宋贈左朝請大夫知建昌軍；滂子墉，梧州刺史；墉長子綽，上虞主簿；次子紹，青田主簿；少子繢，將仕郎。滂從弟邦光，沅州通判；邦翰，户部員外郎。邦翰子粹中，龍游尉；敏中，江山主簿；允中、時中，鄉貢。其子姓聚族於此。

西劉祠在城南隅，始祖元隱士漢臣，明把總大道、孝子薦秋，其後也。

周祠在城東隅緑埜坊，宋知縣事必達卒於官，葬香山普薰寺旁，子姓遂居此。

周祠在城東隅，祖雍度，由永康來。

牟祠在城北隅二巷，國朝順治年，自永康來。

鄒祠在南二十一莊和陽坑，祖爾英，自閩上杭來。

務厚林祠在城東隅文光坊，祖以鋐，自閩來。

金祠在東三莊金陂，德彰之孫壽居此。

金祠在東四莊白溪，祖茂明，嘉靖七年遷。

金祠在南九莊塘岩，宋進士乾爲邑丞，居邑西黄虎衕，再遷此。

金祠在西十二莊後金，宋仁山先生履祥裔孫瑞自蘭溪遷邑烏山麓。

董祠在西十六莊後樹，祀秉義大夫士傑。

鞏祠在南六莊護國寺旁，宋山堂先生庭芝自東平來，長子湘，中奉大夫直龍圖閣須城縣開國男食邑三百户賜紫金魚袋，湘子峴，金溪主簿。山堂次子法，鄉貢。法子豐，提轄左藏庫知臨安縣事。法次子嶸，直秘閣郎。其子姓聚族於此，名鞏宅。

鞏二芳廿三祠在南十莊塘頭。

槐項祠舊在城西隅，今在北隅頭巷。始祖絪，自松陽來。宋忠義德、樂平尉惠明、陽武教諭善敬，皆其後。

李祠在南十四莊馬閣，祖進士沼，自青田來。

李祠在南二十二莊古竹園，祖景敦，自處州來。

李祠在南二十一莊李村，祖元。

夏川李祠在南十六莊夏家阪，宋李忠定公之後，自閩來。

阮祠在城北隅二巷，始祖晋鎮南將軍孚，與從弟瑶偕隱於明招山、白陽山。宋武平知縣敬、承信郎端、杭州助教良、鄉貢進士洵及修、順昌知縣勵，皆其裔。

馬祠在東三莊馬村，宋參知政事光祖後。

夏祠在西七屋夏新屋，始祖珪，宋咸淳甲戌進士，由會稽遷邑履坦，再居此。

蔣祠在東十八莊蔣萬同。

沈祠在城東隅。

范祠在北九莊范村，祖槐，由金華來。

季祠在南二十莊破竹園，祖福三，由邑東門外居此。

魏祠在東十莊中央門，祀安三七。

賴祠在南三莊端村，祖國祥，自閩上杭來。

賴祠在城東隅，自廣東鎮平來。

上邵祠在東六莊，祖文維一、維二。

下邵祠在東五莊，祖維三，上邵分居。

賀祠在南十九莊溪裏，始祖元湖廣按察使廉，自平陽來。

鄭祠在城南隅十字街下，宋太常博士良臣之後德三、信一居此。

南倉鄭祠在東十二莊南倉，宋太常博士良臣十三世孫榮居此。

鄭祠在西十莊外麻陽，祖宣義，自遂昌來。

鄧祠在南二十莊，祖于京，自閩上杭來居高村。

祝祠在西六莊曆山，祖侃九。

薛祠在城南隅獅子巷口，祖茂十四。

郭祠在南十一莊烏石頭。

葉祠在城東隅上文光坊，始祖宋奉直大夫介，自松陽來。

葉祠在南二十六莊草馬湖，始祖宋奉直大夫介，子姓自上文光坊分居。

又仍以詩韵爲次。

鍾祠在西五莊宏閣。

江祠在西六莊江村，祖江涣。

施祠在南二十莊。

俞祠在城北隅三巷，祖尚學。

倪祠在南九莊倪橋，文旭次子富二徙此。

梅祠在西十莊梅岡頭。

下陳祠在東十六莊下陳。

陳祠在城北隅三巷。

陳祠在城西隅。

陶祠在西七莊陶宅。

橋頭湯祠在西七莊。

汪祠在東三莊汪村，祖汪涣。

周祠在南九莊石倉岩，祖廷光。

伍祠在西十二莊伍家隖。

趙祠在南九莊趙宅，始祖宋仙居主簿若棟。

管祠在南二十莊管宅，自金華來。

顧祠在城西隅文德坊，始祖仲，自栝蒼、雲和來。

傅祠在南二十三莊派塘，自閩上杭來。

武川備考卷五 下

祭祀考下

墳墓

晋

鎮南將軍阮孚墓宋吕喬年《金貂亭記》：金貂亭者，晋鎮南將軍阮公之墓亭也。○《通志·名勝志》：在明招山上，有惠安寺、蠟屐亭。○《康熙志》：治東十五里，明招寺山門之東十步許，有石表，題云晋鎮南將軍廣州刺史阮公之墓。

唐

倉部員外郎徐鎡墓在南十四莊牧虞山。

宋

尚書右丞吕好問墓《東萊集·家傳》：好問，紹興元年七月，薨於桂州，八月壬申，藁葬於桂州城南之龍泉，後二十四年，改葬於婺州武義縣之明招山。○《通志》、《府志》：在明招山。○《康熙志》：治東一十五里明招山。

贈承事郎劉升墓南十四莊金柱山。

忠義項德墓

大理評事吴勝墓南二莊横山油井頭。

贈左朝請大夫知建昌軍劉滂墓南十四莊金柱山。

贈右正議大夫吕弸中墓明招山。

贈朝議大夫吕大器墓明招山。○吕祖儉《東萊先生壙志》：建炎南渡，太師而下皆葬武義縣明招山。

參知政事樓炤墓《府志》：在太平鄉。

太平州録事参軍知諸暨縣事鞏庭芝墓南十七莊洪橋頭福聖寺旁。〇《防護録》同。

吕從事夫人方氏墓東十六莊明招山。〇宋陸游撰《吕從事夫人方氏墓志銘》。

梧州刺史劉墉墓南五莊泉溪西山學士原。〇宋吕東萊撰墓志銘。

沅州通判劉邦光墓南十六莊清溪摘明山下。〇宋東萊撰墓志銘。

處士徐宗盛墓下車塘。〇吕東萊撰墓志銘。

户部員外郎劉邦翰墓南十六莊清溪摘明山下。〇《劉譜》。

郭宜人墓南十六莊清溪摘明山下。〇吕東萊撰墓志銘。

朝奉大夫尚書吏部郎中梁膺墓西六莊曆山下。

安定郡王趙翔墓來蘇鄉八仙源。〇《通志》、《府志》作趙伯翔。

開封伯謚成吕祖謙墓明招山。〇《防護録》同。〇互詳金石考。

吕成公夫人元配韓氏墓明招山。〇見《東萊文集》。

吕成公夫人繼配芮氏墓仝上。

太府寺丞謚忠吕祖儉墓明招山。〇《萬曆府志》：近東萊墓。〇《康熙邑志》：與東萊墓相對。〇互見金石考。

贈中奉大夫文華閣待制楊大法墓小二十都，明岩山。

宗正少卿章徠墓來蘇鄉牛欄山。

中奉大夫直龍圖閣須城縣男鞏湘墓南六莊護國寺旁。

鄉貢進士鞏法墓仝上。

鞏鄉貢夫人楊氏墓西八莊大慈寺東隅。〇陸游撰墓志銘，葉適撰墓表。〇按，《鞏譜》云合葬護國寺旁。

提轄左藏庫知臨安縣事鞏豐墓舊志、《防護録》皆云福聖寺旁。

贈龍圖閣學士謚文簡揚邁墓長壽鄉西普寧寺後。

固始縣主簿徐鉅墓南二十六莊法蓮寺旁。

寶謨閣待制工部侍郎謚文肅徐邦憲墓治西壺山麓。○王柏撰墓碑。○按,《防護録》謂西十九莊即西門外,謂湖山即壺山古名。

奉直大夫葉介墓南十九莊花粉山。

知武義縣事周必達墓東北三里金安山普熏寺旁。

贈公馬正己墓西十四莊寶岩寺旁。

參知政事謚莊敏馬光祖墓南十七莊福聖寺旁。

待詔王臣墓白陽山,柱表見存。

太常博士史館校勘鄭良臣墓北八莊壇頭龜形。

居士阮葵墓南十六莊石佛山。○袁燮撰墓志銘。

寧遠節度使姜特立墓王澤山。○見《梅山續集》。

湖南轉運使知雷州事徐潤墓長壽鄉聖智寺。

明

知長沙府何貴墓南。

大理評事徐彦輝墓蘇伯衡撰墓表。

太僕寺卿嚴繼先墓西十九莊東山頂隴。

刑部郎中徐貴墓南三里。

廣西僉事潘洪墓十都楊弄源柘隖。

陝西提學副使潘璋墓同上。

贈兵部尚書潘希曾墓十一都牛山,湛若水撰志銘。

惠州通判邵夢龍墓東。

處士徐文政墓南二十莊雙坑口。○程達撰墓表。

指揮僉事徐平胡墓

把總劉大道墓南一莊後金村。

歲貢韓光濟墓

孝子王世名墓西四莊茶山。

孝子何承祖墓南二十五莊大公山。

孝子劉薦秋墓南一莊下嶺頭下村山。

國朝

江都知縣朱爾殿墓

昆明知縣朱若功墓明招山智覺寺後。○張人崧撰志銘。

武義知縣江留篇墓治西一里壺山。

寺觀

勑賜智覺寺東十六莊明招山，舊名明招寺，又曰惠安。國朝乾隆二十二年奉勑改今名。○晋鎮南將軍阮孚捨宅爲寺，德謙禪師建。宋紹興十六年重建。國朝康熙二十七年，陳瑞汪、江秉仁捐建，嘉慶二年，徐仁美、湯應祥、林德濂修。○參《萬曆府志》、《嘉慶邑志》。

廣福寺宋嘉祐二年建，在大南門裹，又號福聖浴院。○參《萬曆》、《康熙志》。

三元宫西隅，城隍廟東。

法雲寺《萬曆府志》：宋大中祥符元年建。○《康熙志》：僧會司在焉，習儀祝聖於此。《嘉慶志》：乾隆三十一年，僧海昌建觀音閣；三十四年僧寂嵛、五十年僧祖印建兩廊、客齋。○按，咸豐末，寇燬。光緒初，建後殿三間。華元化祠在東室。

地藏庵城西書臺山腳，光緒間重建。

彌陀庵《康熙志》：鳴陽門外。萬曆癸卯建。○按，久廢。

香山寺一名普熏。○《萬曆府志》：周顯德二年建。○《康熙志》：在金安山。宋淳熙戊申，進士高士梯、僧梵元修。明萬曆癸未，僧德瑞、邑人徐一棠等重建書院，新官到任，於此更衣進城。○《嘉慶志》：嘉慶六年，僧心持修。○按，咸豐末，寇燬。同治十三年，知縣于振綸命陳金印募建三間。

白陽庵東六莊白陽山。○《康熙志》：邵姓建。

大通寺《萬曆府志》：唐咸通八年建。○《康熙志》：東十五里牛山。

金仙寺東十莊。○《萬曆府志》：宋元祐六年建。○《康熙志》、《嘉慶志》：萬曆二十八年，僧廣聰修。○按，《邑志》作嘉祐七年。

内白庵東十五莊湯山屏。○《康熙志》：萬曆五年建佛堂，三十六年建禪堂，官迎上司憩此。

延慶寺東九莊。○《萬曆府志》：錢氏寶正五年建。○《邑志》：久廢。

熟溪橋庵南一莊熟溪橋頭。○《康熙志》：萬曆二十八年建，湯四十五捨基十三丈，湯章九捨田一千十把。○按，國朝咸豐末，寇燬。光緒二十年，闔邑捐修熟溪橋，以餘緡重建此庵。

松林寺南一莊睦和山。○《康熙志》：康熙三十五年，知縣江留篇建。

龍華教寺《萬曆府志》：南二里，元至元二年建。○舊志：久廢。

南龍華寺《康熙志》：一都南山。明成化十一年建，萬曆三十年縣令陳捨田一百把，寄祀。○《嘉慶志》：今廢。

法蓮寺《萬曆府志》：南五里，宋大中祥符八年建。○《舊志》：久廢。

建福庵南三莊端村。○《康熙志》：康熙三十五年史恩如、陳瑞汪、江秉仁等捐建。

無相寺南五莊泉溪。○《康熙志》：元至元年建，明嘉靖四十五年重建，萬曆二十三年建法堂。

護國寺南六莊鞏宅。○《萬曆府志》：唐咸通八年建。○《康熙志》：明嘉靖十六年修。○按，國朝光緒二十四年，鞏善棠等募捐重建。

金柱寺即寶嚴寺。○《萬曆府志》：南十五里，晋開運二年建。○《康熙志》：宋大中祥符二年改今名。○《嘉慶志》：康熙間燬。雍正乙卯僧性意重建，嘉慶六年僧道林重修。

崇元觀南八莊東皋。唐倉部徐鎡建，宋太平興國年重建。○按，黄溍《記》：倉部之在告也，建崇元觀於武之太平鄉。據此，當云唐時建，舊志作太平興國年建者，非是。

梵安寺南二十里，唐徐倉部建，久廢。

崇教寺南十六莊清溪摘明山。○《萬曆府志》：宋元祐六年建。○《康熙志》：宋大中祥符二年建。《嘉慶志》：乾隆十六年，僧宏球重建。○按，咸豐年僧定空重修。

雲居庵《康熙志》：清溪。

雪雲庵《嘉慶志》：南七莊葉牆頭。

雙柏庵《嘉慶志》：南二十里。舊創自金、全、楊三族，後圮。明正德年雙柏王氏重建，故名。

勝因寺《萬曆府志》：宋大中祥符九年建。○《康熙志》：南三十里盧碧。○《嘉慶志》：乾隆四年僧能曉重修。

福聖寺南十七莊。○《萬曆府志》"聖"作"勝"。《康熙志》：四都洪橋頭，周顯德二年建。宋大中祥符二年、明洪武十七年修。○《嘉慶志》：乾隆癸卯修。

寶泉庵南十八莊寶泉岩上。○《嘉慶志》：鄉宦何貴同、僧一源建，今名碧天庵。

海麟院南十八莊郭洞。國朝乾隆丙申重建。

西普寧寺南十九莊溪里。○《萬曆府志》：晋開運中建。○《康熙志》：宋端平二年遷，有靈泉湧出，牧牛和尚投藥其中以療疾。

多福寺《康熙志》：舊名集福寺，在十七都塔山石頭，治南三十五里，宋乾德中建，慶曆改今名，明洪武十七年重建。

多寶寺《康熙志》：十七都塔山治南四十里。宋開寶元年建，今廢。

雙溪庵南二十莊黄金磜。

興善寺南二十五莊古竹。○《萬曆府志》：宋祥符間賜額，靖康元年重建，後併法蓮寺。○《舊邑志》：南十五里西屏山，元至正五年朱端二捨基重建，明洪武二年端二孫紹捐田。萬曆二十八年僧智德修。

燕山嶺庵南二十六莊。○《康熙志》：二十三年僧真忠募建。○按，咸豐十一年，寇燬。

静巖寺南二十六莊。《萬曆府志》：周顯德中建。○《康熙志》：舊名明王寺，宋寶祐六年改今名。明萬曆五年僧德成修。○按，國朝康熙、嘉慶、道光間屢修，光緒丙申年，僧長才募捐重建。

慈雲庵壺山，一都治西一里。○《康熙志》：明萬曆二十一年建。國朝康熙七年，知縣李經邦建文昌閣於左。三十七年，知縣江留篇重建文昌樓於後，婺女星君樓於左。○《嘉慶志》：嘉慶間僧思芳修。○按，庵遭寇燬，光緒年重建，而文昌樓、婺星閣竟撤去。

寶安寺西二莊。○《康熙志》：櫸樹下，周顯德二年建，今廢。

化度寺西五莊。○《萬曆府志》：吴越王寶正五年建。○《康熙志》：五都宏閣。

宏閣嶺庵西五莊。○《康熙志》：萬曆元年建。○按，久圮。

九峰庵西六莊。○《康熙志》：元至元三年建，明萬曆九年重建，○《嘉慶志》：今廢，寺産入書院。

清寧觀《萬曆府志》：西二十五里歷山之陽。宋吏部郎中梁膺建。○《舊志》：今廢。

廣福觀《萬曆府志》：西三十里，奉靈虚見素真人。宋治平元年賜額“壽聖”，後改今名。○《嘉慶志》：乾隆四十一年，邑令張申詳撥田三千八百八十五把，入武城書院。

桐山寺西七莊。○《萬曆府志》：銅山教寺。○《康熙志》：唐咸通八年建，明正統間都御史張楷剿梧寇，屯兵於此。成化十五年重建，嘉靖三十六年重修。

鎮楊庵西八莊。○《康熙志》：本都里長楊家建。

大慈寺西八莊釜峰山。○《萬曆府志》：唐咸通八年建。○《康熙志》：舊名銅釜寺，宋治平年改今名，明萬曆三十四年修。

崇法寺西二十五里。○《萬曆府志》：宋大中祥符中改今名，治平元年建佛堂，後併入大慈寺。○《康熙志》：康熙二十九年，僧智明重建。○《嘉慶志》：乾隆年僧德威募修。

惠力寺西九莊金公岩。○《萬曆府志》：宋乾德元年建。○《康熙志》：宋乾道五年建。

天液庵西九莊塞頭。

廣惠觀西九莊宣平、俞源界。○《萬曆府志》：西三十里俞源口。元延祐五年提點道教事顔起惠創。○《康熙志》、《嘉慶志》“起惠”作“真三”。

大化寺西十一莊。○《康熙志》：在白姆，○久圮。

西巖寺西十二莊。○《康熙志》：余家隖，○久圮。

静住寺西十二莊。○《康熙志》：余家隖，○久廢。

寶林寺《康熙志》：二十四都。○按，久廢。

永鎮庵西十三莊雙岩。○舊志作雙岩庵，非是。

鳴鳳庵西十三莊。

寶巖寺西十四莊。○《康熙志》：宋咸淳年建。

觀音堂西十五莊杳渠，元至正六年，善女蔣氏、杜氏建，久圮。

在中庵西十五莊平坑。○《康熙志》：明崇禎九年，深谷禪師建此養親。國朝康熙十七年，徐廷相修。三十六年，知縣江留篇鑄鐘。○《嘉慶志》：乾隆丁酉建山門，乙卯修大殿，嘉慶甲子修佛像。

無礙寺西十五莊杳渠大家山下，唐咸通七年建，亦曰白佛道場。舊志作周顯德年建，誤。兹據蘇塏碑改正。

普明寺西十六莊後樹。○《萬曆府志》：唐長興元年建。

教隆寺《萬曆府志》：西十五里，晋天福二年建。○《康熙志》：宋熙寧年建。○《嘉慶志》：萬曆二十七年重建。

魚鷹巖庵西十八莊。○《康熙志》：萬曆十年，僧洪清建。

石鷲巖庵西十八莊。○《康熙志》：萬曆二年建。○《嘉慶志》：麓雲庵，舊名石鷲岩庵。

水月庵西十九莊三板橋。

止虛庵《嘉慶志》：北白嶺。明萬曆三十四年，縣令張國裳建。○按，寇燬。同治間重建，改曰北嶺庵。

中峰教寺《萬曆府志》：北二里，宋宗丞趙汝淦建，名兩山庵。元至正六年改今名。○按，久廢。

北寶泉堂《康熙志》：三都紡車嶺，萬曆二年建。○《嘉慶志》：乾隆年縣令汪正澤、邑人顧贊、徐康等修。

普净寺《萬曆府志》：北十里，宋慶曆七年建。○《康熙志》：成化十三年修。

常樂寺《萬曆府志》：唐清泰二年建。○《康熙志》：十都勝峰山，縣北十五里。○《嘉慶志》：元大德四年修。

普濟庵北四莊。○《康熙志》：石龍頭，萬曆三十四年建。

普净寺北十里靈雲山。宋慶曆七年建，明成化十三年修。

青龍庵《康熙志》：三都履坦岡頭，萬曆二十八年建。〇按，久廢。

洪寺橋庵《康熙志》：十都治北十里，萬曆二十五年建。

東普寧寺《萬曆府志》：東北二十五里，晋天福五年建。

萬安寺《康熙志》：九都縣北二十五里，晋開運四年建，明正德五年修。

精進寺《康熙志》：九都茶洞山，宋紹興十年徐克修建，元至元年修。

東慈尊寺《康熙志》：十一都山坑治北三十里，宋俞主簿遷東臺山慈尊寺額。

塔坿

髮寶象龍塔《康熙志》：在孤山，與金鞍山相聯，萬曆三十年徐一棠等十二人建，邑令張國裳額其門曰“漢陌丹梯”，下有堂曰“止觀”。

聚奎塔《康熙志》：在溪南金龍背山岡，康熙三十五年邑令江留篇建。〇按，久圮。

文塔《嘉慶志》：在南二里誥山，乾隆四十一年建，嘉慶八年四月圮。

龘峰塔在南十七莊郭洞水口山。

武川備考卷六 上

職　官　考上

職官表一

唐

年號	令	丞	主　簿	尉
元和	竇堪見《廣异記》〇按，异，舊志誤“輿”。 李湙十二年攝。〇湙，《府志》作“瀹”。			
開成		李輝元年任。	錢名亡，元年任。	
咸通	衛約八年任。		沈朝宗據《元和姓纂》補。	李乂據蘇頲《神道碑》補。 李佐據穆員《墓志》補。

五代吴越

年號	令	丞	主　簿	尉
天福	林正邦七年任。〇董沛《兩浙令長考》邦作“光”。			
開運	錢名亡，三年任。	陸名亡，三年任。	何名亡，三年任。	

宋

年號	知縣事	丞	主 簿	尉
祥符	李知章承議郎，二年任。 張嶠儒林郎、秘書省校書，七年任。		張約七年任。	
天聖	張迪承務郎，六年任。 吕仕廉朝散大夫，十一年任。			
治平			何宰三年任。	
慶曆	閭邱仲獝朝散郎，五年任。 閭邱孝修七年任。			
皇祐	丁如玉三年任。 劉襲五年任。			
嘉祐	李宫評事、監察御史，四年任。 韋驤八年任。			
熙寧	常執中五年任。 周弁七年任。 王寧九年任，《府志》寧作“迎”。		姜君爽七年任。	
元豐	鄭基元年任。 蔡將七年任。			
元祐	張巨六年任。		夏仲良六年任。	
紹聖	傅惇三年任。 陳彦修四年任。		謝延年三年任。 仇名亡，四年任。	
元符			陳序三年任。	
崇寧	程天秩三年任。 王名亡，五年任。		王禔福州人，二年任。	

續 表

年號	知縣事	丞	主 簿	尉
大觀	王名亡，二年任。 崔裕三年任。		崔裕二年任。	
政和	陳德夫三年任。 王沂四年任。 王徵五年任，《府志》徵作"澂"。 張名亡，據《府志》增。			
宣和	徐廣四年任。			
靖康	林大嚴元年任，《府志》嚴作"聲"。			
建炎	郭元二年任，《府志》元作"亢"。 胡迥三年任。 張恕四年任。	曾緯四年任。		
紹興	沈晦元年任。 郭景純二年任。 張拱辰三年任。 趙善防四年任。 柯若欽五年任。 衛蒙亨八年任。 段敏修八年任。 陳一鶚十二年任。 侯春十三年任，《府志》春作"椿"，十年任，在陳一鶚前。 林崇十五年任。 柳績十六年任。 鄭庚十八年任。 衛秬廿一年任。 翟軫二十四年任。	廖注三年任。 余豐五年任。 朱名亡，十二年任。 吕大倫十六年任。 周伯駿二十三年任。 梁識二十五年任。 郭椿年二十七年任。 林大節二十八年任。 晏節三十一年任。 邢李廣三十二年任。		

續 表

年號	知縣事	丞	主 簿	尉
紹興	韓棆二十七年任,《府志》棆作"棆"。 趙淳二十八年任。 史倬三十一年任。 周必達三十二年任。			
隆興		劉鎮二年任。 楊有倫 柳譽 鄧殊彦 甘之則 李勸 衛粹中 黄武 周椿年 朱冠卿 余翔 劉觀德 吴百禄 樊國英 慕容邦光按,自楊有倫至此,舊志云碑燬,莫詳年分。		
乾道	沈柄元年任。 黄嗣祖三年任,《府志》作六年。 趙白准六年任,《府志》作三年。	楊師説四年任。 鄭噩七年任,《水心文鈔》:字仲酉,平陽進士。 錢榮祖九年任。		
淳熙	趙公遇元年任。 陳端義七年任。 趙彦敏八年任,《府志》作五年。 陸浚九年任,《府志》作七年。 崔雍十年任。 胡琢十三年任。	俞亨宗三年任。 錢敦之五年任。 俞巨源七年任。 錢揚祖九年任。 王毓十三年任。 王壽俊十六年任。		

續　表

年號	知縣事	丞	主　簿	尉
慶元	徐松二年任。 周峻二年任。 劉應祖五年任,《府志》劉作"周"。	姚偲二年任。 汪章五年任。 司馬過六年任。		
嘉泰	宋好常二年任。	黄應錫二年任。		
開禧	趙思伋元年任,《府志》作"伋",《邑志》作"汲"。 姜郇二年任。	趙汝實二年任。	石宗玉二年任,創造熟溪橋,邑人祀之。	
嘉定	趙汝适二年任。 諸葛安節五年任,《府志》作二年。 趙善鏐八年任。 汪絳九年任。 余疇十年任。 俞應同十三年任。《嘉慶志》云自是至至元己卯,凡五十八年,舊志失載,《府志》亦闕。	喬頌二年任。 趙汝過五年任。 沈必錫八年任。 黄隼十一年任。 曹廓瑞安人,據《温州府志》補。	田聞龍據《處州府志》補。 徐璹據方勺《泊宅編》補。 林載瑞安進士,據《温州府志》補。	應振據《渭南文集》補。

元

年號	達魯噶齊	尹	丞	主簿	尉	典史
至元	豈台蒙古十六年任。	劉原 成德二十四年任。 葉琛至元間青田尹,移武義,〇據《宋文憲全集》補。	舊志不載	高禎二十四年任。 楊肯堂三十一年任。		
元貞		史椝卿四明人,二年任。				
大德	揑古伯二年任。 馬合謀五年任。 撒剌兒八年任。 失沙十一年任。	史德周三年任。 郭進六年任。 公孫讓九年任。				

續 表

年號	達魯噶齊	尹	丞	主簿	尉	典史
至大	何的迷實三年任。何,《府志》作“阿”。	陸鑑元年任。 程文彬四年任。				
皇慶		焦世昌二年任。				
延祐	馬合麻元年任。 闊失歹五年任。	樊天澤二年任。 史居寬六年任。				
至治	劉伯牙兀河西人,二年任。	陳繼祖二年任。				
泰定	泰不花元年任。 不顏帖哥	蔡元鎮二年任。				
至順	八散勿都魯三年任。勿,《府志》作“忽”。	烏古孫良楨至順間任。《康熙志》:莅政勤敏。《嘉慶志》:官至左丞。〇見宦迹。				
元統		劉元大都人,元年任。〇見宦迹。				
後至元	苫思丁元年任。 迷兒耆里	韓昌三年任。				
至正	小雲石海牙元年任。 廉五麟八哈四年任。 回紇沙班見《宋學士文集》。	隋守中三年任。 許廣大四年任。〇見宦迹。 翁景成		三寶五年任。		冀鳳

明

年號	知 縣	丞	主 簿	典 史
洪武	錢樞初年,重建縣署。〇舊志失		趙景昌樂安人,由人材選,三十	

續 表

年號	知 縣	丞	主 簿	典 史
洪武	載,今補。 仇吉二年任。 徐嵒五年任。 杜友中六年任。 韓敬十五年任。 趙杲真定安平舉人,三十年任。有守有爲,擢監察御史。		年任。除害安民,陞禮部主事。	
永樂	蔣幹金壇人,八年任。 嚴士安華亭進士。	陳以咸山陰人,佐政有聲,陞知縣。 石彦誠南昌進士,三年任,見宦迹。 藺名亡。 洪亮 趙讓 蕭名亡		閔詢
正統	鍾惟勉分宜人,十四年任。梏寇猖獗,大臣統兵剿撫,鍾内撫流移,外給糧餉,民不知兵,邑人德之。卒於官。 李文福安人。 康顒泰和舉人。			
景泰			朱慶莆田吏員,元年任,勤政恤民。	
天順	梁珦連州人,七年任。	李琦陝西吏員。	姜裕萊陽吏員,四年任。	吴顯晋江吏員。
成化	陳連進賢進士,四年任。勤政恤民,除奸刷蠹,恩威並著,擢監察御史。 張通江寧舉人,九年任。 陳懋源莆田進士,十二年任。興	文亨益州監生,十年任。 孫泰蓬萊監生,十四年任。	李琦磁州監生,五年任。 黄斌黄岡監生,七年任。 劉鎮江都監生,十年任。 賈公珍溧水監生,十二年任。	張昭海州吏員,五年任。 李興平度吏員,十年任。 劉文勝大同吏員,十二年任。 張禮豐城吏員,十四年任。

續 表

年號	知 縣	丞	主 簿	典 史
成化	學愛士,勤政卹民,陞刑部主事。 曾禄博羅進士,十八年任。廉謹勤能,卓有政績,擢監察御史。			劉雄招遠吏員,二十二年任。
弘治	徐銑鄱陽進士,二年任。 楊澄宜興人,四年任。 鄒昌高安舉人,九年任。 汪亨歙縣舉人,十一年任,見宦迹。 劉經徐州舉人,十五年任。	孔宣臨川吏員,元年任。 賈信華亭吏員,六年任。 姚准徐州監生,十一年任。 華復無錫監生,十五年任。	田愈交河吏員,元年任。 周正揚州吏員。 余寛襄陽監生,十一年任。 王紳蒲州人,十五年任。紳,《萬曆志》作“坤”。	梁政武安人,六年任。 葉彰永豐人。 姚淇閩縣人,十二年任。
正德	湯沐江陰進士,二年任。二,《府志》作“三”。見宦迹。 陳琮南漳舉人。六年任。 胡琇道州舉人,九年任,見宦迹。 吴鐩無錫舉人,十五年任。	張一本封邱監生,元年任。 潘棠辰州進士,十一年任,見宦迹。 林有年莆田舉人,十三年任,見宦迹。 陽舜臣南康監生,十五年任。	張美尉氏吏員,二年任。 李琳六安人,七年任。 江中莆田吏員,十二年任。	胡仁旌德人,二年任。 項金桐城人,九年任。 王欽繁昌人,十二年任。 武秀盱眙人。 凌英南昌人。 陳繪新建人。 胡偉南豐人,一廉如水。〇《萬曆志》:南昌人。 陶汝信柳城人。 鄧辛英德人。
嘉靖	黄春弋陽舉人,二年任,見宦迹。 黄思豐城舉人,七年任。 潘珪建平舉人,八年任。 陳巘宣城舉人,十年任。 譚學茶陵舉人,十一年任。端肅	吴濬歙縣監生,五年任。 康福恒舞陽監生,十一年任,以清謹傳。 汪伸徽州監生,十四年任。 曹玹通州監生,十八年任。 葛土丹徒監生,	陳福山東人,元年任。 劉學膚施監生,四年任。 王思 曹禧 楊九章長沙衛人,二十九年任。 王寅龍泉監生。 龔爵莆田吏員。	

續表

年號	知縣	丞	主簿	典史
嘉靖	清勤,恤民禮士,擢廣西道御史。《府志》:荼作“廬”。 歐陽理丹徒舉人,十四年任。 許曰從仙游舉人,十七年任。○《仙游志》作“日從”,四年任。 李瑞芳豐城人,二十年任,見宦迹。 陳化瀏陽舉人,二十二年任,明決服民。 趙奇高安舉人,二十六年任,見宦迹。 張萬南兖舉人,二十九午任。 魏道亨懷安舉人,三十三年任。 何鋭繁安人,三十五年任。 陳嘉慶安陸舉人,三十八年任。 謝汝韶長樂舉人,四十三年任,以廉惠明敏稱。 林耀侯官舉人,四十五年任。	二十三年任。 王柱樂平監生,柱,《府志》作“桂”。 李引恬荆門州監生。 孫邇京山監生,三十二年任。 吴思齊永豐吏員,三十五年任。 王寅黄岡吏員,四十一年任。 鄔謹豐城監生,四十四年任。 陳都當徒吏員,四十五年任。 以後缺載。	鄔清豐城吏員,三十八年任。 戴昂六合吏員,四十三年任。	
隆慶	胡應軫吴縣舉人,元年任,○《府志》四年任。 林一鵠福清舉人,四年任。鵠,《康熙志》作“鶚”。		董仲輅上高監生,元年任。 何東陽東鄉監生,四年任。止争止訟,民懷其惠。	陳宏悦晋江人,二年任。 崇鼎天長人。 劉京潛山人。

續 表

年號	知 縣	丞	主 簿	典 史
萬曆	譚音始興歲貢，元年任，始造熟溪橋屋。 陳思仲石城恩貢，五年任。思，《府志》作“師”。 謝阜醴陵舉人，九年任。 熊秋芳新昌舉人，十二年任。 陳大烈瓊山舉人，十六年任。 崔光玉南海舉人，二十一年任。 强安慶溧陽歲貢，二十三年任。 龔良卿江都籍，崑山選貢，二十五年任。 范岱丹徒歲貢，二十七年任，陞雲南知州。 張國裳晋江舉人，三十二年任，見宦迹。 吴夢陽江西高安歲貢，三十八年任。 蔣允京廣西全州舉人，三十九年任。 費重賢江西德化舉人，四十年任。 莊鳴謙江南丹徒舉人，四十四年任。		周嘉賓溧陽監生，元年任。 葛在丹徒監生，三年任。 陶一夔湘鄉監生，五年任。藹若春陽，廉如秋水，士民重之，陞龍游縣丞。 雷雨玉山吏員，九年任。 徐衢霍山監生，十年任。 劉春曜長寧吏員，十五年任。 胡僊徽州人，知印，十九年任。 錢應詔丹徒監生，二十年任。 潘宗舜泰興監生，二十二年任。 朱世隆武進吏員，二十六年任。 陳易新通州人，知印，三十二年任。 顧允嘉吴縣吏員，三十四年任。 此後缺裁。	王涇福清人，六年任。 林岳福建人，十年任。 姜桂選福建人，十六年任。清苦勤勞，以内艱去，士民惜之。 朱濟蕪湖人，十八年任。 鄭元憲全州吏員，十九年任。 王仲仁金溪吏員，二十年任。 陳嘉宦雩都吏員，二十三年任。 宋鉉金溪吏員，二十五年任。 楊恂金溪吏員，二十九年任。 楊應坤新城吏員，三十二年任。 陳以忠江南人，三十四年任。 楊茂董晋江人，三十七年任。 周應曹廣東人，四十年任。 周廷鸞福州人，四十三年任。 林汝奇福建人，四十六年任。

續 表

年號	知 縣	丞	主 簿	典 史
天啓	蔣守藩廣西全州舉人，元年任，考選科道。○《府志》藩作“蕃”。 舒自志溆浦舉人，五年任，陞處州同知。			彭堯年華亭人，元年任。 陳文華福建人，四年任。 何大彬鳳陽人，七年任。
崇禎	高寰英雲南鶴慶府舉人，四年任。 陳調元江南常熟舉人，六年任。 袁向科四川珙縣舉人，九年任。 姜志峻丹陽歲貢，十二年任。 馮坪成都舉人，十三年任。造城有功，陞南直邳州知州，邑人思之。 林宗仁平和舉人，○湯有斐《果齋筆記》：十六年任。 何肇元常州舉人。○《果齋筆記》：我朝順治二年，明南都福王弘光二年任。			謝天相六安州人，四年任。 鄧禹山黄陂人，十年任。 凌文標歙縣人，十二年任。 王尚誼青陽人，十五年任。 王之英麻城人，十六年任。

教官《嘉慶志》：宋以前缺，無考。《義烏志》有王明遠爲武義教。

元

年號	教 諭
	逯公平見《許文懿公集》。
至元	吕采之二十四年任。

續表

年號	教諭
至正	鮑承宗永嘉人，八年任。 許庭齊 陳離

明

年號	教諭	訓導
洪武	張秉彝本縣人，明經操行，博學善教，陞翰林院編修。 吴節性新淦舉人，二十八年任。才敏教勤，陞國子監助教。	周善本縣人，洪武初由明經任。 徐必大十七年任。 徐思性本縣人，洪武間由明經任。 陳政和州舉人。 俞宗正本縣人，洪武間由明經任。 姚泰新昌監生。 黄佐順昌舉人。 江振餘干監生。 鄭頤龍溪舉人。 程勉崇安監生。 徐顯宗新昌人。按，以上九人，舊志不載年分。
永樂	蕭引之廬陵人，二年任。 黄鑄甌寧舉人。 任重侯官舉人。 吴仲清建寧舉人。 蔡沈句容監生，《萬曆志》沈作“澄”。 林旦連江舉人。 沈盛吴縣監生。	
天順	嚴巽繁昌監生，五年任。	
成化	廖清蒲圻舉人，元年任。 曾瓊泰和舉人，十年任。 史昱吴縣監生，十二年任。博學能文，陞南安府教授。 姚澄吴縣監生，十六年任。	葉徽閩縣舉人。 林彌邵福寧監生。 譚賢茶陵監生。 朱洪晋江監生。○按，以上四人，舊志不載年分。 朱文盛崑山監生，十八年任。 龍瓚臨川監生，二十年任。

續 表

年號	教 諭	訓 導
弘治	林光重莆田舉人,三年任。 周誥貴溪舉人,十二年任。	俞璘六年任。 宋定新喻人,六年任。 鄭載福寧監生,十年任。 蔣永嘉丹陽人,十五年任。
正德	趙雲程新昌舉人,六年任。 方富莆田人,八年任。 莫自賢柳城舉人,九年任。 李庭茂巴陵舉人,十四年任。 王紹晋江人。 陳山	吕景蒙象州舉人,三年任。 柯崧青陽監生,五年任。 顔金茶陵監生,十一年任。 樊孔仁南城監生,十四年任。 單旱宜興監生,十四年任。 錢愷華亭監生,十六年任。 鄭時暢福建舉人。
嘉靖	汪宗之貴溪舉人,十四年任。 彭懋南昌舉人,十八年任。長厚得士心,官至參議。 龍庭光吉水人,二十四年任。 林秋閩縣舉人,二十六年任。 賀壽大名人,三十一年任。 張泉臨川舉人,三十三年任,以道學稱,著有《南華經解》、《心統圖説》。 袁炫都昌人,四十二年任。 鎦鏞南昌舉人,四十四年任。勤課試,善鼓舞,陞國子監學正。	鄭道福建人,五年任。 周譜 項鳳貴溪人。 趙用 陳必通漳州人。 周顯印汀都人,二十一年任。 俞濬南陵人,二十八年任。 吴經績溪人,三十年任。 吴樟莆田人,三十五年任。 高擢金壇人,四十年任。 徐之藿都昌人,四十年任。 張禄零陵人,四十二年任。 塗庭祥靖安人,四十四年任。 魏正道蒲圻人,四十五年任。
隆慶	沈泮嘉定人,二年任。 馮天益彭澤人,五年任。○《康熙志》天作“大”。	譚國英歙縣人,二年任。 郁德峻普安衛人,四年任。 章楷浮梁人,五年任。
萬曆	王惠丹徒人,二年任。 車芳金溪人,五年任。 鄭鏜常山人,八年任。 劉稑分水人,十三年任。慷慨有節,士論重之。○《萬曆志》上二語屬鄭仲賢。	蕭鳳朝永豐人,三年任。 黄一莊永嘉人,三年任。 邱行達連江人,四年任。 胡惟芳高安人,六年任。 王一部雲和人,十年任。

續 表

年號	教　　諭	訓　　導
萬曆	鄭仲賢上饒人，十五年任。 陳堯言餘杭人，十七年任。 姚翼海州人，二十一年任。 沈君誥都昌人，二十三年任。 錢夢松龍游舉人，二十六年任。 侯定邦樂清人，三十三年任，陞廣東肇慶州學正。 黄公敏歙縣舉人，三十六年任。 徐新慈溪貢生，三十六年任。 吴立孝黄巖人。〇按，以下舊志不書年曆。 劉紹龍泉人。 楊思中寧海人。 張陽純永嘉人。 周誨廣西平縣舉人。 俞鳳章餘姚舉人。 章嘉會章化舉人。 任賓臣貴州印江舉人。 陳孚嘉錢塘人。 夏魁暘江南人。 黄中立永嘉人。	葉承宗天台人，十一年任。 陳璧福建人，十五年任。 高寵金壇人，十六年任。 許成德龍陽人，十八年任。 薛大亨麗水貢生，二十二年任。 蕭韠廬陵貢生，二十四年任。 王本芳枝江貢生，二十七年任。 王之益奉化貢生，二十九年任，陞桐廬教諭。 周一桂慶元貢生，三十二年任。 宋臣大昌貢生，三十四年任，陞四川洪雅教諭。 劉性篤通城貢生，三十五年任。性，《康熙志》作“惟”。 李元夫永嘉貢生，三十六年任。 朱之翰仁和人。〇按，以下舊志不書年曆。 張雲鵬蕭山人。 姚啓旦嘉興人。 胡祖舜餘杭人。 馬思舜臨安人。 王邦寧淳安人。 王汝霖青田人。 陳汝奇温州人。
崇禎		李順遼東人，陞金華教諭。〇按，《嘉慶志》不書年分，兹據《果齋筆記》。

職官表二

國朝

年號	知縣一員	典史一員
順治	張内有山西臨汾舉人，三年任，修邑志。 劉家麒順天宛平人，四年任。 金應乾遼東監生，六年任。 梁遂河南鹿邑進士，見宦迹。	張其忠密雲人，三年任。 程繼孔宛平人，六年任。 陳卜旦順天人，十年任。 屠定遠蘇州人，十六年任，陞巡檢司。

續 表

年號	知縣一員	典史一員
康熙	趙隆山東萊陽恩貢,元年任。 李經邦遼陽蔭生,四年任,修邑志。 徐喆廣昌人,十三年任,見宦迹。 楊龍惕高郵貢生,十五年任。 張三畏河南安陽進士,十九年任。 史大受福建晋江舉人,二十二年任。 劉章彝江西金溪舉人,二十九年任。 江留篇廣東饒平舉人,三十一年任,見宦迹。 王祚對華容舉人,四十四年任。 尚崇臨鑲黄旗漢軍監生,四十七年任。 鞠孫樓婁東進士,五十三年任。 徐亮祖鑲紅旗漢軍貢生,五十六年任。	馮文魁北直大名人,十年任。 申九二陝西人,二十年任。 陳永錫宛平吏員,三十一年任。 鮑洪遠青陽吏員,四十年任。 朱浩大興吏員,四十四年任。 李緦晋州吏員,五十二年任。 胡大年左所吏員,五十五年任。 朱英略宛平吏員,五十六年任。
雍正	楊維清鉅鹿貢生,六年任。 張人崧堂邑進士,十三年任,見宦迹。	董文松河内供事,六年任。 汪明積旌德供事,八年任。
乾隆	羅洪聲涪州舉人,五年任,見宦迹。 吴熙金匱進士,十年任。 汪正澤餘干進士,十一年任。 唐其達廣昌舉人,十四年任。 沈宏模天津進士,十五年任。 周昌德零陵舉人,十六年任,附見宦迹。 任文翼遂寧進士,二十一年任。 何思温靈石貢生,二十九年任,見宦迹。 楊澎新城舉人,三十一年任。 謝興岐璧山進士,三十四年任。 孫于宣德州舉人,三十五年任。 張剋申鞏縣舉人,三十八年任。 鄧謙芳永安舉人,四十七年任。 沈貽孫句容進士,五十一年任。 曹庠業新建拔貢,五十三年任。 曹天益高縣舉人,五十四年任。 儲夏書宜興人,六十年署。	李茂撫寧吏員,七年任。 張敬參介休吏員,十六年任。 陸國鉦上元供事,十九年任。 孫超四川綿州監生,二十六年任。 沈炳衡江蘇監生,三十八年任。 何白璧四川南部附貢,四十六年任。

續 表

年號	知縣一員	典史一員
嘉慶	袁春鼎黄陂進士,二年任。 李洪疇南豐舉人,六年任。 張營堠黔西舉人,七年任,修邑志。 熊如洵江西高要進士,十二年十一月補。以下新增。 滿秋石山東滕縣進士。 崔之煒安徽太平舉人,二十一年十一月選。	仇文魁安徽歙縣監生,元年任。 陳景涵江蘇武進供事,三年任。 席存謙江蘇太湖廳監生,五年任。 張儻湖南長沙監生,二十年正月選。以下新增。
道光	陳高見盧景華《百歲坊石刻》。 劉性源三年任。 朱緒曾進士。 金雲門進士。 賈宗洙進士。 李道融河南夏邑進士。 李芬 宋賓王山東萊陽進士,二十六年十一月選。 丁	陳倘見盧景華《百歲坊石刻》。 王璞山東膠州監生,二十年八月補。
咸豐	宋賓王簾回復任。 吴來鴻四年任。 程國賢安徽歙縣舉人,大挑,五年到任。 世昌鑲黄旗進士,六年到任,七年調,九年十月復任,十年卒於官。 閻朝貴進士,七年任。 宋蘭亭八年十月到任。 錢 陳 苗貢珍 陳 惠世揚十一年三月到任。	惲愷十一年任。

續　表

年號	知縣一員	典史一員
同治	王 杜 羅子森南海舉人,二年任。 陳光暐大興副貢,三年六月選,四年到任,卒於官。 夏獻鋆四年代理。 李炳厚副貢,五年署。 周貽綬太湖監生,六年五月選。 宋熾曾十三年到。 于振綸福建羅源舉人,十三年補。	吴福成三年任。 秦敬之 王紹成鎮洋監生,五年八月選。 孫承鑠八年任。 李鈺九年任。 葉銓吴縣監生,九年十二月補,十年到任。
光緒	龔世潼拔貢,二年署。 徐樾正藍旗漢軍舉人,二年四月選,三年到任,七年調,八年復任。 湯信昭益陽。七年署,減糧價,除陋規,邑人思之。 過仕昇安徽監生,十年署,勤政弭盗。 羅家稛湖南諸生,十二年署。寬和,善吟咏,募民建衙署。 陳友詩舉人,十四年四月任,十五年病卒。 戴麟昌大庾人,十五年六月代理。 蔣清翊吴縣。十五年七月署。 鍾光燿夔州舉人,十六年任,二十年七月調簾,十月簾回復任,二十三年致仕。 鄭遇夔雲南石屏人,舉人,二十年七月代理。 竇文翔山西孝廉,方正,二十三年十一月署。 范傳衣江西諸生,二十四年署。 杜作航清江人,翰林院庶吉士,二十五年四月到任。重士愛民。二十六年六月,衢州有警,團勇防守。會亢旱,齋沐虔禱,積勞成疾,七月卒於官。邑人感之,祀於城隍廟左。 德恩奉天人,二十六年九月署。	水安源阜寧人,六年十一月補,二十二年卒於官。 趙漢儒二十二年署。 葉錦藻天津廩生,二十三年任。

國朝

年號	教諭一員	訓導一員
順治	劉澤清遼東人,三年任。 邵琳餘姚舉人。 徐鵬翰海鹽人。 高宗舜臨安人,陞湖州府教授。 吴自明慶元人,陞紹興府教授。 葛光縉寧海人,陞温州府教授。	錢澄嘉興人。 李焕文上虞人,陞孝豐教諭。 秦嗣昌臨海人。
康熙	徐炳雲海鹽舉人,五年奉裁回籍,○附見宦迹。 陳新烈餘姚貢生,十七年復設任。 陳一路海寧人。 翁嵩年杭州舉人,二十二年任,見宦迹。 王士駿錢塘貢生,二十七年任。 嚴曾榮仁和舉人,郡學署縣學事,邑令江留篇建聚奎塔,實贊成之,以卓异陞惠來知縣。 程揆錢塘貢生,三十四年任,見宦迹。 王嘉忠建德拔貢,四十年任。 方般士石門歲貢,四十九年任。 温棐忱烏程拔貢,五十年任。 陳歆仁和副貢,五十四年任。 陳祖范諸暨歲貢,五十六年任。	秦嗣昌裁教諭,以訓導兼。 徐孟湖海寧貢生。 陳美政昌化貢生,二十年任。 吴志烏程人,二十四年任。 江心月開化人,二十六年任。 金振甲山陰歲貢,三十三年任。 沈翼世海寧捐貢,四十三年任。 姚杲長興歲貢,四十八年任。 孫之壐仁和捐貢,五十年任。 王道明泰順歲貢,○據《温州府志補》。 張友直平湖歲貢,五十二年任。 楊名鼎錢塘歲貢,五十五年任。
雍正	朱宏栻海鹽副貢,三年任。 周本孝錢塘優貢,七年任。 姚遠翻錢塘副貢,十三年任,見宦迹。	馮士宏歸安歲貢,四年任。
乾隆	閔昌祚烏程歲貢,十年任。 蔡以封嘉善優貢,二十二年任。 諸克紹錢塘舉人,二十三年任。 陶士麟會稽舉人,二十七年任。 吴樹德武康舉人,三十一年任。 吴國玟松陽恩貢,三十九年任。 林清錢塘舉人,三十九年任。 林玉光黄巖拔貢,五十三年任。 朱奎遂昌拔貢,五十五年任。	鍾廷掄泰順歲貢,八年任。《温州府志》廷作"定"。 王世禄定海歲貢十年任。 潘起元歸安歲貢,十六年任。 毛文繡江山歲貢,十九年任。 馮學海武康歲貢,二十一年任。 盛世玢臨安歲貢,二十八年任。 朱泰茹海寧舉人,三十五年任。 俞煓新昌歲貢,四十五年任。 張雲威嘉善歲貢,四十七年任。 林汝連慈溪舉人,五十四年任。 錢存諧樂清歲貢,五十六年任。

續　表

年號	教諭一員	訓導一員
嘉慶	毛起逵衢州舉人,二十五年九月選。○以下新增。	戴聚光仁和舉人,二年任。 傅祝齡錢塘舉人,四年任。 孫枝發嘉興歲貢,六年任。 楊宮杏湖州舉人,十八年十一月選。○以下新增。 方坰嘉興舉人,○附見宦迹。
道光	韓起鍾寧波舉人,十五年七月選。 徐望璋麗水拔貢,二十一年正月選。 張鑑湖州拔貢,二十六年五月選。	楊桂臣杭州舉人,十年正月選。 曹鳳標紹興舉人,二十一年四月選。 施寅烏程舉人,二十六年選。
咸豐	楊瀛生湖州拔貢,元年選。 朱□□□□□□三年任。 胡孝棠寧波優貢,四年八月選。 莊心鑑嘉興舉人,九年選,未到任。 馮名咸□□附生,十年任。	諸潮紹興舉人,八年正月選,未到任。 俞煓嘉興舉人,十年五月選,未到任。 孔廣心衢州歲貢,十年任,十一年殉寇難。
同治	姜桂芬江山廩貢,二年任。 朱鼎元杭州舉人,五年任,九年卒於官。 何鍾麟□□拔貢,九年以永康教諭攝。 徐士龍常山舉人,十年三月選,十一年到任,光緒□年卒於官。	沈樟湖州拔貢,元年任,寇陷,不到。 葉寶宸景寧附生,三年任,卒於官。 葉佐清松陽附生,四年署。 項炳珩縉雲附生,四年署。 盛贊堯新昌拔貢,五年任。 童佩金台州歲貢,五年十一月選,未到任。 許家清天台附貢,六年任。 徐采蘭附生,七年任。 張人鼎嘉興歲貢,八年九月選,未到任。 湯以孚蕭山附生,十年任。 章誥十一年任。
光緒	施作梅紹興舉人,五年七月選,卒於官。 傅汝賢紹興舉人,十二年任。 朱寶珍江山拔貢,十八年任,二十年卒於官。 錢保壽□□舉人,二十一年任。 謝昌年二十二年以郡教授攝。 陳錦堂二十二年任。	蔡士毫處州歲貢,元年任。 王驥富陽舉人,三年任。 袁子喬拔貢。 楊光旂湖州歲貢,五年二月選,十八年卒於官。 吴名玉青田孝廉方正,十八年署。 陳中元舉人二十年任。

按,《唐書・百官志》: 令、丞、簿各一員,尉二員。《十國春秋・吴越》: 有令,有主簿,有尉。《宋朝事實》: 以朝官知縣事,参用京官,或幕職爲之。《文獻通考》: 千户以上置簿、尉,二萬户以上置丞。《元史・職官志》: 達魯花赤尹一員,丞、簿、尉各一員,是唐、宋、元皆有尉也。舊志不載尉,今補。唐,尉二人;宋,尉一人;惟元無考,則存其職。又補明知縣一人,國朝訓導一人,宋丞一人,主簿三人,唐主簿一人,共補者十人。新增知縣四十四人,教諭十九人,訓導二十五人,典史十三人,共增者百有一人。列表如右 ,以俟采擇,其達魯花赤遵欽定《元史語解》達魯噶齊改正云。

武川備考卷六 下

職　官　考下

宦迹

宋

田聞龍，字宣甫，縉雲人。調武義主簿。地積逋税數萬，郡急督徵。聞龍謂："蠶絲未登，時又難處，不忍病民以阿順。"吕東萊門人書《繭絲歌》頌之，藩閫表其賢，俾知婺州，晚以四會知縣致仕。據《處州府志》補。

元

烏古孫良楨，字幹卿。資器絶人，好讀書。至治二年，蔭補江陰州判官，尋調武義尹。有惠政。至正十七年，除大司農。明年，陞右丞。良楨自左曹登政府，多所建白，罷浙東、西長生牛租、瀕海被灾園田税，民德之。《元史本傳》

劉元，大都人。元統初爲武義尹，惟携一子一奴。剛毅廉介，一錢不取。時浙東憲司搆一公堂，俾元斂材運甓。元不從，出颺言曰："一公何在？"竟拂衣歸。《獻徵録》

許廣大，天台進士。至正甲申爲武義尹，政聲甚著。佗邑訟有不决者，咸來質。熟溪水潰岸，壘石爲堤以捍水患，民懷其德，號許公堤。王褘曰："吾婺六十年得循吏三人，金華周自强、義烏徐永益、武義許廣大。"《獻徵録》

明

石彦誠,南昌人,永樂間縣丞。篤學守道,廉正愛民。明年徵翰林院修書,父老贈詩曰:"身持雅操同冰蘗,人播清名滿道途。"書成,陞徐聞知縣。《成化府志》

汪亨,歙縣舉人,弘治十一年知武義縣,寬恕恢擴,平易近民,民皆愛之。《獻徵録》

湯沐,字新之,江陰人。弘治丙辰進士,《明詩綜》○按,舊志作正德三年,誤。以任年爲科分。忤劉瑾,由湖廣僉事左遷武義知縣。端謹廉介,鋤强扶弱,吏民服其嚴明,歷陞布政司。《嘉靖志》

胡琇,道州人。以舉人知縣事,誅鋤奸宄,才幹可稱,民服如神。《嘉慶志》

潘棠,辰州人,進士。以給事中左遷縣丞,發奸摘伏,民服如神。《嘉慶志》

林有年,字以永,莆田舉人。正德中,監察御史奏原差内臣取回内廷供職,隨行番僧遣歸外國,林有年奏疏。左遷縣丞。翦豪右,惠良民,風節政聲一時稱最。《嘉慶志》

黄春,字伯元,弋陽人。弘治甲子舉人,授武義令,以能聞。御史歐竦薦其才堪繁劇,改調永康,武義民闔境赴當道保留之,考最,陞刑部主事。《弋陽志》○《通志》武義祠祀之。《廣信府志》

李瑞芳,豐城舉人,嘉靖二十一年知武義縣。持身清慎,御衆寬和,盜賊、賭博、私宰悉嚴禁革,民不敢犯,數年内幾致道不拾遺。士民録其政績,曰《善政録》,擢承天通判。《獻徵録》

趙奇,高安舉人,嘉靖二十六年知武義縣。築堤捍,建橋梁,作興士類,軫念民隱,諸所設施,武民永賴。見忤於上而去,民咸惜之。《獻徵録》

林一鵠,字鳴臣,號志吾,福清人。徐浩林《侯德政記》由舉人知縣事,《嘉慶志》威采凝重,庶事練達,聽斷平允。邑多逋負,度其緩急而先後之，民以不擾。朔望莅學剖析經義，臨文別純疵，不异嚴師。邑無城，要害設栅，盜賊懾息。三年，善政卓犖。徐浩林《侯德政記》

國朝

徐喆，廣昌人，康熙九年蘭溪丞。事母孝，晨必公服候母安乃出視事。有惠政。十三年署篆武義《舊浙江通志》月餘，耿逆寇金衢，守弁張奇章潛通賊。喆方誓師登陴，設守具，遽爲奇章所縛，奪縣印，誘使降。喆責以大義，奇章慚甚，已而將械入賊巢，乘間自經死。事聞，贈按察使僉事，予祭葬，蔭一子入監。《山西通志》

梁遂，河南鹿邑進士，爲縣令。政因人情，不苛刻。順治乙未丙申，歲凶民飢，遂多方安輯，乃得安謐。禮紳士，寬差徭，豁逋負，清案牘，善政甚多。《嘉慶志·附録》

徐炳雲，字三孺，由舉人任武義教諭。代諸生償逋賦數百，有貧不舉火者周之，至傾囊弗靳。士夫肖像祀之。據《吴志》補。

江留篇，廣東饒平舉人，知縣事。建聚奎塔於城南睦和山，爲學宫巽峰，建松林寺於山址，置學田，修學宫，修縣志，又修關帝廟、慈雲庵、文昌閣、天階景壁樓。《嘉慶志·附録》

翁嵩年，字康飴，仁和舉人，官教諭。篤孝友，慷慨多大節。建義學，置田，振興文教，士風一新。戊辰成進士，授户部主事，陞刑部郎中，督學廣東。《嘉慶志·附録》

程揆，錢塘貢生，官教諭。端莊静默，勤於課士，買義田，置祭器，學中百廢具舉。《嘉慶志·附録》

張人崧，山東堂邑進士，知縣事。留心理學，武無書院，人崧建近思堂，進諸生講學，重建明招講院，奉朱子、吕成公像，祔以鞏山堂、仲至二先生像，春秋祀之。肖已像，執册立其旁若問難然。卓异，入都，邑人士競作詩歌送之，彙成一帙，曰《武城弦歌》。《嘉慶志·附録》

姚遠翻，錢塘副貢。考課訓迪，具有法度，以興文爲務，文昌閣圮，捐俸二百金爲倡，陞陝西米脂知縣。《嘉慶志·附録》

羅洪聲，四川涪州舉人，知縣事。廉明善斷，民愬事者，閲其詞即洞知底裏，剖決如流，案無留牘。在武年餘，無一字與家相聞問，其子來省，匝月即遣歸。幕客家人僅十餘人，咸奉法惟謹，邑人呼羅青天。卒於官。《嘉慶志·附録》

周昌德，字紹文，零陵人。雍正己酉鄉舉，知武義。縣城久圮，值歲旱荒，因請以工代賑，事集而民不飢。及歸，縣人製錦送之。據《零陵志》補。

何思温，山西靈石貢生，知縣事。政尚廉明，胥吏不敢干以私，發奸摘伏，盜賊屏迹，境内肅然。然禮士愛民，初不以察察爲明。居官數歲，不名一錢。後調繁定海，内陞主事。至今民猶思之，以爲第一清官云。《嘉慶志·附録》

方坰，字思臧，嘉慶丙子舉人。始工詩，出入於唐宋諸大家間，中年篤志程朱之書，毅然行之，雖貧病交迫，不顧也。攝武義訓導，非其義一介不取，爲教恪遵《小學》、《近思録》，反覆曉解，士子翕然信從，執經問業者滿於庠序，邑中耆老以爲百年來所僅見云。據《嘉興府志》增。

金雲門，字吉予，一字菊仙，休寧人。道光癸未進士，署武義知縣，務以德教化民。補雲和，憂歸。服闋，揀發湖北，補天門，調崇陽，領兵禦鍾人傑之亂，解散脅從，籌辦善後，興學訓俗，民情大洽。歷黄岡、隨州，修城垣，均糧賦，練民團，拯水患，升荆門直隸州知州，併保舉案。引見召對二次，授安陸知府，防通城，復蒲圻，署武昌府，兼攝糧道護按察司印。廣濟民變，調黄州，撫定之。咸豐三年秋，賊由金陵上犯，黄州僅兵百餘，城陷，賦詩二章，殺賊數人，赴井死。贈太僕寺卿，祀昭忠，祭葬如例，世襲雲騎尉。同治二年，賜謚果毅，建專祠，妻汪氏、女二人以殉烈祔祀。據《安徽通志》增右宦迹，補者三條，增者二條，其餘一如舊志云。

宦迹補遺

元

葉琛字景淵，一字伯顔，處之龍泉人。始踰弱齡，北游京師，諸貴人奇其才，辟宣使於通政院。至元九年春，轉承事郎、處州路青田縣尹，移婺之武義。墾田定賦，有持憲火書來撓政者，挂之屋壁，不啓封。信行遠邇，凡競土田及争地不葬親者涉五十餘年弗決，一旦悉得其平。《宋文憲公全集》韓刻《補遺·葉治中曆官記》

武川備考卷七 上

選　舉　考上

前代選舉表一

薦辟

唐	宋	明
徐鎡昭宗時以才識兼茂起爲倉部員外郎。○見黄溍《記徐倉部遺事》。	鄭良臣辟授太常博士、史館校勘。○《嘉慶志》據《玉海》大觀元年,今查《通志》引《玉海》大觀元年詔八行,不指良臣年分,又按良臣有《告東萊文》,當是南宋人。 吴質先由太學辟授修職郎、監臨安府仁和縣臨平鎮,陞授承奉郎。	洪武張秉彝以經明行修徵本縣教諭。○互見職官。 周善以經明徵本縣訓導。○互見職官。 俞宗正由明經爲訓導。○互見職官。 徐思性經明行修,本縣訓導。○互見職官。 桑以時以賢良徵分宜主簿,轉温州判,夔州府通判。○見宋濂《桑仁卿傳》。 何貴以明經徵授汀州府知府,調長沙知府。○見胡翰《何貴傳》。 徐彦輝以人材徵。○見《通志》。 永樂王伯通監察御史。○見《通志》。 周韞珏明經入仕,國子監學録。

續　表

唐	宋	明
		金德彰陝西布政司左參議，奏乞棄官代父戍。○《府志》：人材入仕。○以上二人，《康熙志·徵辟》。 宣德楊云乙卯授太醫院御醫，賜玉杯玉盞。○《康熙志·薦辟》 《康熙志·徵辟》不書年份者十五人，今列於左。 王克敏瑞州知府。○《府志》：人材入仕。 徐汝明廣昌知縣。○《府志》：人材入仕。 季養材固始知縣。○《府志》：人材入仕。 金本原吳江主簿。 周伯陵長洲知縣，陞中軍都督府經歷。 舒彦恭刑部員外。 何元亨鳳翔知府。 曹彦昇建昌知府，陞苑馬寺少卿。 朱紹武陵知縣。 鍾禄揚州府同知。 葉瑱巢縣知縣。 王克順監察御史。 徐廷憲副使。 徐廷學參議。 徐茂和知縣。 顧得民以人材徵兵部主事，陞員外郎。○見《嘉慶志·仕林》。

前代選舉表二

進士

宋	元	明
天聖五年丁卯王堯臣榜。 張肅歷太常博士,知岳州,遷祠部郎中。 嘉祐二年丁酉章衡榜。 張巽由安豐調道州司法參軍。 紹聖四年丁丑何昌言榜。 張具中由泰州司録至處州通判。 大觀三年己丑賈安宅榜。 劉滂見人物。 重和元年戊戌王昂榜。 劉嘉成滂從弟。○知新昌、德清二縣,至楚州通判。 紹興八年戊午黄公度榜。 鞏庭芝見人物。 十二年壬戌陳誠之榜。 鞏湘庭芝長子○見人物。 二十一年辛未趙逵榜。 徐端卿鎮江府教授。○端,《康熙志》作"瑞",兹從《通志》、《府志》。 二十七年丁丑王十朋榜。 張淏見人物。 三十年庚辰梁克家榜。 朱若虚 乾道八年壬辰黄定榜。 洪無競見人物。 湯覺監察御史,知九江縣事。○舊志縣誤"府"。 淳熙二年乙未詹騤榜。 楊大法見人物。 鞏嶸見人物。 八年辛丑黄由榜。	何淵舉進士,官廣東按察司副使。	洪武十八年乙丑丁顯榜。 曹大平 永樂二年甲申曾棨榜。 洪鐘翰林院庶吉士,刑部主事。 葉奇貴理定知縣。 四年丙戌林環榜。 洪熊見人物。 十三年乙未陳循榜。 嚴繼先見人物。 成化十七年辛丑王華榜。 徐貴見人物。

續 表

宋	元	明
鞏豐見人物。 葉介見人物。 十一年甲辰衛涇榜。 徐鉅朝奉大夫。 劉三傑甌寧令。 十四年丁未王容榜。 葉南夫葉,《康熙志》作"鞏",《通志》、《府志》作"葉"。 紹熙元年庚戌余復榜。 劉涣 四年癸丑陳亮榜。 徐邦憲見人物。 嘉泰三年車駕臨雍,賜上舍,釋褐。 揚邁見人物。 嘉定元年戊辰鄭自成榜。 徐潤端卿子。○知雷州,官至湖南轉運使。 趙汝淦見人物。 四年辛未趙建大榜。 趙汝鍵承直郎。○汝淦弟。 趙汝鈅承直郎。○汝淦從弟,○鈅,《府志》作"鈞"。 趙汝鍌汝淦從弟。○鍌,《府志》作"瑩"。 十三年庚辰劉渭榜。 葉之燧燧,《通志》作"璲"。 徐焕見人物。 十六年癸未蔣重珍榜。 阮煒 寶慶二年丙戌王會龍榜。 洪坎無競子。 洪鑑無競子。○《通志》失載。 紹定二年己丑黄樸榜。		

續　表

宋	元	明
高士龍 五年壬辰徐元杰榜。 鞏俊湘之孫。○俊,《通志》作"峻"。 揚瑱邁子。○饒州鄱陽尉,歷官大理寺丞、集賢修撰、兵部侍郎。 淳祐四年甲辰留夢炎榜。 葉夢河 七年丁未張淵微榜。 趙崇詣汝鎣子。○修職郎,浙東提幹。○幹,《通志》作"舉"。 十年庚戌方逢辰榜。 揚峴邁孫。○寶慶教授。 寶祐元年癸丑姚勉榜。 何明仲集賢修撰。 開慶元年己未周震炎榜。 劉仲實常州觀察推官。 咸淳十年甲戌王龍澤榜。 趙崇節汝鏈子。○修職郎,瑞安縣尉。○《康熙志》:乙丑阮登柄榜,兹從《通志》。		

前代選舉表三

明

年號	舉　人	貢　生
洪武	十七年 甲子科 曹大平 二十九年 丙子科	章道鑑安溪知縣。 曹憲章廣寧衛知事。 舒景熙陵水知縣。 吴正永福主簿。 陳便永平衛經歷。

續 表

年號	舉　人	貢　生
洪武	程賢昌汝寧教授。	徐傑思明照磨。 彭道祥交趾布政司參議。 周圓明華陽典史。 張仕良萬崖知州。 舒慶萬載主簿。 王源淵泉州府同知。 項祥金陵教諭。
永樂	元年 癸未科 洪鐘 葉奇貴 三年 乙酉科 洪熊 十二年 甲午科 劉菩 嚴繼先 王善句容訓導。 十八年 庚子科 金恕羅源訓導。 程達程,《府志》誤"陳"。 二十一年 癸卯科 葉旭林縣教諭。○林,《通志》作"臨"。	何宣江西都司都事。 劉肅崖州判官。 林意交趾聽撥知縣。 韓積禮同安知縣。 杜本道主事,調臨川知縣。 俞永昌南皮主簿。 徐文蘭 舒冬 項善敬見人物。 徐善慶寧德知縣。 吕文工部屯田主事。 洪孟陽 張永祥 項思孟 徐翼吏部主事,清白自持,乞疏歸養。 鍾汪興化照磨。 王景熙狄道縣丞。
宣德	元年 丙午科 周勤山陽訓導。	方圓訓導。 潘安泉州通判。 徐昶新喻教諭。 王宗建陽縣丞,以功陞按察司知事。
正統	九年 甲子科 吴蒙歲貢,入監,中應天鄉試,仕江都知縣。	吴蒙 周威河源知縣。 吴敬訓導。 蔣咏

續 表

年號	舉　　人	貢　　生
正統		彭年 朱寧沛縣丞。 洪柯豐縣丞。 劉傑泉州府知事。 徐賓薊州訓導。 程謙石城訓導。 潘容延津主簿。 項壽清流縣丞。 金愷安慶教授。
天順		劉疇 嚴達 金元 金熙
成化十年	甲午科 徐貴 吴勤鄭府左長史。	王琇見人物。 吕隆新喻縣丞。 沈瑄福清主簿。 項霖興寧訓導。 楊顯監利知縣。 徐肅福建布政司經歷。 張洪新淦縣丞。 吴霽澄邁知縣，家貧，鄉人重之。 吴機趙府典簿。 項文滕縣知縣。 徐文永新教諭。
弘治		吴銘臨江訓導。 朱文旭歸化教諭。 楊一清吏目。 徐雋光澤縣丞。 徐良玉泉州府學訓導。 周潤建陽縣丞。 王通 徐鳳翱 徐鳳岐見人物。 徐良弼商州同知。 鮑銘揚州府學訓導。

續 表

年號	舉　人	貢　生
正德	八年 癸酉科 吴珍	洪聰 徐鳳翔 吴璋龍溪訓導。 繆琦 徐登南安訓導。 何朝佐見人物。 徐欽見人物。 徐良知泰和訓導。
嘉靖	三十一年 壬子科 □□□年 □□科 徐平胡二中武舉。 三十七年 戊午科 四十年 辛酉科 俞彬二中武舉。○彬,《通志》作“斌”。	徐進 李璋分宜主簿。 鄭昊 王用武平訓導。 徐良器池州教授。 徐良翰王府教授。 徐道交河知縣,以忤權貴調昌化,尋致仕。 李瀚選貢,連江訓導,陞浮梁教諭。 徐子雲選貢,江南無錫知縣。 吴璲璲,亦作“燧”,○見人物。 徐英銅陵教諭,陞湖廣教授。 徐禮教諭。 揚演見人物。 楊洪恩貢訓導。 沈世榮融縣丞。 顔全奎江都訓導。 徐文瀚廬江訓導,陞鹿邑教諭,歸田二十年,足迹不入城市,鄉人重之。 陶珂麻城縣丞,居官多惠政,居家以長厚聞。捐貲百金,助修熟溪橋。○城,《嘉慶志》訛“陽”,據《康熙志》正。 方進潁州訓導。 王銘陝西按察司照磨。 揚滌廣西衛經歷。 李暹寧都教諭。 周希朱泰州訓導。

續 表

年號	舉　人	貢　生
嘉靖		邵子學 徐伯慶教諭。 徐浩永豐知縣。 徐鷹銅陵教諭。 邵芝南通州訓導,陞績溪教諭,師模甚肅,署州印,以廉能著。
隆慶	四年 庚午科 徐平胡按,徐平胡,三中武舉,今忠孝堂有"龍門三躍"額。	徐安武康教諭。 楊楝見人物。 何其仁臨海教諭。
萬曆	四年 丙子科 陳繼祖獲鹿知縣,陞蘇州府同知,〇《通志》:錢塘人。《府志》:武義人。 二十五年 丁酉科 胡惟忠山東臨朐教諭。 四十六年 戊午科 徐有威四川營山知縣。	徐夏恩貢,長樂縣丞。 李維時黄巖訓導。 徐桒雲和訓導,端方醇謹,卒於官,士林惜之。 徐文才見人物。 徐士淑見人物。 何衡分水教諭,陞淮王府教授。 徐文學泰順訓導,坦直平易。 劉希舜江陰訓導。 徐焕福建寧德訓導。 胡大信福建寧德訓導。 徐一桂 徐應揚延平府通判。 徐枋教諭。 邵夢龍見人物。 徐文治 楊世元 葉鑾泰順訓導,善議論,聞者傾心。 周文庠雲和訓導。〇舊志不言雲和,據《處州府志》補。 朱文翰 湯京輅選貢,開化教諭。高撫以"出入經史規矩準繩"匾給之。 韓光濟見人物。

續 表

年號	舉　人	貢　生
萬曆		徐廷訓 徐光家 徐廷試 陶欽 徐調元 楊世綬 楊思智
泰昌		朱天德見人物。
天啓		徐端 韓世禎選貢，吉府通判。 項世柱《處州府志》：縉雲訓導。《邑志》：雲和教諭，陞衢州府教授。 王廷選華亭主簿，陞皇陵衛參軍。
崇禎		徐有佐選貢，浮梁知縣。 湯惟孝 邵大訓新野訓導。 王家楝餘姚訓導。 何應龍錢塘訓導。 徐周定衡陽教諭，○《萬曆志》"周"作"用"。 吴廷璜選貢。 邵復元 吴卷 徐起龍 徐世椿 徐燦然 徐易又名用易，初選宣平知縣，改授桐廬教諭。

前代選舉表四

封蔭

唐	宋	明
天復 徐慶以子鎡貴，封倉部員外郎。	北宋 吴翔以子勝貴，贈光禄大夫。 吴存正以父勝蔭國子監典簿。 南宋 劉升以子滂貴，贈中奉大夫。 劉墉以父滂蔭，歷官至梧州刺史，見人物。 劉繪以子邦光貴，贈通議大夫，妻何氏碩人。 楊修卿以子大法貴，贈朝散大夫。 楊逵以父大法蔭，補承議郎，仕福州懷安縣丞。 吴珉以子質先貴，贈迪功郎。 徐謂仁以父邦憲蔭青田主簿。 楊大椿以子邁貴，贈承議郎，龍圖閣學士。 揚琚以父邁蔭翰林學士，卒贈資德大夫。〇按，揚邁姓楊，因御書楊從扌，遂以揚爲氏。 徐端卿以子潤貴，贈奉直大夫。 徐道隆以父焕蔭，仕至提刑，見人物。	永樂 嚴守中以子繼先貴，封文林郎雲南道監察御史，妻項氏孺人。 鮑禮志以子信貴，封宣議郎應天府江寧縣丞，妻王氏孺人。 吕中以子文貴，封承直郎南京工部屯田司主事，妻□氏淑人。〇吕，《康熙志》作“吴”，據《府志》、《萬曆志》改。 程賢昌以子達貴，封奉政大夫大名府同知，妻金氏、沈氏並封宜人。 宣德 韓伯器以子叔暘貴，封承德郎太醫院判，妻王氏孺人。 成化 徐新以子貴貴，封承直郎南京刑部主事，晋封郎中，妻鄔氏宜人。 吴敬以子勤貴，封左長史，妻徐氏宜人。 徐宣以子肅貴，封龍江衛經歷，妻王氏孺人。 萬曆 徐禮以孫成貴，贈都指揮僉事。 徐僑以子成貴，贈都指揮僉事，妻賀氏壽百歲。

前代選舉表五

仕林

宋	元	明
吴勝大理寺評事。○按,《吴譜》有司馬光、歐陽修贈詩,又云賜紫金魚袋,又云墓在由草塘横山。 項惠樂平縣尉。 梁膺吏部郎中,見人物。 張翊江東提刑都官。○張淏之祖。 劉仲申將作監主簿。○據《東萊集》補。 江涣水軍統領,見人物。 劉邦光沅州通判。 王臣待詔,朱熹嘗過其家題壁。○始祖佑開,廣益郡馬;祖星,學士;父秀,侍講。墳葬白陽山,柱表見存。○此據《康熙志》,臣,亦作"姫",而《嘉慶志》,開下有"禧"字,當是衍文。 劉邦翰知常德府,歷尚書户部。○據《東萊集》補。 劉綽上虞主簿,迪功郎。 劉紹青田主簿。 劉續將仕郎。○《續嘉慶志》訛"績",據《東萊集》正。 劉粹中迪功郎,龍游縣尉。 劉敏中迪功郎,江山縣主簿。○按,二劉據《東萊集》補。 鞏嵋文林郎,臨安觀察推官。○據《真定鞏譜》補。 鄭良弼澤州教授。 鄭良仕廣州教授。	揚進官御史,後辭職雲游,不知所終。 何中昱提舉。 吴儼千户,見人物。	韓叔暘洪武三十一年,以名醫授太醫院判,見人物。 何之權元進士,江西鄠縣主簿。 金楚文嘉定知縣,革爲民,永樂元年復職。 以下永樂朝。 沈潤監察御史○《府志》:楷書入仕。○《康熙志》以胄子入御史臺。 吴善福建都司都事。 鮑信吴縣丞,進階宣議郎。 以下正統朝。 鮑英湖口知縣。 王文隆見人物。 徐有功見人物。 陶而八見人物。 以下景泰朝。 韓佐縣丞。 以下天順朝。 何清臨清知縣。 徐俊彭澤知縣,見人物。 韓俊涇縣丞。 以下成化朝。 吴璽成化壬辰,見人物。 以下嘉靖朝。 徐希朱見人物。 徐良能郴州吏目。 劉大道見人物。 揚瀚衡山主簿,莅政有聲。致仕,出粟賑飢,捐貲建祠,人以仁讓稱之。 何應機見人物。

續　表

宋	元	明
鞏峴金溪主簿。		徐文焕巴陵丞。
鞏嶠市舶提舉〇按，二鞏據《真定鞏譜》補。		朱永忠廉州府照磨。
徐矩淳熙間光州固始主簿，官至朝奉大夫。		徐一德鄱陽主簿。
鞏積將仕郎。		楊瑞萬安縣丞。
鞏友聞儒林郎、台州司理參軍。		徐堯咨奉新主簿，清白醇雅，以禮訓人。
鞏友説從事郎、温州司户參軍。〇按，三鞏據《真定鞏譜》補。		徐尚絅武昌丞，陞楚府保正，致仕家居，以長厚稱。
阮良杭州助教。		徐堯華永新丞，清白與兄堯咨等。
阮端彦承信郎。		顧應臣徐州判，有善政，陞府經歷，士民作詩送之。
阮鴻修武郎監行在豐儲倉。		楊標常熟丞。
阮洵鄉貢進士。		劉星荆州奉祀。
阮修鄉貢進士。		湯執中建平主簿，出俸贖同僚罪，捐禄代貧民逋。致仕，行李蕭然。歸田，公門絶迹。
楊疇大法之孫，麗水縣主簿，泰州司理，以秦國推官致仕。		徐濟崇明主簿。
田載永康知縣。〇據《永康志》補。		徐文滂武陵丞，居官奉法惟謹，居鄉以長厚稱。
鞏端祖從事郎，江州瑞昌縣尉。		范鶚儀真主簿，《府志》：福安主簿。
鞏大椿將仕郎。		以下隆慶朝。
鞏桂寺丞，金部大夫。〇按，三鞏，據《真定鞏譜》補。		邵紳溧水主簿，致仕居鄉，足不及城府，著家規以範族。
楊遵嵊縣丞，知衢州、茶陵，晋朝散大夫。		徐朝珊見人物。
揚璪太學生，補承務郎，遷州判。〇見人物。		楊梁鄢城主簿。
揚敬之嚴州倅。		徐肇
徐嶽松陽教授。		徐敞
徐大觀綿州學正。		徐奇
楊企祖静江修仁簿尉。		徐麟
		楊連
		徐仲見人物。
		邵浙

續 表

宋	元	明
楊嗣祖建康、溧陽縣丞。 楊繼祖臨平鎮衢州録參，建康節推，婺源知縣。 阮讓福州古田教授。 阮敬青州武平知縣。 徐甫迪功郎，監華州西岳廟。 趙必原寶祐戊午迪功郎，衢州司户。 徐應時賀州文學。 徐安邦和州尉，陞會昌丞。 金端義國子監學録。 湯焕刺史。 湯坤參議。 阮勵延平順昌知縣。 吴瀚澧州教授。		周大經 劉永寧 徐一松 徐成見人物。 徐克恭 徐文元 楊柯 徐文滙 鄭壽 楊校 以下萬曆朝。 陶鎔縣丞。 伍鑑 湯志義文安縣主簿。 徐梧主簿。 陶義方經歷。 徐大器 徐文浩主簿。 楊榮 楊檠 朱元贊 朱天助 徐燦生員，入監，上饒主簿。 何勳見人物。 項朝圭考選知縣。 邵大玉萬安主簿，陞廣東衛經歷。 朱元良 徐良忠 阮時化 項朝皋 徐光祖 徐有年 徐有名福建都司。

續 表

宋	元	明
		徐有悌 徐有威見舉人。 徐文秀 楊國興 趙貴芳韶州府曲江縣濛滘司巡檢。 按,以上年份據《康熙志·監選》。 楊得敬沅陵主簿。 劉仕賢邛州倉大使。 劉希寶倉大使。 周傑所大使。 吴又昂永新丞。又,《嘉慶志》作"文"。 徐望通山典史。 徐昂石城典史。 方威巡檢。 鍾思齊金華撫民典史。 孫周勝光澤典史。 孫文寶倉官。 葉文寶布政司司庫。 葉象先偃師典史。 金傑安樂主簿。 孫洪光澤典史。 徐熊襄城主簿。 徐順安寧巡檢。 鍾壽主簿。 吴舍漢陽巡檢。 王滄上蔡典史。 程安倉官。 徐鳳臺德興典史。 邵泰德興主簿。 徐文江安丞。 徐禄霍山典史。 王鉞宿遷主簿,見《雜記》。

續 表

宋	元	明
		徐用和潮陽主簿。 徐文炤衛經歷。 徐應秋寶應驛丞。 王天祥驛丞。 王鏜典史。 沈良翰廣東巡檢。 邵克忠驛丞。 顧良輔巡檢。 王珊憲寶應巡司直指,有"奔走不倦幹濟多能"之獎,轉青山巡檢。 邵克勤河伯所。 徐高倉官。 徐品倉官。 徐子星南京内府庫大使。 季子高倉官。 鍾貴 葉威 金孟洪 葉顯 方容 陶華 吕鏞 潘英 王澤 徐恩以上俱省祭。 徐文淳 吴滋省祭。 徐鎮 朱永和 邵和 王淵 徐濂 楊世芳縣丞。 周標

續 表

宋	元	明
		徐文津縣丞。 徐文焕巡檢。 徐文暹 徐遷巡檢。 徐世隆 徐致治 馬文欽 徐文定以上俱倉官。 湯良臣 朱榮吏目。 湯志信 沈新 鍾九垣 徐朝星 朱世綱 徐天祚以上俱省祭。 顔問能揚州府衛經歷。 項光祖陝西延安府宜君典史。 沈文賓江南鳳陽府五河典史。 王繼奇福建漳州府漳浦巡檢。 湯應宗山東青州府諸城巡檢。 湯三聘江西贛州府新平巡檢。 劉洪祚湖廣沔陽州巡檢。 王家偉省祭。 楊光昇饒平丞。 沈應稠鳳陽府潁州沈邱鎮巡檢。 王棟福建延平府南平典史。 徐良臣江西饒州府經歷。 王繼美北直薊州庫大使。

續 表

宋	元	明
		王岑江南虹縣典史。 方廷憲江南南陵主簿。 徐用中竹山縣丞。 顧問邦蕪湖主簿。 徐文濟湖廣荊州府石首典史。 徐正行甌寧主簿。 何名連香山縣丞,陞經歷。 倪世信陝西甘州丞。〇見《萬曆志》。 按,以上據《康熙志·掾仕》,年分未詳。 徐吉永康孝義巡檢,陞厭州丞。 金元亨安東知縣。 王克誠由明經仕知縣。 徐克修本縣教諭。 徐璟廣昌知縣。 徐聖一上元丞。 何士初湖廣郧陽倉大使。 項基鹽課提舉。 湯錦廣西容縣典史。 金凱鎮東府教授。 徐文淮湖廣沔陽巡檢。 金庭智寧州知州。 徐鼎臣丹山驛丞。 何焘陝西中都縣典史。 揚登本縣醫學訓科。 朱仲澤由庠生授鴻臚寺序班。 童瑛醫官。翰林秦鳴雷、刑部郎胡公廉贈以序。 徐仲安湖廣按察司經歷。 徐暉暘江西上游典史。 趙秉珙襄陽經歷。 揚景安南京醫官。 劉澤民市舶提舉。

續 表

宋	元	明
		顧國瓊州吏目。 金忠華亭教授。 金必大吴江主簿。 徐士光江西武寧訓導。 徐有孚高平丞。 王進蘄州教諭。 徐肇慶甌寧主簿。 朱朝聘南京金吾後衛經歷。 按,以下據《嘉慶志·仕林》,而年份未詳。 徐棠 陳瓚同知。 徐貴承事郎,大賓。 項桂都官員外。 王寅布政司吏。 徐邦龍經歷。 按以上《嘉慶志·職銜》。 王軾北邊千總。 徐翰廣東把總。 徐繼祖廣東把總。 顧世榛廣西把總。 顧汴軍門後營把總。 徐大綬貴州把總。 顧世椿征東把總。 顧狄龍又名熹,鎮江府游擊。 阮時言又名鼎國,挂印總兵,後遷居於四明。 程希正杭州羅博營哨官,累陞福建總兵。 按,以上《嘉慶志》,不詳年份。 湯邦賢高皇七世孫、瑞昌南賓王殿下儀賓,賜額一曰"帝胄聯姻",二曰"天潢人龍",三曰"羽儀上國"。 ○按,《康熙志》入封蔭。

前代選舉表六

賜爵

明

永樂	正統	成化	弘治	正德	嘉靖	隆慶	萬曆	崇禎
王孟通給冠帶。	徐景 韓仲暘 吴愷三皆出穀千石助賑，旌爲義民官。	徐世玉七品。 徐文魁九品，下同。 吴鎔 吴永寧 張思文 周文昌 周仕新 劉仕宏 劉仕富 劉世永 徐榮皆輸粟，授散官。	吴嶸 楊昱 何齊七 楊璽 阮七一 楊一貞 項六八 顧暹四十四 徐世璋 徐錠皆輸粟，賜冠帶。 徐昃三城南築堤，賜冠帶。	徐景行納銀，補指揮僉事，見人物。 何暘弘治、正德間，年八十以上賜冠帶七人，下同。 金拳 舒仕玉 顧永文 金崇 徐大成 徐大賢	劉楠 徐一鵬 王淑 楊炳 王繼先上五人，嘉靖、萬曆間生員，援例納儒官，授訓導。 顧翔益府典膳、文廟，頗有勞績。 徐文泗楚府奉祀。 徐邦暘樂安府引禮。 上三人，嘉靖、隆慶、萬曆間，以貲遥授王府官。	何十一百六歲，見《雜記》。 張世名百歲。 王良十四九十餘歲。 以上三人，隆慶、萬曆間，民年百歲，上司優禮給冠帶。	王賓生員，壽給冠帶。 王詔重修泮池、熟溪橋，給冠帶。 徐侊 徐世慶 項源 邵正顯 上三人，平糶賑荒，給冠帶。 徐良貴 伍文正上二人，輸穀二百石，給冠帶。 陳渠修砌街道，給冠帶。 何良翰捨泮池，受半直，給冠帶。	項朝慶生員，壽給冠帶。 徐世禋 王思蘭 徐得勝 徐世槐 倪惟禎 何承忠忠，亦作“宗”。 徐廷鳳 周華六 倪君明 王秉志 徐應選 王全安 王邦政 阮思皋 以上捐造城工，各給冠帶。

續　表

永樂	正統	成化	弘治	正德	嘉靖	隆慶	萬曆	崇禎
					王鎮給冠帶。		劉全瑞輸粟，給冠帶。 賀思百歲，四十三年給冠帶。 徐一棠 徐有仁 項世顯 周驥 王天定 顧有光	吴松 徐良貴 湯九章 徐思明 徐一奇 何德龍以上金鞍山造塔，給冠帶。 朱鑾 何京甲見人物。 伍宗 楊世忠 程希聖 徐佃 徐天壽 鄭約以上助大木工銀二百兩，給冠帶。

武川備考卷七 下

選　舉　考下

國朝選舉表一

年號	封　贈	進　士	舉　人	貢　生
順治			朱爾殿十四年丁酉科。	徐學化三年,恩。 邵之彦三年,歲。 徐學銘四年,選。 徐士奇五年,歲。 徐啓泰五年,選。 周思聰七年,恩。 朱爾殿拔。 湯有悌八年,歲。 何景爍選。 徐元堂十一年,拔。 胡惟藻十二年,歲。 劉燧十四年,歲。 徐應召十六年,歲。 徐允昌十七年,府學貢。 徐一憲十八年,歲。
康熙	朱長祚以子若功貴,贈文林郎、昆明知縣,妻徐氏贈孺人。	朱若功四十八年趙熊詔榜。	徐俟召三十二年癸酉科。 朱若功三十八年己卯科。	倪應卿元年,恩。 楊起元二年,歲。 周于德九年,歲。 項光諫十一年,歲。 周肇端十一年,拔。

續 表

年號	封 贈	進 士	舉 人	貢 生
康熙				湯有斐十三年,歲。 朱平正十五年,恩。 徐志確十五年,歲。 項復祥十七年,歲。 何雲舉十九年,歲。 湯慎二十一年,歲。 何承欽二十三年,歲。 朱慎二十五年丁卯,拔。 王浩然二十五年,歲。 湯昌二十七年,歲。 楊聲遠二十九年,歲。 朱家伊三十一年,歲。 徐正孚三十三年,歲。 項如源三十五年,歲。 徐宏文三十六年,拔。 楊日佑三十七年,歲作恩。○按,以上年份,據《康熙志》,以下《嘉慶志》不注年。 胡宗滿 邵致遠己卯副貢。 倪慥 徐迪 徐際亨 徐之成 倪淑 邵冠緒 蔣承漣 章志烈 邵海 湯于翻 葉茂遠

續 表

年號	封 贈	進 士	舉 人	貢 生
雍正	湯三謙以子于翽貴,贈修職佐郎、常山訓導,妻何氏贈孺人。			徐垣癸卯拔貢。 周承烈恩貢,舉報孝廉方正。 倪大任 徐孫康 湯于殿 徐元摶己酉拔貢。 徐灝 葉天柱 倪世揆
乾隆	揚監文以子廷榜貴,贈修職郎、臨海教諭,妻鄭氏封孺人,守節五十三年,壽九十三。 湯之戊以孫應璧貴,贈武德騎尉,妻徐氏、邵氏贈宜人。 湯英庠生,以子應璧貴,贈武德騎尉,妻邵氏、江氏贈宜人。		徐元摶十二年丁卯科。 顧志迪庚午武舉。 徐師漢壬子武舉。 顧文虎甲午武舉。 揚廷榜四十二年丁酉科。 徐廷章丁酉武舉。 徐法樂四十五年,庚子科。 湯應璧壬子武舉。 趙鳴岐壬子武舉。 揚世英五十九年,甲寅恩科。 顧啓震甲寅武舉。 湯應祥乙卯武舉。	徐璋恩貢。 陳載持 徐漢超 徐孫樫辛酉拔貢。 徐雲友 徐作梓 湯之蓎 王啓法 徐有成 朱湛 章邦逢恩貢。 洪燦 何以予 趙鴻基 朱啓恭 徐日升恩貢。 項兆宏 周尹珅府學貢。 徐斌 揚廷榜乙酉拔貢。 王日泰 顧瞻雲 鍾德馨

續 表

年號	封 贈	進 士	舉 人	貢 生
乾隆				洪衡 童元瑜 徐景潮恩貢。 朱作楷 王士興 王鰲丁酉拔貢。 徐法樂 顧炳均恩貢。 吴榮松 何美斯 湯曰昌 趙嶽輝丙子副貢。 周國棟 徐步瀛恩貢。 王宗育 王惟孫乙酉拔貢。 劉錫儀恩貢。 王鰲 祝非池 湯世銘
嘉慶			顧啓雷戊午武舉。 何殿彫辛酉武舉。 范肇沂九年甲子科。 李姚春丁卯武舉。 何汝穠戊辰恩科。 湯曰昌欽賜舉人二人。 徐升遠戊辰武舉。 程步鰲庚午武舉。 顧倬櫆十八年癸酉科。 顧振寧戊寅武舉。 趙殿元戊寅武舉。 顧振清己卯武舉。	何元啓恩貢。 湯世襘 何汝穠 祝元城恩貢。 羅文萬 項秉謙辛酉拔貢。 徐仁美 林一枝 吴文梁以上《嘉慶志》。 顧成憲癸酉選拔，後改名倬櫆。

續　表

年號	封　贈	進　士	舉　人	貢　生
道光		顧倬櫄七年丙戌科榜。	湯兆熊壬午武舉。 程觀海甲午武舉。 邵正辰丁酉武舉。 湯方震十九年己亥科。 陳一夔己亥武舉。	鄭樹棠乙酉拔貢,改名錫申。 徐承勛丁酉拔貢。 千爲傑己酉拔貢。
咸豐				王言甲寅,恩。 顧倬漢甲寅,歲。 湯深之丙辰,恩。 祝太平丙辰,歲。 王壬林戊午,歲。 童紹彬庚申,恩。 徐嶽宗庚申,歲。 湯賢辛酉拔貢。
同治			徐增熙補辛酉並壬戌恩科。 陳萬清補辛酉並壬戌恩科,武舉。	王庭揚補辛酉並壬戌恩科,副貢。 王師謹壬戌,恩。 顧思儀壬戌,歲。 湯敬躋甲子,歲。 陳殿珩丙寅,恩。 陳爾昌丙寅,歲。 何維均戊辰,歲。 王師鍇庚午,歲。 王聲之壬申,恩。 徐增勳壬申,歲。 何德潤癸酉拔貢。 林向榮甲戌,歲。
光緒			陳樹椿十一年乙酉科。 李品章乙酉科,武舉。 李樹藩二十三年丁酉科。	何文綺乙亥,恩。 鍾逢吉丙子,歲。 王定瀍戊寅,歲。 徐煥文庚辰,恩。 何光漢庚辰,歲。 倪祖寬壬午,恩。

續　表

年號	封　贈	進　士	舉　人	貢　生
光緒				葉樹人壬午，歲。 徐邦霖甲申，歲。 陳樹椿乙酉拔貢。 何春濃丙戌，歲。 徐海濤戊子，歲。 童望吉庚寅，恩。 徐錫琛庚寅，恩。 汪時亨庚寅，歲。 葉青錢壬辰，歲。 鄭士標甲午，歲。 汪翰棻丙申，歲。 王式楨丁酉拔貢。 王式邦戊戌，歲。 陳爾元庚子，恩。 王清臣庚子，歲。

國朝選舉表二

仕　林	褒　錫	廩增附例貢	職　銜
徐學化歲貢，通判，陝西斷事。 徐士奇歲貢，建德訓導。 徐啓泰選貢，華容知縣。 周思聰恩貢，通判，改安邱丞。 朱爾殿舉人，江都知縣，見人物。 湯有悌歲貢，處州府學訓導。 何景燦選貢，建平知縣，陞武定知州。 徐君美陝西、甘肅城守參將。	徐興國 王維科 何勝千 徐文徵上四人，雍正、乾隆間老農，給八品頂帶。 朱文棟見人物。 范希純 湯逢霈上三人。生員。捐賑議敘貢生。 童希旦 湯智勇 趙鴻芳 徐潤玉	徐獻 揚世英見舉人、仕林。 徐孫蘭上三人廩貢。 湯應奎 范肇漳 朱岐上三人增貢。 何坦 徐有謨 趙永超 朱光洛 徐元操 朱梓 顧學峻	王秉綱附貢，考授州同。 倪應熙附貢，考選縣丞。 王元衡生員，入監，考授縣丞。 徐士志 王元聖 倪應傑 朱濟上四人，生員，入監，考授州同。 王元吉 王元徽 湯仲佳

續 表

仕林	褒錫	廩增附例貢	職銜
徐元堂拔貢，考授州判。 徐應召歲貢，龍泉訓導。 徐允昌府學貢，仙居訓導。 徐崇勳甌寧巡檢。 王兆煒廣東陽山縣星子司巡檢。 周宗旦宣化巡檢。 徐師徠生員，遵豫功例，授直隸州吏目，署太湖平潭丞，授太平巡檢。 鞏從龍由供事授廣西鬱林州武康司巡檢。 楊起元歲貢，考授訓導。 周于德歲貢，廣元訓導，致仕，舉大賓。 項光諫歲貢，考選訓導。 周肇端拔貢，考選知縣。 何雲舉歲貢，於潛訓導，見人物。 湯慎歲貢，考授訓導。 倪慥歲貢，建德訓導。 徐迪歲貢，臨海訓導。 倪淑歲貢，考授訓導。 湯于翽歲貢，常山訓導，壽九十歲。 葉茂遠歲貢，慶元訓導。 朱若功進士，昆明知縣，調呈貢知縣，見人物。 徐垣拔貢，選知縣，卒於京師。 湯于殿歲貢，會稽訓導。 徐灝歲貢，候選訓導。 葉天桂歲貢，建德訓導。 陳載持歲貢，分水訓導。 徐孫樫拔貢，常山教諭。	陳明璣上五人，監生，捐賑議叙貢生。 何占祥監生，捐賑議叙吏目。 林君宏 徐克和 楊法大 湯逢熙上四人，捐賑議叙未入流。 顧覲來武生，捐賑議叙把總。 陳瑞武生。捐賑議叙。 范文龍 范希堯 林毓麗上三人，乾隆辛未，捐賑議叙。 徐煜監生，介賓。 王國維庠生。 吴廷禄庠生。 陳時肇庠生。 何名顯武生。 顧子文 賀志紳 陳世治 賀記鰲 朱希玉 何文隆 陳元麒 湯李寧 李妙春 陳時遇 吴佛祥	徐選 徐英 童虞臣 湯逢霄 吴琮玉 童愛棠 徐心望 湯世湘 湯元祐 何應魁 唐大章 徐奎 程清達上二十人，附貢。 趙集起 林士華 徐基 朱翼鴻 趙集禮 徐聖恩 徐永培 鍾維雍上八人，例貢。 以上《嘉慶志》。	徐伯彪 顧皋上五人，考授州同。 何雲鶴 張廷儀 湯鼎謂 徐孫芝上四人，生員，入監。 顧永和考授州判。 陳元麟監生，考授縣丞。 邵之瑞 湯鰲 江紹文 傅廷標 葉有孟 何十昌 張春榜 王士璋 王士瑛上九人，監選。 葉公振 王永祉 徐廷相 許聖瑞 項子儀 趙章玉 徐之義 項之孫 徐之鵬 徐志韜上十人，考授經歷。 徐世鸞 徐景淳俱考選典史。

續 表

仕 林	褒 錫	廪增附例貢	職 銜
徐作梓歲貢,青田訓導,張縣主贈"五代同堂"額。 朱湛歲貢,常山訓導。 揚廷榜舉人,臨海教諭。 王日泰歲貢,新城訓導,壽八十八,學行爲邑推重。 顧瞻雲歲貢,臨海訓導。 鍾德馨歲貢,餘姚訓導,見《藝文》。 王士興歲貢,泰順訓導。 何美斯歲貢,候選訓導。 趙獄輝副貢,候選教諭。 徐養聰附貢,廣東布政司經歷致仕,舉大賓。 徐養祉附貢,高郵州同知,見《人物》。 徐養襜廪貢,泰州同知,陞定番知州,見《人物》。 王殿鰲駐防開化。 以上舊志,以下新增。 王惟孫拔貢,青田教諭。 何元啓恩貢,候選教諭。 項秉謙拔貢,宣平教諭。 何殿彫武舉,杭協副府,衢州鎮標中營千總。 湯兆熊武舉,永康把鎮,本縣駐防。 何汝穠歲貢,欽賜國子監學正。 揚世英舉人,揀選知縣,改西安教諭。 顧倬櫄進士,浮梁知縣,景德知縣。 鄭錫申舉人,山東青邱知縣。 湯方震舉人,麗水教諭。	徐步蟾 林士順 董有滿 王加昌 李永照 李永壽 徐宗順 董李文 董炳壽 李永華上二十六人,嘉慶元年,壽,給八品頂帶。 以上舊志,以下新增。 陳宏銘百歲老人,道光間給頂帶。 盧景華百歲老人,道光間給頂帶。		沈應時 鄭文璣俱考選經歷。 祝應傑考授州同知。 劉應策考選府知事。 朱燦布政司理問。 湯嵩年吏員,考授經歷。 徐鳳儀經歷。 朱渭 顧贇俱千總。 徐師潞由生員授把總。 顧洵 徐柏俱把總。 范肇澧布政司理問,嘉慶五年大水,以身殉母。徐法樂等呈府憲,批"殉身盡考,可憫可嘉"。 范希禮府經歷。 揚廷桂 唐成功俱考授吏目。 顧廷薰 徐康柏俱武生,授千總。 顏世珍 徐炳理 張惟純俱吏目。 何惟宣 徐應臺

續 表

仕 林	褒 錫	廩增附例貢	職 銜
徐增熙舉人,海寧州學正,山陰教諭。 陳樹椿大挑教諭。 湯應璧安徽守備。以下補遺。 湯曰昌欽賜國子監學正。 湯應忠道光丙午,分發江蘇縣丞。			程士林 揚世奇俱從九品。 以上舊志。

武川備考卷八 上

人物考上

儒林

宋

鞏庭芝字德秀，東平須城人。尹穡撰《山堂墓志銘》。建炎間遷居武義，人號山堂先生。《正德舊志》。處性有操執，與人周旋，喜談笑。尹穡撰《山堂墓志銘》。登紹興八年進士第，《正德舊志》。累官左承議郎，服五品，歷仕監南嶽廟、嚴州建德縣尉、太平州録事參軍。寇盜揭幟，期會肆掠，先生設奇用伏兵，乘所不備，擒其魁斬之，衆駭散，寬不問。且使有穀者，官與立券，隨多寡貸，卒得無事。知紹興府諸暨縣事，富民何氏僕畏笞竄去，其家誣爲殺之，部使者疑有力必賕吏，趣具獄。獄即上，何亦甘自引伏，先生取其牘束封之，趣愈急，故不報，果耳目得僕，執以來。人乃以不信先生爲使者深耻。主管台州崇道觀，卒。有《山堂類藁》六十卷，又《易圖》、《春秋書法》、《群經説林》、《人物表》、《耳目志》、《詩話》，合一百四十餘卷。尹穡撰《山堂墓志銘》。初，登元城劉安世之門，以道學爲東平倡，弟子受業者恒數百人。及其來遷也，以所學化導如東平故事，故武義人士知尚義理之學自庭芝始。宋濂撰《鞏豐傳贊》

按，此傳舊志惟言學術，不及事功，兹據墓志補，庶知有體有用，非空談心性者比。又舊志建德尉誤作主簿，詩話脱詩字，皆據墓志補正。其引諸書，編輯倣史家集句體,悉依原文,不添一字。下放此。

鞏豐字仲至,號栗齋。《真定鞏譜》。祖庭芝,世號山堂先生者也。至豐,又從東萊呂祖謙游,宋濂撰《鞏豐傳》。然亦及學朱氏。戴表元《題鞏仲至耳目志》。講明義理之學。《萬曆府志》。學敏而早成,其文無險怪華巧,以理屈人,片詞半牘,皆清朗得言外趣。尤工爲詩,多至三千餘首。葉適撰《鞏仲至墓志銘》。淳熙辛丑,以太學上舍高第,教授漢陽軍。代還,授江東提刑司幹辦公事,遷福建帥司幹辦公事。以格知臨安縣,政尚寬簡,吏民信化,刑罰衰息。宋濂撰《鞏豐傳》。陸游薦舉"材識超卓,文辭宏贍,可備文字之職",《渭南文集》。食宫觀禄,久之,始提轄左藏庫。仕雖不顯,無幾微見於顔面。宋濂撰《鞏豐傳》。性質易,無岸谷。去家二里許,有龍門峽,登眺徘徊,慨然曰:"此可以止矣。"葉適撰《鞏仲至墓志銘》。著有《東平集》二十七卷、吴師道《敬鄉録》、《萬曆府志》。《耳目志》若干卷。

鞏嶸字仲同,號峒子,又號厚齋,山堂季孫,吕成公門弟子。幼神氣明粹,丰骨凝重,長偕兄豐執業明招,鈎邃探幽,神會心領,出論輒破的。淳熙二年,登進士第,授建德尉,拯溺食荒,不遺餘力。調淮西總領差遣,築栝蒼寨,修采石戰艦,條畫詳明,悉當上意。以格知歙縣,歙有十大鄉,移牒叢夥,聽判詳允,庭空如水。知麗水縣,積負郡賦數萬,胥吏需索,重民擾,力白州守判免。當路交稱其材,入提轄掌貨務都茶場幹辦諸軍審計司,探討原委,胥吏莫敢欺,歲入數倍。遷太學博士。詔求直言,上書陳時政闕失,多所指切,權奸忤意,出知嚴州。增城濬隍,肄射繕甲,以遏奸萌,一郡帖然。擢嘉太提點坑冶鑄錢司,職事修舉,入直秘閣。十餘年,除侍左郎,知温州。海瀕逐末,首勸民務本業,大比增闢貢闈以受貢士。擢江西轉運判官,政平訟簡,時往來東湖書院,與諸生以義理相講磨,士風爲起。丐歸,除司封郎中,罷,奉祠。積階至太中大夫,爵須城縣開國男,食邑三百户。性静正博夷,平居細謹,動中繩墨。及倉卒應變，多出意外。邵陽、番汭、江右三靳虓卒，弭患未萌。爲政因其俗，終身之愛利，民多繪像祠之。有《厚齋文集》八十卷。洪咨夔撰《鞏公墓志銘》

鞏峴字叔子，東萊弟子。官撫州金溪縣主簿。《東萊外録》

張成招，東萊弟子，著《標注博議綱目》。《宋史・藝文志》

洪無競字求仲，東萊弟子。乾道壬辰進士，官侍講學士。《東萊文集》

鄭良臣字唐卿，東萊弟子，辟授太常博士、史館校勘。《東萊外録》

徐一夔，東萊弟子。《東萊文集》

劉粹中，龍游縣尉；弟敏中，江山縣主簿；允中，鄉貢；時中，鄉貢：皆東萊弟子。《東萊文集》、《宋元學案》誤"劉"爲"郭"。

按，鞏厚齋至此十人，舊志未列，今補。

楊大法字元範，淳熙二年進士。知龍游縣，遷主管官誥院，除諸王宫大小學教授，擢侍御史。時多水旱，上疏，一曰民訴灾傷，不可疑其不實；二曰減放租税，使民被實惠；三曰禁遏糴，使穀粟流通。尋除殿中侍御史，是冬雷，淫雨，上封事，推明天人之理，雷雨非時之變，且請法祖宗敬天治國以自警省。兼侍講，乞置言事官章奏簿以備燕覽。内侍鄧彰等指使毆人致死事，繫有司奏行，法當自行，始乞黜二人以竟獄事。除國子監祭酒、兵部侍郎，乞補外。除集英殿修撰，知鎮江府。請祠，以文華閣待制提舉江州太平興國宫。慶元五年，卒，贈中奉大夫，武義開國男，食邑三百户。大法在臺，所上六十疏，皆剴切有益時政。在南康教授時，與朱子往還，詩簡甚多，著有《易説》。《通志》、《府志》、《康熙志》、《金華先民傳》

葉介字方叔，淳熙八年進士。知武陵縣，秩滿，通判邵武軍。泉南海寇猖獗，郡偶缺守，尚書黄公度帥閩，委攝郡事。介至，召軍將密授方略，遂擒群盜。以奉直大夫主管台州崇道觀，卒。著《中

庸講義》、《芷江詩稿》、《表啓雜志》十一卷。《康熙志》

徐邦憲字文子。幼穎悟，從陳傅良究名物義理，以通史傳百家。《宋史本傳》。築室湖山之麓，讀書其上，號爲書臺山。王柏撰《徐邦憲墓碑》。紹熙四年進士，三遷爲秘書郎。韓侂胄開兵端，獨首言之。丐外，知處州。陛辭，力諫用兵不可太驟。再歲，召還，言："求名義以息兵，莫若因建儲而肆赦。借殊常之恩，爲弭兵之名，因行赦宥，大霈德澤，洗弄兵之咎，省戍邊之師。發倉粟以賑餓殍，及農時而復民業，則建儲正與息兵相表里也。"侂胄惡其言，嗾御史徐柟擊之，鐫秩罷祠。未幾，復官，除江西憲，改江東漕，以户部郎爲淮西總領。侂胄已誅，尚書倪思舉以自代。召對，上言："今日更化，未可與紹興乙亥同論。秦檜專權，天下猶可以緝理。今侂胄專權，天下敗壞盡矣"。除尚右郎兼太子侍講，除左司，爲金賀正使接伴，除宗正少卿。回，權工部侍郎，知臨安府。丐祠，知江州。奏乞郡，得節制屯戍兵。至郡，疾，以寶謨閣待制致仕。卒於官，謚文肅。《宋史本傳》。有《東軒集》四卷、《奏議》三卷、《周禮解》六卷、《史記考》十卷。王柏撰《徐邦憲墓碑》。《嘉慶志》：《宋史》、《宋簡録》俱作義烏人，然邦憲祖父祠墓及其子孫世籍武義，《通志·選舉》載武義人，新修《義烏志》亦附雜載，且云《萬曆志》並無其人，則《宋史》之失考爾。

揚邁字德夫，嘉泰癸亥入太學。釋褐，補鎮江教授，遷建康京學魏王府教授。歷官秘書丞、起居舍人、集賢修撰、朝議大夫，寶謨閣待制賜紫金魚袋致仕，卒，贈龍圖閣學士正議大夫，謚文簡。初，太常博士鄭良臣議邁"以文學結主知，以義理悟上意，以《中庸》九經爲人主用"，非敏而好學，能之乎？經筵論奏，志在弭兵息民，預防十年以後之事，至今思其言可謂有安民之大慮，請以文定謚之。著作郎常挺覆議以邁常間日一侍立，四日一晚講，祁寒隆暑，積忱愈謹，惟一德以事君，即《詩》所謂"夙夜匪懈"者也，按謚法，一德不懈曰簡，敏而好學曰文，請易文簡。良臣常稱邁文章學問極一時之

選，少從大愚吕公游，尤有志成公之學，淵源沈粹，有所自來云。《康熙志》、《嘉慶志》

政績

唐

徐鎡自爲兒時，誓清天下。年十九游鄉校，二十以才識兼茂起爲倉部員外郎。一年，遷郎中。五年，遷侍郎。鳳翔節度使李茂貞使人過部，索數百緡爲獻，倉部辭以虚乏。使者怒曰："前爲部者，吾所閲無慮數輩，君獨强項如是，不欲復爲吏耶？"倉部曰："惟不欲爲吏，故敢如此。"使者憤去，然亦竟莫能爲也。故事，部事惟尚書一人司啓閉，侍郎而下，供簽署而已。倉部獨曰："朝廷設官，分長佐，意在同寅底績。誠一聽長官所爲，吾輩又奚必徒束手爲太倉蠹，使後世稱伴食屬曹耶？"尚書以姻婭爲堂吏，減剋軍餉者，事覺逮繫，長官初不知倉部欲一日掠殺之，懲後不法者。會金部郎以事至廳事力救，公猶怒不已。少頃，郎去，卒置之法。明日，堂白，具文書，求尚書簽。尚書難之，則瞪目視曰："君欲黨惡自反中耶？"尚書不得已簽。公前後在部十餘年，行事大率類此。黄溍《記徐倉部事》

宋

劉埔字叔翰，以光禄郵典入官温州樂清縣尉。每行部，輿衛胥吏鞵履糗粻一主辦於己，不以煩里正，邑人紀之。監潭州南嶽廟，福州録事參軍，知徽州歙縣。福大而獄繁，歙小而民瘠，公書獄予生，而拊民必依惠，職用不墮。通判蕲州軍州事，兩攝黄守。始至，老校旅拜庭下，曰："旐稗旦暮餧死，惟公哀之。"睎其券，不盼者且朞，公蹵然不安，亟發庫金，益以私帑，瓯瘠以蘇。主管台州崇道觀，除知梧州。未上，復請還崇道觀。積官至朝請大夫，告老，詔報可。賜一子官，以寵其歸。吕祖謙撰《劉叔翰墓志銘》

劉邦光字國華，少舉進士一上不第，妻父廣陵侯任以官，主邵武之光澤簿。土俗多盜，枹鼓鳴，尉巡檢悉所部奔命，邑虚無備，奸俠睥睨。公與令議籍材勇，蠲其役，縣兵或盡出，俾之扞防，居者始得奠枕。徙處之遂昌令，始視事，閲楊氏訟，母子兄弟更忿鬩，更數政不能决。公親以酒酌其母，喻以天性之愛，皆感悟。數年之訟，一朝而平。用薦者改秩，知湖州長興縣。歲惡，發圭田之粟爲民先，趙夫人亦脱簪珥爲粥，以食餓者。邑人紀之。終事沅州通判，安静不擾，殁而有餘思焉。吕祖謙撰《劉國華墓志銘》

鞏湘字采若，一字伯清，《鞏采若行狀》。父庭芝，長子。《嘉慶志》。紹興十二年進士，永康縣尉。當兵火後，尉率以戎服迓使者，朱公希按部，公獨以搢笏進。朱公一見而异之，曰："此我輩流"，亟薦之。十三年，逆神御於海上，道出永康，公葺橋梁，整頓遞，不擾而事集，使者大异之。臨安府録事參軍，治獄，歲無滯囚。時和議始成，虜使者至，必有意要求百須之具，府尹必委公，公隨事奏畫而不失大體。朞年，諸公交薦，改宣教郎信州學教授。公講論經藝，山堂方選紹興諸暨縣需次，公迎侍甚謹。是時，渡江名流多寓上饒，公内奉甘旨，外接賓客，山堂日有飲酒賦詩之樂，一邦之學者日接公父子間，得中原故老學問之源委。及應試之文，講畫删潤，有自遠負笈而至者。先是養士百二十人，至是倍，至千五百人。差充浙東提舉茶鹽司幹辦公事，覃恩進朝奉郎，賜緋衣銀魚。除主管官誥院，又除將作監主簿，添差通判撫州。除臨安府推官，陞司封員外郎兼司勳。遷吏部郎中，兼詳定一司勑令所删定官，進書。轉朝奉大夫，遷軍器監。乞補外，知湖州。二歲，爲明州長史，直敷文閣。半歲，除浙東提點刑獄公事，除廣東經略按撫使。以上皆《行狀》。淳熙九年十二月，誘潮賊沈師出降，誅之，《宋史・孝宗本紀》。除龍圖閣待制。凌迪知《萬姓統譜》。十五年，郊恩，進爵須城縣開國男，食邑三百户，賜服金紫。十六年，轉中奉大夫。紹熙二年，上章

告老,得報。卒,《行狀》。謚文憲。四年,葬護國寺東。《嘉慶志》。著《乾道芻議》三十篇。《行狀》

按,《嘉慶志》僅書官階,不紀政績,兹從《宋史》、《萬姓統譜》及《鞏譜》、《行狀》補出,但《行狀》亦多殘缺,又不著撰人姓名,無從考證,姑存什一於千百耳。

徐渙,嘉定庚戌進士,歷官大社令、太學博士、司農寺,守南雄,卒。蔭其子道隆。《嘉慶志》

梁膺字景李,坦厚平實,滿腔子無圭撮僞。雖佩美負奇,不自炳烺,冲然若不能言。及臨大事,則精神諤諤,勇往直前,如策馬入陣,人不能遏。持節湖右,方望其出所抱負次第行之,而死矣。宦歷甚多,功績甚著。馬光祖撰《梁膺傳》

趙汝湰字成父,嘉定戊辰進士。歷階朝議大夫、太府寺簿,署知信州,未上,主成都玉局觀。爵金華開國男,賜紫金魚袋。《嘉慶志》

明

何貴字叔瑛,洪武中以明經舉賢良科,授福建汀州知府。政簡刑清,平定上杭反側。溪南有負固者,柔來安輯之。踵唐常衮故事,建學,修龜山讀書巖。調守長沙,治之如汀。會靖難詔下,挂冠歸隱寶泉山上。南贛中丞歐陽吉贈詩曰:"獨步才名垂宇宙,高歌逸興在滄浪",以林下終。《嘉慶志》

徐彦輝字世顯,以人材徵爲湖廣漢陽府節推。出獄中囚徒數百人,埒罰八十,以下即决遣之,無辜者以次出。監司喜其材,百姓告訐,悉令聽决。數州之人畢至,皆自以不冤,無翻白者。遷大理寺評事,大廷尉知其賢且有能,每録囚,公不首肯,大廷尉不敢即落筆。時朝廷方以刑獄督責諸司,公獨務平反,所論多附輕議。丹徒長吏有受死囚數十萬緡,縱使脱走者,獄吏抵罪,已具部。使者還奏讞,欲以其事白上,會長吏已遷官,無左驗,懼坐誣妄,不敢發。

公潛使人之丹徒，廉得其狀關通。部使舉劾，天子震怒，即出獄吏，以其罪罪長吏，京師人稱爲明。會大廷尉以事左遷去，代者議不合，公謝病歸。蘇伯衡撰《徐彦輝墓表》。按，此傳新增。

洪熊，永樂丙戌進士。任四川油江知縣，陞山東德州同知，山西渾源州知州。歷官四十餘年，所至以廉能著。舊志

嚴繼先，永樂乙未進士。授廣西道御史，決獄平恕。《獻徵録》。再任雲南道，赴京，道經嚴州，有烏石關爲暴，即奏罷之。《康熙志》。陞山東按察司副使，轉陝西行太僕寺少卿，卒於官。《獻徵録》

程達，永樂庚子舉人。授直隸大名府同知，有惠政。舊志

項善敬，歲貢，官河南陽武教諭。時承元敝俗，不知學，力爲振刷，士風翕然丕變。後忤權貴，棄官歸。著有《周易臆斷》。《嘉慶志》

徐貴，登成化辛丑進士，授南京刑部主事，陞本部郎中。賦性簡重，讞獄詳明，爲當時推重。《康熙志》。致仕後。嘗修《武川志》，未就而卒。《嘉慶志》

徐鳳岐，弘治中以歲貢官福建漳平知縣。有能聲，築二縣城，民至今德之。舊志

徐俊字士英，弘治初由監生任寧國府經歷，陞彭澤令。爲政有方，吏民率服，甫二載而歸。民以興學校、廣街衢、設津渡、修古祠、備灾荒、弭盜賊、均賦役、簡詞訟八事頌之，見《九江志》。舊志

何朝佐字世卿，由歲貢任鳳陽知縣。以嚴正自持，雖妻子不敢干以私。邑大祲，招集流移，賑卹窮寡，屢發疑獄，人服其明。陞登州府通判，轉象州知州。居官二十年，清介如一日。舊志

徐欽，由歲貢任湖口知縣，轉彭澤知縣。清介有能聲。去官後，民懷之，至移關來縣問候。有詩云："家山動輒幾千里，囊橐何曾有一錢。"舊志

王琇字廷憲，廩生。讀書不牽章句，兼嫻武事。正統十四年，

栝寇陶得二剽掠郡縣，民多逃竄。琇督鄉勇，應募剿賊，破之。成化二年，由歲貢任江西萬載縣主簿。山賊擾民，琇剿捕撫治，地方安静。民仰之如父母，乞留。一十三年，致仕而歸。《嘉慶志》

楊演，以歲貢任東陽訓導，陞蘄州學正。清介温厚，以理學聞。其爲訓導時，郡築千金堤，演爲計畫，親董其役，堤賴以固，郡人德之。《嘉慶志》

徐希朱字志道，嘉靖間由例貢任廣東定安知縣。邑近黎蠻，叛服不常，撫治有方，盜息民安。九載考滿，陞廣西潯州府通判，民遮道留之，三日不得行。《建江集》、《平黎録》。後卒於官。舊志

楊棟字舜山。爲諸生時每以德行受上賞，由選貢游太學。王荆石時爲司成，甚器重之，試輒第一。授武昌推官，革廠料羨餘數百金，著爲令。署蒲圻篆，政尚寬平，士民悦服。轉鎮江别駕，耆老數百人詣撫按挽留之，踰八月，方代鎮江。錢法阻滯，米價騰湧，飢民大噪，棟捐俸二百金，糴米賑民，民賴以安。又開金壇隱風河，民免涉大江之險。後因江陵相所私，被劾左遷，遂謝政歸養，以孝聞。舊志

徐文才，由歲貢授永豐縣丞，署令事。期年，人服其清。翰林習孔教爲文頌之，太常卿陳慶贈詩。《嘉慶志》

邵夢龍字子雲，以歲貢任延平通判，署順昌縣。詳革清軍硃價，民甚德之。再任惠州通判。歸田十餘年，屢薦賓筵。著有《摘古訓蒙》三卷。《嘉慶志》

何勳字益海，萬曆末由博士弟子肄業成均，選授瑞昌主簿。廉介而能，令丞倚如左右手，且多勞績，挽輸南直者三，農部頻奬之，推陞廣東碣石衛經歷。秩滿，予告歸，宦橐惟端石數方，詩文數卷，此外無一南中物也。縣舉大賓，以壽終。《嘉慶志》

朱天德，由選貢授商城丞，署縣事。嘗鬻産爲民賠荒糧三千金，民立祠祀之。晚年究心理學，博極群書，著有《四書訂譌》、《毛

詩古音考》、《水玉齋文集》。《嘉慶志》

國朝

徐養祉字介儒，由監選授江南高郵州同知。以平寇功，賜四品服。居官多善政，士民感之。兄養禬，字匡儒，泰州同知，亦以平寇功陞定番知州，加賜四品服。《嘉慶志》

徐啓泰，順治中知華容縣，有善政，卒於任。貧不能歸櫬，縣人爲卜葬縣東，並建碧蓮庵，歲時祀之。《華容志》。按，此傳今補，《華容志》啓作"起"。

朱爾殿字七來，以丁酉名孝廉，令江都。居水陸之衝，舟車絡繹，酬應紛繁，刁訟成風，弱肉强食。涖任二年，本理學爲經濟，扶善鋤奸，不遺餘力，民皆蒸蒸向道。以勞瘁卒於官，百姓家祀朱公神位。宗元鼎《名家詩成》。宦槖蕭然，重以逋累，江都人斂金遺子慎，始克扶柩歸葬。《嘉慶志》

何雲舉字浮青，由歲貢授於潛訓導。有緑筠軒，東坡詩所咏"此君軒"者，日引諸生談藝其中。在任五載，甚得士心，舉卓异。致仕後，仿建書塾，名其齋曰"依緑"，曰"碧筠山房"，廣儲文史，鼓勵後進，如在官焉。子孚式，以名宿稱。《嘉慶志》

朱若功字日定，號學齋。康熙己丑進士，授昆明知縣。《嘉慶志》。值大兵西征，一切軍需皆身支應。夏旱甚，衆曰"無雨，將無民"。公曰："無雨，直無吏。"西山龍湫，徒步往禱，雨隨注，衆咸謂"公雨我也"，繪禱雨圖頌之。王思訓撰《朱公德政序》。向置五塘租税，收數與維正等，公力汰之。凡六載，不名一錢，民夙逋數千金，設法導輸，不鞭一人。搆三綱祠，捐田以供俎豆。俗祀孔子，配以釋迦、老子，公恚曰："侮聖慢師，罪莫大焉。"毁之，且聞於上憲，著爲令。鄉大夫有殁而求祀於學者，以暮金進，公嚴却之。張人崧撰《朱公墓志銘》。以忤上官，調呈貢，《嘉慶志》。城郭廟祀皆圮，一一葺之，搜輯舊聞，編邑志，付之梓，自公始。雍正四年，引年歸。張人崧

撰《朱公墓志銘》。囊橐蕭然，家居修祭祀，教子孫，優游林下，以壽終。《嘉慶志》

項秉謙號坤山，癸酉拔貢，宣平教諭。生徒來謁，必勗以敦品立志，情詞懇切，如誨親子弟。點竄文藝，獎掖後進，惟恐不及。士習蒸蒸，文風振起。性夷澹冲和，不問家生産，雖臧獲未嘗呵斥。秩滿轉任，卒於官。至今稱善教必曰項老師。《宣平志》。按，此傳新增。

忠節

宋

項德，婺州武義人，郡之禁卒也。宣和間，盜發幫源，明年陷婺，而邑隨没。德率敗亡百餘人破賊，因據邑之城隍祠，自二月訖五月，東抗江蔡，西拒董舉，北捍王國，大小百餘戰。出則居選鋒之先，入則殿後前後，俘馘不可勝計。賊目爲項鷂子，聞其鉦，則相率遁去。方謀復永康諸縣而官兵至，德引其衆欲合會，賊盡鋭邀之黄姑嶺下，德戰死。邑人哭聲震山谷，圖其像，歲時祭之。《宋史·鞠嗣復傳》。凌迪知《萬姓統譜》：德力戰而死，邑人圖像於城隍廟，歲時祀焉。弟惠與德協力拒寇，德戰死，惠被執，以計脱歸，授樂平尉。《嘉慶志》

劉滂字德霖，大觀三年進士，調新昌令。蔡京欲挽置黨中，君拂衣去。靖康初，金人渝盟，袖所著書數千言來京師，除太常博士，道阻不拜。建炎中，詔用君爲建昌軍，君不汲汲。紹興三年冬，尚書符趣君行到官。汪藻撰《劉滂墓志銘》。建昌兵素驕，邀取無藝。滂以法裁之，及是市肆聚博，掠取不從，遂毁撤其肆，敺傷其人，滂杖而責償之，衆憤。兵馬監押沈敦智以俸緡代償，且以言激軍士修達、饒青等相與作亂，李心傳《建炎以來繫年要録》。君及母妻皆死，天下冤之。紹興四年七月一日也。汪藻撰《劉滂墓志銘》。按，《繫年要録》

在秋七月庚戌,《熊克小曆》載建昌軍亂在此月戊申朔,與墓志銘日同。驛書聞,天子震怒,詔帥臣討始亂者,皆伏誅。詔褒君爲朝請大夫,官其子若孫三人。汪藻撰《劉滂墓志銘》

姜綬,靖康元年東京圍,急詔募士赴睢陽,趣南師入援。綬爲守禦官,首出應詔。緘書於股,遇敵見執,大駡而死。紹興間,蔭其子特立承信郎。舊志引《賢達傳》武義人,《通志》引《宋史》本傳麗水人。

徐道隆字伯謙,婺州武義人。父焕,知南雄。道隆以任入官,累官潭州判官,權知全州荆湖制置使。汪立信奏辟道隆爲參議官。立信遷兵部尚書,道隆與賓客十許人俱去。江陵趙孟傳爲制置使,以道隆參其軍事,遂爲提點刑獄。時文天祥既至平江,潰卒四出,爲浙西患,安吉尤甚。有旨命道隆措置,乃梟其首亂者於市。《宋史·趙良淳傳》。牛監軍遁去,范文虎、程鵬飛、管景模俱遺書誘降,道隆焚書斬使,丞相巴延軍臨平皋亭山,會道隆間道入援,不敢輒留。時水陸皆有北兵,道絶不通,議由太湖經武康、臨安縣境勤王,即日乘舟出臨湖門,泊宋村。宋無名氏《昭忠録》。德祐二年正月朔旦,追兵及,道隆、江陵《宋史·趙良淳傳》。親從軍三百人,與殊死戰。船上食時矢竭,船檠折,一軍盡没。長子載孫由船後窗蹈水死,道隆知不能脱,還入船中,端坐繩床。元兵去,道隆衣掖至北舟。有間,一卒以道隆衣冠置所乘船中,曰:“吾總管説:降,與乘船還城。不降,且羸而俘之。令我置衣此船,須其降而後與。”禁人毋得,輒登船。有頃,兩兵挾道隆旋,因得出船馬門。持道隆者稍怠,道隆急躍水中死,北將猶令左右彎弓射水。餘兵有脱入臨安者,事聞。十六日,贈官賜謚,厚恤其家,立廟安吉,官其子孫。越三日,兩宫赴北,不及矣。宋無名氏《昭忠録》

明

徐平胡舊志“湖”,據熟溪橋碑作“胡”。字安世,性孝貌偉,饒韜略。母劉早卒,繼母吴生一弟,又卒。平胡善撫弟,而自勵讀書。

嘉靖庚戌，父坐事謫拘湖州獄，平胡就養，得無苦。中壬子科武闈。海寇猖獗，總督張侍御遣使來召，平胡謂妻曰：“此以身贖罪時也。”率義勇劉大道等應募。明年，遇賊於嘉興，力戰却之。當事者欲疏其功於朝，平胡乞贖父罪，許之。未釋獄，疫作，平胡白郡伯遷於倉，得勿染。復追賊有功，父病，泣呈軍門，具題。上嘉其功，命釋父，賜堂曰“忠孝”。逢武科，再捷，感激益思報効。時賊首汪五峰、葉宗滿等引倭夷寇兩浙，平胡與大道等挺身出拒，單騎入葉壘，喻以利害，復使入海誘五峰等，次第就擒。以功授金華所指揮僉事，將兵巡海，悉上機宜。督府胡宗憲怒，將置軍法，平胡大呼曰：“明公不欲平賊乎？何爲殺壯士？”胡奇而釋之，以宿將董營務。隆慶二年，以詿誤解職，得遂歸養。冬，父病疽，醫謂須生蟾蜍合劑，值大雪，籲天泣禱，得雙蟾蜍於法雲寺溝中。入藥，疽愈，人皆以爲孝感。明年三月，軍門谷檄隸麾下。四年，又中式。鄔公憫其孝，予歸。部伍叩監司泣留，平胡曰：“古稱一日養不以三公换，何苦我爲？”歸，怡親於忠孝堂。父病，親侍湯藥，衣不解帶者踰四十日。既卒，殯殮如禮。家居幾十年。壬午，議減營餉，兵鼓噪，劫撫臣，亂民繼起。大司馬張嘉允星馳至省，察衆心所向，檄平胡補西大營。平胡勸張以兵剿亂民，而以計戮營兵首亂者，事遂定。按臺總鎮交章薦，不報，乃引疾歸。居鄉以書史自娱，著有《寧儉録》。妻何氏早卒，念其孝敬，鰥居數十年，旁無姬侍。國朝雍正壬子，奉憲咨部，題請旌表，春秋祭祀。《嘉慶志》

劉大道，嘉靖間賊首汪五峰、葉宗滿寇嘉興，大道勇壯有膽略，與徐平胡應募守北門十條街。賊四面攻圍，官兵却退，大道獨奮勇血戰，殺賊數十，爲賊斷一臂去，仍以一臂殺賊數人而死。督撫胡宗憲甚傷悼之，檄縣立祠致祭。《嘉慶志》

徐朝珊，隆慶間以千總督營兵守臨海縣，剿寇殉難。《嘉慶志》

國朝

陳常字時夏，諸生。工書法，乞書者進以金，輒斥去；餽以酒，則欣然命筆。咸豐十一年四月，粵寇自郡來陷。二十三日，縣城失守。二十五日，常募死士，攻賊不克。二十七日，與賊戰於曲湖，陣亡。及其子培桐亦諸生，善書，時有大小歐陽之目。以下新增。

徐祥字發祥，諸生，授徒西鄉。咸豐十一年四月二十三日，粵寇陷城。二十五日，西鄉勇討賊，攻破西門，轉戰至城隍祠前，爲賊馬所蹙，陣亡。

徐寶光字劍花，諸生。咸豐十一年四月二十五日，偕監生包恒足、湯志鋭率小南鄉勇與賊戰於南湖阪。天大雨，火器溼不發，勇少却。寶光大呼當先，勇鼓噪繼之，逐賊於誥山，賊伏發，陣亡。

包恒足一名政芳，字薱榮，監生。頎而黝，强力絶人，習技擊。山賊夜劫其居，持梃拒諸門，山賊遁。咸豐十一年四月二十五日，與粵寇戰於誥山，恒足殺賊數人，陷重圍，死。

湯志鋭字果甫，亦名炳堃，監生。咸豐十一年四月二十五日，偕包恒足陣亡於誥山。初，小南鄉勇起，叩其輸餉，志鋭曰："當礪兵往耳，徒恃阿堵物耶？"至是戰没。

徐學禮，咸豐十一年四月二十五日，西鄉勇攻粵寇於城西門，學禮躍而登，斬守城賊，啓關。勇入城巷，戰至城隍祠前。學禮中刃，血流被面，猶衝突殺賊。賊嗛其先登，懸頭西門外，見者猶識之，曰："此徐學禮也。"

管金有，邑之胥吏也。咸豐十一年四月二十五日，率小南鄉勇直擣熟溪橋，賊自誥山鈔勇後隊，勇敗。金有勒賊馬，擲西瓜礮，誤中水，賊擁而殺之。

徐志馨字德吾，武生。咸豐十一年四月二十五日，率東鄉勇討賊。白陽溪水漲，從王思灘渡，入熟溪橋，攻來遠門。賊從誥山鈔勇後，又從鎮東門横擊其前。志馨及其子金鏞手刃數賊，陣亡於城下。金鏞亦武生。

徐景春，咸豐十一年七月一日，賊執使導攻菊姬山堡，景春罵曰："賊狗，去就屠耶?"賊以刃脅之，復罵曰："頸非若磨刀石，死則死耳，官兵即至，行見狗彘屠戮也。"賊揮刃，頤張矣，猶聞罵聲而死。

何福高，善放鳥槍。咸豐十一年四月二十五日，大南勇雖敗，而福高所當賊輒死。厥後築堡於郭洞，賊屢招降，不屈。七月二十三日，賊以大隊攻堡，福高撚槍禦之，中必疊雙，斃賊數十人。爲賊鉛中目，勇救，逐退賊。高創甚，大呼曰："我不再殺賊矣，若等宜堅守，待官軍至，勿降也！勿降也！"創裂而卒。

李福箕字錫疇，諸生。兄洪應，字作德；弟振元，字纘述；皆武生。咸豐十一年十月十二日，粵賊攻夏川堡，振元中賊鉛，呼曰："虜中吾足矣！"洪應令福箕扶振元去。堡垂破，人謂福箕速跳，福箕曰："如吾弟何?"洪應已先戰死，其子崇朝亦死。福箕遇賊，格鬬，振元亦奮起以拳擊賊，皆死之。

李品金字貢三，諸生。咸豐十一年十月十二日，夏川堡爲賊所破，賊問降不，曰："焉有秀才而降賊者?"遂見戕。

李英開字緒延，有膂力，視賊不介意，語人曰："賊果來，當以鞾尖踢倒之。"夏川堡抗賊，每擊退賊。賊出不意攻堡破。英開當隘口，以竹槍殺賊，賊披靡。群賊逾山攢攻之，格鬬而亡。時咸豐十一年十月十二日也。

民人倪法漢、倪兆富，咸豐十一年四月二十四日與賊戰於周嶺，陣亡。

民人倪大英，清溪堡破，陣亡。時咸豐十一年八月。

王三祖，麻陽堡勇，同治元年正月二十四日，剿宣平鄭回村賊寨，被擒，不屈釘死。

鄭秉柏，同治元年二月十日麻陽堡破，猶奮勇力戰，殺賊數人而死。同日陣亡者有鄭秉龍、鄭上豐、鄭茂海、鄭上鬧、鄭文通、鄭銀四、鄭開安、王彩廷、王志高、王志田、王萬餘及子銀發、廖財忠、王金發、王應彩、王大梅、王福興。先時麻陽堡與賊相持,互有勝負。咸豐十一年六月十七日,鄭秉松陣亡。十月十四日,王舍梅礟中腦,陣亡。王大應亦中礟亡。

《浙江忠義録》:殉難紳士　貢生徐夢庚　增生周國儒　附生祝邦孚、章應庚、徐邦榮、徐聖階、王式昌　武生李向榮、萬隆、張萬英　監生程際銀、余秉忠、李步高、洪祖堃、王式金、顧李陞　殉難民人鍾廷良　鍾廷相　鄒李雄　施式田　李維行　徐林均　徐汝和　徐風連　徐有江　陶士清　吴嘉勳　吴志均　陳人傑　湯應聰　湯思永　湯國環　湯嘉謨　湯積貴　湯國美　湯顯澤　湯丙龍　湯成才　阮全美　阮全賢　朱加廷　劉作模　劉李才　劉汝才　周景信　盧老明　徐子官　程起和　王天舜　王人傑　吕朝陞　徐天星　盧盛情　徐景風　趙忠慶　趙忠謨　王雙法　王桂芳　王李朋皆咸豐辛酉四月。　朱從厚　朱老尚　陳周田　徐李開　張鳳林　朱厚燦　朱榮韜　徐多壽　吴法林　吴李錦皆咸豐辛酉五月。　何汝基　朱純林　朱法序　陳人傑　湯炳龍　陳時運　金老六　張德貴　陶志清　吴富　王舍均　舒志田　羅朝有　王茂祥　王人昭　王孝政　何李申　王大綸　王孫保　何珠起　王慶海　王孝三　王天池　羅崇清　羅朝章　湯祖珍　湯永勤　張李賢　嚴曾人　陳起如皆辛酉八月。　徐法通　徐振英皆辛酉九月。　程振海　韓舍江　朱純江　何足貴　鄒億全　鄒德全　朱長志　何根起　温長富皆辛酉十月。　朱位金　朱七孟　朱開封　朱舍材　朱珠寶　朱有厚　朱純法　朱留任　趙務幹皆辛酉十一月。　趙順金　徐李雙　徐子亮皆同治壬戌正月。　何振棠　廖春岳　廖祥開　廖克明　廖克招　廖舍如　方美鳳　張阿桑　厲啓良　厲文謨　陳紅彩　王宗純　胡道川　王海松　鄭旺

全　鄭成培　王水東　王志萬　王景有　鄭秉祥　鄭文梅　鄭上雲　鄭三妹　鄭三成　黄文士　廖耀三　吕德旺　胡方多　余士新　鄭上鼎　鄭上奎　王上林　王上元　王萬元　王有慶　鄭水异　張茂松　王思貴　王子高　王景盛　王之祖　王海法　廖耀之　方美風　廖克昭皆同治壬戌二月。　鄒廣來　鄒廣和　鄒廣吉　鄒永彩皆壬戌四月。　朱純興　朱瀛海皆壬戌五月。　朱純朱法海　伍登登皆壬戌六月。　朱毓忠　張開運皆壬戌八月。　徐重陽　徐新彩　何兆鶴　張福明皆壬戌九月。　陳月秋壬戌十一月。　何維銀　何維新　葉恒興　董聖華　葉法旺　舒富可　舒陳方　周士雲　李銀芳　劉福祥　李新法皆壬戌十二月。　徐廷旺　朱國綸　施長禄　施長雲　徐有成　徐有堂　徐有運　徐有田　朱老高　朱起和　朱起清　朱起明　朱舍舜　洪新德　徐長春　鄭廷詔　曾嚴人　何元善　李陳隆　李廷和　李起全　李作田　杜阿貴　金顔有　李興慶　程永福　舒道成　徐炳堅　徐元有　徐彭顔　程步應　江萬蓮　徐永通　程文安　程成聚　程有應　鍾元朝　徐某以上同治五年五月二十日，奉旨著交部，照例分别旌卹。

徐重陽　鄭廷詔同治六年二月二十一日，奉旨著交部，照例分别旌卹。

吴志均同治十三年四月二十一日，奉旨著交部，照例分别旌卹。

武川備考卷八 中

人　物　考中

武功

宋

江涣李心傳《繫年要録》、《嘉靖邑志》、《通志》、《府志》皆作“江”，《獻徵録》作“汪”。字德濟，父有膂力，《嘉靖志》號汪鐵棒。涣幼以杖擊石，石碎而杖全。《獻徵録》。睦寇起，縣檄其父子防守栅隘。以少擊衆，保全鄉邑。寇平得官，隸酈瓊麾下。《嘉靖志》。紹興七年八月壬寅，《繫年要録》。瓊叛，殺参謀吕祉。《獻徵録》。祉之從校江涣《繫年要録》。謂其屬曰：“吾儕誓忠義死國，詎可爲降俘？”夜與其徒還得祉首，至揚子江，無舟可渡，埋祉首於江皋，識其處。遂解甲揭槍，浮渡達行在所。時方收祉家屬鞫之，涣直其事，命涣押取首，得之埋處，已不可辨。獨祉女言：“父行時括髮，我製紫羅，紉以皂綫。”按驗不誣，遂赦其家，於是賜號忠義使臣。出獄者拜涣曰：“微公，安得生賜忠義？皆公之力也。”紹興末，任廣東水軍統領，一矢殪海寇渠魁。卒於官。《獻徵録》

元

吴儼，至正末衢寇犯境，禦之，戰於蘭溪西岸，斬首數十級，授千户。《嘉慶志》

明

王文隆、徐有功、陶而八，正統十四年從大司馬石璞、總兵徐恭征剿栝寇有功，題授巡檢。《嘉慶志》

吴璽，成化壬辰以京衛軍從寧晋侯征南有功，世襲應天衛指揮，後調雲南衛。《嘉慶志》

徐延壽字仁卿，廩生。體貌奇偉，膂力絶人。嘉靖間，倭寇入浙，督府聞延壽名，檄守杭州。敵憚之，不敢近。時有海賊數輩，被儒生冠服，齎重禮，間行延壽家，欲請爲帥。延壽怒，欲擒之，賊遯去。後永康某議改茭道驛，延壽力争之，當事者心慴，得不改，至今受其庇。《嘉慶志》

何應機，嘉靖壬子寇亂，官軍莫可恃。督府檄召募鄉兵，應機往應募，屢著勞績。隆慶間，薊遼軍門譚綸、總兵戚繼光咨取防邊，署潘家口提調，出口追殺長秃、阿北户、董狐狸等有功，題授薊鎮忠義中衛鎮撫。《嘉慶志》

徐成字竟之，素有大志，性落拓，敦孝友，父死廬墓，有瑞芝之异。隆慶間，朱良寶寇兩廣，成應募。開府殷正茂檄致麾下，與剿劇寇楊大敵、陳老劉、高珍等，平羅旁老、萬蛋家諸山島，授廣東巡海中軍把總。萬曆十四年，調浙東前營把總，督撫温。考兩浙將才，策論騎射第一，陞授游擊將軍，督兵朝鮮。仍督山東、旅順口水兵，往釜山地方防禦所屬官兵及山東、天津、旅順以下衛所，悉聽管轄。二十八年冬，楊應龍叛逆，貴州巡撫郭子章題以成補貴州都司軍政屯田，署都指揮僉事。三十二年，總督戴考取天下將才，策論騎射第三，薦充廣東肇高参將，管兩廣軍門標下練兵游擊將軍。以母百歲告歸。歷官四十餘年，留妻侍母，單騎抵任，驍勇敢鋭，有古名將風。祖禮，父僑，贈如成官。祖母、母、妻俱贈封淑人。《嘉慶志》

文苑

宋

張淏字清源，其先中華人，自其祖寓武義。徐邦憲《上趙使君帖》。清源篤志苦學，出入群書，援據殫洽。葉適《跋雲谷雜記》。紹興丁丑進士，補將仕郎，主管尚書吏部架閣文字，舉備顧問。紹定元年，乞休，特授奉議郎守大社令。著《雲谷雜記》、《寶慶續志》、《艮嶽志》、《武成志》。《嘉慶志》

姜特立字邦傑，綬子。以蔭授承信郎。帝嘗幸其第，賦《竹》詩以賜。特立爲詩天然秀拔，韓元吉、陸游皆愛其才，著《梅山正、續集》。《嘉慶志》

揚璪，由太學生補承務郎，遷州判。璪父邁侍邇英，講罷，面受旨，編次《名賢墨迹》，未上而卒，璪裒類繳進。璪文章雅飭，立言有體，爲時所推重。《嘉慶志》

明

徐士淑，以氣節自負。萬曆中歲貢，任餘干訓導，陞諸暨教諭，學校體統多所建明。褆身端肅，學問優長。守道李頤深加獎异，扁其門曰“盛世儒宗”。《嘉慶志》

韓光濟字仰斗，號惟熙，萬曆歲貢。質直沉毅，學宗朱子，嚴義利之辨。設教弧溪門，多義取士，王孝子其翹楚也。徐岱宗《跋碧山詩集》。詩神流意透，躁釋矜平，寤寐柴桑，頡頏輞川。施守官《序碧山詩集》。有《碧山詩集》。《嘉慶志》

國朝

朱慎字其恭，號菊山。才氣高邁，下筆淋漓滿紙。兼工書畫，善鼓琴。以拔萃入京，公卿愛其才，争致之門下，意弗屑也。父爾殿，江都令，卒於官。慎扶喪歸，後還寓廣陵，與蔣易、孔尚任、宗元鼎、張潮諸名士詩酒倡和，篇什流傳，名動江淮間。毛際可評其詩

“清真雄健，合襄陽、少陵爲一手”，吴綺稱爲“千秋豪士，一代才人”，世咸以爲知言。卒，年僅四十餘。著有《浮園詩文集》、《三代法物考》。有女亦能詩。《嘉慶志》

何師吕字尚甫，沉潛好學，藏書不下數萬卷，一生寢饋其中。蒐羅既廣，問無不知，時有書厨之目。著有《睠喬齋雜咏》、《嘉慶志》。《男學寶訓注釋》。句今增。從游族孫承欽、孚式皆以文名，承欽有《隱霧齋雜言》、《北游草》。《嘉慶志》

楊聲遠字駿公，歲貢。家貧嗜學，尤好網羅載籍，丹黄鉛槧，手不停披。稍暇，則游覽山水，遇物皆有題咏，著《惜陰集》五十卷。《嘉慶志》

徐元摶字鵬遠，號訒堂。乾隆丁卯舉人，兩試南省，不遇，歸築小齋城北，與二三朋舊討論經史。好奬掖後進，邑能文士多得其指授，晚益肆力古文，著《闇然齋偶拈》、《三刻孝烈集》。《嘉慶志》

徐斌字文焕，號拙庵。好古嗜學，博通經史。錢塘沈范選國初文，有“文似元年武似春，王公似正月”語，署云“能知出處，當終身北面”。或以質斌，斌曰：“此出《説苑》，非僻書也。”范聞慚服。性狷介，邑令張，山左名士，數延至署，談論古今，然請則往，未嘗輕投一刺也。秋闈屢薦不售，遂絶意進取，以撰述自娱，著《四書人名考補》，又著《名臣録》，未就而卒。《嘉慶志》

孝行

明

徐文敏，父早卒，母朱遺腹生。事母孝，母患瘋疾，百方療不痊，乃斷酒肉，每夜叩北辰，祈以身代，越四年勿懈。一夕，夢老人示以方，如方劑藥，母服而愈。正德間，朝廷旌其母節，後縣令湯沐核其孝，以聞，未報而卒。母年逾九十乃終。舊志

吴燧家貧力學，孝養二親。母病，百方醫禱，夢神示以五拗湯

可愈,用之果效。父故,稱貸殯殮,居失火,憑柩哀哭,火旋滅。躬運土石成墳,哀毁骨立。教幼弟瑶入泮,撫猶子一初成立。事聞,嘉靖二十一年旌其門。以貢教諭武寧,陞天津衛教授。舊志

王世名字時望,武義人。父良與族子俊同居争屋,毆死。世名年十七,恐殘父屍,不忍就理,乃佯聽其輸田議和。凡田所入,輒易價封識,俊有所餽,亦佯受之。而潛繪父像懸密室,繪已像於旁帶刀侍側,朝夕泣拜,且購一刃,銘"報仇"二字。母妻不知也。服闋,爲諸生。及生子數月,謂母妻曰:"吾已有後,可以死矣。"一日,俊自外醉歸,世名挺刃迎擊,立斃。出號於衆,入白母,即取前所封識者詣吏請死。時萬曆九年正月,去父死六年矣。知縣陳某曰:"此孝子也。不可置獄。"别館之,而上其事於府。府檄金華知縣汪可受來訊,世名請死。可受曰:"檢屍有傷,爾可無死。"曰:"吾惟不忍殘父屍,故至今日。不然,何待六年?"乞放歸辭母,乃就死,許之。歸,母迎而泣曰:"身者,父之遺也。以父之遺爲父死,雖離母,得從父矣,何憾?"頃之,可受至,縣人奔告,直世名者以千計。可受乃令人舁致父柩,將開視之。世名大慟,以頭觸階石,血流殷地。可受及旁觀者咸爲隕涕,乃令舁柩去,將白上官免檢屍以全孝子。世名曰:"此非法也。非法無君,何以生爲?"遂不食而死。妻俞氏撫幼三載,自縊以殉。旌其門曰"孝烈"。《明史》本傳

徐大望字宗文,諸生。年十九,喪父,毁瘠骨立。事寡母尤竭力。母病,衣不解帶者五月。母哀,則多方以致其樂;母怒,則率妻長跽受責,必母歡而後已。撫幼弟至壯不析産。臨殁,惟囑弟孝母,無一語及妻子貨財。舊志

徐棻,諸生。性至孝,色養兼備。嘉靖間,倭寇至,舉族惶避。棻以父病,守不去。母病篤,籲天求救,夜夢一羽衣授以藥若柏葉然,次早得之窗户間,服之愈。年九十,嘔啁若嬰兒,凡事循禮,步趨不苟,鄉人稱之。舊志

劉薦秋，父浙，諸生，早故。母孀居守志，病篤，諸醫束手。薦秋叩天，割股爲湯以進，母食之頓愈，人以爲孝感云。母壽八十一，兵部尚書章曠匾其門曰“孝壽堂”，給以冠帶。舊志

吴天順字昌卿，父病，親侍湯藥，泣禱於天，割股調羹以進，少瘥。及殁，廬墓三載。萬曆三十九年，知縣吴夢陽爲之申詳請旌，且給匾云“孝事二親，追於繼慈，割股廬墓，令名永垂”。舊志

邵蒞，父寢疾，背負共卧起者三十年。父年九十餘殁，蒞亦七十餘，哭至喪明，廬墓三年而卒。舊志

徐永芳，幼喪父，母范撫立。稍長，母卧疾，芳織屨奉養，扶掖溲便者十七年，無倦色。母疾篤，割左乳下肉爲湯以進，母愈。舊志

徐大約，織屨爲活，母早喪，父患痿，四支如木偶。大約小心奉養，父好劇戲，負之往觀。父怒，欲嚙之，即仰以受，如是者三十餘年。父卒，舍墓旁。節推潘士藻上之，按院旌其門曰“孝行”。舊志

湯伯瑜，十歲喪父，貧不能葬。稍長，徒跣負土以葬。母王苦節六十二年，足不逾閫，織紝自給。伯瑜奉甘旨，惟所欲。母患癰，法宜潰以砭，勿忍，口吮之，赤黄迸流而愈。又暑痢，掖起藉眠，不解帶者數月。母年八十七終，廬墓三年。署縣事同知劉公備上其事，學道巡按給匾旌獎，歲給粟帛。舊志

何承祖字允元，父良惠夙有末疾，頃刻不離左右，意旨音咳，罔弗曲承盡其歡。疾篤，醫禳罔效，憂廢寢食，齋沐籲天，請以身代。夜半假寐，忽若有所命，起禱元帝前，操刀割股，絶復甦者再。乃親調羹以進，病遂霍然。《嘉慶志》。知縣馮公上其事，額旌首善，載入憲綱。《康熙志》。子嘉猷，歲貢，嘗讀書長山，著有《懷親詩》三十章。《嘉慶志》

國朝

項光泮，父有疾，藥必親嘗。焚香籲天，願減算以延父壽，父病尋愈。逾年卒，哀毁骨立，葬祭以禮。邑令以孝聞，御史楊賜匾獎

勵。舊志

楊瑞鍾，業農。少喪父，獨與母居。母患癱，飲食起居，動必扶掖，朝夕不去左右。即耕田采薪，必負母與俱。母性卞急，怒加以杖，跽而受之。又好甘旨，必竭力以供。甲寅避亂，負母入山，猝與寇遇，皆曰"此孝子也"，禮而遣之。舊志

隱逸

晋

阮瑶，孚從弟，娶劉伶女。雅好山水，渡江隱於邑之白陽山，至今有阮侯廟，鄉人祀之。《嘉慶志》

張彦卿，永康令。慕白陽山水佳勝，棄官家焉，遂爲邑人。《嘉慶志》

宋

徐宗盛字意元，以厚樸稱於里閭，吕成公銘其墓。據《東萊文集》補。

阮葵字元向，天姿純茂，内行肫摯。試計臺不利，閉門不出，書古人格言於屋壁以自省，辟圃莳花，翛然塵外。《嘉慶志》

元

桑惠字仁卿，性耿介，安貧自守，絶意進取。惟日夕訓子讀書，窮餓不輟。妻項亦同所志，澹然能相歡，有梁孟之風。《嘉慶志》

國朝

倪世起，志行高潔。生萬曆時，見明季日非，遂隱居山谷，足迹不入城市，絶口不言世務，衆稱太古遺民。年九十有六，眼見五代曾玄，猶膳飲如常，人以此羨之。李經邦舊志

義行

明

陶經，縣丞珂父。年十九娶妻潘，期年生珂而潘亡。或勸復

娶，曰："幸有後矣，復娶何爲?"鰥居五十餘年，未嘗有婢妾。好善樂施，鄉族德之。歿，繪像於馬山廟而祀焉。《嘉慶志》

徐珂，廉隅自飭，無聲色之娱。娶妻鄭，相敬如賓。年二十五喪妻，遂不復娶。《嘉慶志》

徐景行，倜儻好施，屢出粟賑饑，全活者衆。正德間以捐輸授指揮僉事，適江西宸濠之變，督府檄景行將兵屯常山，威聲甚著。《嘉慶志》

何伯琛字良玉，號荆山，由郡椽考職縣尉。初，嘉靖甲辰，歲旱民饑，伯琛盡鬻田産并婦匳具，得金輸官助賑，郡守大加奬賞。時瀕海有倭，浙東戒嚴，琛糾率丁壯，捍衛鄉里，一鄉蒙其庇。《嘉慶志》

何京甲字敬塘，性豁達，慕義急公。家本中産，每年三分田租之入，一粒食，一賑貸，一備荒，鄉間多沾其惠。萬曆乙巳，郡守豫備積穀，京甲先應之。次年，京畿有營繕之役，捐金助料，費各不貲。觀察饒、郡侯周皆奬勵，給八品冠服，表其間曰"嘉尚賢勞"，曰"累世種德"。子子慶，曾孫勝千，並捐田助學。《嘉慶志》

王世能，孝子世名弟。讀書知大義。世名既刃父仇，知其志在必死，扼腕流涕，曰："誰非人子？我不能報仇，奈何復死吾兄?"遂以狀投縣，乞代兄死，以全父屍。呈詞剴切，見《正氣編》。《嘉慶志》

王繼先，萬曆間以諸生援例授訓導。嘗奉委與某吏目解南餉三千兩，道中爲匪人所購，其餉盡失。憲司責令各償其半，繼先曰："吏目貧，不能償，願身一人任之。"遂罄家貲，如數償焉。《嘉慶志》

徐仲，慷慨有氣節。嘗爲弟偕辨冤獲伸，一時壯之。惜未仕而卒。《嘉慶志》

何德慶，性剛有勇力，遇事義形於色。崇禎十三年冬，溆寇擁衆焚劫下村。德慶聞變，怒髮上指，號其族往救。衆謀守隘，德慶曰："有家祠在，遲則爲墟矣。"即持長戟奔賊，賊已逾澗來迎。擊

之,賊披靡反走,追至橋,遇伏被害。賊氣已挫,虞有備,散去。縣聞馳勘,地方遮言其事,賜匾曰"義勇足欽"。《嘉慶志》

國朝

徐學章,性純篤,多善行。歲祲,出粟賑荒。橋圮路壞,輒捐貲修理。族黨有"種德"之稱,且好義樂輸,不煩追呼。屢舉鄉飲,按院王給匾奬勵,享年九十有五。李經邦舊志

朱文棟字聖章,祖方伯,父翼鴻,皆以好施聞。文棟補諸生,自奉約而喜於施濟。乾隆壬戌、戊辰,兩遇荒饑,貸粟三百餘石賑之。西溪被火,數百口受灾,饋食咸周。辛未大旱,以白金五百佐邑,令周賑恤,所費不貲,復罄家儲粟以益之。當事上聞,議叙貢成均。癸未,修學捐甃内泮池,上架石梁,旁亘石闌。嘉慶四年,子炤炘、孫墳重葺。《嘉慶志》

寓賢

晋

阮孚字遥集,初辟太傅府,遷騎兵。屬避亂渡江,元帝以爲安東參軍。蓬髮飲酒,不以王事嬰心。時帝用申韓以救世,而孚之徒不以事任處之。轉丞相從事中郎,終日酣縱,恒爲有司所按,帝每優容之。琅邪王裒爲車騎將軍,以孚爲長史。帝謂曰:"卿既統軍府,郊壘多事,宜節飲也。"孚曰:"陛下不以臣不才,委之戎旅之重,臣俯僶從事,不敢有言者。竊以今王莅鎮,威風赫然,皇澤遐被,賊寇斂迹。氛祲既澄,日月自朗,臣亦何可爝火不息?正應端拱嘯咏,以樂當年耳。"遷黄門侍郎散騎常侍。嘗以金貂换酒,所司彈劾,帝宥之。明帝即位,遷侍中。從平王敦,賜爵南安縣侯。轉吏部尚書,領東海王師。稱疾不拜,詔就家用之。及帝疾大漸,温嶠入受顧命,過孚,要與同行。升車,乃告之曰:"主上遂大漸,江左危弱,實資群賢共康世務,今欲屈卿同受顧托。"孚不答,固求下車。

不許。垂至臺門,告嶠内迫,求暫下,便徒步還家。初,祖約性好財,孚性好屐,同是累,而未判其得失。有詣約,見正料財物,客至屏當,不盡餘兩,小簏以著背後,傾身障之,意未能平。或有詣阮,正見自蠟屐,因自嘆曰:"未知一生當著幾量屐?"神色甚閑暢。於是勝負始分。咸和初,拜丹陽尹。時太后臨朝,政出舅族。孚謂所親曰:"江東雖累世,而年數實淺,主幼時艱,運終百六。而庾亮年少,德信未孚。以吾觀之,將兆亂矣。"遂苦求出,除都督交廣寧三州軍事,鎮南將軍領平越中郎將、廣州刺史。甫東而蘇峻亂,遂至武義,居明招山,卒。從孫廣嗣。《嘉慶志》節録《晋書》本傳,參《獻徵略》

金談,未詳何許人。爲吴興太守,後辭疾,隱於邑東之小姬山。舊志

梁

劉峻字孝標,平原人。好學家貧,讀書終夜不寐,清河崔慰祖謂之"書淫"。天監初,召入西省典校秘書,安成王秀引爲户曹參軍,給其書籍,使鈔録事類,名曰《類苑》。未及成,以疾去。因游東陽紫薇巖,築室居焉。爲《山棲志》,其文甚美。嘗讀書於邑之講堂山。普通二年,卒,謚曰元靖先生。《嘉慶志》

唐

孟浩然,襄陽人。嘗訪天台、永嘉山水,過武陽川留宿,有詩。《嘉慶志》

舒元輿,東陽人。元和中登第,拜監察御史,遷刑部員外郎,改著作郎,再遷左司郎中,權知御史中丞兼刑部侍郎,以本官同中書門下平章事。甘露之變,死宦官難。嘗讀書於邑之書臺山。《嘉慶志》

宋

吕祖謙字伯恭,金華人。其祖好問以下皆葬明招山,因講學於明招寺。鞏仲至、仲同常從之游。朱元晦、陳同甫時相往來,人士

多被其化,學者稱東萊先生。舊志

朱熹字元晦,婺源人。嘗過婺州,寓明招寺,與吕東萊、鞏仲至講學。又提舉浙東常平茶鹽,舉行荒政。按臺過婺,哭吕伯恭墓。舊志,參《朱子年譜》。

李惠字公澤,東陽人。志行高潔,大臣以才薦爲歸德州同知,力辭不赴。嘗隱居於邑之李公山。《嘉慶志》

陳亮字同甫,永康人。嘗與吕東萊、鞏仲至講學於水簾亭、明招寺。舊志

黄幹字勉齋,朱子門人。嘗監湖州石門酒庫,過武,與陳、吕諸賢講學於明招寺。《康熙志》

葉適字正則,號水心,永嘉人。嘗訪東萊於明招山。舊志

王柏字會之,金華人。慕朱、吕遺迹,棲明招山數月,與邑人士講學。舊志

明

王褘字子充,義烏人。嘗寓邑徐氏之積慶堂。舊志

宋濂字景濂,浦江人。嘗游邑桑以時家。舊志

沈壽民字眉生,宣城人。爲諸生,有聲。崇禎九年,行保舉法,巡撫張國維以壽民應詔入都,抗疏論本兵楊嗣昌及總督熊文燦,不報,由是名動天下。未幾,移疾歸。講學姑山,携家寓邑西之巖隖。隱居著述,窮餓終身,門人私謚曰貞文先生。有《閑道録》、《姑山文集》諸書行世。舊志

方技

宋

湯晙,邑之妃山人。少讀書,累举不第,遍游淮汴間。歸,結廬以居,號曰默庵。素能醫,中年既絶仕進,而術益精妙。建炎間,婺守室女患蠱病,醫皆不效,郡倅以晙薦。使胗視,晙曰:"非蠱也,已

成胎孕矣。然猶可治。"守不樂其言,畯遂謝去。倅曰:"彼既言可治,何不試之?"復追畯至。畯命作一大桶,盛水,女坐其中,既飲女藥,復以藥投水中。俄産一物,其狀如蛟但無角耳。家人驚愕失色,畯曰:"無恐,此因舟經江湖,爲蛟蜃所感耳。今可賀矣。"復以藥調治,平復如初。《通志》引《正德縣志》

明

韓叔暘,洪武三十一年以名醫授太醫院判。宣廟爲皇太孫從駕北征,調護有功。及登極,太后疾,醫效。上喜,語曰:"良醫用藥,如大將之用雄兵。"暘應聲曰:"聖主愛民,若慈母之愛幼子。"賜二品服,並書畫真君圖等物,至今家藏。又手賜璽書御製元宵詩贈之。叔暘系出魏公琦十一世孫,魏公父子像、歐陽公脩贊並蔡襄識贈《晝錦堂記》俱在其家。《嘉慶志》

揚雲,曾大父名進者,好學善醫,仕元,辭御史職,請敕勅雲游采醫方。至東海,遇鄉人仕宦者,遂將所采秘方一册、指甲一枚,並家書寄歸,且爲永訣。其子景希奉而行之,爲鳴世醫。景希子恭領薦赴京,宿太醫院廨中。即夜院廨火,恭謫戍廣西,遺雲家居,精父術業,名動一時。宣德乙卯,召至京師,入對稱旨,超授御醫。適英宗弗怡,藥進有效,特陞太醫院使,賞賚甚厚。雲入謝,陳情辭職,乞恩除父恭戍籍。特賜俞允,寵遇與楊少師等,名動朝野。舊名榮,英宗以其與楊尚書榮同名不便宣詔,故賜名雲。《嘉慶志》

鮑進,居縣治西北隅。積學有聲,充邑庠,屢舉不第,遂業醫。正德壬申,賊寇三衢,郡伯劉公蓰承檄征剿,進以良醫選從,屯龍翔寺僻隝。時兵多病疫,所飲藥輒效,活者甚衆。既而藥缺紫蘇,寺畔俄産數百叢以應,衆皆嘖嘖,以爲天神其術也。《嘉慶志》

鮑叔鼎,進之子。承父業醫,屢著奇効,禮請者殆無虚日。著有《醫方説約》、《脉證類議》行於世。《嘉慶志》

仙釋

晋

支道士。有支客販石灰，一日見鄉民禱雨，笑曰："何不來問我？"問其所需，曰："只作小糉爲供足矣。"少頃，設几筵，置供具，呼衆曰："汝輩欲雨，可言其界。"衆遂指之，支取麻秸爲標志，以手揄三按，纔時大雨如注，而不出其標。既而隱白華巖石室中，僧服儒冠道履，人呼爲支大士。逝後，葬藤湖，仍爲立廟。後墓發，衹存鐵拄杖、一白花甆瓶云。《獻徵録》

德謙禪師，義烏人，俗姓柳，年十二出家資福院。貞明中，至閩受羅山印記。靡滯於一隅，激揚玄旨，諸耆宿皆畏其敏捷，後學鮮敢當其鋒者。在婺州智者寺居第一座，道聲遐播。衆請居明招山開法，四方來禪者盈於堂室。上堂，全鋒敵勝，罕遇知音。有僧問師曰："師有言'我住明招頂，興傳古佛心'，如何是明招頂？"師曰："换却眼。"曰："如何是古佛心？"師曰："汝還氣急麽？"問："學人拏雲蘸浪上來，請師展鉢。"師曰："拶破汝頂。"曰："也須仙陀去。"師便打趂出。師有頌示衆曰："明招一拍和人稀，此是真宗上妙機。石火瞥然何處去，朝生鳳子合應知。"臨遷化，上堂，告衆，囑付訖。僧問："和尚百年後，向甚麽處去？"師擡起一足，曰："足下看取。"中夜，問侍者："昔日靈山會上，釋迦如來展開雙足，放百寶光"，遂展足曰："吾今放多少？"侍者曰："昔日世尊，今宵和尚。"師以手撥眉，曰："莫孤負麽？"乃説偈曰："驀刀叢裏逞全威，汝等諸人善護持。火裏鐵牛生犢子，臨歧誰解凑吾機。"説畢，端坐而逝，塔院存焉。謙一目眇，衆號獨眼龍。《獻徵録》

唐

牧牛和尚，西普寧寺僧。嚴戒行，通經律，尤善醫術，富者授以方，貧者濟以藥，不望報答。忽一日，別衆曰："吾去矣。"衆曰："何

不説一法而去?”答云:“無法可説,是名説法。”語畢而逝。《嘉慶志》

五代晋

義照禪師拄錫金柱山,僧問:“如何是和尚家風?”師曰:“開門作活計。”僧曰:“忽遇賊來,又作麼生?”師曰:“然。”有新到僧參,師揭簾以手作除帽勢,僧擬欲近前,師曰:“賺殺人。”師因事有偈曰:“虎頭生角人難措,石火電光須密布。假饒烈士也應難,懵底那能解回互。”《嘉慶志》。解回互,《傳燈録》作“有差互”。舊志:晋開運二年温州照和尚來武創建金柱寺。照即義照。

元

徐元吉字祐之,持穢迹如來咒。水湧印飛,報應靈异。縣西大慈寺僧義然患足瘡,徐謂雙嵒妖精作釁,救治平妥。巖下楊學士孫鳳林、徐君女孫俱染患,各移壇,立愈。皆謂雙巖精祟興妖,登其巖,屏邪踪,立香火,但有祈叩,無不感應。劉文慶撰《雙巖永鎮庵記》。按,《嘉慶志》誤以徐元吉爲明人,又云遺蜕至今在,兹俱不録。

明

無住名德定,族吴江全氏,十歲依千籟慶公於净慈,十五受具,從千巖長公於婺之聖壽山。有痼疾,學佛人徐元吉治之而愈。元吉聞武義雙嵒之勝而蟲蛇居之,民無所往。師遂師元吉而相之驅蟲蛇,建佛道場於中,雲衲之游者如歸。徐殁,葬巖下,師承之。會擢武義僧會司,逮至京,疾,嘆曰:“我有定業,當躬受之。”不食七日,示寂於旅館。洪武乙丑九月廿四日,用荼毗法,以骨歸葬雙巖徐塔之側。吴德撰《無住定禪師塔銘序》 按,此新增。

深谷和尚,烏傷人。自少隨父至山中,性樸魯,不讀書而至孝天成。父殁,廬墓山麓,面壁二十餘年。石雨和尚見而奇之,曰:“此翁梅熟時也。”授以宗風。初不識字,忽能詩,且善書,妙相三十二種無不通曉。回首於雲門顯聖寺。不立戒,不説法,終年在寺中趺坐如泥塑人,僧衆莫窺其際。著有《謾言語録》行世。《嘉慶志》

武川備考卷八下

人物考下

列女

宋

劉滂妻湯氏，建炎中，滂知建昌軍，兵變滂死，湯侍姑側，兵及身，猶不去，遇害。宋濂撰《劉滂傳》。

姜綬妻陳氏，綬爲東都守禦，死敵。陳年二十三，家貧守節。有奪其志者，取刀斷髮，誓弗二，撫孤特立成名。《獻徵録》

鞏法妻楊氏，法卒，楊年二十六，鞏貧，人謂"當奈何"，曰："吾義寡鞏氏矣，復何顧?"使二子豐、嶸從吕成公學，皆爲大儒。卒年六十八，葬長壽鄉，詳見葉適撰《墓表》、陸游撰《墓志銘》。按，《康熙志》"法"誤"立"，《嘉慶志》葉適撰墓表，"表"誤"志"。

明

徐榮妻吴氏，年二十三榮卒，孤方三歲。榮弟廣亦卒，妻顔氏年二十七，孤亦三歲。妯娌同志，植雙柏堂前以自勵，年各六十餘。洪武十七年旌。《續文獻通考》○《康熙志》

程文盟妻王氏，年二十六夫歿，父母舅姑待其終制，將改適之。王呼天誓曰："我若改適，日月西出。"洪武十七年旌。《正德志》

尤安谷妻王氏，嫁三年，安谷病且革，謂王曰："吾嫡、生二母俱老而子幼，汝能保養，雖死無憾。"王泣受命，奉姑教子，終始一節。

洪武十七年旌。《萬曆府志》○《康熙志》"安谷"單作"谷"。

徐信妻朱氏，幼字信，信罹疾，父母意弗懌。朱謂："既與約，敢忌疾耶？"即歸信。未幾，信卒，時年二十三。遺腹産子文敏，鞠而教之，子亦以孝稱。正德四年旌。《正德志》

徐思遠妻吴氏，年十九夫亡，遺腹三月。誓志守節，父逼嫁之，引刀斷髮，尋欲自經，父懼而止。撫育遺孤垂四十年，不出户庭，雖族人罕見其面。《萬曆府志》○《康熙志》：蘭溪方太古贊其像曰："坦川徐思遠之妻，雙溪吴才老之女。惜乎十九而孀，六八而死。烈日嚴霜，冰清玉美。今古垂名，良人有祀。吁！女中君子。"○思遠，《通志》作"遠之"。

徐思泰妻沈氏，夫早亡，無子。或勸再醮，哭曰："嫁二夫，犬豕不食吾餘也。"矢志苦節，苫塊獨居，即童子不得入其室。年八十九，縣令譚爲表廬。《府志》○《康熙志》：譚令題其堂曰："喧啾百鳥中，傳來彩鷟；爛漫群葩裏，撫此孤松。"

邵文德妻程氏，方許嫁，夫有惡疾，父母謀改適，程曰"命也"，竟適之。未期年，夫亡。家貧無子，閉閣紡績自食。侍女新茶者，亦與同清苦，先程亡。程獨居十餘年，年九十三，卒。事聞，詔旌其門。舊《通志》

徐賢妻吴氏，父温無子，招賢贅居。未幾，賢亡，吴年二十一，無子。夫家勸其更嫁，吴曰："此輩利吾財耳。"盡散之，削其髮。守節三十餘年，事父母備孝養。旌曰"節孝"。《府志》○《康熙志》

余文秩妻鄭氏，年十九夫亡，無子，以姪爲嗣。家貧，賣豆腐自給，苦節四十餘年。旌其門曰"貞節"。《府志》"余"作"徐"。

王世名妻俞氏，年十七歸世名，見世名平時懸父像密室，跽而泣。俞心知之，泫然曰："君惡其謀及婦人耶？"世名在繫，俞往持之，慟曰："妾請先君死，可乎？"世名曰："姑老子幼，將焉賴？"俞慨然曰："若是，則與君期以三年。"乃置世名柩卧榻前，起居飲食，稟命如生。免喪後，姑議欲遷之外楹，俞大慟曰："死期至矣，吾安敢

緩?"理笄拭鬠,扼吭而死,時年二十有二。吴之器《王孝子傳》

項光奎妻湯氏,年十八夫亡,貧不克葬,舅姑不知所措,湯翦髮賣釵以給。舅姑悲痛成疾,不數月,相繼卒。一一厝窆,孑然獨處,忍死撫孤。朝緝績,夕課兒,艱苦備嘗。及子蜚聲黌序,里黨爲申請。縣令何通詳都院王,獎匾給餼,以示優恤。《嘉慶志》

蔣烈婦,徐伯康妻。伯康不克家,隳職業,蔣每泣諫。貧至不能自存,謀賣之。蔣又泣謂曰:"吾勤紡績,足支歲月,奚鬻爲?"不聽,召媒成券,舁輿至家。蔣撫孤登樓,從樓窗墜而死。縣令陳撰文祭其墓。《康熙志》

劉雄九妻徐氏,年十九懷妊,夫亡,姑令更適。徐泣曰:"妾不殉,罪已多矣,况有遺腹二月,奈何更適?"遂至母家,生子撫之,苦守四十餘年。廣文劉贈云:"撫孤垂白髮,完節對青天。"舊志

陳花容妻鞏氏,夫死,伯叔逼嫁,不從。重賄鞏父母,許之。肩輿將至,鞏密縫襟裾,自衣至屨,無少罅隙,閉户自經,詔旌其門曰"節烈"。舊志

徐氏,諸生楊國瑞妻,年十九夫亡,遺腹生女。繼母欲奪其志,翦髮毁容以拒之。許都倡亂,居民挈家逃避。徐瞿然曰:"未亡人死之日久矣,豈能從諸妯娌宵奔旅竄以貽夫君羞?"遂不食而死。《府志》:自經死。邑令何上其事於當道,旌表其門。《康熙志》

朱男妻李氏,未嫁,夫癩,體穢不可近。父請於翁,許改嫁。卜日,將適他矣。李紿其父曰:"必别夫而後行。"比至,誓不復歸。敬事其夫,逾年夫歿,李哀慟不食,死。《府志》

徐文仁妻張氏,年二十三夫故,子幼家貧,誓死不嫁,撫按屢獎其節。《康熙志》

何李安妻王氏,青年守志,白髮不渝,享年七十八,兩臺交奬。《康熙志》

項浩妻徐氏,二十歲浩亡,一子方乳。父泣謂曰:"爾方年少,

奈何?”曰:“年有少壯,夫豈有存亡乎?”以死自誓,苦守五十載。鄉鄰重其節,欲聞之官,三舉而三謝之,曰:“吾爲夫,非爲名也。”闇然五十載,臨歿,惓惓以節孝勉其家人。《康熙志》

徐景初妻葉氏,年二十一夫亡,僅一女。或諷之嫁,葉哭拒之,斷髮毁容,誓死不二。舊志

徐氏,諸生胡文贊妻,年二十一夫亡,家貧無子,守節五十餘年,縣表其門曰“貞節”。《康熙志》

邵銓妻項氏,銓患惡疾不起,父母虞其死,嫁故愆期。項托故出門,直至邵家拜舅姑,而遣人告母。父以銓疾,訟之官,項執不變,事夫至死,終老於家。縣令譚獎之。《康熙志》

楊相妻徐氏,縣丞尚絅女。年十八適楊,半載夫亡,遺腹三月。或勸之嫁,以死自誓。生子思義,訓以禮。年五十餘,思義復卒,孫尚幼,見者憐之。舊志

劉思妻徐氏,適劉二月,夫亡,遺腹生子。四十餘年不出閨閫,茹荼苦守以終。舊志

張胡《通志》作“奕”。英妻程氏,遺腹生子金壽,奉百歲翁世名,以孝聞,閱五十餘年,人無間言。舊志

徐繼洪妻王氏,年十八歸洪,二載夫亡,無子。父母欲嫁之,王觸石折足,幾死,誓不再適。撫前妻二子逾己出,孀居五十六年,冰節懔然。舊志

范氏,諸生李魚妻,青年守志,矢死無二。嘉靖間里族呈舉,縣匾帖以旌之。舊志

洪珠妻王氏,二十一歲夫亡,八十而卒。都御史劉給匾。《嘉慶志》

朱宗林妻鮑氏,年二十而寡,子在孩提,舅姑老。矢志奉養,舅姑歿,孤夭,孑然形影相吊,以苦節終。《嘉慶志》

湯文奇妻王氏,守節六十二年,子伯瑜以孝聞。《嘉慶志》

王淳妻沈氏，年二十三夫亡，事姑孝，訓子嚴，鄰里皆賢之。《嘉慶志》

王家佐妻周氏，青年守節，孝養舅姑。府同知署縣事丁表其門曰“操守松筠”。《嘉慶志》

吴魁妻金氏，年二十九夫亡，八十二歲卒。《嘉慶志》

劉江妻楊氏，鄖城主簿梁女，適劉二載而江卒，遺腹子又殤。事姑撫繼子，五十餘年如一日，郡縣匾獎之。《嘉慶志》

揚思恭妻吴氏，年二十九夫亡，去華飾，甘苦淡，七十四年卒。國子祭酒貝泰爲之撰墓表。《嘉慶志》

賀汰妻李氏，年二十六守節，八十九卒。《嘉慶志》

吴金烏妻易氏，年十七夫亡，遺腹一子，撫養成人，完節而卒。《嘉慶志》

國朝

蔣文逵妻翁氏，順治三年婺尚未平，避亂深山，爲游兵所執，欲污之，不從，鞭之幾斃。行三里許，至施村，墜馬躍入官路塘。死時七月，天炎，屍浮水面，顔色不變。

倪世陛妻程氏，夫死年二十，聞有欲强娶之者，奔赴母家，號慟不食，取針綫密縫裳衣。次日，聞輿至，持斧破之，投塘水死。時順治十三年四月二十一日，邑令梁申請旌門。

何李奴，郭洞村人，字顧兆吉。兆吉貧不能支，父母强之别適，何跽諫曰：“忠臣不二君，烈女不二夫，忍因貧而背之乎？”閉户自經死，年十六。是夕，見夢於夫。

徐氏三節，世菊妻湯氏，夫死年十九，遺腹子學乾，長娶劉氏。年二十一生子應序，學乾死。應序娶劉氏，年二十，應序又卒。一門三寡，緋績度日，姑媳相依，白首彌貞。知縣江留篇批“嫠傳三世，節萃一門”。

吴氏二節，世賢妻管氏，年二十五；世傑妻金氏，年二十。夫相繼亡，老姑稺子，妯娌撫養，始終完節。知縣江留篇批“妯娌媲美，乃婦道之二難；孝養克全，亦綱常之一則”。　以上皆《康熙志》。

周宗鼎妻朱氏，小名珍孃，年二十五夫亡，家貧鬻匳殯葬，撫二子光照、光焕，皆爲諸生。朱卒年五十九。

倪士佳妻葉氏，夫卒，年二十二，子甫周歲。爲夫營葬，虚其左以示同穴，教子如嚴師，八十歲臨歿，猶兢兢以守家法訓子孫云。以上《嘉慶志》。

湯思學妻徐氏，年二十，夫亡，遺腹生子。伯憐其少，欲遣别適。徐出其妝匳，斷髮爲誓。孀居五十餘年，子名書，蜚聲泮水，學道表其閭。

徐崇勳妻鍾氏，幼字崇勳。崇勳父學化，陝西都司斷事官，盡室以往，音耗絶者十年。父謀改字，鍾怫然曰：“女無二夫，禮也。母在時知納采者徐矣。”老嫗以父語密誘之，鍾改容謝曰：“逆父不孝，背盟不義，吾報徐郎於地下矣。”夜登樓投繯，叔母救甦。甲寅，環婺皆寇，鍾携弟避山，寇相戒曰：“此貞婦山，勿犯也。”崇勳授甌寧巡檢，迎至任合巹，年四十矣。閲三年，崇勳卒官，扶柩歸葬，人無不稱之爲貞婦。

楊起震妻邵氏，年十九夫亡，遺腹一子。紡績自贍，繼母令其再適，翦髮自誓，堅不可奪。孀居四十二年而終，邑侯江匾曰“松筠節操”。

徐學粹妻朱氏，年二十夫亡，子甫二歲。或勸再適，曰：“天止一日，婦有二夫乎？”子應昂游庠。

徐氏，諸生王之藩妻，年二十五，之藩羸疾亡，子二，長佐，次賜，履縞衣苦塊，撫教義方，俱蜚聲黌序。江留篇批“紡績事姑，媳也而兼子道；和丸教子，母也而備師資”。

倪世家亦作“佳”。妻王氏，子廷祚甫四歲，夫游學，死於客邸。王年二十三，聞訃哀毁，苦守事舅姑，孝養備至。曾祖母九十五歲，卧病三載，奉侍湯藥惟謹。

徐氏，歲貢何嘉猷繼室，二十五歲夫亡子夭，繼子又亡，慟欲死。姑老無依，忍死奉姑，寢處不離。甲寅遇寇，躍投百尺巖下，寇驚去。舁歸，苦守五十餘年。合邑申請，周學院給匾獎勵。

陳福綏妻孫氏，二十一歲夫亡，二子未離襁負。家貧，藜藿不飽，勤織自食，事姑教子，四十餘載，堅貞如一日。

顧愈妻湯《通志》作“應”。氏，年二十七夫亡，四子俱幼，家壁立，苦守五十餘年。

陳氏，諸生湯徵伊妻，年二十二夫亡，子士超甫在襁褓，苦守撫孤。舅喪，脱簪珥殯殮。事姑孝，孀居四十餘年。

徐學勤妻王氏，年二十二夫亡，子二，室如懸磬。苦志鞠子，事舅姑，生養死葬，無不盡禮。

柳氏，諸生邵日寅妻，年二十一夫亡，時值寇亂，或諷以他適。柳曰：“設禍不測，有死而已。”事姑鞠孤，後己子與庶子俱入庠，皆苦守力也。

徐應祥妻蔣氏，年二十四夫亡，遺子乳哺，誓守五十餘載。邑令張給匾“柏舟著節”。

徐光國妻何氏，年十九夫亡，上乏舅姑，下無子女，偕婢苦守一室，宗族姻婭罕覯其面。

孫氏，諸生王家仁妻，年二十八夫亡，子錫藩，貧苦撫育。舅有婢生子家讓，婢尋故，代爲鞠育長成。

吴氏，諸生周思敬妻，思敬病革，與吴訣曰：“爾年輕子幼，能爲余撫孤乎？”吴齧指自誓。茹蘖緝纑，課子瑞成名。吴泣謂之曰：“未亡人今可以見汝父地下矣。”瑞子維新，亦列宫牆。思敬亡時，吴年二十三，苦守四十餘年。

徐應能妻王氏，年二十四夫亡，生二子皆夭，家貧甚，拾黄菜葉煎湯以度活。病篤，親族欲延醫胗視，王曰：“吾身，夫身也。死即死耳，肯令醫者親吾膚乎?”卒不服藥，五十一年終。

徐琥妻陳氏，二十二歲夫亡，慟欲死，念遺孤瑚在襁，乃止。歲荒，出粟以濟貧乏，鄉里德之。

蔣子輝妻徐氏，年二十五夫卒。家貧，撫子文光成名。苦守三十七載，郡侯張給匾曰“操懍貞松”。

王氏，諸生胡惟義妻，年二十五夫亡，孝奉舅姑。貧鞠二稺，孀居一室，人罕覯其面，卒年八十六。以上《康熙志》。

徐文源妻邵氏，年十七歸徐，甫一月文源病，邵罄匳資供湯藥。三年，文源卒。病劇時，泣謂邵曰:“我死無子，爾年少，家貧無倚，奈何?”邵曰:“君如不幸，妾亦從君後耳。”及歿，視殮畢，投繯死。雍正四年請旌，建坊西隅。《嘉慶志》

徐瑞蘭妻朱氏，年十九歸徐，二十三而寡，遺腹子鳳詔。舅老，姑逼之嫁，不從。裁其飲食，磨折百端，朱無怨色。嘗抱子而泣曰:“所以不死者，以此一綫耳。”守節三十一年，雍正九年請旌建坊。

何養復妻邵氏，年二十六，養復方游庠而卒。子若參幼，姑年近七十，瘋痺不離床褥。扶持抑搔，孝養二十年不倦。居依山澗，一婢司薪水，户役科税折租委親屬任之，門庭如水，惟機聲書聲滿一室。雍正二年請旌，建坊郭洞。以上《通志》。

徐德幹妻何氏，年十九歸德幹，生子鳳儀。德幹卒，又舉遺腹子鳳翽。舅姑相繼下世，何率二藐孤，棺櫝、含禭、窀穸經營盡善，守節五十一年。乾隆元年請旌，建坊北隅頭巷。以下皆《嘉慶志》。

朱榮綬妻金氏，夫早卒，苦守數十年。乾隆三年族文楝、文相、文柄等具實請旌，建坊白革。

湯鼎謌妻徐氏，年二十二夫亡，立志守節，康熙戊戌邑令徐表匾曰“蘭質松操”。乾隆二年邑令張匾曰“節門高行”。四年請旌，建坊溪南。學憲鄧以“冰玉作心”獎。徐曾助基地，建文昌閣。

何景芳妻鍾氏，芳有聲黌序，以力學得羸疾，鍾奉湯藥惟謹。

芳卒,鍾年二十三,矢志守節。壽至八旬,足不踰閾。乾隆四年,請旌,建坊後渠口。

趙集仁妻徐氏,年二十二夫故,無子,誓不再嫁。繼姪鴻梓、鴻楠爲嗣,延師教之,皆補弟子員。孀居五十餘年,紡績爲業。乾隆五年請旌,建坊南九莊趙祠前。

趙集義妻何氏,年二十五,夫亡,柩前矢曰:"妾不即死以殉君者,以君志事未伸也。"時伯氏徐亦寡,妯娌一心,養姑教子,日勤女紅,足不踰閾者四十餘年。學憲鄧表之曰"一門雙節"。乾隆五年,請旌,建坊南九莊趙祠前。

顧鍾秀妻徐氏,青年守志,不負所天。子復不禄,再撫三孫,重費勤劬。乾隆九年請旌,建坊西隅顧宅。

徐成鳳妻顧氏,八載夫亡,一子在抱。家貧甚,或勸之嫁,不答。一日,族伯詣問訊,顧意其爲人媒,將逼嫁。沐浴更衣,自經死。乾隆十三年請旌建坊。

貞女邵氏,幼字徐克寬。寬卒,凶問至,泣告於父,請奔喪。遂止不還,獨居一室,非姑命不踰閾,縞素四十餘年。乾隆二十一年請旌,建坊北二莊履坦。

徐秉乾妻項氏,夫早亡,子襁褓。矢志苦守,年九十二卒。乾隆二十三年請旌,建坊南隅。

朱佳琦妻張氏,年十八歸朱。明年,舉子廷偉。朱疾危,張禱於天,乞以身代。内侍夫病,外慰舅姑,血泪常瑩。夫卒,慟哭絶粒,舅姑再三勸,始稍食。姑患痰喘,卧起不安,張侍床褥,調護備至。素知書,廷偉就塾,歸必令習。復性仁慈,橋梁道路多捐助,年七十八年。乾隆二十六年請旌,建坊東門外。

徐之成妻何氏,年十九之成病卒。一慟幾絶,欲以身殉,姑及庶姑慰諭之曰:"汝幸有娠,宗支此一綫,死則絶矣。"何泣承命。是夕,生子宗文,年十五,補博士弟子員。乾隆二十七年,請旌建坊。

林章妻徐氏，適林逾年，夫病，醫禳罔效。徐計無復之，割股和藥，卒不救，痛幾絶。毁容明志，誓死靡它。乾隆二十八年請旌，建坊東隅。

何緒輝繼室徐氏，夫歿於杭城考寓。逾二月，遺腹生美斯。茹苦撫育，稍長，嚴課之讀。遇秋試，泪涔涔下。美斯知母銜痛父歿於外，母在不赴舉。乾隆三十四年請旌，建坊郭洞。

陳世泮妻邵氏，世泮卒，邵年二十四，養老撫幼，備受艱苦，始終一節。乾隆三十六年請旌，建坊後陳。

賀邦瞻妻徐氏，年十八歸賀。三載，夫疾，侍湯藥，衣不解帶者七月。卒，一慟幾絶。生子鳳呈。姑病，日夜調護，未嘗暫離。姑憫其勞，謂之曰："我無以報爾，願爾婦亦如爾之孝我也。"幼嘗學於父，愛讀《列女傳·敬姜論》、《勞逸篇》。及老，舉以授媳曰："必如是，才完得一個婦人。"乾隆四十五年請旌，建坊溪裏。

趙鴻梓妻朱氏，年二十一而寡，父母憐其年少，欲嫁之。朱曰："堂上姑與叔姑俱青年守志，婦學於姑，古之訓也。"誓死不二，人稱一門三節云。乾隆四十九年請旌，建坊南九莊趙祠前。

徐元輻妻顧氏，元輻入庠，疾卒。顧年二十七，念子坦幼，誓志撫孤。翁姑年高，不以哭泣傷其情，奉甘旨如平時。翁以坦幼，未能任家務，命繼伯元輔子堂，顧視若己出，數十年如一日。年八十七，堂、坦入太學，孫錦然、錦烝、錦燕、錦煦，曾孫一株、永杰並游庠。乾隆五十三年請旌，建坊西街。

趙鴻商妻朱氏，誓守孤幃，克全婦道。抱姪廷封爲嗣，嫠居五十年。乾隆五十九年請旌，建坊南九莊趙祠前。

鍾志振妻徐氏，未歸，志振已抱疴，結褵後，益劇。症屢變，病輒僵卧如死人，扶持調護，卒不可救。逾數載，前妻子又殤。舅姑命繼叔姒子爲子，矢志撫孤，備歷艱辛。嘉慶元年請旌，建坊宏閣。

何緒啓妻金氏，幼知書，歸何，生子松濤。夫卒，金年二十三，哀痛絶粒。族姊適何者來唁，即以孤托。舅聞，驚勖以大義，乃强自乳哺。未幾，僕婢俱殞，親甘井臼。孤就傅歸，夜必篝燈誦，訛錯輒改正。嘉慶七年，年六十三請旌，建坊郭洞東門阪。

王氏雙節，生員王彰妻鍾氏，年二十八，夫故，子文律纔四歲，舅姑相繼歿。村無賴百計奪其志，因侵財産，鍾專一不摇，應機御侮，有烈丈夫風。文律年十七，娶徐氏。徐爲女子已有賢稱，洎歸，善承姑志。文律卒，徐年二十三，子穉。姑婦相倚，始終一節。嘉慶九年，鍾年九十二，徐年六十六，請旌建坊。

何永芝妻王氏，年十八歸，三年，永芝不起。以從兄次子兆貞嗣，七年殤。復嗣兆貞之弟兆祐。兆祐年十八，娶徐氏，未二年，卒。王泣謂徐曰："余不天，叠遭家蹇，又重以累汝，奈何？"徐以聆節婦之訓至熟也，亦勵志節，矢無佗。復取兄子兆斌之次子攀後兆祐，姑媳相對，煢煢機杼間，不自知苦，惟以訓撫嗣孫承祀爲亟亟。嘉慶九年請旌。

湯聯芳妻王氏，聘自襁褓，湯母撫以長，及笄，未婚，聯芳癱且尪，王侍起居不少懈。四載，聯芳自知不起，念王青年，不如早爲之所，私請諸母擇嫁，王曰："夫疾至此，何忍生離？願徐議。"夫亡，哭慟，姑慰之曰："毋過悲，吾爲汝所可也。"王跽而請曰："夫在尚不嫁，夫亡，誰奉姑者？願更議。"强顔承歡，藉女紅佐甘旨，自忍餒啖鹽齏。姑殁，王年未三十，族議得王聘治喪。王泣曰："無庸。"哀出其苦積金以理殯。某覬繼室，族諾之。王廉得其情，沐浴更衣，闔户自經死，康熙某年也。嘉慶二年，學憲阮給匾。

徐孚淑妻何氏，淑亡，貧無以殮，其家貸諸鄰，許以氏嫁。喪畢，倩鄰嫗道故，何大恚曰："鬻媍殯夫，生死兩抱恨矣。吾當白諸地下。"遂投井死，時雍正二年也。有司上其事，撫憲法給匾。

朱仲治妻湯氏，年二十四，夫卒，事老姑，鞠庶子，女紅度日，節老逾勁，學憲汪給匾。

朱周玉妻金氏，夫卒，無子。矢志守節，撫繼子成人。學憲鄧給匾。

項承鑾妻金氏，年二十二歸項。六載，夫亡，姑老，罄妝匳殮夫，勤針黹以奉姑。子秉謙嘉慶辛酉拔萃入成均。學憲劉、撫憲阮俱給匾。

鍾育傳妻何氏，年十七歸鍾。一載，夫亡，守空閨十餘年。育傳弟舉一子繼爲嗣。何五十三歲卒。學憲劉給匾。

李孚烈妻朱氏，年二十五夫亡，苦守六十五歲，卒。捐節婦祠田四百把。

程家二節，家慶妻年三十而寡，子兆旭妻二十有三而寡。婦不欲生，姑慰諭防護之。婦托病，乞姑代撫子炳圭。卒哭，陰自沐浴更衣，設奠，乘間投繯死。姑婦皆徐氏。炳圭痛母捨生，感祖母顧，復捐田五畝入節婦祠，俾兩世貞魂長從享祀云。

孫昌林妻梅氏，二十七歲夫亡守志，七十一歲卒。子李全妻俞氏，二十四歲夫亡；李全子萬侯妻俞氏，年二十七，萬侯故；並守志，捐助節婦祠田一百把。

項興梁妻徐氏，年二十五夫亡，遺孤二，復歿。徐矢志不二。乾隆五十七年出匳資，獨建節婦祠。

張開富妻項氏，年二十夫亡，覓死，姑救而甦。勖以大義，乃紡績以奉舅姑，二十餘年，人無間言。捐助節婦祠田五十把。以上本學詳報各憲。

林天榜妻王氏，生二子，夫亡，年三十有二，妾有遺腹子，視逾己出，撫之成立。學憲潘給“義節流芳”匾，撫憲阮書“苦節完貞”字。

何峻文妻徐氏，年二十三，夫瘵不治，割股肉療之，卒。撫孤守志，四十二歲卒。學憲潘給匾。

周文彪妻徐氏，年二十七，夫亡，無子，繼二姪，教之成立。本學牒縣通詳，請旌建坊。

李夢麟妻湯氏，年二十八夫亡，撫育遺子，孝養舅姑。學憲潘給匾。

王宗完妻徐氏，年二十七夫亡，子襁褓，撫之成立。學憲潘給匾。

周文炳妻徐氏，年三十而寡，家貧甚，養老撫幼，人咸難之。撫憲、學憲並給匾。

周培元妻方氏，年二十九夫亡，五十三歲卒。學憲潘給匾。

程懋章妻王氏，年二十一適程，四載，程故。舅姑哀痛成疾，又卒，叔二亦歿，迭遭喪葬，釵褁典盡，貞操不易。學憲潘給匾。

趙至吉妻陳氏，年二十四夫亡，姑老子幼，一身任其事。庶姑包性嚴急，委曲承順，無間言。教子廷彪游庠。學憲潘給匾。

朱氏二節，世福妻徐氏，年二十六生二女，夫亡，繼姪明以承後。福弟世聘妻徐氏，年十七適聘，四載而寡，繼姪潤爲嗣。與伯姒守志，鄉里並賢之。學憲潘給匾。

何氏二節，喜郁妻王氏，年二十五夫故，繼一子廣顯，撫教成名。郁弟喜贊妻李氏，年二十二夫故，子周歲。妯娌勤紡績，孝舅姑，歿無缺禮。本學合詳，學憲潘給匾。

何光緒妻沈氏，年二十爲繼室，夫入庠，未匝月，卒。沈節情撫孤，勤儉備至，以免凍餒。撫憲、藩憲俱給匾。

趙循鈐妻虞氏，杭州人。夫年三十，即勸納妾。夫死，矢志不移。順治初，山賊未平，虞携妾避，逢賊，欲污之，虞曰："頭可斷，身不可辱也。"賊以刃脅，虞曰："死則死耳，何脅爲？"遂遇害。越二日，婢婦言其故。聞於官，縣令張給匾。以下《嘉慶志·附録》。

徐虎妻沈氏，年十八夫卒，矢志守節。文安主簿湯志義聞其賢，求爲繼室，納財於族。輿將及門，沈削髮自誓，見者咸墮泪。壽八十卒。邑令莊給匾。

徐錦妻王氏，年十八歸徐。不數載，夫亡，遺孤又殤，苦守五十餘年而終。邑令徐給匾。

顧慶聯妻徐氏，夫早卒，奉姑撫子，不辭勞瘁。長子純學既娶而亡，婦王氏亦以節操自勵，王又先徐卒。邑令徐給匾。

顧滋妻徐氏，年二十二夫亡，姑老，子女幼，矢志不移，年踰七十而終。郡縣給匾。

王文學妻徐氏，年二十九生子，甫半載，夫亡。矢志不二，年八十二卒。通判瞿給匾。

趙循泮妻舒氏，年二十四夫故，冰霜自守，孝事舅姑，訓子成立，七十六歲卒。邑令陳給匾。

周烈女，字楊法地，年十六將嫁而楊訃至，女不食死。踰五年，姑夢有女子告曰："明日媳二十歲生辰，乞惠一杯羹。"詢之母家而信，遂邀族黨，製主入祠，並請其柩，與法地合葬。

徐夢奎妻朱氏，年二十夫亡，繼姪爲嗣，以節終。

徐嘉梧妻何氏，年二十七，梧病疽危，囑何曰："親老子幼，室如懸磬，我疾不瘳，汝將奈何？"何以死許之。及梧亡，晝夜勤紡績，養舅姑，撫二子成立，卒年七十五。

何氏二節，雙鳳妻蔣氏，年二十七夫故，舉一子文彩。鳳弟冬至妻徐氏，生子文華，年二十一而寡。妯娌無間言，文華卒，乏嗣，以文彩長子入繼。二人益相依倚。蔣年五十七卒，葬於懷義里大山凸，徐亦壙其右。雙寡同穴，諸生王瓊志其墓。

程烈女，字鸞姑，初許倪氏，未行婿卒，聞兄別爲改配，潛赴水死，年二十一。

倪廷珪妻王氏，生子，夫亡，年二十八。家貧，族祖慮其難守，使女從偏門來探其意，王大恚，詈之，遂閉其門，終身不復啓，七十歲卒。

徐士德妻何氏，歸未幾而寡，子造尚幼，撫之成立，卒年八十八。邑令王贈以文。

何士瑶妻湯氏，青年守志，遭寇亂，百方護其孤兒，卒成家業。年六十，完節而終。

徐琬妻俞氏，生子蟠未朞而夫歿於火，俞年二十。守志育孤，一生勤樸。族有喜慶事，未嘗一往。歷四十餘年終。孫秉仁妻何氏，亦勵志守節。

朱應和妻翁氏，年二十七而寡。一子一女，辛勤撫育數載，子又卒。恪守孤幃，匪石之志，終不可轉。

朱待舉妻謝氏，年二十六而寡。撫子成立，足迹不踰閾。邑令任給匾。

王啓嵩妻徐氏，年二十一夫亡，孀居四十餘載，子姪以嚴見憚。邑令羅給匾。

陶有典妻王氏，生子集鍾、集漣而夫亡，年二十七，歷守四十餘載。邑令任以"清操流芳"匾獎之。

朱以仟妻金氏，年十九于歸。甫四月，夫亡。家貧守堅，足不踰閾者數十年。

顧鍾球妻沈氏年二十五，夫亡，二子在襁褓。紡績自贍，卒年五十六。

賀永繼妻倪氏，年十九夫亡，守六十餘歲，卒。

賀文邈妻朱氏，年二十九夫亡，七十歲卒。

顧夢説妻徐氏，夫病瘵，奉湯藥，衣不解帶者年餘。及卒，徐年二十四。事姑孝謹，訓子成名，年六十六卒。

金有慶妻童氏，四載而寡，慟不欲生。姑曰："媳方娠，天幸生男，吾兒有後矣，勿過哀。"童稍自節。逾年生子，撫之成立，年八十六卒。

朱光焯妻湯氏，年二十五而寡，遺孤甫半月。孝養舅姑，鞠子成立，完節而終。

陳永德妻馬氏,二十三歲夫亡,生子未冠而殤,守節四十餘年。

朱氏二節,正春繼室徐氏,夫歿,遺孤遵道、遵通,撫育成立,卒年七十一。郡守袁贈匾云“節壽雙高”。遵道妻徐氏,年二十七而寡,遺一子,與姑同志,六十三歲卒。族鄰稱之。

何象旌妻徐氏,年二十夫亡,舅姑老,子生僅二月,甘貧茹苦五十餘年。

王起元妻胡氏,年二十五夫亡,八十歲卒。

趙鴻舉妻李氏,年二十二夫亡,遺腹一女。家貧,傭針綫以自活,日啜粥而奉舅姑甘旨,曰:“食苦,吾分也。不可以爲老人憂。”卒年五十有五。

賀文閑妻吴氏,年十九夫亡,八十歲卒。

王錫祚妻徐氏,年二十三生子而夫亡,欲絶食以殉,念姑徐氏孀居,兩世一孤,舍悲忍死,養姑撫子,完節而終。

湯大綸妻邵氏,年十八,矢志守節,歷數十年如一日。邑令張給匾。

何象文妻程氏,夫早世,子女幼殤,繼子承祧,納媳者再,又亡,遺一孫,撫之。一生食貧,五十餘年,辛苦萬端,宗祀賴以不斬。年九十以貞壽終。

楊文謨妻何氏,年二十夫亡,七十二歲卒。

徐曉妻朱氏,曉病瘵,卒遺孤二。朱年二十四,撫長子括,弱冠游庠。嫠居數十年終。

陳元仁妻張氏,年二十九夫亡,子周歲,姑老。張奉姑以孝,訓子以義,三十餘年卒。

陶鼎富妻湯氏,年二十一夫亡,五十二歲卒。

徐鑰妻王氏,歸四載而寡,子幼家貧。或勸之嫁,王曰:“再醮非義,棄孤不仁,寧死不二。”年七十九終。

湯之芃妻徐氏,夫亡,長子爲伯氏後,幼子娶鄭氏,甫得孫而子殀。姑媳形影相吊，冰心共懔。徐七十歲卒，鄭六十餘歲卒。

何汝信妻湯氏，結褵數載，夫亡無子，矢志不二，繼子承祧，孀居二十餘年卒。

王宗祐妻祝氏，生二子夫亡，誓不改適。姑遘疾危，割臂肉以進，遂瘳。人謂孝感所致云。

王恬妻祝氏，年二十六夫亡，無子，繼姪承後。守志終身。

倪兆選妻王氏，夫早卒，奉姑鞠子，矢志靡它，終身縞素，年六十五卒。

徐宏儒妻何氏年二十五夫亡，紡績教子，五十九歲卒。

徐氏三節，志庠妻陳氏，年二十二夫亡，子周歲，守節，六十四歲卒。志序妻潘氏，年二十四夫亡，遺一子，守節，六十五歲卒。志祚妻張氏，年二十七夫亡，二子幼，守節，七十二歲卒。

朱繼辰妻徐氏，年二十夫亡，四十歲卒。

楊榮德妻吴氏，年二十七夫亡，七十六歲卒。

湯之玠妻邵氏，年二十夫亡，毁瘠骨立，哭不出聲，憂鬱成疾，四十八歲卒。

何毓琮妻沈氏，娶不數月而寡，年十九，繼子爲嗣，三十九歲卒。

范心昱妻徐氏，二十四歲歸范，生二女，夫亡，結褵甫四載。幽貞憂鬱，三十九歲卒。

魏思意妻項氏，年二十七夫亡，六十三歲卒。

徐應春妻陳氏，年十九夫亡，守志十餘年，卒。

何應笏妻趙氏，歸不數載，自舅而夫，及夫昆弟相繼亡。未幾，姑又卒，趙與伯姒兩寡。父憫其無依，欲爲之所，趙泫然曰："天禍吾家，慘無遺育，煢煢嫠婦，延此殘喘，使鬼暫得所依，死且不可，況言嫁乎？"言已放聲悲慟，不食者數日。後以憂成疾，年四十六卒。伯姒應强妻趙氏，從女弟也，同遭蹇難，並勵清操。

季公望妻唐氏，年十八適季，二十八夫卒，生二子，一遺腹。訓子成立，守志三十二年卒。

顧潮妻徐氏，青年守志，教子成名，年七十四卒。

徐應霑妻湯氏，二十三歲守志，七十八歲卒。

徐春運妻陳氏，歸五月，夫亡。八十六歲卒。

劉文芬妻高氏，年二十九夫亡，八十二歲卒。

劉之樑妻章氏，年二十五夫亡，七十八歲卒。

徐有勤妻張氏，年二十九夫亡，八十一歲卒。

朱澤寧妻徐氏，年二十四夫亡，四十九歲卒。

陳國瑶妻吴氏，二十九歲夫亡，無子，遺一女。守志十五年卒。

王國猷妻鍾氏，三十歲夫亡，七十歲卒。

朱文泰妻周氏，青年喪夫，歷守二十七年，卒。署郡守井給匾。

林廷楷妻徐氏，年二十七夫亡，矢志不二。次子德烋妻葉氏，二十八歲而寡，亦以《柏舟》自矢。

林廷模妻陳氏，年三十夫亡，食貧撫孤，卒能自遂其志。

童希旦妻王氏，年三十夫亡。以下嘉慶九年見存者，志不書卒。

徐宗球妻何氏，年二十七夫亡。

姚瑞杰妻鄭氏，年二十七夫亡。

徐作楝妻顧氏，年二十七夫亡。

賀周道妻何氏，年二十八夫亡。

徐兆金妻陳氏，年三十夫亡。

揚應喻妻王氏，年二十八夫亡。

鄭李瑞妻胡氏，年二十九夫亡。

何永菁妻王氏，年二十八夫亡。

韓文魁妻朱氏，年二十九夫亡。

程兆起妻張氏，年二十三夫亡。

程兆廣妻柳氏，年二十三夫亡。

顧炳奎妻林氏,年二十九夫亡。

湯孫億妻何氏,年二十一夫亡。

顧廷芝妻徐氏,年二十八夫亡。

王燦妻邵氏,適不數載而夫亡。

徐成章妻鍾氏,年二十九夫亡。

徐光邦妻朱氏,年二十七夫亡。

何福佐妻朱氏,年二十八夫亡。六十二歲,教諭朱奎、訓導孫枝發給匾,曰“玉潔冰清”。

程湛妻徐氏,年二十七夫亡。

徐兆基妻胡氏,年二十八夫亡。

李殿魁妻金氏,年二十六夫亡。

湯嘉銑妻胡氏,年二十七夫亡。

童廷琛妻何氏,年二十五夫亡。

項人銓妻尤氏,年二十四夫亡。

湯逢覬妻陳氏,年二十三夫亡。

徐孫官妻朱氏,年二十三夫亡。

徐昞環妻周氏,年二十五夫亡。

魏承勤妻楊氏,年二十夫亡。

趙涵英妻鞏氏,年二十一夫亡。

季占位妻王氏,年二十四夫亡。

顧世榮妻徐氏,年二十二夫亡。

何永葑妻邵氏,年二十七夫亡。

王應持妻邵氏,年二十九夫亡。

李錫燦妻徐氏,年二十九夫亡。學憲潘給匾。以下《嘉慶志·續》。

吴叔源妻陳氏,年二十八夫亡。學憲潘給匾。

楊希仁妻賀氏,年二十二寡,七十二卒。以下《嘉慶志·續·附》。

吴俊淵妻俞氏,年二十八夫故。孝養舅姑,撫教遺腹子安邦成名,年五十八卒。

王維球妻金氏,年二十四夫亡。安貧守志,卒年七十三。

賀肇偉妻徐氏,青年喪夫,遺孤尋殤。繼子爲嗣,勤紡績以養老撫幼。

徐克傑妻何氏,年二十夫亡。

張成祖妻徐氏,年十七夫亡。

徐文寶妻倪氏,年三十夫亡。

徐爕焕妻湯氏,年二十九夫亡。

徐兆宏妻程氏,年二十五夫亡。以上並《嘉慶志》。

庠生祝邦孚妻陳氏,此下咸豐辛酉、同治壬戌粤寇殉難婦女,並見《浙江忠義録》。監生祝朝宗妻何氏　監生周潤枝妻鄭氏　徐節婦徐氏　余發榜妻朱氏　倪錫武妻高氏　倪錫三妻徐氏　倪君榮妻高氏　徐懷璧妻余氏　程榮廳妻徐氏　江李鑑妻朱氏　徐發田妻張氏　金發榜妻朱氏　鄭月義妻洪氏　葉興標妻陳氏　葉興標媳林氏　闕名之妻金氏　鄭某妻章氏　徐某妻金氏　戴某妻鄭氏　江朱氏　徐鍾氏　朱徐氏　朱李氏　吴周氏　李朱氏　鍾徐氏　朱徐氏　鍾賀氏　徐何氏　葉何氏　葉鞏氏　廖鍾氏　張鄒氏　李楊氏　徐湯氏　徐王氏　徐何氏　項徐氏　徐鄭氏　徐王氏　徐王氏　張鄒氏　曾嚴氏　廖鍾氏　潘徐氏　徐湯氏　葉何氏　李楊氏　潘徐氏　李張氏　葉鞏氏　李張氏　方氏　陳氏　柳張氏　柳張氏女闕名　徐陳氏　徐陳氏女闕名　鄭大姑　陳大姑　陳錦川女大姑　徐某婢月桂以上均《浙江忠義録》。

徐永楝妻朱氏,二十一歲夫亡。無隔宿糧,毁容食力,年八十九卒。

何瑞慶妻張氏,二十八歲夫亡。遵夫遺命,節哀撫孤,年九十卒。

諸生湯立賢妻徐氏,二十九歲夫亡,遺孤四齡,撫養成立,年四十八卒。

徐寓匏妻何氏，貢生元啓女，二十五歲夫亡。孝養舅姑，和睦妯娌，繼子立後，年五十一卒。

徐金題妻李氏，二十九歲夫亡。撫育遺孤，躬勤紡績，年五十一卒。

王天與妻朱氏，三十歲夫亡。茹荼鞠孤，年五十二卒。

楊焕榮妻徐氏，二十八歲夫亡。機織度活，撫育孤兒，年五十九卒。

徐卓典妻鍾氏，二十歲夫亡。咸豐辛酉八月二十日，遭粤寇，投水死，年三十七。

徐星照妻何氏，二十五歲夫亡，教二子入泮，年四十一卒。

徐汝榮妻胡氏，二十一歲夫亡，遺腹四月。生子，殫心教養，年三十七卒。

諸生湯晋璋妻鄭氏，二十二歲寡，二十六歲卒。

諸生何爾堂妻程氏，二十六歲寡，五十八歲卒。

貞女張氏，父生員有龍，幼字徐宏才。待年於徐家，未婚，後母逐宏才，死於客，並怒女。女奔歸父家，誓不再字。織紝自活，垂二十年。卒年三十七，鄰里未嘗見其面。以上已故十三名。同治七年十一月，知縣周貽綬、教諭朱鼎元、訓導許家清彙詳，知府徐寶治轉詳，巡撫李瀚章、學院徐樹銘彙奏題旌册。

湯永忠妻何氏，十八歲夫亡。

何廷雙妻沈氏，二十歲夫亡，繼子，撫育成立。

何廷貴妻董氏，二十五歲夫亡，教子光漢，補邑廩生。

張日暹妻葉氏，二十二歲夫亡，撫養繼子成立。

張日旭妻陳氏，十九歲夫亡，繼子維鏞，撫育訓教入泮。

何席春妻周氏，二十四歲夫亡，遺孤三齡，撫養長成。

鄭漢光妻祝氏，二十六歲夫亡。

徐永雄妻尤氏，二十八歲夫亡。

徐永茂妻林氏，二十八歲夫亡。

劉林鶴妻李氏，二十三歲夫亡。

林汝錦妻何氏，二十六歲夫亡，姑盲，扶養二十年勿倦。

賀長春妻何氏，二十七歲夫亡。

林汝先妻賀氏，三十一歲夫亡。以上同治七年見存十三名。知縣周、教諭朱、訓導許申，知府徐轉詳撫憲李、學憲徐，彙奏題旌册。

何廷泮妻張氏，太學生景孝女，教以女誡上口。年十九適何，何已得疾僵卧。張不解帶，匙藥輒嘔，如是匝月而寡，一慟仆地。扶姑慰命以立後，乃繼伯氏子尤教訓，補邑博士弟子員。咸同間寇亂，張匿龍門山，山有虎，不爲害，遠近聞之，以爲貞節所感云。同治七年十一月，縣學彙報，撫憲奏題。光緒十二年五月，金華余烈、義烏朱一新以其事聞禮部，部下巡撫轉飭到縣，覆查無异，申請奏題旌册。

王模妻何氏，三十歲夫亡。

童紹庭妻□氏，三十三歲夫亡。

王師聖妻湯氏，二十八歲夫亡。

温玉中妻鄒氏，三十三歲夫亡。

童峻杺妻徐氏，二十六歲夫亡。

湯金榜妻徐氏，二十五歲夫亡，三十九年卒。以上六名。同治九年四月，教諭朱鼎元詳府，府詳憲，題旌册。

唐賡彩妻管氏，二十九歲夫亡，年七十九卒。

林國熙妻陳氏，二十四歲夫亡，年八十九卒。

董若芳妻朱氏，二十八歲夫亡，年五十八卒。以上三名。光緒元年九月，教諭徐士龍移縣詳，知府趙曾向轉詳憲司。

李盛觀妻劉氏，二十六歲夫亡。

徐鶴籌妻范氏，二十五歲夫亡。以上二名。光緒二年十一月，教諭徐士龍、訓導袁子喬詳，知府趙曾向彙報。

何鳳臺妻童氏，二十六歲夫亡，守志奉姑教子，年五十五卒。

何文緯妻徐氏，二十九歲夫亡，六十一歲卒。

徐錦燾妻蕭氏，二十六歲夫亡，六十四歲卒。

賈耿光側室張氏，二十三歲夫亡，八十七歲卒。

顧以厚妻俞氏，二十九歲夫亡。

王人槼妻何氏，二十三歲夫亡。

王師默妻鍾氏，二十六歲夫亡。以上七名。光緒三年六月，教諭徐士能、訓導袁子喬移縣申府，知府趙曾向彙詳各憲，題旌册。

徐松濤妻薛氏，二十七歲夫亡，六十一歲卒。

顧仕溶妻徐氏，二十五歲夫亡，四十七歲卒。

何應藩妻鄭氏，二十七歲夫亡。以上三名。光緒十三年七月，教諭傅汝賢、訓導楊光旂申詳府道。

徐錦松妻董氏，二十九歲夫亡。光緒十六年，由學移縣，詳府道。

朱志成妻金氏，二十五歲夫亡。

諸生范縈之妻童氏，二十四歲夫亡。

諸生王芳妻趙氏，二十九歲夫亡。

諸生何尤妻徐氏，二十九歲夫亡。

陶志榮妻何氏，二十三歲夫亡。以上五名。光緒十九年，教諭朱寶珍、訓導陳中元移，知縣鍾光燿彙詳，知府畢棠轉詳，撫憲崧駿、學憲陳彝奏題旌册。

武川備考卷九 一

藝 文 考一

書籍

宋

《山堂類藳》六十卷，鞏庭芝著。

《易圖》，鞏庭芝著。

《春秋書法》，鞏庭芝著。

《群經説林》，鞏庭芝著。

《人物表》，鞏庭芝著。

《耳目志》，鞏庭芝著。均見尹穡撰《鞏山堂先生墓志銘》。○按，《耳目志》據戴表元《題》乃鞏仲志著，豈別有本耶？抑續此志耶？今本均佚，兩録俟考。

《易説》，楊大法著。

《名賢墨迹類》，揚邁及其子璪輯。

《東平集》二十七卷，鞏豐著。

《耳目志》，鞏豐著。

《厚齋文集》八十卷，鞏嶸著。洪咨夔撰《鞏嶸墓志》

《中庸講義》，葉介著。

《芷江詩稿》，葉介著。

《表啓雜志》十一卷，葉介著。

《東軒集》四卷，徐邦憲著。

《周禮解》六卷，徐邦憲著。

《史記考》十卷，徐邦憲著。

《奏議》三卷，徐邦憲著。

《雲谷雜記》四卷，張淏著。

《四明續志》八卷，張淏著。

《艮嶽記》，張淏著。

《武成志》，張淏著。

《標注博議綱目》，張成招著。《宋史·藝文志》

《梅山續集》十七卷，姜特立著。

明

《周易臆斷》，項善敬著。

《寧儉録》，徐平胡著。

《摘古訓蒙》三卷，邵夢龍輯。

《碧山居詩草》，韓光濟著。

《正氣編》，教諭鄭鐘輯。

《孝烈編》，郡丞周尚禮輯。

《四書訂譌》，朱天德著。

《毛詩古音考》，朱天德著。

《水玉齋文集》，朱天德著。

《醫方説約》，鮑叔鼎著。

《脉證類議》，鮑叔鼎著。

《惠政録》，程達著。

國朝

《浮園集》，朱慎著。

《三代法物考》，朱慎著。

《果齋筆記》，湯有斐著。

《睠喬齋雜咏》，何師吕著。

《男學實訓注釋》,何師吕輯。

《隱霧齋雜言》,何承欽著。

《北游草》,何承欽著。

《井汲集》,徐俟召著。

《惜陰集》五十卷,楊聲遠著。

《闇然齋偶拈》,徐元摶著。

《三刻孝烈集》,徐元摶輯。

《四書融注》,揚監文輯。

《尚書融注》,揚監文輯。

《左傳注編》,揚監文輯。

《四書人名考補》,徐斌著。

《名臣録》,徐斌輯。

《周易本義翼》,鍾德馨著。

《四書説辭》,揚廷榜輯。

《稡擷諸經》,揚世英輯。

《梅花百咏集句》,揚世英著。

《集詞曲名小詩》,揚世英著。

《重編千字文》,揚世英著。

《增廣百家姓》,揚世英輯。

《古愚子集》,邵廷珪著。

《清静草堂詩集》,王瓊著。

《病呻集》,王岐著。

《荔村詩集》,王惟孫著。

《盤根錯節集》,王殿耀著。

王某詩一卷。名亡。

《紉蘭軒集》,何元啓著。

《補蘿山房詩集》,董洹著。

《敦孝録》,何蜚儀輯。

《隱花山館詩草》,傅良弼著。

《閑雜録》,王建中著。

《金鞍山房詩草》,葉青錢著。

表

宋

進名賢墨迹表 承務郎,邑人揚璪

皇上纘祚之三年,先臣邁以崇正殿説書入侍邇英。迺四月丙戌晚講罷,上因語及御書大字木犀詩,有玉音曰:“先朝所藏名賢墨迹,煩卿編次。”翼日,又出奎書以賜。越兩月,先臣邁下世。紹定己丑十月丁未,中使陳洵益傳旨令臣璪裒類先臣所編繳進。臣璪席藁私室,敢昧死百拜稽首而言曰:“知人爲難,帝王同之。去凶堲讒,以舜之明,猶必戒;顯忠遂良,以湯之聖,不敢忽。是知分辨僉壬,嘉尚賢勞,自非聰明睿智不世出之君,未有能卓然不惑者。臣恭惟皇帝陛下象天清明,若日照臨,萬幾餘閑,游田聲色玩好之娱,是屏是黜;讀書道德仁義之味,是樂是耽。迺於翰墨游戲之頃,灼見材品忠佞之真。神新天造,諸奸發潛,指意昭明,聞者竦躍。臣恭聞本朝立國,倚人才爲命脉,列世豐芑之澤,昭天漏泉。封植長懋,莫盛於慶曆、元祐之時。剥蝕圮裂,莫甚於崇寧、大觀、政和、宣和之際。以人興替,方策瞭如。今陛下因聞先代人品而獨拳拳於君子小人之間,帝王立治機栝無以易此。臣既以先臣邁所編第爲十卷,其蔡京、卞、吕惠卿、王時雍、鄒柄可則自爲一卷,皆明著之,以附《春秋》貶人之義。臣謹以雲章,刻之貞珉,用詔永久,併列瞽論於下方,上以彰聖天子鑒古知人之哲,下以畢先臣報君未罄之忠”云。紹定三年歲次庚寅三月甲子朔。《嘉慶志》

國朝

四庫館校上雲谷雜記表　紀昀曉嵐

臣等謹案,《雲谷雜記》四卷,宋張淏撰。淏字清源,婺之武義人,其里貫見於《金華志》,而陳振孫《書録解題》又稱爲梁國張淏,蓋本開封人而僑於婺者也。舉紹興二十七年進士,初補將仕郎,主管吏部架閣文字,舉備顧問,紹定元年以奉議郎致仕。當時稱其學術淹通,記問該洽。著述甚富,今所續施宿《會稽志》鈔帙尚存。而此書《宋・藝文志》、《文獻通考》皆不著録,惟《文淵閣書目》載有一册,其本亦久佚,世已無傳。今從《永樂大典》中采撮得一百數十條,别有徐邦憲書帖一首及淏識語一則,乃當時冠於首者。又有楊楫、章穎、葉適後序三篇,及淏自跋一篇,尚皆完善無缺。謹依類排次,釐爲四卷,而取書帖序跋分載首末,以略還原本之舊。宋人説部著録紛繁,大都摭异矜新,無關典據。惟洪邁《容齋隨筆》辨證名義,極稱精核,爲稽古者所資。淏此書實踵邁書而作,蓋能專爲考據之學者。其大旨見於自跋中,故其折衷精審,考訂詳明,於諸家箸述流傳皆能析其疑而糾其謬。如論蕙之非零陵香而駁邵博《聞見録》之舛,論王羲之换鵞實有《黄庭》、《道德》二經而斥蔡絛《西清詩話》之非,引董德元言證蘇軾詩"虎頭城"之爲虔州,引曾慥《百家詞》證"虎兒"爲米友仁字而摘施宿、任淵二家所注之誤:其釐訂是正,確有據依,實足爲學者殫見洽聞之助,宜當時極重其書。而葉適後跋以淏所論《泊宅編》花書名一條義有未安,别存商榷之語,淏並存諸卷中,其一時朋友質疑問難切磋相長之意足以想見。是皆有可取也。乾隆三十九年十月恭校上。《嘉慶志》

奏狀

宋

薦舉人材狀　寶謨閣待制,山陰人陸游放翁

太中大夫充寶謨閣待制致仕臣陸某:近承紹興府牒,備承尚書吏部符准都省劄子奉聖旨節文,令前侍從各舉人材三兩人。臣爲已致仕累年,竊慮與在外侍從見任藩郡及宫觀人事體不同,遂具申審。今准都省劄子,照得寶謨閣待制致仕俞澂薦舉萬夢實等訖,劄送臣照會者。臣切見宣教郎知臨安府臨安縣鞏豐材識超卓,文辭宏贍;從政郎前隨州州學正授王田學問淹貫,議論開敏;以上並可備文字之職。文林郎監潭州南嶽廟趙蕃力學好修,杜門自守,入仕以來惟就祠禄,今已數任,若將終身,或蒙朝廷稍加識拔,足以爲静退之勸,抑躁競之風,於聖時不爲無補。如或不如所舉,甘坐責罰。《渭南文集》

特薦張淏奏狀　直龍圖閣張嗣古

朝議大夫直龍圖閣權知安慶軍府兼管内勸農營田屯田事臣張嗣古。臣猥以迂愚,繆當郡寄,補苴罅漏,粗竭瑣材。退念簿書泱漭,不足以仰圖報稱,惟有搜采人材,上備選擇,庶幾不負公朝甄録之意。臣伏睹迪功郎監安慶府樅陽鎮監轄倉庫兼烟火公事張淏資稟粹明,學問該洽,當官而行,惟義之適,廉介公勤,不激不隨。莅事三年,備罄勞能,凡本府委送,剖決民訟,毫分縷析,多得其情。而退然無營,不自表暴。前守楊楫、漕臣錢文子皆器遇之。稍加識拔,必有可觀。臣愚欲望睿慈,特賜旌擢,如後不稱所舉,臣甘坐繆舉之罰。須至奏聞者,右謹録奏聞,伏候敕旨。嘉定六年正月日奏狀。《嘉慶志》

舉充學問該博可備顧問科奏狀　寶謨閣學士,新喻人章穎茂獻

寶謨閣學士太中大夫提舉隆興府玉隆萬壽宫建安郡開國侯食邑一千二百户臣章穎準格節文,職自觀文殿大學士至待制,每歲聽於十科内舉三人者。右臣伏睹迪功郎監潭州永豐倉張淏學術該通,記問宏博,今保舉堪充學問該博可備顧問科。如蒙朝廷擢用後不如所舉,臣甘伏繆舉之罪。臣契勘嘉定十年分未曾舉人,所舉張淏係是嘉定十年合舉第一員之數。本官見在任,謹録奏聞,伏候勅

旨。嘉定十年正月十一日奏狀。《嘉慶志》

又　正議大夫，新喻人蕭逵

寶文閣直學士正議大夫提舉隆興府玉隆萬壽宫臣蕭逵，準格節文，職自觀文殿大學士至待制每歲許於十科内舉三人。右臣伏睹迪功郎監潭州永豐倉張淏性姿恬静，學問該深，博考群書，多所是正，尚淹常調，未決公言。臣今保舉堪充學問該博可備顧問科。如蒙朝廷擢用後犯正入己臟，臣甘伏朝典。其人在朝無人食禄，臣照得嘉定十年分合於十科内舉三人，已舉過一員外，今來舉張淏係第二員，合舉之數。謹録奏聞，伏候敕旨。嘉定十年十二月十四日奏狀。《嘉慶志》

又　宗室，家袁州趙善堅

宣奉大夫天水郡開國侯食邑一千四百户食實封一百户臣趙善堅準慶元令格節文，應寄禄官自特進至太中大夫每歲許於十科内舉三人者。右臣伏睹迪功郎前監潭州永豐倉張淏學問淵深，操履端潔，俾居獻納，必有可觀。今保舉充學問該博可備顧問科，照得張淏前任監潭州永豐倉三考滿罷。如蒙朝廷擢用後不如所舉，及犯正入己臟，臣甘伏朝典。伏候敕旨。嘉定十一年五月十七日奏狀。《嘉慶志》

記一

宋

佚老庵記　國史院編修，金華人吕祖謙伯恭

横山吴君珉治别室之西偏，榜以“佚老”。休工歸役，斤斧收聲，輯杖立於前楹，聞竊語於階者曰：“綦隴繩畦，坻粟京稼，籌算掛壁，萬貨四湊，此吾主人翁所以佚其老也。”少進，至於門，聞行語於途者曰：“豐林邃宇，尊俎静嘉，鷗鷺不驚，風月相答，此吾豪長者所以佚其老也。”又進，至於郊，聞語於塾者曰：“培嗣以學，既梾既甹；秩壺以禮，既序既飭。此吾鄉丈人所以佚其老也。”他日，吴君爲予道之。予曰：“夫三者之言何如？”吴君曰：“階得吾粕，塗得吾醨，塾得吾醇。出浸遠，而説浸近。吾名吾室，義其究於此乎？”予曰：“未既也。畏嶠登輿，身閑心慄。厭市築墉，目静耳喧。君雖善自佚，踰閾以往，肩赬腹枵者踵相接。歲或不升，尫瘠困憊，呻吟交於大逵，專一室之佚樂乎哉？君里中望也，盍勸相族黨，惕勞振乏，已責紓逋，同其佚於是鄉，則盡横山表裏，皆君佚老庵也。其視尺椽半席，廣狹何如？”吴君謝曰：“厚矣，子之拓吾境也。”顧僮奴陷其説於壁間，以爲券。《東萊文集》校定

金貂亭記　吕喬年巽伯

金貂亭者，晋鎮南將軍阮公之墓亭也。公名孚，字遥集。始仕東晋爲散騎常侍，嘗以金貂换酒，爲有司所劾。轉吏部尚書，辭疾不拜。後恐廢才，就家用之。温嶠之受顧托，要公與俱，公固不肯。及咸和初，庾亮用事，公爲丹陽尹，求出尤苦，得廣州刺史，去之明招山下，終焉。山下故有蠟屐亭，右名曰金貂亭。金貂與蠟屐對，以識公之故事也。

始余讀《晋史》，見解貂事，謂直達士之爲耳。晚而往來先隴，周旋此山，心乃怪，以爲晋之達雖若酣縱不事事，然猶往往著城市，顧名爵，甚或用違其才，狼狽兵間，爲奸雄所嗤侮，未有深藏不售而甘心於寂寞之濱者。明招窮僻，至晚唐爲浮屠氏苦心修行之地，山深林密，目斷無行人，以今準古，略可知已。非若謝公之東山、逸少之蘭亭皆居都會，以山水顯名於文詞間，爲世所尋求者也。想公珥貂時，固已睹斯世之艱險，知大策之不易建，其欲高舉遠引，與世相忘，不特爲京兆時也。有司不知公，公固自知之矣。蓋自江左立國，固以倒持太阿，政在大臣，猶推誠心，引大體，以連絡斯世爲事，德信未孚，而任法裁物，玆豈其時乎？時論所歸，操持不置，而被以非才之名，公固忻得之，其又何辭？臺城失守，縉紳塗炭，而公乃獲

知幾之稱。焦鷦已翔於寥廓,而羅者猶視藪澤,豈不悲哉?

嘉定己巳之秋,余始考録遺迹,以爲明招故事,且爲文裒金以作斯亭。庚午歲二月,亭成。老木回環,長松羅列,前臨清池,池傍植翠竹,爲山中佳趣。凡陳留之族,實來助祭。既又相與賦詩以落之,清颸肅然,未覺千載之遠。風馬雲車,神游斯亭之上,亦欣然而獨笑也歟!《嘉慶志》

藺庵記　承信郎,麗水人姜特立邦傑

乙卯之秋,姜子得吉卜於寓居武川王澤山之麓,其岡負壬,闖然而止;其向巳丙,屹然而起;其流回環,既北而南,前遇峭峰,折而西去。四山如圍,氣聚執合,造化鍾祥,别爲一區。於是即其左方爲屋二十楹,榜曰"藺庵"。夫倮蟲三百,而人爲長,蠶特小而靈者也。傳曰"紅蠶以藺爲衣",又曰"饑蠶作室",衣與室所以析藺之義。孰謂蠶能藺而人不藺乎?雖然,愚者不預藺,窶者不暇藺,人而能藺,亦足尚已。藺有三義,善藏其身,似智;利被乎物,似仁;生生不窮,似道。一舉而三美具,以是名吾庵,不亦可乎?《梅山續集》

重築長安堰記　縣丞姚偲

文見《金石考》

元

武義縣尹許公重修儒學記　楊本

武義,婺屬邑。其民剛悍不相下,故其俗獷猛,號難治。至正甲申,天台許公以進士尹是邑。即日下教,芟薙宿獘,思變其素。事一案章程,人不敢欺。禁吏胥持牒走鄉都以追呼病民,凡以强凌弱、以衆暴寡,治之弗少貸。不期月,決滯無留獄,直枉信屈,讒誣不行。公嘗戴笠,儒服視事,民相語曰:"許大笠是可犯耶?"威望峻整,一境讋服。於是大脩庠序,增廣六齋弟子員,聘名士分教焉。復設榻講堂東,公退輒至學,延儒論道,出入經史,竟日乃已。論第優劣,其在選者致禮幣,及門以勸獎之,聞者思奮。春秋尤嚴祭祀,鑄禮器，以銅繪兩廡從祀像，護以欄楯，戟門崇嚴，丹雘炳焕，規模至是完美矣。會浙東憲使墨黑公、婺長九十公以倚郭金華弗治，檄許公往攝其縣。公悉裁諸法，治以清簡如武義，人不知勞，百廢具興。武之民相率詣憲部曰："許公，我令也，金華胡得而奪之？"金華之民曰："許公，今令我矣，於武義何有焉？"至擁馬首不得行，遂以公還武義。父老迎拜境上，如子之於慈父，縣以大治。未幾，許公以母憂解職，衆伥伥然無所依，皆涕洟不忍其去。

初，縣市歲洪水衝激，許公勸民叠石爲防，縱三百餘丈，衡袤六尺有奇，以遏水患。民懷其德，名曰許公堤。後八年，教諭鮑仁榮捐帑，將以公治狀刻石，且致父老意請記，於本義不獲讓。嗟乎！教之在人，未易晦也。向使許公爲縣時以刑威欺迫人，雖民趨附一時，亦安能化服弗二？彼其政，首以興學導民，可謂知所本矣。去之日，民不能忘，非善政及人如此哉？《詩》云："樂只君子，民之父母"，許公之謂與？公名廣大，字具瞻，官以能稱。教諭字强仁，尚德好學，永嘉人也。至正十一年辛卯秋八月記。《嘉慶志》

重脩儒學記　金華人張樞子良

武義故有學，在縣東南陬，其地瀕溪，流水齧之。宋紹興十四年，縣令陳一鶚遷之縣西，寖久弗治。慶元五年，縣令周峻作新學，垂九十年復壞。本朝至元二十四年丁亥歲，按察判官麻公巡行至縣，教官吕采之以爲言，命有司加繕理，縣監達魯花赤豈台蒙古、縣尹成德暨主簿高禎相協厥議，遷學於縣南，僅五十年，水又壞之。至元重紀之。五年己卯歲，縣令韓昌因陳令舊基作今學。至正三年癸未歲，縣尹隋守中作明倫堂，以正講席。五年乙酉，達魯花赤廉五麟八哈、縣尹許廣大、主簿三寶相踵視政，職思其舊，迺作祭器，迺新廊廡。邑之秀民咸造在宇，是訓是儀，秩秩其序。行之期年，而許侯以憂去，翁侯景成實繼成之。像設位次皆應圖式，幄帟有嚴，階陛有級，齋廬靚清，爰及庖厨，法所宜有，莫不備飭。厥既告功，教官吕立方奉其事來請記，乃考其廢興，次其年歲，序其成績，而記之曰：

今禮樂之文，刑罰之禁，徵賦之事，况乎地大物衆，有民人社稷而爲長，因其時而布其政教？學校者，政教之源，治道之所自出，爲政之所先務，不可一日忘也。武義，婺屬邑。蕃籍者萬餘户，七十年間國家之所休養生息，編齒日繁，政令日充，有司之事視古爲劇，總總而生，林林而群，非有學校之教，正長之治，將何以遂其性而成其政哉？縣故有學，以教學弟子員，爲政者不敢爲易，屢僨而屢興之。爲之廟以報祀孔子，使民不忘其初；爲之學以教育俊秀，使民日趨於正。可謂知所先務矣。他日治化之成，風俗之美，而振興之者舍令長其安歸？《嘉慶志》

觀音堂記　縣尹許廣大具瞻

文見金石考

雙巖永鎮庵記　饒州路照磨劉文慶

文見金石考

無礙寺記　慶元路儒學教授蘇壋

文見金石考

雙巖石室禪闍記　東陽人陳樵鹿皮子

文見金石考

明

鳴陽門樓記　縣丞潘棠

樓在縣東里許，正德丙子冬，縣丞潘棠建也。縣舊未有昏曉鐘，訪取於法雲寺，懸之斯樓，編以丁役，以謹昏曉，以授民時，以警衆惰。名之者誰？棠也。厥義何居？曰進君子也。《易》曰：立天之道，惟陰與陽。立人之道，惟仁與義。陽主生，主進，主文仁之道也。仁道立，而義禮智咸具矣。扶陽抑陰，聖人之教也。東則陽方，以道以教以方，皆陽也。鐘，器之善鳴者，一鳴而群聽傾耳焉，鳴之正且大也，斯善鳴者也。陽一鳴焉，則邑之生道進矣，君子升矣，文教盛矣，丈夫之道立矣。爲斯邑，官行陽之道於上，民勤陽之道於下，而人文昭，斯邑其唐虞矣。此吾輩所以受朝命而當致之民者也。爲吾民者，聞鐘焉，宜思所以務善、務生、務文，而保爾身、爾家、爾族也。思爲君子，以不負盛朝之治化可也。《康熙志》

重脩儒學記　知縣黄春伯元

聖人之道，不可一日無者也。道以聖人爲至，聖以孔子爲至。自漢以來，有廟以崇其祀，有學以育其才，有師儒以闡其教，又有有司以責其成，猶必先爲之所而後有所事，否則亦文之虛也已矣。夫世降道衰，職教者官以冷嫌而往往不屑就，不聞所謂教也。學之者不過媒此以拾青紫、竊利禄、釣聲華，而於學也何有？至於有司，簿書期會之間，每以告疲，能留心教事者亦鮮矣。卒至人材放失，儒效疏闊，甚可懼也。

嘉靖癸未夏，予來宰武義。明日視學，睹學廟重新，規制宏廠，詢之諸生，僉謂御史吴公華始其謀，先令胡公琇成其事。若二公者，可謂留心於此而見超尋常。未幾，吴以王命上復，而胡亦代還。無有紀其事而頌其美者，良可慨也。予方欲勉於所務，今幸有成而先我之勞，遺之以逸也，寧容默默已耶？昔僖公脩頖宫於魯，詩人頌之；文翁興儒學於蜀，史筆贊之。今吴公職清戎而尤文教之重，胡公職有司而知政務之先，吾於二公，咏而贊之，雖所未敢，然不可無一言以爲盛美之記也。且風俗係人才，人才係教化，教化係學校，學校以明倫。倫明於上，俗美於下，學校不脩，有司責也。今日之事，在有司者告終矣。吾知脩學匪難，教學爲難，職教者率之以身而不以令，務學者體之以心而不以言，則人才廣，教化敦，風俗厚，而有司之責亦塞矣。否則天之所生，君之所養，己之所負，職之所司，皆荒矣。噫！爲政之首，善政不如善教，事君之忠以己，不若以人。予故申喙於此，用以昭勸來學，抑以弼教輸忠云。《嘉慶志》

名宦祠記　前人

武義縣儒學明倫堂東偏有名宦祠，以宦於此者功澤及於當時，聲施光於今日，民思以報，而報以祀也。今之邑，古諸侯之邦。一邑之命，懸於一人，其責亦重大矣。夫何黷於貨者巧漁獵，深於法者嚴鍜鍊，賈譽矯情，要功背德，大都自恤其私，而於民之疾痛痾癢略無所與，此固未可謂宦，而又可謂宦之名者耶？方其在位，民恨其不去；既去，又恨其不亟；奚望其去而思，思而祠之乎？武義名宦，前令如元之劉元、許廣大，丞如我朝之石彦誠。因考縣志，仰思三公，是宜武民生而戴，没而思，祠以報也。

予宰邑之明年，視學舍傾壞，祠宇陋樸，乃加修葺。既竣事，諸生王用顔等告予曰："我朝名宦可追三公者不無其人，如汪公寬恕平易，民皆愛之；湯公以僉憲左遷，端勤廉介，民不敢犯；胡公誅鋤奸宄，才幹可稱。此皆令之名宦也。潘公謫以給舍，而發奸摘伏，民稱如神；林公謫以御史，而鋤强扶弱，風節清著。此皆丞之名宦也，蓋並祀之？"於是稽之以志，徵之於民，口碑墨刻，若符合而劑契焉者。既申，白當道，爰命立木主，飾祠宇而居之，奠置有案，祝告有文。歲二月既望，春祀，諸公得與而士慶成。蓋諸公政有嘉範，實有遺愛，宜士懷其德而民懷其恩也。但歲時二祭，每需給於縣，而縣猶不免斂於民，於是捐己之俸及他時之餘，置田若干。而佃之以民，籍之於官，俾學官掌之，歲入其租，以供常祀，庶幾神安其享，而民長其思也。自愧才力綿弱，不能厚腆以隆其禮，後之君子登拜其祠，常思諸公所以立政者立其政，愛民者愛其民，聞風慕義，胥殫厥力，共成令典，則邑人深被諸公之德，而諸公久享邑人之報矣。雖然，在我者自脩其職，至於他日之去，民之思與否，祀與否，非所論也。

汪公名亨，徽州人；湯公名沐，江陰人；胡公名琇，道州人；潘公名棠，辰州人；林公名有年，莆田人。今之協濟其美，則僚友縣丞湯舜臣、邑博李廷茂、單旻、錢愷。《嘉慶志》

鄉賢祠記

武義縣儒學明倫堂之右，有鄉賢祠，以此鄉前輩人物之賢而後人賢之，故祠以祀，而崇其德也。金華舊號小鄒魯，而武義爲名屬邑，深山邃谷，磅礴深窈，故長才傑士，陶和育粹，蔚然而特起者在宋爲尤盛。如工部亞卿徐邦憲、龍圖閣學士揚邁、大理寺卿徐道隆、録事參軍鞏庭芝、守禦姜綬、通判葉介、知縣鞏豐、寧遠軍節度使姜特立，之數公者，或以勳庸著，或以忠節聞，或以文章重，或以戎事顯，或以政事名，皆足耀當時，裕後世，重一鄉而光一邑也。

嘉靖癸未夏，春奉命來職此土。周視祠宇，殊樸且陋，爲之蹙然。遂捐俸，命揚公之後名義和者董修之。復念春秋歲祀需必取於縣，縣取於里，里取於甲，上下交征，諸公之心寧忍是乎？乃積徿值之餘，與他財之羨，欲爲置立祀田。適有告清寧觀道田典鬻民家者，久假不歸，從而追贖，以歸於祠。掌之以邑博，歲入其租，計公輸畢，餘悉以供祭祀。則上無事於科斂，下不至於漁獵，而幽明咸順，神人胥慶矣。况武義僧道之産，往往蕩廢於游食，侵佔於豪右，與其爲無稽之資，孰若爲有名之費？與其爲强暴之利，孰若爲鄉賢之祀？與其頻年交征之無藝，孰若一舉費出之有經？尋以其事申達上司，厥田數畝，厥祭品儀，勒於碑陰，著爲定額。

嗟乎！莫爲之前，雖美弗彰；莫爲之後，雖盛弗傳。前之鄉賢固足尚矣，後之來者恪守夫典型，涵濡於治化。吾知龍蟠鳳逸之士，鴻漸豹變之期，而勳庸，而忠節，而文章、政事，安見諸公遂專美於前乎？人之言曰“誰謂華高，企其齊而”，吾於武之後賢有深望焉。《嘉慶志》

武義縣治德政堂記　前人

余承命來涖兹土，登堂仰視，其扁以“德政”，詢之，衆謂：“前二尹林公寒谷先生親書。”余聞公以名御史忤權奸，左遷於此，望重於時，必其政本於德，德孚於民，而尤欲嗣之者同其善政，故大書特書於此，真古人耻獨爲君子之心，亦仁矣哉！思齊之念，默動於感，因謬記之以自警。

堂以德政名，或取爲政以德之義。德者，治之本；政者，治之法。堂名德政固其所也。蓋今之縣，古子男之邦，《白虎通》謂張官設府皆爲民也，民爲邦本，本固邦寧，而位斯安。吾知坐一堂之上，司百里之命，修於家者欲試於國，思上之所委，下之所仰，己之所學，期以無負，非直獵青紫、媒富貴以詑於一時而已。要惟履公平正直之道以爲民視，勵剛介冰蘗之操以爲自守，存慈祥豈弟之心以爲職司。體之以身，不違道以干譽；視民如子，不拂民以從欲。而又好惡謹嚴，賞罰必信，凡政之經緯區畫，皆本於實意躬行。教有未敷，德以宣之；澤有未施，德以溥之；化有未孚，德以致之。訟者未息，平之以德；賦者未均，公之以德；瘡痍未安，瘳之以德；猥詐未平，化之以德；風俗未純，先之以德。毋媚若狐，毋貪若鼠，毋猛若虎，凡報德於上，而宣德於下，無所不用其誠而後無愧於堂之名。否則，飽鮮醉醲以盈其欲，囊金匱帛以肥其家，優游歲月以待其轉遷，尚雷同而奸諛長，趨權埶而苞苴行，避豺狼而志氣沮，若此固非所以自正，而况可以正人耶？不可謂政，而又烏可以語德耶？抑豈御史林公扁斯堂之意與？記從《康熙志》，標題從《嘉慶志》。

武義縣令題名記　前人

昔先王疆理天下，詔爵五等，自子、男而上列土封之，皆有民社之寄，號爲諸侯。嬴秦變古，郡縣天下，嗣是因而不革。奉宣天子之德，安守土宇，惠澤生靈，鼓鑄人才，釀成治化。而府，而州，而邑，一而已矣。然而親民莫如令，一邑民命皆懸其手，責甚重焉。自昔有土有官，有氏有名有記，今武義爲金華名邑，邑治起唐天授間，更官名氏，不知凡幾。嘉靖癸未六月之望，予奉命來宰，詢及前令於左右，舉其近者以對，餘或有舉其官而失其氏，有舉其氏而失其名者。竊自嘆，謂古自一命以上，皆有聽事之所；一院之地，例有題名之記。今武川若此,得非缺典耶?於是公暇考縣志,稽我朝之先我者,爲題名氏,命義民徐縉傑勒諸貞珉,用以昭往勸來,自勉於今日。

昔司馬公記題名於諫院,有謂人將歷指其名而議之曰:“某也忠,某也詐,某也直,某也曲。”至今讀之者,皆斂衽起敬,惕然深省,是可以不懼哉?且予做秀才時,知令之難爲,患令之不能爲。不能爲者,知才德之不若人也;而其難爲者,亦以時與執言之。夫令爲一邑屬望,百責叢委,擊奸鋤梗以其剛,翼良樹弱以其惠,噓枯潤槁以其仁,去偏剔蠹以其明,理煩應卒以其敏,而又慎以持法,勤以莅事,清以自潔,如宋紫薇吕舍人所謂當官之法,庶幾可以保位,可以遠耻,可以見知於上而致援於下也。予歉於才德而疏於當官,固自知其不能令爲也。若夫以秩下大夫,應上列宿,望塵而奔,恐干後至之誅。每瞯上之顔色,以占禍福,唯唯厥命,不敢可否,或少吐其氣,慮恐不免,甚至胥吏僕隸之徒馳片紙以號召,或亦不能不爲之折腰,何者?畏其有所假借而來,鑠金之口,訾毁至於骨之銷,况彼此相制,大小相承,固其體統有在,而亦時執之宜。使皆出於義而不背於法,亦奚有於不可?奈何其參之以私,故致齟齬於時,扞格以執,動皆有掣肘之患,令之難爲者,蓋又以此。雖然,高明之士不怵於執,而不與時浮沈,義法之所在,職分之所當爲,惟盡其在我者而已。此外而或有非意之虞,是固有命而委之於天,我之心無愧而志亦已行。不得其職則去,脱塵鞅,謝馳騖,而不以得失榮辱介於懷。古人出處進退之節,其庶幾乎?後之人亦將指其名而議之,不曰“某也古之君子”,則曰“某也古之豪傑”。蓋毁譽出於一人之私情,是非定於萬世之公論,可不慎與?爰書以自警,並以告後之嗣我者。《嘉慶志》

新建譙樓記　前人

縣有麗譙,非古也,而古之意寓焉。亶父爲治,樹表臯門;子産立政，用章都鄙。或者謂是爲時刻漏鳴，鼓角以警昏曉，而内患外虞，須是防偵。一邑環衛，百姓具瞻，政令於是乎出，有關治體，豈小補哉？蓋縣之義，有取於懸，民心所懸，屬以瞻視者也。麗譙者，懸屬瞻視之具，古之爲治者懸屬其民而章表之，悉不能外是以有爲，則今日之事不容少緩矣。武之譙樓歲久而圮，措治者傳視而莫顧，惜費者因循於無爲，不知職土之官不可以過客自處。勞民傷財，君子非不恤焉，特以事不可已，又當酌之以義，不忍後人之復累後人也。

嘉靖癸未夏，予職斯土，旁觀諦視，大都漫漶不可人意，故於學宫、驛亭、吏舍、公廨等處，廢墜既已修舉，顧兹譙樓，方圖改作，而費鉅力艱，不果。義民何壽、吴昇、徐魁、徐縉傑等若干人，聞而倡義，各捐貲以襄厥事。壞者以撤，頗者以支，上雨旁風，皆有以蓋而蔽。乙酉之冬，落成是樓，焕然一新，而高出闤闠之表。其下爲門，軒豁洞開，牙戟拱衛。其上漏刻孔時，鼓角惟警，所以示之章表而懸屬斯民之有具。至於内患外虞，亦足以防偵之無遺。且其前不數武，而東西列有兩亭，曰申明，曰旌善，以循故事。左右樹有兩坊，既題“古婺男封，明時司牧”以壯邑觀，復表“玉堂學士，水部司空”以啓後進。一邑之治，偉然改觀，而精神頓爲加倍，是樓於此抑可少哉？愚故雖犯不韙不恤也，有位之君子，同志之士，盍亦采而圖之？《嘉慶志》

武川備考卷九 二

藝　文　考二

記二

明

林侯去思碑記　邑人徐浩

國家郡縣宇内，近民莫如令，令之賢否，斯民休戚係焉。武居萬山，不遭兵燹，多土著舊族，以門户相高，齗齗不相下。縣官至有擊斷取敗者。求不仇令，難矣，况戚戚於其去乎？

邑侯由鄉進士典榆社學，榆人勒石，以永其教。莅武，威采凝重，動容以禮，益勵政治，夙夜磨淬不少懈。庶事練達，人莫能欺。侯亦不過刻，聽斷平允，訐俗漸革。邑中舊多逋負，督節相望，侯度其緩急而先後之，民賴以不擾。武科目式微，士習漸弛，侯朔望莅學，剖析經書疑義，復月課諸生，供具廩食，臨文别白純疵，不异嚴師，諸生率向風。邑無城守，惡少窟穴往來，侯悉於要害處盡設栅欄，以時開闔，親稽不怠，盜賊自是慴息。又舟賊殺人事露，逮捕甚急，合邑震動。竟核其最符輿論者遞上之，餘獲保全，境内安堵。邑有巨津，行旅素患之，侯建議興工，特捐己俸，尤多方勸誘，董其成役。他如修戟門以肅廟貌，築長堤以護民居，助建亭以興文運。建置沿革，悉關邑中大體。侯治卓有成績，公道方行，崇階峻秩，謂侯可立至者。世路崄巇，乃以遷轉行，民如赤子忽去慈母，安得不戚戚以思？因謀立石，鎸侯德政。或者曰："侯教榆則榆人誦，治武則武人懷，所在聲施澤留。他日必有深知侯者使見柄用，大澤天下蒼生，侯功業未可涯，玆何足記？"曰："不然。古以循吏稱者，非必有殊絶非常之勳，如蜀郡以興學，南陽以溉田，渤海以弭盜，皆因時興治，載籍有稽，故至今膾炙人口。侯三年之内善政卓犖，視古循吏不少讓，安得不備書以俟信史采擇？"遂爲之記。

侯諱一鵠，字鳴臣，號志吾，福之福清人。家世文獻，蓋八閩鉅族。《康熙志》

武義縣熟溪橋記　雲南左布政，錢塘人陳善

君子有長民之責者，豈在威嚴繩下，使之奔走服役以畏其上哉？其道在正己帥人，端軌範以信之而已。武猛之吏，鷹擊毛摯，以馭其下如束溼，然使人不怡；巽懦之吏，法弊於因循，威狎於左右，雖加意振刷，而民不用命。是二者績效殊致，其不得乎民一也。有能砥礪廉隅，謹守矩矱，以方嚴持法紀，以慈惠煦群黎，使民有父之尊，有母之親焉。由是凡有興作，民皆奉令承教，不必徵發期會而功可立睹矣。吁！武義之民，固三代之所以直道而行者也，譚侯爲令，其猶行古之道與？縣故有熟溪橋，民病涉久矣。侯之始至，有以建橋之役爲言者，侯曰："此令長責也，但令長未信於民而先以勞之，不可。"居三年，侯政修明，百廢具舉，堅砥貞白[①]，皭然無滓疵。縣父老子弟服習其教令，而默化其粗頑者什九。民再申前意，會年方大祲，侯曰："民艱於食，而時詘舉羸，不可。"父老子弟聞之，皆曰："甚矣！侯之愛我也！而惟恐其厲我也。使時有可爲，吾何愛其力不終賢父母義舉哉！"萬曆四年五月，侯三年考最，政通人和，年穀順成，家有蓋藏。侯度其時，曰："可矣。"乃捐俸爲倡，好義者翕然應之，又益以罰贖之金伍拾鍰，米伍拾石。踰兩月告成，侯

① "堅砥"二字原缺，據《文鈔》補。

以書來，請予紀成事。

按：宋開禧三年主簿石公宗玉創建此橋，邑人德之，遂名曰石公橋，歲久傾圮。至嘉靖念有五年，縣令趙奇倡議募勸，造六墩而中止。隆慶二年，縣尹胡應軫圖修未就。踰一年，太學生湯執中、耆民項吉、何崙鋭意興復，而前此六墩之石蕩竊殆盡。縣尹林一鶚捐俸助之，先後爲石墩者十，架木爲梁。民未病涉，然無屋以蔽風雨，梁亦隨壞。譚侯用好義之民，聚材鳩工，畫地建竪，其民争先趨事，不日奏功，壯一邑之偉觀，垂百世之渥澤，明興以來僅一睹也。向使侯恩信未孚於民，而先以勞之，則何以雲合響應，成功若是其速哉？夫能繼石公已壞之業，成前尹未就之功，使一邑之人歸心焉，非賢者不能也。柳宗元曰："賢者之興，而不肖者之廢，故必有賢者而後能復興之也。"譚侯之興此役，不賢而能若是乎？故予特表而書之，以風今之爲令者。

武民昔稱難治，其令長不終三年，旋即報罷，論者皆以其民頑梗咎之，不知令或貪殘，則民不堪命，吏或巽懦，則左右爲奸。此皆一日不可使居民上，而民以梗頑應之，非過也。使賢如譚侯，民皆從乂，則化頑梗爲馴良，豈待易民而化哉？吾又表而書之，以詔後之爲令者。侯爲此橋經久之計，上流宜補石岸，下流宜築石堤，以俟後之君子。夫圖難於始而深計其終，賢者用意固如此，後有君子當不廢斯言矣。

譚侯名音，字希伯，南雄府始興縣人，由歲貢推陞今職。父次川公名大，初起家戊戌進士，官至大司徒，名德鉅望，朝野推重。侯筮仕之始，其象賢繩武之績章章如是，誠能不隤其家聲者。武義自正德癸酉吴珍發科以來，至今六十二年矣。今陳生繼祖褎然登選，橋成而適與事會，斯亦奇矣。嗣後科第駿發，謂非侯作人之功與？橋長凡五十丈，横一丈七尺，爲石墩者十，爲屋者四十九楹，好義助工者皆得書，列之碑陰。石刻在縣署儀門左。

重修譙樓記　知縣陳師仲

武邑舊有譙樓，其所創始及重修之自，先任黄君述之備矣。歲丁丑，予奉命來官，始入，見其棟楹傾折，牆壁頹圮，每出入甚危之。顧謂僚佐諸君曰："邑庭爲黎元宗望，而門制又觀瞻之最者，雖爲政在人，無事觀美，然目擊其顛朽而莫之恤，事將焉屬？"乃令工者籌厥費，曰："非百金不可。"奈何公無所措，民不可斂，竟置之。戊寅冬，有民朱伯浩者，以兄弟失睦而訟，既責以義，諭以恩，潸然泪，惕然悔，曰："浩自是知手足之親不可戕也，願出所争者以需公費。"予命修鼓樓，欣然唯諾，且曰："工無事鳩，費無事核，當身任其勞，用厥成功以爲報。"予許之。未三月，乃告成。縉紳大夫偕諸庠俊揖而慶曰："武民在昔稱鄙，茲父母有命，殫精竭慮，斷也[①]，一木必求其精，一力無貸於衆，樓成矣，竟莫知其所費幾何，如此者，民其真鄙哉？武民在昔稱悍，茲父母有教，氣下心怡，悔也，惕然懲厥衷，慨然任厥事，費出矣，猶自謂其所酬無幾。如此者，民其真悍哉？是樓之焕然新也，武民所染之舊其一洗矣乎？"

余乃相與登而眺焉，見其北枕湖山，南賓麗嶽，西接宣源之秀，東帶白陽之濱，四面環拱，嵬然大觀備焉。因而期曰："諸君謂是樓之作，特可新其既往者耶？猗歟休哉！其啓厥將來者非小也。蓋樓成，則邑益壯麗，輝映日月，高表山川，熟溪龍繞，白嶺雲擁，相爲前後。自茲豪傑叠生，氣運日泰矣。且民昔曰鄙，今易而慷慨；昔曰悍，今易而純懿。瞻斯樓者，揆厥自將曰：'是成於兄弟既翕者也。'觀而感，感而興起，父子而親，君臣而義，夫婦而别，朋友而信，浙之俗，將於武川稱美矣。斯樓也，其和氣攸鍾之地歟？但所以引之俾無失今日之期者，諸君責也。"因相議而名曰"保和樓"，乃歡然揖謝，請予記之，以志不忘。樓之制，大易其舊，門外二亭亦卑而

① "斷"字原缺，據《文鈔》補。

折，因出公帑，命義民徐一棠督辟而新之，功成一時。上通下廠，軒豁改觀。厥工經始於戊寅孟冬，而落成於己卯之孟春。予喜是樓之成不偶，因善諸君之請，而爲之記。《康熙志》

重脩儒學記　邑署令劉養中

聖人之道與天地相畢，嘗聞之通天地人曰儒，孔子爲萬世儒宗，其與天地鼎而立也。惟道萬世無弊，廟則時廢時興。因其弊而新之，謂脩廟亦即脩道，意固可也。脩道者神而明之，存乎人；脩廟者規而創之，存乎制。神無形而制有象，借形而下者載形而上者，廟不脩則制幾湮矣。《易》曰"觀乎人文以化成天下"，都人士欲則而象之，其何觀焉？如謂聖道不待廟而存，學聖人之道何必廟之脩？則圜丘、方澤可以無設，蒼璧、黄琮可以不陳，直將以澤宮爲傳舍，俎豆之煌煌爲已陳之芻狗。若然，則仁義亦先王之蘧廬也已矣，亦將托宿焉，逆旅焉，不居不由不脩與？夫聖人之道，人之神明也；聖人之廟，其軀殼也。軀殼非神明，而神明載於軀殼，去其載者，併其所以載者亦無寄矣。故夫廟者，寓也，寄也，物寄而存，寄去而亡，則形神原相附，道器不相離也。故曰脩廟亦以脩道之郛郭，此物此志也。

武義故有學在縣東南陬，其地瀕溪，流水齧之，後數遷徙。至元間邑令韓昌因陳令舊址作今學，在縣治西，歲久殿廡傾頽，鞠爲茂草。予謁廟廡，憮然低回之，申請當道，捐歲俸，鳩工庀材，會郡尊斗垣周侯敦學右文，樂助成之。十閲月而竣役，學廣文屬予爲記。

予按，婺郡古稱小鄒魯，武爲屬邑，染學陶化，代有聞人，且明招爲東萊藏蛻，中原文獻在焉。豈邑之人武而義，文事非所嫺也？往者道學之傳授，開自山堂先生，而徐亞卿、楊大理，而葉，而姜，雲蒸龍變，鬱爲望邑。今者庠猶是庠也，聖域賢關偶爲阨塞，山川靈氣委而不振，必有起而振之者。偉人鵲起，神物復耀，吾以屬之後賢。夫人者，天地之心也。陽明子曰“人心自有仲尼”，是訓是行，得聖人之貌，併得聖人之神，因而登聖人之堂，入聖人之室，所謂存乎其人，其在斯人與？其在斯人與？《康熙志》

重脩熟溪橋記　前人

婺州據浙上游，所控制栝蒼以西，姑蔑以東，其最當孔道，旁午輈張，曰華川，曰雙溪，曰瀫水，次莫如武川。武環自衛，獨開一境，無大關津，然而首於永，趾於金、於蘭，與三邑相錯，溪山道里相綴屬。間道走温、處，下達嚴灘、錢塘，其要津則熟溪橋。溪而名熟，取常豐之義也。自書臺山之南至法雲寺之東，綿亘十餘里，溉田萬頃，而機緘翕張，惟藉一堤。春淋夏潦，址不深則易鏬，石不巨則易圮，旁無洩則易潰突。三資者備，而爲甽爲澮，火耕水耨，則畝可二十鍾，獲秔稻之利鉅萬計。夫是溪，非獨利涉，蓋亦利溉云。爲人牧者將民利是務興，乃聽其日就蟲壞而不議葺，何也？上擁其橐而苦不出，下私其橐而苦不入，胥吏潤其橐而苦不知檢也。故樂助則不匱於出，善募則不匱於入，能句稽則不疏於檢，此三策者，十世利也。

橋創自開禧，六墩始本朝嘉靖，梁於隆慶，屋於萬曆，距今三十年來，鏬者，圮者，潰者，突者，寖不可支矣。舊令吴君一再議舉事，募之富民，間有應者，然名應耳，而實不赴。予攝兹土，乃捐歲俸倡之，民咸喜，醵金鳩工庀材，閱半載，告成事焉。橋在邑治東，於形家稱善地。自正德來士無登賢書者，乃譚侯議建四十九楹，而陳生繼祖遂舉於鄉，再一紀，胡生惟忠繼之，今日者亦都人士雲蒸龍變之一會矣。夫利涉，利溉，并利科目，一舉而三善備焉。爲人牧者，以人事參氣化，莫大於此。

予按，宋姚丞之言曰：“天時不能常豐，則求之地利，地利不能無歉，則求之人事。”夫人事，參天地而居其會者也。故鍊清氣以補天，陻洪水以刊地，此大經綸手。而天不足則脩救，地不滿則脩備，此亦小補刊手。僑也，人之母也，計不出，徒杠輿梁，而惠乃窮於溱洧，彼輿人之誦，何以解乘輿人之嘲哉？予政拙司皾，惠慚脱軥，然而平政之説，嘗奉教於君子矣。因橋成而廣其説，以告後之令兹土者。《康熙志》

游雙巖記 前人

歲辛亥，余自婺往攝武邑。武山川周遭如環，風氣龐厚，而民頗好訟，善逋賦。先是爲長吏者，鞅掌簿書，苦無間日。予奉檄則咨咨嘆曰："涖兹土也，顧安得爲醉翁游乎？"已而操牘以理，二三月來訟漸息，歲額亦漸充，齋頭無事，聞雙巖之勝，㦖然神往。會楊君廷詔至自貴竹，解君六德至自濠梁，蔡君振光至自清潭，二三友生不期而集，堪與名山作緣，而諸山亦似黛染翠滴媚予游者。

初夏下浣，始携濟勝之具，與諸君往觀焉。時彌月不雨，桔槔林立。爾日朝烟纔舉，雲物縱横，出郭則大雨如注，溼透衣裾。少頃，山氣寒翠侵人肌骨，諸君間有欲中止者，余笑迎之曰："人生走名利場，不憚濡首塗足爲之。至選勝窮幽，便爾縮瑟，山靈不笑人耶？"遂强拉與俱。肩輿躑躅，行泥塗中。至王孝子故居，低回久之。日亭午，少霽。諸君色喜，命僕夫戒途。日晡，抵巖下楊村，主人治供帳，作竟夕飲。詰朝，循山麓行五六里許，徑陟其巔。雙峰對立，如割鴻濛，影柱劃然，洞天梵宇半頹，金容甚古。憑闌望之，烟嶼竹林，倏倏然有世外遐思，恨無謝朓驚人語，叫撼天門，游目騁懷。自有宇宙來，積氣包積水，積水包積地，大千界浮沉白浪中，而莽男兒奔走紅塵裏，禪家所稱六賊，寧獨功名一路？即今日雲嶠雙屐，風磴一尊，未幾化爲烏有，後之視今，猶今之視昔。夫昔廬陵醉翁，能留當年醉態耶？則流連光景，意亦有賊焉，盜吾天機者，獨此差勝一籌耳。卑矣牛山之涕，寧不爲山靈笑也？然吾猶笑山靈爲精神之所攝，乃藉手禪伯持穢迹金剛咒伏之。夫名山一席間，固須物外一種閑人乎？雖然，予願楊枝水一灑大地清涼，令諸人天作如

是觀，作如是游。《康熙志》

重修啓聖祠記　邑令張國裳乾伯

啓聖祠之設，前此未有也。其議蓋起於世廟時釐先師孔子祀典，相臣張文忠公請以主易像，以廟易殿，以至聖易大成，稱師而不王。制從之。文忠因復上言祀孔子而不及叔梁大夫，於尊崇之道未至；且進顔、曾、思、孟於堂上配享孔子，而退其父、伯魚、顔路、曾點於兩廡，於父子之倫未安。上並可之，詔天下郡邑庠各設祠廟，左祀叔梁大夫而以四賢父配。子雖齊聖，不先父食，於禮備，於倫協矣。

蓋因是竊論之，夫子之道，其大如天地，其明如日月，其行如四時，則叔梁大夫乃所以生天、生地、孕日月而胎四時者也。天不生仲尼，萬古如長夜，不有叔梁大夫，鄹人安所稱子？當萬古亦不旦矣。然孟僖子稱：聖人之先，其祖弗父何以有宋而授厲公？及正考父佐戴、武、宣公，一命而傴，再命而僂，三命滋益恭，循牆而走，其後當有達人。若是乎生聖人者，淵源之遠也。周人之法，追王及季，大祫及稷，禘祀及嚳。仲尼非帝非王，其道則帝王之所未備，但祀叔梁大夫而不逮正考父以上祖何？仲尼，師也，儒也，禮如是止矣。此正所謂不以天子非分之禮行之者也。禮之中，義之正也。獨怪夫天生聖人爲萬世宗，宜篤天倫之幸，乃孔孟何以少孤，顔淵有父無繇而自蚤世，伯魚之歿伋尚少，鄹曼父之問踰前喪之戚，聖賢之心惘乎有餘悲矣。顔路請子之車，夫子以才不才告之，夫非謂鯉之才當不若顔氏子耶，此亦聖人之自語其子，不欲質言之云耳，鯉故未可少也。顔子由博文約禮，卓於能立，夫子以爲進矣，乃其教伯魚，亦曰“不學禮，無以立”，鯉於聖人之立，殆庶幾與！夫子平日詔諸弟子學《詩》，至謂伯魚，直舉二《南》授之，欲其師文王也。夫子自居於文王没而文在兹，但以望其子而不以予他門人，豈非才者而能若是？伯魚之言不多見，即其對异聞數語，所重在學，而不貴异，渾而不露，誠哉聖人子也！曾點言志，夫子與之，充斯言也，順天因人之政不過如此，夫子之所謂爲國以禮也。喟然之嘆，豈與其放浪物表哉？世儒以是爲曾子父子相反，非然矣。嗟夫，聖人之父子，其用情與人不异。令孔孟生而得其父一日之養，豈非終身之大幸？惟其不然，故孔子不免致嘆於事父之未能，而孟氏亦不恔心於不可爲悦之際。此聖賢之真衷，非謙言也。夫子與曾子言孝道，謂其可幾於孝。參事父，問徹問與，未嘗離父食之側，即一羊棗之嗜，有不忍違者矣。然則父子分祀，豈盡聖賢意歟？大抵聖人之門最大，夫子猶言天大，日月星辰盡是焉；猶言地大，山嶽河海盡是焉。其所以祠而有斯舉，亦魯人事泰山先配林，齊人先河後海之意。禮本自始，樂本自生，所以尊師重道，隆其所自，不僅以家人父子之禮論矣。禮曰："同堂以爲樂，异膳以爲尊。"惟其於夫子而尊之，所以别而祀之之道也。

廟故有啓聖宫，歲久傾圮，折其東隅之半，几案在風日中。余始至，瞻之憮然，安得吾夫子天覆萬世而令叔梁大大露處乎？捐俸重修，閲月告成，侑而妥之，而記之以斯詞。《康熙志》

新建熟溪橋庵記　前人

邑治之東南有水曰熟溪，可里許，而溯其源，南自平昌南，西自麗水西，自邑之老姥、雙坑二山會流，經繞於縣前，迤東與永康水會而綰轂於是溪之津。春淋夏潦，溯湃迅駛，下注瀫水，達富春，入錢塘江，波浪拍天。其地爲温、處舟車孔道，行者病涉。宋開禧間始建橋以濟，久且傾頽。先是邑諸大夫吏是土者，蒿目輿梁之政，遞興遞備，爲墩者十，爲屋者四十九楹。棼橑雲疏，欞櫚陰映，若鼋浮，若虹亘，往來者步若康莊。更相地橋之南，奉莊嚴寶相於中，爲廳事二，翼以夾室，繞以兩廡，居以緇流，充以畝田，令之時其遉巡，衛其崩齧，以爲永計。蓋前諸大夫之擘畫，於斯宏廓深遠也已。

余初綰紱兹土，邑三老以庵記爲請，而諸文學及太學諸生聞之，則又相率以橋記請。因歷詢橋事始末，蓋更葺之前大夫者四矣。政舉司螒，惠非脱輈，顧未有名公一言勒之貞珉，以光昭邑大夫烈者，余自惟至最後，何敢掠前人美以爲己勞，亦何能僭有所論著？然時步熟溪津上，睹隴阪之鬥空，喟前績之閎閎，乃諗於衆曰：橋事已竣矣，昔爲隳典，今爲利津。顧議起於嘉、隆，經始於萬曆，初服抵今三十有餘歲，而後得畢工，以有百世之利。不知其愳非常之原，興澤哲之謡，以齟齬其上之畫筴者，初何洶洶也。始之難，不在專，而在衆。工必醵金，辦非咄嗟。取之公則虞露肘，斂之民則涉吮膏，操之急則苟於瓦注，逗之緩則蠡於沃焦。故衆之難也，難於順流。今之難，不在衆，而在專。事徼結局，患闇針芒，略蟻穴則漸潰堤，怠綢繆則疏負薪，衆爲政則牧羊爲推諉，財不蓄則洗釜爲徒炊。故專之難也，難於經久。難豫之於今日而後可無始日之難，難溯之於始日而必先筴今日之難。通橋藉於橋，鎮護藉於庵，創造時有先後，倡義同圖經遠，互維緯繣，共襄盛舉，而安得衡分之曰一彼一此也？余按史，杜元凱作橋於富平津，不過一舟梁耳，橋成，至動天子從百官臨觀，釃酒爲賀，然且不免有殷周未作之譏，若是乎嚻之難定。婺州三洞之勝，以初平、玉女顯，至嵌宇瓊宫，竭金錢數十萬以供奉之，然幽渡筏津，何言彼岸？則於民義又無當矣。此橋之成，經營於諸大夫，協贊於諸父老子弟，無煩苦不欲也已。庵之建，則不以崇神，而以呵護，有杜富平之功而功尤鉅，無怪誕媚神之舉而力於民，是胡可以無紀也？

橋始葺於隆慶二年，竣於萬曆三年。庵始建於辛丑九月，竣於乙巳八月。趙侯名奇，高安人。胡侯名應軫，吴縣人。林侯名一鶚，福清人。譚侯名音，始興人。陳侯名大烈，瓊山人。范侯名岱，丹陽人。而捐貲首倡，則太學生湯執中，耆民項吉、何崙，協助則徐元、徐晟、徐榮、湯華三、王良、洪十八、項源，助田則湯九、章九奇，募化則僧如量，例得並書。《康熙志》

天階景壁樓記　前人

白嶺當武義縣治之北，臺山居左，諳山居右。兩峰翼峙，嶺間穿複道以出，如褒斜谷口，懸高臨下，陡峭鳥絶。頫瞰邑屋，廛聲市烟，可收一望。其麓坦夷，畝畦相錯，車馬繹絡，羽檄交馳。繇斯地上下，誠婺州西南一要區也。舊設有婺星樓，以壯武成之觀，癸卯毁於回禄，金碧煨燼，但故址猶存耳，未有議興復之者。余初至，道嶺上，四顧興嗟，斯樓繫一方，安令付烈焰中？已往來郡城，登眺愈頻，徘徊久之。山僧野老咸向余言："緣金可募，載造層樓，增武川佳氣之勝。"言與余意合，余乃捐金以倡，士大夫百姓輸金佐之。於是仍故址築基，計工程度費，不煩公帑，踰年而樓遂成。塑内階帝君像祠其上，余因額之曰"天階景壁"。是日也，余率諸博士官弟子及諸父老在役者，束衣冠瞻拜，五色卿雲從日下來，其光燭天，爲章如錦，文明之象麗矣，觀者莫不舉手加額。時至事起，天運人從，兹一時也，屬余記之。

余按郡乘，婺地，古揚州域，於星屬牛女，於分野屬越，婺星在女星北。宋時，金星與婺星争華，因以名郡。樓之名婺，蓋昉此。郡分次當元枵之居。北方七宿，壁爲文明，掌天上圖書之府。内階六星，在文昌北、北斗魁之前，景見於壁。邑以北爲尊，治以文爲尚，白嶺扆北而覿南，縣治應其鶉首，於壁方適合，樓與其名"婺"，不如名"壁"，此余有"天階景壁"之稱也。《天文志》云：北斗爲帝車，運於中央。斗魁匡戴六星，曰文昌宫。今天下學宫多祠文昌以此。文者，精所聚也；昌者，揚天紀也。至問其所謂文昌，則以歸之梓潼君之神。考之《化書》，梓潼君有七十二化，或化爲蛇，或化爲卬池龍，又或爲漢帝子，爲雪山神，又或出迎唐宗於梓潼嶺。其事多誣妄不經，倘有之，亦未必能掌天上文章事，爲近帝魁之宿。又考之，文昌宫六星：一曰上將，二曰次將，三曰貴相，四曰司禄，五曰司命，六曰司寇，其所主，類皆建威武、正左右、賞功進、佐理寶之事，於斯文之廢興無關焉。無亦世人沿文昌之名，而又以其前於斗，爲斗魁之所匡戴，故遂以文明象之與？《星志》云：内階六星在文星東北，天皇幸文館之内階也，是謂宏文帝君，疑世所圖縞衣素舄、青童白馬而相傳謂文昌君即此，其神指爲梓潼君者，謬也。儒者又疑之，以懸象著明列宿之次，乃能下而與人通其語言文字，聽其鐘鼓管籥，饗其牲牢酒醴，遂以事出耳目之外，詘而不敢道。然則《大易》有"帝出震見離"之説，與記所稱"騎箕尾而返仙籍"皆非與？天之有帝也，星之有君也，所從來矣。越躔牛女之墟，天階臨焉，所鍾多文人畸士，栝蒼、於越篤生兩文成，爲帝者師，爲聖人徒，此其徵也。武邑亦牛女野，邇來寥落，人文獨缺，豈天光不臨，地利少與？余登斯樓，俯而睇，於形象合矣。《易》不云乎："觀乎天文以察時變，觀乎人文以化成天下。"天文則景壁是已，游精八極，取材百代，居掞天藻，出敷國華，以上應奎壁之宿，無遜兩文成先生學，爲世名臣，此謂人文。故願與多士勗之，不但區區談天官家星宿之神，而以決千古之惑也。故黜諸菩薩皆不祠，獨祠宏文，余意有攸屬矣。《白陽右紀》

游雙玉巖記　前人

雙玉巖在邑治西，邑人盛稱奇覽之勝，至與三洞齊名。余閲邑乘，頗异之，而以簿書鞅掌不能爲蠟屐興。適司理黄公以行部至，既竣公事，載酒移樽，請兹巖游。

詰朝，相將出緑埜門外，屏諸騶從，野服聯轡，沿澗流而西。間從雙嶺源出，行可二十餘里，過孝子王世名門，綽楔寳善，徘徊咨嗟者久之。又十餘里，抵山麓，憩於楊氏宗祠。筍車繞委徑，紆折層數十峰，怪石林立，磊磊離離，蒼峭巉稜，踞若豹蹲，怒如虎門，如揖如舞，將竦將翔，應接不遑，奇偉莫可名狀。五六里始至雙巖，俯瞰所歷諸勝，伏在趾踵。巖外觀之，二盤石亘衮峻聳，廣可坐二百人，崔嵬欲隮。先是蔽於榛莽，國初金華徐元吉選勝倘元，篳路啓山，就石辟爲禪室者二，不榱不桷，不瓦不甓，莊嚴諸相，其中千峰競秀，靄霏吞吐，豁然一洞天也。石有聲如鼓，逢逢鼕鼕，擊不用蜀中桐，從人以石觸之，隱隱成響。旁有小竇，窄僅容身，進可里許，復深入，更傴仄不可測，而羊豕常從竇中自山後轉出。右有石穴，即元吉藏蜕之所，里人飾其櫝藏之，司理取視，頂禮以爲异。因布席酌醑，爲率真談，道謡俗之媺惡，問時政之是非，以溷山靈而時揮元麈，雜以詩咏。司理公誦唐詩“碧水遠從千澗落，玉山高並兩峰寒”，命顔之曰“雙玉巖”。余謂“巖石自奇，惟客重耳”，因吟岑嘉州《登眺》一咏以和曰“巖高分石出，客到與雲齊”。司理公相睬逌然，遂舉白共浮。甫盡一斗，俄而黑雲滃合，急雨驟至，四際溟濛，青螺掩黛，泠泠翏翏，淅淅浮浮，乾坤不知上下，恍然在鴻濛世界中。亟呼酒引滿賞之，命歌人按《梁州》，傖人擊石鼓。鼓合《桑林》，歌遏行雲，與簷溜瀝淅激注聲交加相和，烟景大爲奇絶。余笑曰：“昔有御史雨，有隨車雨，公平獄雪冤，天其爲公雨耶?”公曰：“唯唯，否否。吾二人初困利韁，日皇皇案牘間，化工有意洗沐山谷，載增眸景，以恣吾儕忻賞也。”爲胡盧者久之。倏而雨霽，微雲點綴，遥岑遠岫，迴抹柔藍，驟生溼翠，視前雨景尤爲靚冶，欲染人衣袂，興復不淺。夕陽欲曛，魯戈難駐，逡巡不可復留也。因相與大嚼巖門外而歸，循故道，抵山陰，則行潦蕩潏，向所蹇涉，今爲澌流，侵輿人骭，不可逕渡矣。异哉斯游乎！一日之候，乍陰乍旭；寸晷之頃，乍雨乍晴；澗壑之滸，乍涸乍漲；山光野色之變，乍淡乍濃。樽前聽雨，雨後觀雲，雲外數峰，景致日移，神廓致豪，即不足當冥搜奇探，而游中震蕩翻幻之態收此半日矣。《康熙志》

髮寶象龍塔記　前人

浮圖之設，蓋本之釋氏，初但梵林有之，其後盛行東土，郡國巍峠之處往往多是。余按貝葉諸經，如來七級乃人身七寶之喻，舍利子則色身中放光流燿，不垢不净，不生不滅，經云“舍利子，是諸法空相”是也，非若後世遍求佛子舍利於天下，得而後爲崇塔以藏之。藏舍利之事，昉於吴孫仲謀，後乃有阿育王塔光起層中，掘而獲銀鐵函，盛三舍利，浮圖愈益熾然，佛教於是無外矣。大抵藏經法舛竄入堪輿，崇臺七級之實，精不妙於空相，粗不皈於佛土，而爲鎮風護國之用，增山川城邑之勝。揆之相陰陽、觀流泉之法，無甚剌謬，故神道設教之君子亦以其前民用，不擯斥而廢之。而經生、學士、文人之宅，望而睹其峻嶒，有彩筆干雲之象，人傑地靈，或借資焉。形家遂以此爲育才興文之所關券之事，後多有驗者，是以儒家、博士家深信之。則後世之建塔，又不但爲沙門廣福利也。

邑東北金安山有香山寺，故無塔。邑人聞堪輿言，募緣建之。余始至三月而塔成，諸生項世良輩請余名，余題之曰“髮實象龍”，仍著其説，猶用佛家偈釋之，而以證諸山水源流之匯。諸生請記未已，余笑曰：“吾鄉者言佛，佛，鄒魯所不道也。試以儒解。”諸生爭先問，余笑曰：“多士學《易》乎？《易》亦言髮實，言象龍。”諸生曰：“何居？”余笑曰：“《易》道甚大，但有合耳。”余試與諸生一從塔上俯觀之，邑治伏趾踵，於地西南位，自巽而之坤。巽言寡髮，有髮之義；言近利市三倍，有實之義。邑中具四民，黔黎蒼赤，皤首班白，比閭而居，非髮屬乎？魚鹽果米，刀布璣貝，列肆而市，非實屬乎？又坤爲聚，亦髮也。爲布，爲釜，亦實也。西南平易，厚德載物，君子有焉。余承乏玆土，令而棼絲烹鮮，簡髮以櫛，余不能；又令而頭會箕斂，析毫以徵，余不敢。余所實者民，願户口滋多。於是余非敢自謂廉，但不貪是實焉耳。諸生加額曰：“信然哉！請竟象龍之義。”余笑曰：“此諸生任也。”余復與諸生從塔下仰觀之，安山巍若頂上，於地東北位，自乾而之震。乾畫首四象，爻乘六龍，象則陰陽老少是矣。生出者爲大業，龍則潛、見、飛、躍、惕、亢是矣。發揮者爲君子，故象變象化，遂成天地之文，於見於飛，可徵聲氣之應。又震亦龍也，東北得朋，雲蒸雷奮，多士有焉。今邑中風氣漸開，人文欲啓,士有凌霄干雲之氣,兀然擎天,可謂非符者與?人以地傑,地由人勝,慈恩雁塔流艷至今,則亦以題名故,願諸生無遜。諸生膝席曰:"主臣。"余笑曰:"士猶龍也,亦國寶也。昔有不寶璠璵而寶善人,不好真龍而好畫龍者,余惟兢兢樹人禮士是急,惟多士自愛其寶,無俾余失所好,可幸亡罪。語有之'作事者始於西南,收功實者常於東北',塔之西南,予爲政。東北以往,神京在焉。余且藉多士寶入報政於天子矣,余與諸生並勗之哉!"塔始於壬寅年九月,竣於乙巳年五月,高十五丈,廣十二丈,内外甎砌,轉虚其中,轉級拾階若梯而上,故亦以漢陌丹梯稱之。余觀厥成,乃爲之記。《康熙志》○按,高十五丈,廣十二丈,恐有訛。

雙巖游記　宣平知縣王在鎬耻庵

渠渠夏屋,洞亦天成,不事枘鑿,而大可數十楹。《離騷》云"曾不知夏之爲邱",又誰知邱之爲夏哉?降望金武,聚緑浮青,浮白沉黑,點點籬落間物,詢之,知徐真人修行地,即本村人,其遺蜕猶在巖側。吾直欲吹洞簫,喚起眠者矣。宣之士女,秋時傾邑燒香至此,題聯有云"石碣平開聲谷應,天花半落影檀香"。《婺志》載此山産冬蘭,香遍幽谷,而洞石足蹋有聲若坎坎伐鼓者。要之,蘭所未見,而鼓則俗論空中響應多如是耳。又聯題岑參句云"巖高分石出,客到與雲齊",此則爲巖寫真也,惜前後無餘地上下。山多老松雜木,竹則布滿山阿,似渭川千畝,亦一佳景。其旁支客山,高低皆圓勁,露骨可觀。《宣平志》

金公巖記　前人

纔到山麓,便引人著勝地。碧潯外注,岑森交陰,似桃花洞口水流到人間。步步尋入,鏡石夾激,盈縮於且蓄且洩間,隨坎緩急匯窪,或淺或深,或大或小,或平或反。上下數之,穿潭可八九許。至玉膏清泉,每從平於掌之黛石盤上瀉之,益復可愛,當是鮫人曬綃而織女鬬素也。《列子》曰:"止水之審爲淵,流水之審爲淵。"淵有九，此已漏洩過半矣。予咏吾鄉九龍池句云“到頭嗔洗許由耳，徹底堪清孺子纓”，此水正可頡頏。

行里許，皆原田側盼，山陰鬱鬱。叢起處烟竹數畝，繞繚岑巒下，遥遥如百間屋。不二里，而青靄四塞，西南半壁，東北半壁倍之，俱若百堵城，插天開排，無纖毫縫裂，嵬峩拒人，似入天國。過天關之險，壁堅壘固，而其中隱隱旌旗伏列者，唐人所謂“熊羆元氣間”，真善名狀。緣援而上，摩石膚以過，側容足不能以寸，逼至上界。石梯齒齒，斗上斗下，幾百尺，人天蓋從此隔也。上復平曠，僧禿带温飽相，多茶多筍，頗著名於近邑。佛舍後一巖洞，上滴水如簷溜，比之雙巖微遜，至其營庭種蒔則優矣。相傳爲光武避地，然未可據。僧寮破竹引澗入釜，依稀子美所謂“竹竿裊裊細泉分”也。俯視來時之所謂西南半壁者，不方而削，玉筍千丈，旁復抽出一條，與前筍亞。詢之僧，大者爲香鑪峰，小者爲净瓶，亦俗標耳。大峰上蒼木萬章，攢點頂戴，倍覺奇峭欲絶，而安頓精舍，則向之所謂東北半壁也。至於夕陽回互，乍明乍滅，宋之問不云乎：“此中意無限，要與開士説。”《宣平志》

武川備考卷九 三

藝　文　考三

記三

國朝

重脩蠟屐亭記　知縣梁遂雪樵

山水之勝,非人無以傳。山水非待人以爲勝,人傳而山水亦傳矣。高人之名,非迹無以存。人亦非待迹以爲名,迹存而名並存矣。故從古名勝,往往興於盛時而廢於衰晚,不幸衰無其人,迹蔑攸存矣。數百年後,一人出而恢復之,則復興,故生乎後之人不能辭也。

武邑彈丸,頗多佳山水,間有先賢遺迹,如八素故事,皆不可考。明招山舊有晋阮公孚金貂、蠟屐兩亭,蹲麓面池,盡林壑之美,廢而復興者屢矣。公以鎮南將軍負曠達之性,多所放棄,猶寄趣於酒。而公旋以金貂换酒,爲有司所彈,説者謂公以酒累,而不知酒足爲公官之累,而不足爲公心之累,蓋公之心在山與水。當其時,晋事日非,公知官之足以累心也,欲袪心之累,不得不嗜夫累官者,故得酒可以脱官之累,得山水並可以脱累官之累。公自陳留莅越,卜居於武,固終其身於山與水也,而他何知哉?然則蠟屐之好,公意何居?此正難爲俗人道也。人惟適性於己者,能鍾情於物,亦惟與世無著者,能與物相縈。是故以有意求之,而陳迹非公所戀;以無意求之，而曠逸又公所喜。有意無意之間，曉人不當如是耶？嵇康癖鍛，武子癖馬，陸羽癖茶，元章癖石，各成一家，而公獨以蠟屐得名，名以亭而不朽，是亭存即公存也。百餘年來，惟寒烟夕照而已。昔爲高賢之所留連，今爲麕鼯之所竄伏。山水有知，不笑人不韵耶？適公後人阮時賓、諸生阮尚忠等詣余，請曰："二亭今圮久矣。有行補者，閩高僧也。掛錫於明招山之陽，憑吊遺踪，毅然欲新之。鳩工庀材，不數月而蠟屐亭先告成焉。行補不忍湮没先始祖之勝迹，而予忍湮没行補之盛舉耶？乞公一言以記之。"余曰："山水之興有其時，名人之迹，其興亦有其時。今之自廢而興也，時乎時乎？昔公嘗捨宅爲寺矣。明招寺即其故址。夫公已捨宅爲寺，而後人復沾沾欲脩其亭思以存公，毋乃非公意乎？而不然也。公，達人也，以天地爲蘧廬，萬物爲逆旅，捨之可也。後人因寺建亭，因亭而存金貂、蠟屐，因金貂、蠟屐而存公，併因公而存山水，則修之亦胡不可？暑負涼勝之際，興懷遺韵，將巾車往觀覽焉。松風晚嘯，山雨欲來，余當披襟當之，且掬鳴泉一勺，洗我千斛塵土胸也。"言及此，逸興欲飛，不覺振腕直書，不自知其言之俚云。《康熙志》

八仙潭記　前人

出茭道而東北山行二十五里許，抵八仙潭。潭在萬山之中，有龍蟠焉。潭之靈，龍爲之也。潭以龍而靈，即以龍而名，然而非得深山以爲之擁護，示人以不可測，則不足以閎厥幽勝而發造物之异觀。若是，龍將奚居哉？故知龍必藉潭，而潭又藉山以成其靈者也。靈斯怪，怪斯奇矣。山之奇在峰，沓而鋭，入其中，天地皆失，惟恐萬山併兼而人化爲石矣。壓山之趾而崩莽頹垣風雨不蔽者，金仙寺也。由寺而進之，磴益危，天益狹，大抵無巖不怒，無木不惡，無水不狂，無禽不怪。攀藤葛，魚貫而上，狀若粘壁之蝸，升木之狖。仰視諸峰，岌岌欲墜，從者皆無人色。久之，及潭，而潭之奇更出矣。潭深不可測，上下四旁皆山也。水從山腰噴出，望若疋縞，聲如風雨驟至，晝夜不息。其上有二潭，石壁危峻，非捷於猱、巧於鼯者不能到。

壬辰夏，大旱，武民傍徨，欲乞靈於龍，余從之往請焉。先是至茭道，天便雨。至金仙寺，深山邃谷，涼氣吹袂，酷吏之威不知逃匿何所。明日，寺僧導行，巳刻及潭。余偕邑紳徐賓門、徐彝孟曁諸生項如源、徐光允等拜禱於潭之側，投疏於潭，疏便沈水底。須臾有物出，如蛇蜿蜒水面，巫者以盆挹之，不去，乃貯諸甕，舁而歸。翼日雨，三日復大雨，然後士民稱慶，皆加額而歸功於龍，益信潭之靈龍爲之也，故曰奇也。雖然，龍，神物也。其飛在天，豈隱鱗潛身於一潭哉？然變化莫測之謂龍，無乎不在，無乎在者也。可高而際於天，亦可下而蟠諸淵，可巨而八十一鱗，亦可細而纖芥。高下巨細，倏忽莫定，故稱靈耳。世間鬼神之事，往往不乏，所謂發造物之异觀而示人以不可測，靈斯怪，怪斯奇者也。有龍而潭之奇不没，有潭而山之奇不没，有記而潭與山之奇併不没，是烏可以勿記哉？《康熙志》

邑侯梁父母去思碑記　浮梁知縣，邑人徐有佐

武陽隸婺，昔稱巖邑。論風土者，謂其民尚義而好氣。來撫兹土者，類以義服，而不可以力屈。而無如風氣之漸變也，一以寬柔馭之，則黠猾者深，而奸宄者百出，然則令兹土者良亦難矣。予邑梁父母公自辛卯初夏下車，迄今辛丑十餘載，乃高擢中翰以行。夫公何以歷任之久而武民翕然向化哉？公敏而練，明而不察，因乎民情而不苛刻，待人接物寬恕而有容，未始爲已甚之行。先是莅任二三載之間，時和年稔，邑稱小康，公亦以淡漠處之，庶幾仙仙乎令矣。迄夫乙未，值大兇荒。丙申，饑民相聚爲盜。緣是鴻雁哀鳴，廬舍爲空。公多方安輯之，乃得寧謐。兼以戎馬之絡繹繽紛，客兵自閩來協濟稠叠，上檄之追呼如雨，斯時非有管晏之才良平之智，

其不至束手無策者幾希。公一以安静處之，因時度埶，隨方合節，真所謂不遇盤錯無以别利器也。乃今武之得餘黎民，非公力哉？

公勵治之方寸了了如鏡，而御下最嚴，數年中門之内外無敢有借藁假虎者，猶乎雷霆迅發而雨雪消於見晛，輿論莫不頌神君焉。他如隆禮紳士，則免厥雜派差徭；軫恤民艱，則後完十七年逋負；詳豁鄰邑扳夫，則加惠於百姓，更非一朝一夕。十餘年之公私度支煩冗，公皆以平等估直，未嘗稍虧損一市儈。種種善政，難以枚悉。其不得已而嚴於催科者，非不憫民之疾苦，無如上官火烈，中間亦有緣風氣之變使然者，公固政拙而心勞也。公餘退食則著書立言，寄情於歌咏節物風光，嘯壺峰，濯熟水，游心物外，政聲藉甚。今喬遷於侍從清要之選，武之人將徼望其寵光，借擁其車轂，不可得矣。且夫人之情，聚則不思，離則思；離之久則思，離之未久則不思。既離且久，去後足以繫人之思則思，不足以繫人之思則不思。甘棠之芨憇也，當芨憇之時，則甘棠而已，不以爲召伯也。召伯去，而蔽芾者不以爲甘棠，而以爲召伯也，吾於公亦云。公，中州鹿邑人，諱遂，號雪樵，順治丙戌進士。繫之詩曰：

下邑武義，百里提封。俗本尚氣，禮義則同。相時編民，孰牖其衷。孰善馭之？聿維我公。聿維我公，循良之吏。不猛不寬，政以無弊。慈愛所推，蒸黎蒙被。瞻言百里，率囿於治。民有逋負，誰其貸之？民有轉輸，誰其溉之？今之士賤，誰其優之？凡民之菑，公實休之。公今去矣，孰保我人？我觀百年，如一秋春。遺愛之存，曷其能泯？熟水之波，其清湜湜。壺峰之秀，其高翼翼。民之思公，允矣無斁。《康熙志》

武義修城記　知縣李經邦

《易》稱設險，《詩》咏實墉，城隍之設，所以戒不虞，備無患，從來然矣。

武義僻處山陬，舊無城郭。明季崇禎十三年，邑令被論，願戴罪造城，未覆一簣，遽報城工三分。次年，西蜀馮公諱坪者來令是邑，經營創始，度地計丈，令里户分築。選邑之賢能者倪君明、王秉志等二十餘人，共董其事。及朞告成，當時皆謂城可不設，以捄度爲多事。迄明季，師旅絡繹於道，四境靡寧，惟縣賴城以安。順治戊子，歲饑寇起，屢偪城隅，不得入，衆方以建城爲功。但當日急於奏竣，實以沙石，每遇春漲，傾圮靡常。余承乏兹土，環視城墉，曾無完陴，慨然興脩築之懷。鳩工運石，易其所屢壞者，以爲久遠計。垣堵峻峭，雉堞峻聳，可以懾寇攘而樓季不妄跳梁，可以安黔黎而陶朱不虞侵掠，今而後武民其安枕乎！工竣，湯生有斐、項生復祥來謁，曰："昔韓昌黎有言'莫爲之前，雖美不彰；莫爲之後，雖盛不傳'。創建脩築，其功一也，盍記其事以垂不朽？"余於是勉徇所請，聊志歲月，俾百世之下知城所由建，則保障之功不泯；知城所由脩，則完繕之功難緩。後之令兹邑者，歲加脩葺而無俾城壞，是容民畜衆之要務也，遂忘其固陋而爲之記。《康熙志》

重脩儒學記　知江都縣，邑人朱爾殿七來

州縣各得立學，自宋慶曆始。吾武故有學在縣東南陬，流水齧之。迨元至元五年始遷今址，建置久，土木敗蠹，棟宇陁靡，雖中間屢經修葺，大都補苴飭瑕，塗飾一時，不能大創而更新之爲堅久計。緣是屢壞屢脩，亦復旋脩旋壞，故事相沿，後先一轍。蓋自鼎革以至今日，迭經兵燹，中更闖變，學宫茂草，日以益甚，岌岌乎有傾頹之漸矣。

已未冬，秋濤賈公祖以藩幕簡署吾邑，甫下車，即問疾苦，芟薙宿弊，美政種種，更僕難名，大約以休養生息興起教化爲先。不踰月，利盡興，廢盡舉，瘡痍以起，逃亡以歸，風流而令行，刑清而奸止。凡厥庶民，亦既蒸蒸向化矣。而暇則進其邑之弟子而程角之，月朔望，謁奠文廟，周覽堂序，見其圮敗，怦然睠懷，嘆曰："是余之責也夫！夫孰爲政而使臻此？政而孰亟於此也？"其議新之，而難其費。於是悉索所携薪米之資,新生執贄之禮及罰鍰之就征者,凡若干緡,鳩工庀材。時不易節,民不加役,而規制增壯,廟貌增焕。邑弟子之講德而游斯者,文亦若增而絢,氣亦若增而揚。博士陳君、徐君率其諸弟子相與頌公之功,而屬余一言記之。

余思風俗係教化,教化係學校,學校之所關綦重矣。而曩之久吏兹土者,率皆傳舍其官,而甌脱吾學。今我公膺署理之任,枳棘暫棲,不過數月,一旦舉啓,聖宫聖廟,廡宇階戺,悉取而重新之,不需曠日,遹觀厥成。人之度量,相越豈止莛楹哉!雖然,公不惟宫廟之壞是葺,將亦近世士習之敝是新。吾鄉故晦庵、東萊二先生倡和之地,自宋季迄明初,文學科名冠於八邑,今之視昔,稍有間矣,得無篤學力行微不逮於前人乎?抑無有英絶領袖者主持而振作之乎?今公以當代大儒,負公輔之望,天假之緣,偶攝吾邑,仁爲己任,清畏人知,豈弟作人,譽髦斯士,洵朱吕二先生之流亞也。《詩》云"高山仰止,景行行止",諸君子勉之,其務使吾庠之士風與今日之宫牆並新,庶無負公嘉惠至意歟!博士君及諸君子咸唯唯稱善,因勒貞珉,用垂不朽。《康熙志》

何益海先生宦迹記略　歲貢,邑人劉燧木生

瑞昌,江右之巖邑也,陳友諒苗裔實處焉。其俗好劫掠,多逋税。益海先生仕其邑爲主簿,甫下車即持風節,絶賄賂,專務以德化民,無晚近衙官習氣。履任四年,民若其化,皆樂輸安分,而又多著勞績,挽輸南國者三,農部頻薦奬之。擢陞廣東衛經歷,將離任,舉邑遮留者蔽道。已而致仕歸,宦槖擲地有聲,發視之,端石數方、詩文數卷,外此無一南中物。自是棲遲林下,敝衣糲食,種花植柳,人見之一灌園叟耳,不知曾爲吏也。有不言,言必合理。端方持己,正色不阿。里中有不率者憚見面,如王彦方故事焉。余謂先生居官不愛錢,居鄉不隨俗,洵今之古人也。雖當世賢豪無與表章,其行誼已堪不朽。昔柴桑不爲五斗米折腰,自謂羲皇上人,先生其流亞與？

先生諱勳，字以謙，號益海，前明萬曆末由博士弟子肄業成均，選授主簿云。《清源宗譜》

重脩縣治記 知縣史大受虛亭

康熙二十二年，歲在癸亥，六月，武義縣堂始告成。曷言乎始成也？考武義置縣於吴赤烏八年，割烏傷地。□□□□□□唐天授二年析永康西南隅爲□□□□□□□□□□□□□而縣堂之制，想亦隨時□□□□□□□□□□月□□來莅兹土，其堂宇廨廡，規模宏廠，亦一巖邑偉觀，不期上漏下溼，榱桷雖存，腐朽殆盡。每一坐堂，輒同露處，且懷棟橈之懼。於是鋭志興修，以蔽風雨。爰詢耆老，前任張令三畏已有百金之議，再問銀兩，已落奸胥之手，嚴爲追比，左右支吾，稱係前任抵庫，竟成烏有。余想武邑壺山聳翠，熟水環流，山明水秀，林總環居，區區此縣堂，何至頽敗若是？因捐薄俸，毅然修舉。適邑民吴姓啓引者將己木三十株籲請樂輸，於是卜日鳩工。邑民俱踴躍從事，老少荷鋤者、持畚者，共效子來。不旬日間，昔之頽者如鳥斯革矣，昔之圮者如翬斯飛矣，簷楹整飭，棟宇輝煌，凡倉貯、賓館、公廨、廊廡，次第以成。興工於四月之杪，落成於六月之終。同事者，尉史申君也；品行端方董率勤敏者，耆民俞懋善暨沈希秀也。《康熙志》

重脩熟溪橋記 訓導徐孟湖

武義熟溪橋建於宋之開禧，增修於明之萬曆，以迄於我朝康熙七年有造六墩者，有架石梁者，有草創四十九楹者。傾圮殆盡，僅存故址。邑侯李來莅兹土，念春雨夏潦，水埶衝决，艱於徒涉，因蠲俸倡義，奮於一簣。墩之圮者以立，楹之毁者以建，凡行負馳逐者，莫不相慶曰："匪李父之功不及此。"計侯之下車也，於康熙之四年，今已七年於兹，則七年之民免厲揭之患，使得侯百年於兹，則百年之民享莞簟之安。推而及之，廣而通之，凡侯之可以濟民者，靡弗

類是,是侯之恩靡所弗届,侯之德又烏可忘哉?維時佐率作者,則有屠君定遠,職在迪功,夙夜襄事,以奏厥成焉。《嘉慶志》

重建明招大殿講堂碑記　教諭翁嵩年康飴

從來名山勝地,必得人以共爲不朽。古之賢人君子非生長斯地,則托迹游覽,傳之無窮,使後之人陟山而思,登高而望,而其遺迹往往而在,况乎講學著書,以昭示來兹者乎?然而與時消息,代有盛衰,不得振興繼起之人,固未易接續而光大之也。

余向年守一氊於武川,有山水之癖,常窮極巖洞,而其地多頑瘠,不以爲快。一日,偶獨行東郭外二十餘里,見其山埶變動,攀躋登頓而入,峰回路轉,中有寺,殿宇一新,廊廡完整,面清池,對盂鉢峰,而青松挺秀,脩篁蓁密,靈异天成,絶非恒境。寺僧告余曰:"此明招山也。"問其創造之由,則曰:"和尚秋濤之所建也。"揖秋濤而進之,爲余言兹山興廢之迹甚詳,且歷陳其經營艱苦之狀。嗚呼!如秋濤者可謂獨行有志之士矣。晉時先賢阮孚公舍宅建刹,名惠安寺,至六朝毁壞,後唐德謙禪師開山聚徒,乃復其舊。宋淳祐按,祐字誤,當作"熙"。間,吕東萊先生、朱晦庵夫子講學兹山,爲東南之倡。是時陳同甫、葉水心、鞏栗齋諸君子往來辨難,四方學者雲集響應,稱極盛焉。至元明間,主持無人,淪於荆榛蔓草,而講堂舊址亦湮没無存。風流歇絶,不可復識認矣。秋濤曰:"余之來也,日啖粥糜,咬菜根,以經始於此,今已勉成之矣。講堂固道學之宗,而有關世教者也,非先生之責而誰責與?"余曰:"唯唯。雖不敏,其何敢辭?"因偕邑侯史虚亭按其故籍,量度弓口,而立之界,將鳩工焉,時適赴公車,得捷南宫,而抱此志者又三年矣。以康熙庚午之九月,秋濤復來請,而深恨其事之未成也,因捐貲並馳書告郡伯王公、司馬常公、永康邑侯謝君、學博王君,以共成此舉,並刻石以記之。非敢以風勵爲己任也,蓋不敢忘秋濤志行之苦,亦欲少爲接續之,以待於後之振興而光大之也。今上崇尚實學,加意文教,白鹿洞、紫陽書院皆以次更新。按輿圖而考勝迹，兹山其漸及矣。同志捐造者，婺郡太守王公諱無忝，郡丞常公諱光裕，邑侯史公諱大受，永康之邑侯謝公諱雲從，本邑學博王公諱士駿，江都令本邑孝廉朱公諱爾殿也。捐貲欒輸者，邑人陳泮士、江幼存也。共爲落成者，本邑紳衿並沈、陳、金三姓，皆爲將伯之助也。例得並書，以傳不朽。碑在明招山。

禱雨壺山亭記事　邑舉人徐俟召君待

江侯尹武之癸酉夏，大旱，流金爍石，率邑之士民步禱於城隍。如是者浹旬，而姨仍不風，伯仍不雨。侯重自責曰："是余之罪也夫。聞諸晏子謂禱雨於山，山以草木爲髮膚，今髮將槁矣，獨不欲雨乎？禱雨於川，川以魚鼈爲民庶，今民將枯矣，獨不欲雨乎？是山川之憂旱也，必與余同。曷若擇其同心者而與之謀回天之道乎？"俟召應之曰："諾。邑之西有壺山，相傳亭巔有雲布濩其上，天即大雨。兹山之性，或若畢星之好雨耶，抑其靈爽或能操水旱之權耶？盍禱諸？"侯翼日遂率其僚屬若王君士駿、陳君永錫，及邑之紳士若劉子綿禧、沈子應時輩，謹盥沐，肅冠裳，鷄初鳴，偕俟召攀蘿躡磴，步禱於山之巔。見前令張公留題處，瓦盡落，榱仍凋，婺星像設亦在荒榛腐草中。遂拜而祝曰："三日内若得雨，當修此亭以報。"是日不張蓋，不解衣，恪恭虔禱於烈日之下。

越三朝，日方午，忽有片雲自西來，若鬼驅，若神役，始罩亭頂，旋遍山川，雷聲隱隱砰砰，從山後應之，頃刻間雨如注，而向之相傳亭巔有雲即雨者，於此果驗矣。噫！雨珠耶，雨玉耶，雨粟耶？邑人莫不交相慶而歸其功於侯。侯不自以爲功，曰："此神賜也，敢不知所以報？"於是卜吉選材，不日而工告竣。是役也，一以報神恩，一以慶大有，豈曰禾盡起歲大熟，不妨操靈運之斧，着東山之屐，而登高作賦，爲竟日之游乎哉？後之登是亭者，亦將有鑒於斯。《康熙志》

謁吕東萊先生墓記　前人

吾武山川秀麗，推明招爲最。距城東二十里，宋朱、吕二夫子講學於此，東萊先生墓在焉。屢爲名流所寄迹，蓋天所鍾秀，不致落寞於人間也。予生長是鄉，向往有素。

康熙戊辰秋八月既望，訪先生古迹於明招山。是日也，碧天日朗，素岫雲輕。予呼山僧前導，攝衣行蹊徑間，見有華表表墓數處，余以爲夫子墓矣。僧曰："未也。"復披荆榛，歷崎嶇，遥指白雲深處，曰："是其墓也。"予偕同游侣攀厓履級而升，躡山半，始登穴，得拜於墓前。環望四山，群巒回抱，高與雲齊，恍然如置身太極中。仰視一幅青天而外，絶不知别有塵界也。憩息其下，有古碑四道，巍然聳列，字迹明滅相半，大約朱夫子、陳同甫諸先儒所撰墓記，與宋理宗、明憲宗賜祭告勑也。覽之，不覺肅然起敬，慨然有感焉。夫子墓自宋至今，爲樵夫牧豎所躑躅，幾五百年。間有騷人墨士登高作賦，撫今吊古，而流連景物，興會所寓，足點綴秋行一譜，其不同樵牧之閲歷者幾希。

予於是游，獨有所不能忘者。少嘗讀《博議》，及長觀《大事記》、《古周易》、《書説》諸遺編，猶得於山高水長之下想見先生之爲人。高山仰止，景行行止，雖不能至，而私淑之思烏能已已。俯仰其際，其色凝以淡，其境邃以幽，曠然而高遠者與心謀，冲然而静虚者與神謀，而承拜師範，竟不知五百年之遥遥也。視昔之虚慕懸企何如，而謂予其能忘也耶？爰篝燈而記其略如此。《康熙志》

脩學宫記　知縣江留篇念予

自周建辟雝頖宫，而溯之前則上庠、下庠、東序、西序，在虞夏已然，匪獨周始也。秦棄古不學。漢武表章六經，允公孫弘請，立太常博士弟子員。東漢蔡邕書石經於太學。自貞觀後，上舍、下舍之法詳。慶曆來，則遐陬僻壤之必設學之制，蓋歷世而始備哉！

余莅武邑，甫下車，謁先聖，見其棟桷毁折，廊廡傾頽。蓋自甲寅兵燹後，物力維艱，而前之令是邑者軍興旁午，案牘支離，未暇及也。余捐俸，市材鳩工，起頹補廢。司諭程公揆復捐俸，時佐其不及。司訓金公振甲與孝廉徐子俟召實襄其事。不閲月而廟貌再新，門墉重飭。邑之人士効子來之義，趨事勤，故成功速。於是春秋釋奠，朔望行禮，月季之課譽髦，鄉飲之尚有德，彬彬乎成一邑之觀矣。程君、金君請余爲記。夫列言於聖人宫牆，余則何敢？而二君曰："例也。可以示來兹。"夫學，所以儲材也。士習端，斯民風純；民風純，斯天心格。而雨暘無忒，年穀順成，以襄聖朝之雅化。於是藴爲理學，發爲經綸，黼黻皇猷，霖雨蒼生。有不以學爲權輿哉？載籍，所以資探討也。二酉之藏，五車之富，豈學者所能遍及？毋亦非聖之書不讀，則當遵功令，如《四書》、《五經》、《性理大全》、《十三經注疏》、杜佑《通志》、馬端臨《通考》、《綱目通鑑》及唐宋大家之集，皆當搜羅而畢致之，藏之學宫，則多士絃誦有資，而春秋禮樂冬夏詩書矣。學所以正心術，禁旁趨，自朱子、東萊講學於明招山，何、王、金、許私淑其遺風，爲考亭的派，而楓山起而光大之，故婺之學爲東南冠。文成倡良知之説於姚江，婺爲接壤，獨不浸淫其説，蓋其心術端哉！兹皆爾武邑鄰邦前達之典型也。然則脩學者，務學之實而已矣，豈僅焕其廟貌葺其門牆而已哉？二公曰："善。"《康熙志》

武義新建義學助置義田記　前人

國家設學宫以儲材士之俊异，試前列者則廪餼之意甚厚，法至詳也，然自十五入大學，後事也。八歲入小學，則聽其家之父兄而爲之。父兄者，則不過教之驚利達、拾青紫，而遐陬僻壤、荒村窮陽，天之生材，夫豈擇地？風教固殊焉。班固曰："十歲以下，上所長也。十歲以上，上所强也。七十以上，上所養也。"古之人取孩提之教育與養老之典並行，謂蒙養之事，非上人責也，豈古之道然哉？

八婺爲人文淵藪，武邑居東南，與永康接壤。永康陳狀元亮有贈武川童子序。贈童子之文，自昌黎贈九歲張童子後寥寥，數百年再見於同甫，而同甫所贈之童子則武川童子也。武川童子，固能迥异尋常哉？乃武邑自百年來，科第相望如晨星，於是人不勸於學，而邇來兵燹雨暘相繼，爲父兄者不暇率子弟以學。夫學無驗，而因以不勸於學，不勸學而無有勸之學者，則天生材之意謂何？前武林翁公髫年天才駿發，倜儻不群，以賢書秉鐸兹邑，慨然倡興，買尊經閣傍民地建立義學，復捐俸置田若干，收其租入，延蒙師於塾，爲之館穀，而人争向學矣。今公成進士，爲顯宦。新安程公揆繼之，公名家後裔，工文章，長於經濟，豪邁磊落人也，以爲提封百里，及近而不及遠，非制也，於是復捐俸增置其田若干。予涖是邑，以爲二公擁廣文之席，矻矻窮年，手不停批，教士之在庠者已恪盡其職，乃復留心於養正之功，代其父兄以教其子弟。余有父母斯民之責，復何辭於是？亦捐俸置田若干畝，租益多，規制益備，入武之間，聽其家絃而户誦矣。余因念昔高鳳，其父驅之視麥，鳳讀書不輟，麥爲大雨所漂而鳳不知。童子如鳳者豈少？大都爲視麥累耳。武今無慮矣。必有俊异之資出而動名公鉅卿之聽，與昌黎、同甫相繼而三，爲千古美談，是在今日武川之童子哉！《康熙志》

武義新建聚奎塔記　前人

凡山川形勝，其雄壯者則必爲之增其宏麗，其平衍者則必爲之聳其觀瞻。閣於洪都，樓於江夏，凌雲、銅雀於冀豫之郊，皆此物此志也。余自粤以適閩，渡錢塘，溯江淮，走齊魯之區，抵薊門之北，見崇宏巍焕所謂浮屠氏之藏舍利者，百里之間相望也，而大都在山陵平衍間，信乎增其宏麗，動其觀瞻爲不誣矣。

余受簡書，莅武邑。武爲八婺之一婺，山水爲浙左冠，意必有崇山峻嶺擅一方之勝。孰知壺山西峙，熟水經流，華溪東來，明招暗拱，此外則平原緑野，無所謂奔流關鍵之埶。而武之人以爲科第人文，自嘉、隆後若六月息矣，豈山川之靈，鮮振興之者乎？夫山之有餘不足，爲增爲補，有職於斯土者責也。康熙丙子，擇地於治南之山麓，爲學宫巽峰，鳩工庀材，不以煩民。閲五月而塔成，名曰“聚奎”，爾邑之人士亦顧名而思義乎？宋建隆初五星聚奎，由是濂、洛、關、閩之理學，歐、曾、蘇、王之文章相繼而起，高邁漢唐。婺之何、王、金、許，景濂之文，子充之節，爲千古美談，皆以奎爲文明之兆。聚之義，取諸《易・序卦》曰“聚而上者謂之升”，蓋善言聚哉！則必有聚於下而後足以上動天星。五行之精本乎地，在天爲五緯，經行於二十八宿之分野。人者，陰陽之會，五行之秀，人能聚其一心之五行，則精凝於地，象徵於天，三才之理，有感必通，然則爾邑之人士亦聚其在心之五常而已矣。懔三月之不違，則仁聚；嚴一介之取與，則義聚；動容周旋之無忒，則禮聚；正誼明道之必辨，則智聚。人心聚則人文聚，而天應之，聚奎可，聚婺亦可。萬曆甲戌，五星聚婺，迄今百餘年無應，安知不爲今日之左券哉？夫人之心，必有感而興，無觸弗動。登斯塔也，當其春日載陽，和風慶雲，秋雨梧桐，微雲河漢，以全夏景之繁華，冬嶺之孤秀，罔勿觸吾目，則罔弗動吾心，而仁義禮智有不油然生、勃然起乎？則斯塔之建，其有補於人心與人文不少，而非僅爲山川增壯觀也，豈與江夏之樓、洪都之閣供騷人墨客之登臨寄慨哉？司教程君揆、司訓金君振甲、孝廉徐子俟召及董事湯袁吉、俞鼎公、徐韜甫、徐千英有事兹役，例得並書。《康熙志》

重建壺山亭記　前人

余歷覽名山，凡所以控扼形勝庇蔭生民者，必有靈爽憑依。其吐霧興雲，足以課晴問雨，與天地相感通，往往然也。武城西北密邇壺山，有亭其巔，爲婺女星君香火，歲久傾頹。雖非遏日穿雲，岧嶤萬仞，而峰巒萃嵂，自西而來，儼然屏障，爲縣之主山，倘所謂扼形勝而庇生民者，非耶？居民常驗朝夕，山容澄碧必晴，雲霧瀰漫即雨，非與天地相感通，其能雨暘不愆若是乎？

歲之癸酉，天道亢暘，四月至六月不雨，火雲烈日，爍石流金，禾盡槁矣。夫無禾則無歲，無歲則無民，司牧之謂何忍聽其顛連莫告耶？因憶壺山之靈，平時既可占晴雨，今日丁此鞠兇，豈遂叩之不應乎？乃刻日設壇，齋戒沐浴，同司教、縣尉、紳衿、耆老捫蘿陟險，步禱於壺山之巔。見亭圮蔓草，糾織荆榛，因告："三日得雨，當重建斯亭"，擬答靈貺於必得也。遂環坐溽暑烈日中，抵暮而下。禱之三日，電作雲生，甘霖大沛，雖驟冒滂沱，淋漓盡溼，然四郊沾足，邑遂有年，殊足樂也。噫！求之而輒得雨，得雨而適三日，如相期會，時日不爽，果誰爲之乎？於是乎捐俸庀材，建亭山巔。不日而工告成，謂供奉星君也可，謂施雨蒼生報德酬功也亦可。後之令斯邑者，重民事而感山靈，必且相繼踵脩，翼然輪奐，將與壺山並勝，亭當不朽矣。《康熙志》

北嶺建魁星閣記　前人

環武皆山也。山自西南飛騰奔舞，結爲縣治，其幹爲壺山，位於亥，應紫微之垣。其支迤運而北，位於坎，則爲北嶺，蓋邑治之屏障而爲之鏁鑰者也。前朝邑令張公建天階景壁樓，祀文昌於上，以爲一邑輝煌文治之所，誠鉅觀哉！文昌者，世之所謂梓潼神也，張公獨易之以弘文帝君，其論誠創乎！亦可謂守經而不詭，得禮之意矣。

余承乏武邑之壬申，復建魁星閣於山之巔，與樓相輝映。魁星者，北斗自天樞以至天權四星爲魁，玉衡、開陽、摇光三星爲杓，主世之文衡，天之喉舌，包括元始，吐納萬化，二氣五行所由宣布也。春秋之世，天將開億萬古文明之治，以夫子爲木鐸，代天喉舌之司，在天爲斗，在人爲聖，同一道也。則魁之司文衡，懸象著明，莫大於是。今之爲儒者，天星臨於上，聖經詔於前，必自謹其喉舌之在我者，而後可以吐言爲經，藏之名山。神方出其人，以當修明紹述、霖雨經綸之任，否則沈吟非聖之書，出入异端之學，縱横捭闔，月露風雲，而欲神之佑也，得乎？内階六星在文昌東北，是謂宏文，今與魁閣相映照，俱建於北，可謂得天之位矣。若以爲邑之人士善頌善禱之所，則非余意之所敢出也。斗柄隨月建所指，而極星不動，謂之樞，樞機之發，榮辱之主也，士亦深思其榮辱之所自哉！若夫山川俯仰之勝，流連光景之詞，爲星君閣記，略而勿陳，懼褻也。時前任學博武林王君士駿捐俸若干，孝廉徐君俟召捐貲若干，邑庠生王廷義、王賜履、徐勳光、周維新、陳文瑞、王元俊共襄是役，例得並書。《康熙志》

城南築堤記　前人

莅兹土而捍患御灾，使灾息而患平，爲一勞永逸久安長治之計，固職守之所難辭。而余承乏武邑，山高而水駛，誠不虞此地而猶煩澮甾而馭患也。乃季秋霖雨，山潰水湧，白姥、下楊、銅山、菊溪陡發而合注，若河决焉。波臣之虐，没田園，漂廬舍，直衝城郭，小南門至來遠門土疏波蕩，幾不足以當巨浸，而衢巷水深數尺。噫！亦已危矣！夫蕩析浸没，既傷心於無可如何，而思患預防，獨以一城當波濤之險，則城必壞，城壞而里居無所憑依，則人民之家壞。圖之不早，其何以濟？於是聚紳士耆老而謀之，僉曰："築堤障之便，顧費用巨而措置艱也。城爲國事，宜請帑；堤爲民事，宜勸輸。"兹二者，竊疑籲呼不靈，司農告匱，箕斂滋弊，功令有干，均不足恃。予乃首捐清俸三百兩以爲倡始，而士庶之急公好義者復踴躍從事，輸材効力，不數月而堤告成。雖不敢自附於古子來之義，或亦所謂"百堵皆興，鼛鼓弗勝"者與？

余既樂武人勇於從事，而武之士庶亦諒予之誠拙也，予亦藉手以告守土之責爾矣。雖然，一日成之，百年安之，後之人享其成而樂溯其事，僅得諸父老所傳聞，亦烏知今日之勞心焦思，士庶襄事之孔棘也？是安可以無記？因記其時：始事於戊寅之秋，訖於冬月也。記其地：長千尺，高七尺，廣倍且差也。記其人：倡始者予也，落成者武之士庶，而任事者公正俞鼎公、程公遜、徐族之浩生、韜甫、千英、哲乂也。後之君子，將藉是以綜其本末，以爲復規，故記之。《康熙志》

城隍後寢記　前人

邑有城隍，治幽之牧宰也，有父母之誼焉。先王之設長吏也，顯爵厚糈，畀之榮寵，而必爲之建公庭以聽政，又爲之建私署以休居。蓋體諸人情，凡爲子事父母者，必如是而後即安，意至渥也。若神則視無形矣，聽無聲矣，乃亦爲之莊其廟，而更爲之閟其宫，若曰：吾以人情推之，即其所謂治幽者顯之使明，令天下知神道設教，初非矯誣也云爾。

武之城隍有廟而無寢，神座後即爲荒墟。余下車時齋宿，見而异之，詢諸父老，父老言："向時有之。戊辰歲，廟忽無端自毁，民間室廬概不延及。其秋，鄰邑皆赤地，而我武獨稔。識者謂神爲民請命而灾，則寧丁我躬，靈迹昭彰，不可没也。具其狀白當事，爲募資營搆，廟斯作焉。因財賦不繼，故荒於此。"余聞而嘆曰："有是哉！神寄冥職，猶宰莅斯邦，苟長吏退食自公，而藉塊寢苫，行道之人有感愴而涕者，而位次朋僚，顧能晏然已乎？"然欲事箕斂，則傷民財，欲鳴鼛鼓，又慮勞民力，姑徐徐焉。薄蠲俸薪，銖累寸積，貯諸後府，歲杪一計會焉。未及舉行，則又累之積之，迄今五載，而志始獲展。於焉除其蕪穢，奠其基址，詔棟楹以庭碩，詔甎石以端良，詔簷阿以軒朗，詔垣牆以完整，而梓人、匠人、陶者、冶者鱗集奏功，至仲冬爰告落成。乃詔父老而語之曰："爾各有父母，皆知所以事之乎？"曰："公每月朔望，宣講聖訓，首即及斯，五載諄諄，聞之熟矣。"余曰："不寧惟是。夫神者，古今之大父母也。凡父母無不愛其子，課其子，然有姑息而敗其德者矣，有掩護而遂其非者矣。至於神，則有善者，即予之福；有慝者，即降之殃，其爲德不卒也，則福轉爲殃；其爲慝知悔也，則殃轉爲福：幾微不少貸焉。是爾之父母不如神之愛爾、課爾者之切且至也。而所以事之之道，要不外此十六條，誠能一一行之，循循習之，而盡子職者在是，即底豫者在是，而遠殃至福者亦即在是矣。又奚待入廟而愾乎思、僾乎惕、焚香頂禮然後懔其如在也哉？是先王所謂幽而明之者也。爾曹其志之。"父老再拜，謝曰："始吾以爲公之爲此役也，以安神也，而今乃知以設教也，以敷正也，蓋一舉而三善備焉。煌煌公言，如轟雷鼓，敢不敬守此訓？特是小民至愚耳，提則思之，過此或忽焉；目擊則惕之，後此或遺焉。曷若貞諸石，以永志不忘？"時在坐者皆曰："然。"遂從父老之請，於是乎書。《嘉慶志》

關帝廟記　前人

余蓋於帝之神明感兆，而益仰聲靈赫濯也。帝以絶群超倫之槩，志懔《春秋》，分漢賊於群奸竊據、龍蛇莫辨之日，天下無不共格精誠。若魏若吴，在帝翦滅征討之中，讋慴英風，而歸漢不追，赴吴不犯，其聲靈所感，如日在天中，無遠不照。當臨歧一札，已揭示曹瞞，千載之下，有不照臨在上哉？

余弱冠索寐鷄窗，忽至一廟，帝呼前，囑有事相仗。余不敢仰視，見戰履金裝，炫然耀目。及寤，不能記憶，特以帝之尊極天際地，豈復有事假手孺子哉？後筮仕廣，再令武義，年來人事相遭，宦途鞅掌，幾忘之矣。適故宦不肖子何坦既蕩其家，侵賣父置帝祀田二十畝，將售廟而剷像金，因照值捐贖，廟像不移，祀田亦歸。與國學陳元麟、徐伯彪、邵之端、湯鼎謌等每於誕日奉牲薦幣，肅如也。一日，詣案行禮，睹金履燦然，恍符昔夢，更瞻廟貌，神威悉如夢中無异。嗟乎！神明相仗之言，非即捐金贖廟之事與？兆示數十年之前，忽徵應一日，帝聲靈所感，何其昭然不爽若是哉！且今崇祀俎豆，獸棟飛甍，廟額遍天下，乃藐焉數楹，不令蕩子包藏禍心，妄相覬竊，况帝室之胄纘承漢統，豈容魏吴弄兵並驅逐鹿耶？則帝遵《春秋》而志滅魏吴之大節，更可於所夢徵之矣。《嘉慶志》

聚奎塔記　訓導金振甲

江侯之莅武也，先教而後令，尚惠而絀威，凡興利除幣，矯俗勵民，諸大政一以寬仁惇大爲歸。故士若民奉之如師，依之如父，始而悦，繼而安，五載循循，稱良牧者，以侯爲最。顧侯不自爲已足也，甲嘗從游屐後，登眺舉觴，至歡洽也。侯則四顧長懷，愀然歡曰："山川繡錯，閭井闐殷，而科目用希，逋糧時告，無乃吏治實多泯缺歟？何五載以來，猶未能更新也？"座客有精堪輿者，曰："初非關乎人事，抑亦地脉使然。武固環山帶水，無險仄形，特詣山爲邑近案，位處離，陽埶宜峻聳，今玄武高臨而朱雀卑伏，此文運所由不昌也。熟水駛流，無回沙重抱，僅恃香山一塔，力孤不能控抵，此財賦所由不贍也。爲武熟籌，惟詣巔建增一塔乎？"侯曰："吾之責也。當亟爲之。"即捐俸若干，爲置石甎墁諸物，計日而辦，召梓匠陶鈞，合作鳩工，五閱月，厥績告成。又搆精舍於西麓，俾燈火映照，鐘磬諧音。由是慕善者皈依，悔慝者頂禮。蓋向也一荒垤，今也儼爲化城矣。侯功也，德也，咸於經濟寓之，有如此塔矣。

塔高十二尋，周四十步，上下五層，層皆有級，縱横六面，面皆穴窗。陟其巔，百里豁爾在眸；瞰其旁，四郊瞭如指掌，邑之勝游者嘆觀止焉。且也陵陸盤基，若冠惠文而翹簪則直；臺萊席蔭，若横青玉而卓筆斯端：非文明之象乎？岐岡矗峙，則鳳懷梧井而巢阿；衡柱回飛，則雁睠蘆洲而集澤：非康阜之休乎？堪輿家言信矣。邑之父老子弟聞余言也，相與羅拜而謝侯曰："异時甲第聯翩，室廬盈溢，皆我侯之賜，願有所題以志不朽。"侯笑曰："吾豈有立名之見耶？苟利民物，竭蹶以往，盡吾心力而已，無庸屑屑爲也。"猗歟大哉！功高而不有，德盛而不居，推斯志也，即宰天下裕如矣。遂偕司鐸程君、少尹陳君、孝廉徐君及董事人等合書之，僉以士統乎民，後起梯雲接武者得題名其上，故表額爲"聚奎"云。《康熙志》

重修啓聖祠記　教諭程掞

啓聖祠，祀叔梁大夫，配之以四賢先人，而濂洛諸儒之父與焉。子雖齊聖，不先父食，禮之至正，萬世不易，蓋自明世廟時始也。祠向居聖廟東偏，嗣以兵燹，鞠爲茂草。前廣文翁康飴先生辟址重建，會成進士去。余忝承乏，捐俸庀材，塈茨而丹雘之，凡從祀諸木主及春秋祭祀俎豆盂盃之屬，無弗備具。獨是祠之圮也易，圮而復修也難，況祠建東偏，地形稍下，緑苔碧蘚恒遍，安保其建於前而不頽於後乎？是故謹其啓閉，嚴其出入，燥溼之勿時，風雨之驟至，無敢或弛，則今日之修葺或可一勞永逸，多歷年所乎？抑又有説焉。夫子作《孝經》以揚名顯親，爲孝之始。孝莫大於嚴父，嚴父莫大於配聖，則顔曾暨濂洛其人也。士而過是祠者，其有立身行道之思哉？襄其事，捐貲以佐不及者，則邑之諸生徐逢吉，例得並書。《嘉慶志》

游壺山慈雲庵記　前人

凡山川之得名宇内也，亦有幸有不幸哉？余往舟過京口，望金焦、北固，出入於暮濤曉霧中，竟似海外三山，意甚壯之。千古騷人墨客，登臨寄慨，固其所也。然亦當南北孔道，便於瞻眺耳。假使移置之閩廣甌越萬山中，則亦一墩阜也。然則洞天福地，固視其所遭逢哉！

余課士之暇，偶步城西，郭外有壺山焉。携酒榼與客游其庵，且登其山巔之亭，見熟溪經於前，北嶺峙於右，東望明招則元晦、東萊諸先生講學之所也。而大溪南來，則又會永康溪，經白陽山，奔放而入金華，豈非一邑之勝觀哉？客曰："使移置是山於名都大邑之旁，則珠宫琳宇，花榭歌樓，山之真面目鑿矣，豈能長有此清奇歷落哉？"余曰："不然。余不暇遠論，即據浙之山，自漢以前，寂寂也，靈鷲飛來，非自晋始乎？山陰之千巖萬壑，非右軍孰知争流競秀乎？謝靈運伐山開道於萬山盤互中，搜雁宕而出之，世始知有永嘉之异;孫綽擲地金聲,而赤城霞起,遂冠寰區;林和靖植梅放鶴,而孤山爲西陵之最。然則天造地設之奇,亦人之爲焉耳。吾恐游屐之日至也,爲我敬謝山靈,今而後,花鳥添愁,無虞寂寞矣。"《康熙志》

游明招山記　前人

余秉鐸武川,邑之士庶屈指境内之山,必以明招最,則以阮遥集金貂换酒,建亭其上,而宋以來吕成公得中原文獻之傳,與元晦、同甫諸先生往來講學其間。嗟乎,地豈不以人重哉!余前曾望其峰,則竊疑其不然,即使蠟屐不亭,講堂無幄,而明招山終爲武川之第一。

歲戊寅仲夏,積雨彌旬,友人語余曰:"若非明招豁其胸襟,廣文席,豈闊人至是乎?"遂於課士之暇,偕諸子登焉。初過沈家村口,有僧戴笠立道左,余曰:"平田遠近?"僧愕不知所謂。見有若老人欬且笑於樹之巔者,則僧樵者也。挾一沙彌方汲水,見余遽叉手拜,余曰:"石頭路滑麽?"僧瞪目者良久。竟抵其寺,則日方午,客饑甚,出果餌之屬分餉從者。僧治齋具,余曰:"無庸。趙州、雲門不作久矣,豈以吾儕能買金增三十二相之一哉?"僧大笑不止。因解衣磅礴,盤桓坐石上,歇息者久之。遂捫蘿歷險,陟其巔,萬山羅列,如兒孫矣。見有雲氣瀰漫,從谷中上,銀濤卷舒,日光所透,絢爛萬狀,玩珠山突兀其前,龍蹲獅伏,左右環峙如屏障。因思宋時伯恭、元晦往來講學,惜其語不多傳,余生也晚,不獲聞其梗槩矣。抑又思竹林諸賢,惟步兵爲最慎,遥集爲阿咸次子,親見步兵浮沉魏晋之苦,一旦掛冠歸隱,敝蹝富貴,山川之靈固有以招之矣。士生太平,又安知前賢之見幾明决,處心積慮,一至是哉!時夕陽滿山,冰輪將湧,山鼠嚙古藤,如鋸聒耳,急乘肩輿歸,漏下二鼓,叙次其語如右。《康熙志》

武川備考卷九 四

藝　文　考四

記四

國朝

勝因寺施粥記　進士，邑人朱若功學齋

康熙甲午夏秋之交，不雨者六十餘日，禾盡槁，民皆采蕨求活，又繼之以三十六桶，要皆草木食也。今春蕨根已不可得，富室有好善者出所餘以借貸，吾見其人矣，而殊不易得也。先是鞠父母憫武義旱，請蠲請賑，又垂念南鄉，五處施粥，此時賑米未至，力又不遑東顧。余乃謀之比鄰陳君禹九等，約於勝因寺開場作粥，起三月十三日，迄四月初十日，遠近就食者四百餘家，約三千口，不復往時饑憊態矣。論者謂粥廠此爲第一，果然。蓋計口就食，有增無減，則諸君仗義慷慨之爲也。

竊思緩急人所時有，嘗讀西銘至"兄弟顛連"，未嘗不惻然心動。至范文正公麥舟一事，心向往之。上歲之荒，目所僅見，宜今春之危急若此。而諸君毅然不私所有，以濟梓里之貧，此亦麥舟之遺意也。《孟子》曰"親親而仁民，仁民而愛物，愛有差等而理無异同"，充此心也，可以家，可以國，可以體聖賢保赤之心，可以廣天地好生之德。雖謂范文正事業於今發軔可也，誰謂豆釜之義無當於胞與之仁哉？余重諸君之義，因記其大略，以詔後人。抑又聞余叔祖仲升盡出所有以賑饑者，至東皋徐兆吉倡率里人給粥於其家之宗祠，救灾恤患，不約而同。先正云“天下無好人，非有德之言”，余以此觀之，尤信。是時，同事者陳君而外，爲何湯臣、何允文、趙哲臣、翁以秀、鞏介藩、鞏元壽、韓景秀、韓舜玉、朱聿求暨吾叔祖疇若、叔沛臣、弟天衢等，在廠襄事者爲倪廷旭、應光標，余兄日明、弟榮再、姪梓等，及寺僧懋化。《嘉慶志》

朱吕講院記　知縣張人崧滄亭

古今來心學淵源，荷理道之傳者莫盛於宋，而集其成於子朱子。當吕成公之奮興於東南也，與朱子講貫之功，切磋恒深，故其爲學也，與金溪之冥悟、永康之粗迹毫無所染，而粹然獨出於正，抑可謂傑出者矣。

武邑東去十餘里，曰明招山。其下爲惠安寺，晋尚書阮孚捨宅以建者也。其旁則吕成公肄業之地，朱子提舉西路時，於役之便，與成公講學不輟，而歌咏鐘簴。邑人傳之，祠所由建也。余莅武時，肅其地，則一椽片瓦無存者。詢其故，蓋向有僧某者招致吕氏裔同居，皆不能脩，尚輕薄蕩擲。居無何而寺之儲峙殆盡，既而不勝追呼，遂各逋去，寺與祠俱頹爾廢矣。余因急謀於都人士某某，醵金創始，復廣募之。凡五載，搆前堂三楹，後室三楹，結亭一椽，曰“金貂”，志舊迹也。丁巳秋，學使鄧悔廬先生行釋奠禮，而余所搆之亭甫落成，先生因以“傳薪”命之。當此之時，堂宇亭榭，焕然一新，皆得之敗榛殘燼之中，亦可謂苟完矣。余乃詳請於憲，設主陳几，進邑之先儒鞏山堂、栗齋兩先生合祀焉。復依向例，取寺田二十五畝爲祠堂祭田，命公正某掌之。凡二丁之俎豆，與墓道之掃除，取之寺中。餘田若干畝，命僧某掌之，以贍徒衆而備修葺，庶寺與祠相持於不替。後之學者，登其堂，覽其山川，瞻其車服禮器，溯理學之淵源，而景行行止之心，庶油然以興與？余既蕆事，例得書其顛末於珉端，而寺之田地山塘與公正之姓氏備著之以示勸，且以告後之司土者，俾有所考焉。碑在明招講院。

重修學宫記 知縣任文翼

昔文翁治蜀，立學校，興教化，治行爲古今冠。余生長是邦，愧未有以對也。比成進士，丙子秋奉命出宰武邑。下車之始，首謁聖廟，旁風上雨，漸就傾頽，因思我國家廣勵學宫，作養人才，海澨山陬罔不率化，武爲金郡名邑，朱吕曾講學於斯焉。其間理學忠孝及文章之士載在邑乘者，指不勝屈，而學宫顧不足壯觀瞻，可乎？雖然，學宫之脩，誠急矣。而今之脩，則脩而兼造者也。脩不難，脩而兼造則難。非有力者不克肩其任，非有才者不克贊其成也。因商之於邑人士，多同心者。經始於辛巳之秋，落成於甲申之春。於是向之漸頽傾於風雨中者，今則焕然改觀矣。其楯檻插天，欞星門也。門以内則泮池，甃以文石，亘以飛虹。爲之者誰？貢生朱文棟也。池以内則戟門，三門洞啓，朱户雕甍。爲之者誰？貢生范希純、希堯兄弟也。門以内爲大成殿，鴟吻高張，螭陛森列，其旁爲兩廡，其中爲壇壝，其外爲宫牆，爲各祠，爲大門、左右角門，規制俱簇然秩然，則通邑之捐助也，其名别有石刻。董事者誰？紳衿顧君學峻、徐君元摶、周君尹珅、徐君志朝、王君日泰、徐君斌、顧君覲來、倪君世弦、揚君廷榜也。始議者誰？余與前司教錢塘諸君克紹、武康馮君學海及邑首事也。督成者誰？今司教蕭山陶君士麟、臨安盛君世玢也。自戟門以内皆脩，門以外皆造，合緡錢一千有奇。美哉！洋洋乎大觀也哉！夫尊崇先聖，倡興後學者，士人之事也。而率先勸諭，珥筆記盛者，守土之責也。武學之脩者如此，造者如彼，是烏可以無記？抑余更有爲多士勖者，武爲朱吕講學之地，流風餘韵，至今未艾。士生其間，睹宫牆之巍焕，仰賢哲之風徽，必有克自振拔，卓然堪爲學校光者。他若明倫厲行，讀經習業，諸法前訓具在，諒無容贅。是役也，邑人士之力居多，余則因人成事而已。回思曩者之愧，將不一而足也。是爲記。《嘉慶志》

書院田記　任文翼

越故稱材藪，而武爲婺之望邑，當時朱吕二公講學於此，鞏氏祖孫復後先崛起其間，固理學之區也。數百年來，文人科第，殊不數數見，豈天地之生材不若與？抑人之育材無素與？余剖符是邑，甫下車，周覽城郭，巡省宫牆，見有壺峰書院者，列於西序，言言翼翼，而弦誦之聲何闃焉未有聞也？他日，詔諸生問故，蓋肇於前任餘干汪君，汪爲余同年友，莅治之日，加意作人，振興文教，實創是役，惜其甫經落成，奄然長逝。雖堂寢庖湢略具，而脩脯膏火無資，山長一席往往空懸。余不禁慨然曰："是余之責也夫。"遂爲捐俸延師，誘進來學，閲今四稔。思爲經久之計，而紳士徐元搏、周尹珅、王日泰、顧覲來等以育嬰堂田並存留租息呈請改撥，余即申詳列憲，爲遴選董事，續置膏腴。按其舊遺，核以成數，秉公經理，從實報銷，毋致隱冒侵虧，斯真善後之良圖也。

抑余於多士有厚望者，韓子曰"業患不能精，無患有司之不明；行患不能成，無患有司之不公"，又曰"用功深者，其收名也遠"，諸生肄業於斯，仰前賢之芳躅，體樂育之深心，濯磨奮厲，砥行立名，物華而天寶乃呈，地靈而人傑斯轉，將見三年小成，九年大成，從此桂杏聯翩，膠庠增色，即於越人文何多讓焉？余忝襄是役，以育材而廣化，於繼事不無少補，而我友汪君之首庸，邑之人士尤宜永矢勿諼也。因爲識其緣起，鑱石以諗來者。《嘉慶志》

溪南石堤記　餘姚訓導，邑人鍾德馨薌泉

湯氏族居熟溪之南，宗祠在焉。臨水數十步而近，前對邑城，其上則爲誥山。山下有廟，山上建浮圖，其下累石爲橋，以通人馬往來。橋下通魚梁，或錯生金，以防怪物。橋上架屋，屋凡五十許楹，若彩虹之駕長空，盤礴蜿蜒，而四下山川之埶爲之一束。溪狹而埶險巇，屈曲轉徙無定。雨自三日以往，山水匯注，波漲頓興，又時見有蛟龍出没，避橋下金，則擁水横決，突冲祠後之路四五里，沙漂而去。村人時畚築焉，然此固患之小者。詣山而上，巖排峽束，水一綫自西而東下也。每當春夏，雷雨滿盈，四際犇騰泛溢，鼓而北則水石相激，城腳爲傾；鼓而南，則詣山而下，湯氏一帶村居不能保無恙也。而祠適當其衝，爲患尤劇。近四五年間，祠前迫水僅數武矣。蓋縣城小南門多築石堤以衛城郭，則水漸北漲而南，其執然也。余門人介純與同志者患之，募捐葺工，於祠上築兩石堤，所以爲防障，冀水之不南衝而安於中流也。其所以保安祖廟，以妥以侑，俾百年鞏固而惠及村落，皆可謂知本也已。其捐者名氏某某，入祠給胙，以垂久遠。湯子介純屬余記之。嗟夫，以舊坊爲無用而壞之者，必有水敗，後之君子其鑒是哉。《湯譜》

閑閑亭記　前人

有亭翼然臨於草堂之後山，不雕琢，無鉛華，從古制也。亭高而望遠，碧山遥峙，相向若屏風然。亭外廣各如亭，則築牆迤邐拖而下，自堂而陟於斯亭也。堂之後有雪居，雪居之後爲容膝軒，軒下置石桌，桌之外累石爲砌。砌凡四，高廣各五六尺許，菊、蘭、牡丹、芍藥諸嘉藹堪玩賞皆植焉。砌有階，凡二三級，由軒而左，歷階登砌，則右行。升階復左，則上斯亭。亭南有松，森森千尺。北有古梅，老幹蒼然。其下有雙桂，至秋則香氣馥馥迎人。竹數莖，嬋娟青翠可愛。其後有甘蕉十數，自春暨秋，緑色紛披，掩映牆外，昔人顔其上曰“閑閑”。

戊寅，余忝爲山長，時與二三童冠散步於亭中，因招呼之曰：“若知閑之爲樂乎？世之稱丈夫者，得志於時，從車塞途，前呼後擁，才俊滿座，此干彼謁，則不能閑。君待於上，民仰於下，則不可閑。惟士君子抱道不仕，隱居自樂，有閑之具，則又或寂處於窮巷蓬蓽之中，未盡得夫山林泉石之美。世之得山林泉石之美者，又紛紛逐逐，雅不喜閑，然則古今之能閑者幾人哉？今吾與諸子勤而藏脩，倦而游息，日盤桓於其中，不亦優游而自適乎？夫草木之間，則亦有閑焉者矣。洛陽之種，維揚之葩，與夫群卉争妍鬭麗，不謂之能閑。惟菊於花卉零落之秋，璇蕤圓秀，彧彧菲菲，故能閑者莫如菊。惟梅於雨雪紛飛之中，含英吐華，芬芬藹藹，故能閑者莫如梅。惟松冬夏青青，桃李焕發，木槿敷榮，而不能亂其心；勁風折其枝，霜雪集其幹，而不變其色，故能閑者莫如松。今吾與諸子無大丈夫之志，非隱居而樂，又與諸能閑之草木朝夕晤對，可不知所以自閑其閑乎?”諸子唯而退，於是遂書而爲之記。《清源宗譜》

重建文昌閣碑記　學政彭啓豐

金華屬邑武義，唐天授年置。余嘗按其圖志，東距栝蒼，西通太末，亦婺奥區也。宋淳熙間，吕東萊先生講學於明招寺，朱元晦、張敬夫時相往來，而金華之理學以著，流風漸被，鼓篋庠序者類多樸茂好脩士。其城西向有文昌閣，明萬曆間邑令熊秋芳建，舊址蕪没久矣。錢塘姚遠翻既來秉鐸，考課訓迪，俱有法度，暇時顧邑之士，言曰：“某以振興人材爲務，考邑《選舉志》，洪、永、成、正間驂騑皇路，代有聞人，沿及國朝，己卯科亦有應賢書而興者，今何以寥落若斯耶？地靈則人傑，文昌閣爲學宫之望，標一邑之勝，或者傾圮廢壞，故致此耶？况脩舉廢墜，亦某之職也。”迺捐俸二百金以倡，諸生顧學峻等共率私錢爲助，建閣三楹於學宫之旁，層基固址，樸斲完密，櫨扉四照於雲衢之上，閣中神像、几筵，丹粉一新。請余文以記。

余按，壁宿爲文明，掌天上圖書之府，故天下學宫多祀文昌。文者，精英所聚也；昌者，揚天紀也。《化書》所載梓潼君有七十二化，世所圖縞衣素舃、青童白馬者謂即梓潼帝君之神，以其出於道家之言，世不盡信。然考之天官書，文昌之宫，厥有六星，懸象著明，昭昭不爽，則掞天藻以敷國華，其必有以上應奎壁之宿，宜斌斌乎多文學之士也。爰爲文以記，復綴以詩曰：

蔚矣文昌，帝車之次。斗杓並崇，戴筐是似。翼翼孔廟，殖殖其庭。爲廣文化，秩祭有經。廣開天門，司命陰騭。仙籙有書，好修獲吉。閣道飛虹，帝睟其容。佑我髦士，起鳳騰龍。梓潼之山，玉驄遥睹。星象聯珠，神絃載鼓。《嘉慶志》

文塔碑記　邑令張剋申

武成爲婺州奥區，有講堂、明招、書臺、金柱諸山，拇駢角峙，撩青擢翠於雲霞之表，自古金阮名流游屐所長經，東萊、仲志諸君子所棲息，由來尚矣。麻陽右一枝蜿蜒曲折而來，直抵縣東南隅，是爲誥山。其方於學位巽，熟溪環流，壺峰對峙，爲學宫之聳秀，洵一邑文明地也。昔人以巽位宜峻，曾建設浮圖焉。嗣年久傾圮，屢議興復而未果。

癸巳秋，余莅此土，竊覽習尚猶有古風，而數十年來人文不甚盛，毋乃地利有興衰與？夫形家風氣之説，儒者諱言，而卜土正龜，亦古所不廢，况育才興文，承乏者敢不懍爲先務乎？因值公餘，歷誥山之巔，訪昔所建塔處，將集都人士以續其舉。適紳士王日泰、徐斌、徐師潞、揚廷榜、顧文虎等環請重建，余欣然捐俸百金以爲倡，一時鼓舞樂輸，庀材鳩工。踰二年功竣。自此風俗蒸蒸日上，不獨增斯邑形域人材之盛，且以鳴國家涵濡教澤之休，余又何能無厚望也？因遂礱石而爲之記。乾隆丙申冬月日。《嘉慶志》

重建熟溪橋記　邑令韓席珍

甲辰之秋，余來宰武義，甫下車，周視城郭，見邑南門外溪水環流，木石聚於斯，匠築集於斯。詢諸父老，知溪之熟名，而橋方更建也。翼日，紳士進謁，余詳問其顛末，告余曰："是橋毁不通，徒行者五閲年矣。前邑侯鄧憫民之病涉也，議成梁，捐俸百金爲倡率，適錢塘姚君濬來武，慨然以二百金助，遂得藉手。卜吉起工，邑士民各輸將若干如簿。今鄧侯去，捐繳寥寥，不給於用，功虧一簣，竊滋懼耳。"余曰："此司牧責也。方今幸際太平，士遵王道，民頌康衢，而聖天子子惠元元，凡道路橋梁，詔以時脩葺，微鄧侯，予當與諸君子謀始，况有其舉之，而敢或廢乎？”於時他務未遑，即稽募簿成數，延請首事，諄切勸繳，我士民咸踴躍賁赴。由是鼛鼓弗勝，踰數月橋成，爲墩者十，架木爲梁，鋪以板，上建橋屋。爲楹者五十有一，衛以壁欄。中升奎閣、文昌位焉，願地靈而人傑也；慈航大士居乎左，願普濟永無窮也；魯班之神、司橋之神居乎右，報其功兼祈其庇也。若鱗次，若虹飛，横亘者五十餘丈，統費三千五百餘金。告成之日，予偕衆紳士游宴其上，民樂其樂，樂民之樂，誠甚盛事。乙巳，將勒石，請記於余。

余稽邑乘，考遺碑，是橋始宋開禧三年，主簿石公宗玉創建，邑人德之，名爲石公橋，歲久傾圮。前明嘉靖時，縣令趙奇募勸，僅造六墩而中止。隆慶二年，縣令胡應軫圖脩未就，林一鵠繼之成十墩，始爲屋以蔽風雨。我朝康熙年間，橋遭回禄，縣令徐亮祖勸輸而更新之，制增於舊。乾隆四十三年戊戌，復不戒於火，梁屋盡隨烟焰，石墩止留十之二三，蓋重建之功較前更難。遠近募捐，固藉衆擎以舉，而首事諸君子拮據張皇，席不暇煖，亦大費經營辛苦矣。夫君子脩德，非以望報，此橋近連永邑，遠接甌處，爲往來孔道。每逢春夏水漲，望洋者或竟日不得渡，自兹以後，履坦貞吉，則濟人利物之爲澤，何其久且遠哉！總其成者，孝廉徐法樂、揚廷榜、顧文虎，衿士徐師潞、王廷彪等，至分募襄事，及捐五兩以上者壽諸石，餘則書匾，均垂不朽。是爲記。《嘉慶志》

重建崇聖祠尊經閣記　新城訓導，邑人王日泰

自古帝王御宇，舉天下之郡縣莫不立學，所以明聖道也。故崇聖人之先，有崇聖祠，而又有尊經閣，則聖人之籍藏焉。吾邑崇聖祠舊在聖廟之左，年久傾圮。每歲春秋上丁，奉神主於尊經閣中，行祭奠之禮，其體固已褻矣。而閣復爲風雨所剥蝕，棟折榱崩，漸不可支。余每過其下，輒悵然者久之。夫佛老，非吾聖人也，然而琳宫梵宇，金碧璀璨，並及土木之侈，偶有朽敗，而一二崇信佛老之

流且不惜罄囊相舍，必使完整而後已。乃至崇聖人之先與藏聖人之籍者，反聽其蕪没於荒烟蔓草中，而莫之或顧，昧宗旨而惑因果，豈不深有負聖天子崇儒重道之至意也哉？

歲丁未，揚君廷榜乃慨然謀重建之，合同志暨門下士二十餘人，鳩工庀材，甫一載而閣告成。既又念崇聖祠之不可不急圖也，復相其故址而經營之，至庚戌而向之傾圮與剥蝕者咸焕然改觀焉。事既竣，屬余爲之記。余老矣，久荒筆墨，然以揚君之能知所重閱數十年之廢而不興、壞而不舉者，殫心力以克底於成，爰不揣固陋，而爲志厥顛末若此。其同志者，徐君法樂、王君宗育、林君梧南、祝君非池、徐君師潞、顧君文虎、徐君心望、顧君廷薰、湯君元祐暨倪兆峰、王廷彪，至徐錦勳、阮廷俊、倪成萱、王鴻業、徐應壎、湯學偉、湯開基、湯應奎、徐仁美、陳連、顧廷葵、徐祖鑀、徐祖言皆其門下。《嘉慶志》

復建節婦祠暨捐祀田碑記　教諭朱奎

凡祠典之附在學宫者爲名宦，爲鄉賢，爲忠臣、孝子、義士、節婦，皆所以扶綱常，翼名教，其典良鉅。然余以爲賢宦忠孝，類多士君子得志於時者所爲，即或外遇時艱，内丁家難，而困頓窮愁，猶能發攄其激昂悲憤之志。至於節婦，幽憂鬱悒，形單影隻，一生歲月盡消磨於泣血飲泪，無所告語。蓋此中苦，惟此中人自喻之，自吊之耳。故祀事之脩，尤不可緩，而我武獨闕焉，其何以慰貞魂，獎勁節？

余來之初，即商所以補其祠而復其祀，不得其當。壬子春，有故儒童項興梁妻徐氏，請捐匳資以建祠，曰："第架三椽，足奠龕室，無取華焕爲也。"既而故太學生李孚烈妻朱氏請捐膳田以將祀事，曰："春露秋霜，足供蘋藻，無取豐備爲也。"余樂觀厥成，亟令設木主，稽節婦之已入志者，比其時世而備列焉。其未續入志者，悉心采訪，凡名實相符衆所允協者並附於後。數十年淒風苦雨，一旦爲霽日祥雲，則信乎節婦之苦惟守節者能喻之，惟守節者能吊之也。稽舊志，武故有祠，廢於雍正壬子，祀事亦寢。至於今始復，紀年仍以壬子，亦一奇也。余嘉兩節婦之能自嘗其苦，因以喻人之苦，而吊人之苦也，苦節之貞爲甘節之亨矣。不可不勒石以志，所捐銀數田畝刊於碑陰，後有繼者益可補鎸云。乾隆六十年歲次乙卯十一月朔旦。《嘉慶志》

重脩黄鋪基關帝廟記　前人

黄鋪基當茭道、内白之間，相距各五里許。舊有關帝廟，建始趙宋，不知幾番興壞，以迄於今。往來行言，息肩駐足，而敧邪支拄，莫爲脩治，將有覆壓虞。甲寅冬，處州鎮臺韓公正國閲武來婺，道經此，愓然企仰，肅衣再拜，顧謂防守竇君文元曰："有其舉之，莫敢廢也。"亟謀新之，首輸兼金二鎰，俾竇君董其事。與里人章生國峰等廣募以竟其役，計木植若干，甎甓若干，金石黝堊工匠雜役之費又若干，以乙卯二月舉事，迄歲杪而竣工。正中奉關帝像，後仍爲大士閣，復於正殿前建路亭三間，俾行人有所憩息。庭宇整潔，丹碧輝煌，於是韓公親至用牲，以落其成，而屬奎爲文以記之。

嗟乎！公可謂知當務之急者矣。夫人情能見所見，不能見所不見，當夫群居雜處，狃常昵故，夷踞相對，泄泄自若。見有峩冠博帶、琴書劍佩而至者，則悚然起，見有設鹵簿、嚴頭踏、鳴騶呵殿、高車駟馬而過者，則怵然易慮，惶然屏息，逡巡退蹜而不敢正視，矧赫赫明明、光景遐矚如河嶽，如日星，常昭萬古烜爍於耳目者乎？夫神之聲靈赩熾，著迹於肸蠁恍惚間者，固歷千數百年無間，至其翼皇朝聿昭助順，翕張鼓蕩，尤非思議所能周。聖天子崇德報功，肇禋秩祀，有加無已。去年春復錫綸音，改勑封爲供奉，蓋孔子而後一人而已。在天之靈，彌綸布濩，無所不在，何擇於黄鋪基？而韓公觸目警心，不少遲緩如此，豈非神之靈爽自有以維繫人心，俾之振靡舉萎，轉頹俗而起頑懦者乎？且余聞諸故老，斯廟舊著靈感，蕢茅筳篿,如親告語,其足以震懾愚迷,消弭釁隙。窮鄉下里,與通都要會,無异也。奎譾陋無文,不能掞藻摛華,奮詞攄頌,不敢負韓公意,爲記其大略,俾後來有所考云。《嘉慶志》

重建鳴陽樓記　前人

《易》曰"帝出乎震",又曰"萬物出乎震"。震,動也。天以陽生萬物,震得乾之初,以震動於東方,而有開必先,青陽於是畢達焉。前明贊府潘公有見於此,徹八素門,創鳴陽樓,懸鐘以儆昏曉,而地靈人傑,科名仕宦後先相望。下至扶犁荷插,牽車服賈之儔,亦莫不各勤爾業,以長於厥居,震之時義大矣哉!迨歷時既久,勝迹就湮,人往風微,因循至於喪貝遂泥,索索矍矍而不知返。丁巳冬,年伯王培和先生士興鋭意斯舉,同志林君德澄與某某等分任其事。醵資者若躋九陵,期七日之得;鳩工者不辭來厲,符有事之占。金粟交輸,木石駢至,基鑿於嘉慶戊午九月,至己未十一月門成。載歲庚申十二月,復搆層樓於上,仍肖文昌像,設鐘簴以宣暢其聲,丹碧焜燿,鏗鯨響答,巍然焕然,爲邑改觀。予親至其地,與董事諸君登樓眺望,舉酒相屬,以慶其成焉。夫善因者行所無事,而是舉之勞乃倍於常役,費亦屢浮所議,何也?昔潘贊府因門爲樓,而舊志稱其創。創,猶因也。今則故址僅存,迹似因而全乎創矣。且昔之役,竪石於外,而實土其中,故不久。今中外皆削石礱錯,無罅縫,廣長咸準,可俾勿壞。計木石工匠費及千緡,另籍可覆也。抑又考月令所載,古者啓閉皆出郭迎,今令惟迎春東郭,而武之迎春實將事於此。斯樓之成,不僅爲布德和,令平秩東作者驗脩和也。鳳鳴朝陽,梧生高岡,朋來之徵,茅茹之彙,胥於是樓啓之矣。斯時培和先生銓訓羅陽,明年春,以書來屬奎爲志顛末。憶近十餘年先生數爲奎言斯樓之不可緩,蓋先生於是役,每飯不忘,震來虩虩而後笑言啞啞也。然非諸君協力,未易臻此,因不辭譾陋,而爲之記。嘉慶六年春三月望日。《嘉慶志》

捐置店屋充科舉路費記　知縣熊如洵

蓋義勇爲善俗之符，而賓興乃策名之始，二者似不相及，而善用之，適以相成。此長民者所由廑於懷，而不可必得者也。官衙之右曰朝京坊，南臨大街，有里長亭一區舊址，深廣不及半畝，而地居市心，久成曠土，人咸惜之。嘉慶十二年冬有東鄉民陳德風者，潛謀居奇，乘夜建豎店屋三間，由是見者鵲喧，争者蠭起。初發難於何生松濤，繼之者徐生秉孝及徐惟市、徐李元等，紛呈叠愬，幾盈案牘。及細爲辨質，所執皆殘楮廢墨，依稀仿佛，舉無足爲左券者，乃悉抹去之，斷以所建歸公。念陳氏子雖藉由影射，估計工料業費緡錢百二十千，蹊田奪牛，不已甚乎？準給店賃六年，以償其數，未能愜也。於是有職員程君士林聞風慕義，前席陳詞，願捐己錢如所斷之數，以給陳氏。店歸官賃，積儲以資赴科舉子舟車之費。並懇裁定章程，詳明立案，由前臨海學博揚君廷榜等代爲請命。嗟乎！程君勇於義，足以助賓興之盛，善俗與策名交相利賴矣。余深爲嘉獎，因略定規條，詳明府憲，奉準立案，一一載之簿籍，俾董事者藏而遵行之。至於地方畝分，事之原委，有案可覆，毋庸贅也。司事者以泐石垂後，請爲叙其緣起，書以畀之。碑在縣署。

武城書院清釐田畝脩葺院宇碑記　知縣畢華珍

取寺觀羡田入書院以養育人材，擇邑人士之公慎者董其事，不以寄吏胥，此前令君美意良法也。法不能不敝，敝而聽之，可乎？道光癸未歲，余攝篆兹邑，晋書院禮謁先賢，起視庭廡，多茀漫勿治，爲捐俸脩葺之。乃進邑人士而告之以清釐學田事，久之未有應者，蓋積重難返，其執然矣。

甲申春，爰復選董事劉君垣、顧君倬櫄、祝君志韶、王君人榮、項君秉謙、徐君長清、顧君振雲、陳君大濟、顧君蓮、徐君啓法相與詣各鄉，按籍繪圖核田，得若干畝，視田之厚薄，以上下其租賦。鄉民麔至受□佃，即以是年租入之半爲添脩後院屋倉費，建倉於其西偏，而以東偏居守院者。凡山長束脩、諸生膏火各經費皆爲詳定程品，歲以爲常。邑人士咸以斯舉爲不謬前令君意也。雖然，此猶其法耳。法不能不敝，存乎其人，若作室家，既勤垣墉，惟其塗塈茨。若稽田，既勤敷菑，爲厥疆畎，始之終之，永永無斁，夫非董事諸君之責與？碑在書院。

重脩二郎廟記　訓導施寅廉泉

古之生爲循吏没爲明神者，代不數人，蓋建功立德若是之難也。謹按，真君系出隴西，事實詳於《華陽志》。嘗爲蜀守，有惠政，殁後封爲神。自明迄今，各郡縣皆立廟祀，惟武邑崇奉日益虔，威靈亦日以著。粤稽乾隆、嘉慶時，屢加脩葺，越今數十年，漸次傾圮。邑紳士謀所以重建之，商於衆，則樂輸者多，於是舉謹厚者董其事，鳩工庀材，擇其朽敗者因而新焉。而規模之未備者，又爲之創其制而大其觀。工始於道光己酉年二月初一日，成於咸豐辛亥年十月初一日。成之日，屬余記其事。余曰："是役也，豈以誇輪奂美觀瞻云爾哉？蓋天地之氣一也，凝於人爲人，凝於神爲神。武邑人願，不慣機巧，合千萬人純龎之氣，夙夜虩虩，惟神是凝，神因得所憑依而昭著其靈爽，以庥庇乎民，洵足以垂久遠而邀神貺於無窮矣。司事者以捐助芳名泐之於石，俾後之人有所考云。"碑在二郎廟。

課耕亭記　歲貢邑人童紹彬蓮塘

人必寄其心目於深山絶壑中，離群孤立，此枯槁者流，生趣全失，離乎人事而言也。然徒囿其心目於城市之利窟貨藪，紛紛不已，而生趣亦遏而不暢。

巨川陳君，知道者也。家於城北，離家數百步，於城隅之寛曠處累石成阜，建一亭於其上，高數十丈，巍然之埶望之如摘星樓，憑空插霄漢，游玩甚衆。其始從竹林中入，幽篁新籜，深以密，繚以曲，竹林甫出，而亭已迎面而立矣。拾級登其上，四面群山環繞，若屏，若几，若簾額，雖遠至二三十里外，皆若列於目前。負郭田數千頃，界畫分明，縱横如繡，老者、少者、擔負者、提携者，紛然雜作於其間。陳君於是乎有見夫天之道焉。天以四時運其氣化，於寒暑往來之中未嘗偶息其生機，而於是乎時而耕，時而種，時而收，時而藏。人事亦與天同運不息之機，而不敢自圖暇逸，而人類且不一，各居其職者當思各盡其事也。則斯亭不以他名而必以“課耕”名者，陳君微特課人，即所以自課耳，豈徒以是游觀適性云爾哉？余觀於此，不禁有怵於心，遂樂而爲之記。《知不足齋草》

懷阮亭記　知縣羅子森雨樵

（下闕）

武川備考卷九 五

藝　文　考五

序

宋

東萊博議自序　金華吕祖謙伯恭

《左氏博議》者，爲諸生課試之作也。始予屏處東陽之武川，仰林俯壑，出户而望，目盡無來人。居半歲，里中稍稍披蓬徑，從予游，談餘語隙，偶及課試之文。予思有以佐其筆端，乃取《左氏》書理亂得失之迹，疏其説於下，旬儲月積，浸就編帙。諸生歲時沐浴，必抄置楮中，解其歸裝無虚者。並舍媢黨復從而廣之，曼衍四出，漫不可收。客或咎予之易其言，予徐應之曰："子亦聞鄉鄰之求醫者乎？深痼隱疾，人所羞道而諱稱者。揭之大塗，惟恐行者不閲，閲者不播，彼豈靦然忘耻哉？德欲蓄而病欲彰也。予離群而索居有年矣，過而莫予輔也，跌而莫予挽也，心術之差、見聞之誤而莫予正也。幸因是書而胸中所存、所操、所識、所習，毫愆髮謬，隨筆呈露，舉無留藏。又幸而假課試以爲媒，借逢掖以爲郵，徧致於諸公長者之側，或矜而鐫，或愠而讁，或侮而誚，一語聞則一病瘳，其獲不既豐矣乎？傳愈博而病愈白，益愈衆，於予也奚裨？"遂次第其語以驗觀者，凡《春秋》經旨，槩不敢僭論，而枝辭贅喻，則舉子所以資課試者也。本集

洪無競字序

武川佛廟領於祠官者四十有二，曰明招，則余松楸所托也。率三歲科詔下，邑士相與爲曹，依僧房以專肄習。明招林麓閟邃，棲研席於其間者，視旁爲多。鷄一鳴，弦誦之聲與鐘梵交於户庭。日旰休帙，岸巾曳屨，相追於松陰。予時往參焉。問以後進之秀，或枚數以對，屈其指未三四而得洪褎然名。予固私竊識之。

他日，童奴持謁入，望其刺端，若洪其姓者，取而視之，乃疇昔松陰所談者也。予亟迎之門，興俯酬酢，惇懿純靖，雖中朝故家名子弟，生長禮法中，足未嘗涉閫外者，猶不能過焉。出其文，甚澤而暢，充其科者也。既數而稍浹，予試開之學，洪子慨然有志，浸喜從予游。語次，顧視几上，前日刺猶未漫，因舉以諗洪子曰："子志古而科目是羨，非名也。盍歸而謁諸親？"無何，洪子復於予曰："吾親命以無競更故名，而虚其字以待，敢請。"予嘆曰："群童相呼而趨果餌，攫拏者既屬厭，而袖手者猶未沾齒。自垂髫之時，競者固已居其右矣。束髮而冠，其競愈大。險指聲利之標，而輩逐之，退縮不競者，閭巷至相傳以爲諱。子之親獨取彼之所諱者爲子名，意者患苦囂競，將還子於無求之地乎？世路日狹，一有所求，四向荆棘。然尚有一途平寬廣博，游之無禁，行之不窮，驅馳疾徐，惟意所適，舉世莫與競。子往而求之，孰御焉？敬以'求仲'副子名，並序其語，以問發軔之期。道逢策馬競進，尤子之多求者，其與俱來。"《東萊集》

贈武川童子序　永康陳亮同甫

童子以記誦爲能，少壯以學識爲本，老成以德業爲重。年運而往，則所該愈廣，所求愈衆，窮天地之運，極古今之變，無非吾身不可闕之事也。故君子之道不以其所已能者爲足，而常以未能者爲歉。一日課一日之功，月异而歲不同，孜孜矻矻，死而後已。自古聖人,及後世之賢智君子、騷人墨客,凡所以告語童子者,雖各出其所長,而大概不過此[①]矣。若余少而昏蒙,長不知勉,未老而頹惰如七八十歲人者,此天地之棄物,而何以語童子哉?

童子之資稟特异,而尤記疇昔之所見所聞其略可言者。蓋闕黨童子,聖人既與之周旋矣,其以求速自見,而有疑於异時之遠到,故孺悲則辭而不見,將以警策之也。後世諸賢,其於童子,豈能有此裁成輔相之道哉,而況若余者乎?

童子行矣,奇妙英發,不極其所到,未可止也。落華收實,异時相與誦之。舊志

雲谷雜記序　長樂楊楫通老

昔王原叔《辯婁碑》、劉原父《言入閤儀》,雖歐陽公亦嘆服之,則知博物洽聞之士,世不易得,而自昔以爲重也。嘉定庚午,予假守龍舒,始識張君清源,一見知其非碌碌餘子比。時愧倥傯,不暇與之款曲。他日以職事之郡,試與之言,凡余生平所得而未嘗與人言者,清源悉能道之。其與書傳間辯正譌謬,旁證遠引,博而且確,非胸中有萬卷書未易至此。予既嘉其爲人,且慮其溺心於是,反緩其所當行者,因謂之曰:"士之於學,非徒曰聞見博而已,今既從仕,要當究心政事,以行其所學,毋專於誦説,可乎?"清源曰:"唯。"會旁郡有訟析資者,幾二十年不决,部使者下之郡。予因以屬之清源,一閲文牘,曰:"得之矣。"即呼二人者叩之,甲曰:"某三衢人也,紹興十三年,從兄嘗鬻祖産,得銀帛楮券若干,悉輦而商,且書約期他日復置如初。兄後以其貲買田於淮,不復歸。今兄雖亡,元約固存,於法當析。"乙曰:"父存而叔未嘗及此,父死之後忽稱爲約,實爲不可。"清源曰:"此固然也。抑豈足以折其奸而服其心哉?"復呼甲至,謂之曰:"按國史,紹興三十年後方用楮幣,不應十三年汝家

① "此"原作"如",據《陳亮集》改。

已預有若干,汝約僞矣。"甲不能對,其訟遂決。又有訟田者,餘五十年屢置對而不得其理,清源驗其券,乃政和五年龍舒民與陶龍圖者爲市,因訊之曰:"此呼龍圖者,謂何人?"曰:"祖父也。"清源曰:"政和三年,五甲登第,於法不過簿、尉耳,不應越二年已呼龍圖,此券紹興間僞爲以誣人,尚何言哉?"其人遂俯服,衆皆駭嘆。其他類此者甚多。雖其敏識過人,亦平時記問爲之助。予始愧前之知清源者猶淺也。會予持憲湘南,欲請於朝以清源自隨,清源以不便親爲辭。予亦不敢强,相别於宿松道中。清源有詩云"今朝執手難言處,此去傾懷更有誰",讀之殊不勝懷。因取其所著《雜記》識於後,庶知予與清源非苟相知者也。嘉定五年三月。舊志

雲谷雜記序 新喻章穎茂獻

春秋之世,諸國交聘之際,莫不觀應對於言辭之間,覘賢否於威儀之頃,問事以不知爲耻,歌詩以不類爲非。絳縣老人甲子之疑,吏走問諸朝,師曠知其爲狄伐魯之年;史趙以亥有二首六身爲言,而士文伯知其爲二萬六千六百有六旬。晋之諸賢各致其所聞,而鄰國之諸侯皆知晋之有人。噫!學識於人不可無也如此。

金華張君清源年方盛而學愈進,如百川之方至,而不可御。郎中楊公通老篤學力行之士也,一見而器之,爲識其《雲谷》之編,其所以期望於清源者,豈止此哉?穎嘗謂自伏羲始畫八卦,由是文籍生焉。夫子屋壁之藏,固已多於河洛之圖書,諸子鼓吹之作,尤盛於洙泗之簡編。自科斗而爲隸古,猶傳授而失本真,字畫之差殊、篇章之殽亂,與夫方言南北之殊,地志古今之异,鳥獸草木之夥,器用名物之瑣細,記録之紛紜,傳寫之脱略,或一物而异名,或一事而互見,或一書成而糾繆繼之,或一説出而辯誤隨之,史籍所載不同於金石,耳目所接或殊於簡牘,清源悉從而纂輯之,加訂正焉。其爲書亦博矣。穎自志學以來,年少氣鋭之時,涉獵閎博,浩無津涯,蓋晚而後悔其日力之可惜也。清源以爲學之餘力致意如此,他日

之所編,當且十倍於今。雖然,清源方策足榮途,官無崇卑,皆有職業。君子思不出其位,則吾之所職者皆在所深長思也。研核事情之隱賾而握其機,審稽利害之源委而求其實,清源必優爲之,穎蓋以此書而占之矣。嘉定甲戌臘日。舊志

元

送逯公平赴武義教序　金華許謙白雲

武川居金華上游,地狹而土肥,有高山茂林,所産者棟梁之奇材,東南之美箭,故其民富庶而風俗勁急。舊爲東萊先生講業之地,其流風餘教猶有存者。士大夫能道詩書,通古今者往往有之。頖宫承前代之舊,歷年既久,幾不能蔽風雨。前後掌教者雖欲經營葺理之,而屢不果。昔者吾友掌教是邑,歷歷爲余道者如此。

今逯君公平往而繼兹職也,當講明道義,以紹東萊先生之遺風;興起學校,以光前人之舊業。尚勉之哉!逯君年富而志廣,好學而有文,以大材而居小任,其德業必有足聽聞者。某當洗耳以俟。舊志

記徐倉部遺事序　義烏黄溍

唐故倉部徐鎡者,婺之武川人。倉部之在告也,嘗建崇元觀於武之太平鄉,余少時嘗游其地,縱觀廟廡間碑碣,有具載家世顛末者,因竊嘆吾婺有前聞人,真不愧官守者。唐當末路,上無明天子大加擢用,俾竟若設施也。後二十年,復以事過觀,則觀圮而碑没矣。詢其自,謂豪右僭侈者,以碑在,緩急不可卒得志,因相與推仆沈水内。唐歷五季,迄兹且六百年,中間權貴人所在伐石紀勳績,迨其久也剥落不可尋舊迹者,豈獨一人?余獨恨倉部之泯然,無以自見於天下後世也。

倉部自爲兒時,誓清天下。年十九游鄉校,二十以才識兼茂起爲倉部員外郎,一年遷郎中。唐之亂也,節度使擅權,軍食調用復取給部中,使者需索,冠蓋相望於道,典守者即少靳,卒中以危禍,

尚書而下率[①]唯唯從命，不敢可否。倉部憤然曰："如此，尚可爲吏耶？稍俟數年，吾官不遷，吾歸林下矣。"五年，果用薦者言，遷侍郎。鳳翔節度使李茂貞以軍功受朝廷异知，四方賂遺，不可勝紀。時適以事使人過部，索數百緡爲獻，倉部辭以"部方虛乏，無以應使者求"，使者怒曰："前後爲部者，吾所閲無慮數輩，君獨强項若是，不欲復爲吏耶？"倉部曰："惟不欲爲吏，故敢如此。"使者憤然去，然亦竟莫能爲也。故事，部事惟尚書一人司啓閉，侍郎而下，供簽署而已。倉部獨曰："朝廷設官分長佐，意在同寅底績，誠一聽長官所爲，吾輩又奚必徒束手爲太倉蠹，使後世稱伴食曹屬耶？"尚書以姻婭爲堂吏，減剋軍餉者，事覺逮繫。長官初不知倉部欲一日掠殺之，懲後不法者。會金部郎以事至廳事力救，公猶怒不已。少頃，郎去，卒置之於法。明日，堂白，具文書，求尚書簽。尚書難之，則瞪目視曰："君欲黨惡自反中耶？"尚書不得已，簽。公前後在部十餘年，行事大率類此。

余嘗閲《唐六典》權德輿劾奏司農少卿裴延齡，謂部司錢穀盈縮不與他有司同，延齡工於文學，拙於度支，乞命他官領之。辭甚愷切，讀其疏，想見其爲人，賁育之勇，渠真不減。如倉部者，殆其人非耶！余故著其遺事一二，以附柳宗元《段太尉》之義。延祐六年甲子仲夏撰。舊志

明

碧山詩草序　施守官懋伯

詩必本性情，無性情不可以言詩也。其性情和厚，其詩醇雅；其性情慷慨，其詩悲壯。吾友武義韓子深於情者，平日居心正大，品行端方，其涵蘊既深，其發論亦正。雖未嘗沾沾於雕章琢句，而時有會心，談笑詠諧，皆成篇什。要之有性情而後有言，故議靡弗

① 原作"卒"，據《武川文鈔》改。

邕，轡靡弗逸。披讀一過，如嚼茗茹芝，餘香津津齒頰間，而清風生兩腋也。神流意透，躁釋矜平，以之瘠寐柴桑，頡頏輞川，誠有卓卓足傳者。至其哭門人王孝子詩，激壯淋漓，嗚咽感憤，殆亦有不能自已者耶，蓋又合悲壯醇雅而一之矣。讀韓子之詩，不益可以見韓子之性情乎哉？本集

正氣編引 教諭鄭鍾

正氣者何指？王生之捐軀以報父仇也。編之者誰？其師韓子録諸賢之哀詞以昭孝也。夫孝匪難，孝而捐軀爲難；捐軀非難，捐而從容協義爲難。甚矣，王生之不可能也！父仇誓以必報，而不敢輕於驟報，二字之銘勒者，實勒之於心，而一編之時誦者匪直誦以言已也，俟有後而即爲一擊之舉，全父屍而甘於致己之命，求仁而得仁，守死而善道，甚矣，王生之不可能也！諸賢之哀詞，哀而慟矣，非夫人之爲慟而誰爲？先正謂桐江一絲，有以養成後來許多名節之士，若王生之一劍，其桐江一絲乎？是編也，可以爲風矣。本編

孝烈編二刻序 知府張朝瑞

余視事婺城，婺之環郡而邑者凡八，其命名各有所紀，如金華以紀星，東陽以紀日，蘭溪、浦江、湯溪以紀勝，永康以紀祥，獨義烏用烏紀，而武川無所紀，亦以義隸之。嘗深維之，未睹其旨也。因暇披圖史，訪故實，求古人所以義二邑之意，蓋深有味乎其名也。秦顔烏之葬其親也，群烏銜土助之，至於傷其喙，烏之稱義，厥由於此。夫孝，德之本也，感及飛鳥，假以名邑，自秦至今，歷二千餘年。郡縣可改，城郭可遷，而此名必不可滅。倘所稱地以人重者，非耶？雖然，猶借之乎异代也。不若王生之孝，近在六年之間，俞婦之烈，共効於一門之内。方人之殺其父也，王方髫年，誰不易之？乃封金鑄劍，入泮圖嗣，遲以六年而卒奮於一擊，何其審而决也，真爲奇男子已！生之死其讎也，俞亦幼婦，誰不易之？乃忍死終喪，撫幼存後，比及三載，而相從於九原，何其貞而烈也，不愧女丈夫已！一時

雙節，千古完名，武而有此，可不謂之義乎？夫邑名勝母，曾子回車，惡其名也。以其所惡，推其所好，藉令生於今日而聞此名乎，雖武下邑，可以邀大賢之駕矣。

僚友周視篆武川，恐孝子烈婦之名久焉湮没，將不與烏傷並傳，乃取舊刻《正氣編》校定二傳，並諸君子哀詞而重梓之，以質於余。余不文，聊序其編首者如此。本編

贈分宜縣佐李君朝獻序　按，朝獻名璋，嘉靖年貢，任分宜主簿。翰林，分宜人彭鳳

人之言曰：簿，贅吏也，秩卑則患阻，執偪則忌侵。地下則澤不流，即僨事，己得諉焉，古謂閑官，允矣其贅也。彭子曰："惡是何言也？在昔，周官列職，署守旁羅，百司自君卿大夫，下逮嗇夫版尹，凡以寄政襄務，皆有關化理而繫民生者也，豈容易哉？譬之車然，飾輪治轅，參以嗞膝，御以良樂，宜無資於輔也，然非輔則不良於行。君卿大夫，車之謂也。嗇夫版尹，輔之謂也。故邑匪丞、匪尉、匪簿，則輔亡；輔亡，吾知其適治也難矣！且官以主簿名，在古曰糾曹，凡令、丞、尉所爲，俱得檢正。且掌句稽出納，凡上供之物，無所不當問。今制猶然，居則主會斂，出則取輸將，蓋民之豐約懸於税，而令之慶讓懸於賦。何也？取有則，列有式，征有時，則公阜私省而民豐，否則，約。令，邑之長帥也，並總而責成焉。有以奉乎上，有以厚乎下，則有慶，否則讓。豐約繫則民攸塈，慶讓存則令攸倚，如是而謂澤不下流，即僨事且後責焉，豈理也哉？然曩予居鄉，見前之爲者，主賦外，間主篆，主獄，主清稽，主徼巡，視令、丞、尉缺則歷治之。然而賦乃厚殖爾已，故民益貧；篆乃竊據爾已，故民益玩；獄乃徇蔽爾已，故民益争。清稽則冒設爾已，故民益詐；徼巡則觀耀爾已，故民益偷。夫民已不堪厚殖，而又竊據以啓其玩，徇蔽以誘其争，冒設而施之詐，觀耀而縱之偷，鮮完民矣。以此蒙戾負慝，而曰'吾以卑取凌，以侵取嫌'，豈端使然哉？"

武義李君朝獻，以太學生近補此官於吾邑，而問言於予。予曰：“君器，良輔也。求善駕而依之，資以適治，歷所主而自糾正焉。庶幾古人命官之義，而今之職斯恢恢乎有餘地矣！慎毋諉曰閑，曰贅，曰阻，曰侵，至無以完吾民也。嘻，行矣，其勉之！”李譜

送廣文李兩溪先生擢任寧都序按，兩溪名暹，字一明。嘉靖年貢，寧都教諭。　南京禮部郎中卜大有

兩溪李君司訓灊數年，會余業師爽溪范先生爲君寅長。今年春，君以考最遷諭寧都，濱行，先生與其寅友甄君自衡、張君五美暨門下諸彦夏子秉重、操子公化輩皆難其别，特走書白下，索余之言以致贈。蓋以君爲余之同鄉，灊爲余之舊治，且師命不容辭也。

余聞君之官於灊則情洽而恭，教多士則敬而能寛，曆數年如一日，當道有無忝師儒之譽。由此言之，則今兹難别者，果道義之交蘭臭金利無所解於其心耳，豈若夫人者徒緣素好動分袂之私憾云乎哉？雖然，别者，迹也；不别者，心志也，道義也。使君之寅友既送君而别，而其相與情洽而恭一，恒如君之相與；君之門下士率君敬寛之教一，恒如侍君之左右，則雖别，猶未别也。君之别灊而寧都，其處同寅洽而恭，無异於灊；其誨多士敬而寛，無异於灊。則雖與灊之寅友、諸士别，猶未别也。是故古今豪傑之士，寄浪迹萍踪於宇宙間。夫苟道義孚，心志一，雖千萬里相違，不害其爲不别；夫苟志行乖暌，則雖同室聚居，不害其爲别。别與不别，固在心，不在迹也。聚散云乎哉？明乎此，又何難别云乎哉？抑余又有言，今世之仕者往往任權要埶利，若校官之職之清，非有識者，鮮不以閑冷而不願居。雖然，人亦知諫官之與宰相等者何也？以言行而道亦行也。若校官，則教行而道亦行耳，教育英才，其即君子之樂非與？余聞君有器嗣三，而仲、季尤篤學善文，科甲在望，不識亦以若翁之

清秩爲閑冷否？李譜

送李少白先生榮歸序按，少白名惟時，萬曆年貢，由黄巖教諭陞淮府教授，進審理，致仕。　明高皇八世孫朱□仰仙

宣皇帝封介弟爲親王，都彭城，國號淮，子孫靈承世繼。皇帝制曰“弼成君德，責在輔導”。由是無論親王、郡王，各教授一員，重本支也。越有譚子善其職，克昌後允，由進士官至大司馬，食報罕並。今先生從浙來輔予。予始覿清揚，接言笑，私嘖嘖曰：“此老翩翩出塵，非神仙中人耶？”既而相與上下議論，談説詩文，評騭古今人物，邪正賢愚，不啻燭照，數計而符契之。予傾聽之餘，避席不遑，即矍然曰：“有是哉！豈董賈之復出歟？枚乘諸人姑置勿論，繼譚之後，僅僅稀覯爾。漢昭烈曰‘孤之得孔明，如魚之得水’，予於先生亦云夫。”

先生武籍而縉産也。縉、武爲我明甲縣，而李尤爲縉之宦族，科第鱗比，紆朱拖紫者後先布列，庶官家講之素矣。先生乃懷抱奇瑰，出教黄巖，棫樸菁莪，振作多士，坐春風而陶化雨，即蘇胡奚讓焉？黄校德先生之深繪杏壇、芹泮二圖以獻，蓋尊之也。縉紳巨卿艷先生有光師範，爲作圖記以揚休美，猗歟盛哉！予雖不穀，好切緇衣，裨益洵宏多也，國家尚亦有利哉！倚毗方殷，顧啓乞休，國主乃奉恩詔疏其賢，特請進階審理。今先生歸矣，予何言哉！科第，公家故物也，异日令子賢孫掇巍躋膴，華國調元，累葉昌茂，度越譚氏，端於先生也卜之。李譜

贈鶴橋揚君任衡山序按，鶴橋名瀚，由貢生任衡山主簿。　姜良翰

衡山爲古之南嶽，背太華，面洞庭，其東折而爲九疑、匡廬，形勝甲於天下。昔先王巡狩省方，必至其地，以布德行慶，其民亦嘗被化，故其俗去古雖遠，猶有先代之遺風焉。予鄉揚君鶴橋以鄉貢應吏部選，實貳縣政，告予且行，有難色。予慰之曰：“子得無以令之難爲乎？夫君子之志，在行其所學而已，難與易所不計焉。古者

聖人經理天下，列以五等邦國，故其君視民爲甚遠。自秦以來，類以郡縣治之，而君民之勢始近。至於令之親民，尤爲益親。漢明帝曰‘郎官上應列宿，出宰百里，苟非其人，民必受病。’唐太宗亦謂庶民所以安其田里而無愁嘆之聲者，政平訟理故也。與我共此者，其惟良二千石乎？故守令有治行卓异者，書其名於屏，遇缺則以次陞補。益見令之於民，所係尤重也。然漢興四百餘年，西漢書所載循吏不過五人，東漢范蔚宗益以十二人，合《新》《舊唐書》凡三十餘人。而宋之循吏，史不經載，豈非以聰明特達者世固不少，而簿書期會，苛急煩細，能以循良惠下者，世固難其人哉？”

鶴橋爲宋文簡後，秉謙恭敦厚之德，備精明練達之學，内寬而外裕，色温而氣和，以是從政，其何病於難爲？余嘗聞之，人心無常，惟從欲則易治，故爲政之道如烹小鮮，在弗擾之而已。衡陽民俗近古，風氣攸鍾，以善導之，民必易於從令。鶴橋果能因俗理俗，以人治人，不作异，不作好，不以喜怒易其性，不以怨惡害其公，從其所欲，順而馴之，愛養民力，如護元氣然，則志行而民必受其福也。鶴橋行矣，他日報政，倘東南有卓异者出焉，必吾鶴橋，而吾之言亦於是乎有驗矣。鶴橋勉之。舊志

國朝

浮園詩集序　宣城吴肅公晴巖

歲己巳，予因居停吴懋叔羈維揚，是時蔣前民、吴薗次、宗子發、王武徵、朱西柯、張山來、吴雲逸諸君詩酒唱和，驩甚。而朱子其恭，故廉吏子，僑寓不自得，吟咏頡頏爲豪。余頑迂累俗，而皆與之善。其恭不以予爲社櫟，而謬以爲碩果，癖予尤在文詞之外。越六年乙亥，予復來此，薗次、懋叔已前逝矣。訪前民，病不能出。問子發，亦久卧焦山之麓。雲逸則尚滯新安里中。爰不禁今昔離合之感，獨武徵輩健無恙，顧不時見山來鼓吹風雅，差强人意。其恭才益老，詩益富，醇樸高亮，兼襄陽、少陵之致。甫卒讀，忽以遠游

告,而屬序以行。嗟乎!逝者已矣!顧離者不即合,合者復遽離乎?會予亦束裝且返宛溪,其能無慨然也哉?其恭詩在今世第一流,行且奏之廊廟,播諸都邑,不似山中老朽,著述蠹魚也。本集

浮園詩集後序　吴綺薗次

余與七來大令講同譜之歡,因與其恭世兄敦忘年之好。共素心而對序,地若南村;拭青眼以臨觴,座如北海。而其恭才多英妙,令人恒嘆仲謀;氣更深醇,使客時欽公瑾。亭亭直上,有如孝伯當年;落落高騫,不減元龍往日。登車憑軾,長多嶽瀆之游;拂麈揮毫,每得江山之助。嘗歷燕趙而訪古人之迹,多留吴楚而問傑士之踪。吊遺迹於六朝,尋離宫於八代。登高望遠,送往迎來,莫不杖策徘徊,臨書慷慨。懷昔人而不見,念後世其何之。况夫浮梗漂零,靈椿凋謝。天長高而莫問,空嘆《離騷》;路欲斷而將窮,頻登廣武。吹簫橋上,同爲待月之人;選賦樓前,共作停雲之客。擊楊惲之缶,祇自唱其烏烏;叩處仲之壺,更欲嘆其鹿鹿。於是發爲歌咏,寫以篇章,逸興遄飛,深情獨往。揮鏤青之管,如飼春蠶;倚小紅而歌,似吟露鶴。自是千秋之豪士,實亦一代之才人。使高皇帝而見飛將軍,封侯亦何足道?若馬長卿而遇漢孝武,負弩必自可期。而器也如斯,時哉未遇,知者爲當世惜,不爲若人嗟也。予既服其才,復欽其品,終不敢以渾金璞玉定山巨源之所成,而早則識龍泉太阿爲張茂先之所寶矣。本集

昆明邑侯武陽朱公德政序　昆明王思訓

古循吏莫盛於西漢,而漢之循吏皆名儒也。班史《序論》謂孝武之世,能以治化稱者,惟董仲舒、公孫宏、兒寬三人,皆儒者,故能以文章飾吏治。儒以道得民,不信然與?學齋朱公以名進士來宰吾邑,望之如春,味之如醴,粹乎儒家風度。甫下車,值大兵西征,一切軍需,以身支應。暇則集課諸生,得計偕輒捐俸以贈。他如除蠹弊,省煩苛,折獄引經,案無留牘,宜其未逾年而頌聲四達也。今

年夏，旱甚，衆曰："無雨，將無民。"公曰："無雨，直無吏。"西山上有龍湫，徒步往禱，雨隨注，衆咸謂"公雨我也"，爲繪禱雨圖頌之。

夫世之爲吏者，率以簿書爲務，而公獨本真儒實心，拊循而咻噢之，一時訟清於庭，風純於野，請托不行，苞苴路絶。上自搢紳父老，下至牧豎蕘夫，以及椎髻鑿齒之民，靡不加額稱慶，以視班史所稱，何多讓焉？近復創三綱祠，祀忠孝節烈於其中，尤非俗吏所能爲者。然則公方有大造於滇也，友人來都者爲余述其梗概，爰叙之以贈，且以爲吾滇幸云。《嘉慶志》

重脩熟溪橋引　知縣王祚對

武邑叢於山，而中有衣帶水一條，紆迴繞之，當春夏淋淹，萬嶺泉湧，以涇爲匯，南崖涯涘之間莫辨牛馬，執使然也。出郭之東南爲熟溪，温處孔道維焉。川廣既不能徒涉，而水石交怒，盤蕩迅駛，方舟莫便也。昔人經久而橋於斯，法良美哉！曾幾何時，而風雨剥落，屋十分存二，板木强半腐敗，行人趦趄有戒心焉。嗟乎！當斯橋初成時，雁齒嶙峋，蝃蝀掩映，徒旅之往來休息其上，目睹而心揣，詫壯麗焉。文人騷士以時步履其左右，觸景吟嘯，低回不能去。令後此者歲脩而月葺之，橋至今如新可也。惟不知所脩葺，因循怠緩，而至於今，圮者近五六年矣。令復如昔之因循怠緩，則圮至五六者將不止於五六，而目前所留衆木衆石蕩然無存於此。而始議創建，非大勞民費財不可。天下事可爲而不爲，至不可爲而後爲，而卒至於難爲，大率類此，可勝嘆哉！故余吏武纔半歲，而紳士亟以脩橋請，非迂也。且夫邑有大興作，此亦在相其時耳。

武在浙東稱瘠壤，素鮮膏腴之子，自聖天子軫念民艱，特免丁酉租賦。丙[戌]之歲，自春徂夏，風雨維時，麥既有秋，禾亦雲起。余竊喜我武士民烝烝有起色，而修舉廢墜，以復舊觀，時哉不可失也。之役也，不必借力於五丁，無事求募於緇流，惟爾三老、邑士民所應舉者。其以余書爲士民告，俾知橋有可脩之時，不可不脩之執，務各精白。乃心以共成此必當脩之事，募資於中夏，鳩工於初秋，則腋集裘成，山由簣爲，出樂歲之贏餘，落百年之偉搆。其用力爲差易，而功德正未可量也。邑士民聞之，豈河漢予言乎？倪祖寬鈔本

重脩朱吕講院引　知縣張人崧涵翁

邑之東，衆山匼帀，凡蜿蜒十餘里而明招出焉，蓋山之奧也。山下有寺曰惠安，僅容一笏地，佛堂僧寮粗具。其右晋阮公之蠟屐亭，左則朱晦庵夫子與吕成公之講堂也。亭已荒不治，而堂則片瓦無存。讀其碑記，武林翁康飴先生司鐸時所製，其寺之盛衰與堂之興廢歷歷可溯也。蓋自子朱子集聖學之大成，而衣鉢淵源，蕃衍婺郡，當其提舉浙東時，往來於越、婺間，與一二賢達如石克齋、吕東萊諸先生提撕講貫，雖秣馬寫鞍之餘，莫之或輟，迄今事往雲散，而遺踪餘韵猶依依蕭寺，傳爲盛談。如月泉之盈虧，池塘之雲影，往往而有矣。余向承乏於浦、於新，皆得葺而除之，以光大其踪。矧兹寺者爲先賢過化之地，而宰木宿草猶盈盈隴間，可聽其荒湮而弗彰乎？余首爲捐以倡舉，復弁斯言以告其邑之人。邑人願而好善秉彝之心，吾知其油然而起矣。《嘉慶志》

四書融注全解序　教諭姚遠翿

《四書》者，孔孟之文章，理學之統宗也。聖人之道，大而能博，凡學人不能遍觀而盡識者，明乎此可以通六經之旨，而接三代之傳，故其書爲天子庶人所共學。慨自秦火之後，晦而不彰，漢唐以還，雖有述者，厥旨未暢。宋儒朱子振起一時，萃群儒之論而折中其説，微言大義，炳若日星。有明以制義取士，國朝因之，命題樹意，皆以紫陽傳注爲宗。故曰"四書熟，秀才足"，夫所謂"熟"者，非僅熟覆其句讀已也，必聚精會神，體貼注意，得其理解，盡其精微，而後以會之於心者注之於手，則其所謂制義者皆聖賢萃精之語，不可以時藝目之。蓋《四書》熟，則理學明；理學明，則文章成，而士品貴矣。自彼超脱之子謂六經爲道之注脚，似經解注疏可以不作，顧

悠然自得，而其説不長，又何以昭示來兹乎？

乙卯春，余承乏武庠，揚生監文惠然來謁，出其手輯《四書融注》一編，問序於余。余細按之，實與《大全》、《蒙引》、《淺説》諸説相爲表裏，知生之潛心於理學者深也。夫當世所稱文章之士，大抵皆高瞻遠矚，磊落不羈，若非讀五車之富，搜二酉之奇，不足以稱淹雅者。及見曲謹之子，俎豆一編，則相與目笑存之，以爲高頭講章之學，豈足以域我豪傑也？生胡不避其譏而竟以是卒業乎哉？生之志，可謂篤於自守矣。武陽素號名區，在昔朱吕講學，都人之子皆得親聆教言，傳爲庭訓，雲礽相繼，以至於今。故知揚生之學，淵源有自也。方今舉業家所奉講章，自陸稼書先生所集《大全》、《困勉録》而外，若仇滄柱之《説約》、萬九沙之《合參》，均有裨於後學。范氏《體注》，論者猶有純駁之譏。生之所注，未嘗别有奇解。余正喜其無奇解，所以得正解也。將見是書一出，洵孔孟之功臣，豈小補哉？本集

三刻孝烈集序　邑舉人徐亓博訒堂

余鄉王孝子、俞烈婦用心獨苦，委命至决，兩美雙奇，膾炙人口。間嘗適孝里，尋孝子讀書、垂釣處，慨然想見其爲人。而過其門，則坊表猶存，旌書如故，不禁肅然起敬，恍遇孝烈焉。追維往事，流連宛轉者久之。及理《孝烈》一書，初刻於其師韓先生，名《正氣編》。萬曆己丑，郡丞周公更名《孝烈傳》，爲重刻之。今字畫漫漶，板復殘缺。余懼孝烈之遺迹久而就湮也，爰校舊製，更入新篇，謬爲删訂，釐作三卷，顔曰《孝烈集》，而付諸剞劂。於戲！此書已三易梨棗矣。而至性之行，懔懔如生，聞者莫不興起，於以見秉彝之有同好，而人之樹立，其不容以已也如是夫。本集

四書説辭序　翰林院侍講張鱗

傳云："夫學，植也。"水陸草木之華實甚繁，皆可以利民，而要以五穀爲本。自有書以來，聖人作之，賢人述之，載籍極博，皆所以

牖民，而要以《四子書》爲本。《孟子》曰“言近而指遠”者，善言也。人之讀《四子書》者，不體玩乎至近之言，而遽欲窮高極遠，於是束髮受書，終身而不得其要。則所以講明而切究其理者，疏也。説理至宋儒而始精，朱子又集衆儒之精，而於漢唐以來諸注皆能旁推而交通之，故《四子書》講義不一家，而以朱子《集注》爲本。我國家久道化成，人文蔚起，士之代聖賢立言者莫不折中於朱子。

武義揚金山先生甲戌歲來秉鐸吾邑，於及門多士誨之諄諄不倦，一以黜浮華崇實學爲主。近輯《四書説辭》一書，以發明朱注，俾學者求理於切近，以蘄至乎古之立言者。其理明，其辭自達，譬如勤農功者養其根，以竢其實，迄乎根茂實遂，其發秀堅好，視鹵莽滅裂之報，相去萬萬也。觀先生自序，屬藁於庚戌之春，迄今垂三十年始克成編。蓋其勤如此，其務本而不逐於末如此，而又淵源於趨庭之訓，生平立志以其鄉先儒仁山、白雲兩先生爲向往，則先生之爲人可知。而所以引掖後進者，本之中又有本焉。吾願讀是書者更勉之也。本集

重脩文昌閣引　恩①貢，邑人何元啓牖承

回龍橋畔，瀨溪有閣，舊名“憑虚”，溪山之秀萃於斯，昔之人蓋爲游觀作也。譜載：前丁丑歲，里人設位肇祀文昌於是，始易以今名題額。考《太史公書》，斗魁戴筐六星爲文昌，有上將、貴相、司命、司禄之名，而上將鎮威武，貴相理文緒，互見《晋書·天文志》者，語益加詳。故世之崇奉文昌者，一資武，一祈男，而一掌桂籍，顯天下文章之士。夫生男子，能文章，發迹科名，此人生所大願也。倚靈秀之區，上妥英靈，嵯峩紺殿，元宫掩映，香雲桂月，邀文福於宗主，增輝媚於山川，二而一之，其以烝髦士、興文教也固宜。昔人以身喻國，凡齒舌耳目手足，言之各肖，獨於眉無所屬，槎上老人乃

① “恩”字原缺，據《武川文鈔》補。

以文章當之。山水者，天地自然之文章也。其鍾於人，則蔚爲國華，蓋無用而有大用者存，猶眉列於面，若無與於五官，而去眉則不復成人貌也。

閣之初建，年代無稽，續而勤脩者三，各有記。其一題匾懸於楹間，則康熙庚申也。天運卅年一變，於是運歷四終矣。迭更興廢，棟宇凋殘，幸脱劫灰，久且崩圮。失今不葺，隳前功而堙手澤，能勿念諸？前歲同里諸公曾商盛舉，將舍舊而新是圖，道謀不集，於今三年。《語》曰："仍舊貫，何必改作？"匪謂省穡而用之也，匪以小謀敗大作也。有基不可壞，踵事且增華，敢告同人，要約梓里。舉前歲之既署捐者，斟酌輸之。罄社儲，剖祀腴，匠木計其需，塑繪贍於用，毋墨守成規，毋侈務觀美，毋口惠而實不至，毋始立而卒不成。財粟兼輸，勞費偕任，於以栽種於文章之府，培根於陰騭之由，則此一役也，昭天之章，孕地之靈，振人之文，一舉而三善者備，其以光前緒，耀里閭，視諸此矣。爰以召匠筮吉之初，略存始末，以冀共斯役者之黽勉同心焉。嘉慶己未九月。《清源宗譜》

古愚子文集序　知縣李道融檢齋

天地之生才一也，而才之所遇不同。士有登科第，受爵禄，大而秉鈞當軸，補衮調梅；小而出宰百里，爲保障，稱父母，皆膏澤被於人，功名顯於世，此才而遇於時者之所爲也。至若誦詩讀書，循分守志，不役役於紛華，不營營於名利，詩文自愉，用以發胸中之瑰奇，使人稱爲典型，而閭里鄉黨皆薰其德而善良，此才而不遇於時者之所爲也。遇者不可倖邀，而不遇者積學之士往往有之。

武成古愚子年逾八旬，敦行不怠，好學不倦，隱居林泉，著詩文數十百篇，一本其心之所得，言皆近人而合道，所稱績學之士非與？雖未通仕籍，膏澤功名無所見，而其品足述矣。予覽所著詩文，既嘆其不遇，無以展其才，又欽其學老而益篤，特序之以爲爲士者勸。本集

捐造黄船頭石橋序　知縣李芬香谷

乙巳秋,余承乏武義。明年夏,因公赴鄉,經西十三莊黄船頭,時梅雨初晴,新漲驟發,輿夫患徒涉,幾欲臨流而返。村父老揖余而言曰:“是舊有鹿和橋,今圮近百年矣。此途上通宣、處,下達金、蘭,行人絡繹,往往當水漲之時過涉滅頂,不無性命憂。其間沙石相錯,消長無常,又不能設舟楫。前年秋曾淹没二人,去年夏又淹没三人,自橋壞而民之病涉久矣。”余聞之惻然於心,而不能去。越數日,父老以捐造石橋請,余曰:“是善舉也。豈徒爲我武邑造福乎哉!諸君樂爲,是合邑士庶以及鄰邑殷厚之家自無不樂爲是焉。”因捐薄俸以爲倡。所望歲月之間,聿觀厥成,則仁人君子濟民利物之功,孰有大於是者哉?王建中鈔本〇按,橋成,顔曰“萬名”。

武川備考卷九 六

藝 文 考六

跋

宋

題鞏仲至耳目志　文林郎，奉化人戴表元帥初

往時朱吕二氏以私學教授其徒，不爲時論所容，而二氏脩於其家不廢，其徒亦顛頓百折以從之，卒之俗成論定。常所受業者皆去爲名丈夫，四方萬里，雖婦人孺子聞而慕爲正人不疑。二師及高弟既先後没八九十年之間，門人涉獵其説，而守之者尚十數公。此十數公者又復殄瘁罄盡，而國始相隨以亡。嗚呼，世所謂私學，何可廢哉！鞏公仲至，學吕氏者也，然亦及學朱氏。伏讀此卷，典刑儼然。《剡源文鈔》

題雲谷雜記　葉適水心

張清源篤志苦學，出入群書，援據殫洽，欲於周丞相、洪内翰中間更展一席地，非凡材也。余素以寡陋自愧，垂盡殘年，僅得親近其論，日聞所未聞，不亦快哉！《泊宅編》載張安道花書名事，恐誤，當更考正。本集

雲谷雜記自跋　大社令，邑人張淏清源

予自幼無他好，獨嗜書之癖根著膠固，與日加益。每獲一异書，則津津喜見眉宇，意世間所謂樂事無以易此。雖陰陽、方伎、種

植、醫卜之法，稗官、輶軒、黃老、浮圖之書，可以娱閑暇而資見聞者，悉讀而不厭。至其牴牾訛謬處，輒隨所見爲辯正之。獨學孤陋，詎敢自以爲然，以故棄而弗録。他日，閲洪文敏公《容齋隨筆》，往往多予所欲言者，乃知理之所在，初何間於智愚哉？而公以戊爲武，謂司天之諂朱温，以秋寺雨聲之句爲李頎所作，怪賞魚袋之名不可曉，言玉蘂花至彌亘山野，如此之類，亦疑公考之未詳，深恨某生也晚，不得陪公談塵，丐一言以祛所惑。太息之餘，囊之貯積於方寸間者，於是悉索言之，非敢以千慮一得爲誇，蓋將識所疑而求諸博聞之士相與質正焉。凡同於《隨筆》者不録，又往歲嘗紀所聞雜事數條，因取而合爲一編，雜然無復詮次，故目之曰“雜記”。時嘉定歲在元黓涒灘仲春，清源氏識。本書

國朝

傳薪亭跋　學政鄧鍾岳悔廬

余外弟發干張君滄亭以名進士爲清白吏，所至有循聲。武川明招書院，吕成公與朱子講學處也。湮没已久，特爲葺之，而作亭於其旁，所以嘉惠來學，意甚至。余校士栝蒼，過祠，不勝仰止之思，因以名其亭云。聊攝鄧鍾岳。版在明招講院。

武川先覺跋　知縣朱緒曾

東萊吕成公三世葬明招山，乾道三年成公持母服，居山中，著《左氏博議》，紫陽朱文公亦來講學焉。武川鞏山堂實左右之，鞏之孫栗齋及洪無競、徐一夔、張成招皆受學於兹山。洪、徐見《東萊文集》，張著有《標注博議綱目》，見《宋史·藝文志》，可據也。緒曾敬謁講堂，惟祀文公、成公、二鞏先生，餘皆闕如。謹以成公之弟太府寺丞諱祖儉及洪、張、徐三先生增祔焉。額曰武川先覺，志仰止也。時永康陳同甫、東甌葉水心皆暫游，其餘弟子非武川人，故不及祀云。版在明招講院。

説

國朝

正聖位説 邑進士，任呈貢知縣朱若功日定

天下之大道在吾儒，吾儒之師範在夫子，未聞夫子之外別有所謂道也。夫子之外無道，又安有所謂教哉？其教也，道之賊也。率天下無父無君，聖人之徒方深惡而痛絶之，惟恐其潛移默化，盡舉斯人而趨於禽獸之路，於是乎口辟筆誅，務期盡滅而後已焉。故吾儒之見釋老也，不啻其寇盜也，禽獸也。焉有盜寇而與之同室，禽獸而與之同坐哉？薰蕕不同臭，冰炭不相合，夫子有靈，當亦愀然不樂矣。

余涖是邑之明年，出郊勸農，閑過一刹，見有所謂帝釋庵者，庭有像三，居中端坐者如來，位左者老子，位右者夫子也。嗚呼，何倒置若此哉？不惟倒置，且穢瀆矣。吾思夫子之道行於天下也，三綱以正，五常以立，君君臣臣，父父子子，先之以博文，繼之以約禮。其分萬殊，其歸一貫。語上則性與天道，語下則灑掃應對。顔曾思孟親承其教於心傳口授之時，周程張朱復廣其教於尊聞行知之日。雖時之顯晦不同，道之行止各异，其爲天地綱維，人心樞紐，則一也。何居乎以釋老亂之也？余不官此邑則已，余而官此邑，豈容一朝居乎？或曰此泥像耳，夫何傷？余曰："泥像且不可，況其非泥像乎？"於是出令，有敢以聖人側之釋老者，罰無赦。邑人聞余言，而曉然於邪教之不可亂正也，乃奉聖人之像居中，竄釋老遠處，若更始然。子曰克己復禮，己與禮不並立，己去則禮復。余爲斯邑望焉矣。李樹藩鈔本

寶泉説 邑舉人徐俟召君待

泉之載於圖經者甚多，有名廉者，有名甘者，穴出曰氿，觱沸曰檻，遇寒而暖則爲温，遇熱而寒則爲冷，未聞有以寶名者。寶之爲

名，毋乃與貪若愚類乎？乃騷人逸士搜覽名勝，往往廬山之簾則寶之，南劍之乳則寶之，惠山、中冷則寶之。彼貪者、愚者，方將懼其昏吾智，汨吾明，而又何寶之有與？若寶泉則不然，旱不涸，潦不溢，自山穴中出，驟視之則驟湧，緩視之則緩湧。予游其境，引瓢飲之，味异甚。僧人旋汲而沸諸鐺，燒以紅葉，佐以秋芥。連啜數杯，清香沁脾，不覺塵襟盡滌，形神俱爽，而恨陸鴻漸之品第不及也。倘今而後遇桑苧翁輩，庸知寶泉之名不與簾、與乳、與惠山、中冷並傳宇内哉？彼貪者、愚者，不必沃以八功德水，惟枕流其際，卧烟霞，啜苦茗，將兩腋風生，飄飄其欲仙乎？雖珠玉在前何讓焉，則謂之寶也固宜。《康熙志》

書

宋

與鞏大監采若書　吕祖謙東萊

某屏居久不貢寒温之問，第有傾向。側聞出守吴興，雖與雅志甚愜，然善類所期，政宜從容論思之地，以紓賢藴，此殆未足以久淹遐矚也。某屏處衡門，隨分頑健，終日蕭然無它事，得以一意繙閲，但無由時扣誨益，嚮風每切依依。

某少稟：同年歸安丞張體仁，志士也。襁褓中失怙，祖母鞠育之，以至成立。到官未幾，聞訃奔歸，自陳欲解官，而郡以法令却之。後來復乞尋醫，而前政亦未之許。某竊謂此事以迹觀之，誠似未得中行。以實論之，則其鞠育恩義异於他人，哀恫發中，欲自伸其情，非出於矯飾，蓋仁人君子之所哀也。竊惟布政之初，方將恢崇風教，若許其從欲以敦薄俗，其益大矣。張丞恐其情不能自達，力以見屬。某十年來作親故書未嘗掛口及時事，兹以其意懇惻，且求退异於求進，故爲破戒一言之。《東萊集》

與鞏仲至書　前人

秋闈垂翅，乃所以進德脩業。如吾友之文，用於課試蓋無餘憾矣，不必更費心神。惟留意實學，持之以厚而守之以默，則所願望。令伯有還轅之問否？他惟以時自愛。《東萊集》

答揚元範書　新安朱熹考亭

承示及新著《易説》，開卷一讀，啓發已多。屬此數日諸處書問萃集，撥置不下，未及詳細，但所略看過處，其不能無疑者已兩三條。如元亨利貞，文王本意只是大亨而利於正耳。至《彖傳》《文言》乃有四德之説，今若依而釋之，則此乾卦只合且以陽氣推説，不應於利字遽以陰氣佐陽爲言。且以一木言之，萌芽則元，華實則亨，枝幹堅疆則利，子實成熟則貞，貞則所成之實又可種而爲元，循環蓋無窮也。若但謂歸根復命，則亦不見貞字之意矣。此須更於天地大化通體觀察其曲折，未易以尺紙言也。又"大明終始，乃言聖人"，大明，乾道之終始，程先生説本如此，但傳中言之簡略，却是語録中有此意。若云乾道自能大明其終始，殊費言語，卒不成文義也。大有卦，"亨"、"享"二字，據《説文》，本是一字，故《易》中多互用，如"王用亨于岐山"，亦當爲"享"，如"王用享于帝云"也。字畫音韵，是經中淺事，故先儒得其大者，多不留意，然不知此等處不理會，却枉費了無限辭説牽補，而卒不得其本義，亦甚害事也。非但《易》學，凡經之説，無不如此。獨恨早衰，無精力整頓得耳。大抵陰陽只是一氣，陰氣流行即爲陽，陽氣凝聚即爲陰，非直有二物相對也。此理甚明，周先生於《太極圖》中已言之矣。《朱子大全·文集》，下放此。

答鞏仲至書　前人

聞名願見，爲日久矣。兹辱枉顧，乃遂夙心，慰幸可量。别後又承惠問，並示武夷佳句。獲聞於役之暇，不廢山水之娯，賦咏從容，曲盡佳致，尤以爲喜。比想已還官次久矣。霜寒之後，繼以暄暖，諒惟幕府有相，起居多福。

熹衰病益甚,最苦拘攣,不能信詘,起居動作皆有所妨。樞帥經由,以此不得敬謁。然聞其寬和盡下,想於賢佐必知所敬禮也。昌父入城未歸,計必還此度歲矣。偶便寓此,病軀憚於憑几,口占不謹,幸深原照。

又　前人

掌丞轉致近問,獲聞比日春序浸暄,幕府優游,起處佳福,足以爲慰。熹衰病拘攣,日甚一日。死生長短,本所不計,但未死之前,轉動不得,亦令人無況耳。告老之章,州郡未肯騰奏,雖荷其見憐,不欲使觸禍機,然鄙意已決,無所復顧,爲此宿留,令人復煩耳。樞帥經由,不及一見,荷其答書之意甚勤,繼此未敢爲問。往來多能道其政事之美,而來書之所發明尤足起人意也。子約子弟近得書,云歲前明招大火,其柩幾不免,幸而獲全,却不知其厚葬之説。但得汪時發書,似頗有所不快意,不知曲折如何也。叔昌老不長進,亦是前日向外意多,腳跟不牢實耳。"輕棄簞瓢"之句,令人深省,顧未識真樂所在,則雖欲不棄而不可得。此須别有箇著力處,乃足恃耳。武夷續詩,讀之無非向來經行所歷,景物宛然,益嘆摹寫之妙。詩序縱横恣肆,多出前人未發之秘。但詆江西而進宛陵,不能不駭俗聽耳。少時嘗讀梅詩,亦知愛之,而於一時諸公所稱道如《河豚》等篇,有所未喻,用此頗疑張、徐之論亦未爲過。至於寂寥短章,閑暇蕭散,猶有魏晋以前高風餘韵,而不極力於當世之軌轍者,則恐論者有未盡察也。不審賢者雅意謂何?所録《警策》二卷,亦可使得一見耶?此人還日,幸望録寄,千萬之望。貴眷郎娘,一一佳裕。兒輩蒙問,感感。昌父昨日得書,已到家矣。寄詩甚富,孤瘦亦益甚矣。憲臺王幹前日過此,嘗托致區區。今有一書與之,煩爲轉達。書中囑渠一二事,幸爲扣其可否,以語直卿也。

又　前人

稍不聞問,已劇馳情。昨日遞中奉告之辱,獲審比日春和,蕃府多餘，體履佳適，良以爲慰。録寄舊詩，得以快讀，雅麗精切，嘆服深矣。“簞瓢”之句，得其全篇，又深感慨也。但梅詩之評，未能盡解，當俟得所集録，始敢扣也。張巨山乃學魏晋六朝之作，非宗江西者。其詩閑淡高遠，恐亦未可謂之不深於詩也。坡公病李杜而推韋柳，蓋亦自悔其平時之作而未能自拔者。其言似亦有味，不審明者視之以爲何如也？無由面論，臨風快想，因來更望切磋。究之老病久已無復此夢，亦聊以暇日銷憂耳。告老之章已上，但已差晚爲可恨，故舊諸賢不得不任其責也。留、徐方脱囚拘，彭、曾幾墮補處，世途艱險，吁，可畏哉！然亦何可避也！

又　前人

病中兩辱惠書，並有詩筒之況，荷意勤矣。又知小姪、劉親皆以垂念之故，得以竊食，益深感愧。信後清和，恭惟幕府有相，起處佳福。所垂惡語，尤荷不鄙，此於吾人，豈有所愛？但近年此等一切廢置，向已許爲放翁作《老學齋銘》，後亦不復敢著語。高明應已默解，不待縷縷自辨數也。抑又聞之，古之聖賢所以教人，不過使之講明天下之義理，以開發其心之知識，然後力行固守以終其身。而凡其見之言論，措之事業者，莫不由是以出，初非此外别有歧路可施功力，以致文字之華靡、事業之恢宏也。故《易》之《文言》於乾九三，實明學之始終，而其所謂“忠信所以進德”者，欲吾之心實明是理而真好惡之，若其好好色而惡惡臭也。所謂“脩辭立誠以居業”者，欲吾之謹夫所發以致其實，而尤先於言語之易放而難收也。其曰“脩辭”，豈作文之謂哉？今或者以“脩辭”名左右之齋，吾固未知其所謂然。設若盡如文言之本指，則猶恐此事當在忠信進德之後，而未可以遽及。若如或者賦詩之所咏嘆，則恐其於“乾乾”“夕惕”之意又益遠而不相似也。鄙意於此深有所不能無疑者。今雖不敢承命以爲記，然念此事於人所關不細，有不可以不講之者，故敢私以爲請，幸試思之，而還以一言判其是非焉。

至於佳篇之貺，則意益厚矣。顧惟頓拙於此，豈敢有所與？三復以還，但知贊嘆而已，然因此偶記頃年學道未能專一之時，亦嘗間考詩之原委，因知古今之詩，凡有三變。蓋自書傳所記，虞夏以來，下及魏晋，自爲一等。自晋宋間顔、謝以後，下及唐初，自爲一等。自沈宋以後，定著律詩，下及今日，又爲一等。然自初唐以前，其爲詩者固有高下，而法猶未變。至律詩出，而後詩之與法始皆大變，以至今日，益巧益密，而無復古人之風矣。故嘗妄欲抄取經史諸書所載韵語，下及《文選》漢魏古詞，以盡乎郭景純、陶淵明之所作，自爲一編，而附於三百篇、《楚辭》之後，以爲詩之根本準則。又於其下二等之中，擇其近於古者，各爲一編，以爲之羽翼輿衛。且以李杜言之，如李之《古風》五十首、杜之秦、蜀紀行、《遣興》、《出塞》、《潼關》、《石壕》、《夏日》、《夏夜》諸篇，律詩則如王維、韋應物輩，亦自有蕭散之趣，未至如今日之細碎卑冗無餘味也。其不合者則悉去之，不使其接於吾之耳目，而入於吾之胸次。要使方寸之中無一字世俗言語意思，則其爲詩不期於高遠而自高遠矣。然顧爲學之務有急於此者，亦復自知材力短弱，决不能追古人而與之並，遂悉棄去，不能復爲。况今老病，百念休歇，寧尚能語此乎？然感左右見顧之重，若以爲可語此者，故聊復言之，恐或可以少助百尺竿頭更進一步之執也。

來諭所云"漱六藝之芳潤以求真澹"，此誠極至之論。然恐亦須先識得古今體制，雅俗鄉背，仍更洗滌得盡腸胃間夙生葷血脂膏，然後此語方有所措。如其未然，竊恐穢濁爲主，芳潤不得入也。近世詩人正緣不曾透得此關，而規規於近局，故其所就皆不滿人意，無足深論。然既就其中而論之，則又互有短長，不可一槩抑此伸彼。况權度未審，其所去取又或未能盡合天下之公也。此説甚長，非書可究，他日或得面論，庶幾可盡，但恐彼時且要結"脩辭"公案，無暇可及此耳。記文甚健，説盡事理，但恐亦更當考歐曾遺法，料簡刮摩，使其清明峻潔之中自有雍容俯仰之態，則有傳當愈遠，而使人愈無遺憾矣。僭易並反，愧悚之深，不審明者於意云何，亦幸有以反覆之也。

長溪王君之詩竟如何？此間有一黄子厚者，其詩自楚漢諸作中來，絶不類世人語，人亦少能知之。近以社倉出内譏察不謹，狼狽憂鬱，以至於死，甚可傷也。放翁詩書録寄，幸甚。此亦得其近書，筆力愈精健，頃嘗憂其迹太近，能太高，或爲有力者所牽挽，不得全此晚節，計今决可免矣。此亦非細事也。仙游之政，無人肯爲推出，此理勢之常，無足怪者。况在渠家法，又自不當計此耶！偶得浙漕去秋策問，謾録去，不知曾見之否？清議固知不可泯滅，然能出此，亦不易也。熹病益甚，跬步不能自致，而神昏氣痞，支體酸痛，殆非久作人間客者矣。休致之請，前月初間附便以行，至今寂然，未聞可報，恐所附人遲滯不達，設更淹留，當有臺劾施行，不待催督矣。

又　前人

久不聞問，良以鄉往。前日便中特承惠書，具聞近况，足以爲慰。訊後劇暑，恭惟幕府有相，尊履佳福。熹衰病沉痼，日甚一日，告老之章且幸得請。將謂世已相忘，然猶未脱誰何之憾，尸居餘氣，何足加念，彼亦正自過慮也。遠承垂問，深感愛念，戕敬固非所敢當者，然亦恨异時不得托名文集中耳。脩辭齋名本意乃如此，然《易》之本旨自有先後，前書固已言之矣。"栗"字再見《虞書》，皆莊敬謹嚴之意，以是名齋，非徒有取於木也。扁牓便欲爲書，偶數日臂痛，不能運筆，且當少須也。

説詩之繆，甚愧率爾。然後來細讀前後所示諸篇，始能深味雋永之趣，蓋已自成一家之言矣，豈復當有所措説於其間哉？但來書所論"平淡"二字，誤盡天下詩人，恐非至當之言，而明者亦復不以爲非，是則熹之所深不識也。夫古人之詩，本豈有意於平淡哉？但對今之狂怪雕鎪、神頭鬼面，則見其平；對今之肥膩腥臊、酸鹹苦澀則見其淡耳。自有《詩》之初，以及魏晋，作者非一，而其高處無不出此。左右固自以爲亦嘗從頭看得一過，而諳其升降沿革矣，則豈不察如此者？但恐如李漢所謂，謂《易》以下爲古文，固以爲無所用於今世，不若近體之可以悦人之觀聽，以是不免有是今非古之意，遂不復有意於古人之高風遠韵耳。又謂"有意於平淡者，即非純古"，然則有意於今之不平淡者，得爲純古乎？又謂"水落石出自歸此路"，則吾未見終身習於鄭衛之淫哇而能卒自歸於《英》《莖》《韶》《護》之雅正者也。鄙見如此，幸試思之，以爲何如也？荆公《唐選》本非其用意處，乃就宋次道家所有而因爲點定耳。觀其序引，有"費日力於此，良可惜也"之嘆，則可以見此老之用心矣。夫豈以區區掇拾唐人一言半句爲述作，而必欲其無所遺哉？且自今觀之，其所集録亦只前數卷爲可觀，若使老僕任此筆削，恐更當去其半乃壓人意耳。不知此説，明者又以爲何如也？

放翁近報亦已掛冠，蓋自不得不爾。近有人自日邊來，云今春議者欲起洪景盧與此老付以史筆，置局湖山，以就閑曠。已而當路有忌之者，其事遂寢。今日此等好事亦做不得。然在此翁，却且免得一番拕出，亦非細事。前書蓋已慮此，乃知人之所見有略同者。或云張伯子實唱其説，此亦甚不易也。得江西書，孫從之亦已物故。人物眇然，令人短氣，此亦非人力所能爲也。留衛公一書，恐有的便，煩爲遣去。似聞樞帥已有奉祠之命，不知然否？果爾，必送來，因得過留爲數日之款，幸甚。德潤按，《朱子文集》此外尚有十餘書，集隘不及盡登耳。

上趙使君附識語　工部侍郎，邑人徐邦憲文子

邦憲已贊開藩之慶，兹不重叙彝儀，輒有拜稟：樅陽張監鎮，其先中華人，自其祖寓武義，邦憲與之鄰，居有年矣。知其篤行好學，博讀古人之書，近世無與比者，真所謂後生可畏者也。邦

憲心甚敬之，折行輩而與之交。比以貧甚急禄，不暇擇木，挈老母携諸弟以行。乃天假厚幸，得趨走於教令之下。敢望台慈借之，從容扣其所藴而眄睞之，必有取知者矣。其天姿恂恂謹畏，若怯懦無能發明者，然其中所藴，殊非凡近。願年丈特垂异顧，幸甚。

紹熙甲寅，予侍先大夫還自酉陽，居於婺之武義。故寶謨閣待制徐公，實里人也。尚氣節，重唯諾，不妄交於人。一日忽過予，一見之如平生歡。予爲賦詩云："五花麟駒藹飛雲，鳴珂敲月曙色分。晨光炯炯照玉勒，華風熠熠生衡門。磊磊落落萬人英，氣射斗牛貫九精。筆扛龍文百斛鼎，鯨呿鼇擲風雨驚。英辭琳琅潤金石，寒芒正色如明星。淫哇亂雅快一掃，《英》《莖》《韶》《濩》重鏗鍧。質高器大聲必廣，古來才士豈虚名。嗟我壯歲困五窮，終年齪齪文字中。絶編壞簡徒自苦，炊沙鏤冰初何功。志高意廣材不足，奴輩豈特笑孔融。龍潛蚖肆亦物理，草廬未必非英雄。天生我材必有用，誰能便與朽腐同。願得側翅附鴻鵠，追風掣電凌太空。"公曰："是篇置之李賀詩中，誰復能辨？君少年俊邁如此，我當退處一頭地矣。"因是遂爲忘年交。嘉定癸酉，予自龍舒歸，公已出守九江，而數數寄聲，問予還期。予時將以所記書傳疑事往質正焉，未果而公卒。予方痛悼，有以公貳冬官時與龍舒趙使君帖示予，讀之益悲不自勝。趙使君中道易守新安，予不及識之，而楊敬之逢人説項斯之意似不可忘也。悲夫，天胡爲奪予良友之遽也！九原不可作，予之所疑者，誰與折衷之？昔季札以寶劍許徐君，未及獻而徐君死，乃以繫冢樹而去。從者曰："徐君已死，尚誰與乎？"季子曰："始吾心已許之，豈以死背吾心乎？"輒以公帖冠之卷首，是亦季子於徐君之意也。嘉定甲戌張淏書。《雲谷雜記》

明

上韓師書　邑諸生王世名時望

今死矣。吾師恩深難報，母親妻子煩爲顧之，子長望教讀書，做好人。餘無言。受業王世名百拜上。《正氣編》

國朝

與武川湯五先書　宣城沈壽民眉生

某每讀《詩》，至《風》之《葛藟》三章，謂夫“世衰民散，去彼鄉里，雖父母他人，而曾莫我顧”，未嘗不傷兄弟之不可遠，异土之情阻叫呼也。至《雅》之《黄鳥》三章，謂夫“民適异國，失所懷歸，此邦之人難明難處”，未嘗不感故族之足戀，而復我之計宜决以豫也。夫周宣之世，號稱中興，平王遷洛，王室遂替。度其時，道縱極降，事縱極棘，人縱極流離，洵我生之逢罹，斷不如後世之埶之劇也。抑其時先澤猶敦，遺俗猶醇，流風猶固，即人心之弗淑，亦斷不如後世之靡之甚也。乃宣之末、平之後，所在嘅嘆條歗，播爲歌吟，始若憾舊國之不可一日居而去之，既則動見捐背，莫肯收恤。又切切眷念其閭井而欲返之，豈《詩》之深於怨也？怨深則失其平，遇不必其然情[①]已然歟？豈習有澆良，地有險易，人有願慝，投足之不擇，而有合有弗合與？豈古人之當厄更逾今兹，而其求且責於人也亦遽急且過與？

顧自僕泝江東徙，俄閱兩年，由蘭而武，已近一年。中間鋒刃之所臨，禁罔之所觸，機發檝集，摇手怵迫。如震風淩雨之驟驅而猛赴，不有大厦，將孰爲之帡幪也？如垂天之罼，竟埜之罘，以荷以張，靡雉與兔，而咸罹也。方之古人，今大增其憂辱；比之同難，僕尤倍其孤危。向使匪賢渭陽覆持之，密介於左右而芘翼之，曷秋之盂，不蹎以殆？乃足下之於僕也，遠無平生之素，邇無邂逅之歡，一

① “然情”二字原缺，據《武川文鈔》補。

言爲容，義耿夷險。或先所往，或備所患，或授之餐，或解之榻，鉅細周切，不一而足。非婚姻而我畜，等死喪其孔懷。舉詩人之所爲望而投，投而冀，冀而不可必者槩於我乎？其有獲也。舉詩人之所爲拂而懟，懟而憤，憤而誓棄此言旋者毫於我乎？未有遭也。孑此餘生，食乃大德，躬不識有逆旅，灾忽弭於剥床[①]，斯焉可忘，誰爲弗忘者哉？伏承遠翰勤勤，詢以近狀委悉，且忻且怍，僕何近狀足言？前此七月之九日，入逆溪，八月之四日，反巖隖，足下所睹也。後三十五日，兒洙遣還里矣。後六十三日，兒洙還里之報亦至矣。後廿有四日，二舍弟一自木沈，一自宛上，相率以來矣。後五日，來者復悵然云别矣。大略故園無恙，惟是先君子春秋窀穸曠焉。未襄客居亦無恙，惟是年穀不登，朝饘暮酏，十口之謫方急，三秋之穫何時？鶟鸃在望，龍門莫攀？傾晤遥[②]遥，臨風惆怛。《嘉慶志》

與朱其恭書　李漁笠翁

屢褻如椽爲拙稿乂其固陋，辱此榮彼，情何以堪？謝謝。拙刻之携來者，送盡無遺，未來者印而未至，故無以報命。惟以新劇二種奉太夫人展閲，以助承歡，可代足下數十次斑斕之舞。至索聯不與，非敢吝也，知放榜後必來，補贈未晚。此時下筆，恐落措大家風，與新貴人不侔耳。《一家言》

與朱其恭書　張潮山來

弟前以拙著呈教，蓋謂我兄乃箇中人，其當尊意者不妨韙之，不當意者不妨攻之，如此方見相長之益。今乃槩不着筆，豈竟無足當一盼耶？抑或攻之不勝其攻，因置之不論耶？又或懶與性成，竟未嘗一寓目耶？三者必居一，於此特走字以詢。朱氏藏本

① “床”原作“狀”，據《武川文鈔》改。
② “遥”字原缺，據《武川文鈔》補。

書後

國朝

書俞烈婦傳後　教諭程揆

爲孝子難，爲烈婦更難。孝子隱忍密室，揮劍山前，以報父仇，其一死，分也，亦心也，三尺法不得而死之者也。三尺法不得而死之，當事諸公、汪、陳二令又烏得而生之？不生於汪、陳二令之手，孝子所以獨生於千秋也。若烈婦則不然。烈婦之瀕於死者數矣，而不死者，非死之難，處死爲難，如烈婦者，可謂從容而中道哉？燕太子丹語田光曰："此國之大事，願先生勿洩也。"鑄劍畫像，非孝子之大事乎？方其理香擎踞時，婦偶見之，泣數行下，曰："君固惡其謀及婦人耳。"夫慮其謀洩，則當早伏田光之劍以滅口矣。而不死者，婦固不欲以俠死也。豫讓漆身吞炭，用心良苦，然其妻不識也。孝子以談笑代涕泣，視豫讓更苦，妻何以偶見之？非偶也，必其同心相照也，則其賢於豫讓之妻遠矣。然母不知，弟不知，而婦獨知之，將疑孝子於婦人厚，於長者薄乎？若公父文伯之母之責文伯也，可若何？婦之慧性，豈不慮此？而不死者，婦固不欲以嫌疑形迹間死也。迨孝子負劍柩前，獻屍臺下，風雲爲慘，日月爲昏。望譙樓而身墮，流碧血於中階。夫爲父死，婦爲夫死，豈不雙美？而不死者，婦固不欲以情死，以激死也。迨至事姑三載，撫子五齡，事畢矣，可從夫於地下矣，遂哭而慟，慟而餓，餓而死。今而後，一死而泰山矣！

嗚呼！非死爲難，處死爲難。若婦者，可謂從容而中道哉！從來死忠死節，指不勝屈，惟文山先生囚燕吞腦，歷三載而取義成仁，爲千古死忠之聖。若烈婦者，雖文山先生何以加兹，即與日月争光可也！《孝烈編》

書朱菊山詩後　江都宗元鼎定九

朱子菊山負才名於海内者二十餘載，早歲精制舉業，貢於其鄉,坊牘流傳,鷄林紙貴。尤工於詩,溯源漢魏,取則三唐,每出一語,不肯拾人牙慧。遠邇傾慕,名流投紵者無虚日。吴公薗次目爲千秋豪士,一代才人。毛公會侯評其詩集清真雄肆,兼襄陽、少陵之長,世以爲知言。其尊大人七來先生以丁酉名孝廉,令吾江都。邑居水陸之衝,舟車絡繹,酬應紛繁。而刁訟成風,弱肉强食,若非循良精斷,鮮有能治。先生莅任兩年,本理學爲經濟,扶善鋤奸,不遺餘力,民皆蒸蒸向道。嗣以勞瘁,卒於官。百姓如喪考妣,至今家祀朱公神位。蓋自定鼎以來,未有如令君如此之賢者也。今菊山以純粹之品,具卓犖之才,行將大用於世。知其得於庭訓者深,而朱公之積德昌後,於菊山有明徵矣。所著作甚富,録其最者若干首,與天下共賞焉。《名家詩成》

議

明

王孝子復讐議 知縣張國裳乾伯

余讀王弇州先生集,見其所紀王孝子世名爲父報讐事,心駭异之。讀竟,爲欷歔泣下。及余來令,入婺謁孝子祠,並取其遺傳讀之,大都與王先生載不剌謬。但王先生謂父被讐傷且死,孝子猶受父命"無直之官,而骨析我"。傳稱孝子游學外郡,聞訃歸,則父殮數日矣。略有不同耳。

嗟夫!孝子之死,善矣!獨惜當時無一人破拘攣之見,其所以貽孝子於死者,尚未盡善也。謂孝子所手刃者兄,從而欲被之以干犯之名,此忘父之言也。夫人既殺孝子父矣,孝子且讐之,安知兄乎?但是時,孝子自誅讐人,束身請死矣。爲其殺吾父而誅之,又以爲吾殺而欲死之,孝子以是爲可快於志,而吾身之死生可以無問。則孝子之欲死,乃其本心也,豈復有忍濡不肯决之意者?當事諸人,惟不圖所以生之則已,亦知高其義而欲生之,乃猶拘拘執子孫擅殺行兇人之律，檢其父之屍，以從末減，而卒以速孝子於死。則雖欲生之，而反死之矣。吾以爲孝子議父檢固死，不議父檢亦死，孝子處心積慮，何嘗須臾忘讐？其所以隱忍不即快於一擊，亦謂其讐報而身必死，後顧未有踪耳。不然，袖中之劍不待胡蝶山之下而後揮矣。故五六年間，孝子但陰自飲泣，以未得死所爲恨。一旦有以衝仇人之胸而碎其首，孝子且朝殪讐夕報父於地下，而未有以暴此心於人人以寒讐家之膽，是以疾入獄而自請繫耳。誰謂孝子來而不欲死也？則何必檢父屍以生之？且欲生孝子者，亦無庸檢父屍爲也。律曰：若祖父母、父母爲人所殺，而子孫擅殺行兇人者，杖六十。此待檢而釋者也。又曰：其即時殺死者勿論，則不待檢而釋矣。孝子雖非即時殺，而可與即殺者同日語。凡人命用財者真，人非殺人父，安肯割五十畝而以畀十五六歲之孤乎？則孝子今日殺讐，雖謂之即殺也亦可。矧籍讐遺而還之金，必非卒辦，若是宗長老之與和者可問，又盡章章若是。假令予而訊斯獄，吾且爲之請曰："夫夫也非殺人，乃爲父報讐，孝也。謀人於同室而不使人知，智也。陽受和而陰却之，不利其有，廉也。蓄之數年間，矢志不渝，信也。顧父不畏死，勇也。此必綱常之衛，非游俠之行也，豈其無故而妄殺人者哉？宜釋之無問。"雖然，孝子必不以吾釋而遽已也。孝子死，則爲天地間之完子；不死，但可免於扞罔之罪人。孝子之死必矣！吾故曰："父檢亦死，不父檢亦死。生孝子者，可無庸檢父爲也。"孝子不死，不共戴天之義不明；孝子之妻不死孝子，亦必不旌。夫死孝旌，妻死烈旌，夫妻之死可哉！死而可旌，生亦不當以末減處之矣，此柳宗元所以駁徐元慶之議也。乃不揣而追議之如此。《孝烈編》

武川備考卷九 七

藝　文　考七

傳

宋

吏部郎中梁膺傳　馬光祖

梁膺字景李，同里人。屋影相枕，故朝夕相游以塾。景李坦厚平實，滿腔子無圭撮僞。待朋友如同氣，睦鄰里如家人，未嘗有疾遽色。雖佩美負奇，不自炳烺，冲然若不能言者。及臨大事，則精神諤諤，勇猛直前，如策馬入陣，人不可遏。自余出當任，景李亦持節湖右。方望其出所抱負，次第行之，而景李死矣。其先曾某者南渡勤王，載在國史。祖父俱大顯。家故東平，宣奉公婿於婺之顔氏，爲武義人。景李宦歷甚多，功績甚著，惜碑殘不可讀，聊記其略如此。《嘉慶志》

明

劉滂傳　宋濂景濂

劉滂字德霖，武義人。滂自少誦説，能屈其師，與浦江梅執禮同游學，人士多傾下之，號“東梅西劉”。中大觀己丑進士第，調新昌縣令。縣在豫章山中，俗嗜鬭，令到官輒移病去，以他吏攝之。滂臨以誠，未幾稱治。雖傍邑訟不能决者，乞從滂决之。豪鄒氏横里中，挾貴姻誣人死，滂捕致械治之。部使者爲請，不聽，卒付以法，投豪於相州。蔡京與滂祖爲布衣交，滂至京師，京曰："吾故人有孫耶?"除詳定勑令所删定官，欲挽滂爲黨。會常瓌書詩屏間，京疑其訕己，屬滂求其迹，且遷官。滂笑曰："此何爲及我哉?"京聞之不悦，滂亦拂衣去。坐是不調者十餘年。靖康初，詔除太常博士，不拜。建炎中，上問人才於近臣，學士詹乂、給事中汪藻、舍人李公彦皆言滂可用，用滂知建昌軍。舊守多懦夫，威權不立，兵習悍驕，邀求亡度。滂至，一以法繩之，兵不勝其忿，持戟入市掠人物，即拒者刺傷之。滂捕繫追償，兵遂爲變。滂及母妻皆死，時紹興甲寅七月三日也。滂卒時，年五十六，其妻湯氏侍姑側，兵及身，猶不去，竟遇害。建昌人聞滂死，皆慟哭失聲。踰期，父老猶會於佛祠哭之，有欲絶者，且千里以書吊其孤。朝廷既誅始亂者，復用御史言褒滂爲朝請大夫，官其一子墉。滂好學，善屬文。與人交，始終如一。聞有急，傾財赴之。居官嫉惡如仇，毅然不可回奪，以及於難云。

贊曰：劉氏初居七閩，五代之季有汝明者遷永嘉之荆溪，生四子焉。孟與仲隨父居，季移三衢，幼曰器，來徙武義，滂之六世祖也。荆溪之顯者則太常少卿安節、給事中安上，入河南從伊川程頤游，所學甚粹，人稱二劉先生。武義之顯者，世有其人，其登進士第者則自滂始，而通判楚州、嘉成、甌寧宰三傑繼之，後來復接踵而起，多以善政聞。歲時宴享，軒蓋繽紛，青紫間錯，當時以爲盛事，然君子之論則在彼而不在此也。《宋文憲公全集》，下放此。

鞏豐傳　前人

鞏豐字仲至，其家鄆之須城，渡江即所寓土，斷爲武義人。曾祖焘，祖庭芝，皆左承議郎。庭芝，世號山[①]堂先生者也。父法，鄉貢進士，此前科目相傳七世矣。豐學敏而早成，自童丱時，前輩源

① 原作"爲"，據《宋濂集》改。

緒，古今音節，事之因革總統，如注水千丈之壑，迎前隨後，宿艾駭服，以爲積數十年燈火勤力，聚數十家師友講明，猶不能到也。時新迪義理之學，草茅士震於見聞，多矜露忲忸，至他文史言論，儒之藝業，又昧陋顛倒，莫知幅程。獨豐抑縱開闔，條疏品彙，應變不迫，富若素有。著之於文，無險怪華巧，而以理屈人，片辭半牘，皆清朗得言外趣。尤工爲詩，多至三千餘首。淳熙辛丑以太學上舍對策高第，教授漢陽軍。代還，舊例皆自學入館，有不善之者，纔授江東提刑司幹辦公事。遭母喪，免。又授浙東，會改法，本路人不許爲監司屬官，遷幹辦福建帥司公事，以格知臨安縣。政尚寬簡，吏民信化，刑罰衰息。會其友爲學官，豐勸拔滯淹士，坐此食宫觀禄。久之，始提轄左藏庫。復以宫觀罷。既而又授宫觀，而豐死矣。嘉定丁丑正月晦日也，年七十。

豐既挾奇才，人謂宜居館閣中秘，不應徘徊下列。日望其升，益顛仆不起。故聞其死，多傷之，而龍泉葉適痛之尤深。豐性質易，無崖谷，然有以自負，命雲侣月，跨越汗漫，浩乎不可浼。暇日輒載一壺，獨行田野，不問歧路，抵暮而未返。去家二里許，有龍門峽，登眺徜徉，慨然曰："此可以止矣。"仕雖不顯，無幾微見於顔面云。子二人：積、耕，皆爲儒。

贊曰：武義之有鞏氏，自庭芝始。初，庭芝登元城劉安世之門，以道學爲東平倡，弟子受業者恒數百人。及其來遷也，以所學化導如東平。故武義人士知尚義理之學，亦自庭芝始。至豐又從東萊祖謙游，於是中原文獻、麗澤淵源萃於一門矣。於虖懿哉！

桑仁卿傳　前人

桑惠字仁卿，婺之武義人。其先居麗水桑溪，南渡後有景昭者始遷婺，歷四世皆不墜詩書。仁卿幼喪父，獨奉母居，不能與人浮沉，介然自守。遇人則翼然恭，未嘗往扣富兒門。惟日夕訓諸子弟，鷄初號輒起，懸燈誦書，食時使往從師。或值雨淖，親持蓋候之還。人笑其愚,勸曰:“子貧若是,甑將生塵矣。何不學他技藝?朝出門,暮即可得錢。讀書固佳,其效乃如捕風耳。”仁卿笑曰:“信如子言,吾家學將絶吾手矣。寧餓而死,不能從也。”乃召其子以時謂曰:“此妄人耳,其慎毋聽。吾之貧由天,於讀書何預哉?”策勵比前爲尤急。及見以時明經能文辭,鄉校迎爲學者師,仁卿撫几自慶曰:“吾將有以見祖宗地下矣。”仁卿無所食,質田於里翁,已而失其券,乃以計給仁卿至家,使重書之。或履其跗曰:“慎弗言,翁券失矣。”仁卿嘆曰:“吾實得錢,言猶在耳,而因失券負之,爲計固得矣,如内愧何?”一里譁然,稱曰:“桑仁卿,其誠慤人哉!”未幾,卒,貧不能殮,手足、鄉人惜其賢,裒錢以葬。

仁卿娶同縣人項寄瑗,甚賢絶。仁卿固安貧,終日樵蘇不爨,項無纖芥見於容色,澹然能相歡。凍餒日不自免,聞有佳書,必掇所織布帛,貿之使讀。自時厥後,以時以賢良徵,主袁分宜之簿。州里携酒漿來賀曰:“仁卿夫婦不負教子,今得官歸矣。”項曰:“得官不足榮,能不負官斯爲榮耳。”以時在分宜,數督運萬里外,兢兢自持,無所遺失。再轉爲温州判官,遣候人迎養,將及門而卒。今以三轉爲夔州府通判,陞至某郎,益用政事聞於時。論者謂父母之善教云。

贊曰:子弟不患無俊良,非父母竭力教之,終不能有成也。有如仁卿忍貧教子,至樵蘇不爨,一不變其志,淡如也。卒能奮發,有耀於前人。則吾所謂父母不力教子,子未必有成,誰不謂然?因作小傳,以爲世勸焉。

何太守傳　金華胡翰

長沙太守者,武義之太平鄉郭洞人也。名貴,字叔瑛,姓何氏,宋集賢院脩撰明仲之後。曾大父淵,勝國時舉進士,仕終廣東按察司副使。始爲諸生時,嘗與郭洞趙參軍爲麗澤交,驩相得也。及居官,奏績京師,適趙亦輸將北上,偶詿誤失期,當事者欲置之法,憲副公以鄉友故，力爲解援。趙德之，結爲姻親，以女妻其次子中昱，生子諱壽之，穎異不凡，卓有知識。自幼往來外家，見其山川盤結，民物豐阜，深羡慕之，因有卜居之念。逮年漸富，識益宏，乃請命於其父。父然之，復爲求婚於郭洞吴氏，隨置産築室，徙而居焉。先是土著於此者，不下十數姓，俯山而居，丁産不甚蕃殖。公第面南向陽，水匯其後，時有術者過而訝曰："是誰創此居第？當生貴子，子孫蕃盛，綿遠無極。然餘姓自此不競矣。"已而連舉偉男子六人，太守其第五子也。門户遂翹然而大，其先所居諸姓漸見陵替，術者之言於此果驗云。

太守生而魁梧奇偉，讀書明大誼，居常不褻，威儀懍然。且練達世故，析理精明，雖老成勿及。然性恬退，不求聞達，我太祖高皇帝龍興二十餘年，屢詔舉天下賢才，郡邑薦公。遂以明經召至京師，用平津侯故事，待詔金馬門。歷試諸艱，知公有理煩治劇才，可以獨當一面，授福建汀州府知府。福建，古閩夷地，在周爲七聚，漢嘗徙其民於江淮。吴時以處遷謫人，唐常衮始興學校。然山區海聚，舊俗未盡革。上杭爲汀屬邑，善反側，溪南有負固不服，往往觸法抵禁，易動難安，號爲難治。公柔來安輯，不啻龔遂渤海、祝良九真、張綱廣陵也。莅政兩期，循良報最。上以公游刃有餘，調守湖廣長沙。長沙地居江漢上游，南國風化猶有存者。公出其所以治汀者治之，輕車熟路，恰當使君周旋，不聞長沙地狹也。朝紳方擬擢公内廷，以資化理。公乃以桑梓久違，松楸在念，浩然有歸志。一日，攬鏡嘆曰："蚓寒則穴，鳥倦而還，物尚知時也！余仕至二千石，布衣之極願足矣，猶瞿瞿恤恤，鞅掌簿書間，爲子孫作牛馬耶？"遂引疾上疏，得請歸。歸而益韜晦，足不入城市。創亭庵於寶泉山上，日與里中長老怡情詩酒，揚摧古今，有栗里、柴桑風焉。烏虖！余嘗俯仰千古，如二疏之見幾解組，若水之急流勇退，以爲世難其人矣。今公之盛德，善政彰彰，方見大用，乃爾决志引退，賦《遂初》，全令名，古云“知足不辱”，公其有焉。余以同鄉友誼，偕應賢良之選，習知其家世始末，並嘆服其遺榮遠引，爰掇其生平，以備國史之采云。《清源宗譜》

孝子王世名傳略　王世貞元美

王世名者，金華之武義諸生也。父曰某，業南畆自給，愿而弱，與族子之悍者醉狎而口語相失也。族子倚之牆，築其顖，傷，困卧且死，撫世名曰：“死，奈何？”時世名猶在稚也，泣曰：“直之官，不則死之。”父曰：“不然。直之官，必檢；檢則骨析我，是重僇我也。且若彼錢神何？汝孱，有汝母，胡以死哉？”父死，而諸宗人之長者以好會請捐族子之腴五十畆償世名，曰：“以爲若死生資，不則吾曹力能屈若也。”飲泣而見母，以父之遺命告，母曰：“秘之，其姑受田而葬汝父。”世名既受田，復白母曰：“家幸給饘粥，毋食讐遺也。”田之入，以供賦役外，手籍其數，市金而封之，扃之固，歲以爲常。世名自是口不及父時事，而晝夜讀書。入試有司，補博士弟子。以至婚娶，舉一子，教弱弟，使亦有成立。而其於族子，亦以兄禮禮之亡間，每召宴，則亦往，飲食談笑如恒時。然歸必識其數，曰脯菜若干，漿粥醯醬若干，爲鏹幾何。族子意世名且忘之，即母亦意且忘之，冀供養没齒而已。然世名每歲旦即謁家祠之父主前，而以兩筳篿卜之，不吉則掩泣而退。至辛巳，卜得吉。乃走冶工所，鑄一利刃。已，厭其薄不任，棄之。復爲剛斧，鐫姓名於背而匣焉，日伺族子所之。一日，族子之它山之姻家飲，大醉，童子掖而歸。至無人所，世名前揖曰：“兄何自醉若此？”族子曰：“吾飲某氏，甚樂也。弟何之？”世名指其旁山僻凹曰：“母老矣。先隴愜不受歸，而兹山有當於青烏子書者，兄試爲我銓之。”族子蓋素挾稱其術者也。世名謂童子：“而遲我山之趾而，吾掖兄上。”既上，袖斧而揮之，中項，踣。族子呼，謈曰：“殺我耶？”世名哭曰：“疇令若死吾父，吾腐心者十年矣。而今得反之，若姑往，吾亦隨若矣。”族子不能對。再斧其脅,立死。囊其首而下,俄童子尋聲至,世名叱曰:"吾所以不偕汝上者,恐邂逅傷汝。報而家,吾身赴獄矣。"歸,至首於家祠之父主前,曰:"幸不辱也。"拜辭其母曰:"弟今壯,可養。有孫,不鬼餒矣。"疾趨至縣,令所出袖中牘,誦而授之,且出其藏金如干,曰:"此讐畝所出也。"又出其他鏹如干,曰:"此飲讐費也。願併畝悉以還之。"令詰曰:"死者不汝兄耶?"世名恚曰:"彼讐也,殺父,安得兄之?且囚所以來償死,非蘄脱也。"於是世名之母來請代曰:"妾所使也。"其弟亦來代曰:"某實爲之,兄不與也。"世名曰:"手刃讐者,世名也。能撫世名孤者,母也。代世名養母者,弟也。何代爲?"令義之,俾俘係於麗譙之上,飲食之。具其事以請監司,檄他邑令某,與令會勘。他邑令謂世名所殺族子毆世名父死者也,法:毆從父死者,斬。世名殺應斬之人,當減徒。然必檢父屍,而後獄可成。檢有日矣,世名聞之,自譙投下,敗面折肢,久之乃蘇,嘆曰:"吾爲父復仇事已畢,償死,法也。且吾往者獨不能聞之官,懼暴我父骨,以牽率至今。今乃爲我而暴我父骨也,吾杜吾口矣。"自是絶不食,令使其所厚力强之,不應。積十日,翛然而逝。他邑令愧跳去,御史聞而嗟賞久之。下邑令爲祠世名,令請以世名所歸田金爲材費,御史曰:"讐金也,而資之以祠孝子,安乎?"乃議發他贖鍰。嗟乎!報讐,快心事耳。即使烈男子能之,然未有純恒不息,因時處中,從容之死如世名者。其在倫常,不亦中行之聖乎哉?即堯孔所稱奚讓焉?

友人曹昌先自金華歸,談其事,時漏三刻,微燈忽明,毛骨爲悚。退而繹其事,欲爲作一傳,而質之曹,不能舉其父與讐、二令及弟名,母何氏,聊紀其略,以待异日。《弇州山人集》

孝子王世名傳　吴郡張鳳翼伯起

孝子諱世名,婺之武義人。年十七時,父良爲族姪俊以争屋毆死。孝子恐殘父屍,不忍就理,乃佯聽其輸田議和。凡田所入,輒易價封識。俊有所餽，亦佯受之，雖錙銖，罔有不計值封識者。私繪父像，自像帶劍侍，懸密室，朝夕泣拜。購一刃，銘之“報讐”字，母妻不知也。服闋，游庠，不專事舉子業，惟手書忠孝格言一册佩之。已而生子甫數月，撫之謂母妻曰：“吾已有後，可以死矣。”一日，俊飲於其鄰，醉歸。孝子乃俟於僻處，以所購刃立碎其首，故號於衆。歸以白其母，遂出向所封識租價、餽值及宿搆首狀，赴邑請死。時萬曆九年正月也，去父死之日六年矣。邑陳令驗所封識，訪之士民，知報父仇是實，乃曰：“此孝子也，不可令對獄卒。”别館之，上其事當道。當道委金華汪令往訊之。孝子曰：“復何言？吾事畢矣，只欠一死。”汪曰：“檢若父屍有傷，子未應得死。”孝子曰：“吾忍痛六年始發者，爲不忍殘父屍也。以吾命抵讐命，奚檢爲？”遂具呈，懇乞放歸，辭母囑妻，絶吭柩前，獻屍臺下。汪憐之，遂移文請於郡，言：“世名宿抱父冤，潛懷壯志。强顔與讐同室，矢志不共戴天。封買和之貲，不遺錙銖；鑄報讐之刃，懸之繪像。就理恐殘父屍，即死慮絶親後。歲序屢遷，剛腸愈烈。及甫生男一歲，謂可從父九原，遂揮刃於讎人，甘投身於法吏。驗父若果有傷，擅殺應從末減。但世名誓不毁父屍以生，惟求即父柩而死。一檢則世名且自盡。是世名不檢固死，檢亦死也。捐生慷慨，既難卒保其身；而就義從容，是宜曲從其志。合無放歸故里，聽其自裁？”當道可其議。孝子遂得歸。歸之日，汪囑之曰：“子行，吾且來。子無即死，吾終不惜爾父既朽之骨，而不以全爾。”孝子仍以死自誓，求免父檢。汪喟然曰：“浮生有涯，令名無已。”孝子正色曰：“豈爲名哉？理固當如是。”其母迎而泣，語之曰：“身固父之遺也。以父之遺爲父死，雖離母，得從父矣。復何憾？”孝子謂妻曰：“善事若姑，善撫若子，餘無言。”見陳令，陳仍館之前館，囑守者曰：“毋令孝子死。”迨汪至，邑人迎而直孝子者千人，汪遂令舁其父棺至。孝子聞之，大慟，遂以頭觸地，守者持之不得死。明日，邑諸生翼而見汪，孝子望見父柩，即以頭觸階石，血噴如雨，地爲之赤。諸生相持大號，陳、汪二令亦不忍視，爲之泣數行下。諸生請從孝子志，汪乃舁其父棺去，遺文而吊之。孝子少甦，即求至棺所，挽父棺，爲一再慟。望弟扶柩登舟，久之乃返汪所，而汪去矣。讀所遺文，曰："汪君知我哉！"陳令又欲白於上，免檢其父以全孝子。孝子曰："此非法也，非法無君，何以生爲？"遂不食而死。死之日，雲霧昏慘，烈風迅雷，大雨如注。迎屍歸，始開霽焉。遠近奔哭者載道。

嗟乎！殺人者死，律也；人命是虚，行財是實，亦律也。彼買和契贓具在，可以坐俊殺良之罪，可以挽世名抵命之條，何必檢厥父屍以傷孝子心哉？豈當事諸賢急於全孝子，反亂其方寸，而慮不及此哉？抑天意不惜孝子一死，以遂其志，以教民孝也？夫襄公復九世之讎，《春秋》大之；人有殺夏侯惇師者，惇殺之以報讎，而卒免於罪。報師讐尚爾，况報父讐乎？故徐元慶之復父讎而自囚詣官也，議者以陳子昂之議爲非，而以柳宗元之駁爲是，良有以也。且孝子身抱父痛，目接父讐，含忍六年而圭角不露，是荆軻之不能忍於易水，留侯之不能忍於博浪，孝子能忍之，其智足多也。至手刃父讐，視死如歸，雖聶政死韓、荆軻死趙，何以加兹，可不謂勇乎？而又不欲以一死易三尺法，假令當官守法，雖憂國奉公之祭遵，亦不過如此，蓋孝而能忠矣。使其不死而登之清朝，必能爲鐵方伯，爲景中丞，爲于忠肅，豈獨一郡一邑之所表見已哉？予不惜孝子之死，而獨惜諸賢不能盡其生孝子之心，是爲之傳。《孝烈編》

俞烈婦傳　教諭陳堯言

烈婦俞氏，武川之俞源里人，衣冠族也。父聰，有隱德，母韓氏早卒，鞠於後母。俞生而脩容婉順，不御鉛華，亭亭壼内，望之者知爲賢女子。年十七，歸王生世名。生方飲父讐，待時而發，其悲憤壯烈之氣雖外自抑晦乎，而時露於睚眦間。俞甫侍巾櫛，以己獲盩也，惴惴不自寧，數請之。生曰："吾自有恨耳，非兒女子所知也。"

生不御肉，俞以其苦心鉛槧，非所宜，謬之曰："丈夫亦奉禪乎？"生曰："然。"俞亦爲之不食。一日，見生懸父像於密室，拜而飲泣。俞心知其爲父，潸然泪灑不收。自後時見之，不復敢請矣。明年而生子，生喜甚，謂俞曰："此兒之奇，非他人比，善撫之。"命名宗禹，趣呼酒。生素豪飲，俞二年來未見其一沾脣也，至是飲徹旦，至醉。是歲，補博士弟子員，具衣冠謁家廟，後即入室，謂俞曰："是可以見吾父乎？"俞黯然者久之。乃懸父像，拜泣如常時。親朋闐門而賀，讎亦與焉。比出延，則泪光瑩瑩然猶在面也。居無何，斬其讎俊廿六頭於胡蝶山下，揮刃而歸。生與讎連楹而居，兩家鼎沸，哭聲震天。生從容祭其父畢，拜其母曰："兒不肖，不能長侍膝下。二弟差長，足娱晚景。寸草春暉，尚期來世。"謂妻曰："母之不保，何有於汝？不得復相顧矣。奉姑鞠子，此汝分内事，復何言？"遂取向所封識臟券等物及所鑄報讎刃、父小像，投之官。

邑侯陳君上其事於當道，當道屬金華令汪君往勘。汪君諦知生奇男子也，有意生之，欲檢父屍得傷，則坐以報讎律。生聞之，曰："噫嘻！予惟不欲殘父骸，以至此也。"乃投狀求歸，一别母囑妻而死。故事，殺人者嬰金鐵，就狴犴，家屬禁不能通。生之歸也，邑侯陳君憐其孝，舍之别室，以故其母妻皆得見焉。俞持生慟曰："君爲父死，妾寧不爲君死耶？"生笑曰："兒女子何言之易？"俞攬涕正色曰："有不然者，非王生婦矣。請先君死，可乎？"生曰："何死之易？姑老子幼，將焉賴之？"曰："請以三年爲期，可乎？"生默然不應，泪數行承睫下。次日，汪君至，將檢父屍，而生師友韓光濟等力争之，曰："檢則生即死矣。殺人者生且六年，而報仇者死不一月，是可忍也？願公直坐以殺人律，緩其死數年。"且哭且頓首，至引其帶不放行。令曰："君且休矣，吾亦欲生王生耳。"是時其父棺已發，勢且不可已，乃遺書韓生，明日遂死之。俞慟幾絶，水漿不入口者累日。邑侯陳君率韓生等造其廬而吊焉。韓生與生故師弟，而其媪又俞所視爲母者也。虞其死，往慰之，因指其子曰："王生遲死六年，只爲此一塊肉耳。忍棄之耶?"俞憮然曰："是誠不可死，然又不可不死。吾與王生約矣。"後亦稍就食，置王生柩於卧榻前，起居飲食一稟如生時。哀毁骨立，無復生人趣，恨不及其子之稍長而即死之。屬姑病，乃爲止哭侍湯藥，慇懃不解帶者月餘。初，父與生讀書田若干畝，王生死，母均之衆子。已則大感悟，復與之曰："使而子孫世世守之，以爲節孝勸。"俞族故盛，嫁時瑱珥衣履頗充溢，盡鬻之爲田，以業其子，亦若干畝。三年，服將闋，其姑與叔議遷生之柩於外廡，俞不忍，慟哭如初喪。乃略料理其家事，集家人輩，再拜而别曰："吾從生於地下，無恨矣。"囑其子於韓媪曰："爲我謝韓先生，善教之。"絶粒而死，時萬曆甲申正月十五日也。俞十七而歸王生，十九而王生死，二十二而以身殉。其子宗禹五歲矣。死之日，天地晦冥，雨雪交零。鄉人無少長，奔走悲號，聲震山谷。遠方來祭吊者如王生之死焉。

先是王生之死孝也，直指帥君上其事於朝，時江陵方奪情柄國，惡聞此，議寢不行。至俞死節，理刑徐君適視縣事，吊其死而撫其孤，因並上其事於直指馬君。馬君聞之天子，報曰可，賜銀三十兩，敕有司建祠立坊，牓曰"孝烈之門"云。《孝烈編》

國朝

何孝子傳　吴郡金俊明孝章

孝子姓何氏，名承祖，字允元，别號前塘，浙江金華武義人。生而狀貌甚偉，有烈丈夫氣概，性梗亮，不爲冗輩所喜。少故敏於貲，日誦千餘言，識者目之曰廟堂器也。父兩泉公夙有末疾，孝子自度從名師游埶必違膝下温清職，兼家業中頽，生計日涼索，與其割情負笈，貽菽水憂，曷若絶意進取，效古人力田以養，無遺憾焉。自是不去左右者十餘年，意志音咳，罔弗曲承，盡其懽。父算四十五遘疾，醫禱罔効。孝子憂廢寢食，丙夜齋沐，焚香籲天，請以身代，如是者數矣。病加劇,孝子益悲窘,計無復之。夜半假寐,忽若有所命者,起禱元帝前,操刀刲股,血流滿襟,絶復甦者再四。乃親調羹以進,病遂霍然。迨父歿,事之如生,終其身孺子慕,祭必孺子泣也。撫弟承忠輩,咸體父志,厚賑贍之,始終無間。奉母婉孌備至,年踰耆艾,無倦色。學憲使者前後旌其廬,歲給粟帛。己丑三月疾卒,享年六十有五。易簀時,母尚無恙。瞻母隕涕,引罪不遑,囑婦及弟左右就養,代供子職。噫!可謂孝矣!孝子以父母命課子嘉猷,徙居近學,親俎豆。嘉猷亦重自刻厲,日夕邁征爲心。嘗讀書長山,著有《懷親詩》三十章,真愛惻然,令人頌之,興懷明發。年未壯,拔秀黌宫,升爲廷貢士。文采葩流,英聲發聞,隱居不仕,樂與四方賢豪訂松石盟。孝子殁,文武將吏遠近赴吊,並臨其喪。感其至性,且有爲之泣者。《詩》云"孝子不匱,永錫爾類",信然與!

耿庵子曰:俗之敝也,絶裾者紛紛。寧惟是親養弗遑,且有貴而危其親者,若何?孝子之行,又何其敦摯?惻怛瞻依,二人至死不衰也。吾聞婺州山水深秀,宋東萊、仁山倡道其間,流風猶有存者。武成又僻在萬山,不漸於澆習,士之純淑,宜哉!余性切闡幽,余友施子計專樂道人善,游婺歸,爲余言,請紀之。夫懿好在人世,雖季乎,當有歌咏其事者。《敦孝編》

明陶忠烈公傳略　教諭程揆

公名成,廣西之鬱林人。弱冠舉於鄉,屢上南宫不第。以例入太學,教授外邑。敦實學,士論翕然稱之。當事者惡其鯁直,中以法,謫交趾典史。時宣德初,交趾尚内屬也。後以操守屢膺薦牘,拜浙江按察司僉事。時盜起,渠魁陳鑑湖率衆四出焚掠,公奉命統旅,築柵蘭溪,分遏衢、婺。寇至,用計略擒賊數百人,大挫賊鋒。鑑湖等亦以次就擒,而餘孽尚遁據山谷。景泰改元,少保謙爲本兵,時北事方棘,又屬意東南,每慎擇方面官爲拊循計,毋令朝廷有内顧憂。遂擢公臬副,專剿栝寇。陶得二,處之素爲礦寇者,鼓衆出，攻掠城野，婺大震。公單騎赴武義，扼其西偏，命指揮脱綱從間道搗其巢。得二畏公威名，降者三千餘人，生擒百餘人，可計日平其巢穴。時有沮其成功者，令公緩師以待我師之集。得二遂與衆復反。五月十七日，猝至城下。公聞變，即率所部扼其衝。而武素無城郭，四面皆木柵，賊先期遣間穴柵，因風舉火。火光起，烟塵障天，咫尺莫能辨。衆大潰。公即策馬赴之，馬蹶，遂遇害。百姓哀痛如考妣。事聞，贈左參政，謚忠烈，配享越國公胡大海祠，蔭一子入監讀書，後授廣東新會丞。

嗚呼呼，公以重臣，死於一草竊之手，惜哉！然亦可謂見危授命者矣。武之人至今屍而祝之，有以也。余司教暇，懼其湮没，故編次如右。《康熙志》

武陽三友傳　教諭徐炳雲

人有五倫，友居其一。世之克盡乎友之實者，甚難其人。余於武陽而見三友焉，則有湯姓名有悌，字敬仲；劉姓名燧，字木生；徐姓名椿，字大年者。兹三人相友善，共欣戚，忘爾我，不啻同懷。合志營道，行誼一轍。孝友見稱族黨，其敦倫同；食貧絶迹公庭，其操守同；言行不苟，其祗慎同；處世與物無競，其寬恕同；經史百家罔不淹貫，其好古同；誨人不倦，武庠皆其弟子，其教育同；上自卿大夫，下至兒童走卒，無不知其名，其見重於人同；試每連名，輒冠多士，後僅以明經顯，其德豐而遇嗇同。余順治庚子司鐸兹土，得親炙三君子。未幾，而皆溘焉逝矣。恐滅没懿行，謹述所知，俾後人知三君子之德行如此，交道之篤如此，當日爲人欣慕如此，庶幾餘韵不泯，後之敦友誼者或有感於斯。《康熙志》

楊孝子瑞鍾傳　仁和章鶴鳴

余游武川，讀楊孝子瑞鍾事實，灑然异之。古今史册載孝子事者多矣，然皆有爲者也。若楊孝子，則無爲矣。無爲則誠，誠則天。史之記舜曰："欲殺不可得，求之則在側。"求之在側，安知不命爲井廪之役哉？舜固不以生死安危之見事其親也。舜尚求之在側，楊孝子不求亦在側。不求亦在側，誠也。誠者，天也。孝至於天，斯亦無愧於孝矣。孝子爲椎魯農夫，安可與舜同論？然孝，庸德也。在聖不增，在凡不減。舜不增分毫，故求之在側；孝子不減分毫，故不求亦在側。

按，孝子瑞鍾爲邑之廿四都人，少喪父，獨與母居。母性嗜甘脆，孝子遂竭其貲以供母。母亦忘所自，屢以水陸味命孝子。孝子必竭力以奉，無難色。母歡甚，忘其爲窶人母也。母老得痪疾，常卧榻，孝子不離榻。孝子爲餬口計，恒入山樵，樵亦在側。耕父遺田數畝，田亦在側。人愈神孝子。一日，孝子方爲其母洗沐，鄰之人見其烟蒸蒸起，若有爨盎櫟釜聲，微窺其牖，見有赤面長鬚者爲之炊。人皆异之，翕然稱“孝子，孝子”。毋何，母以天年終，孝子亦隨死。孝子誠可謂求之必在側哉！今人爲立身揚名計，恒走數千里外立功，如温太真能免絶裾之痛哉？若就冰而卧，望竹而泪，皆有爲者也。孝子則無爲矣，無爲則誠，誠則天。《康熙志》

孝子湯伯瑜傳　朱爾殿七來

湯伯瑜字如玉，明季冠帶孝子也。先世扈蹕南渡，由汴梁遷栝蒼。始祖晙自栝蒼遷邑棗巖。世祖覺，宋乾道進士，官知江州，惠澤及民，爲賢刺史。丁父艱歸，卜居熟溪之南，故曰溪南湯氏。孝子其後裔也。孝子父諱文奇，母王氏，宣平大萊人。

孝子生有异稟，沉静淵默。方總角時，便已絶异常兒。八歲至大萊讀書，授以句讀，略詁文辭，輒辨推類，塾師大奇之。越一年失怙，時方九歲。偕諸兄居喪次，毁瘠過禮，哀感行路。緣貧不能葬，晨昏撫棺號切，跣足負土，以營窀穸。母與兄初未之知也，及知而憐之，勸以弗亟，則墓已成矣。母竊自喜，有子如此，不難成立，乃益誓靡佗。諸兄或就傅，或經營四方，孝子獨依依膝下，奉養惟謹，雖授室而孺慕弗衰。母嘗病癰，外茄中瓜，痛楚無聊。醫者謂非針不潰，孝子弗忍，以口吮之，赤黄洴流，毒盡而愈。又嘗暑痢，晝夜頻急，掖起藉眠，親嘗湯藥，躬滌溺器，衣不解帶者月餘。由是孝子節母，一時藉藉，鄰族學校，交相表狀。署縣同知劉公上其事，守道堵公、學道周公咸表節孝，歲給粟帛，以示奬焉。孝子自痛少孤失學，厥子六人，皆令務讀。及母壽八十有七以殁，已親見次孫、季孫進步黌宫云。孝子以崇禎己卯五月十八日卒，年八十有一，其年十一月十九日葬黄度上前山。朱光華鈔本

王荔村傳　金華進士張作楠丹村

荔村先生諱惟孫，字祖陰，新城司訓謹齋公長子。幼穎悟，四歲能誦朱子格言。未弱冠，入邑庠，爲知名士。然性情雅淡，不樂仕進，居常研究經史，肆力詩古文辭。受知於大興朱文正公，深嘉其史學貫穿古今，有卓識。詩則秀骨天成，寓穠纖于簡淡，直登韋柳之堂。以拔萃入都，廷試不肯謁當路，歸。承歡堂上，吟咏自娱。居外艱，後不復應試。篤友于，女兄以節著，請旌建坊。親族貧不能葬，爲卜兆。

余家雙溪，距武川七十餘里，讀其詩文，心向而未見。及爲處郡教授，先生司諭青田，一見如舊識。先生未幾思歸，寄余句云："到眼梅花如舊識，驚心春色是他鄉。"予愛之，録《梅簃隨筆》。青田有貞女董氏，未嫁夫夭，歸葉守志。繼子之父利其産，囑縣令爲董母子析家，董無可申寃，哭訴學。先生爲遍白諸大吏，巡撫程公歎爲扶植綱常真教官。具奏仁宗睿皇帝，嘉之，黜縣令，邑人始知重貞節，尚廉耻也。先生歸，祖餞歌贈滿道，有"芝里難留先覺者，武川重謁老成人"句。遂不復仕。余亦膺命出守江南，不得會晤矣。

嗚呼！居位享禄，化不及蒼生，事關利害，愛身家，不敢一言者，多矣。先生冲淡不求人知，教行俗化，見一節之善，出身扶持而不返顧，苟遂其志，維持世教，豈有量哉？享年八十有四，著有《荔村詩藁》四卷，古文、駢體、雜説、詩餘數種。王建中鈔本

何雪耘傳　進士，邑人顧倬標鹿畦

先生姓何氏，諱元啓，字牖承，亦曰佑人，號筠湄，晚號雪耘，邑南雙泉里人也。何氏，清源郡王裔，南宋末自栝蒼遷，明初諱貴者以賢良徵，仕長沙太守，掛冠歸。會靖難師起，遂隱寶泉山。山下又有漳泉，故以雙泉名其里。國朝代有聞人，而經明行修，藉藉稱人口者，惟先生最。生三齡，厥考方韓公即世，母氏湯勤苦撫育。才能言，篝燈授以書，暇則與談古義，皆能通曉。性穎异，既就傅，精進淵詣，下筆驚其長老。髫年游庠，旋食餼。學使者按試，必高等。應鄉試，闈文一出，朋儕驚服，識者謂有前明嘉隆遺軌，可式多士。凡十應舉不售，僅貢入成均。是時，太夫人已辭世，先生以爲不遂奉檄之養，雖得第不足榮，遂絶意仕進。

先世藏書最富，先生益購其所未備，積而愈多，朝夕寢饋其中，未嘗釋卷。自經史而下，百氏稗説及近代詩文集盡繙閲而能記憶。後生有疑問，輒覼縷首尾，應答無滯。自制義外，尤篤好古文，然不苟作，作必詣絶，璞玉渾金，望而知爲希世之寶也。居家以孝友聞，經祠事，興社學，葺亭障，修橋梁，不惜重貲。鄰里親戚有貧乏者，時周之不少吝。家故饒，後漸支絀，然遇善舉，雖破産勿恤，蓋其至性如此。

初娶朱氏，繼娶徐，三娶湯。子二，長應蒙，太學生；幼應豪，歲貢生。先生年四十外始舉子云。

嗟夫！累德之厚，博洽之才，世難兼有。先生文行卓卓如此，儒林、文苑何多讓焉？著有《紉蘭軒藁》。《清源宗譜》

武川備考卷九八

藝　文　考八

墓志銘

宋

左朝請郎知建昌軍贈朝請大夫劉君墓志銘　給事中汪藻

君諱滂，字德霖。其先永嘉諸劉也，唐末有徙居東陽武成[①]者，四世而生世瑊，世瑊生仲思，仲思生升。升於君爲皇[②]考，以君通籍，累贈中奉大夫。君生十餘歲，已能誦説，屈其師。與同郡梅執禮學，會稽學者傾下之，號"東梅西劉"。中大觀三年進士科，調新昌令。縣在豫章山中，俗嗜鬭，令到輒移病去，以他吏承攝。君臨以誠，未幾稱治。雖旁邑訟不能决者，乞從君决之。豪鄒氏横里中，挾貴姻誣人死，君捕致械治之，部使者爲請，不聽，卒以法投豪相州。蔡魯公京與君祖爲布衣交，君至京師，曰："吾故人有孫耶？"除詳定敕令所删定官，欲挽君置黨中。會僚常瓌書詩屏間，京疑瓌姍己，屬君求其迹，且遷君官。君笑曰："此市道也，胡爲及我哉？"京不悦，君亦拂衣去，坐是不調者十餘年。靖康初，金人渝盟，袖所著書數千言來京師，士大夫口相傳以熟。除太常博士，道阻不拜。

① "東陽武成"四字原缺，據《汪藻集》補。
② "皇"字原缺，據《汪藻集》補。

建炎中，上問人材於近臣，學士詹乂、給事中汪藻、中書舍人李公彦言君可用，詔用君爲建昌軍。君少時鋭功名，既數罷歸，意益怠。頗治泉石，將終焉。其得建昌，初不汲汲，當國者數以人先君紓其期，君不校也。至紹興三年冬，適五年矣。一旦尚書符趣君行，不得已到官，甫半年而軍變[①]，君及母妻皆死焉，天下冤之。時紹興四年七月一日也。驛書聞，天子震怒，詔帥臣討始亂者，皆伏誅。於是御史言："國家艱難以來，福州殺帥臣，建州殺漕臣，建康、杭、秀之守臣皆囚於其下，議者率歸罪有司，以爲陋於拊循，繇是兇人無所忌。臣竊聞建昌比守皆選懦，威權不張，兵卒悍驕，邀取無度。劉滂一切以法裁之，兵不勝其忿，至群入市，壞其肆，戕其人。滂捕繫追償，兹守臣之職，蓋能吏也，乃並其家碎於賊，此而不懲，失政刑矣。願録滂之死以白其冤。"乃詔褒君爲朝請大夫，官其子若孫二人。君卒時年五十六，妻安人湯氏，兵及身，侍姑不去，與姑偕死。子三人，曰埴，曰墉，曰緇郎。埴蚤卒，緇郎軍亂失之，墉以紹興五年十月奉君、安人之喪，合葬於太平鄉金柱山之原。

君好學，善屬文。與人交，始終如一。聞人急，傾財赴之。居官嫉惡如仇，毅然不可回奪，以及於難。大觀中，余官豫章，君來新昌，一相見故知。越數年，余以職事留京師，君適在焉。自此日相從，不見之間，無月無書也。又十餘年，余守吴興，君以書抵余曰："吾御吾母之建昌矣。"頃之，聞建昌難作，余爲之矍然。明年，守臨川，距建昌百餘里。問建昌人君遇禍時曲折，皆慟哭失聲以對。又聞君卒之期年，父老會佛寺哭君，有欲絶者，且千里以書吊其孤。此人情至哀也，可以强致耶？然則君雖遭奇禍，而其亡爲不朽矣。予方欲會萃其事私識之，而墉來求予銘，至三四不已，則不可不銘。銘曰：

---

① "變"字原缺，據《汪藻集》補。

惟古者之仕兮，求其志之必行。苟利及於兹世兮，顧何爲於久生。嗟夫子之策名兮，奉皇輿而遵路。歷羊腸而靡辭兮，敢前知於如僕。皇揆予之忠信兮，畀盱水之四封。將鋤薙其榛梗兮，反殺身而覆宗。民哀君之無時兮，雖飲食而必祭。吊沈淵以斯文兮，表我侯於世世。《浮溪集》

宋故山堂先生墓志銘　*河南尹穡少稷*

山堂先生姓鞏氏，諱庭芝，字德秀，東平須城人。父奉議郎諱熹，贈左通直大夫，配梁氏太夫人。祖彦固，奉議郎，配郭氏太夫人，先配宋氏太夫人，南華縣君；郭氏，西華縣君。皆贈令人。先生乃太尉孝友之曾孫也，自太尉、通奉、奉議，不愧人子孫。

始紹興壬辰，穡客信州，聞有山堂先生自須城於建炎間寓武義，著録歲數百人，多舉進士得官，未知先生誰氏也。久焉，問之自先生所來者，皆踼踖不敢名，或僅以姓字稱。穡驚曰："乃吾同里人，同所自出，同舉進士鞏德秀者耶？"先生又與穡同去鄉避地，同絶音問，生死相忘幾時矣。先生方以所學推重异鄉，成就後學，宜穡愈以不即見爲恨。歲戊寅，先生待紹興諸暨闕，其子湘教授信州學。既逆以來，得朝夕相遇，作詩飲酒，争道耳目更嘗之事，至易兩歲如未盡。先生官諸暨，穡亦召至臨安，若將問訊，而先生乃以病告矣。已而得食崇道觀禄，便醫藥，還武義。還未一月，當隆興癸未三月九日疾，竟卒於是。凡其學者往哭之，如古師弟子之禮。雖他不相識者，亦聞其卒如故舊。今湘與弟沅、姪豐、嶸具以狀來告，將以十月二十八日葬武義太平鄉福聖院西山，葬必當銘。穡謂："幼相從，老相會，且親且友，何待請爲？"乃使問其世出與其行事，而與銘。

先生處性有操執，與人周旋喜談笑。既幼孤，乃以不獲孝於父者盡之於母，不得承父之學者從於兄。由是繼三世擢進士第，累官左承議郎，服五品，歷任監南岳廟、嚴州建德縣尉、太平州録事參軍、知紹興府諸暨縣事、主管台州崇道觀,卒年六十五。娶錢氏,封碩人。長子湘,官朝奉郎,兩浙東路提舉茶鹽干辦公事。少子沅,舉進士,擢承議郎。次子法,鄉貢進士,省試不利,疾卒。生一女,久已卒。孫四人,曰峴,曰嵩,曰豐,曰嶸,廬於墓,朝夕奠祭。

爾時先生録事参軍,寇盜揭爲幟,期相會聚,肆動掠嚇,遠近擾懼。先生設奇,用伏兵埋數十里,至則稍已叫呼四出矣。乘所不料,擒其魁斬之,衆駭散。即矯爲郡令,寬不問,且使有穀者官與立券,隨多貸寡,曰"閉而家覆,不如發而家全",卒得接續無事。而相鄰州縣萌蘖未翦,至遣所在兵猶未即獲,竟招以官,而臣亦以罪去。諸暨縣富民何氏僕畏笞竄去,其家誣爲殺之。部使者疑有力必賕吏,趣具獄即上,何亦甘自引伏。先生取其牘束封之,趣愈急,故不報。果耳目得僕,執以來。人不以脱何爲先生恩,乃以不信先生爲使者深耻。世於儒者爲政,嘗探輕而默之,乃如先生建德之勇決、諸暨之明審,儒者之政果何如?故其學於先生者,初試吏亦輒見稱許,是豈徒學爲應舉取官之資耶?先生卒且葬,以貧故,故凡取須若不克具,而索其囊,乃有《山堂類藁》六十卷,皆詩賦書疏序贊表啓論記之作。又有《易圖》、《春秋書法》、《群經説林》、《人物表》、《耳目志》、《詩話》,又合一百四十餘卷,著作之富如此。先生生不獲於用,死不充於葬,然以山堂先生之傳而視某卿某大夫之稱,又何如?銘曰:

吁嗟先生,學成於身,又成於人。自學而吏,時勇時智,活死不疑,敵死不畏。吁嗟先生,有學之通,無學之弊。吾固知其更數千百年,有過於其墓之前者,猶且曰:"此昔有宋大儒山堂先生之隧也。"《鞏譜》

宋故太安人錢氏墓志銘　義烏何恪子恭

有宋名儒山堂先生鞏公庭芝之夫人曰太安人錢氏,葬得吉,其子左朝奉郎管官誥院湘問銘於先生之役南湖何恪曰:"惟師友媢黨，實詳吾先，銘孰逾子？”恪不敢辭，又無以辭，敬諾而銘。

山堂先生以德業文章名一世，寧老死州郡，不肯一立要人門以期進。山堂嘗曰：“凡使我甘貧賤如飴者，緊夫人能安之也。”湘嗣賢而有文，夫人晚從其仕，詔以清白俸入，隨輒散盡，曰：“自而祖而父爲吏時，家故無贏餘也。”故湘居官可紀。群公方盛稱之，謂“山堂位不稱德，其大在湘”，而夫人死矣。夫人既不累其夫，又成其子，俱得令名如此，宜夫人亦隨以不腐也。

夫人忠懿王俶七世孫，越州法曹掾捷之中女，淵静和裕，寡言笑，其舉動端詳而有則。年十九，歸於山堂。錢氏、鞏氏世爲吴魯大家，内外尊顯，所與通家者又多貴侈。夫人介以儉素，處於文駟雕軒象服瑶佩間，不羡不歉，澹然自足，人謂其資性潔美。姑太碩人梁，故大家女，以禮度持其家甚整，於婦孺多所假借。夫人則洞洞屬屬，善承其志，獨得歡心。山堂幼孤，事兄如其父，夫人亦不敢以妯娌行視伯姒也。山堂先生自東平須城渡而南，卜居於婺之武義，今三世之墳墓在焉。湘占邑之曲湖，法居護國寺東西二傍，中奉太夫人版輿，其間甚適。夫人即以家事傳其家婦，戒一毋得以關我，燕坐炷香，讀書以終日。病，却藥，無戀嫪，語不亂，遂以乾道三年二月朔終於曲湖之正寢。以明年三月壬子祔於福聖院西山山堂先生之墓。春秋六十有八。長即湘；次法，一試禮部不第而夭；季沅，今爲名進士。一女，適施烜，早卒。孫男五人，曰峴，曰嵩，曰豐，曰嶸，曰嶂，俱善學，稱其家。孫女四人，曾孫女二人，尚幼。

恪昔年十六時，從山堂學，始得拜夫人於堂。因與湘兄弟游，久益相親，晚遂有連。其後六年，首哭夫人之仲子，又十二年而哭山堂，又五年而哭夫人。二十餘年之間，於五人之中而哭其三矣。重傷師友之零落，而余亦窮且老，於山堂之道竟何如也？銘曰：

婦無外事，德難以議。視夫若子，識其髣髴。孌彼夫人，聞胡不已？山堂其夫，曲湖則子。嗣亢以文，命服薦錫。死而得銘，又

夫之役?《鞏譜》

梧州刺史劉叔翰墓志銘　吕祖謙東萊

梧州刺史劉叔翰公食祠官之禄於里中,暇日,子孫侍左右,公命之曰:“大夫七十而致仕,禮也。吾賴先人餘澤,服王事者五十年,以爵以齒,幸濟登兹。若免於官謗,以朝請大夫秩老於家,豈小子實能?吾先祖先父其嘉相之。汝趣爲我具章。”皆頓首曰:“諾,如大夫命。”章上,詔報可,賜一子官以寵其歸。同邑若旁邑之姻連世舊,舟於水,車於陸,湊門趨賀,樂飲旬日乃罷。自是遂深居不出,静養恬適。又數年乃卒,壽七十有四,實淳熙二年正月晦日。其年九月丙午,葬於婺州武義縣泉溪西山學士原,其孤以公之閥閱治行來速銘。

謹按,泉溪劉氏,系出温之荆溪,其徙於武義,距公蓋八世矣。公諱墉,字叔翰。曾祖仲思,祖升,承事郎,贈中奉大夫。考滂,朝請郎,知建昌軍,贈光禄大夫。妣湯氏,贈齊安郡夫人。公早以光禄卹典入官,歷官温州、樂清縣尉、監潭州南岳廟、福州録事參軍、知徽州歙縣通判、蕲州軍州事、主管台州崇道觀。除知梧州,未上,復請還崇道觀,積官至朝請大夫。其在樂清,每行部,輿衙胥吏、鞵履糗粻,一主辦於己,不以煩里正,邑人紀之。福大而獄繁,歙小而民瘠,公書獄予生,而拊民必以惠,職用不墜。佐蕲,兩攝黄守。始至,老校旅拜庭下曰:“旄稗旦暮餒死,惟公哀之。”眎其券,不朌者且朞。公蹙然不安,亟發庫金,益以私帑,尫瘠以蘇。歸自蕲春,無復當世意。比告老,領祠官者四焉。少嗜書,晚歲猶展玩不置。每得名章俊語,輒欣然忘食。天姿和厚,不與物忤。居鄉,無貴賤皆得其歡心。歿之日,吊客及門,哭之必哀。初娶胡氏,繼室王氏,朝議大夫升之女,封宜人。三子,長綽,迪功郎,紹興府上虞縣主簿,先卒;次紹,迪功郎,處州府青田縣主簿;次續,將仕郎。一女,適朝散郎通判婺州林信厚。孫男三人,成孫、傳孫、豹孫。銘曰:

前望不跋，後顧不疐。平進之轍，未驅而止。其止曷以？以其樂易。風於後人，勿墜勿替。《東萊文集》，下放此。

沅州通判劉公國華墓志銘　前人

淳熙二年秋七月甲辰，朝奉郎、通判沅州軍州事、賜緋魚袋劉公及其夫人趙氏合葬於婺州武義太平鄉之清溪原①。其孤剛中先期請曰："吾父吾母携持小子至於湖水之北沅水之旁而大棄之，纍然孤身，東望故鄉數千里。乃負乃載，乃陟乃降，更一寒暑而匶，克達於家。躬鍤肩畚，祓除榛翳，乃規乃塈，乃塗乃甃，又一寒暑而葬，克安於兆。惟是識窆之銘，苟有辭以置諸幽，剛中死且不朽。"予游公父子間舊矣，其何可辭？

公諱邦光，字國華。曾祖政，祖仲申，將作監主簿。考繪，贈通議大夫。妣何氏，累贈太人。公常少舉進士，一上不第。妻父廣陵侯任以官，主邵武之光澤簿。土俗多盜，枹鼓鳴，尉、巡、檢悉所部奔命，邑虚無備，奸俠睥睨。公與令議籍材勇，蠲其徭役，縣兵或盡出，俾之扞防，居者始奠枕。徙處之遂昌令，始視事，閲楊氏訟，母子兄弟更忿鬩，更數政不能决。公親以酒酌其母，喻以天性之愛，皆感悟。數年之訟，一朝而平。用薦者改秩，知湖州長興縣。歲惡，發圭田之粟爲民先，趙夫人亦脱簪珥爲粥以食餓者，邑人紀之。終事沅州，安静不擾，殁而有餘思焉。其卒實乾道九年十月二日。趙夫人蓋懷王宗晅之曾孫，濟國公仲訦之孫，而廣陵侯士礝之女也。雖出公族，能自屈卑服婦事，族婭無違言。母文安郡章夫人嫠居旁郡，夫人奏芳鮮，奉寒燠，凡可娱其老者無不用其極。以郊恩封孺人，前公一歲正月二十日卒。一男，剛中。一女，適奉議郎新通判無爲軍梁棁。孫男一，女四。銘曰：

劉爲温人，其徙則婺。八世其昌，迎天之祐。駢青聯紫，覃延

① "原"字原作"源"，據《吕祖謙文集》改。

厥宗。公居其間，别駕治中。沅江之殂，民夷罷市。清溪之會，里人是紀。維禰相望，儷賓同藏。於窆有石，款詩在傍。

郭宜人墓志銘　前人

泉溪劉氏兆域有别卜清溪之原者，是爲户部之配郭宜人墓。既葬二年，户部以書來諗曰："邦翰老而哭妻，墓草再易矣，見故匳塵篋依然有餘思，是非若小兒曹戚戚歔欷也。吾妻無恙時，自闑以内，裘葛釜鬲，醪醴麴醢，孰水而湅，孰火而燔，孰社而釀，孰臘而儲，吾未嘗過而問焉。饑至知食，寒至知衣，客至知獻酬而已。視己出若妾媵所出，拊育惟一，族黨無纖芥薄厚之議。授室以來，袖手旁觀，每謂家政直差易耳。及失吾妻，治官文書腕脱入户，將少休，問米謁鹽者旁午，喟然而嘆，始知其難。益念吾妻四十年代予勞之，不可忘也。故過時而哀未衰。予嘗有意銘其藏，幸卒成之。"某先壠實在婺之武義，於泉溪蓋同縣，與户部游再世矣。歲時往來，占壺職於杯盤，固得其略。諸子相從講學，履屐裝齎之屬，皆宜人均一之德所形見也，銘敢不諾？宜人卒以乾道六年十一月七日，享年六十有四，時户部知常德府，歸葬以乾道八年十月某日。曾祖宗元，贈少傅。祖瑑，贈太師。考三益，左中大夫、同知樞密院事，贈光禄大夫。妣孟氏，齊安郡夫人。子男子八人，粹中，迪功郎、新衢州龍游縣尉；敏中，迪功郎、新衢州江山縣主簿；允中、時中應進士舉；居中、虚中皆夭，餘未名。子女子六人，長適從事郎永州軍事推官應材，次適朝請郎、尚書司封郎中鞏湘；次適承議郎周權，次適太學生淩顒，次適進士黄閈，次未行。於是户部方爲朝散大夫、尚書户部員外郎，總領湖廣京西財賦。銘曰：

維斗之樞，系隆地高。婦於素門，乃鋤其驕。《風》有《芣苢》，捋之擷之。我心和平，諸御是綏。子舍連甍，女車交道。歲時晨昏，來面來告。並耦而耕，獲失其一。里人作詩，揚於媦戚。

處士徐意元墓志銘 前人

明招，婺之名山，予家三世葬焉。負山之民氣俗敦慤，樂田畝而畏官府，傲嬉侈麗之習獨不入其鄉。予歲時上冢，過其父老，或旬月忘返，稍稍遣子弟從予游。未幾，方領矩步，儼然出與郡邑之士齒，蓋將繼進而薰沐。則於其親之喪，亟問亟吊，而又爲之銘，有所不得已也。

君諱宗盛，字意元，以厚樸稱於里閭。淳熙元年五月十五日卒，享年三十有八。明年十二月五日葬於鄉之下車塘。君無恙時，實命其子一夔來請業。及是，復來請銘。文弊甚矣，幸是鄉之未凋也。申之孝弟之義，引翼充養，於古之學者或庶幾焉。苟自厭其質而文華是嗜，外觀日勝，中實日銷，則豈父兄所以屬子之意哉？遂並書於君之塘，以識其初。銘曰：

父蓄子播兮，將求其實。考祖且脩兮，無辱斯石。

楊夫人墓志銘 山陰陸游放翁

鄆爲東方大邦，宋興以來，多名公卿。雖擯不仕及仕而不顯者，如穆參軍脩士、兵部建中學易劉先生跂，皆既死而言立，化行於家，至今學者尊焉。建炎南渡，人物寖衰矣。而山堂鞏先生諱庭芝，經爲人師，行爲世範。德義之化，自家人始，懍然克配前數公。先生之仲子、處士諱法之夫人曰武義楊氏，年二十有一而嫁，二十有三而字，二十有六而寡。寡四十有三年，年六十有八而卒。卒一年而葬，望處士之墓，實紹熙五年十一月丙申也。

夫人自爲鞏氏婦，事山堂及君姑錢夫人，一步趨，一話言，皆鞏氏家法，耳目濡染，又皆天下長者事，故行成德進。山堂以爲稱吾家婦，宗黨姻戚鄰里皆取法焉。處士先山堂不禄，當是時夫人尚盛年也，遂誓不再行。二子：伯始學步，踉蹡不踰閾；仲尚襁褓。及能言，夫人皆親授以《孝經》、《論語》、《毛詩》，爲之講聲形，正章句，具有師法。二子未從外塾，而於幼學之事各已通貫精習，卓然爲奇童矣。其後子益長，夫人身任家事，不以荒其子之業，故皆舉進士，中其科。然夫人不喜子之得禄，所以教而進之者，父師莫加焉。於虖，非是母，故不能成其子；非鞏氏家法，亦不能成其婦也。予少時猶及見趙魏秦晋齊魯士大夫之渡江者，家法多可觀，雖流離九死中，長幼遜悌，内外嚴正，肅如也。距今未五十年，散處四方，寖不能如故時。久而不變如鞏氏者，蓋鮮矣。

夫人曾大父瓊，大父彬，父伸卿，皆不仕。子曰豐，從事郎、江南東路提點刑獄司幹辦公事；嶸，奉議郎、知徽州歙縣事。孫復亨、慈孫、陽孫、耦孫，孫女七，皆處。豐來請銘。銘曰：

鞏氏之先，化行閨門。我觀夫人，典則具存。夫人之賢，實應圖史。有如不信，視其二子。東有茂櫝，處士所藏。雖不克祔，鬱乎相望。《渭南文集》

鞏仲至墓志銘　永嘉葉適水心

余友仲至，鞏氏，名豐。時新迪義理之學，草茅士震於見聞，多矜露忕狃，至他文史言論，儒之藝業，又昧陋顛倒，莫知幅程。獨仲至抑縱開闔，條流品彙，應變不迫，富若素有。余本迂疏，又不能自達，而仲至廣導曲引，出幽入眇，蓋爲之黽勉迫逐於荒原斷澗之側。數年，仲至日益有名，不幸不得用。然有以自負，命雲侶月，跨越汗漫，浩乎不可浼。而余畏懼怯劣，常痼留一榻，不敢越户限。然後知人之稟分高下絶殊，固非切磋誘掖所能增長矣。异日，仲至謂余："吾登芙蓉上峰，因以過子，將又發藥也。"而不遂，竟死。悲夫！

初，仲至以太學上舍對策高第，教授漢陽軍。代還，舊例，皆自學入館，有不喜者，纔授江東提刑司幹辦公事。母喪，免。人曰："不復外補矣。"又授浙東，會改法，本路人不許爲監司屬官。人又曰："再易地而不果，其當徑來也。"然卒令幹辦福建帥司公事。以格知臨安縣，政尚寬簡，吏民信化，刑罰衰息。人謂仲至極不應在州縣，今蹉跎滿秩矣，尚何諉？會其所善爲學官，仲至勸使拔滯淹士，反坐此食宫觀禄。久之，始提轄左藏庫。於是衆意益不厭，遂妄稱旦夕居要職矣，不知語何所從，仲至亦不自知也。竟復以宫觀罷。士皆失氣悒悒，曰："窮至此耶？今當何爲？其員外通判乎？"或曰："不能，然則正任而待其闕乎？"猶不與，復授宫觀，而仲至死矣。嘉定十年正月晦也。

其家鄆州須城，渡江即所寓土，斷爲婺州武義人。曾祖焘，祖庭芝，皆左承議郎。庭芝所謂山堂先生者也。父法，鄉貢進士。前此科目相傳七世矣。仲至學敏而早成，自童丱時，前輩源緒，古今音節，事之因革總統，如注水千丈之壑，迎前隨後，宿艾駭服，以爲積數十年燈火勤力，聚數十家師友講明，猶不能到也。其文無險怪華巧，而以理屈人，片詞半牘，皆清朗得言外趣。尤工爲詩，多至三千餘首。自舉賢尚德之義廢而進人一出於課試之虚文，苟有其一，則清資顯轍，執契而取，仲至不多有乎？剛者折而不行，柔者流而不止，惟正己不傷物，於用世爲宜，仲至不宜乎？又曰顔回、賈誼短命，惜哉！非時不予用，予不待時也。仲至壽不七十乎？自上世有金匱石室之藏，或達書命，諭意指，皆選文學博雅之士，下至鴻都翰林，詞賦篆刻，猶各專其官。出内之吝，非不欲參其間，技不兩能也。故蒼槐翠竹，必植於庭宇，仲至可爲帑吏乎？凡此，皆疑誤之難通者也。

性質易，無岸谷，暇日載一瓢，獨行田野，不問歧路，抵暮而返。去家二里，有龍門峽，登眺徘徊，慨然曰："此可以止矣。"

初，阮夫人卒，殯於大慈寺東隅。是年十一月壬寅，二子積、耕迎而合葬焉。五女：子婿曰右監門衛大將軍善輶、進士高槐、上饒知縣張友、常山縣尉周維新，幼未嫁也。孫二，曰左，曰弼。孫女二。余既爲銘，而季氏仲同自温州移使江西，遂持以歸，曰："讀於墓而哀吾兄。然十句必九慟，不成聲也。"銘曰：

聞於程子：天地之生材，甚愛甚惜，必有悋固之心。蔽賢者，違天地所悋固,使之氣沮志奪,怫然而怒,聚爲陰陽之罰,則其人雖大必折,雖炎必撲,荒落而類,圮敗而族。激哉斯言也!天地雖甚愛於賢才,君子初何心於用舍?仲至之靈,果上愬於天耶?吾謂必且爲祥風慶雲,醴泉甘露,以瑞斯人,使其富貴壽考,蕃永而無極也,何荒類圮族之有?於虖!《水心文鈔》

宋直秘閣郎鞏公墓志銘　於潛洪咨夔舜俞

靖康、建炎間,中原學士多避地而南,鞏山堂始至武義曲湖之旁。吕東萊愛其溪山之秀,輒命駕往游,山堂實左右之。因以北方之學授徒,著録者數百人,世稱山堂先生。東萊講道明招精舍,負笈坌集,聲氣薰浹,類爲名人。

公諱嶸,字仲同,號峒子,又號厚齋,山堂先生季孫,東萊吕成公門弟子也。幼神氣明粹,丰骨凝重,山堂愛其似北人,曰:“必昌吾宗。”長偕兄豐執業明招,鈎邃探幽,心領神會,出論輒破的,同舍斂衽避其鋒。淳熙二年,登進士第。授嚴州建德縣尉,調淮西總領差遣,以格知徽州歙縣。丁憂,免。起知處州麗水縣。當路交稱其材,入提轄掌貨務都茶場幹辦諸軍審計司。遷太學博士,進大理寺丞。出知嚴州,擢嘉太提點坑冶鑄錢司,職事脩舉,入直秘閣。具任十餘年,除侍左郎,以煩言領武夷祠。起知温州,擢江西轉運判官。比年丐歸,未行。除司封郎中,罷,奉祠。春秋寖高,浩然忘世,故垂暮得請老。杖屨溪山間,弄花浣月,徉徜忘返,曰:“佚我以老,上恩深矣。”寶慶丁亥三月庚申,終於武義太平鄉昭化里曲湖之原,享年八十有七,積階至太中大夫,爵須城縣開國男,食邑三百户。

初,尉建德,世其官,拯溺食荒,不遺餘力,父老謂有乃祖風。淮西總臣被命築栝蒼寨,脩采石戰艦。及體訪軍政,舉以委公。公條畫詳明,悉當上意。一日,大軍庫延燒,公拔幟登屋,周麾而呼曰:“熸士力者重賞。”衆奮撲火。歙有十大鄉,移諜業夥,公日聽判，斷而能允，庭空如水。麗水，以撫字寓之，催科如治歙，前積負郡賦數萬，胥吏乘勢需索，以重民擾。公曰："此無補於國，而厲民以飫吏，可乎？"力白州守，判免。編户以役，破家者相踵，公爲去其所以蠹役者，民争應恐後。東南仰茶鹽爲國計，三榷務總於轄者，公探討原委，如理家事，胥吏莫敢欺，歲入數倍。富民木栰之訟，府尹掣肘，請改屬大理。公當承鞫，慨然曰："天獄，臨安府可乞送耶？避嫌當遷鄰路。"白於朝，從之。召對，公論催科筦榷之弊甚切。暨爲學官，適有詔以火灾求直言。公謂："學校，公論所出，不可徒應故事。"上書陳時政闕失，多所指切，大略謂兵端不可開，權奸忤意。未幾，予郡陛辭。論外攘當先内脩，復寓兵不可輕用之意，朝譽籍甚。江左劇賊方熾，邵與[①]溪洞接，蠻猺性狃易動，公至即增脩城郭，濬隍，肄射繕甲，以遏奸萌。發儲勸分，置六十四場，一郡帖然。冶司孝宗朝鑄額歲十五萬緡，積久寖虧，六不及一，公推原弊端，知楮輕銅重，售不酬費，故入少而錢虧。乃使楮與銅各時其直，輕重足以相權，坑丁競勸，錢務倍入。先是，冶卒窳惰，多遺銅泥滓中，有司莫之察。公置司淘洗，所得皆精良，遂盡還故額。俄兼憲節，積潦浸淫，民廬半没，乘舟拊摩。公家訪户到，歷歷周卹之，見者舉手加額。永嘉始至，訪名儒，以閭閻宜先，以海瀕逐末者衆，首勸民務本業。適歲大比，增辟貢闈，以受貢士。士狃積習以逞，試之日，警護棘垣，有貴游子挾醉號呶道上，莫敢誰何。公械於市，曰："士不自愛者，視此。"訖事，無敢譁。榜揭，校藝官例亟行，緩則群譟譟，遮境上生可否。公故宴留累日乃去，前所未有也。時嚴海道之防，得旨，當造蒙衝二十艘，掾屬請下諸邑，公不可。捐利誘海商二十人，人造一艘，按期辦集，符不及民。漕台以官軍討捕劇賊，日費供億，公私告匱。公綜理綱條，補窒罅漏，漕計裕而民不知。和糴

① "邵與"二字原缺，據《平齋集》補。

至百二十萬斛，皆商賈願出，盡革敷配之弊。十一州上供歲團茶，有無相影，數多虧。公區别窠名，使不相紊，卒復其舊。豫章一再攝閫，歲和物阜，政平訟簡。時往來東湖書院，與諸生以義理之學相講磨，士風爲起。時兵戈擾攘，學宫必露刃以衛，公曰："此何爲者？却之。"士服其知體。去之日，邦人揭幟追送，擁車先後，有經昔不能去者。

性静正博夷，官未嘗擇。辭色和緩，先以謀道，而儒術吏能每爲時不舍。與人不植崖岸，周旋委曲，惟恐失一士之心。至不爲利回義疚，雖議其介，勿恤也。平居細謹，動中繩墨。及倉卒應變，多出度外。邵陽、番汭、江右，凡三斬虣卒，弭患未萌，其識權變類如此。爲政務因其俗，未嘗容心，終身之愛利，民多繪像祠之。始生踰月而孤，與兄相依爲命，白首無間言。母楊夫人通《孝經》、《毛詩》、《論語》大義，所至奉版輿行，日請所以爲政如往日口授章句時，鄉里稱其孝。愛書，一過目終身不遺忘。作文期節文適用，非精粹不輕出，有《厚齋文集》八十卷，藏於家。其先出晋士莊伯，世居真定，後徙鄆。曾祖壽，左奉議郎、贈通奉大夫。祖庭芝，左承議郎、贈太中大夫。父法，鄉貢進士。公贈正奉大夫，娶何氏，繼高氏，先卒，皆贈令人。子友聞，儒林郎台州司理參軍；賁亨，早卒；友説，從事郎、温州司户參軍。孫端祖，從事郎、江州瑞昌縣尉。孫女一，曾孫男女五。紹定己丑正月庚午朔，諸孤葬公金華壽溪清福寺之原。友聞以咨夔辱公知最早，重趼請銘。嗚呼！柳下惠，聖之和者也。而三公不易其介，卒窮於三黜。公遭時且鄉用矣，雲出未還，不施其光，其囿於命也耶？銘曰：

可欲之善，莫難於有。中庸之德，莫難於久。何以有之？典刑世守。何以久之？源流師友。公祖山堂，而師東萊。學貫體用，根幹條枚。氣定心夷，求福不回。參麾再節，用不盡材。孰虧孰成？蜕和委潤。易簀瞿然，忠孝其訓。有菀彼阡，山暉水潤。過者式

之，我耆後俊。《曲湖羣譜》

居士阮君墓志銘 鄞縣袁燮和叔

東萊吕君子約，某之畏友也。長子喬年巽伯克肖厥父，議論勁正不阿。一日訪余，具言居士阮君持身律家，信於鄉黨，有古君子風。又旬日，與阮君之子泰發偕過我，泰發出其先居士行實一編，泣且言曰："先君篤志爲善，鄉評所推也。惟是窀穸有期，而德銘未立，無以昭示來世。不肖孤大懼泯没，不遠數百里徒步重趼，敬以爲請，幸哀而許之。"閲其行實，則巽伯之辭也。盛有所推許，而皆著其實，可信不誣。余不敢辭，乃叙而銘之。

君諱葵，字元向，婺州武義人也。昔阮氏有名孚者，仕晋爲鎮南將軍，葬是邑明招山。有名瑶者，隱居不仕，廟食白陽，與明招相望。厥今諸阮皆其族類。而君之祖考，人咸稱爲長者。曾祖良，杭州助教。祖端彦，承信郎。父鴻，脩武郎，監行在豐儲倉。君天姿純茂，故中書舍人汪公涓嘗與豐儲府君俱官武昌，器君於童幼中，使與子弟共學，曰："得良友矣。"長，補初品官，試計臺不利。既終父喪，年幾四十，慨然有感於陶公"富貴非吾願"之語，遂厭科舉業。閉門不出，刻意讀書，不爲章句辭藻之學，取古格言筆諸屋壁，觀以自省。嚴於義利之辨，嘗曰："世人之所謂利者，非吾所利也。"家世衣食田疇，乃於舍旁脩堤防，辟曠土，植桑千本，曰："昔人稱齊魯千畝桑，與千户侯等，非吾力所及，顧此豈不足耶？"人有乞假，惻然與之。或負不償，亦不以綴意。宅負山近村，樵焉不忍禁也，故雖材木叢茂，而日益稀。負租者習其寬厚，督賦者狃於循良，俱弗深較，故雖名田數頃，而用之不足。津梁道路不便往來者，倡率鄉閭，協力脩治。貧有疾者與藥，或珍异不可得者，遍閲方書，参之本草，取其易辦者，亦足以愈疾。里中生女或不舉，委曲開譬之，周其乏絶，全活者衆。或以私憤鬬鬩，必爲平之，以故同里無深相讎隙者。每言："世道如砥，非有艱深迴曲，古人所謂'作善，降之百祥；作不善，降之百殃’，作者，所以著其脩爲之實。‘積善之家，必有餘慶；積不善之家，必有餘殃’，必者，所以表其決定之辭。積善有餘慶，毋以小善爲無益而不爲也；積不善有餘殃，毋以小惡爲無傷而不去也。”凡與人語，必推廣此義，雖田夫野老，亦因事訓告，亹亹不倦。嘗自言：“教人以善謂之忠，吾其庶乎？”然非徒頰舌，必本躬行，尤篤於閨門之内。八歲喪母夫人汪氏，事繼母劉謹，甚得其歡心。伯兄既歿，友其季弟，歡若童孺，未嘗一日暫舍。弟幼，官金陵，勿忍訣别，與之俱行。殁，護其喪以歸，哀感行路。天倫之愛如此，可謂有本矣。

晚節擺脱塵累，專以治圃爲娱，名花奇果，儼然成列，憑闌穿徑，竟日忘歸，時時見於篇咏。長於攝生，鬢髮有復生而黑者。儀觀豐碩，襟度坦夷，薰然以和，無所怨惡，人皆愛敬之，神亦歆焉。邑有支大士祠，每遇旱暵，鄉人勉君致禱，無不響答。此皆巽伯所稱述，其賢可知矣。昔者成周盛時，鄉大夫賓興賢能，出長入治，無不爲當世用。古今殊制，故以君之抱負，終身沉淪，不見於設施，可爲慨嘆。然積善在躬，私淑諸人，玉在山而木潤，淵生珠而崖不枯，有助於風教，不既多矣乎？君之疾篤也，精爽不亂，盡屏左右，曰：“毋使婦人近我。”以嘉定十二年七月十八日卒，享年七十有七。娶劉氏，繼母之姪也，先二十一年卒，葬於東皐之唐山。子男五人，長即泰發也，以嘗預脩歷，特旨免解；次脩；次洵，鄉貢進士；次康；次奉符。女一人，嫁邑子葉綬。餘一女一男皆夭。孫男七人，女十人。明年某月某日葬君於清溪石佛山之麓，而遷唐山之窆以祔焉。泰發深於古文學，世人所不能通者多能通，蓋師事子約，源流有自，士友咸曰：“阮氏之昌，始未艾也。”此亦足以觀君積善之報矣。銘曰：

善人，天地之紀，三綱五常，不闕不壞，緊善人是賴。賢哉阮君！一夫之微，隱約田里，炳乎光輝。雖藏器兮不用，而公論兮攸

歸。有補世道,從古所希。我偉斯人,兹焉發揮。《嘉慶志》

國朝

文林郎知昆明縣事學齋朱公墓志銘 知縣張人崧涵翁

朱公學齋先生,武邑之有道君子也。余耳其名久矣,莅武後時脩館餐之好,益心儀之。方欲推祭酒以矜式其鄉,而公溘然逝矣。人之云亡,邦國之瘁也。已而其嗣光洛以狀來請志其隧中石,余固稔知公,不獲辭。

公諱若功,字日定,號學齋,姓朱氏。始祖輝三,卜居白革,因家焉,是謂白革朱氏。數傳至六世祖諱嶠者,益發其祥。嶠生伯能,伯能生宗達、世濟、隱德,當事表其閭。宗達生仲焕,仲焕生家輔,家輔生長祚,以子貴,贈文林郎、昆明知縣,所稱純庵公者是也。純庵公娶徐氏,贈孺人,舉丈夫子二。公其仲也,生而岐嶷不群,少從其世父春圻公學,春圻公器重之。爲文章有奇氣,甫冠,名噪諸生間。從之游者,户外屨常滿也。己卯,登賢書,冠一經焉。己丑,成進士,筮仕滇之昆明。邑向置五塘,租税以資公費,而所收之數與維正等。公至,力汰之,凡六載,不名一錢。民有夙逋數千金,公設法導之,不鞭一人,輸納皆如期。又嘗搆三綱祠,捐田置費,以供俎豆,悉宫中出之,無吝色。滇俗,廟祀孔子,而以釋迦、老子配之。公恚曰:"侮聖慢師,罪莫大焉。"遽毁之,且聞於上憲,永著爲令。自是邊荒始重文教矣。鄉大夫有殁而求祀於學者,以暮金進,公嚴却之。一時哄然,目爲關節不到云。蓋滇南初隸國版,民俗純樸,惟布德緩刑,與民休息。暇則從都人士吟詩論文,以興教化,而滇之士若民皆德之。乃當時大僚方以刻核課群吏,公獨穆穆落落,飾以經術,以故輒相齟齬,而有呈貢之調焉。呈貢彈丸山陬,去會城不百里,城郭廟祠皆就圮。公一一葺之如新,又搜輯舊聞,編是邑志,付之梓。而邑志登梓,自公始也。數年,政成民和,時康物阜,治貢一一如其治昆云。雍正四年例得引見,遂引年歸。公自懸車後，杜門課讀，足迹不入城市，鄉黨閒惟以好行其德爲汲汲，閲十餘年如一日。丙辰春，余晤公於城南佛寺，喜其矍鑠如壯時，而訃音忽至。悲夫！抑何奪我老成之速耶？

嗚呼！公生平以忠孝爲大節，而根柢尤邃於性理之學。兩尊人喪祭皆如禮。通籍後已永感，恒以禄養不逮爲恨，言之聲與泪俱。伯氏殁燕京，數千里返櫬葬之，經紀其子如所生。感春圻公高誼，於我乎館，於我乎殯也。至他戚屬，亦多所存恤。里中倚之如外府，捐館之日皆哀思焉。當其少也，與武林沈闇齋、宋豫庵、項性存諸君子以理學相切磋，久而不替。公之言曰："吾於此中自有神味。"又其詩曰："真樂多從苦裏出，道心嘗向静中全。"非深造有得者，能及之乎？夫學人出處一致，而天德王道要在慎獨。昔賢如元公之治晋陵、文公之治同安，以真儒爲循吏，若合符焉。數百年來瓣香者，其公乎？

公生康熙丁未十二月二十七日辰時，卒乾隆丙辰四月十一日辰時。享年七十，配徐氏，封孺人。子光洛，女二，孫以恕、以寬、以發、以大、以讓、以孝、以悌、以惠，婚嫁皆名族，見狀中。葬明招之陽。是爲銘曰：

齗齗紫陽，生而敦龎。爲儒則通，吏治不尨。公來天末，不振不摐。邵埭東雨，鷄嶺鹿江。治則本經，與俗异腔。截彼明招，厥珉如矼。公德斯崇，宜表於瀧。《朱譜》

武川備考卷九 九

藝　文　考九

壙志

宋

東萊先生壙志　金華吕祖儉子約

宋故朝請郎、直秘閣、主管亳州明道宫吕公諱祖謙，字伯恭，其先河東人。後徙壽春①，六世祖申國文清《成公集》作"靖"。公自壽春徙開封，遂爲開封人。曾祖諱好問，資政殿學士、大中大夫，贈太師。妣王氏，贈秦國夫人。祖諱弸中，右朝請郎，贈右正議大夫。妣章氏、文氏，皆贈碩人。考諱大器，右朝散郎，贈朝請大夫。妣曾氏，贈宜人。公紹興七年二月十七日生，以祖致仕，恩補將仕郎，監潭州南嶽廟，嚴州桐廬縣尉，未上。登隆興元年進士第，又中博學宏詞科。改授南外敦宗院宗學教授。丁先妣憂，免喪，除太學博士。有旨，中都官待次者補外，添差嚴州州學教授。踰年，復除太學博士，兼國史院編脩官、實録館檢討官。召試館職，除秘書省正字。丁先考憂，免喪，主管台州崇道觀。召爲秘書郎，兼國史院編脩官，實録院檢討官，遷著作佐郎，著作郎兼權禮部官。淳熙五年冬，得疾，請去職。先是奉詔編類《皇朝文鑑》，至是成書，除直秘

① "徙"，原作"涉"，據《東萊集》改。

閣,主管建寧府武夷山冲佑觀。病少間,除著作郎,兼國史院編脩官,不就。添差兩浙東路安撫司參議官,亦不就,主管亳州明道宫。八年七月二十九日,以疾終於家,享年四十有五。兩娶韓氏,今龍圖閣學士元吉之女,又娶芮氏,故國子祭酒曄之女,皆先卒。子男三人,岳孫、齊孫早夭,延年甫三歲。女二人,華年適進士潘景良,嫘女亦早夭。吕氏世葬鄭州新鄭縣懷忠鄉,建炎南渡,太師而下皆葬婺州武義縣明招山,遂以是年十一月三日葬於祖塋之右麓。

公之學問術業本於天資,習於家庭,稽諸中原文獻之所傳,博諸四方師友之所講,參貫融液,無所偏滯。晚雖卧疾,而任重道遠之意達於家政,纖悉委曲皆可爲後法。葬日薄,未能深考公之言行,求正於有道之君子,以詔來世。姑舉其可得而形容者,以志悲思焉。公所爲書有《吕氏家塾讀詩記》三十卷,參取毛、鄭衆氏之説,而間出己意,其後更加刊定,迄於《公劉》之首章;《大事記》,起春秋後,終於五季,書法視太史公所録,不盡用策書凡例,其條綱端緒,概見於《通釋》、《解題》之二書,雖絶筆於征和之三年,亦未脱稿。其他餘《文略》作"遺"。文及所纂輯者尚衆,以未倫次,皆藏於家。弟祖儉泣書。《東萊外録》

墓表

宋

楊夫人墓表　永嘉葉適正則

楊氏,婺州武義人,嫁東平鞏法。鞏君死,夫人年二十六,子長曰豐,三歲,幼嶸也始生。鞏氏畏敵南徙,以貧教授,不自業。人謂夫人當奈何,夫人曰:"吾義寡鞏氏矣。復何顧?"二子稍長,盡賣房中物,買小宅,爲娶婦立家室。時婺有大儒吕公,夫人告二子曰:"爾學不成,無庸歸也。"二子或經年不得見夫人,既而先後登進士第,皆爲時所知,豐尤有文名。

夫人卒年六十八，豐爲從事郎、幹辦江東提刑司公事，嶸爲奉議郎、知徽州歙縣事。孫男四人，女七人。紹熙五年十一月九日葬長壽鄉大慈寺東隖，與其夫之域相望云。余每記義烏何懋恭言：鞏氏之子豐弱冠爾，論周、秦以前事，語言如冰玉，不可塵垢也。然欲其少自屈，嘗勸之曰："子三歲而孤，太夫人不行以俟子，子亦從科舉乎？"於是余尚未識豐而知有夫人矣。

去年冬，豐墨衰絰旅於江下民舍甚久。余閑往唁之，問所以來。豐泣曰："吾謀葬吾母，冢上之表，子爲則宜。"余曰："無學術之傳，無文字之教，而分義自明者，婦人之大德也，故能左右教子而家道成。世或爛焉華藻，欲如《關雎》、《鵲巢》，則失之矣。"夫人未三十喪其夫，不嫁終身，訓二子，使有立。鞏氏再振於東南，由夫人啓之也。里巷之子能爲夫人所爲，則微可使興，辱可使榮，而死生之道不愧矣。《水心文鈔》

明

大理寺評事徐彦輝墓表　金華蘇伯衡

公諱彦輝，字世顯。其先衢州人，系出偃王，代紀遼邈，莫詳世次。公之二十六世祖曰晋璧者，唐末仕建昌倅。初公之在孕也，母夢貫城星墜室中，四壁爛然，覺而异之。明日，公生。時國家新定，我太祖懲元之弊，以法律繩下，一時有司争爲嚴切。百姓舉首投足，率陷禁網。公方弱冠，思爲民息肩。年三十以人材被徵，爲湖廣漢陽府節推。公以布衣筮仕，人疑其易與。及抵官，諳練老成，一如素宦者。三日，令獄吏上計簿，覽竟，撫牘嘆曰："是屈人多矣。"明日出獄中囚徒數百人，埒罰八十以下，即日决遣之，自是無辜者以次縱出，獄中爲之一空。監司喜其材，百姓告訐者悉令之郡聽决。每受文，數州之人畢至，然皆自以不冤，無反白者。一年，以母憂去。服除，由薦者，被旨遷大理寺評事。公乃自喜曰："貫城墜室，此其驗與？節推官小，惠所及止一郡，乃今得竟吾志矣。"故事，大理寺惟大廷尉最尊，罪出入悉由一人手。公憤然曰："官以評事名，謂何？然則大廷尉不法，吾且得舉正。"初，公爲郡時，大廷尉知其賢有能，比至，益加器重。每録囚，公不首肯，大廷尉不敢即落筆。時朝廷方以刑罰督責諸司，公獨務平反，所論多附輕議。人有諷公，使從權宜附上意就殿最者，公曰："刑罰以懲不軌，主上豈肯妄殺人？此在良有司善承德意，吾情行於法之中，奚不可者？人命至重，殺人以就殿最，如天道何？"丹徒長吏有受死囚數十萬緡，縱使脱走者，獄吏抵罪論死，已具部。使者還奏讞，欲以其事白上，會長吏已遷官，無左驗，懼坐誣妄，不敢發。公曰："遲之。"潛使人之丹徒，廉得其狀，卒關通部，使舉劾其事。天子大震怒，即日出獄吏，以其罪罪長吏。京師人稱爲神明，且云趙廣漢鈎鉅之法不是過。公聞之，曰："吾不忍百姓以無辜被戮。趙廣漢雖能，不願人以是譽我。"前後在大理寺三年，會大廷尉以事左遷，去代者議論多不合，公曰："昔王賀爲使者，全活至萬人，自謂子孫當有昌者。吾活人多矣。"自度知志不克遂，乃謝病歸。逾年以疾卒，年六十五。

事父母極孝，丁内外艱，哀毁骨立。自布衣起爲顯官，侍御服食一如尋常。處鄉黨宗族，未嘗以言得罪。大率公之爲人，蓋有才闓達者也。娶□氏，封宜人，生二子。公卒，具葬，十有一年，其家子奉狀來京，拜且泣曰："先君於公有一日之雅，治命以後事屬公，公不得無言也。"辭不獲，爲次其世履一一如此云。《徐譜》

墓碑

宋

宋工部侍郎謚文肅徐邦憲墓碑　金華王柏魯齋

徐邦憲字文子，少負雋才，學問超詣。弱冠即聲動名流，如王藺、蔡幼學、葉適、徐元德諸公，一見皆器之。試浙省及禮部，俱第一，登紹熙四年進士。由秘書省正字遷校書郎，乞補外差，知處州。

時嘉泰四年，韓侂冑用事，方議北伐。邦憲陛辭，因言兵不可妄用，其略曰："古分裂之際，北人常以河南爲棄物，南人不得以河南爲倖功，元嘉之事可見矣。正使内治素脩，聲迹未著，乘其不意，急搗空虚。河南之地，固不患其難得也。既得之後，内自朝行，外至卒伍，論功行封，侈然受賞，校之太平之盛典，不幾千百倍於此，固以盡空吾國矣。又漕江東之粟，發江上之師，以守新得之地，若昔燕山之事，又盡耗吾民矣。然後□入崔浩之遺策，賈元魏之餘勇，徐起而復圖之。戰勝則勞費，如初戰而不勝，則退舍愈遠。由是言之，河南之地得之不足以爲功，况虚聲既著，未必可得乎？捐百萬生靈之命，而祇求不可得之地，此將帥倖功之秋，而豈國家之福乎？夫灞滻不渡而王猛知其不足附，夾河淺攻而崔浩笑其埶屈。南師之出，要當大舉渡河，擣其巢穴，然後能使天下響應，不知陛下之將，誰與領此者乎？自古將帥立功，蓋有二説。一則興王之君，其神武自足驅策群雄，而震慴乎遐邇；一則中外士大夫智略深沉，才具特達，或足自當一面，有以鎮撫其邊陲。陛下端拱九重，德澤有加，而神武未著。朝列群工久處順境，未識意外之變。兵革一動，變故横生，虎豹豺狼，怪异日出。君臣獨運之智，果足以坐鎮之乎？"其言剴切，大率類此。開禧二年，被召赴闕，時兵端已啓，邦憲申前議尤力，且乞建儲，因肆赦以弭兵。疏奏，侂冑怒，諷臺臣徐柟劾之。降兩秩，罷遣。繼而邊將多失利，廟堂諸人惜不用其言。是年冬，除江西憲職。明年春，改江東，未上。又改江東運判，視事閲月，除户部郎官，總領江東、淮西軍馬錢糧。嘉定元年，除吏部郎官，兼太子侍講，改司封郎官，兼太子侍讀、左司郎中。二年正月，遷宗正少卿。十月，權工部侍郎兼知臨安府。以母老乞還鄉，除提舉江州太平興國宫。六年，知江州。七年，改知太平州。至郡，疾作，乞掛冠。除集英殿脩撰，進寶謨閣待制、工部侍郎致仕。卒年五十有七，尋謚文肅。妻封宜春郡夫人。葬於長安鄉湖山麓白雲莊。

自登第，外僅爲隨州太學掾，即登學館，初未嘗歷州縣，而麾節所臨，剖决如流，所至聲稱籍籍。既宦達，尤善拔擢人物。然有鑒戒，而不輕於許可。平生慷慨剛决，器識宏達，多建事功。而天嗇其年，論者惜之。著《東軒集》四卷，《奏議》三卷，《周禮解》六卷，《史記考》十卷，行於世。邦憲有异質，性敏好學，築室湖山之麓，讀書其上，號爲書臺山云。邑志

祭文

宋

祭東萊先生文　邑人鞏豐栗齋

吁嗟先生！問學之粹，允蹈古先。源委洞徹，聿觀厥全。挺然山立，續已斷弦。世無孔顔，孰知其賢？文章之卓，旋端轉倪。有正有奇，有峻有夷。開闔縱横，握其樞機。世無韓杜，孰窺其涯？先生之識，之才之美。傳經之餘，大事之記。始筆於周，具著倫紀。世無子長，孰迹其軌？先生之書，本紹後學。彼姝者子，牢緘固鑰。室邇人遐，終藉糟粕。世無侯芭，孰抱其璞？兼是衆有，靡矜寸長。如玉在櫝，抑鬱韞藏。發於持滿，道則大光。帝曰："汝來，國之貞良。"再入東觀，轉對文石。造膝陳謨，古之遺直。將昌其言，以勵百辟。豈伊即潛，册府是職。志未克究，末疾附體。善類所期，勿藥有喜。廢卧里閭，乃謝當世。培溉松菊，日有幽致。烏虖哀哉！七月癸卯，人之惘兇。天不可問，遽殞宗工。疾不嚬呻，曾不斂容。樂天知命，恬以正終。吁嗟先生！道有隱見。茹古涵今，隨寓則見。其在東南，户外屨滿。授業於婺，分魯之半。封殖後學，如苗之秧。爲洗蒙蔽，觀者堵牆。自昔聖賢，未有不亡。後得所付，庸復何傷？季氏孝友，尚克繼之。言念先業，警戒自持。經紀窆事，罔稽於時。哀稱其服，行路所悲。矧惟峴等，幼侍几舄。飲食教誨，愛鈞子姪。父師之義，有死無易。庶幾夙夜，毋墜所獲。明招

南麓，先壟是祔。野牧山樵，知敬此墓。霜風凄凄，丹旐斯舉。悲來塡膺，涕泗如雨。於戲哀哉！尚饗！德潤按，此文《東萊外録》因“矧惟峴等”句，題爲鞏峴作。兹從邑志。蓋峴乃鞏湘之子，齒長於豐，故名列先耳，其文則栗齋也。

告東萊先生文　邑人鄭良臣唐卿

謂天生先生，其無意耶？則光明碩大之德，卓犖光偉之材，天下以爲宗主，朝廷以爲國器。謂天生先生，其必有意耶？則予以生知之質，而壽不究於中年；賦以開濟之業，而志不施於萬一。是則蒼蒼者固不可詰，而盛衰消長之理，先生平日之所素達而學，士大夫於焉痛恨者，蓋斯文將喪，而民之無禄也。

先生之學，道統正傳。精粗本末，渾然大全。大明經旨，默契昔賢。諸老先生，咸謂先生力追大雅，二《典》三《謨》，肯隨班馬？垂光簡編，燦如星野。當代一人，孰繼其下？先生教人，化如時雨。務在躬行，匪專章句。有來好學，隨扣必吐。高明矜飭，愚柔警悟。先生在朝，匪躬盡瘁。愛君憂國，位則有制。申許勳業，青氊盍繼？帝將用焉，風淫爲祟。於戲！先生平生，曷其没矣。木壞山頽，見無日矣。後生小子，將安述矣！憖遺之嘆，誰其恤矣？

良臣等於今四世，膺門獲登。惟二三之小子，實教誨之大恩。奄一夕而莫追，痛涕泗之横零。遽輀車之夙駕，想英靈以如生。阮君之屐增千載之令名，虎溪之水流多士之哭聲。幸松檟之焉依，尚築室以躬耕。誓子孫之相傳，以毋替乎厥心。邑志，參《東萊外録》。

祭徐文子侍郎文　永嘉葉適水心

嗚呼！昔者諸友，以業授人。隨枝逐條，各自秋春。於時侍郎，卓爾靈根。有光厥師，兼華衆門。凡眼未刮，眂如等倫。我獨嗟异，望之日新。意大非豪，心小非貧。信立於朝，勸成於民。不止俎豆，從容簪紳。可用軍旅，有嚴有仁。何必裕蠱，愈削愈朘。可用解悖，能彌能綸。我老且病，戀影惜身。坐觀侍郎，拯溺扶屯。

忽舍我去，姑熟之垠。兩梁摧峰，大江揚塵。駿嘯羆號，送子於墳。悲夫！《水心文鈔》

明

祭劉大道文　胡宗憲

維嘉靖四十四年，歲在乙卯正月二十九日乙丑，欽差總督軍門胡宗憲遣教諭冉性致祭於將領劉大道之靈。曰：

蠢爾倭寇，肆惡海湄。犯我境内，民困難支。乍擾兹郡，載勞我師。爾獨勇敢，手刃數夷。明目張膽，以死自期。雖死罔却，如生其儀。天地正氣，爾庶得之。三軍似爾，何功弗奇？愧柔振懦，非爾其誰？兹命所司，特瘞爾屍。祭以血食，侑以誄詞。諒爲厲鬼，永靖邊陲。《劉譜》

王孝子入府鄉賢祠祭文　知府張守約

於維先生，復讐慷慨。正氣浩然，綱常攸賴。列祀鄉賢，風勸斯在。始事告虔，肅瞻下拜。《孝烈編》

國朝

驅虎文　邑進士朱若功日定

年月日，告處州府城隍、金華府城隍之神曰：

維天地，萬物父母；維人，萬物之靈。故人以制物，未聞物以制人；以物養人，未聞以人養物者也。粤自益焚山澤，禽獸逃匿，周公驅猛獸而百姓寧。迨至後世，虎負子渡河，鱷魚徙海，從古聖賢所以保護生靈，爲民除害者，於今稱頌勿衰。《傳》曰："夫民，神之主也"，《記》曰："有功烈於民，則祀之。能御灾捍患，則祀之。"民非神罔佑，神非民罔依。設使牲牷腯肥，粢盛豐備，而夭厲不恤，灾沴不除，是何异食人之食而不忠人之事乎？豈有赫赫明神而或出此？近者天灾流行，饑饉薦臻，百姓嗸嗸，庶幾藉此山林材木以贍朝夕，延生活。雖有毒蟲猛獸，偶一逢之，亦往而無畏。猶之舟人涉江，非不知江之險也，利在故也。今緣山村民，衣食在山，一日不出即墮溝渠。按,此下疑有奪落。誰爲之恤?誰爲之救?幸不於攘奪焉,足矣按,此疑有錯誤。此其情,神知之乎?神不知乎?何乃復有猛虎横行,出没山藪,炰哮吞噬,食人無算,避之不能,觸之不可,田不敢耕,地不敢辟,樵蘇之利不敢取?噫!亦苦矣。有被其害者,父不能援,子不能救,兄弟夫婦不相保,殘骸誰掩,沉冤莫訴,此其痛尚忍言哉?更可异者,强弩捕之,弩不能中;挾礮擊之,礮不及發。毋乃有神助之乎?彼神而爲邪神也,吾不敢知;其爲正神也,宜殪之惟速耳,胡爲乎助之虐也?且天地鬼神,昭布森列,亦安肯聽其黨惡而害民,而莫之罪哉?則夫除此猛虎以安百姓,爲死者伸冤,其不可須臾緩也,明矣。天討有罪,殺人者死。虎殺人多矣,而安然無事,國法安在?或謂爲虎食者爲倀鬼,導虎行,遇機則發之,此又不達於理矣。世未有戕其生,食其肉,而反爲之用者也。萬一有之,吾願其翻然悔之也。引之機檻,納之礮火,搤其喉而裂其腹,然後其冤得雪焉。倀其無甘爲鬼愚也!若功等齋沐潔羞,虔誠祭告,伏願體上天好生之心,盡爲民除害之職,鑒下民哀籲之誠,問猛虎害人之罪,俾伏其辜,俯首受戮,剖心以祭亡魂,揚灰以正王法。幽明咸理,在此舉也。惟神實鑒臨之。

告武義縣城隍之神曰:

嗚呼!生民之苦,一至此乎?謂上帝之好生耶?則不當殺之而不恤;謂明神有知耶?則不當禱之而不應;謂冤枉必雪耶?則不當聽其日食人肉而安然如故。豈神之不明,而帝之好殺耶?維爾神保障一邑,壇場而外,厥有專祠,高堂廣夏,享祀豐潔,趨承不暇,奔走恐後,豈非聰明正直之神能爲民捍患御灾乎?

近者盜賊公行,猛虎食人,二害不除,民何以堪?若功竊以爲盜賊公行,此非神之責也。猛虎食人,神不能不任其咎矣。按,此下疑有奪落。若功亦嘗禱之於里社,禱之於山林,率衆而驅除之,而此害終莫能息。雖若功之誠不足以感乎乎神,然神之司此土,保此民，亦不待功之禱而後應也。今與神明約：三日之内，虎必死於鋒鏑之下。三日不能，至五日，至七日。復不能，是神終不肯除此虎也，是黨虎也。若功當援古義，旱乾水溢，變置社稷。亦惟是請之省城隍，不應，又請之都城隍，又不應，則必將登聞而告之天子。當今聖天子在上，伸冤雪枉，必有任其咎者矣。神猶能高堂廣夏，享祀豐潔，而晏然如故乎？神其鑒之。

檄土地之神曰：

維天地好生爲心，維神體天地好生之心以爲心。振古如斯，於今爲烈。近有猛虎出没山林，攫食人肉，罪不容死。若功忝列巍科，當有斯世斯民之責，故嘗憂人之憂。猝聞斯變，食不甘味，寢不安枕，維驅除之是亟矣。况爾神司此土，佑此民，當爲人捍患御灾，不當聽斯民以生以死，而莫之或恤也。願神之威靈，默相下民，俾此虎入於天羅地網之中，殪於虎師獵户之手。馨香俎豆，寧有艾焉？不然，若功雖孱，猶當上告聖聰，下會官司。縱暴不戢，厥罪維鈞，其毋貽後悔哉！按，《嘉慶志》：康熙五十年，武多虎患，進士朱若功以文告於城隍。越日，虎果就擒。而其文未録，兹從賀金門鈔本，然不無脱誤，俟得善本，再加校正。

武川備考卷九 十

藝　文　考十

宸翰

唐

賜倉部侍郎徐鎡　昭宗

解組歸田履舄輕，天將五福畀康寧。四朝人物推耆舊，萬古清風在典型。郊野亦能知有道，朝廷久欲訪遺經。帝城此後瞻依近，長傍南弧望極星。邑志

宋

題中書舍人徐嶠卷　高宗

展卷雲烟動，淋漓墨尚新。法猶王逸少，妙自衛夫人。睡足幽窗午，心閑小閣春。我來題筆陣，千載共相珍。按，《嘉慶志》駁徐嶠科分之誤，並削其詩。然玩"墨尚新"句，則非進卷時題可知。今仍依《康熙志》補。

明

賜韓叔暘　宣宗

三五元宵樂事同，鳳城無處不春風。月如懸鏡千門皎，燈若連珠萬點紅。歌舞戲呈丹闕下，簫韶聲遏碧雲中。太平有象承天運，佑我邦家祚國隆。邑志

五古

宋

八素山　韋驤

秦時隱君子，隱逸家雲泉。惟蘄德行粹，不使名字傳。太素八先生，服履皆皎然。至今圖籍中，以素名其山。蕭然叢祠在，冷屋衹數間。鄉人殊不省，往往來祈年。予宦已盈歲，嘆謁慚遷延。企想風誼高，俯視輕人寰。商山猶可愧，踪迹何班班。作詩以頌美，誰謂誇神仙。邑志

游白鹿洞熹得謝字賦呈元範、伯起、之才三兄並示諸同游者　新安朱熹元晦

歲月有環周，窮臘忽受謝。眷眷山水心，幸此朱墨暇。招呼得良友，邂逅成夙駕。深尋故轍迹，喜見新結架。永懷拾遺公，藏器此待價。横流詩書澤，下及楊李霸。炎神撫興運，制作流大化。石室萬卷藏，綸言九天下。規模未云遠，荒茀良可詫。自非賢邑宰，誰復此精舍。會當求勑賜，畢願老耕稼。更與盡心期，臨流抗風謝。邑志

答元範别後寄惠佳篇用韵　前人

故人别我去，一月曠音[①]驛。今朝得新詩，開卷意已適。知君到里閆，征騎聊一息。行復敞天閽，從容正朝幘。自今九霄路，不復兩塵隔。容與日華東，翱翔禁扉北。回頭五峰下，寂寞笑孤客。不賦歸去來，心形謾相役。楊譜

明招山居雜詩四首　金華吕祖謙伯恭

鳥聲報僧眠，鐘聲報僧起。静中輕白日，藐視東流水。風月有逢迎，出門聊倚徙。傳遍南北村，松間横屐齒。

---

① “音”字原缺，據《晦庵朱先生大全文集》補。

前山雨褪花，餘芳棲老木。卷藏萬古春，歸此一窗竹。浮光泛軒楹，秀色若可掬。豐腴當夕餐，大勝五鼎肉。

牆竹生夏陰，風荷當宿露。解衣一盤礴，此豈不足付。

風簷裊茶烟，銅瓶語相泣。清陰一疏箔，不礙飛花入。

咏玩珠亭有序　邑人鞏豐仲至

明招寺對一山，最近而獨圓，下俯方池，諸山争向之，爲郭景純之説者指其形如龍之争珠，吾徒則貴其四無所倚，可玩而不可狎。東萊吕巽伯因屐屐經之，舊創亭於其巔，將玩珠爲名，且囑其老友東平鞏豐先賦古詩，以啓其同社。諺所謂"以瓦礫博珠者"，幾是耶？

明招林麓邃，按古有遺迹。風流阮將軍，誠不負此屐。邂逅失玄珠，驪龍求不得。何年走其中，千載未有獲。禪家獨眼龍，來此駐瓶錫。群龍競趨之，獨眼如未識。任其自紛挐，笑伊虚用力。南渡東萊翁，實在肇幽宅。褒武錫元勳，自天開兆域。歲時來上冢，車馬隘阡陌。念昔事先生，同門至千百。旦旦對此山，相視真莫逆。自閲大火灾，屐逕愈寥寂。斯亭築山巔，如人岸巾幘。自徑以登亭，俄然判儒釋。挾朋吟松風，横琴坐苔石。亭居衆木間，占地僅二席。玲瓏八窗通，未覺棟宇窄。被褐士所懷，嗟自比秦璧。照乘與藏淵，其勿昧所適。庶幾慰九泉，夜光生麗澤。若兹亭子壞，則付斧斤克。客去我無言，抹開四山碧。邑志

哭東萊先生有序　前人

明道東萊先生之葬，豐既爲文以侑奠，所以尊道德述行藏之意雖略備於詞，而悃愊繾綣之私有未盡究者。豐自弱冠即獲拜先生於山林，追數門人，莫如豐舊。己丑、庚寅之歲，先生遷次金華，分教嚴瀨，已而校讐道山，豐皆獲裹糧負笈以從。如是者數年，齒壯而家甚貧，遂迫於課試，月書季考，往來庠序，歲時游於水陸，自是寖疏函丈矣。今年秋九月，始以上捨

生第進士，幸無舉子業，可以竊數年之暇，終事先生於寂寞之濱。而九原不可作，未知幾流涕痛哭長嘆息而可以伸此恨也。乃依唐人張籍祭吏部韓昌黎之義，賦古風一篇，聲韵名數如之，庶幾寫豐之悲而補文之所不及焉。其詩曰：

嗚呼吕夫子，天資素顒卬。文獻紹家學，刻意稽虞唐。看書眼如月，洞照所未詳。雲霧養豹質，彝尊琢龍章。錐鋒裹頭歲，躡足游四方。取友半楚越，篤志日自强。着眼囂塵上，口不掛否臧。堅車遵大路，驂轡多王良。筆陣萬人敵，嚴嚴亞夫營。叶既壯道愈焯，維斗揭太常。朝路閲時變，有意夫明昌。嗚呼命非耶，一病俄殂喪。百年能幾見，痛在予衷腸。恭維經濟學，日就而月將。便便五經笥，笑視古錦囊。訂史參理亂，一一堪施行。聖伏道絶塞，翳我爲發明。叶無心著師説，獨遜時輩聲。叶盤礴九雲夢，胸次莫與京。叶鑪烟對姬孔，脱落翰墨場。耳目所纂緝，如春之發生。叶退然避時譽，斂衽不肯當。居憂寄蕭寺，舉俗載其名。叶户外屨常滿，攝齊願升堂。樹陰敷晝户，静對書一床。是中亦何有？乃獨不可量。吾則不爾拒，歲寒永相望。嗟豐幼甚愚，誦讀初濫觴。先生與之進，聞見昔未嘗。摳衣莫我舊，歲籥今幾更。叶山林有陳迹，尚想曳杖行。叶精衷無渝渤，氣序有翕張。俯仰數十載，淹留竟奚成。叶群趨競場屋，意氣無激揚。荏苒去函丈，有愧弟子行。册府羅鷺羽，尋拜尚書郎。明堂資衆木，待公舉修梁。豐時游庠序，門牆邇康莊。幸偕二三子，振袂時騫翔。黄塵烏帽底，自覺神觀清。叶每伺趨局暇，進挹班馬香。先生爲酬酢，講貫忘暄涼。於時萃英髦，王路均且平。叶蘇醒憂國病，斟酌鑒古情。叶門外有過轍，頗怪往來並。叶再歲感末疾，長江理歸航。江濱多送客，飛蓋驚梟鴿。走實厭衆味，食魚必河魴。豈其嗜野簌？而置稌與秔。敬願持此心，不厭道阻長。及歸供灑掃，藥餌常在旁。庶幾秉一炬，上接星宿芒。師門謝賓客，童稚亦嘆驚。叶惟有舊學徒，尚俾承餘光。神閑造冲邈,氣定絶慨慷。嘯傲羲皇上,税駕無何鄉。今歲二月中,豐入須女城。叶床下拜龎老,城隅有幽坊。維時春氣和,天宇新霽晴。叶先生呼我俱,緩步臨前楹。叶露菊耀翠羽,風篁韵繁箏。叶晝坐欣至夕,話盡一再更。叶誨言皆砭石,易知復難忘。委曲到肝膈,如啜黄昏湯。出門九徘徊,三復心遑遑。提撕不予棄,感切涕縱横。叶先生有遺書,故墟有山房。尚冀疾有間,挈領提其綱。敢以學爲嬉?坐使素業荒。誓當服明訓,爲衣不爲裳。筆著將脱藁,後生有憲章。家傳人誦之,豈但師程張?研精故有造,栖遲誰無成?叶嗚呼寢門慟,兹禍誰使令?叶天高不可訴,仰視空茫茫。枯琴在東壁,遺履陳西厢。未續千古泪,桂魄三缺盈。叶慨昔身健日,浮言多謗傷。黄鐘自疏越,衛鄭徒錚錚。叶事定蓋棺了,元黄閟青箱。堂堂那復見,薄奠抒寸誠。叶斯文儻有繼,斯道其張皇。矢心薦明蠲,精爽庶歆饗。叶 《東萊外録》、邑志。

次韵仲至珠荷 姜特立邦傑

觀彼雨中荷,跳珠自涓滴。初集尚端停,稍多還倚側。虚明是本體,不受世鑽刻。初疑鮫人泣,相向盤中擲。又疑石筍街,抛灑天不惜。但見漾玻瓈,詎容登几格。高低相依映,傾瀉才咫尺。瀏漓丹砂汞,晃蕩牟尼色。照乘倘見收,價恐千金直。日乾風勢定,泯若無留迹。固知造化巧,又似兒女劇。《梅山續集》,下放此。

繭庵落成 前人

繭庵吾自營,所喜以吾息。一絲出巧心,口眼費經畫。無畏亦無累,豐儉隨人力。時時携妻子,杯酒縱酣適。家人獻歌舞,賓友雜嘲劇。此意少人解,此庇無終極。曹瞞西陵前,作伎竟何益?劉伶墳上土,誰與酒澆滴?高堂豈不好?要自非吾宅。王侯與氓隸,萬古一枯臘。自營自落之,詎敢當達識?有酒須頻來,寬作十日客。

寄方叔　德潤按，楊鷹字方叔，邑人。　前人

落葉滿滄灣，墜露溼疏柳。幽人曉無事，杖策經林阜。忽焉若有省，懷此山中友。便欲借風翰，翩翩插雙袖。

王澤山居　前人

山居少交游，在家仍懶出。忽得佳友生，開懷可銷日。杯盤隨所有，新故皆如一。客辭邑志作“醉”。不肯留，我歡終未畢。

挽鞏仲至　永嘉葉適正則

老衰泣無泪，行嘆復坐嗟。荒涼鶴鳴村，尚友初萌芽。當時各年少，涉世迷驪騧。中天懸明月，争欲伸手拿。朝語日再晨，夜談更五撾。君文早貴重，蜀錦載胡[①]車。離離三千首，雅正排淫哇。石碑富規制，玉策垂芳葩。簡牘尤妙美，一字不可加。笑我自山野，悲君混泥沙。古稱騷人窮，留與後代誇。昨誰寄音信，已受南臺衙。俄然被彈射，翻燎北隖畬。季也守大郡，千里藝桑麻。請登小芙蓉，萬仞凌烟霞。兹乃隱者事，亦復期屢差。書來病良慰，誓言指春華。爲我秉柏燭，瀹以蔣富茶。那知是絶筆，楊柳空白花。頗疑魂氣昇，彷彿天之涯。多生[②]注周易，遥望草玄家。鞏譜

元

送劉漢臣歸武川　金華許謙白雲

抱膝住青山，長日青山對。烟雲散不收，昏晨變奇態。應知住山心，不在萬物内。乾坤古神器，機運誰謝代。以道獵衆能，兀兀意獨在。歸去令史翁，天根同一慨。邑志。下放此。

幽居有感寄劉漢臣隱居　前人

太古固無言，有言純樸喪。詩書已失真，龍馬終成象。身在羲

① “胡”原作“明”，據《水心集》改。
② “多生”二字原缺，據《水心集》補。

皇後，心在羲皇上。萬事多變遷，真宰自無恙。

明

挽王孝子　邑諸生徐若魯希曾

古人已不見，古道竟誰過？參奇亦邈矣，荆豫其若何。多君仁孝志，爲父秉天戈。悲風振林木，烈日照山河。逝者不可返，感慨涕滂沱。《孝烈編》

題孝子何允元卷後　葉重華香城

天壤貢奇節，可一不可再。李善乳生湩，千古疑神怪。姬公闕金縢，適啓新莽害。割肉必可療，老人永不壞。歷山暨曾閔，膚髮無損敗。嘖嘖何孝子，此事直纖芥。聚順師極則，不逾養志外。至性之所觸，呼籲出無奈。寧計後世名，優狙弄狡獪。歷數平生懿，垂裕真錫類。忠孝道久荒，薄俗慚蓋載。安見百瑕身，矢口仍侈泰。正待闡幽人，一喝起頑懶。《敦孝編》

國朝

山中讀書　邑拔貢朱慎其恭

溪聲九曲流，山色四圍碧。我屋在其中，於焉永朝夕。庭交竹樹陰，門鮮車馬迹。寂然何所營，澄懷覽載籍。紛與先民游，千秋見肝鬲。愉悦不能言，片雲落几席。《浮園詩集》，下放此。

春日游壺山　前人

春氣薄朝岫，草樹含菁英。秀色不可挹，蒼然引遠情。長林一以眺，烟霞相與清。紆回緣石磴，軒豁登山坪。懸厓互陵厲，衆壑紛逢迎。獮猴抱樹窺，嬉笑如平生。攀尋路欲盡，邃谷杳無聲。久之林風起，空際聞啼鶯。遂至一巖裏，坐聽流泉鳴。清響颯然來，幽思與之并。我心了可見，此樂難爲名。游賞雖未窮，所得亦已贏。夙志寄遐曠，幸無物外縈。願言托泉石，寄此山中盟。

止窩　邑諸生何師呂尚甫

結屋名止窩，僅若斗般大。一枕午風涼，俗慮了無礙。神游蓬

島間，意出塵寰外。爲問華山人，此趣應獨解。邑志

上明招山　王瓊待成

霜風冷書聲，秋月寒屐齒。二鞏北邙山，雙亭東流水。上山覓遺踪，松間聊倚徙。《清静草堂詩集》

北嶺晨鐘　知縣梁遂

萬山奔海門，鎖鑰扼要隘。兩崖劈斧皴，錯磨砥如齘。虎豹面面蹲，雲氣擁不敗。四圍發松聲，似濤湧砰湃。破寺摐晨鐘，乘風到官廨。霜威助凄清，曉風割沆瀣。能令户寢驚，滿城消聾聵。邑志

題二鞏遺稿　知縣任文翼

莪莪東平公，山堂富群説。師承得其人，經心妙能抉。爲官獨尚教，百里人盡悦。文孫復繼起，結契半前格。儒風大能播，家學遠豈絶？至今崇祀典，俎豆未曾徹。我來訪遺踪，惆悵堂已滅。惟餘山泉韵，毫素一何潔。三賢互酬倡，幽芳堪並擷。葱羹與麥飯，高致更誰接？悠然千載上，把卷思遥結。邑志

履坦渡　金華葉永堪更生

一水界兩邑，中流揚素波。放艇於其間，臨風發浩歌。夏月午不熱，水氣侵衣多。大麥兩歧黄，稻秧緑如莎。繞村皆灌木，黄鸝兩兩和。孤篷沿水涯，來去紛如梭。方塘虹作梁，茅屋雲爲窩。炊烟一縷升，裊裊停山阿。居然是太古，作息竟如何。《金華詩録》，下放此。

保息亭　前人

一亭卓嶺上，四顧接山光。籃輿冉冉升，履坦非羊腸。叢條散新碧，野卉霏幽香。好鳥不時鳴，鼯鼠蹲其旁。側見青龍刹，風來梵音長。携笻一訪之，山衲肅趨蹌。新茗緑可鑑，七椀滌塵腸。琅玕戛翠陰，落影溼我裳。行道不知息，坐久欲相忘。幽懷寫難盡，那復見夕陽。

紡車嶺　前人

摳衣陟高岡，依迴自盤礴。人從雲端來，路向樹杪落。烟靄淡餘暉，宿霧失山角。濤聲兩地起，松兼瀑布躍。瀑飛山骨寒，松吟暗香薄。上有壯繆祠，衮冕儼山岳。鳥雀繞屋鳴，香火亦蕭索。對此遠會心，晚烟起漠漠。牧笛數聲吹，夕陽在西閣。

壺山　前人

行行出西郭，爽氣逼人憐。一聲清磬響，壺山在我前。萬松儼車蓋，撐空裊翠烟。寒濤落天半，孤亭踞其巔。蘭若傍山麓，慈雲接蕙櫋。兩道夾脩竹，蒼陰一色圓。山僧貌甚古，見我來周旋。引我登高樓，恍惚別有天。遥睇大小峰，峰峰入座妍。微飈拂稻針，緑錦鋪山田。俯仰集清景，身亦如登仙。印友罷釣漁，駐足曾兩年。雲霞半收拾，留此翰墨緣。我來長太息，爲咏《蒹葭》篇。

登壺山亭　遂安毛際可會侯

選勝快兹游，危亭俯歸鳥。静緑蔭深林，一徑窮幽峭。寄目曠層空，日落荒城小。烟雲時蔽虧，前峰尚了了。坐久聞遠籟，清磬出樹杪。徙倚屐齒留，孤懷亦繚繞。得句未可携，臨風懷謝朓。邑志

曉游壺山憇慈雲庵　邑貢生王日泰

西巘月稍落，東嶺霞初紅。晴光射蒼翠，朵朵開芙蓉。縈紆緣曲澗，歷亂披幽叢。厓傾徑逾仄，峰回路不窮。泫泫含花露，泠泠出谷風。紅泉瀉翠篠，白雲覆青松。偶來尋初服，遂已謝塵悰。更訪支公室，日午聞清鐘。邑志

明招山拜吕東萊先生還過智覺寺　邑拔貢王惟孫祖蔭

尋山興自佳，况有同心侣。引策捫烟蘿，石磴初霽雨。林巒乍明滅，雲壑互吞吐。危石搆奇峰，脩竹映孤嶼。遂造吕公墳，再拜奠芳杜。蒼碑凌寒烟，歲深蘚花聚。昔賢不可見，精廬寄空宇。惟餘太古風，依依照巖户。涼飈起澗波，夕陽半平楚。仰止具夙心，

聞鐘重延佇。《荔村詩稿》，下放此。

水簾亭　前人

飛瀑出林杪，灑作巖下泉。白雲一回照，山色寒蒼然。昔賢去已久，危構倚虚烟。苔壁篆文字，藻荇曳淪漣。俯仰餘陳迹，風流誰與傳？矯首龍門峽，願言乘高騫。

望霞姑山

春風不相約，忽緑溪上山。山態何窈窕，一一擁翠鬟。竹樹深葱蒨，黄鳥鳴其間。鳥鳴飛復集，烟雲相與閑。我心適無事，不覺樂意關。逝將理策去，采芝弗復還。

泛武陽溪　前人

漾舟入清溪，雙槳澹容與。烟生不見人，但聞隔岸語。岸花落中流，流水引花去。魚泳知水者，舟行復幾許。日暮東風吹，微微溪上雨。

宿寶泉庵　前人

入山忘路深，山翠翳夕景。越澗穿緑蘿，因造招提境。花藥覆重階，到門鐘聲静。老衲上方來，汲泉煮蒙頂。夜深山月高，涼露滴松影。浮生擾俗緣，塵襟未能整。偶兹夢寐清，頓令發深省。晨起羡白雲，栖息在蒼嶺。

秋夜武陽溪泛舟　邑諸生王惟綿延之

浩浩白露繁，商風激林樾。寧知清溪轉，復見溪上月。裵回如有情，幽風何能歇？邑志

新婦祠　邑諸生董洹芳洲

行行入西山，一灣溪水緑。岸上百餘家，靈祠森古木。新婦誰家婦？明妝儼在目。下馬刷殘碑，字漶難卒讀。似云晋時人，少小性幽淑。嫁爲里中婦，彌月尚未足。一朝失所天，夫也竟不禄。上有寡處姑，守節志貞篤。艱難養一子，冀以延嗣續。如何甫結褵，而遽年命促？地下父子聚，世上婦姑獨。哀哀杞梁妻，切切城隅

哭。兩世爲孤孀，豈云非慘毒？願以一死隨，此身誓不辱。未幾相繼歿，貞魂棲幽谷。上帝鑒其貞，命司此川瀆。精靈永相依，來往蒼山麓。姑山雲滃濛，婦山雨淋漉。至今此方民，禾稼年年熟。碑詞固云爾，吾意別有屬。薄俗輕名節，婦道多反覆。五嫁醜難言，三少穢莫贖。文君遠山眉，蔡女胡笳曲。才貌詎不佳，彤管無足録。失身再事人，强顔徒自恧。若與兹神較，碎璧與完玉。落日禱祀稀，催閉廟門速。余亦策馬行，去投前村宿。挑燈爲此詞，聊以警頹俗。庶幾緑窗人，聞風企芳躅。《補蘿山房詩草》

題孝烈集　學政李宗文竹人

婺州古名邦，山川藴靈异。元明數鉅公，理學踵相繼。流風扇僻壤，人識忠孝字。下逮巾幗間，婦女識大義。曰余奉綸音，持衡忝星使。入疆甫下車，采風徵軼事。煌煌孝烈編，有客手貽示。孝子生武川，弱齡負偉器。一朝遘父難，痛憤爲裂眦。念當直諸官，忍見折骸胔？上承慈母心，下爲似續計。强顔與仇盟，受金密封識。六載覆盆冤，背人暗垂涕。千金買匕首，夜半屢磨試。誓斷仇人頭，一雪重泉恚。要擊歧路旁，元兇應手斃。函首歸士師，束身就俘係。刑官曲求生，代援復讎議。孝子頻觸階，斑斑血濺砌。碎首完父骸，君親兩無愧。是時孝子婦，號呼願從逝。俯念呱呱兒，一縷千鈞寄。請以三年留，竟此撫孤志。茹荼報亡魂，閉唅尋夙誓。嗚呼孝與烈，雙義一門萃。當其蹈死時，授命志乃遂。偷生固非安，徇名亦何意。百載誦遺編，懔懔見生氣。卓爲風俗坊，允宜俎豆祀。此帙經三刊，楮墨保無墜。發潛賴後賢，流芳自奕世。呵護有神靈，寒芒照天地。本集

偕何音玉游寶泉巖試泉　浦江陳松齡鶴年

雨歇揚微風，衆山净如洗。取道登靈巖，揭衣涉澗水。路仄神轉清，境絶足方起。頓折探幽庄，盤旋領虚美。騰身五里間，萬個碧筠裏。忽聞木犀香，便覺通禪旨。小憩來庵中，幽興不可已。出

門觀寶泉,潔白果難比。解事羡沙彌,挹取補茶史。我才愧東坡,試泉竊其似。蟹眼與松濤,煎烹有源委。我量非玉川,舉甌聊爾爾。微汗透肌膚,餘甘回頰齒。斯泉信可寶,錫名得毋滓。請易以沁心,山靈庶唯唯。憶昨游慧山,品評亦同是。原注:昨歲自都門回南,舟過無錫,與同行品泉慧山,有詩。須臾羅山肴,一飽復進此。夕陽漏竹林,余亦下山矣。緩步蹈層雲,長懷頻顧指。《清源宗譜》

武川備考卷九 十一

藝　文　考十一

七古

宋

題月谷　永嘉葉適水心

昔從東萊吕太史，秋夜共住明招山。正見谷中孤月出，倒影挼碎長林間。憑師記此無盡意，滿掃一方相並閑。邑志，下放此。

送鞏仲同　前人

花溪初逢日苦短，橘井重尋意更長。天催脊令玉樓去，漱流下並龍洲芳。春風忽高行旆起，酒盡何如添野水。古來交契看老時，與公安得輕别離。

明

贈徐氏　義烏王禕子充

武川之溪浙水所發源，西流到金華，合爲雙溪波流益沄沄。當其發源處，粤有徐氏居其材。渠家奕世尚詩禮，種德植義，素以積善聞。有弟與昆，有子及孫，一門之内，藹然若春温。世業不隕，善之所積，是乃慶所存。試觀在昔，或七葉珥貂，或三世列戟，悉由微賤高其門。積德所致，詎謂無其因？彼有稔奸肆惡，乃獲尊福安榮，若天之未定，非天實蕘蕘？我願徐氏有引而勿替，百世雖遠慶益敦。謂予不信，請看武川水源，源長非可諼。邑志

送何叔瑛之官長沙　金華胡翰仲申

美人南征雲陽墟，我欲從之道鬱紆。晝夢衡峰半空紫，覺來失却巴陵湖。對君把酒心茫然，七十二峰猶眼前。玄猿攀蘿石壁仄，黄鶴空洲芳草連。春寒風多太陰黑，瀟湘淋漓溼雲色。楚宫花木啼杜鵑，舟子商人泪横臆。君欲去兮可奈何，側知王事難蹉跎。離心不惜瑶華贈，聊爲湘累誦《九歌》。《清源宗譜》

復讐刃歌　蘭溪陸可教敬承

王生袖中三尺雪，一縷白光射天碧。想當垂泪夜磨拭，高蒼雨霖星隕石。悲風撲幃動空壁，血污冤魂傍兒立。母妻不聞聲交嗌，燈青眼黄月無色。白日荒郊竟相值，手挈讎頭血華赤。笑撫妻兒母前泣，兹刃兹身事今畢。請看劍字豈無因，就中殺讎兼殺身。有妻奉母子嘗烝，七尺捐棄同秋塵。於乎棄身難棄刃，血暈如虹常炯炯。君不見，白公之劍伍胥鞭，至今日月含光景。《孝烈編》

贈鎮國將軍徐少川　鄞屠隆緯真

將軍意氣何騰驤，樓船泛海淩蒼茫。白羽翻空驚草木，赤旗閃日照扶桑。壘壘諸島列遠近，緣山布就魚麗陣。鳴笳叠鼓聲震天，鯨鯢聞之皆遠遁。將軍坐嘯靖東陲，鵲印黄金封拜時。邑志

靈雨亭有序　邑人徐應揚春臺

亭以靈雨名，昭神應也。武川壬辰五月至七月不雨，啓堂陳侯以爲禱於壺山之神可得雨，遂率僚屬往禱焉。甫及旋車，靈澍隨應。侯乃爲脩其圮宇而建之亭，因名之。今遷成都矣。武民由是去思，命愚爲賦靈雨。

夏來無雨百泉乾，雷君不出暑炎炎。祝融六月尤咆勃，火雲百裹如馳烟。澗溪沼沚皆涔蹄，無奈天河不浴豨。原隰龍鱗盡龜拆，自分老農無顆粒。賢侯善政憂民窮，仰瞻雲漢心忡忡。聚艾自焚希諒甫，積薪起火效戴封。六事成書登絶頂，一腔熱血通穹窿。層巔忽冠愜民望，劉城聞奏鼓聲震。披衣玉女隨車行，應節商羊順時

奮。發苗生鮒慰三農,得粟爲穤伊誰頌?武民既甦頌侯德,我侯不居歸神功。神宇鼎新亭亦建,肅徵屢應樂無窮。里巷歡呼陳侯雨,雨及一方猶小補。更祈嗽水濟成都,大作商霖遍下土。邑志

國朝

題何孝子允元卷後　昆山呼谷

惡莫大於不報恩,食禄違難非良臣。何況父子本天性,豺狼梟獍胡紛綸?哀哉大教久陵夷,薄俗相勸私其身。濺血不見嵇侍中,絶裾多逢温太真。巫咸籲帝白日昏,大命幾泛君父淪。平時尺寸惠養力,坐視急難越與秦。君不見武義何孝子,割股瀕死爲嚴親。金刀夜動二豎泣,至性旋嘘藥草春。此心豈暇及百祥,此理還能役百神。終身孺慕無窮已,脊令情敦烏鳥均。人間有子盡若此,移忠致命皆成仁。安得天王死社稷,納肝不見來一人?表閭賜粟空陳典,風義徒聞炤四鄰。子孫至今爲家法,明經不仕節何純。於戲!古來忠孝理亦平,求之今世已無倫。咏歌自屬吾徒責,乃令感嘆别沾巾。《敦孝録》,下放此。

又　鹿城龔克

讀書當識忠孝字,忠孝先爲士人棄。此名思出力田人,黄河之清那可冀?武陽孝子何允元,但學古人能養志。父嬰末疾治無功,呼天剔肉代藥餌。有子雖已貢於朝,高爵厚禄敝屣視。能令聞者興嘆嗟,是父是子生叔季。

香山寺浮圖　知縣梁遂

危塔刺天天欲破,礙日阻雲不得過。下有崇岡力勇擎,禿龍倒卓弗肯卧。俯視諸峰盡兒孫,劚裂嵐翠縫一痕。長虹飲澗出其底,風雨纏空衹半吞。七級崛興嫈女傍,飛鳥羽茶不得上。四壁磴道盤梢雲,虬松謖謖波濤壯。蕭槭秋聲自西來,吹徹杈枒衆竅哀。碧海扶桑望若薺,仙人樓閣何崔嵬。滄桑翻覆變朝夕,富貴幾時頭顱白。邱中麋鹿解攝生,疏散何如衣冠客。所以達者

耽山水，同心幽谷惟蘭芷。人爲烟火苦寒胸，風月千年悲無主。高岑昔日登慈恩，筆摇山嶽詞結雯。掛冠有誓成虛語，北山騰笑又移文。邑志

朱明府望雨喜雨圖　馬汝爲

辛丑夏旱亘千里，中田有禾枯欲死。朱侯徒步禱桑林，甘雨如注心則喜。跨馬郊原省農耕，酒食携來餉婦子。村童羅拜列馬前，轉兇爲豐受公祉。吁嗟吏道今難言，早夜止勤催科耳。朱門歌舞移春陰，寧顧溝壑有轉徙？願將朱侯喜雨圖，遍視民牧作懿軌。聖主至今重循良，霖雨蒼生自兹始。二圖見存朱氏。

游石鷲洞　邑拔貢朱慎菊山

女媧鍊石補蒼穹，手持玉斧游鴻濛。遍鑿名山五色石，天衣補就山骨空。武川巖洞遺迹多，特留缺陷彰神工。昔我攬勝行西山，曾登雙玉及金公。今復携伴游石鷲，意態斗覺争奇雄。攀蘿踏磴歷曲折，徑路逼仄林青葱。手排雲霧陟其上，天然石室何玲瓏。層樓百尺恣登眺，萬象變化歸簾櫳。沕淪磅礴有元氣，呼吸直與帝座通。高談雄辯發异響，宛若鼉鼓聲逢逢。洞中二石尤怪特，卧龍伏虎排西東。上有珠泉常滴瀝，氣味香潔迥不同。老僧烹泉邀客飲，肌骨習習生涼風。前村主人能好客，携肴擔酒來山中。松杉枝上月色白，菩提座前燈影紅。共拚卜夜遣清興，頽然一醉傾郫筒。三宿於斯興逾劇，斗覺愁疾俱消融。人間有此神仙宅，何須更覓蓬萊宮。他年倘遂赤松志，願住此山爲老翁。

魚鷹洞　前人

纔游石鷲嘆奇絶，更向魚鷹恣登陟。好峰踏盡不知疲，願與吾儕賈餘力。初來嶺下路難尋，漸至山腰徑逾仄。懸厓壓足雲模糊，古樹蒙頭日昏黑。深林時有虎豹鳴，懍懍寒風顫雙肋。危梯百尺遥躋攀，口開氣喘不得息。捫蘿轉入石門中，中有仙洞何軒特。豁若巨魚將吞舟，矯如蒼鷹乍奮翼。俯視下界渺無垠，仰瞰上穹勢欲

逼。旁側峰巒成鬬奇，凸凹倚墜態難測。人間那得此殊觀？應是飛來天竺國。騷人自古多遨游，誰能圖畫寫真色？鑒微上人原注：同游伴也。妙丹青，四顧躊躇若有得。歸來急翦吴江綾，爲我淋漓酣撥墨。均見《浮園詩集》。

栝松歌原注：在武義縣大慈寺前，中空，四蔭，數百年物也。　秀水諸錦襄七

凡木大抵堅多心，櫄楞栲漆供材料。梗楠杞梓楓豫章，其材充實登廊廟。他如柞棫雖不材，亦惟瑟彼爲民燎。樸樕朱儒本無用，斲爲店楔殊蓬藋。胡然老樹獨離奇，霜皮黛色窮幽眺。高山圍削如負牆，溪風穿過聞清嘯。空明不受脩蛇蟠，熠燿或來螢火照。一枝一幹一椏杈，似臼似枅似窔竅。虛心直上不蒙籠，與物無私窺道要。虬龍吟響晚鐘撞，威鳳襹褷山鬼嗷。有力争思致劇驂，神物未肯隨溲溺。適時桃李競翩反，百媚由渠供好笑。榮枯雨露定無偏，會有群仙來衆頫。邑志

暑雨吟效昌黎體　知縣鞠孫樓

歲御丁丑月積陽，南宫久莅赤熛狂。朱幡絳幟漫大荒，鞭策火龍助僭暘。洪鑪鎔鑄金石牋，騰爍出焰焚巫尪。煎熬澤源涸河梁，淩威叱咤遏禺强。斂足躡息慎川防，麻姑指海塵欲揚。蛟螭黿鼉鱝鼉鼇，螟伊蝌蜉無潛藏。鱗瓜乾枯冤莫償，愬之上帝帝悲傷。敕召頊冥詢厥詳，火孫水祖敢逆行。整列陣隊肅嚴霜，翦伐酷虐拯善良。前驅飛凫驍雄張，黯黮重叠疾輕揚。屏翳猋涌啓土囊，激怒不休招滄涼。拔木偃軸走欃槍，鳴鐘伐鼓列缺忙。馳突怒鬬莫或遑，訇稜硡磕列崖岡。金鞭灼灼耀旌幢，霳昱迅忽不可望。千軍萬騎淩空翔，天地旋側相磨撞。晻靄列曜發寒芒，跳踔黑虯舞商羊。五丁並力決西江，奔赴青驄沛神漿。霪霔巖谷皆泱泱，飛湍喧豗散琳琅。巨魃讋慄魂膽亡，沈脅滅頂頓且僵。攀援無術束手降，宥其死罪加懲創。屏逐西服通遠疆，罪人既得恩澤長。息兵旅衆迴九閶，

報績册功各無殃。高高下下安故常，遂命金天易清商。仰瞻玉宇湛蒼蒼，草木霑潤沐清光。穡神稽首告豐穰，上帝仁心憐下方。邑志，參《蘅芸草》。

明招山訪吕紫薇墓　邑諸生王鴻業

山巉石立風稜稜，氣削太華芙蓉青。問有紫薇吕公墓，春秋故解餘麟經。其人雖没文章在，詩心仍粹西江派。獨於瘦硬最通神，險絶豐稜筆以外。玄堂築向明招山，琢瓊刊璧披雲間。我來訪古斷碑卓，一壑尚抱峰回環。况復東萊森道學，合離朱陸中尊嶽。兀圖古易炳先型，回首朱雲肯顛角。邑志

過胡蝶山吊王孝子　邑歲貢鍾德馨懋脩

胡蝶山深水幽咽，六年忍飲讎人血。凄凄畫影斷肝腸，稜稜快斧磨霜雪。事成函首告家祠，辭母囑妻氣壯絶。當時徒欲生王生，麗譙一投天地裂。嗟哉！山中草木隨時腐，林間鵑鳥啼何補？惟有片石踞危巔，堪與王生並終古。《孝烈編》

慈尊寺古松歌　王惟孫祖蔭

危磴横盤兩古松，交柯屈鐵何奇絶。懔然空殿六月寒，炎天豈欲灑飛雪。膚蝕蒼蘚虎豹踞，陰慘黑枝鬼神逼。山深路僻過者稀，我來一顧一嘆息。松乎松乎，爾既不生於岱宗日觀之高峰，金檢玉册大夫封。又不能呼風雨學變化爲石，令世詫作神人迹。凍雪獨凌深澗邊，白雲長閉空山夕。自古奇材多坎坷，松乎松乎奈爾何！《荔村詩稿》

吊王孝子　教諭諸克紹

蘇不韋亡董黯死，武川又見王孝子。不知子胥是天人，有劍忍令土花紫。一朝血濺讎人頭，孝子含笑作纍囚。有子延宗祏，有婦主中厨。孝子不死父，烈婦寧死夫？此身亦寄耳，後先同捐軀。吁嗟乎！胡蝶山前胡蝶飛，青青松柏鬱成圍。年年寒食飄花候，猶有行人酬酒歸。邑志

題孝烈集 教諭陶士麟

熟溪之渚壺山陽，厥星維婺垂寒芒，厥邑維武稱烏傷。中有人兮秉天地之正氣，浩然與日月而争光。綽楔俎豆揚芬芳，姓氏猶傳孝子王。孝亦人之庸行耳，誰無父者君獨子？死忠死孝古良難，父仇不報心不死。胡蝶山前石徑斜，西風古木悲啼鴉。青天爲我撥雲霧，白日爲我停飈車。寶刀不飲仇頭血，干將莫邪等頑鐵。此時相對心眼明，揕胸扼吭斯一決。投身獄吏何所辭，觸石淋漓痛父屍。子捐軀兮妻殉節，令名千載靡窮期。有明二百七十祀，君行列傳登青史。孝義之行幾輩真，晨星落落差堪指。偶來孝里掇風詩，芳躅依然話昔時。未知蠟屐金貂客，肯與臨風話酒卮？邑志

壽家節母金氏 邑貢生何元啓鎬湄

元夕仙伴游太清，琪花瑶草不夜城。曉來北堂人攬揆，瑞色昭融海屋春。春陽布澤嚴寒後，造物福人豈其偶。柱砥中流石補天，歷以諸艱俾單厚。緬昔倉皇蒙難初，矢義曾不緩須臾。兒號長夜機緘露，鬼神實相千金軀。長松干霄根入地，飽歷風霜等閑事。繫髪孤危立後心，飲源酸楚陳情泪。五十年中絶笑歡，食藜容易食蔗難。與月同明長皎潔，惟天不老共高寒。届今獻壽歌且舞，雲笈編來皆珪組。無限長歌復短歌，況有《南陔》笙歌補。綺筵相對日華開，雪消花氣滿瓊臺。躋堂踵接傳經幔，麈尾香濃椒柏杯。果然景象雲泥别，方至如川升如日。綵服堂前青童笙，裔雲天上彤史筆。挹爾清芬誦瑶篇，貞壽嗣徽映後先。褒榮叠膺恩綸錫，夜夜祥光起燭天。《汲園彙編》

龍女祠 邑諸生董洹芳洲

白雨濛濛灑簷瓦，祠外野雲如走馬。疾雷一聲劈山飛，雨霽天容净如寫。星旂羽蓋青螭車，貴主還宫樂有餘。廟巫舞罷衆靈散，新月倒掛蒼山虚。

大家山歌　前人

大家之山高插天，懸厓斗上生雲烟。我家違山無十里，蹉跎不往空華顛。昨者訪友至巖隖，謝家青山恣沿緣。就中景物與世别，嵒翠千重落眼前。主人夙具游山屐，借我一緉神飛騫。平明策杖發山下，羊腸鳥道幾登遷。首經石筍洞，巖隙天光穿。涼颼森毛骨，六月欲披氈。厓傾路仄，不可以徑涉，縱欲他往，安能矯捷如猿鳶？次探洗頭盆，盆水清涓涓。石上鎮常滿，盛夏不枯煎。俯身外視忽駭絶，厠足奚止萬丈淵？坐不垂堂古所戒，忍以性命輕試捐？捨之不復更回顧，急往前進窮山巔。何年祠宇駕其上，中有神像貌嬋娟。絳節晨趨朝玉闕，青螭夕卸下瑶櫋。金支翠羽光離合，夢雨靈風態萬千。問兹何神各异説，大約不外圖經傳。或云大家班彪女，避兄固難曾居焉。余謂固死事旋雪，何必挈家此盤旋？又況東征尚有賦，胡獨來此無一言？踵訛襲謬世多有，小姑彭郎想亦然。一云張姓彦卿女，嫁爲人婦方盛鬋。一旦姑婦相繼殁，精靈肸蠁憑山壖。姑爲大姑婦新婦，至今兩處鼓神絃。余謂此説差近理，靈异可入名山編。是時日正午，天宇灝澄鮮。百里之内盡目睹，坐數邑里如星躔。轉瞬白雲生，四散兜羅綿。須臾彌漫遍山谷，千峰浮没只露一二青螺尖。俯視下方但一氣，有如銀海白浪滚滚相鋪填。對此目眩發長想，便欲身泛蓬萊船。太乙仙人笑拍手，指顧直到三山邊。家山高，高插天，終當服食求長年。青天白日山頂眠，静看烟雲自生滅，不管人世之爲滄海與桑田。均見《補蘿山房詩草》。

吕成公祠　邑諸生徐岱封雲亭

淑水流清湖山高，明招横亘山風飈。東萊内艱此結屋，昌明理學推人豪。鳥聲報眠鐘聲起，常伴寺僧久栖止。《博議》卅卷摛雄談，《雜詩》數章發妙理。家庭師友淵源深，風雨千里來相尋。晦翁既至同甫到，武川當日如濂溽。閨幃知學兒知道，村邑生光俗純皡。鞏徐洪張俱執經，並茂華實儷蘭藻。衣冠已杳祠堂存，三間精舍圍頹垣。夕陽楓葉山容老，瓣香瞻仰尤斷魂。烏虖我武素荒僻，先生奬勵更誘掖。遂使閭閻樂弦歌，人知詩書士繩尺。專祠小築東門東，千秋萬歲昭報功。何時移置向書院，東萊祠改天齊宫。

明招山懷阮遥集　邑副貢王庭揚柳堂

明招之陽有一客，蓬頭披髪常禿幘。尋盡五岳於無山，閑來此山着雙屐。典午中代倒太阿，盈廷紛紛無擘畫。庾亮終是敗少年，蘇峻果然謀叛逆。惹得交廣歌歸來，斑斑屐齒留蒼苔。有佳山水足娱目，冬巖雪梅春雲竹。寒時薜荔堪爲裳，饑來茯苓亦辟穀。一披袈裟滿山中，詫説開山獨眼龍。如今祇留亭子在，金貂蠟屐皆成空。惟有青山長不改，水自西流雲自東。

祝烈婦歌祝海揚妻何氏　邑貢生童紹彬質齋

君不見，明巖千丈凌蒼穹，節婦之節高與同。又不見，烈風雷雨懸泉怒瀉滄海通，疑是烈婦血濺驚蛟龍。女生不遇承平日，賊氛四起探丸紅。縱火殺人天愁慘，搜牢及山山亦空。可憐女依有同伴，半觸鋒鋩慘魂膽。可憐女生有姿容，色能戰賊賊難犯。賊難犯，身已戕，此心懍懍嚴冰霜。噀血駡賊聲彌厲，賊聞轉怒交刀槍。受兹千剜苦，全我貞烈女。天綱賴以扶，婦道賴以舉。死别翁姑恨綿綿，閨中破鏡長不圓。白虹一道冲天去，從此芳名萬古傳。我今作歌類巴音，鏤語難傳烈婦心。惟此烈婦心，遥照瓏瓏海上月，近逼巖巖山上石。

讀孝烈編　邑貢生何文綺雲軒

六載深讎一朝雪，孝果以誠不以日。讎頭在手婦驚啼，辭母别妻心斷絶。身非吾有豈苟然，天生正氣還之天。孝子殉孝婦殉節，秦碑漢史相流傳。吁嗟乎！孝里一坊當途立，行人過之起蕭瑟。

武川備考卷九 十二

藝　文　考十二

五律

唐

宿武陽川　襄陽孟浩然

川暗夕陽盡，孤舟泊岸初。嶺猿相叫嘯，潭影自空虚。就枕滅明燭，叩舷聞夜漁。鷄鳴問何處，風物是秦餘。邑志

宋

贈張翊　夏縣司馬光君實

楚俗號難治，司刑尤擇賢。精明片言折，舒慘一方連。松不凋寒色，絲曾斷直弦。清風出江外，已在下車前。《康熙志》，下放此。

又　華陽范鎮景仁

芝檢十行詔，竹刑三尺書。朝廷尚清净，囹圄自空虚。底處安民堵，方春理使車。江山登覽勝，盡是六朝餘。

鞏采若府推母錢夫人挽章　金華吕祖謙東萊

内助功推冠，名成父子間。中原遺俗盡，舊族素風還。石窌天開邑，宫門日綴班。光華竟何許，夕照在西山。

歷歷稱觴地，悲涼騎省園。風枝今日恨，露草去年痕。鸞翥昏遺鏡，魚枯泣舊軒。曲湖春色滿，不到北堂萱。《東萊集》，下放此。

送文子徐妹丈赴隨州太學掾用司馬文正公送先郎中詩韻爲别

永康陳亮同甫

昔仰南洲德，今逢世嗣賢。聲名江左重，文教漢東專。君意思空馬，吾生肯絶弦。江頭無語處，一葉浪花前。邑志

夜讀鞏仲至閩中詩　山陰陸游務觀

詩思尋常有，偏於客路新。能追無盡景，始見不凡人。細讀公奇作，都忘我病身。蘭亭盡名士，逸少最清真。邑志

重午和鞏教授韵　姜特立邦傑

屈子沉淵日，年年舊俗忙。佳人誇綵縷，稚子競新裳。鉦鼓喧魚步，杯盤列象床。山翁獨無事，燕坐只焚香。《梅山續集》，下放此。

山堂鞏先生挽詩　前人

源流簡公出，名字魯山宗。避地江之左，驚人易以東。機雲千載上，歆向一門中。敬止山堂老，才名是至公。

風采儒林虎，波瀾學海鯨。公家五進士，此地半諸生。句漏丹還就，中牟政亦成。如何賈太傅，位不至公卿。

綰章南北异，轉手死生分。手澤空遺墨，書籤冷舊芸。行須潘岳誄，碑已蔡邕文。身後無儋石，玄成似子雲。

繭庵初營　前人

萬物有終始，吾生如幻泡。辛勤蠶作繭，來往燕營巢。不作蘽梩掩，寧須馬革包？劉伶行帶鍤，未免達人嘲。

九日寄方叔　前人

安穩楊夫子，秋來闕寄音。遥憐好兄弟，相伴老山林。菊是故園色，人無賞舊心。雲萍兩漂泊，西望一長吟。

同方叔自郡城歸故園　前人

吏隱豈無名？東南一客星。松關今有主，岫幌不須扃。無夢妨清睡，惟閑伴獨醒。著鞭吾已晚，先愧一鴻冥。

自郡城歸故園和姜邦傑韵　邑人楊鷹方叔

風流早得名，兩鬢任星星。花徑春常掃，林扉夜不扃。精神老益壯，風月醉還醒。妙句難酬和，窮搜入杳冥。附見《梅山續集》。

明

寶泉亭　邑人何貴叔瑛

昔時驄馬客，今賦寶巖詩。天迴雲歸盡，泉香魚自知。偷閑成散逸，投老願栖遲。杖履空亭下，長歌酒一巵。

勝地今歸憩，承平不易逢。雨荒三徑菊，雲冷半崖松。水色侵寒袂，山風雜暮鐘。瀟湘回憶處，夢斷九疑峰。按，《嘉慶志》：寶巖，巖訛"泉"；山風，山訛"松"。今從《清源譜》校正。

送何太守叔瑛還浙　湖廣劉儁謚節愍

故人解官去，木落楚天青。正值秋風候，因思蓴菜羹。離愁醉裏失，長嘯澤邊行。執手從兹别，一杯空愴情。《清源閭書録》

送劉孝廉南還　邑人洪鐘

曉風吹去馬，之子賦歸與。御柳三春後，京塵半載餘。兵戈頻客夢，湖海只鄉書。爲報同懷侣，天涯久索居。邑志

山居　邑貢生韓光濟維熙

石橋山畔路，深樹野人家。流水沿牆曲，青山繞屋斜。松蘿成夙契，烟月亦生涯。况是秋風裏，鮮鮮滿徑花。《碧山詩集》，下放此。

過王生時望墓　前人

寂寞春山路，萋萋春草深。雲横千古恨，天鑒百年心。壯氣青霄迴，精魂白日陰。弧溪讀書處，回首泪沾襟。

壯士去不返，空驚易水寒。林烏號月冷，蜀魄怨春殘。掛劍懸心許，遺文拭泪看。君言猶在耳，自注：生托孤於余。肯負寸心丹。

登北嶺　知縣陳大烈

送酒白衣郎，翩翩登北嶺。懷人鳥道紆，倚檻天河耿。雨霽叢林新，宵深滴露冷。歸來興未闌，獨對蟾光影。《康熙志》，下放此。

重陽後一日登誥山　前人

呼友誥山頭，傳杯對北嶺。烟村傍月明，斗杓凌空耿。雨後暖回春，霜前夜未冷。江干散步歸，細弄清波影。

李公山　王宏誨

絶頂穿林薄，烟雲共往還。萬山看起伏，一水聽潺湲。大塊伸支臂，雄州只彈丸。登臨殊不極，直上太華巔。《康熙志》

送李君朝獻任分宜主簿按，李璋，字朝獻，嘉靖歲貢，任分宜主簿。唐龍

中歲成名晚，閑官受職貧。春旌霏薄霧，曉騎踏芳塵。漫據胡床咏，渾忘矮屋呻。公餘撫清晝，槲葉碧蓁蓁。

不擇分宜尉，鈐山奇可攀。霞深菊英紫，石麗松花斑。文已三冬足，庭常半日閑。更尋濯纓處，山下秀江灣。《李譜》

題山坑寺壁　金華知縣翁夢鯉

地僻人烟寂，溪深水色寒。小舟穿亂石，匹馬向危巒。徑曲羊腸險，橋傾雁齒殘。平平遵道者，應識改途難。邑志

太乙洞　邑諸生李應章黼文

鐘鳴(下闕)

夏客白溪　邑諸生王瓊待成

夏日山居好，風清正午天。桑樞閑放鶴，竹榻卧聽蟬。劍帶鷄聲舞，琴依鳥影懸。陽潭非弱水，自在即神仙。《清静草堂詩集》，下放此。

春日游壺山寺　前人

盤桓來野寺，步入半間雲。原注：寺畔依山爲樓，曰半間雲。徑曲鐘聲漫，春深草色焄。無言花脉脉，有托鳥欣欣。游倦還斟酒，因緣醉裏聞。

秋日游法雲寺　前人

晨入法雲寺，林東旭日明。柳烟含曙色，桐葉帶秋聲。郭外群

山瘦,門前一水平。雨花飛十地,可是悟無生。

秋日登香山寺浮圖　前人

憑臨望四遠,晚眺入浮圖。秋老林容净,天空鳥影孤。松雲昏北嶺,烟月起南湖。恍到蓬萊頂,乾坤藐一壺。

秋登天階景壁樓　前人

登山還遠眺,獨倚最高樓。雲路中峰繞,鐘聲半嶺浮。飛飛將落葉,渺渺欲窮秋。城郭環如畫,蕭條對客愁。

游朱吕講院　前人

朱吕新堂迥,淵源熟水東。山高喬木古,澗絶水泉通。俎豆生賢氣,詩書振士風。明公崇理學,麗澤更無窮。

水簾亭　邑諸生朱廷偉咸熙

來訪鴻儒宅,任情過碧堤。峰間秋月冷,亭外白雲低。水逸山光净,烟浮草色迷。清風寒澗底,相對有餘凄。《金華詩録》

武城絃歌送涵翁張邑侯　邑諸生徐光鼎

鶴書來萬里,鳬舄去千程。驥足雲方展,牛刀政已成。管絃民物古,山水畫圖清。桃李公門盛,驪歌滿武城。《嘉慶志》

新婦祠　王惟孫荔村

落日深山路,明妝新婦祠。回廊花木映,古砌石苔滋。神雨疑聞佩,靈風欲滿旗。數峰溪上好,猶似學蛾眉。《荔村詩稿》,下同。

蠟屐亭　前人

吾愛阮遥集,高風猶竹林。一生惟好屐,兹地遂投簪。谷口人何往,亭前草又深。萋萋行迹在,幾兩欲相尋。

宿寶巖寺　前人

上方鐘磬罷,深夜掩禪扉。涼月到疏竹,清光生客衣。松濤經露響,螢火度烟飛。因悟維摩理,方知文字非。

城西　前人

幽絶古城西,白沙十里堤。竹深文肅宅,花映武陽溪。野廟春迎社,人家午喚鶏。秦餘風物在,洞口豈曾迷?

過福聖寺 前人

清磬來何處?雙林曲澗東。野雲樵徑白,楓葉寺門紅。萬事看山盡,諸緣見佛空。古碑荒草裏,無字卧秋風。

游寶泉巖 邑諸生邵廷珪

十八盤空曲,林幽一徑通。村莊春霧外,城郭暮雲中。寺古花應淡,泉清草不豐。竹陰松影畔,芳挹蕙蘭叢。《古愚子集》

水簾亭 邑諸生王岐岳柱

一徑蒼苔滑,蕭條接遠空。雨痕山影表,雲色水聲中。蘚印高人篆,松鳴逸士風。拂烟尋古調,零落泣寒蟲。《病呻集》,下同。

大士庵 前人

石骨天開就,蕭森一味幽。霧吞山下日,雲鎖洞中秋。樹色無人徑,風聲到遠樓。興飛歸鳥外,隨月下汀洲。

雲半間 前人

天涵飛閣聳,曲徑接蒼雯。積翠移清晝,空陰護白雲。雨收松子落,竹静水聲聞。坐聽梵鐘起,吾生夢已分。

晚憩萬安寺 前人

香刹層山裏,幽堂積翠封。禪心焚古柏,佛面老青松。霧薄籠花淺,池清得月重。我來忘色相,雲影在高峰。

題山堂栗齋兩先生遺稿 知縣汪正澤潤之

理學名家久,醇儒聚一門。東平開道脉,熟水繼詞源。前席聞朱吕,賢聲屬祖孫。即今欽往哲,遺筆共留存。《嘉慶志》

焦巖即事 巡撫阮元伯元(僅存題,詩闕)

永康至武義舟中作 臨海黄河清潤川

心逐大江流,西津此溯游。灘舟穿石罅,水碓擣村頭。過邑動經日,離鄉旋背秋。無爲倦水宿,客路正悠悠。《樸學堂詩鈔》

阮遥集墓　知縣袁春鼎

一片袈裟地，逃名阮鎮南。松楸餘屐齒，今古傍雲庵。苔染碑無字，林深岫有嵐。好憑天際鶴，時與佐清談。《阮譜》，下同。

謁吕成公墓　前人

侵晨出古寺，和露上明招。四面山腰抱，千秋馬鬣標。采樵吾有禁，摩碣字難描。幸近將軍墓，清談慰寂寥。

題潔園　按，潔，亦作"汲"。　知縣滿秋石若谷

郭洞山川好，將軍何氏園。一家敦古處，兩世表貞門。井税安耕鑿，書田課子孫。記余投宿處，燈火向黄昏。

問此園名潔，清秋霜後林。貞松忘歲臘，慈竹自陰森。明月前溪水，空山太古琴。彈成黄鵠曲，時有鳳鸞音。《汲園彙編》

讀朱菊山《浮園詩集》　董洹芳洲

十載客揚州，青衫坐白頭。眼高無八座，詩好足千秋。笑駡傾燕市，悲歌繼楚囚。終憐遺集在，長共越江流。《補蘿山房詩草》

題課耕亭　邑諸生徐岱封雲亭

曉日山城麗，幽亭曲徑通。鳥啼花隖外，人到竹林中。履濕知多露，鈴鳴覺有風。遥看巖五色，目送白陽東。徐玉森鈔本

左溪秋夜　邑拔貢千爲傑樂齋

凄涼秋夜坐，正是避兵時。地僻溪流小，山高月上遲。蟲聲鳴抑鬱，木葉落離披。何日妖氛静，康衢再咏詩。《倚杵山房詩草》

巖隖懷沈眉生　邑歲貢湯深之雨園

明季賢徵士，上書撼宰臣。身幾離世網，居暫寄巖濱。往哲風徽古，當年隱迹淪。崖松高百尺，想見舊豐神。《同氣留絲集》

溪南春望壺山　邑諸生朱首和雪巢

去歲仙都客，今年壺麓人。岫雲舒爽氣，溪柳漾晴春。時序平生感，乾坤逆旅身。山靈招我笑，面目本來真。李樹藩鈔本

夜歸山寺　方外僧定空如也

薄暮還樵徑,冥冥度翠微。山看明月上,身帶白雲歸。疏漏穿花榭,孤螢歇竹扉。入門無一事,兀坐亦忘機。崇教寺題壁

武川備考卷九十三

藝　文　考十三

七律

宋

寒夜　邑進士鞏豐栗齋

瓦欲飛霜水欲冰，蒲團今夜有塵凝。鑪寒間取薪添火，窗暗時將燭助鐙。久擬歸田游宦客，未能忘肉在家僧。於書更覺心情懶，病眼愁看細字蠅。《瀛奎律髓》

鞏采若求厥父令尹德秀挽詩　金華蘇籀仲滋

東魯懷經慕先哲，齋房僻處①盛門徒。勉陪流寓推鄉校，優選文章入仕途。議獄蚩氓生活路，削鋤奸宄亟揚枹。遺編亹亹垂儒典，濟美弓裘後世模。《雙溪集》

送文子赴闕　永康陳亮同甫

直排閶闔挽天潢，分得雲章自帝鄉。電抉雷掀驚偉特，《韶》成鈞奏快鏗鏘。紫泥新拜絲綸寵，前席行依日月光。禁侍燕閑如獻納，願將民瘼達君王。

送文子轉漕江東　前人

九重寤寐憶忠誠，故向長沙起賈生。魏闕絲綸新借寵，秦淮草

① "處"字原缺，據《雙溪集》補。

木早知名。已聞塞下銷鋒鏑，正自胸中有甲兵。萬幕從兹無減竈，笑看卧鼓舊邊城。

詔頒英蕩促鋒車，暫借長才接轉輪。昔嘆當年無李牧，今知江左有夷吾。休論足食爲先策，自是平戎在用儒。來歲春風三月暮，沙堤隱隱接雲衢。並見邑志。

寄示吕巽伯换酒亭詩　永嘉葉適水心

瑯琊初址未完牢，猶倚虚名用我曹。自可全將醒前了，何因偏向醉中逃？艱危未肯當時共，誕逸空傳後代高。還有遠孫留墓側，繞亭寒雪夜騷騷。邑志

謁阮將軍墓偕友人鞏仲至賦　金華吕喬年巽伯

將軍故宅廢何時？高士曾來訪古基。枯骨成塵隨世往，盛名如日至今垂。菖蒲墩畔参差見，梨木邱中次第推。此老想應泉下笑，謂經千載有人知。《阮譜》

寄姜梅山雷字詩　山陰陸游放翁

章臺官柳映宫槐，寳馬輕蹄不動埃。只怪好詩無與敵，誰知古學有從來。江山常逐客帆遠，歲月不禁衙鼓催。剩納東林投净社，高情千載有宗雷。邑志

和陸郎中　姜特立邦傑

午庭風雨撼高槐，一洗城頭十丈埃。老子坐間尋句好，故人門外寄詩來。勁鋒久服穿楊妙，鈍思深慚擊鉢催。清佩左符君未得，要聽吟響發春雷。《梅山續集》，下放此。

和方叔中秋　前人

待月衷回東澗濱，一天風露净無塵。老人歡意年年減，佳節清光夜夜新。悼往難傳雲外信，舉杯即復眼中人。飄然遥想騎鯨興，更覺高歌有鬼神。

楊方叔過訪送行　前人

遥傳軒蓋度西岡，亟返柴車喜欲狂。不憚除堂十夫費，且謀解

榻半窗涼。歸途送目雲千叠,别後尋思月一方。何日能來慰牢落,梅山花發待傳觴。

和鞏教授趨朝　前人

昨夢中宵拾夜光,曉驚妙句墮書旁。英游只合陪青瑣,偉論何須到皀囊。溪上林巒新紫翠,船頭橙橘半青黄。兹行好語須頻寄,祇恐空疏窘報章。

和答鞏提轄見賀浙東總戎　前人

黜陟何曾到耳邊?旋栽花木學平泉。三年竊食祠官冷,一日頒恩賁篆鮮。闖寄暫居油幕副,朋從遥憶竹林賢。詩箭從此長來往,應有人編倡和篇。

鞏大監挽詩　前人

列國名卿號衆多,山堂族望最巍峩。魏宫賓客推公幹,交趾威名畏伏波。老去一麾供坎壈,歸來三徑足婆娑。從今詩酒交朋少,悵望新阡泪若何。

罷劉巖酒庫　前人

世事升沈倂蝶化,吾生來往更蠅營。歸心有愧陶元亮,家事當如向子平。豈是木鷄猶有愛,故令漚鳥尚相驚。老夫本自無城府,抱甕何如過此生。

元

夏川寫景　邑人李仁小泉

夏川風景四時佳,屈曲闌干静未譁。一色遠峰凌畫棟,半溪春水護窗紗。金尊漫酌長生酒,苔砌閑栽不老花。絶勝洞天人世上,更於何處覓仙家。《先正遺音集》

謁阮將軍墓　縣尹許廣大具瞻

青林獵獵風飄飄,曠代英魂若可招。幾度登山尋蠟屐?者番沽酒想金貂。千年宅古人何在,三尺墳荒木未凋。況有東萊遺短碣,細摩蒼蘚認前朝。《阮譜》

蠟屐亭　東陽陳樵鹿皮子

七賢老死獨南奔，袖有江亭拭泪痕。故國已懸新日月，醉鄉不識舊乾坤。金貂曾入丹陽市，蠟屐應歸白下門。惆悵黄門墓前柏，不禁三度感吟魂。邑志

明

送何太守叔瑛赴長沙　仁和王琦文雄

昔愁閩嶠千峰仄，轉入巴渝萬里賒。豈料聖恩憐賈誼，猶煩牧郡出長沙。蠻中瘴遠三湘水，江畔春逢十月花。遥聽岳陽樓上笛，可能回首憶京華。《清源宗譜》，下放此。

送何叔瑛太守還浙　長沙歐陽吉

許辭榮禄被恩光，爲念風流白首郎。獨步時邑志作“才”。名垂宇宙，高歌歸邑志作“逸”。興在滄浪。書藏石室烟霞滿，身入浮邱歲月長。南望海天猶萬里，可無魚素遠相將。

却金　知縣黄春伯元

宰邑慚無澤及民，此行民復贈金頻。方蠶婦苦絲售早，未獲農嫌穀糶新。剜肉醫瘡醫未得，損人肥己怨難鄰。但教百里人皆足，垂橐空行孰笑貧？邑志

挽御醫揚云　林琚

曾與真人海上逢，許多巧妙奪天工。衛生有術談思邈，垂老成丹慕葛洪。參術年深紅杏隖，松楸日落白雲封。古來醫道通仙道，精爽應游紫府中。《揚譜》

水簾亭　邑人李芳春體秀

翠壑憑虚六月秋，水簾飛瀑韵添幽。西山暮雨常垂地，南陌春風不上鈎。日晃明珠投合浦，月懸素影入清流。連雲高掛崖千尺，深鎖龍宫十二樓。《先正遺音集》

哭王生時望　邑歲貢韓光濟仰斗

胡蝶山頭掛白虹，翔鸞嶺脚起悲風。百年正氣歸天表，五夜精

靈入夢中。鳴劍共知嗟壯烈，觸階誰不惜英雄？哀哀寡婦孤兒哭，落日荒村野水東。《碧山詩集》，下放此。

清夜獨坐柬示湯生汝南應箕　前人

讀罷山城欲四更，半窗殘月傍巖生。此時心境千愁息，別是乾坤一氣清。庭樹參差來倒影，風松斷續送虛聲。却憐好景無人會，寂寂空堂獨病醒。

病中柬俞少渠徐西川二山人　前人

山窗苦病强高卧，風雨那堪徹夜頻。寥落黄花將歲晚，參差白髮爲愁新。百年草草聊過日，萬事悠悠懶向人。寄語東鄰羊仲子，芒鞵竹杖好相親。

悼孝烈　東陽許宏綱少薇

世態江河已濫觴，獨憐孝烈重綱常。髑魂白刃揮蝴蝶，伉儷青春拆鳳凰。地下芳名天共老，人間正氣日争光。只今祠墓旌雙璧，萬古寒烟吊夕陽。《孝烈編》

送節推揚舜山之任武昌　太倉王錫爵元馭

薊門雪色照春初，之子翩翩入楚墟。捧檄今持三尺法，下帷昔授五車書。孟嘉在郡名偏重，庾亮登樓興有餘。江漢風流宜佐吏，好音應寄武昌魚。《揚譜》，下放此。

又　蘭溪趙志皐汝邁

御苑春風入酒杯，對君揮手一裴回。雙旌度月燕山曉，四牡連雲楚岫開。佐府風流誇妙選，明時經濟仗雄才。試看北極星辰動，應有旌書日下來。

贈徐平胡　張瀚

六軍早擅干城望，三略閑調細柳營。潮退海門春候汛，月明虎帳夜談兵。聲華南越東瀛重，意氣千鈞一諾輕。聞道漢廷頗牧在，燕山麟閣好題名。《康熙志》

贈鎮國將軍徐少川　華亭陳子龍卧子

熊羆百萬擁樓船，大將班師海上還。烏陣八門屯日月，龍泉三尺靖烽烟。匣中斗印黄金鑄，帳外星旗赤羽懸。勳業獨齊班定遠，聲名早已重蛟川。邑志，下同。

又　日照焦竑

文經武緯擅將名，獨擁貔貅搗賊營。氣洗九天雲作陣，風翻五指木皆兵。鳳山朽拉么麽散，龍圖烟飛鬼神驚。試看溟海花封甸，萬載聲名亘古榮。

寄懷武川徐默樵司馬　李枏

武陵山色曙烟開，澤國争傳召父來。系本駒王瞻偉望，名高麟子識雄才。琴堂佐理賢聲遠，松廨哦詩雅韵裁。幾欲摳衣襟水隔，海雲生處想追陪。邑志

觀野樓即事　邑人顧應臣

矮屋編茅槿縛籬，騷人住處恰相宜。萬間突兀夢難到，一室清幽心自知。窗下無燈童睡早，林間有月鶴歸遲。八荒便作庭除看，南北東西任所之。邑志

游壺陽二亭遥望上亭　邑人徐世椿大年

西郊偶爾一游遨，迢遞雙亭引興豪。烟景收來纔及半，風雲通處欲窮高。懸流注澗瀉飛瀑，幽響連松鼓怒濤。願洗塵踪訪物外，扶笻難進暫停勞。邑志

移家武陽　宣城沈壽民眉生

城頭嘖嘖雀生烏，何事椒糈降古巫。早護高冠逋八素，莫貪短棹學三吴。雲平萬里愁沙暗，月散千山負影孤。寄語子魚休記取，管生原是一迂儒。《康熙志》，下放此

武義旱饑　前人

寥落皇天不爲民，土龍觴盡更飛塵。窮途索玉驚游楚，古洞無秋難避秦。敢事桑林須翦髮，若非周粟且餘身。饑來會有陽城粥，

多屑榆枝少過鄰。

國朝

署武義縣尹徐君殉節詩　新城王士禎阮亭

連城大帥竪降旛，獨有微官死報恩。故印猶存同仗節，巫陽無地與招魂。雙松幾歲哦廳事，大鳥何年立墓門？聞道荒城還渴葬，怒潮穿脇越江昏。邑志

秋濤禪師從維揚還明招山過小齋把晤漫成短章　邑拔貢朱慎菊山

忽看飛錫下蓬蒿，慰我經年别夢勞。香鉢携來揚子月，袈裟溼透廣陵濤。荒庭對菊秋光老，短榻論心燭影高。他日虎溪還過訪，與公相笑出林皋。《浮園詩集》，下放此。

寄懷徐漢章　前人

最憶城西舊草堂，與君晨夕此倘徉。先人一宦餘空橐，游子多年别故鄉。彩筆摧頹誰更健，青衫漂泊總堪傷。向時尊酒論文地，老盡窗前樹幾行。

都門送劉斑庭明府之任武義　前人

風塵游子息征車，正值仙郎奉檄初。一見遂令歌父母，此行端不負詩書。荒城寂寞千山裏，舊俗雕殘百戰餘。鳧舄到時甘雨足，定知沾灑及吾廬。《名家詩成》

山中九日原注：甲寅之變。　前人

對節思家感慨深，携壺暮上最高岑。萬方戎馬昏天地，百戰川原變古今。緑柳黄花聊破涕，青山碧水總傷心。誰憐避地多歧路，仙境桃源不可尋。《浮園詩集補遺》，下同。

寄楊保生表兄　前人

題詩寄與曉來鴻，悵望雙巖思不窮。一自干戈離别後，幾回涕泪夢魂中。山河戰伐悲流杵，踪迹飄零嘆轉蓬。何日烟銷重把袂，閑傾尊酒對東風。

登壺山寺 前人

蠟屐閑游事已非，高亭一望涕沾衣。青山緑樹年年在，畫閣朱樓處處非。適野哀鴻何日返，從軍蕩子幾人歸？干戈滿目塵沙暗，無地潛身效采薇。

恢復後登樓有感 前人

鼙鼓笳聲動地哀，荒城一眺一徘徊。山川百里驚烽火，樓閣千家變劫灰。蜀國啼鵑空恨切，遼陽飛鶴獨歸來。繁華想像渾如夢，剩得鶉衣痛未裁。

贈楊明府二首 前人

彩筆翩翩擅兩京，風流仙令舊知名。到來雨露隨車灑，頓使烽烟徹地清。北嶺青雲翔舄影，南湖緑水瀉琴聲。山城近見輝光滿，爲有郎官一宿明。

雙舄飄飄下碧虚，壺山遥望五雲舒。庭階寂静揮絃日，觴咏優游化理餘。已見潢池多佩犢，更聞清署有懸魚。春來試看花城錦，只恐河陽尚未知。

壺山紹宗上人以黄柑見遺口占一律答謝 前人

不到壺峰已兩月，烟霞幽致近如何？忽看雲外霜柑落，知是山中秋色多。別有清香時噀礴，應從仙手日摩抄。興來渾欲携觴去，醉聽黄鸝一曲歌。

暑夜集朱其恭暨同寓諸子湖濱看月時有報兒輩游庠者分得微字 蘭溪李漁笠翁

解衣盤礴送斜暉，暑到湖濱力漸微。勝集止應來酒伴，世情豈合上漁磯。飲當皓月寧知夜，歌到陽春盡欲飛。慚愧平原無十日，一宵猶放醉人歸。《一家言》，下放此。

又得六魚一首 前人

良夜何堪嘆索居，相期放艇入芙蕖。渾如舊識忘形後，誰道良朋識面初。明月近山愁去疾，清風隔水願來徐。談鋒不似更籌少，漏盡還詩興有餘。

喜朱其恭自廣陵至都即席作並以留別　東陽李鳳雛紫翔

故人蕭寺解征鞍，邂逅開顔一笑看。袖裏夜光明月滿，望中秋色海雲寒。唯呼濁酒澆狂客，自喜霜螯勝熱官。只恨相逢旋相别，銜杯休道燭花殘。原注：其恭飲余酒，方擘蟹，閽者報有八座拜梧岡。其恭叱曰："不以八座易八腳"，飲啖自若。《詩集》

雙巖　秀水諸錦襄七

雙巖左右互嵌空，佛廠因依寂歷中。快意不妨風雨會，懸厓疑與地天通。山半欲雨仍霽，及巔而下。茅茨竹木層層閣，石澗溝塍瀰瀰同。更向下方看古栝，蒼皮蜕骨透玲瓏。邑志

壺山　教諭程掞

尋幽踏翠興偏濃，携手同行不倩筇。緑竹叢中三曲徑，白雲深處數聲鐘。官閑可悟諸天法，僧老能談半偈宗。更上層樓青眼豁，烟嵐拓盡見群峰。邑志

詰山下浮石　邑人王應璠

兀峙中流不計年，幾看陵谷變桑田。隨波隱見非阿世，與物浮沉别有天。多竅未曾離渾沌，虚空早已却糾纏。而今悟得玄中妙，欲買漁舟伴爾眠。舊志

武陽十景　邑舉人徐侯召君待

新雨初收霽色開，春風蕩漾思悠哉。鳥能解語銜香至，山亦知時擁翠來。無限嵐光生遠岫，何妨屐齒破蒼苔。老僧也識尋芳處，徙倚亭皋久不回。壺山春霽

百尺長虹鎖碧流，蘆汀荻浦静涵秋。丹楓夾岸明千葉，緑水如雲落一洲。遥見人從橋下過，恍疑舟向鏡中游。興來閑坐苔磯上，濁酒清琴對野鷗。熟水秋澄

挈侣同游到嶺巔，松陰雲影兩悠然。松翻雲影層層靄，雲掛松陰淡淡烟。雲影逗窗閑似客，松陰拂户静於禪。此中消息誰能解，

松在山中雲在天。北嶺松雲

湖光瀲灩碧連天，風送荷香滿客船。雨散飛花沾宿霧，月明垂柳帶輕烟。幾家樵舍傍山曲，是處漁村傍水邊。安得蓑翁同結伴？菰蒲叢裏共鷗眠。南湖烟月

捫蘿直躡最高峰，咫尺仙凡隔幾重。玉洞合吞雙日月，金巖遥擁一芙蓉。苔侵石磴長留屐，風過山櫺不礙松。放眼頓忘歸路遠，夕陽古寺一聲鐘。靈洞雙奇

陵谷經今已遞遷，巉巖千古壘山巔。光鋪瑞日峰頭晃，色映祥雲谷口懸。非獨幽奇稱勝地，還憑變幻卜豐年。女媧鍊處多遺石，留貯寰中再補天。陽巖五色

每憶先賢感舊游，停車坐向水亭幽。泉懸洞口全消暑，玉碎巖前半欲秋。隨雨遄飛聲細細，因風斜掛影悠悠。一從人去山容寂，珠箔長垂懶上鈎。金柱垂簾

小徑斜穿衹樹林，淙淙泉響弄晴陰。風清長送天然築，夜静時聞月下琴。伶利四圍攢石齒，潺泓一掬滌塵心。當年記否乘驄客？漱枕歸來説到今。寳泉漱玉

誰擘巉巖遣五丁，峰峰染翠插窅冥。九疑石色雲端白，一抹山光雨後青。有客還丹初啓鼎，何人披錦爲張屏？岧嶤絶類天台景，坐盡斜陽醉亦醒。九峰連翠

避秦今已幾多旬，此地猶傳昔避秦。山素只緣來白叟，谷深應不染紅塵。林前草木皆披錦，洞裏乾坤自送春。想是幽居嫌冷落，桃花放出賺漁人。八素棲霞　按：《嘉慶志·壺山春霽》誤作《春日游壺山》，《南湖烟月》脱“烟月”字，《金柱垂簾》作《水簾亭》。兹從《井汲集》殘版校補，下放此。

冬夜宿壺山　前人

鑪燒獸炭夜初長，静叩禪關爇玉釭。風動竹聲寒到枕，月移梅影瘦横窗。時聞飛葉惺松下，且聽疏鐘冷落撞。爲有佛燈斜照座，

不知纓絡暗經幢。

望大家山　前人

千年古刹聳危巒，遥望徘徊興未闌。石筍插天晴蔽日，飛泉掛壁夏生寒。欲隨鸞鶴尋仙迹，無奈藤蘿礙客冠。聞道大家風景别，莫將勝地座中看。

八素山　邑人顧庚

冥鴻豈復在人間，往迹猶存八素山。杉桂久依玄豹隱，薜蘿深鎖白雲間。蛟龍潭上時歸去，笙鶴峰頭自往還。幸隔茅廬惟咫尺，松根擬築小柴關。《嘉慶志》，下放此。

魚鷹巖　前人

高岡仄徑立闌干，謖謖松風拂袖寒。僧住逍遥蒼翠上，客來縹緲碧雲端。泉飛絶澗灣灣白，霜染疏林處處丹。不泛扁舟烟水外，焚香石室卧蒲團。

樂在堂偶成　前人

浪迹歸來十載餘，依然松竹繞吾廬。溪山雙屐足携酒，烟雨一蓑堪釣魚。課子頻開窗下卷，呼僮莫輟隴頭鋤。柴門静掩雲深處，抱膝長吟意自如。

草堂風拂净無埃，坐對西風氣爽哉。鏡裏休驚頭上雪，花前且醉掌中杯。雲知峰好飛猶抱，鳥愛林幽去復來。問古時時能不厭，縹囊緗帙盡難開。

劉巖　邑人徐之成

結伴尋幽到翠微，石籠蓬闕静朝暉。珠簾掛檻空中落，鷲嶺連雲世外飛。豕鹿何心窺佛相，烟霞有意染僧衣。何須更覓桃源路，洞裏乾坤醉不歸。邑志

過山堂先生故居　知縣張人崧滄亭

南渡山堂經一編，獨開篳路啓名賢。鵞湖半屬墨腰論，鹿洞誰傳定性篇？後輩何王推鼻祖，於今朱吕共加籩。端村東去流泉路，

蕭索榛荆瓦鉢烟。《嘉慶志》,下同。

題二犟先生遺稿　知縣黄槐

夙慕儒宗誦古編,追隨函丈步先賢。水簾亭畔淵源在,麥飯詩中道義全。蕞爾武成開理學,依然鹿洞續薪傳。我來兹土無多日,仰止遺規願執鞭。

又　烏程吴名夏

奕奕高風百世瞻,文章理學祖孫兼。溯從南渡傳鄒魯,還向東平接建炎。亭外泉聲流謦欬,寺前花影落書籤。依稀十里明招路,想像群儒講論嚴。

又　知縣何思温

拂拭儀型道自尊,蠹餘卷軸敢輕論?鴻文今古齊朱吕,間氣山川毓祖孫。杖履至今留愨俗,衣冠自昔屬清門。傳香一瓣分明在,珍重前人手澤存。

秋登誥山　邑諸生王瓊待成

滿野黄花景色幽,閑時覽物傍汀洲。年來山上過還過,不信人間秋更秋。霧繞壺峰亭隱在,船停熟渚水平流。聚奎故址今何處?惟有象龍相對愁。《清静草堂詩集》,下同。

水簾亭吊古　前人

憑眺水簾望巑岏,昔時勝事久凋殘。松陰寂寞懸泉在,花氣芬芳石徑寒。千古英賢隨水逝,一天珠玉落雲端。宋人舊句猶堪認,落木蒼涼不忍看。

寄何筠湄　邑拔貢王惟孫荔村

憶汝碧筠草堂好,梅花來值早春前。對床共話山中雨,倚樹還聽谷口泉。豈謂浮雲成一别,相看芳草已三年。何當卜築牆東住,落日青松伴鶴眠。

寄徐嘉賓　前人

古梅香裏别君廬,又是東風二月初。山爲憶深常有夢,友因交淡轉無書。寒餘舊臘雪難盡，閏入新年花尚疏。借問南洲徐孺子，清樽短榻近何如？

北嶺登高　前人

危樓百尺倚嵯峩，縱目長空雨乍過。秋水漲邊飛雁滿，夕陽明處亂山多。携壺又值黄花節，吹帽其如白髮何。風景依依無限感，醉憑曲檻且高歌。均見《荔村詩稿》。

過仙景橋喜晴　邑人王惟綿延之

過橋忽覺晚天明，雙屐閑携曲澗行。山口墮雲收宿雨，樹頭穿日放新晴。漫嫌滑滑深泥没，且喜依依細草迎。好語野鷗莫相負，溪山曾訂舊時盟。邑志

過平田村　邑諸生王岐岳柱

南星纔過又平田，五里春山積翠連。雲入溪心都作水，雨殘樹杪各成烟。桑麻接徑秧初媚，桃柳分門草又妍。處處鳴鳩閑日少，慚予何事馬蹄穿。《病呻集》，下同。

蘆花塘　前人

山隝烟村取次過，太平景物盡熙和。桃花水曲新橋小，翠竹深林矮屋多。漁艇無風依岸口，牧童横笛入雲窩。杜鵑何處聲凄切，百媚春光一擲梭。

謁阮遥集祠　知縣袁春鼎

千秋廟貌倚明招，想見風流絶代標。家國艱難群策左，林泉肥遁一身遥。烟開石崦珠亭聳，雨長莓苔屐齒消。今日摳衣松竹畔，隱囊紗帽映金貂。《阮譜》

吊阮將軍　翁昌

蠟屐金貂成往事，雙亭依舊六朝山。剖符不願名州去，携酒偏尋野趣閑。高冢一丘青草没，古碑三尺緑苔斑。將軍已矣經千載，景仰遺踪不可攀。《阮譜》

張家村咏古張彦卿，晋永康令，棄官隱白陽山，子姓遂成村。邑諸生王殿耀蓀畦

古道荒畦夕照侵，遺編莫考幾沉吟。蒼生欲起東山卧，墨綬難羈老鶴心。蘀響丹厓誰引屐，烟迷白水寂揮琴。一時莫挽征輪轉，千百年來閲至今。

風抱高騫本絶群，終因養晦樂耕耘。久抛桑梓歸無計，尚及婣娟嫁有褎。八伯何心偏誕放，五湖没策息紛紜。浮雲一笑深林後，理亂中原更不聞。《盤錯集》，下同。

八素山　前人

太素超然懷葛民，何心物外寄閑身。登高有蕨堪供采，避世無人得問津。羽翼耻從游説客，網羅痛視虎狼秦。自從一别洛陽後，隔斷塵寰千百春。

琪草瓊花杳莫尋，翠微絶處幾登臨。金蘭聲氣風從律，縞紵交游水在心。玉雪雙歸青嶂冷，膏肓一卧白雲深。詢虞不少興周侣，未屑埋藏數至今。

阮公廟公名瑶，黄門之從弟，伯倫之佳坦，廟在白陽山。　前人

東迴佳氣鬱蒼蒼，金碧年湮肅煒煌。維昔鸞凰約高卧，至今山水有餘香。七賢林内婦翁老，五色巖頭夕照長。金玉音沉空谷杳，我來三度過苔廊。

征驂幾遍軟紅塵，一榻林泉悟退身。不效賢昆爲誕伯，應歸坦道作幽人。命名於玉真堪比，近德當年孰是鄰？屢向山扃叩陳迹，磯頭日夜水粼粼。

書臺山　前人

越西屹起小重岡，引領遥遥企栝蒼。往事空遺雙日月，劫灰閲歷幾滄桑。兩朝笏冕鍾靈秀，百里雲山繞混茫。文獻莫徵碑碣盡，豪吟欲下屢徬徨。

屐齒句留遍草萊，鎮風一帶夕陽開。高墉邱壑長如此，時勢宋

唐各自來。華國文章才卓絶，蒙冤甘露變堪哀。關心夜半商飈起，猶怪書聲激砌苔。

書臺山　邑諸生董洹芳洲

古迹城西説宋唐，高臺獨上望蒼蒼。禍延甘露思丞相，疏劾平原憶侍郎。人代已非空廢址，山形依舊枕斜陽。西風讀罷殘碑字，梵誦鐘聲出佛堂。《補蘿山房詩集》，下同。

八素山　前人

八士翩翩去不還，衣冠樸素竟名山。蒼生久矣法爲苦，白袷飄然心自閑。已避虎狼辭世網，應騎麋鹿上仙班。定儲却笑采芝者，四皓無端入漢關。

蠟屐亭懷古　邑諸生徐岱封静園

丹楓黄葉翠繽紛，慘淡孤亭帶夕曛。寺近鐘聲闌鳥語，簷低竹影礙苔紋。山泉一曲涼飛雨，野徑三弓亂卧雲。晋代風流今已矣，徘徊空憶阮將軍。

三百年來大雅稀，驚人不見謝玄暉。六朝風杳山空在，一屐亭存客已非。題壁句多同嚼蠟，看雲僧或可傳衣。情深吊古欷歔久，策杖翻教上翠微。

當日朝廷事亦艱，權奸跋扈政摧殘。結廬自喜埃塵遠，著屐不吟行路難。祗要青山恒有主，何妨白髮轉無官。千秋畸士芳華歇，獨對空亭一浩嘆。徐玉森鈔本

大士庵　邑諸生朱炳書酉巖

謝却囂塵結静緣，幽栖古刹自悠然。巖花作畫非關筆，澗水成音不用絃。夜聽聲喧知竹雨，晨看景淡對松烟。來游頓覺精神爽，也坐蒲團欲學禪。李樹藩《先正遺音集》

讀何允元孝子傳　邑諸生傅良弼商巖

至性通靈動鬼神，休嫌刲股爲無因。殘生猶是嚴親賜，不死仍供子職人。北地兵戈傷猾夏，南湖菽水藹餘春。天常自昔君能植，

瞻仰難禁撫卷頻。《隱花山館詩草》

蠟屐亭懷古　金華諸生江芳芷馨

卸却金貂醉不歸，我來踪迹想依稀。六朝代謝山猶在，一屐亭高客竟非。古木雲深迷石徑，荒階露冷緑苔衣。教他幾兩休穿破，賸與游人踏翠微。

一醉曾言只獨醒，重來尚説有劉伶。元規年少防終蹶，蘇峻狂多類不經。誰遣將軍回故國？原注：本傳：有詔敕回，不拜。空傳名士泣新亭。東山屐齒他年折，隱慰孤忠報闕庭。

提壺聲裏緑陰浮，兩兩何曾唤得休。莫向樵蘇説東晋，爲尋芳躅認西流。原注：山前虎溪水向西流。封碑剷蝕頭銜誤，原注：阮公墓在亭後。碑經蝕剥剷易，鎸"晋鎮南大將軍"。考《晋書・職官志》，鎮南將軍無"大"字。井石摩挲篆額留。原注：光緒甲午，白陽溪中淘出古井甎，如羅紋，刊大和年號，並阮氏行第。却記去年今此日，闌干倚遍獨夷猶。

竹林歷歷數簪纓，剩與高人屋半楹。白下别來同醉侶，青山絆住踏歌聲。明招獨眼參禪語，原注：明招寺基，舊傳阮公舍，僧獨眼龍募。懷阮多情失舊名。原注：亭舊額"古蠟屐"。同治中羅大令捐葺，改"懷阮"。擬著芒鞵邀酒伴，玩珠峰上百壺傾。原注：玩珠山在亭前右，舊有换酒亭，宋葉水心、吕巽伯有詩，今存故址。

武川備考卷九　十四

藝　文　考十四

五絶

明

水簾亭　邑歲貢韓光濟仰斗

宇宙自今古，逝者無消息。如何此中意，可是三人得。《碧山詩集》，下放此。

秋日白陽庵中山居雜興　前人

山居無四鄰，白日長似夜。隔樹時有聲，一葉空庭下。

明霞映疏林，落葉滿幽徑。相趁飛鳥還，犬吠空山應。

山前紅葉飛，山後白雲起。時有讀書聲，出自半山裏。

贈揚鶴橋　湛若水甘泉

華表千載鶴，飛空亦無橋。橋頭有高人，獨觀千載遥。《揚譜》

國朝

北軒　邑拔貢朱慎菊山

避暑北軒中，高眠坦其腹。清風颯然來，吹此林間竹。李英鈔本

宿野人舍　邑拔貢王惟孫荔村

石床夢乍覺，隔林聞遠鐘。蒼然松色白，月在澗西峰。《荔村詩稿》，下同

溪上即目　前人

樹頭風乍生，溪口月初曙。遥聽捕魚人，隔烟時一語。

小溪觀魚　邑諸生何蜚儀牖雲

敧岸小桃紅，晴灘垂柳緑。游魚兩三頭，逃過笭箵曲。

白姆道中　邑諸生董洹芳洲

白石龍潭路，紅牆新婦祠。山風欲作雨，吹我鬢絲絲。《補蘿山房詩集》

竹林瑞室　邑人何顯瑩鏡華

七賢風味在，只此竹林間。酒釀雙泉水，樓迎四面山。

咏孝烈　邑諸生王建中薪齋

爾室銘刀日，靈前泣像時。不愁仇不死，只恐死先兒。

水各西流去，名同百代傳。生才原有偶，易地則皆然。《閑雜録》

金公巖　方外僧慈基

一聲夜猿啼，撼得山門響。山月寒照人，光滿藤蘿上。《空空集》

七絶

宋

復元範寄梅花　新安朱熹仲晦

十畝荒蕪春不歸，寒梢無處問芳菲。感君寄我江南信，一夜清香染客衣。

轉眼相將送客歸，問君何處得芳菲。遠來共此花前醉，莫待佳人唱縷衣。《揚譜》

題緑映亭二首　金華吕祖謙伯恭

涼葉翻翻不受塵，芒鞵藤杖及清晨。開窗小放前溪入，澄綫光中獨岸巾。

鷺浴魚跳在鏡屏，摇青浮碧太鮮明。牆東種得陰成幄，隔葉看來却有情。《東萊集》

蠟屐亭　邑進士鞏豐栗齋

千古高風挽不回，故山花落又花開。莫欺亭畔蒼蒼蘚，曾印高人屐齒來。邑志

炊熟日有懷松楸　前人

小樓吹斷玉笙哀，春半餘寒去復來。五歲不澆墳上土，望鄉心折刺桐開。《敬鄉録》

賦鞏丈鸜鵒　姜特立邦傑

隴汧歸路渺漫漫，且向金籠刷羽翰。院静日長頻送語，時時圖得主人看。《梅山續集》，下同

和鞏教授訪別　前人

君來别我還歸去，君去重來定幾時。此後相思無可寄，相思欲寄莫如詩。

寄鞏大監　前人

十里兼旬路不通，每看金阜想高風。已知憚暑難迎客，不敢將詩更惱公。

次楊元會白蓮韵　前人

不御鉛華似洛妃，清虚全與道相宜。月明何處回仙駕，獨立沙頭爾許時。

方叔元老元振同令姪舍人見訪　前人

聯翩三鳳接華裾，小阮驅車復後塵。嵇吕相思千古事，後來命駕更無人。

從先生明招道中　金華時瀾叔觀

燕子楊花各自飛，雨乾溪路緑初肥。無人會得風雩意，可是千年瑟竟希。《康熙志》

明招山懷舊　閩縣黄幹勉齋

明招古木葉千層，山自浮雲水自横。春老鶯藏無覓處，遺編燈火屢吞聲。邑志

拜東萊先生墓有感八首　金華王柏會之

憶昔龍門續斷弦，滎陽一脉浚家傳。誰知麗澤收聲早，夢奠於今八十年。

神皋王氣默腥羶，爵命今年下日邊。俎豆孔堂新劍佩，風烟晋國舊山川。

九原英魄一山藏，回首懷忠道路長。天意未開南北限，要教北學王南方。

林麓幽幽氣象閑，三年肄習萃衣冠。自從引翼無求地，荆棘叢中路頓寬。

炯炯長空一片雲，東南鼎主統斯文。卷藏萬古春歸去，只有餘光在此君。

研席嘗棲一柏堂，至今魚鼓訴凄涼。溪山不掩中和氣，發見隨時草木香。

竹輿侵晚出山阿，宿露清圓憶舊哦。當日解衣盤礴意，明明分付一池荷。

仲氏孤忠徹九天，青原淡月慘遺編。摩挲朱子哀傷句，寂寂庭前自愴然。

明

拜東萊先生墓　蘭溪董遵道卿

麗澤淵源世所宗，明招千古聳邱封。平生仰止高山意，都在生芻一束中。邑志

贈徐文材　永豐陳慶

雨後棠陰翠作團，科徵不擾夜眠安。路逢野老争相説，百十年來無此官。邑志

過慈尊寺　唐愈賢

野寺山深五月秋，杜鵑啼雨隔烟樓。三年浪迹空衢路，慚愧僧房半日留。邑志

過慈尊寺　沈杰

道出雙溪雨乍晴，百花香散水痕平。雲從白日巖前起，人向青山畫裏行。

細雨霏霏點落花，白雲句引到仙家。寺僧知我三衢主，不問姓名先煮茶。邑志

咏百可園　永康王崇仰德

百可園中結小堂，春風畦水菜花香。道人若解真滋味，月滿寒潭夜未央。邑志

過阮遥集公墓　邑歲貢項霖澍三

東流碧水自迢迢，山色依稀帶六朝。亭下多年人不見，空標蠟屐與金貂。《阮譜》

吊東萊　邑歲貢吴燧鑽之

宿雨寒花泪未收，霜凋玉樹有靈邱。老樵一曳山中杖，今古明招景自幽。《金華詩録》

無礙寺晚霽　韓光濟見前

雨霽苔痕溼未乾，滿階碧草翠雲團。長吟自愛禪居静，古殿月來松影寒。

重重烟樹護雲林，倚劍狂歌對酒吟。到處相逢莫相問，碧天明月是知心。《碧山詩集》，下放此。

山居　前人

萬叠青山障小廬，千竿脩竹映窗虚。柴門儘日松雲鎖，一樹梅花伴讀書。

送徐少川成總戎　前人

馬上西風拂玉鞍，錦袍光射劍花寒。封侯萬里渾閑事，銅柱還

留百世看。

追孝子讀《西銘》 邑人陶義方燕山

弧溪曾記讀《西銘》，仁孝由來性自成。今日從容歸地下，乾坤肖子屬王生。《孝烈編》

游明招山過東萊墓有感 邑人顧廷樞

深山老木景迷離，碧草蒼苔卧斷碑。惆悵哲人何處去，疏鐘古寺野烟垂。邑志

菊妃山 邑人李學寧文龍

菊妃數典擬湘妃，落木疏霜雁正飛。心似黄花開未了，年年幽托在青微。《先正遺音集》，下同。

又 邑人李芳春體秀

黄花滿地碧雲飛，寂寂空山慨菊妃。荒徑落英無客賞，獨憐幽草對青微。

國朝

郊行 朱慎見前

芳郊二月日遲遲，水曲山坳信所之。何處看來春最好，新鶯啼入杏花枝。《浮園詩集》，下同。

送徐棟樗歸武川 前人

嘹喨長空一雁哀，客中送客重裵回。歸時爲訪東籬菊，荒草叢中幾朶開。

春日溪邊 前人

舴艋輕舟趁曉風，一溪芳草碧烟中。停橈試問垂綸叟，洞口桃花幾樹紅。

中峰教寺 邑人王應播

竹裹禪關傍水開，香雲繚繞舊亭臺。巉巖怪石堪珍玩，長引幽人屐齒來。《康熙志》，下同。

熟溪游舫　前人

疏柳依稀夾岸陰，清謳隨水韵瑶琴。夜來燈火揺江影，疑是波間灑碎金。

熟溪漁歌　前人

撥棹憑風漾碧波，生涯惟荷一輕蓑。我隨明月相携飲，明月滿江伴我歌。

咏挽牽　邑進士朱若功學齋

一握牙籌趁曉天，經綸常在萬民先。鞠躬盡瘁知何事，爲濟斯人不自憐。朱萼榮鈔本

復讐刃　邑歲貢何嘉猷訏遠

一腔熱血染刀尖，胡蝶山中仇首殲。幾度摩挲余欲泣，當年割股憶家嚴。《孝烈編》

龍門嶺　邑諸生徐鼎軾斯瞻

草屋楓林葉半紅，欣逢九日到山中。不須更覓登高處，已在龍門第一峰。《康熙志》

湯山坪内白庵　知縣梁遂

五丁何日鏟浮尖，茨棘廓清著一龕。竹已生孫松結子，老僧猶自話閩南。邑志

朱明府喜雨望雨圖　徐翔鵾

重稼誰知爲國深，隴頭日日問晴陰。畫工縱有天然手，難寫邑侯一片心。

又　陳玟

火雲如蓋地生烟，是處枯魚泣涸泉。莫道回天無妙術，雨從心上灑桑田。

白望峰下野梅一株　府學教授諸錦襄七

先生五載金華住，兩見梅花澗底開。慚愧孤芳莫相賞，瀑泉終日鬧如雷。邑志

熟溪秋行　教諭程揆

橙黄橘緑報深秋，雁陣南飛影渡樓。閑向熟溪溪上坐，怕將霜鬢對清流。《康熙志》

送揚金山南旋　黄調元

天涯萍梗最相親，問字玄亭别有因。今日離亭休墮泪，眼前多少未歸人。《揚譜》，下同。

集唐句送揚金山南旋　旗人吉瑞

平生心迹最相親，去去何時却見君。一曲離歌兩行泪，馬前紅葉亂紛紛。

菊妃溪　邑拔貢王惟孫荔村

空山雨歇竹鷄啼，無數人家古樹西。一路吟來秋色好，菊花開遍菊妃溪。《荔村詩稿》，下同。

溪西即目　前人

溪頭數點晚鴉黄，瑟瑟西風野水長。隔岸樵人呼渡急，一肩紅葉立斜陽。

書臺山燒香竹枝詞　邑進士顧倬櫺鹿畦

明朝準備换團紗，趁早商量髻挽鴉。不但同心釵股好，街頭新買木犀花。

五五三三步曉凉，大家争占上番香。鄰家更比儂家早，已過城南第十坊。

村中少婦最殷勤，步入城門路未分。也學城中妝飾好，淡紅衫子研羅裙。

西橋亭下水聲清，西橋亭外山色明。山色輕匀似儂貌，水聲宛轉似儂情。

紅燭高燒列幾行，喃喃絮語禮空王。小姑也有心頭事，背客私添一炷香。

庵外游人撥不開，出門差澀互相推。阿誰該向前頭去，又轉廊東立一回。

街西便訪舊姻家，姊妹邀呼過款茶。難得好風吹客到，留儂新煮紫蘭芽。

藕白菱紅棗子肥，紫羅帕重貼新衣。喚奴分送鄰家去，道是書臺利市歸。徐家驥鈔本

武陽十景　邑增生王殿耀蓀畦

兀起蓬峰插太清，油雲捲却午初晴。樓前一望青如洗，盡付荆關畫不成。

青葱崖畔日光含，夕翠朝烟薄蔚藍。如此空明螺髻影，楞伽山下憶雲曇。壺山春霽

白沙灘嘴净炎蒸，窺映魚蝦指不勝。晝静覽來風浪閴，水晶盤裏一輪冰。

瀲潭百尺倒青空，洲尾西銜夕照紅。試借雲梁高下擬，鏡臺掛出兩晴虹。熟水秋澄

晴空四壁净塵氛，巘壑秋嵐爽籟分。晚興閑來嶺頭望，虬髯帶霧動氤氲。

紺壁紅牆壓翠彎，幾曾笙鶴此經還。祗應千古松雲色，留與青霄想像間。北嶺松雲

一蓑微雨霽黄昏，青草浪平三尺痕。風定看來明月上，朧朧夜色隱前村。

莎草垂楊傍淺湄，湖光如拭净琉璃。橋邊鬥鴨人歸盡，夜半金波瀲灩時。南湖烟月

崱屴千重抱石關，靈區杳絶隔塵寰。曉來晴旭峰頭射，軒豁神宫吞吐間。

捫蘿躡足上崔嵬，鳥道羊腸百折開。直造洞門深處見，仙靈各占一蓬萊。靈洞雙奇

霞閼螭腸百鍊精，九重補就墮峥嶸。至今峭壁回頭望，恍惚神

媧下玉京。

射的傳奇信有諸，千齡休咎驗非虛。莫將頑性等倫看，雲物占來遜未如。陽巖五色

蕊珠深處不勝清，乳窟澄泓活潑生。一嘬瓊漿寒徹骨，風吹石齒想瑽琤。

廉泉滌出不貪人，驄馬來游記昔因。贏得臣心如水淡，方流汩汩吐山唇。寶泉漱玉

界道山梁瀑布聲，垂光不動晃簾旌。驚疑曷應飄風入，碎下玲瓏一桁晶。

石室雲窗鎖緑苔，頻年寶蒜倩誰開。月明記取中霄景，曾引嫦娥入照來。金柱垂簾

峩業千尋倚日旁，西來指數盡堪詳。蒼圭秀笏遥相拱，合説九疑屬武陽。

烟崖半隱碧霄中，落日回環紫翠重。却恨謫仙携不得，留題此地錦屏風。九峰連翠

宫闕高凌尺五天，朝陽罨靄洞門鮮。遥知醉倒峰頭上，一笑仙翁盡皓然。

素侶烟霞訂舊盟，此生久絶虎狼驚。會當重與蟠桃約，杖履飄然度赤城。八素棲霞

丁姑橋　前人

籃輿秋晚向南都，剛渡端溪更曲湖。聞説白華多勝迹，蘋花香近望丁姑。

驟漲驚湍駛渺茫，行行轉瞬困褰裳。關懷痛切淪胥苦，不意人間有女郎。

磷磷細磧露清潯，澤國安瀾感至今。凄惻汀邊數行柳，猶纏拯溺一片心。

津亭回首陡蕭然，蒼莽寒沙起暮烟。欲吊幽魂無覓處，碧峰如

黛隔遥川。

清溪橋　前人

霽景澄空卵色微，疏林葉響碎斜暉。一肩東楚明霞外，短笠人從渡口歸。

雲梁四面碧群峰，崇教原深鬱古松。向背不知何處所，隔岡時報一聲鐘。

石佛山　前人

烟霞邱壑水雲隈，九折羊腸仄徑開。記得當年阮居士，聳肩兜子跨山來。

古木年深長薜蘿，山巔石像影嵯峨。此行莫笑渾無緒，親向幽人墓下過。

涼風激激瀉淪漪，落葉蒼苔漬淺湄。人代荒涼耆舊盡，清溪山下住經時。

九女廟　前人

原注：在南七莊金絲村。父老相傳，有盧長者生女九人，無子。九女相誓不嫁，躬耕養親。遇异人，授以丹訣，遂蜕化。今有九女墩、盧家井，皆其遺迹。村人感其孝，立廟祀之。

縱目平皋霽色開，委遲十里遍蒿萊。忽聞稱説幽靈迹，笑指遥程得得來。

蕪没荒原九女墩，依依往事暗銷魂。人來向晚西風裹，荆莽齊腰入廟門。

四圍山色繞蒼蒼，傾圮頹垣映夕陽。玉几塵封人迹少，平林罨畫咽寒螿。

古裝玉貌静娟娟，亞座連襟像宛然。脂粉一空塵世氣，分身合在九疑巔。

霧縠冰綃踠地垂，珊珊玉步恍來遲。香風笑語低相約，記否靈岡采紫芝。

擬了塵寰幾夙緣，紫皇詔下九重天。想應丹轉還成候，竈底飛騰羽化年。

春閨少小勉承歡，悵赴紅閨再見難。任是返魂香爇盡，青天碧海兩漫漫。

鶴駕鸞軒擁彩雲，沉沉漏盡籟初分。半空颯爽靈風起，環佩聲歸月下聞。

竹籬深隝小桃斜，白石磯平舊浣紗。井畔荒蕪陳迹盡，而今野老説盧家。

携手嬉春陌上時，花開如錦柳如絲。桑田不起蓬萊漲，斜日蒼茫天四垂。均見《盤根錯節集》。

月夜登壺山寺閣　邑諸生董洹芳洲

寺樓高壓水雲鄉，永夕磋聲出上方。竹外烟嶼花外艇，分明月色似瀟湘。《補蘿山房詩集》，下同。

雙渠田家　前人

大家山下野田秋，瀌瀌雙渠繞舍流。晚稻登場蕎麥熟，炊烟如織出林邱。

冬日德星書屋即事　邑諸生湯定之小園

三間老屋傍山隈，敞得明窗面面開。知道先生寒素士，清晨却放太陽來。《同氣留絲集》

彈琴　閨秀朱韫

月光如水漾庭花，欲撥冰絃意恐差。不解文姬辨音律，變聲何又到胡笳？朱光華鈔本

春初　閨秀童闢闢

惆悵春風何處來，緑楊揺影入樓臺。江南一夜撩人雨，無數夭桃簇簇開。

武城弦歌送涵翁張邑侯　方外僧沙能

神君豈弟本慈祥，瞻視尊嚴雅度汪。禮樂化成民俗善，移風端

不在桁楊。

松雲深處静盤桓，聞道年來佛是官。舞鶴懸魚知雅化，花城瑞靄映栴檀。《嘉慶志》

春過燕山嶺　方外僧大乘

閑携杖錫嶺頭東，嶺上春花一味紅。無限春光尋不得，春光却在此山中。

水簾亭　方外僧守定

讀罷儒書又佛經，閑來小坐水簾亭。水簾掛處幽人杳，一道寒光雲自扃。

五排

國朝

題山堂栗齋兩先生遺稿　德清戚蓼生

道脉來山左，賢聲啓浙東。女牛開粤府，鄒魯紹儒風。熟水縈流合，明招素運通。門庭遵祖笏，道義鬱孫桐。蠟屐清颸古，葱羹至味融。緑圖詮秘旨，丹槧著神功。衆喙葳蕤息，微言斧藻工。綿延扶一髮，炳蔚牖群蒙。璧合惟先後，弓傳孰异同。自應朱吕並，不共宋元終。典籍遺芬永，蘋蘩命禮隆。揭來摩卷軸，奕禩仰奚窮。邑志

七排

國朝

壽何節母金氏　邑進士顧倬櫄信因

華筵一曲奏雲璈，翠鳳銜來閬苑桃。况是稱觴傳彩舞，剛逢綽楔下綸褒。傾霞醉月歡新宴，畫荻丸熊溯昔勞。烈焰重遭經手厝，遺書獨檢倍心忉。即今世業青箱繼，彌羡清風絳幔高。膝下龍駒初蹀躞，階前玉樹並譽髦。徽音上嗣聯彤管，佳客争趨染紫毫。此

日瑶池歌燕喜，祥烟護處晋春醪。《汲園彙編》

詩餘

宋

江南序游水簾亭　朱熹見前

山徑崎嶇路，危巢步可攀。風颯颯，水潺湲，流泉穿石水回環。鳥栖巖下樹，龍卧石中潭。我來不覺精神爽，深入簾櫳四月寒。

又　吕祖謙見前

巖前清漱玉，銀綫掛珠簾。山隱隱，水漣漣，石峽浮雲帶斷烟。登臨旋鳥道，身向白雲邊。重來曲水三杯酒，坐卧苔磯一醉眠。

又　陳亮見前

有液垂銀濺，珠簾不用鈎。山寂寂，水悠悠，石室生寒五月秋。微行苔印履，流水不浮舟。夕陽林外歸路急，未知何日再重游。

又　鞏豐見前

石聳泉飛急，源深流自長。聲滴滴，影蒼蒼，一泓清影瀉滄浪。澗草侵人碧，山花遶路香。水簾佳景皆詩句，酒興無如逸興狂。

歸途咏　朱熹

樵子村，近黄昏。回首簾亭杳，又見疏松漏月痕，深沉。

又　吕祖謙

白雲收，水共流。飛簾猶未捲，回首萬山相對愁，何尤。

又　陳亮

日暮天，樹宿烟。巖前敲石鼓，潛龍猶自井中眠，多年。

又　鞏豐

人影稀，咏而歸。夕陽簾色白，接天遠岫繫殘暉，幾希。均見邑志。

國朝

江南序游水簾亭步宋朱文公、吕成公、陳龍川先生、鞏栗齋先生韵。教諭翁嵩年康飴

峭壁人難渡，懸蘿客易攀。山寂寂，澗潺潺，孤亭聳立萬峰環。日華明遠岫，霞彩映澄潭。先賢去後風蕭瑟，惟有青松耐歲寒。

教諭程揆秉三

孤亭嵌石壁，瀑水瀉珠簾。寒悄悄，碧漣漣，高岫殘陽映暮烟。猿啼山峽裏，犬吠竹籬邊。自慚未得閑僧趣，長向此中抱月眠。

邑舉人徐俟召君待

簾自垂今古，長留月半鈎。人悄悄，意悠悠，萬壑松濤起暮秋。山深稀俗迹，澗窄絶漁舟。風景依然渾似昔，每懷往哲未同游。

邑諸生徐鼎軾

源净流俱潔，山深路自長。烟漠漠，樹蒼蒼，數聲牧笛過滄浪。棲鳥依林静，落花滿澗香。三杯不管金烏墜，戴月歸來興轉狂。均見邑志。

望江南幽居　邑諸生朱恂其信

幽居好，一室足徜徉。眼底乾坤容我傲，人間歲月任他忙。閑散是吾鄉。

幽居好，嘯咏可忘年。架上名書隨意讀，囊中新句不時添。此樂頗難言。

幽居好，褊性愛孤栖。伴我看花惟粉蝶，催人進酒有黄鸝。聲氣覺相宜。

幽居好，景物四時佳。窗外有池常躍鯉，庭前無地不栽花。差足度年華。

幽居好，車馬絶逢迎。竹下携壺邀勝侣，花间得句贈幽人。不受俗塵侵。

幽居好，心遠地相宜。静看方塘來活水，閑静好鳥説禪機。真意少人知。

幽居好，何事最關心。愛鳥不删巢鳥樹，惜花常設護花鈴。生意滿園林。

幽居好，何用更登臨？山色曉歸窗外緑，溪聲夜入枕邊清。不盡箇中情。

幽居好，何必學逃禪。一箇蒲團明月裏，幾聲清磬晚風前。勝入梵王天。

幽居好，絶勝卧香閨。時引風姨來竹榻，閑邀月姊共金卮。真色世間稀。湯于殿鈔本

采桑子登樓　朱慎見前

閑愁一段渾難送，獨上高樓。上得高樓，倍入雲山萬叠愁。　却嫌送不閑愁去，更下高樓。下得高樓，又踏新來一段愁。《浮園詩餘》，李英鈔本。

朝中措白陽山居　徐鼎軾見前

峰巒萬叠繞烟霞，古木帶啼鴉。試問茅廬何處？翠微山下人家。　千竿修竹，一彎緑水，滿地桑麻。怕有漁郎尋覓，沿溪不種桃花。邑志

贊成功送涵翁張邑侯　邑歲貢湯于殿羽南

甘棠一樹，百里帡幪，艷桃明李影重重。深深護惜，倚醉春風。琴調鶴弄，喜溢花封。　九天湛露，忽灑庭中，將歸槐省代天工。瞻依愛重，擬比靈松。時時撫頂，願報枝東。邑志

折楊柳送涵翁張邑侯　邑人周獻廷

瞥見西風下玉珂，趁時和。彩雲堆裏影婆娑，恩重波。　百里桑麻榮世澤，兩歧多。争投蝌蚪落文河，聽謡歌。邑志

侍香金童游新巖　邑諸生傅宗烈偉之

乍到新巖，景象仙凡别。路險仄，層峰經九折。不是地天交造設，那有茅庵，向雲中結。　洞門前，尺水瀠洄流不竭。試掬飲，香浮甘且洌。斗覺纖塵俱隔絶，引得清機瑩然爽澈。邑志

武川備考卷十

金石考

金

唐

乾封鐵琴

乾封年製篆文

右琴，鐵質銅徽，背刻四篆字，曰“乾封年製”。以欽定今樂尺即縱黍尺。量之，岳山至焦尾長三尺三寸四分，通長三尺六寸二分。岳山廣五寸强，肩廣五寸五分，焦尾廣四寸一分。琴舊在朱選貢慎家。慎字其恭，號菊山。隨侍其父爾殿於江都任所購得，携歸珍藏。今在陳太學大濟家咸豐末寇亂，琴落農家，陳太學以粟易之，今其孫榮組珍藏。惜琴面破損，僅得安宮、商、角、徵四弦矣。

宋

咸淳鐵鐘

皇帝萬歲
天下平安

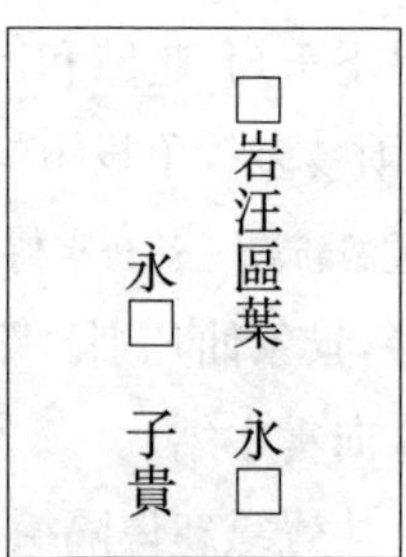

當山比丘　斯舉謹回施長財鑄造
鴻鐘一口祈福答報
四恩三有旹歲丁卯咸淳二年八月　日
當山比丘　斯舉　謹題
當寺僧衆　知幾　可久　無相
素隱　梵芻　德芳　景先　惟實
元妙　祖衍　契如　善學　子茂
行者　文炳　衜孫　德廣　叨抜

住佑忠報國禪寺賜紫慧覺大師
處廉
住如庵比丘　惠綸
住衍慶庵比丘　無爲
住積慶庵比丘　如川

右鐘在雙巖石室，字皆正書，口徑三尺二寸二分，縱黍尺，下放此。周九尺七寸六分，高三尺九寸六分，旋蟲高六寸七分。光緒庚寅，德潤偕郭鑾、方倬圭、湯光耀信宿石室，拓之。

石

宋

嘉祐石香鑪題字

嘉祐八年四月初二日女弟子陳二

娘捨香爐並床壹所永記□

右鑪石質，在燕山嶺畔舒氏村社廟。形正方，上爲荷葉紋，已破碎。高一尺七寸五分，趺已失。行書二行，其一行“嘉”至“二”，計字十四；其一行“娘”至“記”，計字十一。記下缺一字，通二十五字。嘉祐八年，歲在癸卯，宋仁宗在位之四十三年也。是年三月，仁宗崩。四月，英宗即位。

呂墓殘碣

大

君之墓

安朱熹題

右墓碣在明招山，石已泐爲二，碑首及左方皆殘缺，見存者高二尺七寸，上廣一尺三寸，下廣一尺六寸七分。大字徑八寸，旁題徑一寸八分，俱正書。按，正公及其弟忠公皆葬明招，墓碑皆朱子書。今石已缺，大字僅存一半。有謂成公嘗爲國史院編脩官，可稱太史。葉適詩云“昔從東萊呂太史”可證也。據此“大”字或是“太史”之“太”。有謂忠公嘗寓大愚山之真如寺，因號大愚叟，石缺處無點，或是“大愚”之“大”。然究未敢肊斷。惟《金華府志》曰“宋東萊先生呂伯恭之墓”、“宋愚叟呂公之墓”，《武義舊志》曰“有宋東萊呂成公之墓”、成公賜謚在嘉定八年，朱子殁已久，安得書？“宋東萊大愚吕公之墓",均可據此以辨其非。光緒十二年冬,知府陳文騄命東陽吕銘修明招山吕墓,命邑士湯瑞椿修明招講院。明年季秋,落成。德潤偕邑士湯定之、葉樹人、傅良弼、徐家驥、葉青錢及金華江芳、郭鑾,蘭溪郭祖汾謁墓,石匠吕知一掘得此石,將以雕花,見而止之,舁置講院中,陷於神龕右壁。

長安堰碑

重築長安堰記篆文

武義之□,名熟溪,蓋取其常豐之義也。天□□□豐或□□之地利□是溪之□□爲畎爲□者四十□□□□□□□□□□□長安堰也。□□□最溥□□□□□□□□□□□□□□至法雲精舍之東支分派□□□□□□□□晦綿延十餘里,而機緘翕張,則係之堤□□□□□□□□屢犇以壞補治小不及時則又將□天之□□□□□□□□□四予相視其堤,尚可施以人力,□鹵□□□□□□□謀諸士民而得高君世修、葉君之茂與之商□□□□□□慨然自任其責且謂□不深則易以罅漏□□□□□□□□□既□而□□□□□□□又將□□冲突□□□□□□定其規模而後從事□號召於衆□□□□無敢後□數豪右亦樂輸財食以爲□□□□□□□□□予自往臨其役□□勞來飲食□□□□□□□兩月而堤成石□□□如墉如櫛卧雲□□□□□□□□□□□□□□□是堤之□實自今□□□□□□□□堰之民得安然而饗永利詎可不知葉□□□□□吾將□以激□於諸鄉姑□數語以紀其實而□□維□□□則□碑陰

慶元四年二月望□儒林郎婺州武義縣丞姚偲

碑陰

□□□□□□□□□□□□□照得□□係□□□□□□□□□□□□□□書臺山下□□□□□□□□□□□□□□□□□□□兩□□□□□□□□□□□家□□□□□□□□□□□□□西□□□□□□□□□□□□□□□□□□土□□□□□□□□□□□□□□□是□□□□□□□□□□□□□□□□□□□所□□□□□□□□□□革□□□□□□□□則舊或□□□□□□□□□□□□□□□□□列□長安□□□□□□□□□□□

右碑舊在縣署門左。光緒戊子夏五月,移陷儀門左壁。圓首

篆額六字，身高四尺二寸，博二尺四寸。正書十八行，行二十三字，刓缺者半，碑陰尤甚。可辨者僅二十字。慶元四年，歲在戊午，宋寧宗即位之四年也。邑志載此碑文，中多竄易顛倒，《藝文類》標題作“重修”，《碑碣類》“堰”作“橋”。自相矛盾，可據此是正。惜殘缺，無從校其全耳。

寶慶石幢題字

寶慶丁亥歲十一月朔

孺人吴氏百五五娘施

右石幢舊在南湖法蓮寺。寺久廢，今在南湖社廟。幢蓋作蓮花形，高八寸二分，中刻字處形如花瓶，高一尺二寸强，一側刻“寶慶”至“朔”，一側刻“孺人”至“施”，共十八字。端楷可玩。下爲趺，高八寸。寶慶丁亥，宋理宗即位之二年也。

元

無礙寺碑

重建無礙寺記篆額

重建無礙寺記標題正書

武義西大家山之陽無礙寺，舊名善誓寺。昔有石佛，禱雨輙應，故又曰白佛道場。先是寺僧允秀再築殿基，得石磨，鎸字其上，迺唐咸通七年造，至今猶存，則知在昔已有是寺矣。石佛則歲月寖遠，無所稽考。按圖經所載，周顯德五年建，豈傳之失其實歟？夫佛自西方入中國，以清浄爲教，以慈悲爲心，以大圓通無障礙爲法，大①率誘人爲善，而又能以禍福動人，故人之信向者衆，而寺之興廢，亦惟信向者之盛衰焉依。嘗考寺之顛末，知吴氏爲一信善士巨室舊矣，自宋慶元四年戊午迪功郎昕之子曰潚曰倫等建大佛殿，自是創造，代不乏人。

天朝至大元年己酉，則山長曉倡衆聞於官，轉申僧録司，寺因元名，復爲徒弟以甲乙奉香火募緣，大爲營建，以皇慶元年十二月二十九日經始，時有出力任事者。願以田自隨，誓不毫髪侵常住，其亦聞風興起者乎？由是經之營之，

① “大”，原作“天”，據《武川文鈔》改。

殿堂門廡，庫廳鐘樓，焕然一新矣。粵自宋慶元距今百十有五年，是寺依吴氏而興者不一，何其子孫好善捐財者之多也！昔韓文公與僧大顛游，稱其胸中無滯礙，吾祖文忠公爲懷連大師作《宸奎閣記》，稱其禪律並行，不相留礙，皆得佛法大意。寺之始建，有劉鐵磨禪師主焉，行業精進，名聞四方，歸者翕然，故老猶能言之。今之住是山者，豈徒方袍而衣，加趺而食，謂之僧哉？必學足以入佛，德足以服衆，不愧於前人，庶上無負聖天子崇敬佛教之心，下無負鄉善士興起寺門之意。寺成屬記於余，余游山長公伯仲間也久，且嘗一再到是寺，知寺之事爲甚悉，故不敢以筆墨荒落辭。若夫寺之舊存新入之租畝，官之改正寺額文移，善士之倡率幹緣之姓字，則附載之碑陰云。

旹

皇慶二年歲在癸丑孟夏既望前慶元路儒學教授眉山蘇壿記

碑陰

録白公文

皇帝聖旨裏婺州路僧録司據武義縣都綱司申該準本縣關該據吴曉、吴榮孫、吴宜仲、吴炳、吴元剛、吴巨翁等連名狀告年甲不等，俱係長安鄉七都住坐。切照無礙寺，古號白佛道場，僅有徒弟僧一二人甲乙，披剃住坐，供奉香火，止有磽瘠田數畝，不了支持。昨因永嘉尼僧劉鐵磨，飛錫到寺，四方慕名，致有儒衲頂包參請，皆本是僧多方抄化供給，以此聲爲十方寺院。續本僧圓寂之後，僧人遞相解散，又兼常住産薄，及無主領，遠近僧人杳然不至。因此甲乙徒弟缺人披剃添接，隳廢前規，遂成荒弛。道場廊宇由是崩頹，香火寂寞。曉等祖上皆檀越鄰里，不堪容忍，遂於鄰峰寺院勸請僧人前來住守焚修，在後本寺自行流水披剃，承紹甲乙香火，由宋至今，積有年矣，未經改正。念曉等忝係檀越子孫，耳聞目見，似難緘默。若不合詞陳請官爲改正，復作甲乙元規，誠恐游僧野衲托鉢到寺住歇，便欲給膳，况寺産微薄，寺僧尚且餬口方外，必使去後無人接紹住守，展轉崩毁，竟爲廢寺。委是有悮焚修祝贊，告乞改正，庶幾僧人得以紹燈安住。關請。如所告是實，就便改正施行。準此。行據鄰峰、寶岩、教隆等上寺僧，徐永韶等狀申與吴曉等所告相同，申乞照詳，得此使司相度。吴曉等所告相同，既係檀施子孫，慮恐寺廢，復爲甲乙，亦見敬施之心。除外，合行出給牓文，付本寺張掛，曉諭諸色人等，毋得到寺搔擾，妨礙焚修，所有牓文須議出給者。

右榜省諭

諸人通知

榜行無礙寺

至大二年　　月　　日　僧判畫字
□□畫字

右碑在杳渠無礙寺，高五尺四寸，廣二尺六寸。篆額六字，字徑四寸三分。碑文十八行，行三十八字，第八行擡頭三十九字，第十五行擡頭四十字，並正書。皇慶二年，元仁宗在位之二年也。碑陰榜文二十六行，首行二十六字，餘皆二十二字，小楷書。至大二年，元武宗在位之二年，歲在己酉，下距皇慶癸丑五年矣。

永鎮庵碑

雙巖永鎮庵記篆額六字　標題六字正書　　衡平山刻

文林郎婺州路武義縣尹　許廣大書

將仕佐郎衢州路常山縣達魯花赤兼勸農事伯顏蒙古篆額

將仕佐郎饒州路照磨　劉文慶撰

穢迹如來迺釋迦化身，聞其咒，諸魔妖精無不降伏，載於藏經。乾道乙酉壽咒師持穢迹真言五百萬遍，如來入王晋體，與師携手付囑，爲三界咒師，有酧答卷存焉。婺州金華蓮宗導師識本原患喉疽，醫禱弗瘥，囑妻子備後事。因親探問，指其女曰："浦州華藏莊師佩奉嵩尊者大法，濟人利物，不可具述。"得旨急迎莊師，叩求感應，不日如故。本源捐金，起華藏，堂閣粧鑾，佛像焕然。其孚子屋傳此法，授祐之徐君。持此咒，水湧印飛，報應靈异，不可枚舉。割愛持戒，誓濟群靈。一日，武川縣西大慈寺僧義然患足瘡，不能行止，呻吟有年，醫禱無効。忽□士徐大夫與其徒弟遠迎到山，叩尊者禱，師將感應入體，謂雙岩妖精作釁，救治平安。岩下楊學士孫並鳳林徐君女孫俱染患，各移壇，立愈，皆謂雙岩精祟興妖。次日登其岩，屏邪踪，立香火，但有祈叩，無不感應。三方檀越樂施己賄，粧塑佛茧聖像，舍田崇奉，香燈悠遠，祝聖人壽，報檀度恩，遂鎸之於石。銘曰：

雙岩高聳，蔚然蒼蒼。歷山前揖，僊岩後□。三簡左翊，一金右翔。如來應現，穢迹金剛。大悲尊者，金相堂堂。雷霆猛吏，誓稟天章。如谷答響，祁叩昭彰。石室妙如，方廣道場。四民樂業，妖魅遠藏。綿綿香火，世世流芳。

至正五年三月吉日記

開山住持徐元吉

募緣嗣法顔榮祖洪進比丘契機

右碑在雙巖洞天，高五尺一寸，廣二尺二寸。篆額六字，字徑三寸。碑文正書共二十行，首行標題下綴刻工名次，三四行列書篆撰銜名，五、六、八、九、十、十二行皆三十七字，七行二十九字，十一行三十六字，十三行二十八字，十四行聖字跳出、十四字，十五、十六、十七行銘文每句空一格，十八行年月。至正五年，歲在乙酉，元順帝在位之十三年也。十九及末行住持募緣題名。據此，徐元吉當爲元人。邑志云宋人，誤矣。銘文"歷山"即宋吏部梁膺墓山，"三簡"即三簡嵒，"一金"即金公嵒，"僊巖"不知所，雙巖後有鷄巖，土人呼鷄如仙，或即是歟？此碑及石室禪闇碑爲人攫棄甃路，咸豐元年諸生王建中購復舊所。

靈感碑

靈感道場額正書

觀音堂記

我聞曰：人而□教，則近於禽獸。固知教之功，□□□□□□□其道雖殊，而其格惡進善之意□□也。是以釋氏立教，大要欲人本慈□□□□發善心也。所謂爲善不同，同歸於治。我同類莫不皈依，而成聚之區必立精舍，以闡其教，猶學校然。武成之西二十五里，有地曰香渠，乃吴氏之世居，子孫蕃演□□□地。間有善女蔣氏、程氏、杜氏，一日同語善□倪法演等，曰："人不爲善，必受惡報。吾里幸□既庶且富，而進善之心未專也。□訓相仍，而色空之道未悟也。去寺頗遠，而□□□奉未虔也。饑饉薦臻而雨暘之禱未應也。吾即欲傍建一道場，上以祝延聖壽，下以感化人心。汝其圖之。"於是倪法演等歡喜聽從，即卜基渠外義田之中，背負岩□，面臨渠澗，既寬且平，近囂而静。經營夫何而匠石已奏功矣，蓋爲之者力而趍之□□□佛像器具次第舉備，遐邇之民各發善心，共舍到美田若干畝，□歲辛卯至□□□□□有□僧支道與□

□□樓數間以爲□□□□□□□□□□□末□一□□□獨未有爲之記者。會馬德逢者□善友也。懼□□時□□□重以爲請，予辞不獲命，謾書以授之，而刻諸石，使後□知之立教之功於此尤大焉。

太歲丙戌至正六年八月吉日幹緣程道安　立石

賜進士文林郎婺州路武義縣尹兼勸農事許廣大　記並書

右碑趺已失，剡上三寸九分爲首，額下四邊有闌，刻水紋，通高三尺四寸，廣一尺六寸四分。額字徑二寸三分，正書。碑文十六行，正書，字數如右。觀音堂久圮，今碑在杳渠無礙寺中。杳渠，古曰香渠，即此可證。許尹祀名宦，手澤所留，亦棠舍之遺愛也。光緒丁亥三月，德潤偕方倬圭、吳煒青手拓。

雙巖石鑪題字

東陽縣 懷德鄉 桐川里 屬村保 居奉	祈保家 眷咸寧 諸事吉 祥者 幹緣僧德定
佛弟子 蔣一中 家眷等 謹舍石 香爐一	開山募 緣徐元 吉旹丙 戌三月十 五日謹制
座恭入 霙岩尊 者永鎮 庵長生 供養	

右石鑪在雙巖，形正方，凡六面，上廣六寸强，下廣五寸，高四寸。其一面剥蝕，不可拓。可拓者五面，字數如右，皆正書。丙戌，元順帝至正六年也。

雙巖石室碑

雙巖石室禪闇之記篆額八字

婺州武義縣雙岩石室禪庵記標題行書

大哉，聖人之道，天地百億不足以容。道愈大，憂愈大矣。父愛子以德，而子弗喻，是謂悖德。聖人憂天下之憂，諸菩薩循環刹海之間，更出迭入，而民弗知，經綸著明，而毁聖人者弗察，非悖德也？可欲奪之也？燭入，蛾赴之，麾之弗却，以死於暴。蝜蝂重負，傾之而旋復，卒死於夷，兼愛者哀之。凡民出入於鼎鬲之中，失身於惡趣之伍，而卒莫之脱，聖人哀之。萬方黎庶一日用其力，解粘脱縛，發真歸元，則百億佛身不崇朝而滅盡。此無他焉，大雄氏之門猶江漢也，蒙不潔者解衣而入，則汙巇廢矣。夫何患焉？不若是，則憂未歇也，如生死何？昔者佛世尊涉入百億天下，拯民於生死之交，而愈天下之疾癘，猶是破邪金剛苶然出於口舌之間，説咒三十三言，傳之天下後世。金華徐君元吉早夜禪誦，以治民疾苦，周游四方。至武義縣得雙岩石室，以授其徒定公，使修禪居。衆署其榜曰石室禪庵，徵余言以爲記。余喟然嘆曰：天地萬物，同生乎一氣之中，萬物蓋同體也，况法身乎？天地如沙，人繁地大，既積劫累萬，卒莫知聖人作興。佛世尊分一身爲百億佛身，散入百億天下，屈己從衆。而菩薩從之，非得已也。佛入涅槃，則百億佛身同時寂滅。百億普賢同聲説偈，無邊制海如隔紗縠，親聞其言，則無邊身猶一身也。至菩薩宴處，百億天下爲一蓮葉。菩薩侍坐，普賢近佛外地。菩薩深入無邊刹海而後見之，則一身充滿法界，蓋佛菩薩之故常也。君子謂道大無外者，日月之不可踰。憂民疵癘者，容光必照也。學聖人者，藴空識謝，發真歸元，猶可冀也。其布四體於百億天下，非意生身，烏足以分居畢處瀰滿法界耶？吁！發真歸元，非他道也，今岩穴之士視己如人，則空中無色，毘盧遮那復與人同體。性與佛合，則穢迹消滅，日月益彰，清净域中不容一髮，極無而有，極有而無者，聖人妙心也，舍是何知焉？出入人境者，見四方黎庶，亦以是告之，知其説者洗心去智溯源而上，復歸受命之前，非心非佛，非垢非净，不增不減，不滅不生，則生民大患一旦消隕，灾祥疾癘，民何憂焉？斲石書丹，余疏其説以爲記。土田之目，則刻之石陰。甲辰歲秋八月望同郡鹿皮子陳樵製。前翰林學士承旨嘉議大夫知制誥兼脩國史兼太子贊善大夫宋濂篆。

余嘗讀書武義山中，登雙岩之勝，空洞高豁，廓然天造，超出方外。門廡、殿寢、禪室、幽室，各極其妙。朝迎清曦，無幽不朗，俯挹平野，無遠不瞻，誠岩穴奇奥也。先是蔽於草莽榛荆，爲蟲蛇罔兩之所，及元吉一辟，建大雄氏道場其中以授定公，山改觀而水增波，實辟前人之所未辟也。定公嘗乞余言，乃爲致書鹿皮先生以求記。繼余被徵，馳驅南北，忘其記之成否。前年冬，以年老蒙恩賜歸，定公遂俾慧昱求書前記，且曰："吾師伺公之書十七年，今幸遂也。"余且喜且嘆，蓋鹿皮先生之殁久矣。念先哲之日遠，悲今來之無窮，刻辭山石，昭示永古，庶爲於前者有聞而繼於後者足徵也。洪武十三年歲在庚申三月廿八日前從事郎知青州府濰州事吴德基書，住山僧德定，僧衆一時、宗玉、從本、一安、一永、大智、慧清、慧昱、净住、净明，道人朱普恩、龔世遠。

右碑在雙巖洞天，高四尺五寸九分，廣二尺三寸五分。篆額八字，字徑三寸九分强。記文連標題書後共二十三行，行書，字數不等如右。限於篇幅，每兩行作一行。記文不書年號，只云甲辰。甲辰，元順帝至正二十四年。是歲正月朔，明太祖即吴王位，爲吴元年，東南已非元有矣。明祖取婺州路在元至正十八年，歲次戊戌。

甎

晋

元康甎

元康　年八

元康　㊂

右甎二，其一廣五寸六分，長七寸一分强，厚一寸三分。一側破碎，一側隸書"元康年八"四字。其一厚如之，長四寸八分，下殘缺，廣四寸七分，一側已缺，一側隸書"元康"二字。面有古錢文。光緒癸巳三月，鮑德籲得於邑南山川壇下古墓中。鮑君字嘯霞，歙人寓邑者。山川壇南三里，雙路亭山。元康，晋惠帝年號也。

太和甎

阮大　阮十　大和阮

右甎面廣四寸二分，厚一寸二分，長九寸。形略似仰瓦，端"阮大"二字，左側"阮十"二字，右側"大和阮"三字，皆正書，略有隸意。光緒壬辰九月，水齧白陽山西麓，見廢井，周陆甃甎，村人競取之，井旋陷於水。按，阮氏，邑故族。圖經載，晋阮孚棄官隱居，卒葬明招山。今明招山有阮將軍墓。又載孚從弟瑶與其妻劉伶女隱居白陽山，今山有阮公廟，祀瑶及劉。考《晋書》本傳，孚除都督交廣寧三州軍事、鎮南將軍，領平越中郎將、廣州刺史，假節未至鎮，卒。棄官隱居無明文，然阮公墓前有蠟屐、金貂二亭，宋元人形諸歌咏，必非無稽。是甎"大和"爲晋廢帝年號，阮公刺廣時相距不遠。阮大、阮十當是以行書，其公之昆仲耶？抑隱白陽之君子耶？姑述所見以俟識者。又唐文宗亦曰太和，然此甎古色與元康同，故知爲典午時物也。甎一在諸生童望吉，一在諸生湯光耀。至或琢爲硯，則太璞不完矣。

唐

倉部墓甎

[illegible] [illegible]

天

右甎面廣四寸六分，厚一寸六分，上端已殘缺，自缺處至下端長五寸九分强。一側"[illegible]"四字尚存其半，餘三字"[illegible]"不可辨。下端"天"字餘刓缺，甎在南十四莊石峽口之牧圉山徐倉部墓。光緒癸巳四月立夏日，德潤偕倉部公裔孫諸生贊虞及諸生湯光耀謁墓得之。按，倉部致仕，唐昭宗贈詩，見邑志。是甎"天復癸亥"乃天復三年，昭宗在位之十五年也。

按，舊志不載金石，而《碑碣門》云云今惟長安堰存，餘未見。兹就尋訪所及，彙而考之，後之脩志者或有取焉。光緒辛丑夏五月四日何德潤識。

武川備考卷十一 上

祥異考

祥异

明

成化十二年八月十一日，水灾。《府志》

十八年五月九日，山水暴漲，入城市。《府志》、《嘉慶志》

二十一年旱，竹生實如麥，民采食之。《府志》大荒，山鄉小民多食蕨粉，丐食於他鄉。忽竹枝頭出穗，形如米如麥，色赤，民采食以全活。《嘉慶志》

二十二年十二月大雪，平地高五尺。《嘉慶志》

弘治四年大旱，《府志》餓殍載道。《嘉慶志》

十六年三月十八日大風，雨雹，拔木傾屋，壓死二十餘人。《府志》、《嘉慶志》

十八年九月十三日子時地震。《府志》、《嘉慶志》

正德三年六月不雨，至次年二月始雨。歲大旱荒，禾豆無收，蕨根、樹皮、野菜食盡，餓殍載路。《府志》、《嘉慶志》

四年十一月大霜，竹木皆枯，經春不生，菜盡死，民饉。《府志》、《嘉慶志》

十四年《府志》作"十年"。四月大雨，雹如拳，傷鳥雀鷄鶩甚衆。《嘉慶志》

嘉靖八年五月，平地水高丈餘。《嘉慶志》

十八年六月六日，大雨浹旬，發洪水。《府志》、《嘉慶志》

隆慶三年六月旱，溪潭盡涸。忽一夕大雨，水驟至，入城市，可行舟，損廬舍禾畜無算。《嘉慶志》

萬曆三年，五月不雨，至明年二月雨，《嘉慶志》禾稼無收。《府志》

十五、十六、十七年旱，斗米銀五錢，流殍載道，疫大發。《府志》、《嘉慶志》

二十六年，五月不雨，至八月雨。顆粒無收，民多餓死。《府志》、《嘉慶志》

二十八年八月，大水。《嘉慶志》

二十九年四月，淫雨，麥爛。《嘉慶志》

三十一年夏旱至秋，早、晚禾失收。《嘉慶志》

三十二年十一月九日夜，地震。《府志》、《嘉慶志》

三十三年旱，禾失收。《嘉慶志》

三十四年七月，大風壞學前左右坊。《嘉慶志》

三十六年夏旱，早禾失收。《嘉慶志》

崇禎五年，熟溪橋火。《嘉慶志》

七年十一月，地震。《果齋筆記》

九年五月不雨，至八月雨。民多食土，名觀音粉。《府志》〇《果齋筆記》：十年春夏大荒饑，民取山之白泥爲粿，呼爲觀音粉。雜以米屑可啖，純食白泥殺人。

十二年六月，大水平地丈餘，熟溪橋壞。《嘉慶志》

十六年四月二十四日午時，日無光，黑氣蒙之，青紅赤白氣圍之。《府志》

十七年五月，太白晝見，三日乃没。《府志》

國朝

順治三年，大旱。《府志》〇《嘉慶志》：四月不雨至七月。

四年春，大荒。《府志》：斗米銀八錢。《嘉慶志》：斗米銀四錢。《果齋筆記》：穀每百斤銀四兩。

七年，大水入城，近溪民居水高丈餘。《嘉慶志》

十一年冬寒甚，樟樹枯。《嘉慶志》：民謡云："凍殺老樟，饑民喪亡。"《果齋筆記》：老人云："凍殺老樟，男娘吃糠，來年必旱荒。"

十二年四月、五月淫雨，米百斤銀一兩七錢。六月十三日晴，至八月二十九日雨，越三日又晴。七月内車注禾實，八月初車注半實，中旬車注不實。九月二十四日霜降。前三日，霜殺蕎麥豆，晚禾不實。《果齋筆記》○按：九月二十四日霜降，前三日乃二十一、二十二、二十三也。《嘉慶志》作二十四、五、六大霜三日者，非。

十三年春大荒，斗米銀三錢。《嘉慶志》夏米百斤銀二兩六錢，穀百斤銀一兩七錢，豆百斤銀二兩五錢。民食糠，餓殍載道。《果齋筆記》

十八年正月二十七日雨，至六月三日方霽。六月四日晴，至八月四日乃雨。《果齋筆記》

康熙元年五月十一日晴，至七月乃雨。

四年十二月七日三更迅雷無雲。

九年六月十三日，蜃水發。以上《果齋筆記》。

十年五月不雨，至九月乃雨，《府志》疫痢大作。《嘉慶志》○《果齋筆記》云：夏服六一散，秋不發痢。

十一年四月大水，熟溪橋半壞，淹没民居無算。《嘉慶志》

十八年十月雷，謡云："十月雷，死人用杷推。"

十九年正月十六日雷，諺云："正月雷，民不炊。"自去冬至今春，無日不死人。

二十年夏秋不雨，冬十月乃雨。以上《果齋筆記》。

二十一年七月，彗見西方，朔至望始隱。八月，項山頭地方山崩飛半里，塞於山口如塍，洗成深潭，民賴其水以濟禾。《嘉慶志》冬

至前一日有大星自北流至西南，聲如雷。《府志》

二十二年淫雨，小麥黄死。《府志》、《嘉慶志》

二十三年大水入城市。《嘉慶志》七月二日晴，至九月二十三日方雨。疫甚，人多死鷄瘟。《果齋筆記》

二十四年七月二十五日雨，夜大風。二十六日水漲，入屋三尺，戌刻壞熟溪橋一墩，郭洞、楊公等處蜃發。九月二十七日申刻，星隕於熟溪南，大如粟，色白如螢如燐，未及地丈許光没。

二十五年閏四月，大雨二十五日，水入城二尺。二十六日，山水又至，溪堤潰。

二十六年四月夏甲子雨，占云："赤地千里，六月不雨。"七月雨未足。以上《果齋筆記》。

二十八年六月不雨，至十一月乃雨，民饑。

二十九年冬，寒凍不解，樹木盡死。

三十三年三月朔午時，青天無雲，天鼓鳴。

三十五年三月旱，至七月乃雨，禾不能種，種者盡槁。

三十六年五月不雨，至七月始雨。八月霜三日，蕎麥豆木不實，歲饑，民食蕨粉。

三十七年八月，蛟水發城南，洗作潭，冲倒城堞數十丈。熟溪橋壞，下楊、大萊口、白姆嶺、下湯等處漂没田屋，民多溺死。

五十八年旱。

六十年旱。

乾隆七年旱。

十三年旱。

十六年大旱。

二十二年火自縣前至石水缸，焚百餘家，玉堂學士坊毁。

三十九年大雨雹，壞牆屋，折樹傷鳥雀，芸、薹、麥無收。

五十五年雨水冰。

五十七年大風，水部司空坊壞。

嘉慶五年六月二十三日大水，沿溪村居漂没。

七年旱。以上《嘉慶志》。

二十五年旱荒。以下新增

道光十五年旱。

十六年旱，饑。

十八年蟲害稼，疫盛行，道殣相望。

二十九年旱。

咸豐元年旱。

二年旱，饑。

八年四月朔，城市有墨影三條，自八素門入東門，至武城書院前止。

十一年三月，西南鄉民家鼠皆出屋，占曰："鼠無故夜出，則邑有兵。"四月彗見，八月隱。

同治七年三月，大風壞東門外孝烈坊，壓殺小兒一人。

九年四月風發屋，馬昂村香火廳捲出里許，白陽溪渡捲入空中，良久乃下。雹損麥、早禾苗無算。

十三年正月十一日，西鄉雨豆，形如草子，色黄。雨粟，小如穀茴，實赤殼黑。十一月朔正午，日中有白氣横亘。

光緒元年八月，訛言有紙人怪。

五年四月雨雹，大如鷄子，損麥折樹，碎屋瓦無算，擊池魚皆死。五月、六月旱疫盛行。七月朔，風雷雹，壞縣署儀門。翼日雹風，壞名宦祠。三日雷震城隍廟戲臺，風壞北鄉石橋亭。

六年三月十日春分午刻，日外有紅暈，日色可正視。東北白氣如弓半銜日，東南氣如虹，逾時日光復，諸氣消。

八年八月十三夜彗見，十月隱。

十年十二月二十六日，火毁熟溪橋之半。

十七年夏旱,冬牛疫。

十八年四月,壺山淩雲亭壞。

二十三年五月大水壞堤防、禾稼、廬舍無算,冬牛疫。

二十四年四月大荒,米百斤價錢四千文。

二十五年五月蜃發西山,損禾苗屋舍。

二十六年五月不雨,至七月十三乃雨,旱禾歉收。

武川備考卷十一 下

大事考

大事

宋

宣和間,盜陷婺州,邑隨没。項德率百人據城隍祠破賊,自二月至五月,俘馘不可勝計。官兵至,德引衆欲合,賊邀之黄姑嶺下,德戰死。邑人圖其像於城隍廟祀焉。《宋史》、《萬姓統譜》

景定四年山寇掠邑,犯婺州城。《府志》

明

正統十三年十月,栝寇陶得二夜劫邑衛。《宣平志》

景泰元年,都御史張楷招撫陶得二,降復叛。時僉事陶成屯邑,邑無城,樹栅防守。賊大至,或勸成少避其鋒,成不可。賊潛入,内應火起,成策馬與戰,没,兵潰。《宣平志》

崇禎十一年,山寇竊發,知縣袁向科會同兵道協勦,擒賊首張華。《康熙志》

十四年溦寇,薄城,知縣馮坪率義民吴貞孚、何承宗御之。寇平,詔賜義民冠帶。《横山吴譜》

十六年白寇許都使阮和卿至城張僞示,知縣林宗仁斬之,都尋誅,餘黨復熾。《府志》、《果齋筆記》

國朝

順治二年　大兵破南京。故明統兵方國安、尚書朱大典約同守婺城，方兵沿路所得盡付朱。朱先歸城，方至不納。方屯城外，掠野至邑。六月二十六、二十七、二十八，凡三日解散。是年，故明群臣議以東陽、義烏、永康、武義錢糧解東陽，聽張國維治兵。以金華、蘭溪、浦江、湯溪錢糧解金華，聽朱大典治兵。前知府王澧監軍，催糧急，民不勝捶楚。解至東陽，張公子不以餉士，制器銀又爲左右欺侵。

三年，故明魯王閣部田仰統兵入閩，五月二十四日屯邑北鄉履坦，知縣何肇元以猪羊金帛遣主簿鄢一玠犒軍，求勿進城。田不允，通城驚懼，疑鄢引入，鄢不能自明，投水。何救鄢，仍至田營哀求。三十日，田兵城外過，勿擾，二公力也。纔入永康界，放火殺人。〇明總兵陳公紀兵從處州散歸，過邑，知縣何肇元閉城不納，兵屯城下。石城徐祠叩門詈何，出見陳，送程儀及犒軍。民早避者，婦女家財不失。〇汛兵江上散歸，數百成群，近城及大村莊不掠，偏路小村則掠，日日苦兵。〇六月，大兵渡江，魯王入海，張國維投水，二十六日大兵攻婺城。七月三日，大兵入邑北鄉蔣村、茶山，至西鄉寧村。七日，新任知縣張内有到。是日大兵封刀歸營。八日告示安民。九日薙髮。十五日婺城破，朱大典死於火。邑教諭劉澤清獻印投誠，仍爲教諭，授新印。訓導李順投誠，爲金華學教諭。以上《果齋筆記》。

五年二月，山寇破城，殺知縣劉家騏。九日官兵自金華至，分守道周漢傑署縣事，二府段中燦極力保全。每族立社長，造烟居册，給護身票，填寫於布，編縫在胸者爲良民，不則爲寇，立誅。寇入西山，竄宣平。五月中，寇自東鄉焚端村，掠白革，屯九峰巖，官兵仰攻不利。寇又入雙巖。七月十二日辰刻，寇入小南門十字街，官兵射退。八月五日，寇焚邵宅。十五日，官兵及邑湯、王、蔣三姓

鄉兵會剿八仙山砦，斬獲無算，寇平。《康熙志》、《宣平志》、《果齋筆記》

十二年八月十六日，白寇自箬陽嘯聚八仙山，入西鄉。九月八日，後樹嶺官兵失利。十日，寇焚履坦。十一月二十三日，寇劫履坦，官兵至李山頭，戰不利。寇至城東門外，城上放箭，寇退，焚王家，掠邵宅，夜屯十三都。十二月十日，寇焚郭洞。

十三年春，寇至北門外，官兵從東門出，寇驚散，有伏在草中者射死，寇西奔。五月，寇平。以上《康熙志》、《果齋筆記》。

十六年八月，東陽、義烏山寇聚永康，官兵圍之，竄邑白革山，兵追至，寇在朱祠者殺盡，祠毁。《果齋筆記》

康熙十三年，耿精忠反，知縣李經邦調蘭溪，蘭溪丞徐喆署邑。六月十五日，徐請守備張其章、典史馮文魁、教官徐孟湖及紳士議曰："人臣死封疆，義何容辭？但老母在蘭，不能相顧，奈何？"言訖泪下。張曰："耿易服制，立六曹，投用授官，進取浙江，不日至矣。"紳士曰："報上司請兵。"張不可，紳士曰："或設法犒賞。"徐曰："天下已定，閩反覆舉兵，何可輕率？"十六日，徐欲往府，張揚言："縣官獻印，可保生靈"，不放行。十九日，張其章偕邑人已革参將徐君美往永康迎僞頭領陳元，邑失守。二十日，僞孔頭目、林頭目自宣平來，以陳元得城，縱兵大掠，鎖徐令取印，教官徐孟湖獻印。二十二日，徐喆縊死。陳元勒民去辮，不從者殺。二十三日，郡兵至履坦，爲賊銃所傷，退，賊掠金華之下廻。七月十四日，戰於七里阪，斬徐君美、張其章、陳元之兄。僞官王仁傑踞邑，僞總兵嚴光裕熨炙富户數百金方解，掠六畜且盡。僞小頭目領永康人入城掠器物，東陽許賊入邑，掘地尋銀，拘刈禾者，得銀方釋。八月三日，僞官逐許賊。九月二十五、二十六日，僞總兵馮公輔大掠太平鄉，踞城。賊按烟居册勒餉。冬，前知縣李經邦在郡招集難民。《康熙志》、《果齋筆記》

十四年正月七日，郡兵至永康。八日，新任知縣楊龍惕至履坦。十一日,入城。十五夜,僞將馮公輔攻城,楊出北門至郡。十八日,康親王發昂邦將軍統滿兵、田游擊統漢兵,前知縣李新、知縣楊收復邑城。二十一日,昂邦回郡。二十二日,僞馮公輔掠郭洞,入宣平之小妃。二十三日,田游擊、李前令至郭洞,八婺皆平。惟馮公輔踞處州之宣平,郡兵由邑進剿,計一年取夫十六次,乾折夫價倍一年之糧。自上年閩寇擄掠,田禾未收,今春始刈。《康熙志》、《宣平志》、《果齋筆記》

十五年四月七日,牟總兵統漢兵、沙提督統滿兵,援宣平。二十日,援兵出宣平,入邑城,漢兵宿履坦,滿兵宿湖塘,沿處州兵過熟溪橋,屯賀上橋、山里、後金村、端村至桐琴,入永康。七月十八日,守宣平兵疫,退至邑。民避入山,不敢車水刈禾。二十七日,兵去。《果齋筆記》

咸豐八年四月十六日,粵寇僞翼王石達開遣僞將李天福竄邑。先時總兵周天授宿東門外,從熟溪橋過永康,紮處州桃花嶺。都閫府陳宿城内,出小南門,紮稽較嶺。會桃花嶺兵敗,陳亦退入城掠,鄉勇阻之,幾激變。知縣閻朝貴調護始已。兵入郡城,屯永福寺,而邑失守。五月,都閫府吴紮北鄉履坦,都閫府榮紮西鄉三角店,進戰屢勝。六月七日,吴攻北門,榮攻西門。夜,賊放火,自大南門遁,邑城克復,而西門逕東門毁盡。〇是年五月,楊思嶺老楊哥乘賊作亂,郭洞人剿平之。九月知縣宋蘭亭贈額曰"義鄉"。〇七月,陳都司、楊游擊紮横山南三日,入宣平。以下新增。

十一年四月十八日,粵寇僞侍王李世賢陷郡城。二十三日,遣僞將周春竄邑,邑城失守。二十五日,鷄鳴,小南鄉勇戰賊於誥山背,敗。民人管金有等陣亡。日午,大南鄉勇攻賊於熟溪橋,不克,西鄉勇攻破西門,入城隍祠前,不克,生員徐祥、童生徐學禮等陣亡。東鄉勇攻大南門,不克,武生徐志忻及其子武生金鏞陣亡。日晡,小南鄉勇復戰於南湖阪,進熟溪橋,不克,生員徐寶光、職員包恒足、監生湯志鋭等陣亡。是日雨甚，勇用鳥槍，濕不發，故敗。由是各守山隘，曰清溪砦，知縣惠世揚在焉；曰郭洞砦，曰雙坑砦，教諭馮名咸、訓導孔廣心、典史惲愷在焉；曰麻陽砦，協鎮常明、駐防方耀庚在焉；曰白革砦，曰夏川砦，曰王占砦，曰後樹砦。○五月，武生張萬英、民人倪法漢、倪兆富、劉作模御賊於周嶺，戰没。庠生陳常及其子培桐戰賊於泉溪，陣亡。十一日，賊破雙坑外砦，延燒南湖、下徐、溪里、塘塍、頭賀上門、金村二十餘里，坑殺男女二百餘人。○六月十一日，賊掠大明嵒，祝何氏駡賊死。○七月一日賊破嶺下砦，民人徐景春死之。十七日，賊攻郭洞，勇擊却之，斬僞先鋒李得利。二十一日，賊復攻郭洞砦，又擊却之，殺賊數十。我勇何福高出砦追賊，中鉛亡。○賊屢攻王占、清溪、白革、夏川、麻陽，皆不克。麻陽殺賊尤多，武生何丙榮奉知縣惠世揚手書，間道赴省，謁巡撫王有林請兵，張觀察軍自處州入援，且分給諸砦火藥。張軍至石柱街，以省垣警嚴，從浦江赴援，不至邑。○八月，賊破清溪砦、白革砦。○夏川砦踞邑，賊攻其前。踞縉雲，賊從山後破之。庠生李福箕、武生李洪應等率子弟巷戰，没。○九月十五日，麻陽勇擊賊於梅岡，勝之。十一月十三日，踞郡賊、踞邑賊合攻麻陽，擊却之。十二月，麻陽勇邀斬賊於劉隴。

同治元年正月二十四夕雪，麻陽勇攻賊於仁村，斬僞將龔和。二十七日，周春别竄。二十八日，周明才竄邑。○二月十日賊破麻陽砦，鄭秉柏、秉龍、上豐、茂海、上闊、文通、銀四、開安、王彩廷、志高、志田、萬餘、金發、應彩、大梅、銀發、福應、廖財忠巷戰，没。十四日，賊破郭洞砦，遂破雙坑内砦。○三月十六日僞輔王賊隊自麗水掠邑南，轉西出，北竄郡。○六月，花旗賊掠西，轉南出，北竄郡。○秋，處州克復。軍門林文察統臺灣勇紮處州、麗水庫頭，諸生吴賓笙、職員何起鳳、監生賀金門赴營請兵，兵至李村破竹園，賊急攻，官軍失利，李村破竹園被焚。○後樹勇擊擒賊酋，赴林軍門獻捷。〇十一月十八日,賊搗營,我兵佯退,賊進隘。天大霧,都閫府白瑛横擊賊,都閫府林志忠繞賊後,都閫府賴安邦迎擊賊,大敗,斬首級千,獲器械無算。

二年正月十三日,賊遁,軍門林文察收復邑城。

光緒五年冬,五峒坑齋匪謀亂。十月十二日,湯溪知縣趙煦搗其穴,匪酉匿邑茶曹,知縣徐樾、駐防顧龍旂十四日星馳入茶曹,獲之,解省垣,齋匪平。

武川備考卷十二

雜　事　考

雜事

阮將軍孚喪明，求醫不效。忽有一异僧來醫，出己目入其目穴，而將軍之目如舊，僧惟一目，號獨眼龍。將軍謝以厚禮，辭曰："願求一袈裟地棲身足矣。"許之。僧以袈裟一撒，盡明招之所有。將軍遂舍宅爲寺，即今之智覺寺也。《嘉慶志》

阮遥集葬婺山，山旁皆阮也。彼非賢者之裔胄耶？《水心文鈔》卷八《長潭王氏墓志銘》

唐天寳末，邑人武義主簿沈朝家養母鵝一，因育卵，腸出，乃自驚鳴，鼓翅竄於波渚之隅，其長雛悲叫屢絶。家人飼之水穀，不復飲啄。及母鵝死，雛仰天號切，遂取倉舍下敗薦以覆其母，銜庭砌間芻草列於母所，若人之祭奠，長吁數聲而死。沈氏家人因作二函，薶於山中，土人呼爲孝鵝冢。鄭元慶《石柱記箋釋》引《太平寰宇記》○按，所云"邑人"乃德清縣人。

徐廷實《巡官説》：乾符中武義縣有人入山葬子，掘地二尺來，忽陷丈餘，深數尺，收得秫百斛，莫知其由。將醖酒，其味濃厚。于逖《聞奇録》

朱晦翁過婺州，嘗游武義王臣家，書其壁云："脱凡近以游高明，勿爲嬰兒之態，而有大人之志。勿爲終身之謀，而有天下之慮。

不求人知而求天知，不求同俗而求同理。”又扁“三槐堂”贈之，至今墨迹宛然壁間。《金華雜識》

淳熙六年，南康郡守朱侯熹得白鹿書院廢址，屬軍教授楊君大法、星子令王君仲傑董其事，《東萊集·白鹿洞書院記》。重建書院於其地，明年三月訖功。王懋竑《朱子年譜》

朱子《巡歷婺衢救荒事件狀》云：臣昨按視紹興府嵊縣、諸暨縣，已具事目奏聞訖。續於正月十一日入婺州浦江縣界，歷義烏、金華、武義縣，由蘭溪縣界入衢州、龍游、西安、常山、開化、江山縣，今有合奏聞事，謹具下項。〇一、婺州諸邑，蘭溪水旱相仍，被灾最甚。金華次之，而境内馬海、白沙一帶爲尤甚。其他又次之，惟永康一縣爲稍輕。大概[1]通計，比之紹興諸邑，事體殊不侔，然諸縣措置不無乖謬。以臣所見，武義坊郭已有饑民，而訪聞蘭溪、金華山谷之間，流殍已衆。幸今守臣錢佃頗能究心料理，專委通判一員往來檢察，請到鄉官五員日夕商議，計當不至大段闕敗。臣尚恐其所有錢米不足支用，已於昨蒙聖恩所賜錢内取撥台州、處州義倉米錢五萬貫，應副本州糴米糶濟，伏乞睿照。《朱子文集》

淳熙九年壬寅朱子年五十三歲，春正月，巡歷紹興府屬縣婺州、衢州，哭東萊吕公墓。〇文集《題伯恭所抹荆公日録》云：“淳熙壬寅正月十七日，來哭伯恭之墓，而叔度出此編視予，感嘆之餘，爲書其左。”王懋竑《朱子年譜》

吕東萊紹興三十二年壬午九月二十六日葬韓夫人按，成公元配。於武義明招山。乾道三年丁亥正月二十三日葬夫人曾氏按，成公母。於明招山。五月復歸明招，冬在明招，學子有來講習者。四年戊子秋，自明招歸城。七年辛卯六月十七日，葬韓夫人按，成公繼室。於明招。八年壬辰十一月，葬倉部按，成公父。於明招。淳熙元

[1] “概”字原脱，據《晦庵先生朱文公集》補。

年甲午三月，如明招。二年乙未春，在明招。七月，自明招如武義之上楠會葬，因游劉氏山園，有《緑映亭》諸詩。八月一日，復歸明招，閲《通鑑》，有摽抹本，學子多來講習者。閏九月五日，還城。三年丙申十月二十六日，由明招歸。六年己亥九月十五日，葬芮氏按，成公繼室。於明招。《吕東萊年譜》

某入山之二月即還，過金柱，山水清峻，晦明百變，勢須且爲旬日留也。○某度更須在金柱山一二旬，蓋耳目清净，林泉幽邃，士人亦少，不過劉畏之輩在三數里外，共只有三四人也。○某到山間近十日，初欲游歷近村，而窗明几净，閲《通鑑》頗有緒，遂兀坐不復出户也。《東萊集·答潘叔度書》

漢陽學先時江暴漲，南湖不泄，洄洑停積，摧剥墊壞。知軍事吴興皇甫焕築而隆之，盡撤舊屋，更起新宫。既成而堂廡巖崇，百楹相扶，牆甃外周，赤白炳明。侯使請記於余，於是東平鞏豐實爲學官。夫以鞏君之博敏達於教，皇甫侯之聰明辨於政，爲是役也，不徒示人以材力之所能至而已。使其考正古今之俗因，野夫貧女之常性，而興其俊秀豪傑之思，一其趣向，而厚其師友，蓄其聞知，廣其倫類，極夫先王道德之正，文獻淵源之遠，而一歸於性命之粹，其視成周之士，庶幾乎？何必爲楚人之材也？《水心文鈔》卷一《漢陽新學記》

自隆興以來，以詩名林謙之、范至能、陸務觀、尤延之、蕭東夫，近時後進有張鎡功父、趙蕃昌父、劉翰武子、黄景説巖老、徐似道淵子、項安世平甫、鞏豐仲至、姜夔堯章、徐賀恭仲、汪經仲權。《詩益嘉言》引《楊誠齋品藻中興以來諸賢詩》。

胡紘以高科求進不得怨忠定，鞏栗齋亦以舍選前列訴京鏜。京對之無异忠定，而栗齋極嘆鏜之言是，反自引咎，毫無怨尤。黄南雷《宋元學案》全祖望補

温州之社稷，某自童年見其壇陛頽缺，旁無四墉，敝屋三楹，飲

博嬉游聚焉。祭且至，徐薙茀蔓草，燔燎甫畢，已叢生過舊矣。嘉定四年，守楊簡始加甓土上，於是灌莽尤盛，剌壯城卒專修平之。十年，守鞏嶸伉其大門，改造齋房，築牆百五十堵，具凡佩服器用之須。楊公謂："守莫先於社稷。"鞏公曰："吾寢處漏不補，它游觀無用也。"二公知以義導其民矣。《水心文鈔·温州社稷記》

鞏嶸字仲問，梓材案，水心爲仲至墓志云"季氏仲同"。栗齋弟也。淳熙二年進士，累官至太學博士、大理寺丞，上書言兵端不可開，忤宰相，出知嚴州。陛辭，力言外攘當先内脩，已而直秘閣，歷遷司封郎中，奉祠致仕。先生静正博夷，居官未嘗澤辭色、貫聲光以媒進，而儒術吏治，所至皆有聲，詳見洪平齋《墓志》，所著有《厚齋集》八十卷。先生之母楊氏通《毛詩》、《論語》、《孝經》大義，故自長子峴而下，皆知師東萊，傳正學，有聞於時。惟峴失其事，而不别爲之傳。全祖望《宋元學案補》〇梓材按，《水心文集·楊夫人墓表》云：嫁東平鞏法，鞏君死，夫人年二十六。子長曰豐，三歲，幼嶸也始生。楊止二子，所謂長子峴，豈即栗齋之改名耶？又謂峴失其事何也？疑楊夫人爲鞏君繼室，長子峴當是前夫人之子，故不之數耳。〇德潤按，峴爲采若公中子。采若公諱湘，山堂先生長子，栗齋先生伯父也。峴與栗齋從父昆弟，法公無繼室，楊夫人乃元配，謂峴爲前夫人子，楊夫人爲鞏君繼室，均誤。

鞏嶸，孝宗朝提點坑冶，定鑄額十五萬。凌迪知《萬姓統譜》

倫魁省元同郡，自昔以爲盛事。紹熙癸丑，省元徐邦憲、狀元陳亮皆婺人。《癸辛雜識》

葉之燧。淳熙十六年，之燧母一夕夢司馬温公以竹帚擲於屋上，其父舜臣翼日告於館賓義烏吴大年曰："是何祥也？"吴沉吟良久，曰："吾得之矣。帚，束竹爲之，於文爲策。今歲科場，策問必温公脩史事，况在屋上，升高之兆也。子弟中當有因策見取者。"及策士，果問温公《通鑑》去取事，凡十餘處，通場但摘一二以對，獨之燧一一盡答。主司得之大喜，遂置選中。《嘉慶志》，下同。

徐煥。嘉定十三年赴省試畢，聞臨安有賴直方者易占甚驗，因往叩之。賴言："若問試，必中選，其繇云：'回首草頭並木下，欣然抖擻度南宫。'"徐不悟，復以問，賴云："我亦不自知，想是得選者之姓名。"徐詳思曰："草頭木下，得非葉乎？"未幾，省試，别院先揭榜，葉之燧爲第一人。是年邑之登科者，惟之燧與煥。

鄭噩字仲酉，温州平陽人，中進士第，爲武義縣丞。余憶昔識君於武義，武義，小邑，沙溆井落，盡目前也。君旦出治事，不過食頃，輒閑静終日。余一夕宿茭道厩，夜参半，回風飛雪，瞢瞢就寢。忽有列炬，聲稍譁，啓門，則君自縣走視余，相對焭然，俄曰："被郡檄，明當至某處。"復揖歸其舍，雪益急，比曉没井幹矣。《水心文鈔·鄭仲酉墓志》

徐璹字全夫，疏俊不事事。少年登科，晚益流落，終於武義縣主簿。嘗寓婺州清漣寺，醉中走筆題詩寺壁曰："驚雷殷殷南山曲，一夜山前春雨足。美人睡起怯餘寒，衣褪香消紅減玉。朝雲靄靄弄晴態，野柳狂花無管束。東風也自足春情，吹破兩溪烟水緑。"《泊宅編》

婺州武義縣了蒙爲一邑僧首，誦經精專，不飲酒食肉，邑人欲薦福追遠者，不問數十里，必屬蒙僧首□。坐是不勝應接，獨力不可給，至虚受人施者反多於所誦。既死十年，同縣人徐師死而復生，云：過陰府廊廡間，見蒙在大鐵栅中，四面熾炭，五層烈焰，洞然不可前近。蒙手捧經立，見徐大驚，問知當還，懇祝云：俾告弟子竭貲橐請僧多誦經，爲己償債，且言在栅九年矣。初入時有炭九層，每填經及一分，則去其一，今尚餘五也。徐又見其側有坑穽，四囚居中，一鬼卒執長帚蘸染糞穢，塗其首面身體，因問蒙。蒙曰：此事魔，不祀祖先者。他所見甚多，徐不能記耳。《夷堅志·戊集》

老檀一株，在石倉嶺之旁，其大合抱，高十餘丈，年豐則發葉早，歉則發葉遲。農人以此占候，多驗。《萬曆志》

李清照，衢州趙明誠妻，山東李格非女也。以詞畫著名，嘗避亂於邑之陳氏家，有《打馬圖譜》存焉。《嘉慶志》，下同。

王英，正德三年大旱，衆人徬徨，英甚憫焉。乃齋戒築壇，出指血書章上天，祈以身代。俄而雷霆交作，大雨如注，英俯伏受命，竟爲大雨淹死。衆以其捨生救人，登墓而哭者殆數千云。

王鉞，宿遷主簿，以治河功陞經歷。初鉞父某司庫，代人賠償官銀若干，後鉞治河時掘地得沉舟銀如其數，他物倍之，人以爲陰報云。

萬曆十七年旱，縣令陳大烈齋沐，至三潭迎龍。須臾雲起潭中，龍見其爪，得一物如綫，俗謂之綫龍。貯瓶中舁歸，中途甘霖，時六月七日也。又鄉民取得蛇龍一貯瓶中，過周氏家，謀奪之，碎其瓶，蛇龍蜒出，不可得，是夕大雨雹，飛瓦拔木，五六里内禾盡仆。

兵部尚書許敬庵至碧山居，與韓先生光濟留坐月餘，贈詩二首："有客入山來，相對只默坐。白雲山上飛，流水山下過。""窗外竹青青，窗前人獨坐。究竟竹與人，原來無兩箇。"《韓譜》

王生言必稱古聖賢，或迂之，答曰："聖賢豈天上人做，以其能盡吾人道理耳。人若盡得一分道理，便是一分聖賢。事事盡道理，便是事事聖賢。苟畏聖賢而不爲，難道便做没道理人耶?"《正氣編》

王世能乞代兄死狀：告狀人王世能，告爲代死全屍事。自恨年幼愚蠢，不能報仇，得罪天地，死有餘辜。有兄生員王世名，仗義復仇，首縣投死無悔。公論在人，尚且感激，手足兄弟，豈不傷心?兄既肯死，敢獨偷生? 况母聞兄祭别赴死，病卧不食。苦嫂痛夫哀哭，朝夕不安。世能願代兄死，刻即典刑，告乞原情，懇賜替死，免兄自盡。母命庶得保全，父屍不致殘毁，嫂姪不致痛喪，生者銜恩，死者感德，情極哀告。同上

分守金衢嚴道、右參政張爲表揚節義事：看得該縣已故生員

王世名死父、俞氏死夫，慷慨激烈，使人聞之泪下。念王生夫婦既已建祠旌表，光垂萬禩矣。顧其母徐氏亦奇婦也，教子入泮，爲子娶婦，以母兼父之任，而復仇大義實於家庭隱微中與其子相戒勉，機密不洩，以成其子之志，而瞑其夫之目於地下，豈不難乎？子婦既死之後，所遺一孫，非氏善於保護，其不爲讎家所陷者鮮矣。而歷艱閲苦，卒使成立，是又以一身爲子婦肩父母之任，豈不尤難乎？二十餘年以來，未有闡發，殊爲闕典，合行表异。爲此仰縣官吏即支堪動官銀，制辦扁額一座，上書義節大字，旁列本道官銜爲王孝子母徐氏立。仍支備用銀四兩，遣教官錢夢松代送致敬，如本道之親拜於堂上也，完日取領具由繳查。萬曆二十九年月日。《孝烈集》

順治十二年、十三年，水旱荒饑，知縣梁遂《詳請蠲糧文》曰：武義巖城斗邑，土瘠民貧，頻年水旱，苦不聊生，固已萇楚之歌盈衢，羵羊之歌載道矣。然餬口尚可苟延歲月，維正猶可勉應輸將，未有奇荒异灾餓莩遍野如今日之甚者。蓋自去年大旱，山川滌滌，顆粒無收，九月繁霜殺盡菽蕎，百姓嗸嗸，無所復計，既不免於死亡之懼矣。不意秋冬之間，鄰寇竊發，饑民嘯聚爲盜，草野絶鷄犬之聲，廬舍成狐兔之窟。官兵來而賊去，官兵去而賊復來，出没無常，飄若風雨。職晝夜登陴，與民死守，募勇敢以振軍威，設銃礮以資勦御，造木城以堅防守，置兵械以備敵愾。半載瘏瘁，餐風卧霜，仰惟國家之福，孤城保全無恙。職復推廣憲慈，開誠布公，遍示招撫，寇孽漸次投誠，地方可冀寧謐矣。然始而民窮爲盜，既苦於半菽之不飽，今則盜歸爲民，仍苦於枵腹之待斃。當此之時，十室十空，始猶啖糠以充饑，今則並無糠可啖矣；始猶茹草以代食，今則有草不能茹矣。顑頷難支，道殣相望。職忝司民牧，疾首痛心，見雖捐俸煮粥，深嗟術詘點金。即請開倉賑貸，亦同滄海一滴。當此萬分危急之秋，即極力撫字，尚難保全，何堪催解錢糧之檄紛如驟雨，急如迅雷耶？職殫力催科，多方勸諭，無奈鳩形鵠面之衆涕泣求[1]蠲；剜肉醫瘡之餘，誅求莫應，即欲嚴加追比，而皮[2]毛已盡，敲撲安施？且恐不肯坐而待斃，或梃而走險，聊避追呼，則南山之南北山之北將不可復問矣。究之，民逃而田荒，田荒則賦無所出，必欲取盈於一時，無由竭澤於將來，雖甘受參罰，復何益耶？故爲今日計，與其嚴徵而驅民爲盜，日後徵兵請餉又將費無限之金錢，孰若緩徵而息盜安民，使之得延殘喘，可以銷無窮之隱禍。武雖小邑，上通温處，下達嚴杭，山阜河流，接連數郡，一有伏莽，埶必燎原，早賜安撫，可望寧貼。伏乞憲臺爲民請命，立賜特題蠲盡本年額賦，一面發帑賑饑，庶老弱不至盡填溝壑，遺民不使相率流亡。他年生聚，猶是朝廷赤子；此日培養，孰非國家本根。非不知軍興旁午，糧餉急若燃眉，職懔遵功令，何敢妄請蠲免？但蠲則無賦猶有民，不蠲則無民終亦無賦，民命存亡，關於蠲不蠲之間。伏惟破格俯如所請，武民幸甚，職幸甚。《嘉慶志》

戴元禮，金華人。學於丹溪朱彦脩，仕御醫，拜太醫院使。工賓者吴中高士，願受元禮方。元禮索賓拜："師事我，我與方。"賓不肯。一日，詣元禮，值他出，有書八册案上，賓袖去。元禮歸，驚嘆自失。賓不娶，臨終以其書授盛啓東、韓叔暘。鄭曉《今言》

錢來泰，閩之晋江人，崇禎間舉人，鼎革後來寓於邑南泉溪。聞有佳山水，輒躡屩往游，興到繫以詩，旋毁其草。邑人徐學銘等六人從之學，俱以明經顯。及卒，共爲之營葬，且置田若干畝，至今歲時祀焉。《嘉慶志》，下同。

項世榮，幼時母患疾，朝夕悲號，寢食爲廢，母愈乃已。比弱冠，有里人醉墜橋下死，其族之黠者夜移屍於榮門，誣榮父毆死，欲

① 原文挖去，據《武川文鈔》補。
② 原文挖去，據《武川文鈔》補。

因以射利。榮父鳴之官，不能遽白，反及於理。榮泣曰："父被誣而子不克暴於當道，胡以子爲？"因詣郡號冤，請以身代。郡守陳公嘉其孝，命歸待理。後聞黠者謀易以他屍，榮立守棺旁，自昏達旦幾月餘，郡守廉得其情，遂罪黠者，榮父藉以無害云。

徐廷餘，明季以資補甌寧巡檢，因母老，恐違色養，不赴。順治丙戌，大兵攻婺，城破。有吴興明經屠某者，任湯溪、廣文，尋委署金華司訓，全家遇害，止一弱息某氏，美姿容，營兵掠去。徐以重貲購贖爲妾，入門哀號宛轉，悲不自勝。徐詢其由，惻然不忍犯，呼其叔完之，不取其直。《石城徐譜》，朱爾殿《爲徐廷餘壽序》。

徐宗卿配邵氏，姑劇病，百計不瘵，私念俗有割股救親之事，謀之叔婦湯。藏利刃於衣裾中，夜静焚香禱告，各刲股肉爲羹，啖之疾頓愈。《石城徐譜》，朱若功《爲徐舅母邵孺人壽序》。

邑庠生徐亮功配湯氏，順治戊戌，姑病劇，籲天割股。艱於子，脱簪珥置妾，晚舉一子，恩養備至。《石城徐譜》，朱若功《爲徐舅母湯孺人壽序》。

順治三年，湯廷試六旬耆儒，不忍薙髮，弟廷選首於縣，張公曰："兄自鄉歸，方薙未晚，爾胡訐之乎？以弟訐兄，如天倫何？"扑責四十。《果齋筆記》，下同。

順治十六年，王師入閩，取夫萬餘。八邑分派，吾邑前明與永康告三院，武義代永康剗船錢糧，其夫馬永康支應，不擾武義。三月一日同庠友十四人控告畢，道臺準免，申詳部院，仍照先朝舊例。

康熙三十四年十一月，李登將赴公車，因至武義候别房主，寓武法雲寺，夜半忽聞東厢宣傳邀請，見火炬森列，一金冠朱衣拱登曰："稍坐。"俄而鬼卒牽三犯至，一是制牛油者，一是造牛油燭者，一是點牛油燭者。神曰："草木脂膏盡充燃炤，如是造孽，穢觸三光，過往神祇無不含怒，火焚不足蔽其辜。今依新律，各懲一以儆衆。制者永入黑暗地獄；造者投牛胎，未生而死，不見三光者三次；

點者瞽目。”立時處分訖，起謂登曰：“幸遇此，君其廣爲勸戒。”登尚欲細問，空中忽大響亮，張目，紅光猶繞室，似夢未夢而寤。《徵信録》

康熙五十年，武多虎患，邑進士朱若功以文告於城隍，越日虎果就擒。《嘉慶志》

武義朱學齋先生，名若功，字日定。果齋師外舅也。嘗與師書云：“獨行不愧影，獨枕不愧衾。從此處着實做過，方可窮可達，可進可退。”永康應正禄《課餘録》

朱學齋先生云：文無好惡，總在實學耳。理則取之五經、程朱，氣則取之秦漢韓蘇，尤在做法明道、希文，自然可法可傳。彼描頭畫角以規取一第者陋矣。同上

武陽徐訒堂先生《訒堂箴》云：“求仁之方，其言也訒。鮮矣巧言，木訥則近。爲之實難，不怍有吝。出好興戎，惟口爲政。白圭可磨，玷言敗行。躁人紛嚚，吉人淡定。成德未能，恂恂時廑。先行後從，敢以辭勝。慎言寡尤，守玆典訓。無易由言，心存理順。”此箴發明謹言意甚周密。同上

顧二賢婦。顧文敬先聘鄭氏女，既奠雁，鄭父坐法謫戍，母早卒，祗餘小弱弟。父臨行，女涕泣跽告曰：“兒雖許字顧門，今父遠去，家無傍親，願且留撫弟。”閲數載，婿家使人關説再四，乃謀以己匳貲，聘邑人女王氏先侍巾櫛，俟弟成立，再尋前盟。顧知不可奪，勉徇其情。積十餘稔，父遇赦抵家，婿乃備禮迎歸。王已舉二子，入門，王以鄭先委禽，謙不敢當夕。鄭善待之，凡盥櫛滫瀡織紃賓饋，一切閨幃事宜，動息必偕，未嘗少有違言。既而王先卒，鄭有一子，撫王遺息如己子。《嘉慶志》

顧永寧嘗蓄一狗自隨，英鷙殊絶，俯仰皆如主人意。一日公往倉，忘匙鑰，去城六七里許，戲嗾狗還取。狗點頭馳歸，惟目懸鑰所，曲踴仰嘷。主母悟，擲與之，輒銜鑰疾走，少選至。至，衆共稱

异,益寵愛之。公同懷弟某病風,静夜入公卧室,叩門急。狗就榻側齁,伺公起,弭耳俯伏,作摇尾乞憐狀,吠響常在喉間。公不省,走啓户,狗從褌囊下鑽越立起,某持刃刺入狗胸不得出,公驚逸,免於難。當日具柙以窆,其後購田祀焉。至今人以狗田名之。《闇然齋偶拈》

太保,不知何時人,姓張氏,行三,世居邑城東。殁而祀於東嶽宫之西楹,故俗稱爲張三太保。其生平邑乘不載,間嘗問諸父老所傳,太保生有夙骨,居家不事畜産業,治漆器爲生。性好善,得錢鈔輒作布施。一日貿器至山間,迷失道,遇有老者,啖以棗栗,贈辫麥一升。時日方晡,亟令囊歸。中途見有群鴨索食,遂擲所携麥飼之。及至家,井里俱已變遷,故人無一存者。視所餘麥,盡變爲金。邑人咸來問訊,悵然者久之。驀見磨石一片,乃其家故物也,遂抱之大笑,而蟬脱於廟之楹間。時人以爲太保仙去也,爰塑其像而祀之。或以東嶽行宫實爲張氏所舍舊址,故祀之。像原在廟内西楹,後建兩廊十殿,衆議遷祀太保於東廊,卜之,筶立者三,既而悟太保乃地主也。卜西廊得吉,因附於末座云。周尹珅《張三太保傳略》

天齊宫在縣東一里,明萬曆前廟改爲東萊祠,東岳像在祠後,仍與本宫道士住持。《府志》

城西壺山寺旁皆冢墓,某年寺僧大參築圍牆,發砌築,骸骨暴露,邑善士徐時彩數與大參往還,見之愀然曰:“佛法慈悲,何忍心乃爾?”越數日,方睡,若有數人如隸役者,呼之去,行黑暗中,步甚窘。忽有携燈者來,隸窺其無姓字,篡取之。移時到一處,似本邑城隍司。神端坐殿上,傳呼某名,則大參已先在。神問曰:“某日某事,果如此乎?”徐諾之。殿上呼曰:“案定矣。”一牌示某,仰見之則“延壽一紀”四字也。回視寺僧,已押赴地獄。醒爲家人言之,訪大參,先一夕死矣。徐果享壽。今鄉邑群立掩骼會,又人死火化,一燈必書姓字,皆由此始。《嘉慶志》,下同。

城隍廟右有大樟樹一株，榱榱陰翳，數百年物也，俗傳爲城隍司鬼獄在焉。本係徐姓己産，家中落，遂出拚徽客。議價已定，斫伐有日矣。前數夜，詘詘譆譆，叫社嘯梁，聲聞數十家。武舉顧文虎心知爲老樟故，輸徐姓錢一十六貫，拚作神木，永不砍伐，並具呈於縣主黄立案，其夜嘷聲遂息。時在乾隆五十七年六月。

嘉慶五年六月二十三日，蛟發，淹没廬舍人畜無算。縣北某傭工者在山隈撈取財物，拯一女子，年二十許，奄奄一息。覆之以衣，及女蘇曰："所以爲女子，遠丈夫也。敢受君衣以求生乎？"復入水以殁。

彭文勤視學浙省，試金華。凡九學同場，將命題，一教職偶稟他事，語雜仲四先生。公問何人，曰武義歲貢，設帳郡齋者。遂連書九題，一爲武王是也，二爲義然後取，三爲歲不我與，四爲進不隱賢，五爲士志於道，六爲仲尼之徒，七爲四體不勤，八爲先行其言，九爲生之者衆。合之爲"武義歲進士仲四先生"九字也。童生初場，題亦分出四仲字，一爲微仲，二爲虞仲，三爲管仲，四爲牧仲。及次場，各教職耳語曰："今日恐不能更切仲四矣。"公微聞之，即書四題，一爲太王，二爲尊賢，三爲西子，四爲席也，仍補足前日"設帳郡齋"之語。覆試題，則仲壬四年也。後仲四聞之，謂太守曰："宗師前後試題勝於爲我作傳也。"梁章鉅《制義叢話》

周尹，字肅摯，素精堪輿。乾隆十九年九月九日，卜地於邑南鄙黄杜，掘土六尺許，得磁匣一，中函甎一方，鎸十六字，云："莫開莫開，福人未來。五百年後，阡者書臺。"旁刻圖章，篆曰"青雲貴客"。《周譜》

龍宫洞主廟祈夢甚夥，武義項秉謙嘗齋宿焉。夢膽瓶插萱花六枝，覺而言之，其友顧倬櫄曰："萱，宣也。瓶，平也。六年秩滿，君其司鐸是邑乎？"項年少氣盛，意勿屑也。後顧以孝廉捷南宫，而項以拔貢爲宣平教官，竟如先兆。《宣平志》

楚軍刑審周灝孫題孝子祠壁云:"鸞嶺嶽嶽,孝子是育。六載忍仇,卒殲圯族。撫棺長辭,崩城一哭。千古杯酒,君飲最酷。當其笑談,視賊如肉。羊塘澄清,烈婦斯生。三年仰俯,事畢殉身。咸豐戊午,粵賊寇武。秋八月,余從大軍復武邑,進剿宣平,道經孝里,因謁孝祠,率題鄙句,庸志景仰。師行有程,笳鼓競催,不及終篇爲恨。"《孝烈編》,下同。

同治乙丑,邑令陳光暐鄉徵至孝里,瞻綽楔,下車步詣孝子祠,整衣下拜,召守祠生玉汝贈以金,約公暇謁孝子墓,訪報仇處,未幾卒於官,不果。

葉李清妻項氏,年十九于歸,二十三歲夫亡。舅姑慮其年少家貧,風令改適。項矢志靡佗,貧苦二十年。咸豐辛酉,粵寇陷邑,舅姑歿於山,項窘甚,往母家,距城七里,賊突至。項懼辱,赴水死。時同治壬戌八月二十四日也。《草馬湖葉譜》〇按,查《忠義録》無葉項氏事,因坿於雜考。

吟花館詩鈔

〔清〕何德潤等　撰

陳玉蘭　校點

校點説明

陳玉蘭

《吟花館詩鈔》七卷，係何德潤彙編自己及傅良弼、江芳、郭鑾、徐家驥、郭祖汾、胡心瑗七人作品而成，民國十一年由胡心瑗刊行。

該集爲清光緒年間吟花詩社成員作品選集。詩社由何德潤倡率，參與唱酬者多以花事爲雅號，人員衆多，"吟花七子"爲其核心。"七子"除何德潤外，餘六子分别爲：傅良弼，字商岩，號隱花山人，係由紹興占籍武義者，諸生，工書，善寫蘭，有《隱花山館詩草》；江芳，字芷馨，家有"筆花堂"，爲吟花館主人，金華人，庠生；郭鑾，字子琳，號護花侍者，金華人，寓居武川，監生；徐家驥，字子良，號品花閑人，武義大樹下人，諸生，有《古藤山房詩草》《柯亭雜録》，與何德潤爲兒女親家；郭祖汾，字纘元，蘭溪人，庠生；胡炳，又名胡瑗，字心瑗，又字莘園，安徽歙縣人，監生，曾旅居武川，後遷居蘇州拙政園，爲何德潤侄女婿。七子"所居各不同，而志趣則同"（陸潤庠序），其人"弱冠青衿，雲霞結契；中年黄卷，風雨談心"（羅嘉稱序），每以"花晨月夕"雅集江芳"吟花館"，飲酒唱酬。此外亦不拘時地，以五彩夢筆，"笑挹拈花之巧，簡流掞藻之輝。館歷星霜，詞雕歲月。或搜碑摹篆，辨赤文緑字之奇；或臨水登山，翻紫韵紅腔之曲。或花晨月夕，掉臂聯吟；或客路仙舟，拈髭索字。以致西泠金粉，寫入奚囊；東海銀潮，收來吟篋"（羅嘉稱序）。該《詩鈔》選"吟花七子"詩，人各一卷，面目各具，題材多樣，諸體皆備，斐然可觀，亦不僅花月聯吟而已，可謂武川晚近社會人文之表徵，也是近代江南民間知識界文化生態的典型標本。

該集有光緒十二年（1886）夏湯佶昭序，光緒十四年（1888）暮春羅嘉穡序，同年仲夏陸潤庠序，同年初秋俞樾序，可見《吟花館詩鈔》于光緒十二年即有成稿。然此後隨着詩社活動之繼續，所選亦有增益。胡心瑗於民國十一年將詩鈔舊稿在蘇州付刊時，其餘六子早已物故，回首前塵，恍如隔世，遂補入自己遷居蘇州後所作，又綴以新作，感慨係之。

該集上海圖書館有藏本，黃靈庚、陶誠華主編《重修金華叢書》據以影印，兹據以點校。

序

俞　樾

國朝陳錫路《黄嬭餘話》載七人聯句詩，記其後，并列一圖，圖中王古直、徐栗夫南面坐，陳一夔、王存敬北面坐，侯公繩左邊側坐，趙栗夫右邊側坐，楊君謙爲主人，坐侯公繩下。此七人者，不特其詩傳，其事傳，一展卷而當日情景儼然在目，洵藝林佳話也。然其詩止《夜雨詩》二十一韵耳。今年秋，何芰亭明經以《吟花館詩鈔》見示，則作者共七人。芰亭而外，傅商巖、江芷馨、郭子琳、徐子良、郭纘元、胡莘園也。其數與七人聯句詩同。彼七人中有兩王子，此七人中有兩郭君，七人而六姓，前後符合，尤爲大奇。然彼止一詩，此則人各一卷，古詩、律詩無體不具，極倡妍酬麗之樂。以今視昔，遠過之矣。使有善畫者即吟花館風景播之丹青，而貌此七人者行歌坐嘯於其間，千載下視之，當何如欣慕耶！然其詩傳，則其人其事不必畫而亦傳。昌黎公不云乎：畫與不畫固不論也。

光緒戊子初秋曲園俞樾書

序

陸潤庠

自建安才人有七子之目，而後之以七子名者衆矣。至明而有前七子、後七子，以及閩中七子。其詩體之遞變，亦若與時局爲轉移。品雖异，趣則同也。我朝吴中詩人王鳳喈、吴企魯結詩社，亦謂之七子，其詩足與古人敵，沈碻士先生選而序之。余不知詩，而喜讀人詩，每朋輩以詩稿來餉余者，恒摘其佳篇藏篋衍以爲常。今衡之姚君以《吟花館詩鈔》見示，則爲何、傅、二郭、江、徐、胡七子之作。何君登拔萃科，餘皆諸生，有聲横舍者。七子所居各不同，而志趣則同，且年俱壯盛，异日所造未可量，此册烏足以盡七子？而三復其詩，名作絡繹，已不必接其標格而知爲不羈才矣。倘由是而進焉，無論近代，即幾及建安何難乎！讀竟，既摘其佳句録存之，因跋數語於後。

光緒戊子仲夏元和陸潤庠并書

序

羅嘉稱

夫八伯陳詩，薰殿上《卿雲》之頌；九重入夢，梁園取賦月之章。故天籟發而宫商叶其和，樂音調而金石鳴其鬱。類無不江山有助，慨張説之凄凉；悱惻爲懷，抒屈原之憂思也。然而方干身後，尚冀榮名；張翰生前，漫容縱酒。悵知交零落，難通夢裏之魂；發思古幽情，誰定表中之字？所由《玉臺新咏》，索士安以題詞；貴胄阿王，托仲卿而作序與！

則有吟花館何芰亭諸君者，弱冠青衿，雲霞結契；中年黄卷，風雨談心。七子登壇，五采夢筆，笑挹拈花之巧，簡流掞藻之輝。館歷星霜，詞雕歲月。或搜碑摹篆，辨赤文緑字之奇；或臨水登山，翻紫韵紅腔之曲。或花晨月夕，掉臂聯吟；或客路仙舟，拈髭索字。以致西泠金粉，寫入奚囊；東海銀潮，收來吟篋。織就天孫之錦，色色俱佳；步推子建之才，絲絲入扣。闢嚴、徐之逸響，窺崔、蔡之雄深。莫不同聽擊鉢，分走吟箋焉耳。且夫曲高者寡和，德孤者擇鄰。越府論才，潘滔最著；高齋選士，孝綽先圖。會蘭亭者廿餘人，修禊冠右軍之筆；撰《倣言》者六十士，横經課子夏之徒。畫壁則唱賭涣之，驚筵則辯雄焦遂。均屬拔劍斫地，珥筆參天。奚待定延之之優劣，藉重昭言；判公幹之低昂，知入孔室哉？嗟乎！名士牢騷，賢才淪落。傭書失所，輒嘆梁鴻；痛哭窮途，孰憐阮籍。雖説樂天詩妙，李棄緘封；縱教扆載才高，穀嫌命薄。然劍遇風胡而顯，玉逢卞和而光。劉勰爲文，强休文之重讀；孫綽作賦，假榮期以交推。

徐穉至則榻下陳蕃，雕武來則宅留元則。豈終才華見没，嗤崔瞻之風流；賞識難逢，求青琴於海畔哉？

僕幼習芸窗，采芹在泮。名虚桂籍，投筆從戎。適萬里則篇賦同袍，經百戰而勛隆展策。漢州捧檄，笑前度之劉郎；浙水分符，愧新來之潘岳。尚與諸君結香火之因緣，作湖山之跌宕。但少年燭武，猶不如人；况暮歲師丹，恐多忘事。故風雷驟動，證前王籠壁之詩；而日月虚抛，守前輩托孥之諾。怎奈文枯李翰，愁積張衡。六十已過，賢良難膺第一；三疊既唱，霓裳差許無雙。識珠玉於銀箋，收珊瑚於鐵網。未入香山之譜，那知白傅多情；敢邀蓮社之盟，得踐淵明夙約。辱教弁首，增杜老以吟襟；曩接音塵，覓荀君之香席。此日分花贈柳，共成流水之音；他年駟馬高車，再慰題橋之志。

光緒十四年戊子暮春湘鄉稷臣羅嘉爾序於武成縣署

序

湯信昭

何君芰亭來游壽昌，出示《吟花館詩草》。草爲江、胡、徐、傅、二郭與何君七人之作，古近各體，斐然可觀。諸君皆正攻舉業，乃旁及雜作，發爲咏歌，何其嗜學也！昔唐以詩取士，自天子至於庶人，無不能詩者。故唐詩最昌，其後亦有作者，而代不多人。非人才之不逮也，其專心致志者別有在也。夫詩只文字之一端，然非三折肱、十日思，不能悠然有得。且不觀摩古人各集，涉獵子史諸書，不能吐屬風雅，運筆自如。如漁洋之愛好，竹垞之貪多，雖蒙好事之譏，然譏之者能勝王、朱否耶？

佶少失學，流轉兵間。迨筮仕後，需次多暇，得與賢士大夫游，頗逐下里巴人之隊，是豈可以言詩？但即景屬辭，抒寫胸臆，尚與筆硯爲緣，較之博奕飲酒，不又賢乎？是故學詩不可不求工，亦不必遽求工。爲之不懈，自有日進無已之趣。質之諸君，其亦相視而笑與。

光緒十二年丙戌夏益陽湯佶昭序於壽昌縣署

吟花館詩鈔卷一

武義何德潤君慎

禹廟迎神送神辭

林菲菲兮水溶溶，橘柚香兮栝柏叢。王之來兮靈宮大，輅元冕兮晬其容。社春兮爟火，紅賽秋兮黍稷豐。村鼓兮鼕鼕，紛恍惚兮王躬，馨明德兮焉窮。右迎神

王之去兮遲遲，馬風兮旌霓。舟龍兮駕螭，奠桂醑兮揚靈旗。醉飽兮何歸，陵寢松柏兮元氣熊羆。簫鼓兮哀思，倀舞兮停麾。祥風習習兮甘雨瀰瀰，福我壽我兮無盡期。右送神

擬　古

烏生八九子，子多不相識。黄口勞母哺，大嘴争母食。欲稱群烏心，終竭老烏血。願兒羽毛豐，飛鳴各自適。反哺雖難期，猶望戢其翼。

青青園中葵，衛足蔽朝曦。太陽雖云烈，不見枯根枝。下有灌溉力，上有雨露滋。刈葵莫傷本，煮豆莫然萁。自來同根生，一氣相繫之。

雜　興

柴門傍流水，稻花香繞屋。飛飛紅蜻蜓，時或歇脩竹。報道行

人歸，童稚逢迎速。大者荷長鑱，手牽小黄犢。小者問字奇，索果返書塾。到家翻如客，家人轉敬肅。鄰翁喜告余，今年歲大熟。

皇天佑昌運，十雨兼五風。東南千里沃，禾黍生芃芃。征徭快健吏，拾穗喜兒童。近來海防棘，捍禦勞元戎。粵南連閩嶠，烽火滄波紅。戰守藉士卒，糗糒由氓農。倘非粟米足，如何軍儲充。不見四五月，鄰境民洶洶。米價偶昂貴，暴客萌山中。秋成幸大熟，内外靖交訌。旨哉杜老句，憂國願年豐。

雜　詩

雨露蕃百昌，而反生荆棘。雷火轟枯枝，樹木何隱慝。善惡刑賞殊，吾欲叩天閾。上天固無言，民彝示物則。善自行所安，惡自不可即。君子求諸己，毋爲果報惑。昔有善走者，窮高忘顛危。探窟驚虎豹，入林搏熊羆。偶然得捷徑，匍匐力趨之。一朝失跬步，蹉跌骨如糜。陟險求崇高，毋乃太愚癡。所以古至人，中道行通逵。車僨無仲尼，舟覆非伯夷。

東鄰有彼姝，雪膚玉不如。偶因采桑出，觀者盈路隅。良媒不見收，贈匳無金珠。西鄰有醜女，蓬垢衣羅襦。委禽一何早，年紀十三餘。女亦無醜好，嫁亦無遲早。富貴艷人情，貧賤何足道。十年貞不字，坐令紅顔老。

飲食與男女，人生大欲存。聖王緣制禮，亦不斷情根。云何矯其正，絶口不許論。退而省其私，却自踰短垣。飾昭偏諱冥，清夜心難捫。靖節千載人，不諱《閑情賦》。人情鬱不宣，天下乃多故。

雜　感

摶雪作古佛，見者欲稽首。忽遇太陽光，究歸無何有。菩薩大神通，能具千眼手。幻相已如斯，况恃冰山久。

西鄰有狂夫，奸慝善狡謀。言行兩不檢，生平積悔尤。一旦稍知悟，命盡歸山曲。君子大改過，遲暮身難續。

逢人呼知己，究竟無一人。不見市道交，矢口稱雷陳。利盡釁隙起，終必咎及身。繁花手自種，誰與歲寒共。青青松不凋，嚴冬彌增重。

名山生靈藥，雲霧繞其巔。采之充服食，凡骨换神仙。惜哉及山半，徒擷衆芳鮮。非不悦耳目，羽化竟何年。求道力貴勇，入道心貴堅。一上又一上，白日飛上天。

晨起看花

晨起了無慮，偶然陟花徑。昨夜急雨過，含苞皆發孕。朝曦隔高峰，殘月挂松磴。萬籟寂不聞，空山一聲磬。惟有花嫋嫋，風摇性自定。清香不媚人，聞者心堪證。持此意區區，欲折向誰贈。

曳　嶺 在處州

青泥何盤盤，中有十八折。一折一换形，疑是鬼神設。漸高脚力疲，氣向胸中結。欲喘不自持，能言皆捫舌。半嶺視衆山，紛然兒孫列。長松老如龍，坐蔭資玩閲。斜陽下木末，群壑互明滅。日暮聽猿啼，林深看虎迹。措足平穩區，乃以免蹉跌。

月　谷 在武義明招山

昔讀水心詩，曾記題月谷。兹遂明招游，永懷古芳躅。是時九月晦，清光閟林木。繁星天高寒，暗水滋蘭菊。五更雲端光，一抹豁炳煜。山曙風飀飀，濤響松謖謖。對此境虛明，更不羡濠濮。人心自有月，靈臺生朏朒。寒水照聖心，方塘波可掬。

玩珠山 在武義明招山

黄帝升天騎髯龍，頷前珠墮懸高空。離朱已老象罔死，無人采捕還天宫。罡風吹下化山石，峙作明招山前峰。群壑蜿蜒争攫拏，戲玩上清璧與琮。夔舞龍飛趨𨓏岃，鸞翔鳳翥撲嵸峹。東萊夫子竭然至，靈珠手握照群蒙。高軒過處紫陽到，文昌寶麗天南東。巽伯建亭於其上，徵詩首及老友豐。爾時天若開境界，騰輝凝采蘭桂叢。雪巘夜光明月白，雲車乘照晨曦紅。講堂謦欬巾箱書，記事都藏石室中。今來數過五百年，圓明無滯玉玲瓏。亭址就荒芳躅在，山輝川媚光熊熊。偶然乘興一登陟，徑寸心源若可通。自笑還珠徒買櫝，經年篆刻皆雕蟲。吟詩自慚投瓦礫，辜負此山主人翁。

宣德盤歌

悟圓禪師贈周景熙者。方四寸許，面刻宣德御製《錦堂春》詞，底款"内用"二字，蟠以雙龍。

有客示我黄金盤，寶光瑟栗璨芒寒。款識猶存宣德字，特鐫内用雙龍蟠。我憶勝朝全盛日，銀甕金根符瑞出。高皇提劍撫金甌，成祖定都輝琫珌。一再傳來皇業昌，昇平天子開明堂。富庶自同漢文景，治安恍睹周成康。幾暇留神制彝器，青銅遠自殊方致。不須承露捧金人，奚容瑪瑙誇頒賜。御筆偶拈《錦堂春》，調鶯戲蝶詞中語詞清新。上方什襲留佳玩，神孫聖子傳無垠。豈知滄桑一朝變，流寇烽火照畿甸。燕京晝閉鐘簴移，孝陵夜哭金盌見。遂令此物落人間，苔痕難蝕土花斑。若使九鼎非重遷，内廷供奉見應艱。

摩挲懷古長嘆息,不惟其器惟其德。君不見,宣銅宣鑪待品評,日新何似湯盤銘。

吞珠行

邑諸生鄭淦女,字宣平諸生俞士渭。俞卒,女誓不更適。媒妁至,泣白其父,拒之。尋得疾,夢俞携其手去。醒,吞珠死,距俞亡百日。時光緒六年六月。

一串珠,繫羅襦,兒雖在室已許夫。珠串一,鮫人泣,兒夫不夭卒夭疾。珠一串,心一綫,天上人間會相見。雙珠落玉盤,盤傾一珠單。珠串猶在手,簌簌雙泪彈。彈珠不禁雙泪垂,吞珠猶是吞泪時。吞而死,誰家子? 氏鄭父秀士。父愛兒,掌上珠。天何如? 命何如? 珠可碎,盟不渝。生未識郎面,夢魂苦昏眩。襴衫頂帽郎,向兒訴所願。俞姓士渭名,家住宣平縣。季子許徐君,墓門挂寶劍。人生投分重一言,南山可移心不變。金童携手玉女昇,神仙那向紅塵戀。醒視手中珠,珠彩猶爛絢。珠彩絢,珠簾寂,殉郎死,一百日。百日三生舊姻緣,日月明珠雙麗天。不似珠翠粉黛妍,大義茫茫珠沉淵。安得好事人,爲作合昏墓。墓門不生花,定生三珠樹。

祭詩

祭詩不祭詩中史,憂國憂民自苦爾。祭詩不祭詩中仙,斗酒百篇豈偶然。温柔敦厚垂至教,正變貞淫都搜討。千秋廣大開法門,祭詩當祭尼山老。三百十五删定餘,後來作者阿誰如。合吾命意吾方取,卓犖或反嗤紆徐。俗儒更分唐與宋,出此入彼無所統。欲將子面如吾面,區區門户多聚訟。豈知詩以理性情,牛鐸何害宫商鳴。若謂綺麗無珍貴,國風何有鄭衛聲。更或矯枉旋過正，美人香草嫻吟咏。專求細碎忘洪謨，且喜柔靡鄙盤硬。若此俱是見一偏，其論雖佳無取焉。特熱心香通一瓣，拜經有例尊文宣。南湖湖渌清且漣，敢云上溯銀河淵。芹香酒熟陳華筵，聖靈啓牖垂遺編。膏丐馥沾散宴先，期與同人飲福受胙一一陪列吟壇邊。

思　陵

東林黨興君子死，信王孤立作天子。十七年中數十相，天下大事可知已。可憐一樹海棠花，二王公主都無家。傷心忍聽孝陵哭，冬青樹老啼昏鴉。

文王鼎歌

青螺山人周景熙别號持周鼎，任我縱觀丐我辭。風塵澒洞昏俗眼，三代法物焉能知。但覺摩抄古懷發，想見當年鳳鳴岐。底有古篆其文曰，魯公作文王尊彝。魯本作鹵亦作衺，古文尚書證何疑。仲子生手堪旁引，叔重立説非吾欺。斥鹵剛鹵地名异，兖州濱海還相宜。宋人齗齗失古意，魚頭參政徒爾爲。此篆大約沿商代，應是同姓初封時。元公佐政藩少昊，作器薦考倡諸姬。鼐鼎及鼒歌周頌，於穆宗廟清緝熙。驪山烽火秦虐焰，神物呵護無殘墮。假如魯叟游秦國，當同欹器生嘆噫。宣和天子工搜古，仲忽早獻彰神奇。爾來七百有餘載，滄桑代更沉川湄。吾邑詩人揚州客，朱慎侍父宦維揚，得此鼎。乃復購得珍藏之。什襲縢匣詒孫子，紅羊劫落田家籬。傖父茫昧將棄置，山人一見力保持。鼎遭寇難，落南山民家。夜有光怪，將椎碎鑄釜，周景熙購得之。携歸拂拭土花蝕，古色斑斒光陸離。畢郢荒蕪雜榛棘，豐鎬想像薦醞粢。慚余才薄筆難扛，安能濡染揮淋漓。率爾操觚作嚆矢，遍告大雅代徵詩。嗚呼！寶惜康瓠棄周鼎，此語由來古所悲。果使賞鑒有特識，行見胡簋登堂基。矧兹家相舊制作，顯承謨烈長丕丕。

游子吟

游踪何落落，臨别又依依。豈爲詩書誤，翻教定省稀。家貧欣母健，膳早囑妻飢。轉恐親憐我，頻頻説早歸。

里蘭橋 在武義西鄉

誰繼成梁者，黿鼉駕已空。斜陽山色外，亂石水聲中。花岸停征轡，春流悵斷虹。却憑忠信意，厲揭試波風。

謁劉文成公祠 在處州

中原鼙鼓起，逐鹿各紛紛。漠北淪殘日，江東望瑞雲。文章王宋集，摧廓楚吴軍。瞻仰豐碑古，空山掠夕曛。

一代勳庸舊，千秋俎豆新。子房真國傑，諸葛是天民。道遠蒼山迴，名聞栝水粼。劇憐遺集在，到處動咨詢。

每慨從龍佐，常懷捧日功。談天非術數，論相失英雄。讒慝人何在，君臣契未終。至今祠宇畔，憑吊付秋風。

南明山 在處州

清游南郭外，淥水泛輕航。磴曲穿雲出，花深帶寺藏。汲泉懷抱樸，尋洞認高陽。恨少仙人舄，飛行渡石梁。

春游壺山 壺山在武義

咫尺壺山近，疏慵向未游。花當春爛漫，天助客風流。百里臨中界，孤亭踞上頭。緣崖聊小憩，且復恣冥搜。

東風吹繡谷，錦翠鬧新晴。古寺遥藏隝，浮嵐半壓城。西來雙水合，南望衆山平。澄碧龍潭澈，甘霖想自生。

初春對雪

海外冰猶壯，中天暖早回。寒飈空舞雪，暝色暗侵梅。報國需時彦，籌邊急將才。腐儒徒感激，相對酌新醅。

岳武穆墓 在西湖

亦識偏安局，其如撻伐張。不成三字獄，定拓兩河疆。天意資强虜，奸謀誤廟堂。凄凄霞嶺畔，忠氣鬱山蒼。

骨收隗義士，墓托賈宜人。千古寃昭雪，十年功苦辛。武官非怕死，天子竟稱臣。獨有南枝樹，湖山永挹春。

申江客感

澄清黄浦水，波急挾流渾。蔽日春帆雜，腥風海氣昏。居人攙异服，估客半夷言。别有關心處，繁華且漫論。

航海

大海東流盡，凄凄旅思長。乾坤浮半壁，夷夏隔重洋。有客皆持券，何人始用航。懷柔廑聖代，履險一康莊。

婺江即事

徑向芳筵醉，空江月欲斜。美人聊佐酒，老眼且看花。燈影更三點，衣香水一涯。宵深風露重，莫更聽琵琶。

迎軍官

破屋三間暫寄身，忽聞笳鼓響湖濱。麻鞵尚可朝天子，衣褐何妨説大人。官借行園聊作座，兵游空巷也嫌貧。却慚未遂犒師願，征旆飄然渡遠津。

錢王祠 在西湖

龍飛鳳舞到錢塘，天目山高苕水長。吴越英雄成霸業，中原歷數待真王。鐵幢風勁射潮弩，石鏡雲開衣錦鄉。幾百年來香火盛，好憑湖渌繞紅牆。

于忠肅墓 在西湖

陰雲鬱鬱覆鷄籠，冤獄南朝三字同。良史誰明立儲誤，諸君自詡奪門功。淒涼舊主遷南内，辛苦上皇歸虜中。籍李誅藍家法在，例須成事戮孤忠。

海上中秋憶吟花館同人

一葉舟浮渤澥東，驚心節序忽秋中。金波衮衮天無岸，玉宇沉沉海有風。家爲別離思子美,人非遷謫學坡公。尚餘燕市蒲萄酒,乘興傾壺倩孰同。

却憶去年當此夕,吟花館裏酒杯傾。何期萬里悲秋客,獨向三更看月明。天地自浮艫舳穩,星雲不動海波平。遥知綺席故人滿,説報郵籤第幾程。

咏　史

馬謖失機思先帝,犖山既反祭張齡。臨危始覺良謀驗,只是當時如不聽。

榻下邵王垓下身,一般兒女兩酸辛。劇憐後日爲人彘,不及騅前虞美人。

並建親賢變舊章,相如未免由貲郎。自從納粟秦廷始,錢入西園有濫觴。

藍玉臨刑善長老,景隆小子失兵機。何如留取老成將,彈壓金陵燕子飛。

紅　梅

冰肌匪受鉛華侵,偶帶姿容瘦不禁。白雪滿山紅一點,從知天地重丹心。

送窮鬼

金錢一束爇船頭,窮士偏爲窮鬼謀。長在窮家無所藉,不如轉到富家游。

佛家滿地佈黄金,石點仙翁巧更深。惟有閻羅關節絶,請君此去結同心。

醉司命

事事糊塗醉亦仙，糟床安置竈觚前。近來莫過矜明察，好帶酒容朝上天。

步　月

春風旖旎水平流，秉燭何妨作夜游。兩岸簫聲一江月，看花好上木蘭舟。

吟花館詩鈔卷二

武義傅良弼商巖

漫　　興

如椽大筆擎千秋，光射霄漢摇斗牛。横空盤硬排韓歐，抹却人間五鳳樓。著書立説空山陬，定教乾坤日夜愁。鬼哭神號終不休，美人芳草何悠悠，豪情陡起凌滄洲。

重九登壺峰

秋色老壺峰，登攀興未慵。空山黄菊静，古刹白雲封。便欲題糕字，還教瀝酒鍾。盤桓扶醉下，新月挂長松。

秋　　夜

一枕初凉夜，芳心獨自驚。紙窗疏月色，簷鐸亂風聲。寂寞三更永，蕭條百感生。寒蛩偏耐冷，切切向人鳴。

偶　　成

樂事向誰傳，歌場又舞筵。便須沽美酒，正好趁韶年。柳眼青迎客，蕉心緑補天。催人容易老，快意適當前。

新秋望夕步月

新秋蟾影滿，信步月中行。零露和衣溼，凉飆拂袖輕。徘徊楊柳岸，隱約管簫聲。今夕知何夕，無端百感生。

山　　行

紆回縈鳥道，山秃出群峰。花落春無迹，林疏秋有容。懸厓千澗水，越嶺一聲鍾。仰見最高處，浮雲繞頂重。

游鞏栗齋先生故園 在武義南鄉

尋訪先賢迹，心知一壑存。東平空廢井，南宋此名園。落日丹楓岸，秋風黄葉村。荒荒無覓處，鳥影掠郊原。

秋 江 月 夜

皓月盈霄漢，秋江夜泊船。雁歸雲外路，帆掠水中天。斷岸清生靄，淘沙白滿川。漁燈明隔浦，相對正熒然。

七　　夕

輕移珠箔捲簾鈎，瓜果筵開悄上樓。七夕誰傳半夜語，雙星自占一年秋。纖纖弦月光初逗，耿耿銀河影欲流。赢得巧妻夫便拙，人間兒女漫多求。

秋江即事

不極江天際，虛舟駕碧空。白蘋行脚水，黄葉打頭風。西陸秋雲淡，東山返照烘。鱸蓴味才美，停泊柳陰中。

秋　感

不緣時會感，偏覺寄情深。曉月驚殘夢，秋風攪客心。淡將花比瘦，興到酒頻斟。底事疏籬畔，凄凄蟋蟀吟。

即　事

步入深林路轉賒，還從平陸到山家。鷄聲報午童呼飯，犬吠迎門客問茶。叢桂留人插脚穩，儒冠誤我念頭差。何年得遂還初服，空悵柴扉落照斜。

春登天階景壁樓 在武義

灼灼花光滿嶺頭，春風吹我上高樓。下方城郭千家迴，天末雲霞一望收。隖外夭桃紅似錦，田間新水碧於油。數聲牧笛歸來晚，日落烟生起暮愁。

春江晚眺

風景宜人到眼前，緑陰深處小橋邊。一江春水濃於酒，隔岸暮雲閑似禪。嫩柳風微偏嫋動，夭桃雨細更鮮妍。可堪覓取詩中畫，古渡斜陽襯晚烟。

和江芷馨韵

一笑相逢百感新,春風似解舊情親。曾傳青鳥通仙使，未必紅兒戀故人。眉語欲成先半顧,心思乍展忽雙顰。早知過是原無味,却悔當時太認真。

園亭即景

三間草屋一方塘,蕉緑榴紅出短牆。雨過閑階肥草色,晴烘曲徑噴花香。沽來美酒誰同醉,藉此濃陰自納凉。陣陣南薰窗北度,就中高卧傲羲皇。

秋　　夜

暑氣全收行樂宜,新凉莫負夜長時。闌干屈曲迷花影,檀板高低唱竹枝。簾逗輕風殊悄悄,杯邀皓月故遲遲。金釵斜彈銀釭灺,戲折芭蕉共寫詩。

偶　　吟

硯石爲田藉養身,無何歲稔不療貧。也餘簞食支長日,却脱綿衣典早春。天地偏容名士懶,飢寒似與腐儒因。平生會得個中意,一任龍蛇自屈伸。

將赴蘇閶蒙諸友贈詩漫賦以答

擬向吴淞去寫春,囊空愧作遠行人。贈言句句都規我,臨别依依轉愴神。也效生涯唐伯虎,敢矜妙技李公麟。兒嬌妻瘦渾無識,滿望家書代寄頻。

秋　江

天遥雁影滅,水落長江徹。兩岸吹秋風,蘆花白似雪。

即　目

四五株松樹,兩三間草屋。此中有高人,春風窗外緑。

蘇小墓

何處吊同心,西泠一抔土。山色與湖光,烟花自千古。

釣　臺

釣臺千古仰清風,山色溪光入畫中。疑是桐江絲影在,白雲如綫下晴空。

春江舟次

客帆初試轉思家,夜泊春江笑語譁。月白風清眠不穩,有人隔舫撥琵琶。

西湖即景

十里湖光水接天，濛濛細雨溼朝烟。緑楊深處鶯聲唤，也似催儂上畫船。

桃花隖

桃花歷亂夕陽殷，我訪春花花已殘。爲憶桃花庵裏主，等閑猶拾落花看。

五人墓

草茅有意整朝綱，璫禍偏能善類傷。赢得花園一抔土，花香争及姓名香。

言子廟

聖人教化與天參，文學兼能政事諳。君聽迎神傳雅奏，絃歌恍惚被江南。

觀彈木棉

打起飛花滿地浮，輕輕集得絮雲稠。漫將瑣事看容易，儘日功夫也白頭。

秋　懷

梧桐葉落晚風涼,楊柳枝疏漏夕陽。惆悵個中人不見,閑階獨自立昏黃。

秋　閨

聲聲刀尺動秋涼,綫脚何能抵夜長。忽見燈花初結彩,可堪來就試新裳。

偶　題

紅樓翠幙白牆垣,昔日風光今日存。何意留春春不住,一番暮雨鎖重門。

吟花館詩鈔卷三

金華江芳芷馨

春日溪上

東風遍郊原，吹縐一溪緑。堤柳青裊裊，岸花紅簇簇。釣艇浮中流，漁歌自成曲。好鳥鳴高枝，飛禽出幽谷。雨過遥山潤，林巒如膏沐。隔溪有伊人，經年坐茅屋。會當往從之，涉江采芳馥。

老將

隨賈能文絳灌武，將軍兼擅開幕府。少年牧馬青海頭，談笑兵戎安樽俎。豈惟韜略矜陰謀，還憑禮義爲干櫓。一韓一范居西方，坐令蕃邦戢禦侮。頭童齒豁鬢如銀，伸臂猶堪挽强弩。廟堂無事庸干戈，且騎款段游山阿。

訪鞏栗齋先生故居 在武義南鄉

爲訪先賢宅，林坰日半斜。曲湖一灣水，老屋幾人家。地僻池開鏡，園荒草綴花。尋詩古井畔，未敢作鳴蛙。

游觀音洞 在武義西鄉

自在觀何處,迴巖露石龕。枝攀桐子緑,磴簇草花藍。對面峰都矮,三乘境共參。采蘭人語雜,得得下山南。

春　游

信步寄逍遥,春光到處饒。尋花穿野徑,傍柳度溪橋。鴨暖浮波戲,鶯新入耳嬌。沿籬開李奈,當户拂桃夭。瓣落香猶在,枝攀粉欲飄。踏青宜此地,拾翠又明朝。渡倩臨江送,舟從隔浦招。玉輪絲繐稱,金埒馬蹄驕。待買文君酒,先聞弄玉簫。梢頭餘豆蔻,水面漾萍薸。行樂誠無極,中心底事焦。伊余方富盛,矢志脱塵囂。蠹簡將韋絶,螢窗繼燭燒。千秋企勳業,萬里阻扶摇。鬱鬱奚居久,昏昏不自聊。朅來韶景撫,應慰壯懷銷。影悄珠簾捲,音和錦瑟調。丁娘勞十索,子貢試三挑。綵袖荑垂手,湘裙磬折腰。猗猗佳士竹,裊裊美人蕉。過眼歡如夢,當場歌且謡。屐痕芳草印,歸路帶蘭椒。

擬韓致光無題詩

畫檻籠芳靄,妝臺拂輭塵。杜鵑催落月,梁燕語清晨。有怨偏憐舊,無情怎戀新。卜釵敲欲斷,啼夢覺疑真。北里徵牙慧,東家偏笑嚬。把書柔雪腕,叠扇仿冰輪。釧脱輕流韵,裙拕細摺鱗。撚花香瀉露。鬬草步生春。雅媲神居洛,名羞國賜秦。柳絲縈别路,桃葉渡芳津。寄恨重重錦,緘愁字字珍。歛唇脂易薄,蹙頞黛難匀。鏡攬空留伴,樓依淒遠人。寄詞莫愁女,願與結比鄰。

湘浦曾邀伴，巫都肯結鄰。績聲金擲地，寫照玉爲人。步障千圍艷，葳蕤百纈匀。嬌癡殊可掬，綺麗倩誰珍。目送偷搴箔，情迷誤問津。蠻牋愁擘蜀，淮渡不名秦。緑酒紅鐙夜，香車繡陌春。私悰緘豆蔻，密約托魚鱗。熏麝濃分篝，飛烏迅挽輪。生疏稀笑臉，眷戀汏愁嚬。背泣甘妝假，嬉譚苦認真。心苗花鬧發，眉樣月争新。翦燭渾忘曉，寒衾怕向晨。何如歸緩緩，羅襪麴芳塵。

舟　次

楊柳風疏假舞腰，桃花水漲送歸橈。却看夾岸千山轉，憑逐中流一櫓摇。沙鳥眠驚舟子過，林鶯歌比玉人嬌。幾回閒向空江望，脉脉相思總未消。

李忠公祠咏古 在武義太平鄉

曲湖攬勝駐游踪，景仰崇祠謁相公。南渡定謀無出右，上方進策獨留中。狼吞料不饜三鎮，龍馭憑誰返兩宫。荒草斜陽何限思，好將論古托微衷。

因緣香火復何如，劾簡巡邊飲恨餘。手勅一篇裴度傳，心傷二字許翰書。援京有策難爲力，却敵無人易見疏。主眷若教先後洽，燕雲恢復豈成虚。

青山依舊水長流，曠代中興運不侔。相業粗陳七十日，馨香已足萬千秋。雲歸遠浦連村護，夕照南屏半壁收。玉帶金魚如想見，靖康遺烈溯從頭。

紛紛俗論漫尊王，擬爇爐頭一炷香。留守簡能曾讓白，同朝見嫉復來黄。未乾墨詔翻南幸，空抱丹忱逐北忙。畢竟忠誠常不没，至今猶奠太平鄉。

秋　懷

一别錢塘百感生，秋光回首更分明。黄金有願歸司馬，白眼何人學步兵。江上波濤豪俠氣，堤邊楊柳綺羅情。携朋倘許重回櫂，好買瓜皮載酒行。

雲净遥天夜氣冲，泥愁欲碎恨重重。每懷彈月防膠柱，不爲留春怕聽鐘。起舞自憐花躑躅，沉酣誰惜繡芙蓉。幾回望解文君渴，卬令於今夢已慵。

半生徒羡骨嶔崎，笑對西風寄所思。雲外傳來鴻響杳，秋心泠到蝶魂癡。泉深果盡清堪掬，山好何嫌瘦更奇。願借一罇千日醉，暫忘世路歷平陂。

箇　人

自送香車出錦城，漫天愁緒逐塵輕。絮雲密結思如雨，花露頻滋泪不晴。似有心常含脉脉，到無言只謝聲聲。憐卿曲漫回波奏，恐識蕭郎太瘦生。

筒　儂

當年未嫁識娉婷，相見何嘗隔畫屏。時樣桃衫新著艷，春風柳眼早垂青。一團扇影摇明月，寸緒灰沈付歲星。記得宵深猶伴讀，香添幾炷誦黄庭。

簾開梔子一心同，姊妹花前少女風。背地有情渾欲白，見人無計隱嬌紅。釵頭鳳翅翹翹並，錦上鸞文字字工。奈是莫愁愁更著，徒令見慣笑司空。

古　意

微風動樹梢，望春春不至。小盒理丁香，悔貯相思子。
南溪有蓮花，采花莫采葉。留住蓋鴛鴦，恩情到處結。
君别緑楊津，儂住長干里。長干栽緑楊，去來舟不繫。

隔隖炊烟

炊烟遠起勢騰騰，半出平林半夕曛。忽被好風吹過去，霎時幻作隴頭雲。

客途秋興

無迹秋容淡更嬌，任他周昉筆難描。畫眉聲裏山平遠，合遣愁懷一段銷。

泛西湖

梅花嶼畔水泠泠，底事情多説小青。想見孤山開遍後，一枝瘦影認亭亭。

外湖月色裏湖花，楊柳枝疏拂綺霞。指點阿嬌埋玉處，香車油壁舊風華。

迹紀栖霞鶴化雲，茶罏酒肆半斜曛。來游也有裙釵女，不上籃輿過岳墳。

路回蜒蜿入雲林，奇鷲飛來自古今。到是一泓泉水活，炎涼洗盡見天心。

重尋舊徑下高岡，滿地秋聲葉落黄。一帶清風天竺路，曇花引出桂花香。

風度平林香遠飄，毛家步口促歸橈。囑他容與遥相待，泊向西泠裹六橋。

閏七夕 效古

花放銀塘闌復闌，人倚針樓看復看。一别經年難復難，兩度相逢歡復歡。

吟花館詩鈔卷四

金華郭鑾子琳

題蘇屬國海上牧羊圖

羖羝可乳氈可食，千古争傳蘇屬國。窮秋大漠飛風沙，漢節落氂奪不得。上林射雁誰言歸，瀚海牧羊聊自匿。將軍若皆律與陵，坐使中邦黯無色。奇勳像繪麟閣中，自顧猶虞慚臣職。至今素絹呵神靈，空堂風雨生頃刻。吁嗟乎！羊角羸，海水立，十九年，驚絶域。不辱君命圖中人，留與後來使者式。

古　　意

昨夜庭前月似霜，今宵樓外霜映月。漏聲三更二更寒，碪聲一家千家徹。情人不寐嘆夜長，思婦凄切悲空床。翦尺衣成無人寄，天涯地角何茫茫，月斜霜影寒西牆。

即　　事

秋水澄江碧，秋雲捲岫清。松高龍脱甲，晴久鳥呼庚。籬下開黄菊，枝頭綴緑橙。聲聲吹牧笛，爲我引歸程。

愁

愁水復愁風，自嫌商婦同。才將花帚去，又起月鈎空。落日江天外，秋聲老病中。幽懷拋不得，豈問境窮通。

病

未解文園渴，空嗟原憲貧。難醫終是俗，不老尚留春。江上孤舟客，風前一葉身。帶寬腰瘦盡，憐取眼中人。

懶

也識勤中得，貪緣耻與俱。自留真性氣，那有賸工夫。對酒忘邀月，移花不唤奴。君看忙未了，世事總糢糊。

悶

無端胸作惡，究竟自何來。白日明難盡，陰雲鬱不開。未行愁計拙，欲語恐人猜。若得時宜合，肚皮須脱胎。

秋行即景

一葉渡中流，東溪野色幽。豆棚田外結，茅屋畫中收。曬網喧蘆岸，歸樵動橘洲。碧山紅樹際，半幅夕陽留。

秋暮山行

行李蕭然荷一肩，秋風送我幾程光。滿山落葉鋪荒徑，萬里飛鴻度遠天。中道還從歧途覓，奇窮不受世人憐。空餘古劍隨身在，寶氣宵騰燭斗躔。

新秋舟次

涼飆初轉逗羅衣，舟泊沙灘捲夕暉。漾出月華人倚岸，帶來秋信雁鳴磯。江湖落拓憐身拙，琴劍幽閒與俗違。明早却從津畔去，離情漫似嶧桐飛。

卧病余村妹倩家

良夜悠悠好夢虛，善愁善病兩難袪。無親可托應憐汝，有妹相依轉嘆余。燈影侵風斜入牖，蛙聲鬧月雜鳴渠。不知關切緣何事，贏得更鐘聽曉初。

書　懷

彳亍天涯是病餘，此身奚復問何如。一生有恨難諧俗，百事無成負讀書。尋夢空懷蕉覆鹿，臨淵轉誤木求魚。閒來對鏡頭顱撫，髮未斑斑鬢已疏。

晨　起

侵晨夢破起多時，脉脉春心不自持。泉冷東風吹水暖，山高旭影下檐遲。已蕪緑草鶯纔囀,半捲紅簾燕乍窺。韶景殢人抛未得,無端忽又蹙雙眉。

春夜積雨

衾薄寒尤悄,鳴鷄催夢醒。春城連夜雨,不礙小樓聽。

歸思

便是佗鄉好,佗鄉有所思。年年春草緑,空復定歸期。

客途遇雪

崇朝瑞雪飄,絶巘半凌霄。正好探梅去,騎驢穩過橋。

采茶

經過采茶浦,中天日正午。個個采茶娘,髻兒都覆布。

初霽玩月

雨多嫌地滑,星少見天清。皓魄當空晃,心偕一片明。

雨

風景宜人次第來,桃花未了楝花開。無情最是留春雨,偏損嫣紅點緑苔。

釣　臺

客星夜照水雲窩，故把羊裘當緑蓑。偏是釣翁渾不解，子陵臺下唱漁歌。

富春舟次

春江樓下水連天，春日春江正放船。閑坐船頭閑眺望，山山倒影挂晴川。

桐江夜發

款乃聲聞鷄未啼，朦朧月色斗星低。隔江犬吠知村落，爲問舟人話窄溪。

錢　江

片帆風順泛錢塘，水接雲天一樣光。海尚有門龕赭在，關津慎莫懈堤防。

秋　閨

夜色朦朧月色凉，寒蛩唧唧漏偏長。儂愁不爲秋聲撼，却被西風吹斷腸。

偶　成

清晨信步出柴門，但聽鷄聲隔隝喧。一帶曉烟籠欲盡，依稀又露樹邊村。

吟花館詩鈔卷五

武義徐家驥子良

擬顔延年五君咏

校尉非醉人，而常抱酒甕。蘇門一長嘯，清音若鸞鳳。沉冥聊自適，浮生醒大夢。窮達固有時，奚必世途痛。阮步兵

文皇托堯舜，晋祖誇武成。所以嵇生憤，异論駭群英。養生乖初志，廣陵絶琴聲。愧柳亦偶爾，慚孫非本情。嵇中散

參軍日沉酣，處世忘名利。紛華良足嗤，爵禄奚能累。八荒視闈闥，蟻蠓游天地。天生酒爲命，婦言未知志。劉參軍

始平挺英姿，聰明識音樂。古尺資神解，新聲美商確。左遷雖遭貶，出守政自卓。荀勗徒矜高，見賢不選擢。阮始平

蒙莊遺世後，漆園誰解注。獨有向常侍，探賾開雲霧。奇致暢元風，迂拘嘆世路。緬懷嵇吕交，餘子奚攀附。向常侍

長　日

長日長如年，人生良堪羨。百年三萬六，光陰駛於箭。人自安蹉跎，天總無成見。春夏秋冬間，歲序陰陽變。當此朱明令，科頭身輕便。詩酒足歡娱，琴書可消遣。嗟彼擾擾者，勞形甘忘倦。日昃猶不遑，五内交相戰。富貴由天定，何妨安貧賤。余本閒散人，

長才無襪綫。不自治生涯,猶能心歡忭。真意在箇中,旁人毋悁悁。

登玩珠山 在武義明招山

山頭突兀圓復圓,山根演漾涵清泉。對峙古刹山門前,色相不著空大千。形家有言群山向,龍趨衆壑蚌吐淵。儒者之道別有在,旁無所倚中無偏。我來登頂騁目力,古懷斗覺追前賢。昔有東萊吕巽伯,建一亭子冠其巔。滄桑不知幾變遷,只有青山自依然。如今亭圮堆瓦礫,誰與博珠徒自憐。思復舊規力偏薄,昂頭白眼望青天。直欲呼起將軍對面地下眠,又恐伊人生平空囊衹剩一枚錢。嗚呼!安得山下水,化作合浦還,夜夜珠光燭金川。

老 少 年

少年原未老,忽看醉顔紅。園圃生秋色,韶華奪化工。早傳名士畫,誰唾美人絨。飛雁一聲過,吴江冷傲楓。

九日到藝蘭軒 軒在宣平俞川

爲訪同心契,入門忘主賓。秋風重九日,舊雨兩三人。黄菊清芬挹,幽蘭臭味親。剛才呼酒伴,野老至東鄰。

放鶴亭 在西湖

不著封禪稿,清高處士風。雲霄孤鶴去,天地一亭空。雪後梅仍白,山深日自紅。乘軒終見拙,且復涉芳叢。

棲霞嶺 在西湖

云有忠臣墓,因來問酒家。秦頭能壓日,山頂迴棲霞。北狩歸無計,南枝鬱不華。湖光千古映,憑吊浪淘沙。

謁朱吕講院 在武義明招山

講學當年盛,英奇聚一方。堂開新棟宇,統紹後津梁。手澤存遺簡,心源祝瓣香。讀書懷往哲,瞻拜肅趨蹌。

千秋深仰止,一席久尊崇。林麓明招邃,淵源麗澤同。名山凝道氣,喬木響清風。爲想傳薪久,綿綿總不窮。

八咏樓 在金華

攬勝偶登元暢樓,詩遺八咏足千秋。騷人到此垂青眼,宫女由他笑白頭。風景移情忙裏過,江山如畫望中收。齊梁陳迹成何事,一碧浮雲付水流。

春　懷

情緒懨懨總愴神,風光又是一番新。紅桃緑柳香成海,夜雨孤燈影伴身。涉世無難居下下,讀書粗解重親親。如今欲撥愁懷去,且倒芳尊酒入唇。

春 日 漫 興

村店沽來緑酒新,眼前風景儘留春。待修明日蘭亭禊,先慶今朝蓬矢長。賤降三月二日。覆載無私能養我,鶯花未老總宜人。不須更較世情幻,且約親朋讌會頻。

素　蘭

直探太素問玄功,芳草多情臭味同。九畹澹雲遮不住,一輪明月映成空。美人皎潔靚妝外,騷客風流本色中。我爲憐渠清到底,吟詩未敢寫箋紅。

九日登天階景壁樓題壁 樓在武義北嶺

振衣千仞一登樓,四壁秋光面面收。村落遥藏黄葉隝,城闉低帶白蘋洲。無風帽脱狂逾露,遇友杯傾醉未休。自是書生多結習,路旁過客莫吹求。

病中感秋

陣陣秋風陣陣涼,梧桐葉落菊才黄。砧聲敲徹樓頭月,夜色寒鋪瓦上霜。半世憐香花不艷,一生畏苦藥偏嘗。撫心更有難安處,許大年華尚倚娘。

不　寐

尚屬凌雲小少年,豪雄意氣欲冲天。平生也自有千古,只是空懷竟惘然。

亡　羊

世路崎嶇未許知，可南可北動人悲。亡羊只向亡時覓，一入岐途去莫追。

山　雨

風聲乍到蒼松外，雨勢時鳴緑竹間。但願成霖霑薄海，莫教甘澍藴空山。

重陽前一日偶沽村釀不得

暮秋興味付蕭然，擬欲移家向酒泉。料得王宏將遣使，知情黄菊報籬邊。

寄 衣 曲

繡君衣履揣身裁，鴻雁傳書竟不來。未識今番稱體否，翦刀欲試又疑猜。

寄 詩 僧

詩家三昧應同歸，貝葉濤箋一手披。得句若教參入定，休嫌頑石點頭遲。

侍湯雨園師夜坐

默默無言總是真，静中天趣坐涵春。更深忘却窗前雪，梅竹身肩一樹銀。

九　日

催租人敗吟詩興，善病醫多戒酒方。佳節都從忙裏過，年來辜負幾重陽。

事　半　園

詩箋滿壁盡名流，半爲解嘲半解憂。自愧無端還自喜，吟窩到處任句留。

宫　怨

昭陽殿裏誤韶年，白髮紅顔兩可憐。悔作樊姬諫獵草，聖明無補分當捐。

鈿翠分明帶靚妝，羊車望斷灑鹽忙。退閒仍得居長信，不似琵琶出塞王。

玉户金鋪月色濃，宫桃液柳影重重。更深正夢迎鑾事，驚斷階籖又曉鐘。

自分衰容秖在斯，回天轉日不徒思。長門倘許重臨幸，須勸君恩推廣施。

吟花館詩鈔卷六

蘭溪郭祖汾纘元

明招山 在武義

春聲好鳥鳴，春草隨意緑。明招邃且幽，翛然遠凡俗。皓月漾芳池，喬林散紅旭。山曙與峰雲，仰俯曠遐矚。緬懷古喆人，生芻拜一束。

春宵獨坐

屋角帶春星，園梅暗度馨。天教群動息，人對一燈青。有侶慵呼酒，忘寒且課經。世情多夢幻，未敢獨誇醒。

鞏家井

在武義南鄉，相傳吕東萊與門人鞏豐點《易》處。今井水尚作太極圖紋。

古井鑿何年，山堂舊有園。甃棱資淬厲，泉脉證淵源。綆待修來汲，銘難搨處存。常教清徹底，卦象一渾元。

城南雪霽

熟溪橋畔駐行踪，畫意難摹雪後容。不雨清添三尺浪，無雲白鎖幾層峰。鴻泥踏去痕猶在，驢背歸來興未慵。好是春城留不夜，梅花影落月溶溶。

東山雪霽

尋春閑步小橋東，澹澹晴烟霽色濃。雲絮劈開天一角，雪山幻出錦千重。錯疑光射金仙掌，便似明添玉女峰。此際蒼生寒徹骨，謝安應自動情悰。

春泛武陽川

問津亭外泛輕航，波緑衫青襯艷陽。楊柳風和兩岸暖，桃花水點一溪香。書懷舊學曾推犟，犟山堂開武義理學。迹有名賢記姓楊。楊文簡編名賢墨迹。春思凄凄烟樹渺，溯洄只在此中央。

重陽登天階景壁樓 樓在武義

登高也自樂携朋，直上天階次第行。曾記整冠憐杜甫，不須送酒待王宏。菊開有意秋難老，楓落無聲鳥自鳴。恰好禪堂清磬徹，勝他擊鉢報詩成。

村居

村居清景自無窮，城市囂塵迥不同。茅屋遥山分樹緑，柴門流水映花紅。閑看牽犢霏烟外，静聽啼鶯細雨中。父老勤耕兒上學，穆然井里盛平風。

偶　見

姣冶丰姿兩可人，依然一主一爲賓。相逢偏似驚生客，低喚侍兒茶煑新。

一朵海棠春睡起，枕痕紅膩印霞香。斜依鏡畔慵無着，把玉搔頭細玩將。

新妝試罷氣吹蘭，半惹閑愁半惹歡。爲愛繡花兼繡蝶，笑持鴛譜倚闌看。

門外花陰拂短牆，紅蓮的的白蓮香。那邊飛燕呢喃語，別有嬌聲出響廊。

未親玉珮久聞名，酒角燈邊太瘦生。正是嫦娥雲外晃，秋波一道逗盈盈。

綺　情

一笑常教百媚生，綺羅叢裏認卿卿。璇閨明月嬋娟闕，十二年來夢未成。

閒　感

欲持桃葉寄相思，未便風流學獻之。幸得真真呼欲出，常教記取少年時。

苦　熱

慢膚多汗苦低頭，返照東窗大火流。自笑此身如入甕，高天厚地一詩囚。

兀　坐

兀坐齋頭百感生，孤身無弟又無兄。起居幾許高堂事，縱有書來説不清。

口　占

殢酒歸來醉似泥，不知南北與東西。大聲隔岸呼舟子，驚起空林百鳥啼。

即　事

雨後村邊景致幽，東山湖水兩悠悠。香風何自遥吹面，斜照紅桃映畫樓。

春　閨集句

三月殘花落更開，似曾相識燕歸來。遠書珍重何由達，一寸相思一寸灰。

即　事集句

四顧山光接水光，樓臺倒影入池塘。花開有客常携酒，莫放春容過海棠。

偶　感 集句

青樓烟雨忍相忘，衣袖猶霑玉案香。蜂蝶紛紛過牆去，一春無事爲花忙。

憶　舊 集句

花開紅樹亂鶯啼，菜甲春生緑滿畦。惆悵舊游無復到，小橋深巷夕陽西。

游　春 集句

露重花多香不銷，恨無消息到今朝。别來遠望憑誰寄，何必珍珠慰寂寥。

迷　藏 集句

大家尋覓一時忙，偷隔紗窗看海棠。花氣與人渾不辨，小樓前後捉迷藏。

漫　興 集句

花時常得醉工夫，稍喜貧交得酒徒。富貴本非吾輩事，杖頭惟有一葫蘆。

吟花館詩鈔卷七

績溪胡心瑗莘園

文王鼎

有鼎有鼎，在周之庭。小子旦所作，不類尊與鍘，用享文考在天之靈。一解。鼎曰彝，銘非奇。魯作圀，文自古。倘非許叔重，我縱言之將何補。二解。寶鼎來自果州，防禦使，工搜求。元祐帝，敢作周匹休。貽孫子，《宣和博古圖》見收。三解。儀徵阮公，籍古其中。金華樓更一，語重句奇，層見迭出，何以重兹，古香古色。四解。古色古香，黝然其光。今爲山人所藏，昔未免辱老傖。五解。噫嘻！鼎兮足以爲寶兮。匪鼎之寶，元聖之所造。器尚然，况周道。六解。

玉帶硯

光緒辛卯冬，余在吴江，得玉帶硯，質堅而潤，古物也。因即以名齋，並浼識梅館主繪爲圖册，博求大雅題咏，庶幾相質披文，藉以不朽。爰成五古一首，以當嚦引。時壬辰三月下浣，莘園胡心瑗目識於玉帶硯齋。

文山久不作，紫衣早歛迹。墨賓玉帶生，風塵何處覓。我本黄山人，偶來松陵澤。恍惚見异珍，乍獲如拱璧。質厚才盈寸，形長不滿尺。戛鏗金玉聲，寶帶纏腰白。試以龍賓友，黝黝光發碧。雖非信國珍，却留古風格。因之名吾齋，復爲繪圖册。遍求名士題，大雅同賞識。引玉慚抛磚，借此一片石。

述　懷

十載風塵内，光陰荏苒過。壯懷空磊落，傲骨豈消磨。病裏思家切，閑中得句多。别存千古想，莫便任蹉跎。

舟　次

遠岫青於黛，澄江碧似油。浪平鄉思長，風細櫓聲柔。野樹連雲闊，村烟背日浮。半帆斜照裏，飛過冠山樓。

吴江早發

吴江放棹早，落月挂長松。魚篩驚殘夢，鷄聲和曉鐘。霧深花影暗，岸闊柳陰濃。漸看烟雲合，奇峰變萬重。

舟次桐江

七里嚴灘闊，輕風送客舟。山光晴翠滴，樹影晚烟稠。隔世懷高隱，春江動旅愁。釣臺千仞立，空碧落船頭。

虎　阜

虎阜足清游，登臨思未休。江山移故苑，花草滿荒洲。劍氣寒潭碧，鐘聲古寺秋。當年吴越霸，空付白雲悠。

春

但覺新晴好,園林緑正肥。人方停着屐,我欲試征衣。霽日光垂野,新花錦作圍。芳辰須玩賞,莫待落紅飛。

村　居

捲却湘簾好納涼,琅玕風戛韵悠揚。囂塵大半城闉集,花柳都歸書卷香。幾點山光堪入畫,數家茅舍自成莊。晚來信步柴門外,且看烟雲起暮蒼。

夏日書齋即事

搆得書齋似野航,半安書架半琴床。庭多緑樹能消暑,窗捲紅簾好納涼。蘭帖乍臨欣入妙,茶鑪初沸倍聞香。閑來讀盡離騷卷,信步高吟轉曲廊。

何須覓館避炎威,屋外琅玕碧四圍。雨過茅檐琴韵潤,風來芸案篆烟微。新蟬唱徹含朝露,乳燕飛來帶夕暉。欲步前溪閑眺望,自携藤杖掩柴扉。

客　感

已嘆年來別恨賒,旋從瀫水放輕槎。一篙新漲汀全失,幾處疏燈影欲遮。更柝未殘鷄唱續,夢魂時繞雁行斜。客中不辨風兼雨,疑是人聲又到家。

口　占

道我多情甚,情多夢更多。自憐還自惜,無計奈情何。

暮　春

轉眼春光事已非,花枝零落送斜暉。多情只有雙胡蝶,猶戀殘紅不放飛。

苔　錢

花陰粘緑滿階前,雨後無端箇箇圓。正是東風花發日,幾回錯認買花錢。

秋　色

疏疏樹影落梧桐,繞岸蘆花滿徑楓。好是斜陽流水外,一行雁過掠霞紅。

秋　聲

一窗明月影團圓,挑盡寒燈夜未眠。莫辨西風何處起,蕭蕭颯颯響檐前。

舟行雜興

山光樹色渺長空,隔岸殘霞映水紅。沽酒不知何處好,提壺喚我綠陰中。

一路山光照眼青，小舟斜繫綠楊汀。有人篷外談家事，我甫離家不忍聽。

別後寄吟花館諸友

空江觸目已關情，況聽漁歌唱渭城。南望鄉山何處是，重重雲樹暮烟横。

一路溪山似畫中，吟詩每獨倚孤篷。離懷好似長江水，盡日滔滔去不窮。

漫　興

雲月朦朧夜景幽，釣魚臺下泊孤舟。聲聲漁笛來何處，惹得離人起暮愁。

微風颯颯暮雲輕，月照空江色更清。此夜閨中人獨看，也應同是一般情。

漫　興

小院湘簾半幅垂，匡床蕲簟碧琉璃。悄無人倚薰籠坐，茉莉香清風定時。

盛川道中

青青堤柳影交加，二月江南正發花。家在客中還作客，扁舟一葉又離家。

無　題

一輪明月耿長空，寂静階除澹蕩風。花影半移香半捲，和烟齊上繡簾櫳。

得吟花館諸友柬

回首離群一歲餘，花晨月夕總躊躇。吴江不斷飛鴻便，賴有新詩慰索居。

戊申年在龐山作

無端捧檄倍滋慚，百里分符愧未諳。且喜衙齋清静甚，不才私幸尚能堪。

行李飄然琴劍偕，竹爐酒盞且安排。微官應被閑鷗笑，領略鄉間味亦佳。

鑑湖風景最清幽，夾岸漁家曬網稠。一葉往還卅六里，完如人在鏡中游。

琴堂幕府最多情，氣誼相孚肝胆傾。詩酒交游同繾綣，縱談不覺到深更。

新政頻興條理紛，聊將細務且勞分。祗慚不舞氊毦鶴，兩字銘心清與勤。

吴江風俗素敦龐，深喜編氓德性良。愧我年餘無寸善，偏勞頌德益慚惶。

歲首書懷 壬戌

行年六十六，駒隙過飛鞚。才喧臘鼓聲，又獻椒花頌。馬齒增復增，離把窮愁送。服賈與服官，往事成幻夢。老大一無成，思之心含痛。終日苦奔波，戀此些些俸。垂老興未衰，飲量尚豪縱。醉罷北風寒，長吟呵硯凍。

跋

予繼娶武義何氏，叔丈君慎明經一見喜甚，且曰：何不讀書而入市井爲？嘆惜者久之。明經文名藉甚，合郡所仰，平時課耕講學，别無所好。與江芷馨茂才等六七人時集吟花館，賦詩飲酒以爲樂。予於乙酉、丙戌間回武日亦參與其間，竊以不解吟咏爲憾。明經力勸學步，鈔中所作，大半當時初握管也。丁亥挈眷來蘇，與館中諸君子遠隔，猥以風塵僕僕，久已此調不彈。無何，諸君子先後歸道山，予一人尚頑健如初。忽忽四十年，回首前塵，恍如隔世。昨檢舊篋，見《吟花館詩鈔》一册，墨迹宛然，深恐湮没，爰付排印，以留當日鴻爪。夜臺有知，當亦悲喜交集也。

民國十一歲次壬戌中秋日，績溪胡心瑗跋於姑蘇岫雲里玉帶硯齋，時年六十又六。